周敦颐研究

周敦颐诞辰1000周年庆典国际学术研讨会论文集

张京华 主编

中国社会科学出版社

图书在版编目(CIP)数据

周敦颐研究：周敦颐诞辰1000周年庆典国际学术研讨会论文集 / 张京华主编．—北京：中国社会科学出版社，2018.10

ISBN 978-7-5203-3017-6

Ⅰ.①周…　Ⅱ.①张…　Ⅲ.①周敦颐（1017－1073）—人物研究—国际学术会议—文集　Ⅳ.①B224.25－53

中国版本图书馆CIP数据核字(2018)第193312号

出 版 人　赵剑英
责任编辑　韩国茹　郝玉明
责任校对　张爱华
责任印制　张雪娇

出　　版　中国社会科学出版社
社　　址　北京鼓楼西大街甲158号
邮　　编　100720
网　　址　http://www.csspw.cn
发 行 部　010－84083685
门 市 部　010－84029450
经　　销　新华书店及其他书店

印刷装订　北京君升印刷有限公司
版　　次　2018年10月第1版
印　　次　2018年10月第1次印刷

开　　本　710×1000　1/16
印　　张　42.5
插　　页　2
字　　数　695千字
定　　价　168.00元

目　　录

一　周敦颐的哲学思想

试论周敦颐思想中隐含的“天人合一”义理旨趣
——纪念周敦颐诞辰一千周年 …………………………… 张新民（3）
周敦颐哲学中的天人合德及时中思想 ………………［韩］李兰淑（31）
周敦颐思想的特色及其在湘学史上的地位 …………… 陈代湘（47）
周濂溪思想体系检讨
——以主要观念为主 ………………………………［韩］安载晧（59）
周敦颐《通书》之德行观及其现代意义 ……………… 刘焕云（71）
周敦颐《通书》中的“务实”思想辨析 ……………… 徐里军（81）
“通”的哲学
——纪念周敦颐先生 ………………………………… 张丰乾（87）
周敦颐《太极图》渊源考
——对“朱震说”和“晁说之说”的再考察 ………… 周建刚（101）
周敦颐“太极”与理气概念的关系
分析 …………………………………………………［韩］孙兴彻（124）
从中国文化的认知进路看《太极图说》的
天人合一架构 ………………………………………… 易燕明（142）
《太极图说》道教渊源新探
——兼论“无极而太极”之说的形成 ……………… 刘　聪（152）
周敦颐“诚”的精神之理论与实践的统一 …………… 王立新（163）
周敦颐礼乐思想简论 …………………………………… 龚妮丽（169）

论颜渊之学与乐的形上意义 …………………………………… 张晚林（177）
周敦颐的圣人观与其意义 ……………………………［韩］郑相峰（198）
周敦颐之工夫论祈向 ………………………………………… 梁世和（207）
论周敦颐《通书》中的道家道教元素 ……………………… 吕锡琛（218）

二 周敦颐政治伦理美学思想

从政治公信到万物本源：周敦颐对诚学思想的
提升 ……………………………………………………………… 陈仲庚（227）
周敦颐道德形而上学之建构
——兼与康德道德形而上学比较 ………………………… 王泽应（238）
成为一个人：从罗哲斯的人本心理学看周敦颐的尝
试与努力 ……………………………………………………… 尹文汉（253）
以濂溪学说谈朝向建构华人自主的修养心理学
理论：儒家自性与修养曼陀罗自我模型 …… 夏允中 张峻嘉（262）
心体论：由周敦颐思想来思索华人本土社会科学的
发展路径 ………………………………………………… 陈复 刘莞（281）
惟人也得其秀而最灵
——周敦颐思想中的师友之道与大学通识教育的
施为 ……………………………………………………… 陈雪丽（298）
濂溪学“君子”内涵 ………………………………………… 张官妹（308）
周敦颐与古琴考述 ………………………………………… 欧阳平彪（313）

三 周敦颐与理学及其历史地位

从周敦颐到王阳明
——以朱熹“道统说”为中心 ……………………………… 金春峰（327）
周敦颐与阳明心学 ……………………………………［韩］宣炳三（352）
湖湘学人对周敦颐的历史记忆与文化诠释 ……………… 朱汉民（366）
湘军要员是如何推崇周敦颐的？ ………………………… 王兴国（384）
周敦颐何以被尊为理学鼻祖？ ……………… 刘立夫 黄小荣（401）

四　周敦颐行迹与交游

周敦颐与罗田濂溪阁 …………………………………………… 刘范弟（417）

周敦颐与佛教 …………………………………………………… 万　里（435）

略论周敦颐与江西禅宗之关系 ………………………………… 陈金凤（462）

山水之乐：蒲宗孟与周敦颐的心灵交谊 ……………………… 陈安民（477）

《明实录》中关于周敦颐的记载考述 ……………… 刘涛　陈靖华（488）

《清实录》中有关周敦颐记载的考述 ………………………… 徐午苗（500）

五　理学人物与流派

周敦颐理学宗主地位的确立

——张南轩在周敦颐理学宗主地位确立过程中之

作用 ……………………………………………………………… 王丽梅（517）

论黄榦对周敦颐宇宙论的独特理解 ……………… 王小珍　邓庆平（526）

《道南源委》述略 ………………………………… 李勤合　曹欢荣（539）

王夫之对濂溪学的继承与发展 ………………………………… 朱迪光（546）

五经博士：周冕对濂溪学发展的影响 ………………………… 周　欣（559）

六　周敦颐的海外影响

韩国近期周敦颐研究动向 ……………………………… ［韩］李润和（573）

周敦颐对李滉圣学形成的影响 ………………………… ［韩］李光虎（590）

周敦颐的太极哲学 ……………………………………… ［美］韩子奇（601）

七　周敦颐文献研究

宋儒度正编纂周敦颐文集的渊源、过程及其流传

概况 …………………………………………………………… 粟品孝（619）

周敦颐著述及版本述录 ………………………………………… 寻　霖（640）

日藏两种《濂溪志》价值考论 …………………………………… 王晚霞（652）
濂溪学研究的意义和范围 ……………………………………… 张京华（663）

编者后记 …………………………………………………………………（674）

一　周敦颐的哲学思想

试论周敦颐思想中隐含的“天人合一”义理旨趣

——纪念周敦颐诞辰一千周年

张新民

一　引言

“传统中国天人合一”的理念，虽至宋儒张载始正式提出，但先秦春秋轴心时代的各家各派，均无不托“天”以立说，事实上都展开了各种或隐或显的讨论，从而反映了中国文化传统一贯特有的思想言说发展方向[①]。其中最值得注意者，即孔子“大哉尧之为君也！巍巍乎唯天为大，唯尧则之”[②]“天生德予”[③]“天之将丧斯文也”[④]等一类说法，显然已蕴含着“天人合一”的思想，可视为宋儒相关学说的早期发端[⑤]。稍后《郭店楚简》明确提出的“性自命出，命自天降”[⑥]，则更进一步深化了人的存在与终极超越的“天道”的内在关联。孟子一再强调：“尽其心者知其性也，知其性则知天”“万物皆备于我矣，反身

---

① 张新民：《先秦儒家的“天人合一”思想》，载景海峰主编《儒学的历史叙述与当代重建》，人民出版社 2016 年版，第 29—47 页。

② 程树德：《论语集释》，中华书局 1990 年点校本，第 2 册，第 549 页。

③ 同上书，第 484 页。

④ 同上书，第 579 页。

⑤ 刘述先：《论孔子思想中蕴涵的“天人合一”一贯之道》，载《刘述先自选集》，山东教育出版社 2007 年版，第 221—244 页；张新民：《生命成长与境界自由：〈论语〉释读之一》，《孔子研究》1998 年第 4 期。

⑥ 荆门市博物馆：《郭店楚墓竹简·性自命出》第 2、3 简，文物出版社 1998 年版，第 59、179 页。

而诚，乐莫大焉”[①]，也足以说明，由孔子而至孟子，不仅超越的价值的内在生命体验取向已愈加突出，而且“天人合一”的哲学命题也呼之欲出。无论就心性论或天道论而言，孟子都有不少创造性的阐释或发挥，尤其将“性”“命”“天”联系在一起而强调“立命”的重要，认为人的心性中已包含了万物之理，则可说他与孔子一前一后，都充分地肯定了人的主体地位的重要，但又都将人的存在的价值之源上溯至形上超越的“天”，从而开创了中国文化即存在即超越的人文主义发展方向。无怪乎陆象山要大加称道：“夫子以仁发明斯道，其言浑无罅缝。孟子十字打开，更无隐遁。盖时不同也。”[②] 而汉代董仲舒的“天人感应”说，似亦为“天人合一”说的另一种表达形式。[③] 他所谓“天亦有喜怒之气，哀乐之心，与人相副，以类合之，天人一也”[④]，则“天”不仅在情感意志上与“人”一样，是有喜怒哀乐之情的，而且更在存在的本原上同“人”一样，是可归属为一类的，所以，“人”与“天”并非特不隔阂或互不相关，反而本来一体并息息相通，实已形成了“天人合一”说的早期模式。这一模式尽管缺乏心性论的哲理奠基，较少人的道德自觉心的点醒或提撕，难免不有一种以灾异附会人事的神秘主义色彩，但由于更多地突出了以阴阳五行等一系列范畴建构起来的有机宇宙论思想，仍表现出一种特有的恢宏阔大的精神气象，而与汉代大一统帝国文化的声威气势相契应。

由两汉而延至北宋，中国文化再度进入了复兴先秦儒学——孔孟之教——的重要历史时期。其中最突出者，即北宋五子（周敦颐、邵雍、张载、二程）通过《论语》《孟子》《大学》《中庸》《易传》等一系列儒家经典的再诠释与再发挥，均在形上学与宇宙论方面展开了各种不同向度的思想言说，形成了较为系统和颇有哲理思辨特征的“天人合一”思想，同时也为儒学的发展注入了新的时代气息，赋予了新的生命内容。与

---

① 焦循：《孟子正义》，中华书局 1987 年版，下册，第 877、882 页。

② 陆九渊：《陆九渊集》卷三十四，中华书局 1980 年点校本，第 398 页。

③ 汤一介：《“天人合一”学说及其意义》，载《汤一介哲学精编》，北京联合出版公司 2016 年版，第 452—463 页。

④ 董仲舒：《春秋繁露·阴阳义》，引苏舆《春秋繁露义证》，中华书局 1992 年版，第 341 页。

之相关的评价或看法历来颇多，或可以谢无量之说为代表，不妨具引如下：

> 中国哲学，当以宋代为极盛。盖古之儒者，讲修齐治平之道，或详于人事，而略于宇宙之本原。宋儒始明人性与宇宙之关系，立理气心性之说，不仅教人以实践，且进而推求其原理，故有以立其大本，而教义日密，至是乃有性理之学，然亦时势有以致之。①

“宇宙本原”的问题，先秦两汉儒者虽未必就毫无涉及，但的确至宋儒始愈加邃密化和系统化，并与人的内在心性联系在一起，结合主体道德精神的自觉和实践，展开了各种各样饶有意趣的学理化讨论，在“心”“性”“理”“气”等一系列问题上贡献殊多，显示儒家正统理论实具有其他世俗学说所不具备的宗教意涵，形成了与西方文化明显有别的内向超越的性格特征，同时也有效地阻挡了世界的“脱魅”化进程。北宋五子若论其理学成就，可说是各放光芒异彩，然如言开创之功，则不能不首推周敦颐。周子（1017—1073，字茂叔，号濂溪，谥元公），在北宋五子中，虽“著书最少，而诸儒辩论则惟周子之书最多”②，乃是儒学发展史上必须时刻面对的重要历史人物。其中评价最高者，甚至认为他的“书不足五千言，却是儒学复兴史上第一要籍”③，影响不能不说是既深且远。故历来推其为理学之开山，亦少见学者有异辞。④

作为宋代理学的早期创辟人物，周敦颐不仅独辟蹊径，历史性地开辟

---

① 谢无量：《中国哲学史》，载《谢无量文集》第2卷，中国人民大学出版社2011年版，第340页。

② 永瑢：《四库全书总目》“子部儒家类”《周子抄释》条，中华书局1965年版，上册，第792页。

③ 韦政通：《中国思想史》，下册，上海书店出版社2003年版，第733页。

④ 周敦颐对二程、朱子影响之大，殆不必多言，即对后来晚出之阳明，沾溉亦颇为深厚。阳明尝自谓：“某幼不问学，陷溺于邪僻者二十年，而始究心于老、释。赖天之灵，因有所觉，始乃沿周、程之说求之，而若有得焉。”即可见他之所以由释、道两家转入儒学正途，实多受周子及二程之启发。足证周子影响之既深且大，可谓涵盖了整个宋明理学发展。阳明之说见《王阳明全集》卷七“文录四”之《别湛甘泉序》，上海古籍出版社1992年版，上册，第231页。

了一条援道入儒[①]，重建儒家形上学及宇宙论思想体系的道路，打通了“人道”与“天道”的固有内在联系，而且也力图解决价值与存在的统一及人的德性如何可能的问题，希望引导现实社会朝着更加秩序化的合理方向发展，从而实现安身立命的终极价值与人生意义。伊川所谓“圣人本天，释氏本心”[②]，无论自觉或不自觉，实已道出与天道观有关的形上学与有机宇宙论在北宋儒者心目中的地位和分量，遂不能不以此作为区分儒佛两家思想立场的一大衡量标志，突出地反映了儒家学者要将天理或天道落实于人间社会的价值维度和实践路径[③]。可见无论天道观或宇宙论，都是北宋儒家哲学讨论的重要问题，而开风气之先的人物，自然首推周敦颐。

然而严格地说，宋儒重“天”，未必就完全轻“心”，治心与治世打成一片，始终都是他们努力的一大方向，只是彻底建立心性论以统摄天道观，仍要经陆象山折入王阳明才能最终完成。但如果追本溯源，则可说周敦颐的思想中已内含着极为深刻的“天人合一”意蕴，目的则是一方面要通过天道宇宙观来肯定自然世界的存在，一方面又要凭借道德形上学来肯定政治文化世界的存在，希望能够以尽“人”合“天”的方式来重建儒家久晦未彰的道统。这就决定了他无疑是上承孔孟[④]，下启程朱的重要历史性人物，诚如清人黄百家所说：“孔、孟而后，汉儒止有传经之学，性道微言之绝久矣。元公崛起，二程嗣之，又复横渠诸大儒辈出，圣学大昌。故安定、徂徕卓乎有儒者之矩范，然仅可谓有开之必先。若论阐发心

---

① 宋明儒代表人物之立说，尽管均坚持儒家价值立场，但仍多受释、道两家影响，难免不显得“博杂”。周敦颐之援道入儒，即为其中一例，惜限于篇幅，暂无从展开讨论。方东美：《中国哲学之通性与特点》，载《方东美全集》，黎明文化公司2005年初版，第149—50页。

② 程颢、程颐：《河南程氏遗书》卷二十一下“附师说后”，《二程集》上册，中华书局1981年版，第274页。

③ 张新民：《儒释之间：唐宋时期中国哲学思想的发展特征》，《文史哲》2016年第6期。

④ 周敦颐上承孔孟之说，或因其思想羼杂道家成分颇多，今人或有不以为然者。但前人以周子接续孔孟道统之说者，可谓屡见不鲜，例如王阳明便有言云：“颜子没而圣人之学亡，曾子唯一贯之旨传之孟轲，终又二千余年而周、程续。”周敦颐上承孔、孟之说，实乃前人之历史性共识，不可因今人之异议，随意更改。阳明之言参见《王阳明全集》上册，卷七“文录四”之《别湛甘泉序》，上海古籍出版社1992年版，第230页。

性义理之精微，端数元公之破暗也。”[①]

周敦颐曾“作《太极图》，究万物之终始，作《通书》，明孔孟之本源，有功于学者甚大，而其他诗文亦多精粹深密，有光风霁月之概”[②]。可见他既怀抱强烈的哲学形上学探求兴趣，又自觉地以发皇孔孟道统为己任，二者相互配合，贡献发明甚多，实代表了宋明理学发展的早期方向。其中尤宜注意者，他曾盛赞：“道德高厚，教化无穷，实与天地参而四时同，其惟孔子乎？”[③] 可见他已自觉到隐含在孔子思想中的“天人合一”基本精神诉求，并力图透过形上学及宇宙生成论等诸多理论问题的阐发，将儒家的理想人格提升至与“天道”相配的至高境界，高扬了“人道”应与“天道”统一的儒家人文精神，明显具有“天人合一”的宇宙本体论言说取向。而自宋儒揭出“天人合一”之旨以后，历代学者讨论颇多，贡献发明亦不少，然追本溯源，仍可说滥觞于先秦，大盛于宋明，遂形成了极为系统的天道观与心性论，反映中国哲学思想始终内含着丰富的宗教意蕴，绝非其他任何肤浅的俗世学说能够比况。其中周敦颐承上启下之功，尤为显得重要；惜其“天人合一”思想，历来少见学者论及，故乃钩稽各种史料，逐层述之如下。

二　人在宇宙生成论中的自我定位

周敦颐在《太极图说》中，以宇宙生成作为形上本体流行发用的基础，阐发了由无极而太极，亦即从宇宙化生万物到人的生成，乃至圣人在天地中以“中正仁义”挺立自我生命，达至“主静立人极”的即本体即实践的最高境界。而“道即太极，太极即道，以通行而言则曰道，以极

---

① 黄宗羲：《宋元学案》卷十一《濂溪学案上》“黄百家案语”，中华书局 1986 年版，第 1 册，第 482 页。

② 永瑢：《周元公集·提要》，参见文渊阁《四库全书》集部三《周元公集》影印本。按：检读《四库全书总目》卷一五三“《周元公集》”条（中华书局 1965 年版，下册，第 1323 页），未见上引文字内容，或馆臣乃出于汉学立场偏见，遂在提要结集时径将其删去。又文中之《太极图》当作《太极图说》，盖《太极图》乃得自道教，《图说》则为周子新撰，二者既有联系又有区别。

③ 周敦颐：《通书·孔子下第三十九》，《周敦颐集》卷之四，岳麓书社 2007 年版，第 83 页。

至而言则曰极，以不杂而言则曰一，岂有二耶”[①]？因此，从“太极”到“人极”，实即从“天道”到“人道”，“人”“天”关系遂得以浃然贯通，人不再是宇宙天地间孤荒的存在，宇宙生成论及形上思想的最终落脚点依然离不开人，反映出明显的“天人合一”价值言说取向。兹具引《太极图说》的说法如下：

> 无极而太极。太极动而生阳，动极而静，静而生阴，静极复动。一动一静，互为其根；分阴分阳，两仪立焉。阳变阴合，而生水、火、木、金、土。五气顺布，四时行焉。五行一阴阳也，阴阳一太极也，太极本无极也。五行之生也，各一其性。无极之真，二五之精，妙合而凝。乾道成男，坤道成女。二气交感，化生万物。万物生生而变化无穷焉。惟人也得其秀而最灵。形既生矣，神发知矣，五性感动而善恶分，万事出矣。圣人定之以中正仁义，而主静立人极焉。“故圣人与天地合其德，日月合其明，四时合其序，鬼神合其吉凶。”君子修之吉，小人悖之凶。故曰：“立天之道，曰阴与阳；立地之道，曰柔与刚；立人之道，曰仁与义。”又曰：“原始反终，故知死生之说。”大哉《易》也，斯其至矣！[②]

“太极”之名，当本于《易·系辞》。而周子之所谓“太极者，如屋之有极，天之有极，到这里更没有去处，理之极至也”[③]。以“无极”为原型本源，或者说从“无极而太极”出发，分析宇宙自身及天地万物的生成、变化、发展过程，周敦颐以“生生”为根本原则，建立了他的一整套天人相贯互通的解释模式。

在周敦颐看来，宇宙的生成是从“无”开始的，“上天之载，无声无臭，而实造化之枢纽，品汇一根柢”[④]。“无”超越一切对待，既是大全又是无限，不能范畴亦难以范畴，体现了宇宙混沌不分潜藏无尽能量的原

---

① 曹端：《太极图说述解》序，《曹端集》卷一，中华书局2003年点校本，第2页。

② 周敦颐：《太极图说》，《周敦颐集》卷之一《遗书》，岳麓书社2007年版，第5—8页。

③ 黎靖德：《朱子语类》卷九十四《太极图说》，岳麓书社1997年版，第3册，第2133页。

④ 周敦颐：《太极图说》，《周敦颐集》卷之一《遗书》，岳麓书社2007年版，第5页。

质，总是具有生生化化的必然性和普遍性。由“无”而“有”，实即由“无极”而“太极”[①]。“有”与“无”并非相互否定，而是彼此化合，构成一体，创生万物。因此，“无极”也是满含着无限势能的隐蔽性存有，能够以“天命流行”的方式表现为“太极”，所以，“无极”较之“太极”更具有先在性，“太极”较之“无极”则有展开性。“无极”与“太极”只是一体之两面，决然不可区分为两物。以“无极”置前以说明或凸显“太极”，只是强调其自身即为自发性的动力和自然而然的主宰。所以，所谓“先在性”与“展开性”，亦只是存在之状态而非逻辑之关系。如同“无”中能生“有”一样，“无极”亦能转化为“太极”。而“无极”与“太极”，本质上仍为一体。故“太极之妙，不属有无，不落方体”[②]，更“非是别为一物，即阴阳而在阴阳，即五行而在五行，即万物而在万物，只是一个理而已”[③]。如果说“无极”是隐蔽着的秩序结构或原型的本体的话，那么“太极”则为有待显象的秩序结构或必将展开的本体，即所谓“太极者，象数未形而其理已具之称，形器已具而其理无朕之目”[④]。故“‘无极’表‘超越义’（即‘本体’超越现象界），而‘太极’表‘创生义（即本体又生现象）”[⑤]，前者可以是纯粹形上的“理”，后者则必须凭借经验的形下的“气”。但“无极”与“太极”一体，“理”与“气”亦不可二分，二者尽管均为一体之两面，但却同时兼有了“超越”与“创生”二重含义。因而由“无极”而展开的“太极”，亦不可能脱离“生生”的宇宙根本法则，必然充满了原初的活泼生命劲

---

① “太极”之前复安立一“无极”，显然与道家以“无”为本之形上学颇为相近，故陆九渊曾批评周敦颐非“儒”而为“道”。针对陆氏之说，朱熹尝有回应称：“伏羲作《易》，自一画以下，文王演《易》，自乾元以下，皆未尝言太极，而孔子言之。孔子赞《易》，自太极以下，未尝言无极也，而周子言之。夫先圣后圣岂不同条而共贯哉？若于此有以灼然实见太极之真体，则知不言者不为少而言之者不为多矣。何至若此之纷纷哉？”当一并参阅，知所根据。朱说参见《晦翁集》卷三十六《答陆子静书》，《朱子全书》，上海古籍出版社、安徽教育出版社 2002 年版，第 21 册，第 1567 页。

② 朱熹：《晦翁集》卷三十六《答陆子静书》，《朱子全书》，上海古籍出版社、安徽教育出版社 2002 年版，第 21 册，第 1568 页。

③ 黎靖德：《朱子语类》卷九十四《太极图说》，岳麓书社 1997 年版，第 3 册，第 2130 页。

④ 曹端：《太极图说述解》序，《曹端集》卷一，中华书局 2003 年点校本，第 1 页。

⑤ 劳思光：《新编中国哲学史》第 3 卷上，广西师范大学出版社 2005 年版，第 72 页。

气，能够产生阳与阴，可以区分为动和静，而无论阴阳或动静，都为“无极”或“太极”所总摄。

与董仲舒“天地之气，合二为一，分为阴阳，判为四时，列为五行”的说法类似[①]，在周敦颐看来，即使“太极”所展开后所内含的阴阳或动静，亦都既有“理”又有“气”，二者虽有区分，又合为一体，能够交感，互为其根，不能不是万物产生的基础或泉源。进而言之，则可以凭借生生化化的方式，产生水、火、木、金、土五行，最终则由“五气顺布，四时行焉”，以及“在天成象，在地成形，变化现见矣”[②]，形成生息不已、变化无穷的现象世界。也就是说，宇宙生成秩序的具体节律化运作，必须凭借理气交相融合必然展现的力量动因，透过阴阳、五行、四时等一系列过程，才能产生“万物生生而变化无穷”的现象，并按照其不同的性质、类别、功用等，形成林林总总复杂万千的客观事物。但如果逆溯其形而上的宇宙论根源，则都是“无极”而“太极”的展开，是本体既超越又创生，最终显现为形形色色的现象世界的必然性结果。

从“无极”而“太极”，从“太极”到“阴阳”，再从“阴阳”到“五行”，从“五行”到“四时”，从“四时”到“万物”，既有时间系列中的运动，也有空间系列中的展开，一个现象的变化总会引起另一个现象的变化，而“太极”则在其中涵盖一切变化，说明任何变化都不可能脱离宇宙时空一体的整体性结构。如果略去上述变化可能存在的一些中间细节，便不难看到，周敦颐的有机宇宙论解释模式乃是不断生成和变化的，即有着实体的宇宙变化现象为其内涵来加以适当的观察和判断的，当然也是与“生生之谓易”（《周易·系辞》）的《大易》精神契合一致，即可以从中抽象出无所不在的活泼生命创化力量来加以肯定与总结的。这当然便是“化育流行”，万物“各正性命”的生物成物过程，可见“太极生生

---

① 董仲舒：《春秋繁露·五行相生》，引自苏舆《春秋繁露义证》，中华书局1992年点校本，第362页。

② 《周易·系辞上》，《白文十三经》，黄侃手批，上海古籍出版社1983年版，第38页。以下凡《周易》，均夹注于正文之中。

之理，妙用无息，而常体不易”[①]，既是充满了生机或创化活力的大全式整体，又可展开或落实于具体的个别的万事万物之中。无论天地万物如何生成变化，现象界的事物如何纷纭复杂，都无不为“太极”所总摄，归本于尚未分化的“太极”，因而也可说“本只是一太极，而万物各有禀受，又自各全具一太极尔。如月在天，只一而已”[②]。从万物生化创进的视域出发，穷根究底地追溯其形而上的来源，则可说万物无一不以“太极”为体，“太极”又以“无极”为体，超越性离不开创生性，创生性即寄寓于超越性，“无极”而“太极”乃是宇宙天地及万事万物的总源头。所谓“五行”“四时”等，虽各有其性，然都来源于原型的“太极”，归本于更本源的“无极”，也就是周敦颐所强调的“无极之真，二五之精”。可见他讨论万物生成变化的过程，主要植根于总摄一切的超越性形上创生本体，实有一宏大的有机宇宙论结构解释学背景。

万物的创化演进过程尽管极为复杂，但万变不离其宗，都可溯源至形而上的“无极”本源，都为形上的本体世界即所谓“隐蔽的序”所决定。“隐蔽的序”绝非意味着世界之外尚别有一创造万物的人格化主宰，而只是强调本体世界虽无形而实有其生化不已之原理。因而由“无极”而“太极”所要突出的正是造化流行之体的展开，都不能不以“生生”为其存在的根本原则，具有“形生”“神发”的无限妙用，能够外化为形下的现象世界即所谓“显象的序”。因此，也可说“莫知所以然而然，即所谓理也，所谓太极也。以其不紊而言，则谓之理；以其极至而言，则谓之太极。识得此理，则知一阴一阳即是万物不贰也”[③]。具体而言，即“性为之主，阴阳五行为之经纬错综，又各以类聚而成形，则天下无性外之物，而性无不在焉”[④]。“显象的序”既有形又有理，当然就能表现为万事万物的自然秩序规则，同时也透过人性固有的理性秩序原则，显象为可观察和

① 王守仁：《陆静原书》，《王阳明全集》卷二“语录二”，上海古籍出版社1992年版，第64页。

② 黎靖德：《朱子语类》卷九十四《通书》，岳麓书社1997年版，第3册，第2165页。

③ 黄宗羲：《太极图讲义》，引自《宋元学案》卷十二《濂溪学案下》，中华书局1986年版，第1册，第499页。

④ 曹端：《太极图说述解》，《曹端集》卷一，中华书局2003年点校本，第15页。按原书标点断句有误，已据文意厘定改动。

经验的伦理生活秩序。

“万物生生而变化无穷”，作为宇宙生存论的第一序，当称为“天叙”或“天秩”[①]，或者说“生之本皆太极焉”[②]，必然在最本源的深处决定或影响着人的生存和生活方式，因为天地之间“惟人也得其秀而最灵”；而人之所以“最灵”，则是因为人既有“形”又有“神”，能够做到神变形合，感而互通，可以发动为与“性灵”有关的觉知，表现为实存主体的实践行为。正如程子所言：“天地之间，感应而已，尚复何事”[③]；何况“天地万物与人原是一体，其发窍之最精处，是人心一点灵明”[④]，必然能够“心会太极体用之全，妙（应）太极动静之机”[⑤]。因此，尽管周敦颐主要关注宇宙论，而较少涉及心性论，或许可能淡化了人的主体性，但从他的哲学形上学视域出发，仍可见人与天地万物同为一大生命系统，不仅在宇宙生成论上本来一体同源，甚至相互之间亦有必须共同遵行的本体论原则。尤为重要的是，人作为能够开创生活世界的行为主体，当然能够自觉形上道体与自身生命存在的不可分割，可以积极主动地建构价值与伦理的人文教化世界，存有与价值遂因主体的活动获得了统一，本体论与道德论亦因此而产生了深刻的关联，形上世界与形下世界浃然打成一片，即所谓“定之以中正仁义，而主静立人极焉”[⑥]。“中”既是本体又是方法，不仅体现了至善的人性，能够上契形上超越的天道，同时也可转化为生命的实践性行为，开出道德经验的世界。而“中”即是“正”，“正”即是“中”，“中”与“正”不仅可以互训，而且根本就是一体。因而由“中”的本体发出的道德实践行为，必然是“正”而不“偏”，能够实现德性生

---

① 程颢、程颐：《河南程氏遗书》卷二十一下“附师说后”云：“书言天叙，天秩，天有是理，圣人循而行之，所谓道也。”文中之“天叙”“天秩”本此，参见《二程集》，中华书局1981年版，上册，第274页。

② 曹端：《太极图说述解》序，《曹端集》卷一，中华书局2003年点校本，第1页。

③ 程颢、程颐：《河南程氏粹言》卷下“天地”，《二程集》，中华书局1981年版，下册，第1226页。

④ 王守仁：《传习录下》，《王阳明全集》卷三“语录三”，上海古籍出版社1992年版，上册，第107页。

⑤ 曹端：《太极图说述解》序，《曹端集》卷一，中华书局2003年点校本，第2页。

⑥ 朱熹解释“中正仁义”之“中正”二字，以为“中者，礼之极；正者，智之体”；又认为“中正尤亲切，中是礼之得宜处，正是智之正当处”，当一并参阅。参见《朱子语类》卷九十四“《太极图说》”，岳麓书社1997年版，第3册，第2140页。

命固有的仁义价值，达致“人道”与“天道”一体不二的终极性价值目标的。以此为衡量标准，一切人间社会的纲常伦理秩序，都必须以符合宇宙生化创进的基本原则为前提，以贯穿于天地宇宙与人伦实践的“中正”精神为价值发展方向，成为有本体可据或准则可寻的发而中节的“活”的生活秩序。所以，“立人之道，曰仁与义”，也就成了与天地创进精神相配合的，有着深刻的形上本体论根源的，与人的存在方式密不可分的第二序原则，而与第一序的“天叙”“天秩”相契应，当称为“人伦”“人秩”，体现了“天道”“天理”落实于人间社会的秩序化价值基础，蕴涵着人与真实的世界和谐相处的目的诉求。

周敦颐言“天”而不离“人”，言“人”亦必联系“天”，“天道”与“人道”不可须臾分离，第一序的“自然法”和第二序的“人文法”也不能相互区隔。因而人要在天地之间为自己定位，看到“立天之道，曰阴与阳；立地之道，曰柔与刚；立人之道，曰仁与义”的相通性与一致性，即尽管存在着天、地、人“三才之别，而于其中又各有体用之分焉，其实则一太极也”①。既然人与天地万物都无不统归于整体而大全的终极性“太极”，作为有主体自觉精神的人，当然就应该做到“与天地合其德，与日月合其明，与四时合其序，与鬼神合其吉凶，先天而天弗违，后天而奉天时，天且弗违，而况于人乎？况于鬼神乎？”（《周易·乾卦·文言》）这明显是一种以“人”合“天”的哲学思想分析进路，如同孟子所说：“夫仁，天之尊爵也，人之安宅也”②，前提是人必须以仁义为根本，首先在道德形上学上有所立根，然后才可能在宇宙论上与天道契应一致，缺少了“仁”便意味着背离了“人”与“天”一体不二的统一性基础。更直接地说，即“人类万物，其始同一本原”，而“人类所以为万物中最灵秀者，以独禀仁义礼智信五性，故异于他动物，此亦性善存于先天之说”③。至于“原始反终，故知死生之说”云云，则可以明代大儒曹端之诗为解：“阴阳二气聚时生，到底阴阳散时死；生死阴阳聚散为，古今

---

① 曹端：《太极图说述解·太极图说》，《曹端集》卷一，中华书局2003年点校本，第19页。

② 焦循：《孟子正义》，中华书局1987年版，上册，第239页。

③ 谢无量：《中国哲学史》，载《谢无量文集》第2卷，中国人民大学出版社2011年版，第349—350页。

造化只如此。”[①] 造化流行不已，何尝有一刻休息？而人既能反本归元，亦必能把握生死大法。故“《太极图》首尾相因，脉络贯通，首言阴阳变化之原，其后即以人所禀受明之”，最后“至圣人定之以中正仁义，而主静立人极焉，则又有以得乎太极之全体，而与天地混合而无闲”[②]。换成现代的表述，即“前半是纯哲学，后半是实践哲学；前半形而上，后半形而下。然形上形下，一以贯之，非为二截……”[③] 不能不说是突出地反映了“天人合一”的一贯思想。

毫无疑问，周敦颐主要是继承和发挥了《易传》及《中庸》的思想，才建立起了他的有机宇宙论哲学思想形态的。从“无极”到“太极”再到“人极”，他不仅建立起了其相互之间的关联性，为道德论赋予了强烈的有机宇宙论色彩，突出了人类伦理社会生活及其行为规范与天地万物大化流行的一体不二，而且还以“立人极”的方式直下贞定了现实世界人的建构活动的重要，表现出一种与佛教否定世俗人伦生活迥然不同的人生态度，展示了孔孟之后儒学再度由晦而彰即将蓬勃发展的生命新气象。正是基于这一意义脉络，当然可以说“《太极图》只是一个实理，一以贯之”[④]。而由“天道”下贯为“人道”，“天理”亦必落实于“人伦”，无论“人道”或“人伦”，都自有其宇宙本体论的来源和基础。即使个体化的人也在究极根源处与宇宙万物是一个整体，就创造的潜力而言则必与天地生物成物之理同构。周敦颐的形上学与有机宇宙论所要建立的，仍是一个与“理”相合的“道义”的世界。他所要建构的人间秩序固然是人伦道德化的秩序，但也未尝不是在宇宙整体秩序中定位了的充满了创造活力的秩序，尽管人间秩序的建构活动除了寻找“天道”的超验的形上根源外，尚有必要进一步开拓与人性有关的经验的主体性基础。而《太极图说》一书，后人考镜学术源派，甚至视为“道学之本源”，评价不可谓不

① 曹端：《太极图说述解·死生诗》，《曹端集》卷一，中华书局2003年点校本，第22页。

② 黎靖德：《朱子语类》卷九十四《太极图说》，岳麓书社1997年版，第3册，第2144页。

③ 谢无量：《中国哲学史》，载《谢无量文集》第2卷，中国人民大学出版社2011年版，第349页。

④ 黎靖德：《朱子语类》卷九十四《太极图说》，岳麓书社1997年版，第3册，第2125页。

高，揆之宋明理学发展的实际，亦未必不符合历史的客观事实。先秦儒学正是首先经过他的创造性的再解读和再发挥，遂一改上千年的沉寂而成为宋明理学的源头活水。

三 “理”“性”“命”三者的互贯互通

《太极图说》特别拈出“太极”为说，如论周子的中心思想旨趣，仍不能不是其中之“实理”，乃是宋代以来多数学者的共识。例如，陆象山便明白指出：“太极者，实有是理，圣人从而发明之耳，非以空言立论，使后人簸弄于颊舌纸笔之间也。”① 明儒曹端也认为：“太极，理之别名耳。天道之立，实理所为，理学之源，实天所出。”“微周子启千载不传之秘，则孰知太极之为理而非气也哉？且理语不能显，默不能隐，固非图之可形，说之可状，只心会之何如耳。”②“天”在周敦颐这里既是形而上的本体，又是一切价值的总源头。“理”亦为与一切存在及其生生不息的运作活动合为一体的“活理”，而非脱离一切存在纯粹抽象或形式化了的“死理”。“死理”固然可以孤悬于空中，完全不食人间烟火，“活理”则必然内具于人性之中，能够转化为人的道德实践。宇宙是有机的而非机械的，生命也是有机的而非机械的。人只有回归生生不已的“天道”，才能激起“人”“天”一体的德性生命活力。整个宋代理学活动既重视形上超越的“天道”或“天理”，又关注人类社会及其道德实践活动的“伦秩”或“伦理”，从哲学本体论的层面进行分析，显然都无不将世间价值的终极源头溯至与“天道”“天理”“天德”有关的形上本体，而从历史发展的层面观察，又往往受到了《太极图说》以“实理”贯通人天关系深刻而久远的沾溉或影响。宋明理学建立了一个庞大系统的“理”世界，其发端应始于周子“天道”“人道”一理贯通之说。

与《太极图说》主要透过宇宙生成论表达了“天人合一”的思想略有不同，《通书·理性命》章则以“一”与“多”辩证统一的方式，阐述了万物一体的理论主张。前人称“先生学由天授，道得心传，而力行

① 陆九渊：《与朱元晦》，《陆九渊集》卷二“书”，中华书局1980年点校本，第23页。
② 曹端：《太极图说述解》序，《曹端集》卷一，中华书局2003年点校本，第1、2页。

尤笃，其妙具于《太极图》是心造化之妙，手造化之真，而《通书》之言，亦发此图之蕴也。程先生兄弟之语性命，亦未尝不因其说”①。可见《通书》（原名《易通》）撰作的目的，“皆是发明《太极》，书虽不多，而统纪已尽”②，尽管前者较多关注立身行事的修养工夫，后者的重点则为形上学与宇宙生成论③，但二者之间仍存在内在关联性，似不可轻易加以否定。故不妨试看《通书》的具体相关说法：

> 阙彰阙微，匪灵弗莹。刚善刚恶，柔亦如之，中焉止矣。二气五行，化生万物：五殊二实，二本则一。是万为一，一实为万；万一各正，大小有定。④

上引文字，实涉及“理”“性”“命”等多方面的同题，亦构成了宋明儒建构学理思想的中心范畴，而以朱熹的综合系统阐发最畅，但沿波讨流仍当溯至周子。

从“理”上看，“道”固然有显有隐，但如果离开了人的至灵本心，当然便无从了然察照。同样，“万物皆有理，若不知穷理，如梦过一生”⑤。如同万物之生必有其“性”一样，万物之成也莫不有“理”。万物既是“性”之展开必有的现象，也是“理”之落实必有的结果。“理”与“性”不可分割，二者依然是一体之两面，正如理与太极浃然一体，不可分割一样。“理”固然即为纯粹的善性，但仍有大小精粗之分，反映在人事中，例如忠孝仁义等，则不能不有各种伦理节目，都有赖于“人心太极之至灵”的自觉行为，才能确保其既在“气”中又不受“气”的干扰，并透过“气”的形态多样的运动，以动静合一的方式如实地呈现或敞亮，实现“理”与“性”一体不二的生命实践活动，达致道德实践

① 曹端：《太极图说述解・太极图题注》，《曹端集》卷一，中华书局 2003 年点校本，第 4 页。

② 黎靖德：《朱子语类》卷九十三《孔孟周程张子》引汪瑞明语，岳麓书社 1997 年版，第 3 册，第 2119 页。

③ 韦政通：《中国思想史》下册，上海书店出版社 2003 年版，第 735 页。

④ 周敦颐：《通书・理性命第二十二》，《周敦颐集》卷四，岳麓书社 2007 年版，第76 页。

⑤ 张载：《张子语录》中，《张载集》，中华书局 1978 年点校本，第 321 页。

的理想化终极目标。

就“气质之性”而言，与“天命之性”本属形上“至善”之境，具有先天本然的合理性，乃是人之所以为人的本质规定性，能够转化为道德实践源源不断的内在动力不同，形下之“气”尽管为人后天禀受，但既然有阴有阳，有动有静，则必然影响人的存在状态，从而产生“气质”方面的差异，出现违背人性本源固有之理“过”与“不及”的偏失，产生善与恶的对立或区分，引发如何涵养本源之性以变化气质，不断回归本体真实并提升生命境界，时刻防范偏离人性本源以致丧失自我主宰能力的问题。① 例如，朱子后来便有所发挥地说：“智愚贤不肖，是其所禀之气有清浊美恶之不同也。”② 前引《太极图说》也提到“五性感动而善恶分”，明显是讲人的特殊具体的“才性”或“气质之性”，而非普遍抽象意义上的“本性”③，但仍可见周敦颐的宇宙论与价值论是相通的，只是价值的标准离开了人便无从体现。因此，他又特别强调“圣人立教，俾人自易其恶，自至其中而止矣”④，亦即“以仁义中正教导众人，使各复其善”⑤。这样才能做到“刚柔皆善，有严毅慈顺之德，而无强梁懦弱之病”⑥。于是人的存在价值与形上的“天道”，遂得以浃然相贯相通；人与天地乃至更原初的“太极”，亦合为不断创化演进的一体。而立足于天、地、人三才的角度，则可说“人道”的仁与义，较之“天道”的阴与阳，“地道”的柔与刚，其相互之间也有着极为对应的存在关系，内含了宇宙

① “性善论”主要始于先秦时期的孟子，以后宋儒阐发愈加深邃细密，而以张载率先区分“天命之性”与“气质之性”，最有功于儒门。周敦颐虽未明确提出“气质之性”的概念，然比对张载的说法：“大凡宽褊者，是所禀之气也。气者自万物散殊时各有所得之气，习者自胎胞中以至于婴孩时皆是习也。……是人之性虽同，气则有异，天下无两物一般，是以不同。”均可说是受到周敦颐的启发而进一步发挥之。张载之说参见《张子语录》下，《张载集》，中华书局1978年点校本，第329—330页。

② 朱熹：《晦翁集》卷六十二《答李晦叔书》，《朱子全书》，上海古籍出版社、安徽教育出版社2002年版，第23册，第3014页。

③ 劳思光：《新编中国哲学史》第3卷上，广西师范大学出版社2005年版，第84页。

④ 周敦颐：《通书·师第七》，《周敦颐集》卷之四，岳麓书社2007年版，第69页。

⑤ 谢无量：《中国哲学史》，载《谢无量文集》第2卷，中国人民大学出版社2011年版，第350页。

⑥ 周敦颐：《通书·师第七》所附朱熹注语，《周敦颐集》卷之四，岳麓书社2007年版，第76、69页。

生成论的深层根源，可称三位一体或一体三位。因而必须以“人”合“天”，才能德配天地。

依据“命”立论，则“太极”既是生化的本源，当然就能显现为“二气五行”的展开形态，透过氤氲交感的方式来生化万物。周敦颐既说“太极”，同时又说“中焉止矣”，而“极者，中也”[①]，可证“中焉止矣”也可以“太极”释之。因此，“太极”既然有“实理”，“人性”亦必然有“实理”，得“天道”与“人性”相通相贯之“正”，本质上即是得“中”，既得“中”则必然得其“理”，同时就意味着与“太极”生生化化之妙用合成了一体，从而展现了“人”“天”一体的完整性生命大全，表现出无限活泼的创化生机力量。而“二气五行，天之所以赋受万物而生之者也”，凡天之所授，即可称之为“命”。可见“命”不仅与“性”构成了一体两面的渗入关系，而且更反映了万物总是受到“性”的先天牵引或限制的复杂分殊存在方式。故“自其末以缘本，则五行之异，本二气之实”“二气之实，又本一理之极”[②]。所谓“五殊二实”云云，不过强调“分而言之有五，总而言之只是阴阳”。之所以下一“分”字，亦非“割成碎片去，只如月映万川相似”[③]。因此，“阴阳是气，是分殊原则；太极是理，是统一原则”[④]。分殊原则实即个体化原则，只能是“多”；统一原则亦可称为整体性原则，必然是“一”。“一”“多”关系也是整体化与个体化互融互摄一体不二的关系。所以，一理能够化为二气，二气可以化为万殊，即所谓“二气五行刚柔万殊，圣人所由惟一理，人须要复其初”[⑤]；反过来，“二气之实，又本理之极”[⑥]，“穷至于物理，则渐久后天下之物皆能穷，只是一理”[⑦]。阴阳

---

① 陆九渊：《与朱元晦》，《陆九渊集》卷二“书”，中华书局1980年点校本，第23页。

② 以上均参见曹端：《通书述解》卷下《理性命第二十二》，《曹端集》卷二，中华书局2003年点校本，第76页。

③ 黎靖德编：《朱子语类》卷九十四《通书》，岳麓书社1997年版，第3册，第2164页。

④ 刘述先：《理一分殊》，上海文艺出版社2000年版，第2页。

⑤ 程颢、程颐：《河南程氏遗书》卷六“二先生语六”，《二程集》，中华书局1981年版，上册，第83页。

⑥ 曹端：《通书述解》卷下《理性命第二十二》，《曹端集》卷二，中华书局2003年点校本，第76页。

⑦ 程颢、程颐：《河南程氏遗书》卷十五“伊川先生语一”，《二程集》，中华书局1981年版，上册，第144页。

交感，必然“气化流行，生生不息”[①]，但如果追溯其终极性的形上本体根源，则仍不能不为充满了实理的“太极”所涵摄。

在周敦颐的形上学与宇宙生成论的义理系统中，“一”即“太极”，“太极”即“一”，均指能够流行发用的形上“天道”本体。故《通书》“中焉止矣。二气五行，化生万物，五殊二实，用二本则一”云云，诚如陆象山所说，凡其“曰一，曰中，即太极也”[②]，则“太极”之“极”本亦可释为“中”，本身即为涵盖两端的整体或大全，如《中庸》所谓“致中和，天地位焉，万物育焉”，显然也代表了天地间无处不在的创化力量，同时也是万物蓬勃生长的终极性原因，体现了最高的立体的平衡与和谐的“天道”化育原则。终极性的形上道体固然只能是“一”，但却能开显为现象界形形色色的“多”，反映本体（太极）与现象（万事万物）之间，实具有不即不离的密契关系。所以，不仅“人”与“天”可以合一，即“价值”与“存在”亦能互融。甚至“理”“性”“命”三者，究其终极性的本源，也无不互贯互通。易言之，即“理也，性也，命也，三者未尝有异。穷理则尽性，尽性则知天命矣。天命犹天道也，以其用而言之则谓之命，命者造化之谓也”[③]。人的生命创造实践活动与“天道”的大化流行本质上是一体的。人与其他动物的不同，即在其能自觉此“天命”，并依此“天命”主动进行实践，以“参赞化育”的方式实现人及万物各自应有的生命价值，从而真正做到“人”与“天”的本体论意义上的合一。具见“理”“性”“命”三者之所以能合为一体，仍不能不以人的道德实践活动为必要前提。[④] 只有凭借长久而真实的道德自觉实践活动，人才能重返或永葆其充满了活泼创进生机的本真天性，从而透过“中焉止矣”的实存生命境域，兑现“人性”与“天道”一体不二的贯

---

① 戴震：《孟子字义疏证·孟子私淑录》，中华书局1961年版，第130页。

② 陆九渊：《与朱元晦》，《陆九渊集》卷二“书”，中华书局1980年点校本，第222页。

③ 程颢、程颐：《河南程氏遗书》卷二十一下“附师说后”，《二程集》，中华书局1981年版，上册，第274页。

④ 明儒宋仪望认为：“圣人之学，惟至于尽性至命，天下国家者，皆吾性命之物，修、齐、治平者皆吾尽性至命中之事也。不求以经世，而经世之业成焉，以为主于经世，则有意矣。”则将儒家性命之学与道德实践活动的关联推到了极致，然考察其前后源流仍可溯至周敦颐，从中不仅能够据以了解儒学道德形上学的深刻意蕴，而且更可一窥儒释两家价值立场的分际。宋说参见黄宗羲《明儒学案》卷二十四“中丞宋望之先生仪望”，中华书局1985年版，上册，第567页。

通性本然联结，避免可能出现的“理”自是“理”、“性”自是“性”、“命”自是“命”，不仅“天”与“人”完全不能互贯互通，即生命价值的实现亦难逃压抑或窒息所造成的异化危机。

透过以上分析，我们已不难知道，“太极”与现象界林林总总的事物的关系，实乃“是万为一，一实为万”即“一”“多”不二的关系。如果从“末”溯源至“本”，则可说是“五行之异，本二气之实，二气之实，又本一理之极。是合万物而言之，为一太极而已也”。现象界林林总总的事物无疑是万变不齐的，所同者只能是源自“太极”（天道）的充满活泼创化生命劲气的生生不息之理。与此相反，如果从“本”推考至“末”，则又可说“一理之实，而万物分之以为体。故万物之中，各有一太极，而小大之物，莫不各有一定之分”[①]，“太极”（天道）本来固有的生生不息之理，必然也内具在一切林林总总的分殊事物之中，表现为万千分殊的活泼畅性的生长发育方式。形上统一的“天道”本体总是以创化或成就万千差异性的事物的方式来开显式地隐蔽自身存在，差异性的事物则总是以共同的生生不息之理来隐蔽式地开显形上统一的“天道”本体的存在。显象的绝对的差异性正蕴含着隐蔽的绝对的统一性。因此，一方面固然应该透过万事万物看到其形上本源的巨大一致性，了解任何事物都不能自外于宇宙生息运化不已的总体性大法；另一方面亦有必要凭借共同的形上本源来把握万事万物的分殊性，承认万事万物的差异性存在的客观与合理。形上世界的“理一”与形下世界的“分殊”，二者同样不能区隔为互不关涉的两橛。

“太极”与现象界万事万物的存在论关系，显然也是由普遍到特殊，即宇宙及内在于其中的形上本体，经过一系列的发生学过程，形成了“万物并育”的分殊世界，必然具有“一”与“多”互摄互涵一体不二的辩证关系。周敦颐的“一实万分，万一各正”，明显便是“理一分殊处”[②]，

---

① 以上均见周敦颐《通书·理性命第二十二》所附朱熹注，《周敦颐集》卷之四，岳麓书社 2007 年版，第 76 页。

② 黎靖德：《朱子语类》卷九十四《通书》，岳麓书社 1997 年版，第 3 册，第 2164 页；又见曹端：《通书述解》卷下《理性命第二十二》，《曹端集》卷二，中华书局 2003 年点校本，第 77 页。

前引朱子“月印万川”之说，便已很好地说明了这一点[①]。可证“理一分殊”命题虽至程颐始正式提出[②]，但实已为周敦颐的义理脉络所预先蕴含。如果进一步分析，则可看到以《通书》文本为讨论对象，针对“一本万殊”之说是否会引申出“太极有分裂”的难题，朱子又特别强调：“本只是一太极，而万物各有禀受，又自各全具一太极尔。如月在天，只一而已；及散在江湖，则随处而见，不可谓月已分也。”[③]“太极”既是总摄一切的整体性“大全”，又是贯道天下的“一理”，因而任何“分殊”都不可能是脱离“大全”的孤立的存在，有违“一理”的毫无根据的荒谬他物。“天高地下，万物散殊”“流而不息，合同而化”[④]，同一性绝不能消解为差异性，差异性也不能化约为同一性。万物无不存在个体特殊之客观差异性，但又无不有着可以会通之统一形上本体。世界的丰富性固然必须透过多姿多彩的差异性才能显现，但宇宙天地及万事万物必有的统一性所造成的秩序感也总是令人惊叹和称奇！只有将具体的现象的“分殊”与超越的抽象的“理一”置入必要的张力结构中，才能更好地把握宇宙天地及万事万物体用一源的合理存在方式。

而“物物有一太极，人人有一太极”[⑤]，小中有大，大中有小，一即无量，无量即一，一切存在都无不有存在的意义。“太极”固然是一切创化力量的总体源头，但也非高高凌驾于一切事物之上的人格化主宰，而是内含或寄寓于一切事物，同时又统摄或超越于一切事物。即使人也必须扎根在宇宙天地的整体秩序结构之中，如周子所说以“中正仁义”即“立人极”的方式，上达形上终极的“太极”本体，始终与同一超越的生生不已的“天道”保持和谐一致，才能将充盈于宇宙天地间的创化力量转化为人自身的创进力量，实现“成己”“成物”的全体生命大用及其价值

---

① 刘述先认为“月印万川，正是‘理一分殊’写照”，其说即颇为允洽，当一并参阅。详见氏著《理一分殊》，上海文艺出版社 2000 年版，第 2 页。

② 程颐：《答杨时论西铭书》：“《西铭》明理一而分殊，墨氏则二本而无分。分殊之蔽，私胜而失仁；无分之罪，兼爱而无义。分立而推理一，以止私胜之流，仁之方也。”“理一分殊”之最早揭出，即始于此。参见程颢、程颐《二程集》，中华书局 1981 年版，上册，第 609 页。

③ 黎靖德：《朱子语类》卷九十四《通书》，岳麓书社 1997 年版，第 3 册，第 2165 页。

④ 《礼记·乐记》，《白文十三经》，黄侃手批，上海古籍出版社 1983 年版，第 134 页。

⑤ 黎靖德：《朱子语类》卷九十四《太极图说》，岳麓书社 1997 年版，第 3 册，第 2130 页。

意义[①]，尽管从无限超越的终极性“天道”视域看，即使唐虞事业“亦犹一点浮云过于太虚”[②]。

四 “天道”与“圣德”一体而不二

从“天人合一”的形上学与宇宙生成论思想出发，无论宇宙的创化运作力量或人的德性生命实践活动，在周敦颐看来都是同一超越本体涵盖之下的活泼流行发用。“圣德”与“天道”一样都内含着“生”的大义，本体论与价值论不能被人为地切割区分，视为毫无关涉的封闭的两物。充满了活泼创化力量的天地万物，同样是价值与意义盎然充沛的世界。人只有最大化地扩大自己仁民爱物之心，才能做到德行浩浩然堪配天地。而天、地、人三者同为一“道”之说，《通书·顺化第十一》也有极为清晰的阐发：

> 天以阳生万物，以阴成万物。生，仁也；成，义也。故圣人在上，以仁育万物，以义正万民。天道行而万物顺，圣德修而万民化。大顺大化，不见其迹、莫知其然之谓神。故天下之众，本在一人。道岂远乎哉？术岂多乎哉？[③]

周敦颐以“圣德”比配“天道”，实有先秦儒学的渊源可以追溯。因为早在春秋时期，孔子便强调：“不怨天，不尤人，下学而上达，知我者其为天乎！”[④] 下学的工夫不能不以通达超越性的“天”为究竟，以“人”与“天”的契合默应为根本前提，一切所作所为均俯仰无愧于天地，才谈得上超越的“天”能够对自己有所了解。人的德性生命实践及

---

① 关于“理一分殊”现代意义方面的讨论，可参阅刘述先《“理一分殊”的规约原则与道德伦理重建之方向》一文，载《刘述先自选集》，山东教育出版社 2007 年版，第 504—523 页。

② 程颢、程颐：《河南程氏粹言》卷二“圣贤篇”，《二程集》，中华书局 1981 年版，下册，第 1229 页。

③ 周敦颐：《通书·顺化第十一》，《周敦颐集》卷之四，岳麓书社 2007 年版，第 76、71 页。

④ 程树德：《论语集释》，中华书局 1990 年点校本，第 3 册，第 1019 页。

其救赎使命与“天”的沉默召唤及其暗中关注，二者在本质上是一致的。[①]“《易》以天道而切人事，《春秋》以人事而协天道”[②]，更开出了“天道”与“人事”不可二分的思想发展方向，突出了儒家精神传统一贯固有的超越性宗教特征。周子直承先秦儒家精神传统，以为“天”的“生物”之道即为“仁”，“成物”之道便是“义”。“阴阳”与“仁义”，尽管一为“气”的观念，一属“道”的范畴，但立足于“天人一体”的立场，仍可说“阴阳无二气，仁义无二道，道气无二机，只是一个消长而已”[③]。作为整体的有机的宇宙大化流行生命的共同组成要素，其相互之间未必就没有生息消长的契合默应关系。天地无所不在的神奇“生物”“成物”的创化力量，显然即内化在人的本真天性或灵性生命之中，因而也可说“天、地、圣人，其道一也”[④]。而“人心”之所以能彰显“天心”，亦在于人并没有从宇宙中异化出来，人的存在根本就不能与“道”疏离。人性本来即蕴含着无限超越的精神力量，人心也充满着与道德判断活力有关的天然的仁与义[⑤]。因此，“立仁义”既是孔门“下学上达”的重要实践工夫，也是与“天”契合默应必需的人生修行途径，不仅有裨于人们了解或把握充塞于天地宇宙间的“道”的价值，而且亦能直下彰显和展示生命存在本来即有的意义。

依据宏阔的形上学及有机宇宙论的观察立场，从而讨论或分析仁、义、礼、智等价值的重要性，显然并非始于周敦颐。早在西汉时期，董仲舒便已明白指出：“天覆育万物，既化而生之，有养而成之，事功无已，终而复始，凡举归之以奉人。”因此，从根本上讲，“仁”既在“天”又不离“人”，“仁之美者在于天；天，仁也”“察于天之意，无穷极之仁

---

① 参阅［美］狄百瑞（William Theodore Bary）之说，参见殷海光《热烈与冷静》，上海文艺出版社1998年版，第226页。

② 章学诚：《文史通义》卷一《易教下》，引自叶瑛《文史通义校注》，中华书局1985年版，上册，第20页。

③ 曹端：《通书述解》卷上《顺化第十一》，《曹端集》卷二，中华书局2003年点校本，第54页。

④ 周敦颐：《通书·顺化第十一》所附朱熹注，《周敦颐集》卷之四，岳麓书社2007年版，第71页。

⑤ 牟宗三认为“宇宙秩序即是道德秩序，道德秩序即是宇宙秩序”。其说亦当一并参考，参见氏著《心体与性体》，上海古籍出版社1999年版，上册，第32页。

也，人之受命于天也，取仁于天而仁也”[①]。这显然是将“天”道德理想化的一种做法，目的在于打通“人”与“天”的存在论关系，为俗世伦理寻找神圣的形上超越来源。周敦颐尽管不像董仲舒那样过多地将“天”人格化，但同样认为本体论与价值论可以合为一体，尽管依然是董氏之说的再发挥，但却增加了哲理化的意趣和内涵。正是从“天人合一”的学术理路出发，周敦颐才认为“圣人在上”，“便当积极肩负伦理责任，真正做到参天地而赞化育”。也就是说，真正有价值关怀的“圣人”，不仅要“以仁育万物”，更要“以义正万民”。前者可说是“以所得天地生物之心而曰仁者，养万物而使之无不遂其生”；后者则当理解为“以所得天地成物之心而曰义者，正万民而使之无不得其正”[②]。无论“仁”或“义”都有着“天”的形上本源的合法性与正当性，这正是宋儒从形上学与宇宙论衍生出来的价值信仰，决不怀疑人性中即蕴藏着形上超越的内涵，经由人的德性生命的实践活动必可臻至“圣境”，自孔孟之后再由周敦颐率先重新奠定其立论的大根大本，明显蕴含着极为深刻的“天人合一”理论言说向度。[③]

尤有要者，周敦颐所强调的“以仁育万物，以义正万民”之说，实际还意味着“人间”俗世秩序与“天道”自然秩序，二者之间有着不可分割的同源一体的关系。从“人”“天”一体的角度看，宇宙天地及万事万物都是充满了价值与意义的存在，人不仅可以凭借自己的努力发现其价值与意义，从中获得强大的精神动力资源，更重要的是还要将此价值与意义落实于人间社会，以求建构合乎“天道”大法的合理政治文化秩序。因此，无论立足于“天道”本体或“人伦”秩序，均具足一切理由鼓励作为俗世存在的人类能够做到“下学上达”，希望他们投身于各种行“仁”践“义”的道德实践活动，以实现“天命”下贯于人生必有的生

① 以上均见董仲舒《春秋繁露·王道通三》，引自苏舆《春秋繁露义证》，中华书局 1992 年版，第 329 页。

② 曹端：《通书述解》卷上《顺化第十一》，《曹端集》卷二，中华书局 2003 年点校本，第 54 页。

③ 梁启超认为：“董子所谓天，即周子所谓太极。”虽未点出周子思想中蕴含着的“天人合一”之道，但也看到了他与董子暗合相通之处。当一并参阅，见梁启超《儒家哲学》，上海人民出版社 2009 年版，第 108 页。

命托付和终极价值。

正是依据超越的“天道”引发出来的俗世关怀，周敦颐才特别强调“天道”与“圣德”一体而不二——“仁义”在天即为“道”，不能不有客体的一面；在人则为“德”，显然又有主体的另一面——客体与主体本来可以互融互摄。因此，“天道”超越的价值与意义就内含于人的生命之中，完全能够转化为人的主动自觉的德性生命实践行为。天地“生物”“成物”之心，实际也离不开人的精神价值的自觉。所以，从客体存在方面看，就应该努力发现“天道行而万物顺”的意义与价值；就主体行为方面讲，则又应该主动自觉地从事“圣德修而万民化”的人间行为实践。无论天道的“大顺”或圣人的“大化”，都一本其固有的超越精神，既“不待征于色、发于声”，又“莫知其所以然之妙”[①]，尽管难见其“迹”，但又足可尽其“神”。充盈于天地万物之中的造化力量，无论任何时候都令人称奇和赞叹！

天地既然是人的仿效对象，因而“天道”的“行仁义”与“圣人”的“修仁义”，虽一表现为“万物顺”，一指向“万民化”，行为现象的展开似乎略有所不同，但形上本体的根源却无二致，完全可以“立人极”的方式，做到尽“人事”以合“天道”。可见“万民化”作一种涉及人间秩序的建构活动，本质上也与“万物顺”的自然演进秩序一体。尤其是从周敦颐的理想价值图景出发，“圣人”之德既然以“天道”为根据，当然就肩负了不可推卸的伦理教化责任，理应凭借其德行修养高居“君师”之位，以求在人天关系上实现“人道”与“天道”的合一。而秩序治理责任之所以要由“君主”来主动承担，则是因为其为权力结构的核心要害，不能不说是天下之大本在于君，君正则意味着天下参与秩序建构的人无一不正。而正君的根本在正心，心为人人所同具，道亦为人人所具，故云“道岂远乎哉”？但心如何正，离开了人的道德自律便谈不上正心，吃紧处仍在心体固有的仁义，故云“术岂多乎哉”？足证周敦颐的“政治论”，“仍本其形上学以推论之，天地圣人，其揆一也”。其中尤宜注意者，即“儒家以德治，故必以圣人彊理天下，与法家之法治主义而

① 以上均见曹端《通书述解》卷上《顺化第十一》，《曹端集》卷二，中华书局2003年点校本，第55页。

不上贤者不同。宋儒从政，莫不以正心诚意致其君者，亦儒教之本义也”[①]。正是从这一理路脉络出发，他又特别强调“纯心”在国家治理问题上的重要：

> 十室之邑，人人提耳而教且不及，况天下之广，兆民之众哉？曰：纯其心而已矣。仁、义、礼、智四者，动静、言貌、视听无违之谓纯。心纯则贤才辅，贤才辅则天下治。纯心要矣，用贤急焉。[②]

十分明显，周敦颐不仅要将本体论与价值论打通，从而强化人的道德实践，更重要的是还要将道德实践扩大至政治场域，以实现儒家一贯持守的“德化”理想。而政治场域一旦绳之以严格的道德理想精神，即意味着其与天道下贯所显现出来的价值的不可二分[③]。其中最重要者仍为居上位如何自正其心，否则不仅会导致价值的缺位或流失，而使权力世界变质和恶化，同时也会造成天下国家的紊乱与失序，而使黎民百姓遭殃和受苦，产生“人道”与“天道”脱节疏离严重异化的恶果[④]。朱熹以为“仁、义、礼、智”乃“五行之德”，“动静”为“阴阳之用”，“言貌、视听”则应属“五行之事”[⑤]，显然也是立足于“人道”与“天道”不可二分而发论[⑥]。而“纯者不杂之谓，心谓人君之心，言君天下而欲兆民一于善，只在纯一人之心而止矣”[⑦]。“心纯”即意味着“心正”，内含人的主体自律精神，也是开发或彰显形上至善之人性，以“立人极”的方式来契应“天道”的一种方式。从儒家政治哲学的立场讲，则可说“治道

---

① 以上均见谢无量《中国哲学史》，《谢无量文集》第 2 卷，中国人民大学出版社 2011 年版，第 353 页。

② 周敦颐：《通书·治十二》，《周敦颐集》卷之四，岳麓书社 2007 年版，第 71 页。

③ 张新民：《道、学、政三统分合视域下的古今道统之辩》，《南国学术》2016 年 4 期。

④ 黄百家称“《通书》，同子传道之书也”，可见“道”亦为《通书》的重要核心范畴，必然要将其引入政治场域，以规范权力秩序的运作。黄说参见《宋元学案》卷十一《濂溪学案上》，中华书局 1986 年版，第 1 册，第 482 页。

⑤ 周敦颐：《周敦颐集》卷之四《通书》，中华书局 1990 年版，第 71 页。

⑥ 参见张新民《朱子“去恶全善”思想的本体论与功夫论》，《孔子研究》2002 年第4 期。

⑦ 曹端：《通书述解》卷上《治第十二》，《曹端集》卷二，中华书局 2003 年点校本，第 56 页。

之要，在乎君心，纯其心，斯成大顺大化，法天为治也”[①]。易言之，“人君”之所以要率先自正其心，则不仅意味着心总是拥有主宰性的自觉能力和决断能力，不纯心便有可能丢失妙感应物的正确可靠性或做出合理价值判断的主体性，甚至心与“性”或天理的固有关联亦难免不会遭到切断，更重要的是儒家从来都认为政治的合法性基础来源于形上的“天道”，不纯心则价值便与政治必然打成两橛，德化天下就远离了政治行为必需的正当性，同时也象征着丧失了形上“天道”的合法性。因而正君心在以周子为代表的儒家看来便是正天下，是从权力发生的行为源头来建构秩序的一种有效路径或方法。

或许正是有鉴于此，周敦颐又一本《礼记·中庸》之说，极力强调“诚”在本体论与工夫论两方面的重要。从他的理路脉络看，“诚”本身即有“纯粹至善”即存在即超越的品性：“诚者，圣人之本，大哉乾元，万物资始，诚之源也；乾道变化，各正性命，诚斯立焉。”[②]“诚”在天便是“天命”之流行，在人则为“至善”之真性。从形而上或宇宙论的角度看，也可说“诚即所谓太极”“与太极相表里”[③]，既是形上超越的本体，又是一切价值的来源。因而完全可以据此推论：“圣，诚而已矣。诚，五常之本，百行之源也……故曰：一日克己复礼，天下归仁焉”[④]。“诚”不仅为形而上的本体，能够构成以“善”为中心的道德形上学，而且也是宇宙万物以“真”为中心的最高存在形式，可以依体起用而流行不已，同时更是人生不可或缺的“善”“真”一体的德性践履工夫，足以助人切入殊胜无比的最高至善理境。当然也可说“诚”作为本体与工夫不二的一种重要法门，从“人”与“天”一体的视域进行观察，最终仍要落实到现实世界与人的实践活动有关的“物格而知至，知至而意诚，意诚而心正，修身而家齐国治天下平”[⑤]。足证“诚”不仅本身即为本体

---

① 黄宗羲：《宋元学案》卷十一《濂溪学案上》“黄百家案语”，中华书局 1986 年版，第 1 册，第 488 页。

② 周敦颐：《周敦颐集》卷之四《通书》，中华书局 1990 年版，第 64 页。

③ 曹端：《通书述解》卷上《诚上第一》，《曹端集》卷二，中华书局 2003 年点校本，第 28 页。

④ 周敦颐：《周敦颐集》卷之四《通书》，中华书局 1990 年版，第 65 页。

⑤ 黎靖德：《朱子语类》卷九十四《通书》，岳麓书社 1997 年版，第 3 册，第 2151 页。原文断句有误，已据上下文意改正。

论意义上的至善人性，而且更是宇宙万物存在论意义的本真来源，俗世政治伦理生活及与之相关的行为礼义准则，本身即有形上学与宇宙论的正当性与合法性。可见他固然重视超越的天道，但未必就完全不讲“心”，而“诚之一字，统天道人道，诚为宇宙之原则，伦理之大本。阳明交错，万物流行，其中莫不有诚焉。圣人之所以为圣人者，亦能全其诚而已”[①]。无论“纯心”或“正心”，显然都难以离开“诚”字。“诚”既关涉“德行”，又牵连“天道”，同样存在着明显的“天人合一”思想意涵，即使其政治立场方面的诉求或基设也绝无例外。

必须略加提及的是，与周敦颐同时的张载，亦极力强调“诚”的本体论意义的重要：“儒者则因明致诚，因诚致明，故天人合一，致学而可以成圣，得天而未始遗人，《易》所谓不遗、不流、不过者也。”[②] 而较张载更早立说的周子，也认为道德修养的根本即在“养心”，“养心”的根本则为“立诚”，“立诚”即是自觉其“性”并实现其“性”的过程，当然也是契入自我本体之真与万物存在之真的一种方法。因此，只有“寡欲以至于无无”，即排除欲望的干扰而彻底返归生命的本真状态，才能做到“诚立明通，诚立，贤也，明通，圣也，是圣贤非性生，必养心而致之”[③]。最重要约则是“诚则明，明则诚，诚明合而道可见”[④]。“诚”“明”一体便意味着回归至澄明睿智的本源性本体世界，实现具有高度主体性的既成己之仁又成物之知的内外一体之道。他们两人一前一后，都认为“诚”既是本体也是工夫，本体固然必须强调与形上天道的联结，工夫则不能不指向道德本心的主体性自觉。所以，“诚”不仅是实现“成圣”的终极目的的必要前提[⑤]，更是通达“天人合一”理境的有效路径。可见“天人合一”

---

① 谢无量：《中国哲学史》，载《谢无量文集》第2卷，中国人民大学出版社2011年版，第350页。

② 张载：《正蒙·乾称篇》，《张载集》，中华书局1978年版，第65页。周敦颐《通书·圣第四》亦提到“寂然不动，诚也；感而遂通，神也……诚精故明，神应故妙”。较之张载上述所说，则颇有相互发明之妙趣。

③ 周敦颐：《周敦颐集》卷之六《遗文》，中华书局1990年版，第121页。

④ 周敦颐：《周敦颐集》，卷之十胡铨《道州先生祠堂记》，中华书局1990年版，第220页。

⑤ 曹端解释周敦颐“诚者，圣人之本”及“圣，诚而已矣之说”，便明确指出：“圣人之所以为圣人，无他焉，以其独能全此而已”；“圣人之所以圣，不过全此实理而已，即所谓太极也”。当一并参阅，见《通书述解》卷上《诚》之上下两篇，《曹端集》卷二，中华书局2003年点校本，第28、31页。

的命题尽管率先由张载揭出，但立论的理路脉络实已为周氏所预取。后人称周子之说“本非天人之别”[①]，当是完全可以信据的笃论。

不过，要求“人君”自正其心以化民固然重要，但以一人之力化“兆民之众”毕竟仍有局限，因此，周敦颐又特别指出“用贤”乃为政的当务之急。而心正则是能够真正“用贤”的前提，心不正则必然奸佞围绕，所以必须时刻规约“人君”修身立德，才能广招天下贤才以作辅佐，否则不仅不能实现天下大治的价值理想，反而可能造成社会失序的严重危机。至于贤人之所以能辅助“人君”德化天下，则是因为其德行修养堪称“人师”。因此，继韩愈强调“道之所存，师之所存”之后[②]，周敦颐也明白指出：“师道立则善人多，善人多则朝廷正而天下治。”[③] 心既然可纯，则人必能完善，树立“师道”的终极价值诉求，必然指向天下一切人的完善。而“师”是社会文化的权威而非国家权力的权威，强调立“师道”实际即是承认“政统”之外尚别有一独立的“道统”。至于国家“治道”不能不引入“师道”，显然也意味着价值不能孤悬于政治领域之外。周子重视政治领域中“师”的在场及其德化天下的作用，恰好也体现了中国文化一贯具有的“政教合一”传统[④]，超越的价值不仅内在于天地宇宙及万事万物之中，更要落实于人间社会特别是政治文化领域[⑤]。试检孟子之说：“人皆有不忍人之心，先王有不忍人之心，斯有不忍人之政

---

① 黄宗羲：《宋元学案》卷十一《濂溪学案上》，中华书局1986年版，第1册，第483页。

② 韩愈：《师说》，《韩昌黎文集》，中国书店1991年版，第185页。

③ 周敦颐：《通书·师第七》，《周敦颐集》卷之四，中华书局1990年版，第69页。标点有所改动。

④ 吴光：《刘宗周全集》，浙江古籍出版社2007年版，第4册，第268页。刘宗周曾在《外大父章南洲先生传》一文中指出：“师道之重于世久矣。”可见周敦颐倡导师道，影响可谓既深且大。而将师道引入政治场域，目的主要是强化道统而非学统，亦可见中国文化“政教合一”的整体历史发展走向。

⑤ 周敦颐：《周敦颐集》卷之四《通书》，中华书局1990年版，第68—69页。标点有所改动。周敦颐：《通书·师第七》：“或问曰：‘曷为天下善？’曰：‘师。’曰：‘何谓也？’曰：‘性者，刚、柔、善、恶、中而已矣。’不达，曰刚善：为义，为直，为断，为严毅，为干固；恶：为猛，为隘，为强梁。柔善：为慈，为顺，为巽；恶：为懦弱，为无断，为邪佞。唯中也者，和也，中节也，天下之达道也，圣人之事也。故圣人立教，俾人自易其恶，自至其中而止矣。故先觉觉后觉，闇者求于明，而师道立矣。”其中“刚、柔、善、恶、中”五种气禀之性，明显是与其太极解释模式及五行之数相互配合的。可证其宇宙论不仅与道德论相通，更要与政治学相连，依然隐含着“天人合一”思想，具有突出的“政教合一”取向。

矣；以不忍人之心行不忍人之政，治天下可运之掌上。”① 周氏以纯心求贤才而治天下的思想，正是对孟子之说的一种继承和发扬，虽不免道德理想主义的色彩，但也反映了儒家前后一贯的价值关怀。从根本上讲，外在的政治文化秩序建构活动无论怎样复杂，本质上都需要人的内在道德本心的自觉来加以配合。周子力图将与“天道”本体相通合一的“道统”引入代表权力世界的“政统”，显然也为后来的理学学者重新开出了宇宙论与心性论结合的思想发展新路径②。可证他的形上学与有机宇宙论固然不乏超越的精神，主要是“从上贯下来”③，天道观明显占有中心的位置，难免不有“玄学”思辨的色彩④，但也有强烈的现实政治关怀，突出了主体精神的自觉及与之相应的德性行为，表现出鲜明的人间社会性格。而形上与形下两个世界打成一片，先天与后天一致，内圣与外王不可二分，价值与存在不能两途，显然都可纳入“天人合一”大全通观的整体分析架构之中，才能更好地理解他的道德哲学乃是充满了形上意义的与“天道”相应的学说，他所渴望的政治秩序也是具有形上“天道”合法性与正当性的秩序，而在肯定客观存在的自然世界并发现其形上本体意义的同时，也要肯定主体存在的人所建构的人文世界并发现其生命实践的价值。否则便难以反映他的思想的完整全貌，乃至影响对其在整个宋代理学系统中应有地位的评价，不能了解一代又一代儒者接踵而起所营造的天、地、神、人一体的广大和谐的系统，尤其是宇宙人生整体存在变化之大道了⑤。

（作者单位：贵州大学中国文化书院）

① 焦循：《孟子正义》上册，中华书局1987年版，第232页。

② 参见张新民《道、学、政三统分合视域下的古今道统之辩》，《南国学术》2016年第4期。

③ 黎靖德：《朱子语类》卷九十四《孔孟周程张子》，岳麓书社1997年版，第2117页。“问：周子是从上面先见得？曰：也未见得是恁地否。但是周先生天资高，想见下面工夫也不大故费力。而今学者须是从下学理会，若下学而不上达，也成个学问，须是寻到顶头，却从上贯下来。”当一并参阅。

④ 梁启超：《儒家哲学》，上海人民出版社2009年版，第41页。

⑤ 关于周敦颐的评价问题，历来正面肯定颇多，然负面批评亦不少，或许均缺乏“天人合一”的观照眼光有关。相关的负面批评可参见韦政通《中国思想史》下册，上海书店出版社2003年版，第744—745页；劳思光《新编中国哲学史》第3卷上，广西师范大学出版社2005年版，第69—114页。

周敦颐哲学中的天人合德及时中思想

［韩］ 李兰淑

一　导　论

《论语》曰，“君子务本，本立而道生”（《论语·学而》）。为了在人生过程中实践根本及道两个使命，儒家学者们倾注了很多努力。根本是指时习善良本性、仁义和孝悌等传统儒家道德准则而慎独。在《周易》中道是指天道、地道及人道，意味着人们实践天地人的合一价值，达到道德完成的境地。道就成为儒家最高理想价值准则，圣人就是认识根本和道，并在实践的过程中享受安乐。

但是从东亚哲学史来看，针对“根本”和“道”这两个哲学词汇，儒家、佛家和道家分别给出了不同的解释和定义。按时代和学者来分析，其定义及解释更加多样。不同的世界观形成了实现道的不同的修养实践论，并且在学问上有所传承。探究人类存在的宇宙发生论的思想差异导致了不同的世界观。天人合德的追求以及天观和人观在道学上的合一，影响了人的道德准则及具体的行动样式。这样儒家、佛家和道家哲学思想在政治、经济、文化、教育和艺术等学问、文化及伦理方面均产生了深刻的影响。

在古代社会里，人们观测宇宙自然，把握自然界的变化现象，从而正确地分析其道理及法则。这样的活动跟生存有着紧密的关联性。从古至今，穷求宇宙生成原理及存在根源的哲学上的追问，并形成道学思想及伦理规范，成为人类知性史的巨大潮流，且是把人类引导到“道德上的人格体完成”的原动力。

到了宋代，存在论及认识论哲学被更加多样地展开和创建。北宋五子之周敦颐（1017—1073）、邵雍（1011—1077）、张载（1020—1077）、程颢（1032—1085）及程颐（1033—1107）都是建构有独创性哲学理论体系的哲学家。尤其是周敦颐（濂溪先生）[①] 更被称为道学的鼻祖或理学的宗主或宋代理学的开创者。

从其著作《太极图说》《通书》及《爱莲说》等中，我们能够发现他的哲学观点。在《太极图说》中，基于“无极”“太极”“阴阳”及“五行”，他说明了宇宙发生论及人类存在论的根源。他用乾道及坤道来理解人类及万物的形成。《通书》意味着《易通》，包括，以天道“诚”，以及“仁义中正”的道德原理和修养实践论，并以《中庸》和《周易》为中心根据天人合德来解释伦理。他的哲学之特征跟邵康节、程颢、程颐甚至南宋朱熹（1130—1200）均不同。很多学者怀疑他的哲学跟道家哲学有关。[②] 与此相反，朱熹著述《通书解》赞扬周敦颐哲学道体的精微，以及条理清晰，论述严密而深刻。

本文基于周敦颐以《通书》为中心解释的天观、人观及时中观，研究其“在天人合德解释上的意义及特征”。天观是天道及天德的解释，人观包括了对人类及人道的解释，时中是周敦颐对贯通《周易》的“时中”的观点。《通书》以天观开始，接着论述人观的道德论，并且以时中观结束。他对天观及人观进行了相关性的解释，把天道解释为天德及人道的实践规范。本文具体内容如下：第二部分是他的天道观及天德观，即诚；第三部分是他的人间观及人道观；第四部分是天人合德的道学实现及时中。最后，探求除中国哲学外，韩国哲学史中他的哲学思想特征和意味。

---

① 周敦颐，北宋儒学者。原名周惇实，字茂叔。道州营道（今湖南省道县）人。年轻时做官，55岁时辞官，晚年在庐山莲花峰下建立濂溪书堂，所以被称为濂溪先生或周子。著有《太极图说》《通书》和《爱莲说》等。

② 廖名春、康学伟、梁韦弦、沈庆昊：《周易研究史》，艺文书院1995年版，第400页。陆九渊、黄宗炎等学者都认为周敦颐哲学跟道家哲学有关。在东亚曾引起了许多论争。尤其是陆九渊，他主张周敦颐的《太极图说》和《通书》的伦理根据互相矛盾，并怀疑其著作的真伪，因为在《通书》中没有提及“无极”。

二　周敦颐的天道观及天德观：诚

周敦颐的《太极图说》曰："故圣人与天地合其德。"《周易》曰："夫大人者，与天地合其德。"（《周易·乾卦·文言传》）圣人与大人是儒家的人间像，是"与天地追求合德的存在"。这就意味着"天和人合其德"的"天人合德"依靠人类所解释的天道及天德，即天观，也即实现天道的人的意志和道德实践，从而达到实现的状态。这就是说，圣人以自己将要实行的道德原理标准追求天人合德，并且安然实行其天德（安而行之）。

在自然界维持其生命的过程中，人类跟自然万物不能不建立有机性关系。19 世纪，生态学研究生物之间相互的关系，以及跟环境的相关之理论体系。而到了 20 世纪，在人类生活质量变化的过程中，人类重新认识到生态文明的重要性。从生态学的观点出发，我们要努力解决自然与人类的关系以及共同体的生命和伦理问题。类似的生态学方面的问题不是近来发生的，而是不同时代相继发生的。这种问题在东亚尤为突出，在社会生活的过程中，创建出以道和德为中心的哲学观，以及能够实现与万物建立关系的认识论和道学理论以及修养实践论等有意味的理论产物。

这一部分主要针对周敦颐与天道和天德有关的解释为中心，探求他的天观。首先，他在《通书·顺化》中提出了代表天的运行和作用的"天道行"：

> 天以阳生万物，以阴成万物。生，仁也；成，义也。故圣人在上，以仁育万物，以义正万民。天道行而万物顺，圣德修而万民化，大顺大化，不见其迹，莫知其然之谓神。故天下之众，本在一人，道岂远乎哉，术其多乎哉。（《通书·顺化》）

由此可见，天的作用分为阴和阳，影响万物的生和成。跟万物的生和成一样，道德规范分为仁和义，以生以成，生被解释为育，成被解释为正。天道"行"则是其根本作用。"行"具体地说具有运行、循行以及顺行的概念。通过阴阳、仁义、道德、变化以及神的概念，他更进一步说明了万民和万物的变化以及教化，主张此是与儒家最高道德人格体，即圣人的道德行为有关的。

他在《太极图说》中对自然界万物的形成以“太极”和“阴阳五行”来加以说明。尤其是，以乾道和坤道在存在论上推究了以男女为代表的人类。《太极图说》是对阴阳五行的作用以及人类形成简单说明的图像。他把太极和阴阳的气看作根源。从他的《通书·精蕴》之“易何止五经之源，其天地鬼神之奥乎”[①] 的论述中也可以看出。当然，五行论是以《书经·洪范》为根据，阴阳论是《周易》中强调的理论，但是从此我们能够知道他很尊崇《周易》以及易理。

他的哲学观点“天道行”即《周易·系辞传》中“一阴一阳之谓道”[②] 的具体展开。并且《周易》之《谦》卦讲“天道亏盈而益谦”，都意味着太阳和月亮的循环是一阴一阳的天体之不断活动，从而昼夜和四季发生变化。“一阴一阳”是宇宙运行和变化现象的象征性的简明表现。即通过“一阴一阳”的天道变化，我们能够理解物极必反之原理，以及阴阳之原理。

《中庸》释“诚”为天道。[③] 不断而无停止的变化被称为“至诚无息”[④]，或“生生不息”。“至诚”是贯通《中庸》的核心概念。而“诚”的天道解释就转变为人们要践行的天德概念，乃成为一实践性概念。《中庸》曰：“惟天下至诚，为能尽其性，能尽其性，则能尽人之性。”（《中庸》第二十二章）周敦颐在《通书》首篇第一章到第四章阐释天道之“诚”，强调了它之实践性之意。他规定了“诚”是圣人的根本：

> 诚者，圣人之本。“大哉！乾元，万物资始。”诚之源也。“乾道变化，各正性命。”诚斯立焉。纯粹至善者也。故曰：“一阴一阳之谓道，继之者善成之者性也。”元亨，诚之通；利贞，诚之复。大哉！易也，性命之源乎！（《通书·诚上》）

---

① 《通书·精蕴》：“易，何止五经之源，其天地鬼神之奥乎！”

② 《周易·系辞传上》：“一阴一阳之谓道。继之者善也，成之者性也。”

③ 《中庸》：“诚者天之道也，诚之者人之道也。”

④ 《中庸》：“故至诚无息，不息则久，久则征。”

从上述引文来看，“诚”为圣人要遵守的最高的道德原理和标准。并且周敦颐把物理学上的自然现象和万物形成的根源“乾元”与“诚”的根源同等看待。他认为乾道变化跟万物形成的存立有关，人性的根本是纯粹至善。因至诚无息而引起的天体运行和变化现象被解释为“诚”，影响到性命之端正。纯粹至善的“性”是人类本性之根源。如此，他认为“诚”是圣人之道和人道之标准，这意味着检证圣人的德性就是“诚”。

引用《周易》，他强调了一阴一阳之道→善→至善之性。并且他把卦辞的“元亨利贞”分为元亨和利贞，分别称为诚通和诚复。通是根本，复是修养，是二元论的解释。如此的二分法之思维与上述把“阴阳”和“仁义”分为生和成的思考一脉相通。他的易学，摆脱汉代象数性周易解释法以及魏晋玄学性周易解释法，而积极努力地树立了道德伦理观。他力主“易”是“有性命的人类万物之存在以及人生本质原理之根源”。

儒学上的自然往往被解释为所产性自然物和能产性权能。所产性自然物是指天、地、山或水等自然事物。能产性自然指包括了诚和谦等道学概念在内的自然现象。由此可以说明，生生之理或宇宙万物生成和化育之根本在于“一阴一阳”之原理，昼夜的天道变化及其对待性和相补性特征和诚等概念与天道或天德的概念共存。

他把这样的“诚”联系到“圣”。

> 圣，诚而已矣。诚五常之本，百行之源也。静无而动有，至正而明达也。五常百行，非诚，非也，邪暗塞也。故诚则无事矣。至易而行难。果而确，无难焉。故曰，一日克己复礼，天下归仁焉。（《通书·诚下》）

从引文来看，“诚”不仅与“圣”有关，还与五常（仁义礼智信）、克己复礼等传统儒家道德有关。他正式把天道之“诚”奠定为人类所有行动规范之根源。如此，他的天人相关性解释观点占据了《通书》的核心地位。并且说明了“诚的实践”对人类是很难的事情，强调了人类的天人合一需要不断的修养。

《通书》曰：“道德高厚，教化无穷，实与天地参而四时同，其惟孔子乎！”（《通书·孔子上》）由此可见，他明确地表达了他是孔子儒学的继承人，承绪道脉的学者。他称颂孔子为跟天地人合一的道德个体之圣人。

但是，他的哲学不仅包括儒学思想。我们还要关注他引用了《道德经》中的“天德”概念。

《通书·诚下》曰：“诚则无事矣。”就是说“诚”是无事。“无事”在《道德经》第48①、57②以及63章③等乃的政治哲学概念；《通书》中他还把“诚”定义为“无为”和“寂然不动”。其内容如下：

> 诚无为。几善恶。德爱曰仁，宜曰义，理曰礼，通曰智，守曰信。性焉安焉之谓圣。复焉执焉之谓贤。发微不可见，充周不可穷之谓神。（《通书·诚几德》）
>
> 寂然不动者诚也。感而遂通者神也。动而未形有无之间者几也。诚精故明，神应故妙，几微故幽。诚神几曰圣人。（《通书·诚神几》）

从引文来看，我们能够知道他不仅说了“无为”的概念，而且引用《周易》之“易无思也，无为也，寂然不动，感而遂通天下之故。非天下之至神，其孰能与于此！”（《周易·系辞传上》第十章），分为“寂然不动”和“感而遂通”，分别解释“诚”和“神”。说明，《周易》之“无为”意味着“易”的动作是无作为意图的动作现象。就是说，无思说明无为。即易的作用是自动地发生的现象。这样的解释与把“诚”直接解释为“无为”是有所区别的。

因此，他把“诚”定义为圣人要实行的天德之道学上的概念，把它定义为“无为”则是道家“无为”概念的活用。把无为解释为天德的书

---

① 《道德经》：“为学日益，为道日损，损之又损，以至于无为，无为而无不为，取天下，常以无事，及其有事，不足以取天下。”

② 《道德经》：“以正治国，以奇用兵，以无事取天下，吾何以知其然哉，以此，天下多忌讳，而民弥贫，民多利器，国家滋昏，人多伎巧，奇物滋起，法令滋彰，盗贼多有，故圣人云，我无为而民自化，我好静而民自正，我无事而民自富，我无欲而民自朴。”

③ 《道德经》：“为无为，事无事，味无味，大小多少，报怨以德，图难于其易，为大于其细，天下难事，必作于易，天下大事，必作于细，是以圣人终不为大，故能成其大，夫轻诺必寡信，多易必多难，是以圣人犹难之，故终无难矣。”

不是《周易》，而是《道德经》：第 2、3、10、37、38、43、48、57、63 和 64 章详细地阐释了“无为”。由此可见，他把“诚”定义为“无事”和“无为”是老庄观念的表现，《通书》第三章“诚几德”和第四章“诚神几”中都混杂了儒家和道家哲学的概念。

此外，我们要注意，针对《周易》之“易无思也，无为也，寂然不动，感而遂通天下之故。非天下之至神，其孰能与于此”，他做了二元论上的解释：用“寂然不动”释“诚”；用“感而遂通”释“神”。从《周易》来看，“神”用于“易”之现象中人们不能认知的阴阳不测的领域。虽然“感而遂通”包括不能预测的阴阳作用，但把它释为“神”则与《周易》之原义意思有所区别的。笔者认为，“寂然不动”和“感而遂通”都是对天道作用的认识，两者在现象上的区分意味着阴阳结合不测和可预测的领域均为太极的现象，都是在“诚”的领域内的。

与此同时，他释“几”为还不知道“有无”的形态。他分别为“诚”“神”和“几”做了解释，把三种认识和实践都包括到了圣人要具有的品德内。如果说，“诚”“神”和“几”是可分的概念，则与上述“诚”是“圣”之根源的主张不同，有可能“诚”就被解释为天道或天德的一部分。针对“几”，笔者认为，它是“流行”，即潮流变化的概念，不论形而上或形而下，是形态、现象、心理和行动等所有变化且在方向性上成为重新开始现象的端绪点。因此，笔者难以同意周敦颐的观点。

从周敦颐的哲学来看，我们能够知道，他一方面把“诚”解释为天道，一方面不在“一阴一阳”之具有持续性和动力性的变化，即天道之变化现象方面，反而基于“天”之无为性和无动的寂然不动之状态，即宇宙论方面来理解之。根据这样的哲学基础，他说明了仁义礼智等道德原理，强调说圣人要具备觉神而把握几微之能力。这跟他在《太极图说》中提示“无极而太极”和“太极本无极”等涉及“无极”的思想有紧密联系。因此，为了在《通书》中把道家哲学的宇宙论混入儒家哲学的伦理性实践论，而把“诚”放在首篇。通过上述分析，我们也能够把握他把无极放在太极前边的理由。

他的二元论的解释，即“诚”是“寂然不动”，“神”是“感而遂通”，这种解释认为是静和动乃均衡之天道的重要因素，这一点笔者不能同意。因为，如果把一阴一阳之天道解释为无为之诚，忽视其动力性，会跟强调变化的《通书》第三十五章的“诚”之解释发生矛盾：

> 至诚则动，动则变，变则化。故曰，拟之而后言，议之而后动，拟议以成其变化。(《通书·拟议》)

总之，从天观来看，他一方面说“天道行”和“一阴一阳之谓道”；另一方面又把寂然不动放在“诚”的领域，从而导致了把天道缩小到静态性宇宙根源现象的结果。这就是他三分“诚”“神”和“几”，以主静穷求道学境地的理由。这样的“诚”之解释关联到成为圣人的天德，导致了他不得不把寂（寂然）、静（主静和静虚）以及无（无事、无为和无欲）放在中心位置的结果。笔者认为，他并不注重《易》之无思无为现象以及阴阳和动静之广大现象之思想，反而强调寂然和无为之思想。

三　周敦颐的人间观和人道观

周敦颐在《通书》中，关于圣人的道德伦理概念，除“诚”外，还提出了其他概念，包括“仁义”“中正”“慎动”“中和”“中节”“知耻”“无思本”“纯其心”“务实”“爱敬”“礼法教化”“善乐”“无欲”“公明”“乐乎贫”“道义”“闻过”“道德”“圣蕴”“道贵安富”等。

这一部分将要探讨周敦颐的人间观和人道观。关于人道他说：“圣人之道，仁义中正而矣。”（《通书·道》）因此，从其诸多伦理概念当中，我们要重点讨论“仁义”和“中正”两个概念。

周敦颐在《通书》中说的圣人、君子、大人和小人，都是儒家学说中的人间像。其中最核心的当然是圣人。至于君子、大人和小人，周敦颐引用《周易》等经文较多，解释也基本上依据《周易》而来。关于君子，则说“君子进德修业”“君子乾乾”“君子慎动”或“庶几有改乎，斯为君子”等。但是，在整个《通书》中，他要说的人间像是圣人，并且通过圣人，他试图竖立人道之最高道学价值标准，即圣人之道。

一般来说，圣人是指《易》之作者以及尧舜等人。圣人是儒家所追求的“最高道德上的人格体”，意味着彻底认识道学概念而且安然于道德实践的人。讨论他的人道观点之前，我们首先需要查看他是如何把握人性的：

> 性者，刚柔善恶中而已矣。刚善为义为直为断为严谷为干固，恶为勐为隘为强梁，柔善为慈为顺为巽，恶为懦弱为无断为邪佞。惟中也者，和也，中节也，[①] 天下之达道也，圣人之事也。故圣人立教，俾人自易其恶，自至其中而止矣。（《通书·师》）

他把人们的性情分为刚善、刚恶、柔善、柔恶以及中五类，并且认为圣人是其中主动实践中道的人。他强调了“中”。“中”意味着阴阳和刚柔和谐的道。他说天赋予的本然之性是至善的。圣人实践中和以及中节的普遍性道。换句话说，“中”是人性之根本至极实现的境地，是最高道德的境地，是圣人将安然践行的状态。

《中庸》曰：“唯天下至诚，为能尽其性，能尽其性，则能尽人之性。”（《中庸》第二十二章）《中庸》也把至诚和尽人之性结合起来理解之，就是说尽人之性的唯一方法是“至诚”。然而朱熹则认为“至诚”意味着圣人之德诚实，不需要更上的境地。其文如下：

> 天下至诚，谓圣人之德之实，天下莫能加也。尽其性者德无不实，故无人欲之私，而天命之在我者，察之由之，巨细精粗，无毫发之不尽也。（《中庸》第二十二章）

其次，我们要讨论他所强调的圣人之道德性价值标准。他特别强调了基于《周易》的“仁义”以及“中正”。《通书》中的“仁义”以及“中正”，即圣人之道。

> 圣人之道，仁义中正而矣。守之贵，行之利，廓之配天地，岂不易简，岂为难知，不守，不行，不廓耳！（《通书·师》）

---

① 《中庸》：“喜怒哀乐之未发，谓之中。发而皆中节，谓之和。”

他强调“仁义中正”是因为他受到了《说卦传》的影响。《说卦传》把天道、地道和人道之具体内容分别规定为阴阳、刚柔和“仁义”。[①] 而且“中正”也在《易经》最核心的概念。“中正”一般意味着在六二上阴以及在九五上阳位置的状态。在他的著作《通书》中“仁义”和“中正”的讨论与在《太极图说》中说的“圣人定之以中正仁义，而主静，立人极焉”有着一贯性。

至于圣人实践其道德以及道学价值的方法，除“仁义中正”外，周敦颐还提示了“无欲”概念。

> 圣可学乎？曰可。曰有要乎？曰有。清闻焉。曰一为要。一者无欲，无欲则静虚动直。静虚则明，明则通。动直则公，公则溥，明通公溥庶矣乎。(《通书·圣学》)

“无欲”意味着没有勉强实行或没有贪欲的心理。周敦颐认为到达圣人之专一的方法是“静”。这种看法跟《太极图说》中强调“主静”以及《通书》认为到达“圣人”之路是“专一和无欲之实践”的看法有着一贯性。这种看法受到了道家哲学的影响。

因此，虽然他所说的圣人之道是基于儒家的“仁义中正”和“诚”，但是他同时主张人极之至是以主静而实现的，专一无欲而安然的人就是圣人。可见，此是以儒家的人间像为中心，结合了儒、道两家道德准则。

明代理学家陈献章就认为儒家思想中的“主静”思想就是从周敦颐发源的。朱熹认为“静”会引起学者的误解，而将其改为了“敬”：

> 伊川见人静坐，便叹其善学，此静字发源于濂溪，程门更相授受，晦翁恐差入禅去，故少说静，只说敬，学者须自量度何知，若不至为禅所诱，仍多静方有入处。

也就是说，周敦颐以“中正”和“主静”为圣人和人极的道学价值

① 《说卦传》：“是以立天之道，曰阴与阳，立地之道，曰柔与刚，立人之道，曰仁与义，兼三才而两之。”

标准。并且他还认为中正是政治哲学或君主跟老百姓交感的根本伦理标准：

> 天以春生万物，止之以秋。物之生也，既成矣，不止则过焉，故得秋以成。圣人之法天，以政养万民，肃之以刑。民之盛也，欲动情胜，利害相攻，不止则贼灭无伦焉，故得刑以治。情伪微暧，其变千状，苟非中正明达果断者，不能治也。讼卦曰，利见大人，以刚得中也。噬嗑曰，利用狱，以动而明也。呜呼，天下之广，主刑者，民之司命也。任用，可不慎乎？（《通书·刑》）

他的道学价值在“动而无动，静而无静，神也。物则不通，神妙万物”（《通书·动静》）中表现得淋漓尽致。可见，此种表现代表废除两端之分别智而得“神”的见解。观念上则太极和无极、“诚”和“神”以及生和成等概念互相连接。尽管如此，我们显然可以看出，在他的哲学观点中，未发之根源“中”“无”和“静”都被活用为人道论的根据。

四 天人合德之道学实现：时中

这一部分将探讨周敦颐关于“时中”的观点。“时中”在《易传》中是一贯的道学概念，而且《通书》是从“诚”开始而以“时中”来结束的。《通书》的思想来源之一是《中庸》。《中庸》曰：“君子之中庸也，君子而时中。小人之反中庸也，小人而无忌惮也。”（《中庸》第二章）说明《中庸》已经赋予了“中庸”和“时中”以同等的道学价值。

那么他如何解释“时中”呢？为了考察“时中”，笔者曾经分析过《周易》中“时”的多种形态：《周易》中有27种左右，出现了58处，比如说“时义”“时用”“时大”“时中”“天时”“四时”“时”“与时偕行”“与时偕极”“与时消息”“与时行”“时成”“时乘”“时舍”“时发”“时行”“时变”“时升”“随时”“对时”“明时”“时止”“失时”“及时”“趣时”“待时”以及“有时”等。《系辞传》中6处《杂卦传》中1处以及《彖传》《象传》和《文言传》中等一共51处：可见《易传》对“时”的重视。《周易》中尤其是《彖传》中“时”的认识及其重要性者有12个卦[①]：其内容有“时义大矣哉”“时用大矣哉”或“时大矣哉”等。

《周易》之“一阴一阳之谓道”具体地说明了“时”之变化的天道。《周易》中除“一阴一阳”外，还包括天体运行、气之流行以及宇宙之相对性概念等，与“时”之观念关系密切。《周易》之“时”不只是单纯的时间变化。考察“时”，还包括时势和时变之意。换句话说，《周易》之“时”包括一切时间空间概念。

《周易》之“中正”，爻位是二爻、五爻之位置为中。二爻为阴成为六二；五爻为阳成为九五；此就是中正。但是，尽管乃“中正”之状态，按卦爻之时势，都显出不吉不凶的结果之爻辞发现多处。同时，还有爻辞说“危”或“凶”，中正而处于凶之状态的爻辞要求“时中”具有更高的细密性。也就是说，“时势之变化和形势之状态”要符合爻辞之吉凶。“时中之道”在《易传》中是一个道学概念，要求更细密的注意力、慎重以及实践性行动之机敏性。因此，君子一定要敏感于时变、形势和几微，要具备预测未来之睿智力和判断力，以及领悟如何行动之实践力。在《周易》中变化之端绪是几微。敏感接受变化，正确感知变化之端绪，即“几微”的能力，它决定人生之吉凶。因此，《周易》要求知道变化、预测未来、革新自己和社会之能力。《易传》之作者如此强调“时”之意义，此跟孟子称孔子为“实行时中的圣人（圣之时者）”[②]的意义相同。如此《周易》中强调“时”和“时中之道”具有紧密的连贯性。

下面，我们将要探讨周敦颐如何把握“时”和“时中”。首先，周敦颐在《通书》中一共5次说了“时”；至于“时中”，在最后第四十章讲过。5次所说的“时”当中，13次与“四时”（春夏秋冬）相关：

> 动而无静，静而无动，物也。动而无动，静而无静，神也。物则不通，神妙万物。水阴根阳，火阳根阴。五行阴阳，阴阳太极。四时运行，万物终始。混兮辟兮！其无穷兮！（《通书·动静》）

---

① 即《豫》《随》《遁》《姤》《旅》《坎》《睽》《蹇》《颐》《大过》《解》《革》。

② 《孟子·万章下》，孟子曰：“伯夷圣之清者也，伊尹圣之任者也，柳下惠圣之和者也，孔子圣之时者也。”

不愤不启，不悱不发，举一隅，不以三隅反，则不复也。子曰，予欲无言，天何焉哉？四时行焉，百物生焉。(《通书·圣蕴》)

道德高厚，教化无穷，实与天地参而四时同，其惟孔子乎！(《通书·孔子上》)

前两个引文是关于四季运行的规律。周敦颐认为五行是阴阳本身而阴阳是太极本身，万物始终无穷。第三个引文是称颂孔子之道德、德行和教化是跟天地一起实行的。他评价为孔子是跟天和地一起成为三的人物，是跟四季变化一同坚持中道的人物。

其次，他所说的“时”是“对时”和“时中”。《通书》第三十二章说了“对时”；第四十章《蒙艮》说了“时中”。《蒙艮》是解释《周易》之《蒙卦》和《艮卦》的部分：

治家，观身而已矣。身端，心诚之谓也。诚心，复其不善之动而已矣。不善之动，妄也。妄复，则无妄矣。无妄，则诚矣。故无妄次复，而曰“先王以茂对时，育万物”。深哉！（《通书·家人睽复无妄》)

童蒙求我，我正果行，如筮焉。筮叩神也，再三则渎矣。渎则不告也。山下出泉，静而清也。汩则乱，乱则不决也。慎哉！其惟时中乎。“艮其背”，背非见也。静则止，止非为也。为不止矣，其道也，深乎！(《通书·蒙艮》)

由此可以看出，前一个引文是强调《复卦》的。尧帝评价舜帝，是按行动而评价，因此身体之端正跟“诚”有关；恢复善之状态也是“至诚”。换言之，对周敦颐来说，“诚”是整治人类心身问题的根本，尤其是对圣人，是其无论何时与万物交感都会实践教化之标准。

他最后论述了“时中”，其内容出乎预料非常简单，只不过是强调时中之重要性，并论证了“慎”对“时中”之重要性是留在“时中”而让它停止之方法，即“静则止”和“止非为”。针对“时中”和“止于至善”之“止”，他在《通书》中以最后之章结束的意思多半是强调“道的深奥”在于主静。因此，他所说的“时中”不见得是把握动力性时变或时势变化的中道，不见得强调的是表现。因为，他所强调的“诚”、无为和寂然不动与仁义礼智、无欲和主静等观点显然会形成明显的对比。

与此相反，他在《通书》中多次强调“慎”。他曰：“君子乾乾，不息于诚。然必惩忿窒欲，迁善改过而后至。乾之用其善是，损益之大莫是过，圣人之旨，深哉。吉凶悔吝，生乎动。噫！吉一而已，动可不慎乎?”（《通书·乾损益动》）

笔者认为，他乃针对时变之认识、“几微”之通察以及现实世界人间之关系论性及而探讨道学思想。因为，虽然他重新竖立了基于太极的物理学文上的理论体系，对儒家之圣人强调“诚”，在《通书》中以“时中”结束，但他不一定注意到在《易传》中所强调的“时”和“时变”之过程。此外，他在“时中”之实践过程中只说了“慎”，而不说“诚”，这一点是可疑的。笔者认为，跟“时中”比，他认为“中正”具有最高的道学价值，是圣人之修身和正心之标准，并反映在万物化育和教化之政治哲学中。对他来说，圣人之道仍然是更加强调主静、无欲和无为的。

因此，他对“时中”的探讨与孟子把孔子评价为“圣之时者”（《孟子·万章下》）是有所区别的。此外，他的哲学与邵康节之天道运行法则之数理性理论体系的自然哲学也是有所区别的。邵康节把物理学的宇宙法则分为先天和后天之认识，试图以元、会、运和世进行伦理探讨。周敦颐的哲学与朱熹“太极即理也”把“太极”直接定义为“理”的哲学以及“道即理”的观点也是有所区别的；与程颐之“性即理”正式竖立理学的哲学思想也有截然不同的地方。

总体而言，他的哲学乃基于“仁义中正”以实践“诚”的儒家圣人观；因为他没有探讨强调“时变”的“中庸”，他的“中”可被理解为接近于“寂静之中”。我们不能认为它是“在动力性变化之中成为均衡和调和的时中”。此外，因为他只说“理曰礼”，在解释宇宙论和人性论之中没有特别强调“理”，笔者认为，从他的哲学特征来看，他不能被尊为理学之宗主，而“宋代道学之鼻祖”更为恰当。

五 结 语

在上述分析中，我们基于《通书》解释了周敦颐的天观、人观以及“时中”观，探讨了其“在天人合德解释之中的意味和特征”。由此可见，他的《通书》包括了《周易》之易理和《中庸》之道学思想。在《通书》中，他不强调“理”，以“诚之天道”为中心，通过“仁义中正”等道学概念，合理地说明了“诚”是圣人之根本。

通过上述研究，我们能够把他的哲学中天人合德以及“时中”思想概括如下：

第一，他的天观是以“诚”之解释为核心的。“诚”是天道，他把“诚”与圣人之本、圣、五常、克己复礼、无为以及寂然不动等联系起来；同时，他还把“诚”与“无事”或“无为”老庄之观念联系起来。“诚”也是圣人将要实践的天德。他把寂（寂然）、静（主静和静虚）以及无（无事、无为和无欲）包括到修养方法论之中，与《太极图说》中以太极说明人类之存在论上的根源，不能抛弃无极之根源性的方法有关。

第二，他的人观包括圣人、君子、大人和小人等儒家思想之人间观，尤其是其最高人格体，即圣人处于其人间观之核心上。他把人极的仁义中正和主静设定为人道之中心，提示了圣人之实践德目中和、慎动、中节、无事和无欲等多种道德原理。至于到达圣人之道和时中之境地的方法中，他强调了“静”和“慎”。

第三，他的“时中”观忽视了“动之平衡”的根据。从阴阳、刚柔、动静之特征，即相补性和对待性当中，相对于动和阳，他更着重于静和阴，因而没有探讨强调变化的“变易之易理”以及“随时势的动之均衡”。他的哲学是更加强调静、虚和止的“中”之哲学。可见，因为这种原因，他没有着重强调“生灭”“始终”“变易”“易动”以及“一阴一阳”之原理。换言之，没有强调通过“原始反终”和“一阴一阳”可推论的“物极必反”之原理以及在“穷即变、变即通和通即久”中的“通”和“变”之意味。因此，他的哲学可被评价为集中于“不易”之易理和“中正”之道学思想的哲学。

总体而言，周敦颐在《通书》中，融合了道家哲学和儒家哲学的天观，与儒家哲学道德伦理观的天人合德思想是一贯的。摆脱了汉代的象数易学和魏晋之玄学，他的哲学集中于孔子之实践哲学的现实替代方案。他的哲学与尊崇“清净无为”和“坐忘遗照”之玄学是有所区别的。[①] 因为他没有强调“玄虚冲漠”和“得意忘象”，跟之前时代之哲学思潮维持着一定的距离。

据朱熹之《濂溪先生事实记》，黄庭坚称周敦颐为“其人品甚高，胸中洒落，如光风霁月”（《宋书·周敦颐传》）。儒者的这一评价和尊崇不在于他的哲学基于道家哲学或儒家哲学的区分；而在于他所指示的思想基调和崇高的人品。他着重于儒学之人间观和人道观，把天道即“诚”解释为天德，融合道家思想而发扬儒家的人道观。显然，他是引导道学到理学之思想史上转变的哲学者。

（作者单位：韩国 江原大学）

① 丁若镛：《定本与犹堂全书》，《易学绪言》《韩康伯玄谈考》。“其术专以太极，立为道体之大本，而清净无为坐忘遗照，为治心之妙诠。”

周敦颐思想的特色及其在湘学史上的地位

陈代湘

一　周敦颐思想的特色

周敦颐是理学开山，早为学界公认，如《宋史·道学传》称：

> 孔子没，曾子独得其传，传之子思，以及孟子，孟子没而无传。两汉而下，儒者之论大道，察焉而弗精，语焉而弗详，异端邪说起而乘之，几至大坏。千有余载，至宋中叶，周敦颐出于舂陵，乃得圣贤不传之学，作《太极图说》、《通书》，推明阴阳五行之理，命于天而性于人者，了若指掌。①

周敦颐被认定为"得圣贤不传之学"，既接续孔孟道统，又开启宋明理学端绪。周敦颐的"开山"之功在于何处？在笔者看来，主要有如下二端：其一，首次从宇宙论的角度论述人生社会道德心性，即开天道性命相贯通之先河；其二，宇宙论中本体论的凸显，并将宇宙界的本体意识下贯于社会人生界。以上两端是宋明理学家共同关注的焦点和努力的方向。正唯如此，周敦颐才会取得"有宋理学之宗祖"的地位，后人才称赞他有"破暗"之功：

> 孔、孟而后，汉儒止有传经之学，性道微言之绝久矣。元公崛

① 脱脱：《宋史》，中华书局 1997 年版，第 3235 页。

起，二程嗣之，又复横渠诸大儒辈出，圣学大昌。故安定、徂徕卓乎有儒者之矩范，然仅可谓有开之必先。若论阐发心性义理之精微，端数元公之破暗也。①

既然在“阐发心性义理之精微”方面周敦颐有破暗发端之功，那么这义理精微之处具体表现在何处呢？朱熹的两段文字提供了线索：

先生之学，其妙具于《太极》一图，《通书》之言，皆发此图之蕴。②

《通书》者，濂溪夫子之所作也。夫子姓周氏……所著之书又多放失，独此一篇本号《易通》，与《太极图说》并出，程氏以传于世，而其为说实相表里。大抵推一理、二气、五行之分合，以纪纲道体之精微，决道义文辞禄利之取舍，以振起俗学之卑陋。至论所以入德之方、经世之具，又皆亲切简要，不为空言。③

第一段文字提到《太极图》和《通书》的关系，指出周子之学纲领是《太极图》，而《通书》则是对《太极图》意蕴的深入阐发。实际上，《太极图》过于简约，周敦颐又有《太极图说》加以说明，《太极图》和《太极图说》是密不可分的。朱熹在第二段文字中则说《太极图说》和《通书》为说实相表里，而在注解《通书·诚上第一》时又说：“此书与《太极图》相表里”，这就说明朱熹把《太极图》和《太极图说》看成了一个有机整体。他虽然在第一段文字中说《通书》是阐发《太极图》的意蕴，实际上也可以说是阐发《太极图说》之意蕴。

《太极图说》比《太极图》当然要详明多了，但一篇二百多字的文章建立了一个宇宙本体论体系，事实上还是极其简约的。所以周子后来又写作《通书》来进一步阐发《太极图》和《太极图说》。周敦颐的宇宙本体论、人生论、道德修养论，就在这两部著作中得到阐述。《太极图说》

---

① 黄宗羲：《宋元学案》，中华书局 1986 年 12 月版，第 482 页。

② 朱熹：《朱熹集》卷七十五《周子太极通书后序》，四川教育出版社 1996 年版，第 3942 页。

③ 朱熹：《朱熹集》卷八十一《周子通书后记》，四川教育出版社 1996 年版，第 4209 页。

是周子之学的纲领，而《通书》的精微阐发。既让人对《太极图说》有更深入明白的理解，又成为宋明理学的“观念库”。周敦颐提出或在前人基础上进一步阐明的哲学范畴，如无极、太极、阴阳、五行、动静、性命、善恶、主静、鬼神、死生、礼乐、诚、几、理、仁、义、中、和、公、明、敬等，皆为而后的理学家所反复讨论发扬。

第一，无极太极与诚。

周敦颐作为“道学宗主”，首次从宇宙论的角度论述人生社会道德心性，开天道性命相贯通之先河，而其宇宙论中的宇宙本体论凸显，为后世理学家的宇宙本体论提供了理论基础。周敦颐在短短二百多字的《太极图说》中，提出了独具特色的宇宙论（包括宇宙本体论和宇宙生成论）、万物化生论、人性论。周敦颐的宇宙论不仅有生成论的一面，同时也有本体论的一面。其本体论在《太极图说》中的最高范畴就是“无极”，无极与太极不像太极与阴阳、五行、万物那样是一种物质性先后派生的关系，无极是宇宙的最高本体，它与太极有形而上和形而下的区别，它们的关系是体用关系，而不是先后派生关系。在周敦颐的思想中，宇宙生成论和宇宙本体论混杂在一起，且其宇宙本体论最高范畴——“无极”具有强烈的道、佛意味。在《通书》中，周敦颐提出“诚”作为他哲学的最高范畴，“诚”在周敦颐既是宇宙论的范畴，又是人生道德论的范畴，体现了儒家天人合一、道德秩序即是宇宙秩序的致思倾向。

诚字在《通书》中凡二十见，既讲宇宙论，也讲道德论。在讲宇宙论时，既包含宇宙本体论，也包含宇宙生成论。在概念体系上，《通书》字面上不用“无极”，但并非不讲无极之意，在讲诚时，如“诚无为”（《通书·诚几德第三》）、“寂然不动者，诚也”（《通书·圣第四》）等，此中的“诚”都同于“无极”。《通书》字面上使用“太极”，与《太极图说》中太极的含义完全一样。如《通书·动静第十六》说：“五行，阴阳；阴阳，太极。”意思是五行等于阴阳，阴阳等于太极。《太极图说》中“五行，一阴阳也；阴阳，一太极也。”也是这个意思。朱熹在注解《通书》第一章时说：“诚即所谓太极也”。我们可以说，周敦颐《通书》中的“诚”，既同于《太极图说》中的“太极”，也通于“无极”。从宇宙论上说，无极是宇宙本体论的范畴，太极则是宇宙生成论的范畴，诚则既是宇宙本体论的范畴，又是宇宙生成论的范畴。诚比无极和太极的任何一个涵盖面都要宽。

在周敦颐的理论体系中，作为宇宙论最高范畴的诚，下贯而为人生和道德的本体，成为人生和道德论的最高范畴。《通书》第一章劈头就说："诚者，圣人之本。"第二章又说："圣，诚而已矣。诚，五常之本、百行之源也。"以诚为"圣人之本""五常（仁、义、礼、智、信）之本""百行之源"，诚为人生道德本体之意甚明。圣人是人之典范，道德的楷模，圣人以天之诚为本，人生社会中的五常、百行亦本之于诚，源之于诚。因此，周敦颐的诚，既关涉宇宙论，又关涉道德论，体现了道德论和宇宙论的一致。恰如刘宗周所说："《通书》一编，将《中庸》道理又翻新谱，直是勺水不漏。第一篇言诚，言圣人分上事。句句言天之道也，却句句指圣人身上家当。"[①] 周敦颐讲诚，既包含天道又包含圣人之道（人道），天之诚人得而全之以为圣，圣人之道就是天之道。

那么，什么是诚？朱熹的解释是："诚者，至实而无妄之谓。"（《通书·诚上第一》朱熹解）周敦颐自己也有说明："无妄则诚矣。"（《通书·家人睽复无妄第三十二》）又说："诚无为。"（《通书·诚几德第三》）可见，诚的主要意思就是真实无妄，不加矫饰，杜绝人为。依周敦颐，以诚为核心的"圣人之道"的内容就是仁、义、礼、智、信等道德内容，他说："圣人之道，仁义中正而已矣。"（《通书·道第六》）在《太极图说》中，他也有类似的表达："圣人定之以中正仁义。"在周敦颐看来，宇宙和人性的本然就是诚，因此，真实无妄的诚就要求人们按照本性自然而然地遵循上述道德规范，这是一种最高的道德境界。达到了这种境界，则众理自然，无一不备，不待思勉而从容中道，故"诚则无事矣。"（《通书·诚下第二》）

第二，善恶论与性论。

诚的意思已如上述，而诚的特性又是什么呢？周敦颐说："'大哉乾元，万物资始'，诚之源也。'乾道变化，各正性命'，诚斯立焉。纯粹，至善者也。"（《通书·诚上第一》）看来，周敦颐认为诚的特性就是"纯粹至善"。朱熹解释道："此言天之所赋、物之所受，皆实理之本然，无不善之杂也。"天之所赋、物之所受，实即理学家所说的"性"，《中庸》

① 黄宗羲：《宋元学案·濂溪学案上》，中华书局1982年版，第482—483页。

所谓“天命之谓性”，亦是此意。理学家又普遍认同“性即理”，所以朱熹在这里所说的“实理之本然”，实即本然之性。朱熹特别赞赏本然之性（天命之性）和气质之性的区分，并用以解决善恶问题，这个思想在周敦颐这里就有了。周敦颐的“诚”是纯粹至善的，而恶是如何来的呢？朱熹用气质之性来解决，周敦颐则用“几”这一概念来说明。他在《通书·诚几德第三》中说：“诚无为，几善恶。”诚至善无为，几则有善有恶。因此，周敦颐用“诚”和“几”来对善与恶进行说明，同朱熹等人用天命之性和气质之性来说明善与恶有异曲同工之妙。

周敦颐在《通书》第七章中直接论到了性之善恶问题：

> 性者，刚柔善恶，中而已矣……刚善：为义、为直、为断、为严毅、为干固；恶：为猛、为隘、为强梁。柔善：为慈、为顺、为巽；恶：为懦弱、为无断、为邪佞。惟中也者，和也，中节也，天下之达道也，圣人之事也。故圣人立教，俾人自易其恶，自至其中而止矣。（《通书·师第七》）

朱熹注解说这里的“性”是“以气禀而言”，即所谓“气质之性”，考虑得不全面。实际上，周敦颐说“刚柔善恶”之性是指气质之性，而“中”之性则是指本然之性。周敦颐说“圣人立教，俾人自易其恶，自至其中而止矣”，即使人修养而止于“中”，把“中”看成是成德的最高境界。《大学》说“止于至善”，在周敦颐，诚就是至善，所以，周敦颐这里的“中”，是与至善之诚相通的一个概念，实际上相当于朱熹所说的天命之性或本然之性。

周敦颐对“刚柔善恶”的气质之性分析得很细致。因为“刚柔善恶”属于气质之性，气质之性则有善有恶。此前人们一般只看到“刚”和“柔”的善的一面，周敦颐则看到它们也有恶的一面。有“刚善”，也有“刚恶”；同样，有“柔善”，也有“柔恶”。“刚善”“柔善”虽是善，但却是发自气质之性的善，是不可靠和不足恃的，义与猛、直与隘、严毅与强梁、慈与懦弱、顺与无断等之间，“如反复手耳”，有时会出现以恶为善或善恶不辨的情况。只有作为本然之性的“中”，通于纯粹至善的“诚”，才是修养的最高境界。而恰恰因为气质之性中的善恶极易变化，所以“自易其恶、自至其中”的修养工夫就相当重要。

第三，修养工夫论。

周敦颐在很多地方谈到修养工夫的问题，但有一段话最可玩味：

> 君子乾乾不息于诚，然必惩忿窒欲、迁善改过而后至。(《通书·乾损益动第三十一》)

这段话表达了周敦颐工夫论的核心思想，有三层意思：

其一，“乾乾不息于诚”，意即以诚为修养目标，时时提撕警醒，精进不已，亦含《通书》第二十章所说“圣可学”之意，只要乾乾不息，必可至诚境圣域。

其二，“惩忿窒欲”，即节制欲望。在《太极图说》中，周敦颐说：“主静（自注：无欲故静）立人极。”提倡主静无欲，认为无欲故静。而在《通书》中，则说“惩忿窒欲”，既是惩忿，表明还是有“忿”，既是窒欲，亦说明还是有“欲”，只不过要对“忿”和“欲”进行惩窒减损，以达于诚之至善之境。周敦颐的弟子程颐说：“人心私欲，故危殆。道心天理，故精微。灭私欲则天理明矣。”[①] 可以说是对周子“欲”的意旨的较好发挥。理学家讲“欲”或“人欲”一般是指“私欲”，周敦颐所谓“欲”亦是此意。程颐说“灭私欲”，表明人是有私欲的，正因如此，才需要艰苦的修养工夫来消除它。

其三，“迁善改过”。周敦颐特别强调“改过”，《通书》第八章说：“人之生，不幸不闻过，大不幸无耻。必有耻，则可教；闻过，则可贤。”周敦颐的意思是人总会有过，最不幸的事就是不闻过从而不自醒其过，不自醒其过就会不知羞耻，因此，要想自修而迁于至善之诚境，必从知过、改过开始，所以说“闻过，则可贤”。也是说，闻过，是修德的入手之处。这一点，与后来的湖湘学派所重视的“观过知仁”亦为异曲同工。

---

① 程颢、程颐：《二程集》卷二十四《遗书》，中华书局2004年版，第312页。

二　湘学鼻祖

周敦颐为湘学鼻祖之论发端极早。南宋理学家真德秀在《劝学文》中说：

> 窃惟方今学术源流之盛，未有出湖湘之右者。盖前则有濂溪先生周元公生于舂陵，以其心悟独得之学，著为《通书》《太极图》，昭示来世，上承孔孟之统，下启河洛之传。中则有胡文定公以所闻于程氏者，设教衡岳之下，其所为《春秋传》，专以息邪说，距诐行，扶皇极，正人心为本。自熙宁后，此学废绝，公书一出，大义复明。其子致堂、五峰二先生，又以得于家庭者，进则施诸用，退则淑其徒，所著论语详说、读史、知言等书，皆有益于后学。近则有南轩先生张宣公寓于兹土，晦庵先生朱文公又尝临镇焉。二先生之学，源流实出于一，而其所以发明究极者，又皆集诸老之大成，理义之秘，至是无复余蕴。此邦之士，登门墙、承謦欬者甚众，故人才辈出，有非他郡国所可及。①

真德秀在这里所说的源流极盛的湖湘学术，包括濂溪学和湖湘学派，甚至还注意到朱子学对湘学的影响。近代以来，谈到湘学的学者，也有相类的看法。

杨毓麟（1872—1911）在《新湖南》中说："我湖南有特别独立之根性……其岸异之处，颇能自振于他省之外，自濂溪周氏，师心独往，以一人之意识，经纬成一学说，遂为两宋道学不祧之祖。胜国以来，船山王氏以其坚贞刻苦之身，进退宋儒，自立宗主。当时阳明学说遍天下，而湘学独奋然自异焉。"② 杨毓麟在这里以"奋然自异"的船山学为阳明学遍天下时湘学的主要代表。同时他又提到为两宋道学"不祧之祖"的濂溪学。濂溪与船山，是宋明理学的两座巨峰，分别为宋明理学

---

① 真德秀：《真西山集》卷七，丛书集成初编，上海商务印书馆1936年版，第106页。

② 杨毓麟：《杨毓麟集》，岳麓书社2001年版，第35页。

的创始者和总结者。杨毓麟将周濂溪视为湖南“自振于他省之外”的“岸异”学说的发端者，“自振于他省之外”，当然就是指湖南地区的湘学了。因此，在杨毓麟的心目中，周敦颐和王船山是湘学的两大代表，而且周敦颐是“自振于他省之外”的湘学开创者，而王船山则是明代湘学的主要代表，在阳明学遍天下的时候，船山代表的湘学“奋然自异”于阳明学之外。

叶德辉（1863—1927）说：“湘学肇于鬻熊，成于三间。宋则濂溪为道学之宗，明则船山抱高蹈之节。”① 叶德辉字焕彬，他把湘学的源头推到了周文王时的鬻熊。不过，他重点还是表彰宋明时期的周敦颐和王夫之。叶昌炽曾转述叶德辉的一封信中的内容说：“焕彬自长沙来信，极论湘学渊源，上自船山，下逮曾文正、郭筠仙，今之湘绮、葵园……大言炎炎，洋洋十余纸。”② 叶德辉在这封“洋洋十余纸”的信中，比较详细地讨论了船山及以后的近代湘学，从中亦可看出叶德辉注重宋明和近代湘学的思想倾向。

钱基博（1887—1957）在《近百年湖南学风》的导言中说：“天开人文，首出庶物以润色河山，弁冕史册者，有两巨子焉：其一楚之屈原……其一宋之周敦颐……一为文学之鼻祖，一为理学之开山，万流景仰，人伦楷模，风声所树，岂徒一乡一邑之光哉！然为生民立极，为天地立心，而辅世长民，一本修己者，莫如周敦颐之于宋，其次王夫之之于明。周敦颐以乐易恬性和，王夫之以艰贞拄世变；周敦颐探道原以辟理窟，王夫之维人极以安苦学。故闻夫之之风者，顽夫廉，懦夫有立志；闻敦颐之风者，鄙夫宽，薄夫敦也。”③ 钱基博提到古代湘学的三个人物：屈原、周敦颐、王夫之，并指出，屈原是文学鼻祖，在思想史上影响深远的是周敦颐和王夫之。上段引文之后即重点论述周敦颐和王夫之，最后说：“余违寇来湘，披览著书，颇亦窥其指要，观其会通。睹记所及，写成是编，裒录汤鹏、魏源以下，得若干人以尽其变。上推周敦颐、王夫之两贤以端其趣……”④可见，钱氏在此书中以汤鹏、魏源以下的近代湘学人物为论述

① 叶德辉：《答人书》，《船山全书》第 16 册，岳麓书社 1996 年版，第 776 页。

② 叶昌炽：《缘督庐日记钞》，《船山全书》第 16 册，岳麓书社 1996 年版，第 695 页。

③ 钱基博：《近百年湖南学风》，中国人民大学出版社 2004 年版，第 3 页。

④ 同上书，第 6 页。

对象，而以周敦颐和王夫之为其理论先端。

20 世纪 40 年代，湖南大学教授李肖聃（1881—1953）曾撰著《湘学略》一书，这是最早的一部以“湘学”为名的书。此书成于“民国”三十五年，即 1946 年。李肖聃在“湘学略自叙”中说：“民国十三年七月，长沙《大公报》成立十年，新化李景侨抱一属余为文以纪，余草《湘学小史》数万言以应。”可知李肖聃早在民国十三年，即 1924 年，就撰有数万字的《湘学小史》。李氏《湘学略》以“濂溪学略”为第一，显然是以周敦颐为湘学开创者。值得注意的是，李氏在此书中除了讲周敦颐、王船山以及近世湖湘诸贤，也讲湖湘学派，讲朱熹和王阳明对湘学的影响，论述范围已比较全面。

以上几种较为典型的对湘学的论述，各自的内容都有区别，但也有两点相同之处：其一，大都强调湘学人物的哲学建树，或曰大都以哲学作为评判湘学的标准，这一点与我们的标准是一致的；其二，与第一点相关，由于理学是我国宋代以后典型的哲学形态，上述诸人所论湘学人物大多是理学家。以李肖聃最为典型，真德秀对“湘学”范围的理确与李肖聃也很契合，只不过那时还没有船山学，更没有我们所说的近代湘学，所以真氏不可能提到。杨毓麟、叶德辉、钱基博等人亦在不同程度上看法相同，以周敦颐为湘学的开创者，中经湖湘学派、王船山而至于近代湘学人物。尽管有人提到屈原甚至鬻熊，但只是把他们当作文学鼻祖和楚之远祖来看，其重心还是周敦颐、王船山等理学人物。

有学者不同意周敦颐是湘学的开创者，其根本的误解就在于把湘学等同于湖湘学或湖湘学派。

“湖湘学”或称“湖南学”，是南宋时期朱熹提出的对此一时期以胡安国、胡宏、张栻等人为代表的理学学派学说的特称，有时朱熹又称这一派为“湖南一派”“湖南学者”或“湘中学者”。后来黄宗羲在论述胡氏父子和张栻等人所代表的学派时，亦沿用朱熹“湖南一派”的称谓，而且提出了“湖湘学派”的概念[①]，沿用至今。“湖湘学”或“湖南学”是湘学的一个部分和一个阶段，而不能等同于湘学。因为湘学是近代以来出

① 黄宗羲：《宋元学案》卷三十四，中华书局 1982 年版，第 1191 页。《宋元学案·武夷学案》云：“湖湘学派之盛，则先生（指黎明——引者）最有功焉。”

现的概念，近代学者在使用“湘学”这一概念时，内容包括濂溪学、湖湘学、船山学以及近代湘学，而不仅仅指湖湘学。尽管湖南简称“湘”，但“湘学”和“湖湘学”（“湖南学”）两个概念从一出现就各有特指，内容是不一样的，它们是包含关系，而不是等同关系。

周敦颐不但是湘学的开创者，就是对湘学历史上南宋时期的湖湘学派的创立亦有先导之功。周敦颐是二程的老师，其学说对二程产生了深刻的影响，这一点朱熹有非常详细的说明①。二程继承周子之学，并发扬光大，其学又通过两条线索南传。根据真德秀的描述，这两条线索是：①杨时—罗从彦—李侗—朱熹；②谢良佐—胡安国—胡宏—张栻。②这两条线索大体上是不错的。杨时和谢良佐均为二程高弟，经此二人传承而后形成的朱子学派和湖湘学派，是南宋理学两大主要学派。真德秀描述的两条线索也只是笼统而言，实际上两派在同出一源的同时，在传承的过程中也不完全是彼此隔离，而是相互融会的。胡安国与谢良佐、杨时、游酢等程门高弟“义兼师友”，有广泛的学术交往。而胡宏也曾师事杨时和程门另一弟子侯师圣。总之，湖湘学派的形成是通过二程弟子的转手实现的，而其理学理论的源头却是周敦颐。因此，岳麓书院文庙的那副对联：“吾道南来，原是濂溪一脉；大江东去，无非湘水余波。”下联是狂了点，但上联却是有学理依据的。周敦颐是理学的开山鼻祖，湖湘学派是南宋时期的一个重要的理学派别，其思想源头自然可以通过二程而上溯至周敦颐。

从湖湘学派的代表人物胡宏和张栻对周敦颐的极端推崇和理论继承来看，更可以见出周敦颐对湖湘学派的直接影响。

胡宏说：

> 我宋受命，贤哲乃生，舂陵有周子敦颐，洛阳有邵子雍、大程子

---

① 参见拙文《朱熹推尊周敦颐考论》，《濂溪学研究》第二辑，湖南人民出版社 2006 年版。

② 纪筠：《西山读书记》卷三十一，《四库全书》第 706 册，上海古籍出版社 1987 年版，第 106 页。真德秀说：“二程之学，龟山（杨时）得之而南，传之豫章罗氏（罗从彦），罗氏传之延平李氏（李侗），李氏传之考亭朱氏（朱熹），此一派也。上蔡（谢良佐）传之武夷胡氏（胡安国），胡氏传其子五峰（胡宏），五峰传之南轩张氏（张栻），此又一派也。”

颢、小程子颐，而秦中有横渠张先生。[①]

胡宏第一次把周敦颐与邵雍、二程、张载并称为北宋“贤哲”，而且把周敦颐置于诸贤之首，后世遂有“北宋五子”的称谓。不仅如此，胡宏又最早刊行周敦颐的《通书》，并为之作序，对周敦颐做了极高的评价：

> 今周子启程氏兄弟以不传之学，一回万古之光明，如日丽天，将为百世之利泽，如水行地。其功盖在孔、孟之间矣。人见其书之约也，而不知其道之大也；人见其文之质也，而不知其义之精也；人见其言之淡也，而不知其味之长也……人有真能立伊尹之志，修颜回之学，然后知《通书》之言包括至大，而圣门之事业无穷矣。故此一卷书，皆发端以示人者，宜度越诸子，直与《易》《诗》《书》《春秋》《语》《孟》同流行乎天下。[②]

胡宏认为周敦颐的《通书》跟先秦儒家最权威的经典具有同等地位，周敦颐启二程以不传之学，在儒学史上的功劳可以同孔子和孟子相媲美，足见他对周敦颐推崇之至。

张栻受其师胡宏的影响，对周敦颐也十分推崇。张栻撰写了很多宣传周敦颐历史地位和学术成就的文章，如《周子太极图解序》《太极图解后序》《通书后跋》《道州重建濂溪周先生祠堂记》《永州州学周先生祠堂记》《南康军新立濂溪祠记》等。他在《南康军新立濂溪祠记》中说：

> 惟先生崛起于千载之后，独得微旨于残编断简之中，推本太极，以及乎阴阳五行之流布，人物之所以生化，于是知人之为至灵，而性之为至善，万理有其宗，万物循其则，举而措之，则可见先生之所以为治者，皆非私知之所出。孔孟之意，于以复明。[③]

---

① 胡宏：《横渠正蒙序》，《胡宏集》，中华书局 1987 年版，第 162 页。

② 胡宏：《胡宏集》，中华书局 1987 年版，第 161—162 页。

③ 张拭：《张栻全集》，长春出版社 1999 年版，第 706 页。

张栻赞扬周敦颐“推本太极”之功，肯定了其在接续孔孟道统中的巨大贡献。

胡宏和张栻的哲学理论也直接受到周敦颐的影响。胡宏把周敦颐的“太极”和“道”联系起来，提出“太极即道”的命题：“‘一阴一阳之谓道’，道谓何也？谓太极也。”①

胡宏认为性是“天下之大本”，是“气之本”，是“天地之所以立”的依据，是宇宙本体。在胡宏的理论体系中，“天”“道”“理”三个范畴与“性”又有着非常密切的关系。胡宏有时候把“性”与“天”“道”三者等同起来。他说：

> 天者，道之总名也。②
> 有是道则有是名也。圣人指明其体曰性，指明其用曰心。③

性是道之体，天是道之总名，在胡宏看来，“性”“道”“天”属于同一序列的范畴。因此，胡宏虽然没有直接把“太极”与他哲学的最高范畴“性”联系起来，但他说太极即道实际上就等于说太极即性。胡宏的得意弟子张栻则继承和发展了胡宏的思想，直接提出了“太极即性”的命题：“天可言配，指形体也。太极不可言合，太极性也”④。胡宏和张栻都把周敦颐所阐发的“太极”融进自己的哲学体系中，成为他们哲学体系中的一个极端重要的范畴。

综上所述，周敦颐虽然哲学著作字数不多，但其思想却极富特色，所著《通书》成为宋明理学的“观念库”。自南宋真德秀以来，谈论湘学的学者大都视周敦颐为湘学的开创者。而周敦颐对南宋时期的湘学理论代表——湖湘学派的创立亦有先导之功。因此，周敦颐既是理学开山，亦为湘学鼻祖。

（作者单位：湘潭大学哲学系）

---

① 胡宏：《胡宏集·知言·汉文》，《胡宏集》，中华书局1987年版，第41页。

② 胡宏：《胡宏集》，中华书局1987年版，第42页。

③ 同上书，第336页。

④ 张栻：《张栻全集·答周允升》，长春出版社1999年版，第976页。

周濂溪思想体系检讨

——以主要观念为主

［韩］安载晧

一 引 言

众所周知，濂溪周敦颐在《宋史·道学传》被推崇为道学的鼻祖、宋明理学的开山祖师。其实，在北宋，他只是位地方的微官末职，并不是中央政府的官员，也不是出名的学者。这样的濂溪具有儒学史上那么重要的地位，首先是因为二程兄弟的影响。但是，二程不常提濂溪，也未直接涉及濂溪的学问。他的学问，由一位特别关注形上学的南宋学者——朱熹注解《太极图说》及《通书》之后，才得到大家的注目，他也因此而成为道学的鼻祖。然而，对濂溪关于开心祖师的评价是否有恰当的根据呢？从历史的角度来判断，是出于笔者能力之外的。笔者只能从理论方面，尤其是由主要观念来检讨濂溪的思想体系。

笔者所谓检讨，是援引康德在他的批判书中进行的“批判”。就是说，如同康德把理性从非理性抽出而分开，来明确定立理性的权能及界限一般，我们为了鲜明地确定濂溪思想的意义，也进行康德式的“批判”。然而，这并不是说在本文里试图像康德那样做严肃的工作，我们要进行的工作是把濂溪思想分开为几个重要范畴来分析，并以孔孟的原始儒学为规准来批判它。我们可由包括整个东方哲学的三个范畴——本体论、心性论及修养论，来区分濂溪思想的主要观念，再把它们从杂多的概念中分开来弄清其明确的意义。通过这一工作，我们可以证实濂溪持一种整合性的视角来体系化自己的哲学思想，进而判断对他的历史性推崇是否恰当。

二　本体：无极与太极，诚（神），动静与生

一说濂溪的本体概念，我们就想起《太极图说》的无极和太极，而对这双概念，从宋代以来议论纷纭。对著名的“无极而太极”及“太极本无极也”① 这句话的一般解释是，“既是无极，又是太极”和“太极本来是无极”（或者更严重地说“太极根源于无极”）。但笔者认为，这样解释可能误解为有无极及太极这两个实体。因此，应当改为“因为无极，所以是太极”和“太极本来是无极的”。另外，其下面的“无极之真”也并不是说太极以外又有无极，而是说“无极之真”就是太极的意思。当然，有些学者由于上面提到的几句解释以及濂溪曾受到道教影响这个事实，而强调无极的独立意义。② 但是，我们没必要只因为那些原因，就肯定太极以外本体无极。我们认为，上面的几句解释可以通于笔者的解释③，而且更重要的是哪一种解释更能解决濂溪思想体系的问题。

如果无极不是太极以外的独立实体，而是如同朱熹的主张一般是一个“形容词”而已的话，濂溪的本体只能是太极。然则，所谓“太极动而生阳”等应该怎么解释呢？太极作为形上本体，它做运动是什么意思呢？如果只依靠主要说明宇宙发生过程的《太极图说》的内容，则难以解释其意义。我们应该援引濂溪的另一主要著作《通书》。《通书》虽未使用太极概念，但我们可以归纳并类推其内容，就会发现所谓诚乃是与太极一

① 胡宝瑔：《周子全书》，武陵出版社 1990 年版。以下从略，《太极图说》和《通书》的书名，只表示篇名。

② 劳思光：《新编中国哲学史·三》上，三民书局 1981 年版，第 103 页；“并非只表一‘无声无臭’之‘超越性’。”陈郁夫：《周敦颐》，东大出版社 1990 年版，第 38 页；“应另有所指。”侯外庐：《宋明理学史》上，人民出版社 1983 年版，第 61 页；“无极是最原始的、根本的。”

③ 牟宗三：《心体与性体·一》，正中书局 1968 年版，第 358 页。所谓无极可能是，如同牟宗三所说“对于‘太极’本身之体会问题”。冯友兰：《中国哲学史新编·5》，蓝灯文化公司 1991 年版，第 60 页。也可能只是“太极在空间上没有边际，在时间上没有始终”的意思。

样的本体概念[1]。譬如说，《通书》一开始就云：“‘大哉乾元，万物资始。’诚之源也。‘乾道变化，各正性命。’诚斯立焉。”（《诚上第一》）这就是说，所谓诚通过乾元以及其作用过程——乾道，来显现自己作为本体的面貌。

濂溪把这样的诚联结到神，而如下说明其意味：

> 寂然不动者，诚也；感而遂通者，神也。（《圣第四》）
>
> 动而无静，静而无动，物也。动而无动，静而无静，神也。动而无动，静而无静，非不动不静也。物则不通，神妙万物。（《动静第十六》）

“寂然不动，感而遂通天下之故。”这是在《系辞上》第十章里说明易之原理的，而濂溪把它分成本体和作用来解释。换句话说，他把诚看作是形上本体，而神则被视为那个本体所表现的作用。既然神乃形上本体的作用，则它的运动同现象事物的运动就会有所差别。现象事物动了，一会儿就停止下来；停止了一段时间之后，再运动起来。这样，它们的动静就很明显是对立的。但是，神作为本体的作用，就没有直接的运动。它能使现象事物运动或停止，但它自己则不做运动或停止。倘若神自己运动或停止，那它就不可能是本体的作用了。对神来说，运动和停止只能是同样的一个现象而已。唯有如此，神才能让现象事物运动或停止。由这种意义可说，神作为本体的作用，“就是动力，是运动的本源”[2]。

诚以作为运动的本源及动力之神为自己的作用，它就是太极。因此，“太极动而生阳”“静而生阴”，并不是说太极本身作直线性运动来生成阳、停止来生成阴的意思。[3] 所谓动静是由太极的动力——神来表现的，因而本体表现为动态的就是阳，表现为静态的则是阴。是故，太极和阴阳

---

① 唐君毅：《中国哲学原论》（导论篇），学生书局 1986 年版，第 437、435 页。太极是“不可极而无极之一真实存在，而一贯天人之诚道”，“当由《通书》之诚与神，以规定太极之含义”。

② 侯外庐：《宋明理学史》（上），人民出版社 1983 年版，第 70 页。

③ 当然，将太极看作是“元气”的话，则可肯定它的直接运动。侯外庐、陈来等学者大都同意这种看法。

以及五行，“它们并不是平行存在着，像一个桌子旁边有一个椅子那样”[①]。合起来看是太极，分开来看则是五行而已。所以可以说，“其生无生相，其化无化相”[②]。总而言之，作为形上本体的太极或诚以其作用即神这个动力来形成现象世界，也引起其中的运动变化。因此，虽则说到阴阳及五行，但这并不是承认太极以外的独立实体。所谓生或生成也不是母生子的，而是说显现的这样或那样而已。

如上整理的濂溪之本体会惹起逻辑上难以解决的严重问题。作为本体的太极或诚通过神这个作用来引起运动生成万物。就是说，它“不只是静态地规则之定然之之理则，而且是动态地实现之之生理”[③]。然则，神这个作用既不是“现象”——只是本体的显现，也不可能是本体的“属性”，它应当是诚体自己“不容已”的表现而已。唯有如此，它才可以是“动态地实现之之生理。”然而，倘若太极或诚表现为形成具体事物的质料——阴阳及五行，那就等于说形上本体同时作为质料来直接运动的意思。这可以成立吗？“生成之理”同时也是“质料”吗？换个角度，假如太极乃是作为根本物质的元气，那很自然地分化为阴阳及五行。但是，这样的太极怎么可以有“动而无动，静而无静”的神这个作用呢？是个物质（质料）的话，在同一时空内不可能既动又静、既静也动吧？这样看来，元气不能以自己的作用具有神。如上说明，濂溪的本体无论是“生成之理”还是“根本物质”，很难逻辑地说明神和阴阳五行的关系。[④]

三　心性：诚性与刚柔之性

照濂溪所讲，诚不只是生成天地万物的本体，也是它们尤其是人的本性。

---

① 冯友兰：《中国哲学史新编·5》，蓝灯文化公司1991年版，第62页。

② 牟宗三：《心体与性体·一》，正中书局1968年版，第345页。

③ 同上书，第350页。

④ 我们即使把太极或诚看作以后的理来理解，也无法避免与气这个另外实体的纠缠，必得弄清其关系。但历代学者谁也未能成功地解决这个问题。

诚者，圣人之本。……纯粹至善者也。故曰："一阴一阳之谓道，继之者善也，成之者性也。"（《诚上第一》）

圣，诚而已矣。诚，五常之本、百行之源也。静无而动有，至正而明达也。（《诚下第二》）

诚是纯粹至善的。这可以有两种解释。第一，作为本体的诚自身就是如此；第二，诚体——动态的生成之理的流行，即宇宙论意义上其流行过程就是那样。因此，濂溪马上就引用了《系辞》关于道、善、性的规定。这样看来，人的本性可理解为，是宇宙本体具体化而完成的。因此，现实上完成我们潜在本性的圣人就是"诚而已矣""诚者，圣人之本"。换个角度来看，因为人的本性是潜在的，所以尚未活动时觉得好像它并不存在，但尽管不做活动，诚体绝不沦亡，仍坚持着本来的"至正"状态。与此相反，它做活动，则我们切实认知诚体，而所有的行为也成为纯粹至善的表露。总之，诚是纯粹至善的，因而既是最高价值，也是价值判断的基础。它又内在于人，而成为人的本性。所以可说："诚既关涉宇宙论，又关涉道德论。""圣人之道就是天之道，天人不别。""诚，体现了道德论与宇宙论的一致。"[①] 进而以诚体为媒介也可以说："人心之'真实无妄'即天道之'元亨利贞'。"一句话，"濂溪藉《易传》点出性善的根源所在"[②]。纯粹至善的诚作为人性的形上根据，可以形上学地证成儒家的性善。由此，如同天通过神妙作用来创生万物一样，人也通过实践道德而成为完善的人——圣人。

然而，濂溪除了由纯粹至善的诚形成之本性以外，还有另一种所谓"刚柔善恶中"的性。[③] 先看他怎么说。

性者，刚柔善恶中而已矣。……刚善为义，为直，……恶为猛，为隘，……柔善为慈，为顺，……恶为懦弱，为无断，为邪佞。惟中

① 侯外庐：《宋明理学史》（上），人民出版社1983年版，第73页。

② 陈郁夫：《周敦颐》，东大出版社1990年版，第53页。

③ 侯外庐：《宋明理学史》（上），人民出版社1983年版，第72页。侯外庐主张，虽然"刚柔善恶中"表面上是五品，但"实际还是善恶中三品"。可是，笔者认为，所谓中不可能同善恶并列，要说三品则应当是刚柔中这三种。

也者，和也，中节也，天下之达道也，圣人之事也。(《师第七》)

刚善刚恶，柔亦如之，中焉止矣。(《理性命第二十二》)

前面所说的纯粹至善的诚性用横渠的概念来讲就是“天地之性”，而“刚柔本来是描述气的性质的范畴”[①]，因此它“实指‘气质之性’而言”[②]。但是，从另外一个方面来看，它“大略相当于心理学上的性格；刚柔的观念，与外向内向也很近似”。“濂溪因性的偏颇而说性格各有善恶，而以纠扳天性之偏至于中正为修养要点。”但“人却不能以纠正性格上的偏失作为修养的重点”[③]。重要的反而是根据性格进行修养实践。顺着濂溪的逻辑进一步钻研，则“‘才性’之分别中，遂有‘善’以外之‘中’及‘中’以外之‘善’。此点甚为难解”。濂溪把“中”看作是最高标准。“若就圣人所造之‘境界’言，则说‘圣人之事’在语言上无困难，但如此则所谓‘中’，不可与‘刚柔善恶’并列，则以‘中’为‘性’即不可说。”依照濂溪的意思来看，“‘中’应即‘圣人之性’”。倘若这个中是对刚柔来说的，那么“‘中’即表不‘过刚’亦不‘过柔’之意，然如此则‘中’与‘善恶’之关系不明”。换个角度，“倘‘中’兼对‘善恶’言，则将有‘不善不恶’之‘中’，则何以又为‘圣人之事’(性)?”[④] 主要的矛盾还是在于中无法脱离善恶机而独自成立。假如可独立，那么所谓中有何种意义呢？其实，这种违反逻辑规范的“刚柔之性”，可以说是从濂溪宇宙论模式中自然导出的观念[⑤]，但也会发生一些理论性问题。它只是有助于说明现实中的人之种种样态——性格而已。[⑥]

如上的批判好像是对的，但实际上是错误的。首先，濂溪所说的“刚柔之性”不能直接等同于后来的“气质之性”。因为，按照首次使用

---

① 陈来:《宋明理学》，辽宁教育出版社 1991 年版，第 56 页。

② 牟宗三:《心体与性体·一》，正中书局 1968 年版，第 336 页。

③ 陈郁夫:《周敦颐》，东大出版社 1990 年版，第 86、87 页。

④ 劳思光:《新编中国哲学史·三》上，三民书局 1981 年版，第 116、117 页。

⑤ 同上书，第 119 页。

⑥ 侯外庐:《宋明理学史》(上)，人民出版社 1983 年版，第 72 页。从思想史的角度来讲，则可以说“宋明理学，喋喋不休地谈论‘中’这个问题”，“都是从周敦颐的性论来的”。

“气质之性”这个概念的横渠之用法，“气质之性”是一个与孟子所谓本性相对的命（小体，即属于本能的，像告子“生之谓性”）相类似的概念，与濂溪所说的“刚柔之性”全然不同的概念。那么，把它解释为性格恰当吗？可能还是有问题的。在笔者看来，濂溪并未明确使用此一概念。其实，刚柔善恶及中不可说为人之性。濂溪通过刚柔等来说明的不像我们所想是有关性的，而实际上是顺气质行动以积累形成的“习性”乃至“品格”。换句话说，人们顺气质行动而形成某种习惯，构造种种习性，濂溪认为，在这些习性当中除了中以外，其他都有问题，所以我们应该以中为的来改造习性。唯有如此解释，濂溪所谓“惟中也者，和也，中节也，天下之达道也，圣人之事也”“中焉止矣”等，才可以确切地理解，而且如同濂溪所说，以总是达成中的圣人作为老师，则天下可以皆善。

如上所说，刚柔之性是指种种习性，那么这可以顺利地联结到所谓性善的形上根据——诚性。不然，假如解释为气质之性，那濂溪应当说明它同诚性的关系。但濂溪并没有这一说明，就是因为没有必要。因此，“这两者间的分别，濂溪并没有作解说”①，这种批判是执着于性字而出现的误解。

濂溪关于心的学说很难找到。他未以道德本体或修养主体的意义来阐释心之概念②，只是通过“思”来说明心的认知作用而已。我们可以说，这些就证实了濂溪尚未明确理解并继承嫡统儒家的学说。

四　工夫：几，无欲（主静），思

如上所说，人们具有顺其气质行动而形成的习性，而其中除了圣人之中以外，都是偏颇的，所以需要作工夫即修养。然而，从根源讲，作为人性的诚业已是拥有神这个大用的纯粹至善，那我们为何还要作工夫或修养呢？因为气质③，那么我们的本性同气质又有何种关系？

---

① 陈郁夫：《周敦颐》，东大出版社 1990 年版，第 85 页。

② 《养心亭说》里所谓寡欲到无欲之说，不可以直接说是关于心的学说。

③ 虽然不是濂溪本人直接说到气质。

对于这个问题，濂溪在《太极图说》里说明如下："惟人也，得其秀而最灵。形既生矣，神发知矣。五性感动，而善恶分，万事出矣。"就是说，人同别的事物一样，由和本体一样的本性及阴阳五行的质料生成，只是构成人的质料在万物中是最好的。尽管如此，由形体而引起了诸多欲望，导致会发生需要道德判断的许多人世间的事情。因此，完善的人即"圣人定之以中正仁义［圣人之道，仁义中正而已矣］"。濂溪的这个解释，是对"事实"的描述，而并不是分析地说明"当为"的。一句话，这并不能回答我们的问题。

对于这个问题，《通书》里这样说明：

> 诚无为，几善恶。（《诚几德第三》）
>
> 寂然不动者，诚也；感而遂通者，神也；动而未形，有无之间者，几也。诚精故明，神应故妙，几微故幽。诚神几曰圣人。（《圣第四》）

濂溪所谓"几"，指的是一种状态——虽然本体已经发出，但尚未明确显现的状态。[①] 不过，如果是纯粹至善的诚体之发出的话，那必定是善的。所以濂溪又说："诚神几曰圣人。"这个"几"指的是诚之神妙作用所表现的内容，即圣人之用心。但是，濂溪又说"几善恶"。在此就会出现一个疑问。既然是纯粹至善的发出，为何会出现"恶"呢？当然，这里就有从略的环节。那就是，由同纯粹至善的本性一起直接形成万物的质料造成的身体以及生理本能。其实，包括人在内的有生命的所有存在不可能没有生理本能，而这个本能常常干扰纯粹至善的本性之作用。换言之，诚这个动态的生成之理发现时，由生理本能引起的欲望影响到"几"，从而虽是纯粹至善的发现，但还没落实的情况下可能走向恶。

---

① 陈来：《宋明理学》，辽宁教育出版社 1991 年版，第 53 页。所谓几也可以这样解释："是从'五性感动'到'神发知矣'的中间环节。"牟宗三：《心体与性体·一》，正中书局 1968 年版，332 页。"即后来所谓'念'也。"劳思光：《新编中国哲学史·三》上，三民书局 1981 年版，第 113 页。"指自觉心或意志状态而言。"冯友兰：《中国哲学史新编·5》，蓝灯文化公司 1991 年版，第 66 页。"考虑自己的动作对于自己有甚么后果。"这样的解释可看作是特别把几从认知的角度来规定的。

由此之故，我们要做工夫即修养。然则，濂溪强调了哪些修养呢？众所周知，他在《太极图说》中就强调根据无欲的主静："主静（无欲故静），立人极焉。"然而，在《太极图说》里主张的宇宙发生过程则是基于"宇宙本质上是运动的"①这种看法的。此两者，可能"归宿于不合自然律"②的形上学。在濂溪思想体系里有一点是肯定的：因太极的神妙作用，而宇宙本质上是运动的。因为濂溪所谓本体乃是神妙作用之"动态的生成之理"。他冒着这种形上学的问题，而主张"主静"的原因只能是为了强调"无欲"。那么，无欲对濂溪有何重要意义呢？

在《太极图说》里再没有出现对无欲的说明，而《通书》则这样解释：

> 圣可学乎？曰：可。曰：有要乎？曰：有。请闻焉。曰：一为要。一者，无欲也。无欲，则静虚动直。静虚则明，明则通。动直则公，公则溥。明通公溥，庶矣乎！（《圣学第二十》）

我们一般介绍宋明理学时，常用一个概念——"学做圣人"的学问。其由来可能是濂溪的如上见解。在他看来，圣人并不是和一般人不同类的存在。我们都可以"学做圣人"，其条件就是无欲。③欲望的主要特征是利己而自私，因而所谓"无欲就是没有私心杂念"④。它首先指静时的空虚，即静心的虚灵，要求心要像镜子一样清澈，可以照耀天下所有。另外，做到无欲，则我们的行为会很正直，而这时的心"就能够如衡之公平无所偏倚地对待人和己"⑤。心果清澈，就会没有偏见而"明"，那也可

---

① 陈来：《宋明理学》，辽宁教育出版社 1991 年版，第 50 页。

② 侯外庐：《宋明理学史》（上），人民出版社 1983 年版，第 63 页。

③ 劳思光：《新编中国哲学史·三》上，三民书局 1981 年版，第 120 页。"纯以'太极—阴阳—五行—万物'之存有过程而论，一切皆存有之决定，何处能有'有欲'或'无欲'之问题？""生命之'需求'或'欲'，亦在此系列中决定。然则，'有欲''无欲'顺此以观，皆只有描述意义，而不能有规范意义，何以能就此种观念说'工夫'及'学'？"为了保持物理生命而自然产生的生理欲望，对它说三道四就是无聊的。但是，濂溪所谓无欲的欲，怎么会是生理欲望呢？劳思光偏离了濂溪的论点。

④ 冯友兰：《中国哲学史新编·5》，蓝灯文化公司 1991 年版，第 65 页。

⑤ 侯外庐：《宋明理学史》（上），人民出版社 1983 年版，第 79 页。

以清楚于是非而“通”。进而公平以无所倾斜，则走向正确的道路“公”，有利于社会的广大群众“溥”。[①] 这种效果的无欲，“并不是要人禁绝一切感性欲望，而是指在特定修养过程中达到意识静虚状态的必要条件”[②]。

然则，濂溪所谓无欲其本身并不是直接的、积极的工夫，而只是为了到达像荀子的“虚壹而静”一样的状态之手段而已。从这种脉络下来，濂溪就强调可以保证认知明确性的工夫——思。

> 《洪范》曰：“思曰睿，睿作圣。”无思，本也；思通，用也。几动于彼，诚动于此。无思而无不通，为圣人。不思则不能通微，不睿则不能无不通；是则无不通生于通微，通微生于思。故思者，圣功之本而吉凶之几也。《易》曰：“君子见几而作，不俟终日。”又曰：“知几其神乎？”（《思第九》）

濂溪的主张，看起来非常复杂，但其逻辑可以说很简单。一句话，思的工夫就是成为圣人的根本方法。照濂溪讲，要思虑才能通到隐微——天地万物之理，然后可以睿智而无不通天下所有的事。无不通天下所有的事，这个境界乃是圣人的境界。所以思索就是成为圣人的开端。从形上学的观点来看，“寂然不动”的诚体根本就没有任何思索——“无思”，但又有“感而遂通”的神妙作用，因而一思索就可通到天地万物——“思通”。不过，我们经常处在“几”的状态之下，此时，我们若顺从本性，就可以为善；不那样，反而只追求欲望的话，就会惹起恶。由此之故，濂溪主张：虽然诚体在这里作用——“动于此”，但其在“几”上发挥，则是另外一会事——“动于彼”。归根结底，思索的工夫就要集中在这个“几”的状态。“即是要彻底通化此几而使之归于善，使之纯然顺应诚体而动，而无一毫之夹杂。此则尤显道德践履之功之切义。”[③] 进而这种思索的工夫积累下来，达到无不通的境界，那么其思索不再是经验世界的，而成为一种超越性或本体性的“无思”。这就是圣人的境界吧！

---

① 冯友兰：《中国哲学史新编·5》，蓝灯文化公司1991年版，第66页。

② 陈来：《宋明理学》，辽宁教育出版社1991年版，第55页。

③ 牟宗三：《心体与性体·一》，正中书局1968年版，第340页。

濂溪如上的思索工夫果真如其主张一样是成为圣人的根本方法吗？其实，说工夫就必提到心。只有心才是体现诚体的关键之故。但是，濂溪提倡作为心的一般作用之思索。思索一定要达到“无思而无不通”的境界，才可说工夫的完成。但其完成并没有必然性。当然，以达到荀子所谓“虚壹而静”的状态来说其完成，并不一定符合诚体而彰显的生生不息之本体。虽然孟子也讲“思诚”（《离娄上》），但那是说诚体的直接体现，而不像濂溪那样是在“几”的状态下除去恶的意思。所谓工夫需先提出表现为道德情感的本心，然后保证其活动，才可担保活动乃本体之显现这个必然性。濂溪对这些理解不足，因而提出思索乃是成为圣人的根源工夫，但他所谓思索只是个认知心的活用而已。由此之故，有的学者干脆批判濂溪的学问一半是荀子学①，濂溪学“总有泠然于万物之上的感觉，不无以老庄之心行孔孟仁义之嫌。依‘濂溪学’修行，智有余而仁不足”②。或者评价，濂溪虽然“对于诚体有积极之默契”，但他的“造诣犹在观赏之境界中”而已。③

五 结 语

以上，我们从本体、心性、工夫这三个方面来检讨濂溪思想的主要概念。首先，濂溪提出的本体——太极或诚，可看作是动态的生成之理。这种看法可以把道德实践奠基于形上学。只是，按照《太极图说》的逻辑，我们毕竟会遭遇如“理生气”一般的严重问题。其次，濂溪一方面把我们的本性看作是宇宙本体的具体化，另外一方面则肯定现实个人的气质差异及由此形成的习性，阐明工夫为何不可或缺。这可评价为对儒家理论发展上的极大贡献。不过，他对心的理解则同嫡统儒家全然不同。这点，后来给朱熹留下不好的影响。最后，濂溪说明了工夫的必要性，这非常恰当。然而，他工夫论的主要内容有如下几个概念——无欲、主静、思等，有些同自己的形上学体系不合，更重要的是：那些工夫方法无法支持既简

① 方东美：《新儒家哲学18讲》，黎明文化事业公司1983年版，第154—155、167页。

② 陈郁夫：《周敦颐》，东大出版社1990年版，第91页。

③ 牟宗三：《心体与性体·一》，正中书局1968年版，第357页。

单又直接的道德实践。濂溪所主倡的工夫并不是孔孟的嫡统儒学，反而是荀子甚至接近老庄的观照性或认知性方法。那种方法虽也可以说明如何实践道德，但其道路则遥远迂回。

由以上的结论推理，对濂溪思想的客观评价不能像朱熹那样推崇。然而，其历史评价，即道学的鼻祖、宋明理学的开山祖师却也是不失公正的。濂溪深刻理解孔孟的性善，又为它赋予了形上学根据。这点应该评价为一种既坚持传统也实现时代精神的业绩。到了宋朝，儒学不仅需要性善，更需要形上学体系。

（作者单位：韩国 中央大学）

周敦颐《通书》之德行观及其现代意义

刘焕云

一 前 言

中国在有宋一代，理学在学术思想史上占有极高的地位。除了先秦百家争鸣产生灿烂的哲学思想外，宋代是最具有哲学思想之时代。宋代之理学，以濂洛关闽四派为其中坚，濂学之倡导人是周敦颐，濂洛关闽四派也以周敦颐为先导。先贤周敦颐先生出生在湖南，是对中国传统文化产生重大影响的湖湘学人。《宋史·道学传》言：

> 孔子殁，曾子独得其传，传之子思，以及孟子，孟子殁而无传……千有余载，至宋中叶，周敦颐出于舂陵，乃得圣贤不传之学，作《太极图说》《通书》推明阴阳五行之理，命于天而性于人者，了如指掌。

王云五在《道学传中》，共列举二十四人，且以周敦颐为首，隐然是以之为宋代理学之开祖。[①] 周敦颐原名敦实，因避宋英宗讳改名敦颐，字茂叔，道州营道（今湖南道县）人，生于1017年（宋真宗天禧元年），卒于1073年（宋神宗熙宁六年），谥号元，称元公。周敦颐曾建书堂于庐山之麓，堂前有一溪，以家乡之濂溪命名，乃将其书堂取名为“濂溪书堂”。周敦颐晚年定居于此，后人因此称其为濂溪先生，也称其思想为“濂学”。

---

① 参见王云五主编《百衲本二十四史》，台湾商务出版社1976年版。

濂溪上承孔孟学统和《易》《庸》之学，下启宋明理学，开创了儒家学术的新形态，是宋以后中国道学思想发展的“活水源头”。正如王云五所指出，周敦颐上与孔孟，后与程朱思想有同等的重要地位，后被称誉为“道学宗主”“理学开山”，著有《太极图说》《通书》《爱莲说》《拙赋》等。在上述著作中，以《太极图说》和《易通》之影响为大，体现了宋明理学的思想基础，周敦颐因此被追认为“得圣贤不传之学”的理学开山祖师。《太极图说》说明宇宙衍生之历程；《通书》诠释性命道德，修己治人之要道。前者为宇宙论，后者为具有形而上基础之实践哲学[①]，也就是德行伦理学。

周敦颐一生躬行实践圣人之学，道德高尚。黄庭坚称其“人品甚高，胸怀洒落，如光风霁月。廉于取名而锐于求志，薄于徼福而厚于得民，菲于奉身而燕及茕嫠，陋于希世而尚友千古……嘉定十三年，赐谥曰元公。”[②] 我们由其“洗冤泽物为己任，行部不惮劳苦”，可知周敦颐悟道与实践德行认真之态度。其人品方面，黄庭坚乃许为“胸怀洒落，如光风霁月”，可见周敦颐德行之高洁。其思想影响深远，远播并扩散至东亚五国。

二 《通书》中的德行观

周敦颐认为太极是宇宙万物的根源，《太极图说》中所谓的太极，出自《易传》，《系辞上传》云：“易有太极，是生两仪，两仪生四象，四象生八卦，八卦见吉凶，吉凶生大业。”《通书》中没有提到太极，只说“天以春生万物”（《通书·刑第三十六》），“大哉乾元，万物资始”（《通书·诚上第一》）。周敦颐说由太极而阴阳，由阴阳而五行，由五行而男女，由男女而化生万物，人类也是万物之一，但人类却得天独厚，为宇宙灵秀所钟，禀太极之理，具五行之性。太极之理，为纯粹至善，故人之性亦本来是善。此人性之本然，即所谓诚。

---

① 吴康：《周濂溪学说研究》，载项维新、刘福增主编《中国哲学思想论集》第四册，牧童出版社 1978 年版。

② 王云五主编：《百衲本二十四史》，台湾商务出版社 1976 年版。

诚者，圣人之本。大哉乾元，万物资始，诚之源也。乾道变化，各正性命，诚斯立焉！纯粹至善者也。故曰：一阴一阳之谓道，继之者善也，成之者性也。元亨，诚之通；利贞，诚之复。大哉易也，性命之源乎！（《通书·诚上第一》）

诚，五常之本，百行之源也。（《通书·诚上第二》）

诚无为，几善恶，德爱曰仁：宜曰义，理曰礼，通曰智、守曰信。性焉安焉之谓圣，复焉执焉之谓贤，发微不可见，充周不可穷之谓神。（《通书·诚几德第三》）

周敦颐认为太极之理即是诚，纯粹至善，为五常百行之本源。人禀此纯粹至善之，理以生，因此，人之性本来就是善，所谓“一阴一阳之谓道，继之者善也，诚之者性也”，便是指此而言。所谓五行之性，即仁义礼智信五常。人秉太极之理与五行之性以生，则其性自是纯善。但是，恶又是从何而来呢？周敦颐认为，人既成为人之后，便具有了思想和情感，当人受到外界的感动时，就有善有恶，而发生出各式各样经验界之善恶。

周敦颐依据太极而阴阳，阴阳而五行，五行而男女，男女而万物这套宇宙生成图说，推出圣人为人极，并由此在德行实践上强调圣人是人们学习的榜样，人人都要以圣人的德行去塑造自我，特别是士人。他明确指出：“圣希天，贤希圣，士希贤。”（《通书·志学第十》）培养士人树立一种理想的德行人格，是周敦颐从事道德实践的核心所在。在周敦颐的德行观中，圣人是道德、智慧与事功三者结合最完美的典范，是一种最理想的人格形态。[①] 作为理学的开山祖，周敦颐一生为学的宗旨是教人如何成圣，成就德行。他弘扬孟子“人皆可以为尧舜”的精神，提出以诚为本的圣人观，肯定人经过不断的心性修养与道德实践，可以成就圣人人格。周敦颐认为，进德修业应务实，勿使名过其实。他说：

实胜善也，名胜耻也。故君子进德修业，孳孳不息，务实胜也；德业有未着，则恐恐然畏人知，远耻也。小人则伪而已。故曰：君子日休，小人日忧。（《通书·务实第十四》）

---

① 黄明喜：《周敦颐的圣人观及其修养论》，《孔孟月刊》1998 年第 11 期，第 43—46 页。

他主张："学者为学，须孜孜不息，务实胜也。德业如有未着，则应恐恐然畏人知，以远耻也。"周敦颐反对"不知务道德而第以文辞为能"。他说："文所以载道也……不知务道德而第以文辞为能者，艺焉而已。噫！弊也久矣。"（《通书·文辞第二十八》）他又说："圣人之道，入乎耳，存乎心，蕴之为德行，行之为事业，彼以文辞而已者，陋矣！"（《通书·陋第三十四》）

周敦颐强调圣人之教，正是要人在道德实践中"自易其恶，自至其中"。而欲求道德之尊之贵而有于身，而不有明师以教导之，益友以辅责之，则不可得矣。他说：

> 天地间至尊者道，至贵者德而已矣。至难得者人，人而至难得者，道德有于，身而已矣。求人至难得者有于身，非师友则不可得也已。（《通书·师友上第二十四》）

总的来说，周敦颐的德行观是一种德行伦理学，人为万物之灵，禀太极之理，具五行之性。太极之理，为纯粹至善，故人之性亦本来就是善。此人性之本然，即所谓诚。据此观点，德行实践，即是人人要在人世间完成最高的德行。

三　儒家与德行伦理学

先秦儒家人物如孔子、孟子、荀子及其他诸儒，一直传到周敦颐，他们的思想都博大精深，其中最核心的乃是其伦理道德思想。孔子、孟子经由个人深刻的修德体验，强调人内在主体的自我觉醒，进而掌握超越的"道"之整全意义。儒家的"德"字，有诸多含义，德之本义，为行道有得于心，施之实践，则事之宜，所谓合理之行为也。[①] 德之所以为德，在个人修养上，就是行道有得之义，在人际关系上，就是与人相处能得之义。"德"乃行"道"之实，如果不能够"体道有得"，笃行亲证，则不易契悟。事实上，在儒家思想中，"尊道贵德"的观念与道家思想相互辉

① 吴康：《孔荀孟哲学》下，商务印书馆1982年版，第19页。

映，早已成为中国人的价值核心。

“道德”二字连称，“道无所不在”，德是人遵道而行的表现，故称曰德行；嘉言懿行，利人济世，皆为德行，简称德。道德两字，相互为用，德之显现在日常行事间者，为人人皆能实践之道，能实践此道即是“德行”。人人皆实践德行，则家齐而国治。可知，道德进一步可发衍为人伦社会的意义。“道德”与“伦理”二词，经常连用，其意义也彼此相关，但仍然可加以区分。“伦理”二字，常见于我国古书。《小戴礼记》：“乐者通伦理者也。”《郑玄注》说：“伦，犹类也；理，犹分也。”据此，伦并非仅指人与人之关系，也自非专指狭义的人伦①，还泛指事物的伦类。至孟子及荀子才正式以“伦”阐述人类社会的正当关系。《孟子·滕文公上》说：“使契为司徒，教以人伦；父子有亲，君臣有义，夫妇有别，长幼有序，朋友有信。”这就是“五伦”之由来。《孟子·离娄上》说：“圣人，人伦之至也。”而《荀子·解蔽篇》说：“圣也者，尽伦者也。”《儒效篇》说：“人伦尽也。”从孟、荀所谓的“人伦”中，可知“伦”乃指称：人类社会群居共处生活之中，有各种正当的人际相互关系。至于“理”字的本义为治玉。伦理二字合用，就是指人类在社会群体生活关系中正当行为之道理与法则。所以，伦理的含义，是人群生活关系中规范行为的道德法则，具有强调社会关系规范的意味。

我们再就伦理与道德的关系而言：“伦理的善”涵盖着修己及善群，而道德也是以修己与善群为内容。修己的目的，乃培养个人品德修养，品德之修养，从慎独存诚入手。而善群之目的，在调和群己的关系，使人群之间，彼此互助合作，维持群体社会秩序之和谐安定，共同创造社会人群之文明进化。正如孔子所说：“修己以敬”“修己以安人”“修己以安百姓”（《论语·宪问》），此处所谓“安人”“安百姓”即善群之谓。善群之道，从“修己”开始，修己是善群的起点，善群是修己的理想；善群以修己为前提，修己以善群为目的。二者必须同时兼顾，才能获得人群之和谐圆满。因之，伦理与道德有互为表里的关系，伦理之内容为道德，道德的延伸为伦理，二者实为一体。

“德行”英文为“Virtue”，乃自希腊文 ασετε（拉丁文 arête）而来，

---

① 黄建中：《比较伦理学》，正中书局 1965 年版，第 23 页。

ασετε（arête）这个词乃是指善（goodness）或卓越（excellence）以及功用（function）或能力（force）。[①] 苏格拉底说："知识即德行"（Knowledge is Virtue），他给"德行"（Virtue）下定义说："人的德行是他性格的一种情况，它使人成为好人，同时使人善尽自己的本分。"亚氏认为德行是一个习惯，是人一种行动的习惯，使人容易完成德行。从儒家或周敦颐思想来看：所谓"德行"有两种含义：首先，德行指人的本有向善之性获致发展，以至于实现的状态；其次，德行亦指人与人之间良好关系的建立与实现。[②] 如果按照前面我们对于"伦理""道德"二词的分辨，则前者有关人本有向善之性的发展与实现之德性，可以指为"道德义"的德行，主要是指仁、义、礼、智、廉、耻等德目；至于后者有关人与人之间良好关系的建立与实现的德行，可以称为"伦理义"的德行，传统上主要是指在五伦中体现父慈子孝、兄友弟恭、夫义妇顺，君仁臣忠、朋友有信等人群关系。简言之，儒家"德行"的真义，可以说是指人本有向善之性的卓越化及人际关系的圆满完全。

儒家的德行实践观，蕴含了丰富的人文精神，并依此而形成社会群体结构。

德行实践是由内及外，内求惬于仁心，顺乎天命；而外求合乎社会诸般规范。在德行实践中，必须落实到人群社会的历史洪流中实现出来，希冀人群社会成为一个德行能遍润一切的宜人生活世界。要了解儒家的"仁"的全幅精神，尚须从中国文化发展的观点来掌握。[③] 中国文化的规范系统在周公制礼作乐之后，礼乐成为人文精神的表征，在生活规范上，有节制与调和的作用；但这只是外在的人文精神。通过人生的自觉反省，将周公外在的人文精神转化而为内发的道德的人文精神，为人类开辟出无限的生机、无限的境界，这就是孔子"承礼启仁"在文化上继承周公之后而超过了周公制礼作乐的最大勋业。儒家德行的陶成，表现在"为仁"的功夫，亦即"仁"自身的逐步呈露，"为仁"的功夫之所在，即仁之所在。因此可见，"为仁"是德行之动力与开展的关键。仁的动力与发展是

① Alasdair MacIntyre, *After Virtue—A Study in Moral Theory*, University of Notre Dame Press, 1981, pp. 181 - 182.

② 沈清松：《传统的再生》，业强出版社 1992 年版，第 36 页。

③ 徐复观：《学术与政治之间》甲乙集合订本，南山书局 1987 年版，第 252—253 页。

人心之真诚恻怛不容已的呈现与流露，其功夫入手之处，是在日常生活之间。

我们可从儒家或周敦颐的德行观中看出，除了以仁统摄诸德之外，尚有许多德目，如孝、忠、信、义、智、勇、敏、惠、慈、和等德目，德目之本在仁，以仁含摄众德目。众多德目都是由“仁”的开显而成就的德行。[①] 德行有多种，各有名目，故有所谓“德目”，即道德的条目，不管哪一种德目，都是“仁心”随顺事宜而开显的具体表现。因之可以说：德目无穷，皆由仁出。儒家除了强调“德行”上的充量实现之外，更注重“能力”与“德行”之统合。总之，儒家主张德行观之内容，是以人性的开展与满全为目标，一方面强调道德义的德行，一方面也强调伦理义的德行，是一种整全的德行观。

四　《通书》德行观的现代意义

中国自鸦片战争之后，开始努力追赶西方，向西方文化学习。1919 年五四运动之后，“全盘西化”的论调甚嚣尘上，认为中国传统文化——尤其是儒家思想——是有碍于中国的现代化的；要向西方学习，非彻底地打倒传统不可。为了中国的救亡图存，非挣脱千百年来封建礼教的束缚，打破旧社会有形无形的精神枷锁而不可。[②] 其实，自 1949 年以后，中国大陆并没有忽略中国传统文化在现代化过程中所蕴蓄的潜藏价值，现今官方与民间无不积极地推动“中华民族伟大复兴及中华文化复兴运动”，希冀结合传统与现代，开创新的中华文化，给中国人开出一条新的文化发展方向。

中国在现代化进程之中，不可避免地会涉及两个主要问题：一是传统与现代衔接不妥；二是体系与生活两相背离。[③] 就传统与现代衔接不妥而言：在迈向现代化社会进程中，传统的伦理道德规范逐渐失去其规范性及束缚力，无法规约许多现代人的行为。尤其传统儒家的德目，可能未能明确地约束现代社会关系之规范，如职业规范、经济规范和管理规范等。其

① 邱镇京：《论语思想体系》，文津出版社 1992 年版，第 48 页。

② Joseph R. Levenson, *Confucian China and Its Modern Fate—A Trilogy*, University of California Press, pp. 3 - 24.

③ 沈清松：《为现代文化把脉》，光启出版社 1986 年再版，第 103—106 页。

次就体系与生活的背离而言：传统规范是长期群体生活所形成的，而现代规范体系乃顺应社会理性化之要求而产生，由于中国社会摆脱封建体制不久，理性化的历程并不长久，因此传统规范与现代理性化的体系规范产生背离之现象。遵守法律与制度规范的行为，是否已成为所有中国人的信念和生活的一部分；尤其是“社会和谐”的观念，尤有待弘扬。

中国大陆自 1979 年改革开放之后，经济突飞猛进，国家发展迅速，民间生命力勃兴。但是社会主义法治建设，仍然需要伦理道德的规范来配合，避免传统与现代衔接不妥以及体系与生活两相背离。

今天，儒家的伦理规范，可能有所不足，失去了其原有的规范性。然而，我们不应该责难儒家的伦理观，更不应该抛弃传统的儒家伦理。相反，我们除了要建立社会主义民主法治，让中国人能够信守现代社会的法律与制度规范，同时尚须对儒家传统的伦理思想重新加以诠释，并赋予其新的现代意义，把传统与现代妥当地衔接起来，建立符合现代社会所需要的价值规范。可以说，中国人必须努力追赶西方，实现国家之现代化。但是愈追求中国现代化，就愈益发现传统中国文化蕴藏的无尽宝藏，可以重新发挥其价值。尤其，此一文化传统宝藏正是我们得以吸收西方文化的一个重要凭借。正如高达美（H. G. Gadamer）和麦金泰（A. MacIntyre）不约而同所说的，所有的人都是被其文化传统所支持，使每个人拥有一个有意义的视域，透过传统的支持与了解，人才能够走出封限而对外开放，活化每一个传统。① 每一个民族亦然，中华民族必须立基于优秀的传统文化，结合马克思主义，经过创造的转化与与时俱进的创新，开创出 21 世纪中华民族伟大复兴的时代，将中国建设成为社会主义强国。

正因为如此，中国人必须重新认识与了解自己的文化传统，对传统中华文化有所传承，汰旧换新，进而以文化主体的身份对传统做出创造性的转化，赋予中国传统文化新的意义与价值。因此，正确地理解儒家及周敦颐的伦理道德思想，并给予创造性的诠释，希冀儒家的价值规范系统，能为当代中国人提供一个既合乎传统文化精神，又能够满足现代社会主义所

① Hams - Georh Gadamer, *Truth and Method*, trans. By G. Barden and J. Camming, London: Sheed Ward Ltd., 1975, pp. 245 - 253. A. Maclntyre, *After Virtue—A Study in Moral Theory*, Second Edition, Univesity of Norte Dame Press, 1984, p. 222.

需要的规范与价值体系。

吾人期待：中国人能真正继承儒家与周敦颐的德行观，发挥德行优位伦理学的特色，在21世纪深入儒家人性论、社会哲学、政治哲学，设计及发展出一套具体适用社会主义的德行规范，为中国社会营造一个宜人而又安和乐利的美丽愿景。社会主义法制与民主社会，必须要培养人民应有的德行，若只是依赖制度的规范或制度内的制衡，而任由个人追逐私利，并不能保证社会的稳定和再生。正如孟子所说“徒善不足为政，徒法不足以自行”。社会上的每个人都应该努力实践德行。同时，儒家与周敦颐的德行观重视人彼此内在的关系和整体的和谐。人与自然必须和谐相处。从德行观所衍生出来的社会伦理，不但重视人与人之间彼此的内在关系和人群整体的和谐，也主张由个人的完美出发推展至社会的完美。这种德行观，在现代社会可发挥一定的规范作用。

正如《中庸》所言：“唯天下至诚，为能尽其性；能尽其性，则能尽人之性；能尽人之性，则能尽物之性；能尽物性，则可以赞天地之化育；可以赞天地之化育，则可以与天地参。”（《中庸》第二十二章）从“尽己性”的个人德行，到“尽人性”的社会德行，再到“尽物性”“与天地共参”之“天人合德”，可以说是为现代社会提供了一个十分丰富而又整全的新德行观。在现代社会进行伦理工程建设，仍应真正继承周敦颐德行观的精神，深入其人性论、社会哲学，设计及发展一套具体适用现代科技社会的德行规范，人人共同谋求安定和谐的社会秩序。

五　结　论

周敦颐堪称宋代首位阐发心性义理及德行伦理学之人，他也承衰起弊，在中华精神道统中断千年的幽暗之中，使民族自信重新昌盛，重放光明。所以，周敦颐开启了宋代以后新的中华精神之风，故其影响越来越大。南宋初期的胡宏评他：“启程氏兄弟以不传之妙，一回万古之光明，如日丽天……其功盖在孔孟之间。”他的学说后来又被朱熹等人发扬光大，被朱熹誉为先觉，被张载尊为道学宗主。

现代中国社会，人与人之间、个人与团体之间、团体与团体之间，必须互为主体，相互尊重，建立“生命共同体”的共识，谋求社会整体的和谐，政府更应以公共政策调节公私利益，进而增进民生之乐利，在与人民的共同努力下，实现《大学·中庸·礼运大同篇》所云——宜人的大同世界理想。因此，人人必须在社会上实践所有德行，传统德行观所型塑的美德，例如信、直、敬、忠、勇、孝、恭、惠、无怨、让、敏、逊、刚、慎、庄、俭、爱人、宽、克己、韧、中庸、恕、行、恒、贞、明、思、内省、毅、知、耻、木讷、俭、重、艺、悌等，都仍有其永恒的价值。中国人在任何处境都能不忘“人能弘道”，以合乎现代社会的行为模式，从事“日新又新”的道德创造，并体现各种分殊的伦理关系，追求人性的卓越化与人际关系的满全，则传统的各种美德仍能展现其丰富的现代意义。

总之，现代中国人必须正确地理解自己的文化传统，并不忘在追求西方文化之时，能凭借优秀的文化传统来吸收他国优良的文化，并加以融会贯通，以活化自己的传统。周敦颐《通书》中的德行观经由吾人的诠释，展现了其丰富的当代价值意义。我们不要忘记，中华民族经过百年国耻之后，须要追求伟大复兴，跻身于世界强国之列；而中国人“人人是一待成者，不是一已成者”，作为道德主体的我们，不仅要奋勉于德行的陶成，同时也应该以文化的主体身份，进行文化的创新，共同为泱泱大国的德化社会而努力，也共同为中华民族的伟大复兴及中华文化的创新及现代化社会主义中国的建立，奠定万世不朽的根基，朝宜人的生活世界而迈进。

（作者单位：台湾联合大学 客家研究学院）

周敦颐《通书》中的“务实”思想辨析

徐里军

一 “务实”思想产生的社会思想背景

周敦颐是北宋著名哲学家，被誉为理学的开山鼻祖。现存的周敦颐著作不多，反映其哲学思想的主要是《太极图说》和《通书》。《太极图说》作为周敦颐的代表作，它融合了《易》《老》的思想，提出“无极—太极—阴阳—五行—天地万物”的宇宙生成演化模式。《通书》则阐明了“诚”贯穿在万物化生变化的元亨利贞各个阶段，又在仁义礼智信五性之中。因此，作为君子首先便要“诚”。在周敦颐以“诚”为核心的修养论中，“务实”便是一个极其重要的观点。周敦颐的“务实”是将个体自身置于社会，从中得到自我价值的实现。这种务实态度是承袭儒家修身自律而形成的，是将个体欲望予以克制而达到人生的一种完美境界。周敦颐“务实”思想的形成与当时的社会时代背景不无关系。从中国的历史进程来看，周敦颐生活在北宋年间（1017—1073 年），此时的北宋王朝正经历赵匡胤之开创及赵光义的统一时期，人们刚经历五代十国的动乱，迫切希望生活安定，休养生息。这时期，北宋当政者需要一个相对安宁的社会状态，以期实现国家秩序的重建和思想的统一。于是北宋王朝坚持以文立国的方针，更改兵制、大力推行学术，重用懂得儒家经术的儒臣，人们生活得到安定，生产有了大发展。这为儒学的重新构建和发展提供了丰富的土壤滋养。

从社会思想发展来看，随着佛教的传入、黄老的盛行、玄学的兴起，儒学一尊的地位也不断受到冲击。到了汉末，儒学已经支离破碎，及至魏晋，日益衰微，儒释道三教渐成鼎足之势，再至唐、五代已渐乎危矣。到了宋朝，国家需要一种能适应新的大一统政治的大一统思想，儒学在这时便不可避免地被提了出来。此时的儒学在与佛、道思想经过多方面的较量之后选择了吸收借鉴，儒学开始自我审视、重新思考，形成一种既保留儒家学术精髓，又兼采他家优长的新思想。这是与政治经济相适应的思想理论自身发展的必然结果，也是宋明理学特点形成的历史原因。在这样的社会环境下，儒家传统的内圣思想便得到长足发展，而为周敦颐提出以“诚”为核心的“务实”观提供了前提条件。

二 “务实”之学的内涵

周敦颐在其《通书·务实》云：“务实，善也；名胜，耻也。故君子进德修业，孳孳不息，务实胜也。德业未有著者，则恐恐然畏人知，远耻也。小人则伪而已。故君子日休，小人日忧。”[①] 在周敦颐看来，“务实”乃是善、是诚，名实不符则是耻、是伪。君子在修德立业上应该务实努力，若是德业没有取得成绩便要日忧，要远耻，小人则不然。即如朱子所说：“实修而无名胜之耻，故休；名胜而无实修之善，故忧。”周敦颐强调在人格修养上必须务实，只有“务实”才能不断地成长进步、才能坦然踏实，只有尊善远耻才能长足发展。由此，他在《通书·务实》中提出“实胜”与“名胜”、“务实”与“远耻”以及诚则日休，伪则日忧等观点。

“实胜与名胜”。所谓“实胜”，意为其实胜于名；而至于名胜，即为名胜于其实。后来之所以会有实胜于名和名胜于实的说法，是因为实与名之间存在着的某种对立与分离。正是由于名与实相分离，作为个体的人在心性修养与实际名望之间存在着分离的可能性。这即是说在社会生活中，人们的心性修养等各方面可以是有名有实、有名无实，也可以是实胜于名、名胜于实。名实相副是符合严肃务实态度的，有名无实则是虚假的，属于招摇撞骗不值一论。如公孙龙在《公孙龙子·名实论》中说：“夫名，实谓也。知此之非此也，知此之不在此也，则不谓也。知彼之非彼也，知彼之不在彼也，则不谓也。”在公孙龙看来，名作为实的一种特定称谓，则称谓

① 周敦颐：《周敦颐集》，中华书局2009年版，第25页。

必须要属实准确，即如他说的，“知此之非此也，知此之不在此也”，这种情况就不能用此名去相称谓；及“知彼之非彼也，知彼之不在彼也”，也不能用彼名去称谓。公孙龙的这段话正反映了现代社会实际的生活中存在的一些非此而用此名、非彼而用彼名之名实不相符合的现象。这也正是周敦颐说的名胜于实及实胜于名的现象，它们之间的不同点在于公孙龙说的是名实分离的一般现象，而周敦颐则是名实不符的个别现象。

对于周敦颐说的实胜于名，虽然也属于名实分离的现象，但它强调的是以实为基础。这种情况对个人的修养而言，其实是超过了他的名声，也反映了个人修养的才能德行之不被向外大肆宣扬，具有良好纯洁的动机，是一种优秀的修养，是故周敦颐称为“善”。而其所说的名胜于实则不然，它是以名作为基本条件的，突出的是名过于实的问题；即事实达不到他的名声称谓的标准，是一种虚假的现象，周敦颐把它称之为“耻”。这里我们可以看出，濂溪先生以善与耻两个通俗名词来形容他所讲的实胜于名和名胜于实的不同性质，表明周敦颐具有鲜明的重务实轻虚名的态度。

“务实与远耻。”周敦颐称实胜为善、名胜为耻，并且提出了君子在人格修养中如何务实远耻的道理及方法。他说：“君子进德修业，孳孳不息，务实胜也。德业未有著者，则恐恐然畏人知，远耻也。”（《通书·务实》）他在这里说明了君子为什么要务实，因为人的心性修养也是属于传统儒家内圣外王之学的范畴，也就是不断地锻炼提高自己。按照他提出的“圣希天，贤希圣，士希贤”（《通书·志学第十》）的原则不断前进，来不得半点虚假，就如伊尹、颜渊等大贤一般。为了能达到这样，就必须务实，以务实之心修信诚之德摆脱虚伪与欺骗。然而在实际生活中，人的名气的增长速度与本质内涵的增长往往不一致，名与日俱增，容易造成名实不符的困境，这时便要“孜孜不息，务实胜也”，只有自己务实努力才能名实相符、才能远耻。另一方面，君子的德业未著都是不奇怪的，因为任何人心性修养的发展进步都是一个缓慢学习提高的过程，在没有获得突出成绩之前都属于“未著”状态。此时便要“恐恐然畏人知”了，自己保守不向外界宣扬便不会造成太大的名与实不符的问题。

“诚则日休，伪则日忧。”周敦颐对有名而无实以及有实而无名两种现象作了充分的说明概括，他认为有名而无实或名胜于实的现象其根源全在于自身的心性修养不足，以至于从自己内心虚伪欲望出发，或以小而报大，或以无充有，或以劣充好，这类人则称之为“小人”。此处小人并非指古代所谓的“贱人”，也非指没有知识见解的人，亦非如今天对人品行的评价那般，而是指那些在功名利禄面前弄虚作假、出卖自身灵魂，不择手段以使自己得到抬高得到宣扬的一类人。这种人因为不属于周敦颐所说的“善”，不务实进德修业，名实不相称，尽管获得一些利益好处，也会因为自身内心难以安定而日日担忧畏惧，故而属于“小人日忧”。反之，如果名实相符合，为人求真务实，不需要日日筹谋作伪则不会劳心费力，故称之为“君子日休”。亦如《尚书·周官》中云：“作德，心逸日休；作伪，心劳日忧。”当然现今社会也不乏作伪而心逸日休的人，这种人不尊善、近耻而不为耻，心地坦然毫无愧疚反省感，只能称之为“心死”。

三　对周敦颐务实思想的评价

周敦颐务实的修养论是在天道人道合一、天人合一这一儒家传统思想背景下产生的，其目的是突出人道，解决的是作为社会中的个体人关于进德、修业两大方面如何做到务实的问题。

对于“进德”，他在其著作《太极图说》中曰：“圣人定之以中正仁义而主静，立人极焉。”又曰：“立天之道，曰阴与阳；立地之道，曰柔与刚；立人之道，曰人与义。”对此，朱子解释说：“阴阳成象，天道之所以立也；刚柔成质，地道之所以立也；仁义成德，人道之所以立也。道一而已，随事著见，故有三才之别，而于其中又各有体用之分焉，其实则一太极也。”① 在这里，周敦颐从太极的本体意义出发论述天地人三才之间的贯通，也即是说立人之道在于仁与义，而德者成于仁义，是为了告诉我们以仁义立德。

周敦颐在《太极图说》中说：“乾道成男，坤道成女，二气交感，化生万物。万物生生，而变化无穷焉。惟人也，得其秀而最灵。形既生矣，神发知矣，五性感动，而善恶分，万事出矣。”朱子解释说：“阴阳五行，气质交运，而人之所以禀独得其秀，故其心为最灵，而有以不失其性之全，所谓天地之心，而人之极也。然形生于阴，神发于阳，五常之性，感

① 周文英主编：《周敦颐全书》，江西教育出版社 1993 年版，第 30 页。

物而动，而阳善、阴恶，又以类分……人极不立，而离禽兽不远矣。”这里周敦颐阐述了人之所以为人的来源，人作为天地人三才之一，而区别于禽兽，其修养的根本动力是“进德”。

从周敦颐的《太极图说》中我们可以得出，人的来源、地位、使命，德的实质以及进德的意义，那么如何才能进德即进德的方法是什么?《易传·文言》中说：“君子进德修业，忠信，所以进德也；修辞立其诚，所以居业也。”即明确提出君子立诚是进德修业的重要内容。

周敦颐在《通书·诚上》中说：“诚者，圣人之本也。大哉乾元，万物资始，诚之源也。乾道变化，各正性命，诚斯立也。纯粹至善者也。一阴一阳之谓道，继之者善也，成之者性也。元亨，诚之通；利贞，诚之复也，大哉易也，生命之源乎。”又曰：“圣，诚而已矣。诚，五常之本，百行之源……克己复礼，天下归仁矣。”[①] 在《通书·诚下》中他提出“立诚”的思想，认为诚乃是至实无妄的称谓，是天之所赋予，是圣人之所以成为圣人的根本；是五常之本，百行之源，是一切修行的总纲。关于“进德”，周敦颐提出通过“立诚”来实现；并且也提出“进德”需去名、远耻、除伪，以正反两个方面阐述了以诚为核心的务实观。至于当今社会，君子如何进德，即是要认识到天地之仁、圣贤之诚；要做到忠信、诚、去名、远耻，总而言之即是务实。

关于“修业”，他提出做人应立志，在其《通书·志学》中说：“圣希天，贤希圣，士希贤。伊尹、颜渊，大贤也。伊尹耻其君不为尧舜，一夫不得其所，若挞于市。颜渊不迁怒，不贰过，三月不为仁。志伊尹之所志，学颜子之所学，过则圣，及则贤，不及则亦不失于令名。”[②] “立志”是周敦颐修养论的起点，心之所指即为志，志是人行动前的一种明确的目标。“志伊尹之所志，学颜子之所学”即是要表达如颜子般前后一致、终身学问修养，犹如伊尹那样志行于道非行于私也。可见，周子之立志即是告诉世人关于修业的方法，一是要坚持（如颜子好学），二是要讲实道、铸实才、干实事（如伊尹相汤伐夏，功业大成），二者皆需要务实，不需才能达成。在现代社会，作为学生，务实即是努力学习追求真理；作为官

---

① 周敦颐：《周敦颐集》，中华书局2009年版，第13页。

② 同上书，第22页。

员，务实即是清廉正直，踏踏实实为人民服务；作为商人，务实则是遵纪守法，童叟无欺。

四　周敦颐“务实”思想的现代价值

周敦颐以传统儒家修身思想为基础，在其《通书》及《太极图说》中充分阐释君子务实的内涵、方法与价值，积极探索儒家理想人格中的内圣之学和社会之理，完善儒家学说，亲自践行此务实准则，是个自律自省自爱的谦谦君子，为后代学者树立起一座务实人格的丰碑。在濂溪先生那里，一个务实修身的人就是一个促进社会发展的人，就是一个对国家有贡献的人。

周敦颐是位具有社会责任感的哲学思想家，虽然所著流传后世不多，但其思想的价值对于今天人们自我学习发展进步来说仍然具有现实意义。在当今社会多元化发展的时代，更需要提倡个体修养的自律务实精神。毫无疑问，周敦颐先生为我们提供了宝贵的思想理论和践行准则，对我们实现中华民族伟大复兴的中国梦具有现实的促进意义。

在中国发展的历史长河中，从来没有一个时代像今天这样，需要求真务实的精神滋养，需要用传统文化来涤荡人们的心灵。在当代中国社会的价值体系构建过程中，周敦颐务实的修养精神依然需要我们大力地继承发展，这是中华民族的宝贵精神财富，更是华夏文化的璀璨瑰宝。

（作者单位：江西师范大学 马克思主义学院）

“通”的哲学
——纪念周敦颐先生

张丰乾

一　述太极，通天人

孔孟之后的儒家学说显现出多元化发展的态势，有“儒分为八”之说；即便是“独尊儒术”的时代，也有今古文之争。两汉以来的儒者当然也各有建树，但是在“大道”的论说方面似乎总是局限于“天地君亲师”这些“形而下”的范畴。魏晋之后，面对佛教和道教理论的挑战，儒者在“形而上”的方面乏善可陈。直至北宋中期，周敦颐建构了言简意赅、圆融自洽的思想体系。《宋史·道学列传》有言：

> 两汉而下，儒者之论大道，察焉而弗精，语焉而弗详，异端邪说起而乘之，几至大坏。千有余载，至宋中叶，周敦颐出于舂陵，乃得圣贤不传之学，作《太极图说》《通书》，推明阴阳五行之理，命于天而性于人者，了若指掌。张载作《西铭》，又极言理一分殊之旨，然后道之大原出于天者，灼然而无疑焉。仁宗明道初年，程颢及弟颐寔生，及长，受业周氏，已乃扩大其所闻，表章《大学》《中庸》二篇，与《语》《孟》并行，于是上自帝王传心之奥，下至初学入德之门，融会贯通，无复余蕴。

就“融会贯通”而言，程朱皆有“出入释老，返求诸六经”的求学经历，但这一思路，实由周敦颐先生所奠定。他本人学无常师①，交友无门户之见而立论归本于太极；且善于教人，知行合一，豁然开出儒学之新局面。周敦颐的《爱莲说》是他自己理想人格的写照，而他的哲学思想，则集中体现于《太极图说》《通书》之中：

> 博学力行，著《太极图》，明天理之根源，究万物之终始。其《说》曰："无极而太极。太极动而生阳，动极而静，静而生阴，静极复动，一动一静，互为其根，分阴分阳，两仪立焉。阳变阴合，而生水、火、木、金、土，五气顺布，四时行焉。五行一阴阳也，阴阳一太极也，太极本无极也。五行之生也，各一其性。无极之真，二五之精，妙合而凝，乾道成男，坤道成女。二气交感，化生万物，万物生生，而变化无穷焉。"
>
> 又着《通书》四十篇，发明太极之蕴。序者谓"其言约而道大，文质而义精，得孔、孟之本源，大有功于学者也"。(《宋史·道学传·周敦颐》)

图说并用，是《易》学的传统，但周敦颐的《太极图说》则把中国古代的太极、阴阳、五行思想融为一体，使人一目了然；并言简意赅地阐述了他的新儒学体系，令人耳目一新。其中的"无极而太极"并非指"太极"之外别有"无极"，而是"太极本无极"——"极"说明它是最终的本源—本体②，"无"指它的绝对性，"太"则指它的超越性。王弼曾以"圣人体无"来回答"夫无者诚万物之所资也，然圣人莫肯致言，

---

① 《郡斋读书志》著录《周子通书》一卷，晁公武注："右皇朝周敦颐茂叔撰。茂叔师事鹤林寺僧寿涯，以其学传二程，遂大显于世。此其所著书也。"（《郡斋读书志》卷十）《郡斋读书志》亦著录《程氏易》十卷，晁公武注："右皇朝程颐正叔撰。朱震言颐之学出于敦颐，敦颐得之于穆修，亦本于陈抟，与邵雍之学本同。然考正叔之解，不及象数，颇类胡瑗尔。景迂云武平、周茂叔同师润州鹤林寺僧寿涯，其后武平传其学于家，茂叔则授二程，与震之说不同。"（《郡斋读书志》卷一）当代学者的相关考证参见梁绍辉《周敦颐评传》，南京大学出版社 1994 年版。

② 参见冯达文：《中国哲学的本源—本体论》，广东人民出版社 2001 年版。"本源—本体"论既不是把宇宙论和本体论混为一谈，也不是把它们分为两橛，而是在本源中探求本体，并在本体中发现本源，使二者相互发明。

而老子申之无已者何"的诘问，备受赞誉，[①] 但终究难免"丐辞"的嫌疑。只有到了周敦颐这里，"无极而太极"的理论才得以确立——不会因为"无"而堕入空洞，也不会因为"极"而变得玄虚。[②] 同时，周敦颐以"极"来说明"动静"与"阴阳"之间"互为其根"的关系，也是贯通性的洞见。

周敦颐以"势"来界定"天下"，而用"轻重"来解释"势"。"势"达到极重的状态就不可能被挽回了。可行的办法是认知其沉重而及时扭转。能够扭转某种趋势或定势的，就是"力"的作用。周敦颐特意强调"识"要及早，他指出在"天"的层面，是有力而不能与之竞争的；而在"人"的层面，"识"是"力"的条件，不具备见识则不具备势力。

> 天下，势而已矣。势，轻重也。极重不可反。识其重而亟反之，可也。反之，力也。识不早，力不易也。力而不竞，天也；不识不力，人也，天乎？人也，何尤！（《通书·势第二十七》）

在"天下""天"和"人"之间，周敦颐也突出"势""识""力"的作用，而且他本人就是"博学力行"的典范。在"人"的层面，周敦颐指出万物也秉承"太极"的特性，但是"惟人也，得其秀而最灵。"（《太极图说》）同时，他也强调："圣希天，贤希圣，士希贤。"（《通书·志学第十》）这说明他提倡的理想人格是以士人为起点，以贤人为榜样，以圣人为目标；而圣人又是以天为准则的。

周敦颐还认为"诚"为圣人之本，而"乾元"为"诚"之源。"诚"具有"通"和"复"的特性，分别体现为"元亨"和"利贞"。就学理而言，《易经》是性命之源，也是圣人精蕴、天地鬼神之奥妙所在：

> 诚者，圣人之本。"大哉乾元，万物资始"，诚之源也。"乾道变化，各正性命"，诚斯立焉。纯粹至善者也。故曰："一阴一阳之谓

---

① 参见《三国志·钟会传》，中华书局1999年版。

② 冯达文：《宋明新儒学略论》，巴蜀书社2016年版，第37页。如冯达文先生所论："'无极'不是指实词，而是写状词，是用以描写'太极'无声无臭、无形无状，故不同于任何一物却又为任何一物之根本的那种状态。"

道，继之者善也，成之者性也。”元亨，诚之通；利贞，诚之复。大哉，《易》也，性命之源乎！（《通书·诚上第一》）

圣人之精，画卦以示；圣人之蕴，因卦以发。卦不画，圣人之精，不可得而见。微卦，圣人之蕴，殆不可悉得而闻。《易》何止五经之源，其天地鬼神之奥乎！（《通书·精蕴第三十》）

进而，他指出“诚”也是“五常之本，百行之原”；而“通”对应于“五常”之中的“智”。

圣，诚而已矣。诚，五常之本，百行之原也。静无而动有，至正而明达也。五常百行非诚，非也，邪暗塞也。故诚则无事矣。至易而行难。果而确，无难焉。故曰：“一日克己复礼，天下归仁焉。”（《通书·诚下第二》）

诚，无为，几，善恶。德：爱曰仁，宜曰义，理曰礼，通曰智，守曰信。性焉安焉之谓圣，复焉执焉之谓贤；发微不可见，充周不可穷之谓神。（《通书·诚几德第三》）

“五常”作为具体的德目侧重点不同，但圣人则是“诚”“神”“几”的体现者，“无思而无不通”：

“寂然不动”者，诚也；“感而遂通”者，神也；动而未形、有无之间者，几也。诚精故明，神应故妙，几微故幽。诚、神、几，曰圣人。（《通书·圣第四》）

《洪范》曰：“思曰睿，睿作圣。”无思，本也；思通，用也。几动于彼，诚动于此。无思而无不通，为圣人。不思，则不能通微；不睿，则不能无不通。是则无不通，生于通微，通微，生于思。故思者，圣功之本，而吉凶之几也。《易》曰：“君子见几而作，不俟终日。”又曰：“知几其神乎！”（《通书·思第九》）

周敦颐指出行为端正就是“道”，应用和谐就是“得”；而背离“五常”，就是“邪”。动有正邪，不可不慎；而圣人之道，就是仁义中正，持守它就会体现出人的尊贵，而实行它则能无往不利，扩充它会和天地相匹配：

> 动而正，曰"道"；用而和，曰"德"；匪仁、匪义、匪礼、匪智、匪信，悉邪矣。邪动，辱也、甚焉、害也。故君子慎动。(《通书·慎动第五》)[①]

> 圣人之道，仁义中正而已矣。守之贵，行之利，廓之配天地。岂不易简？岂为难知？不守、不行、不廓耳。(《通书·道第六》)

周敦颐强调如果仅仅认为圣人之道是文辞而已，那是很浅陋的；相反圣人之道是听闻学习之后，长存于心中，孕育为德行，实践为事业的：

> 圣人之道，入乎耳，存乎心，蕴之为德行，行之为事业。彼以文辞而已者，陋矣！(《通书·陋第三十四》)

对于"圣人之道"的阐述之外，周敦颐对于"圣人之旨"也结合经典的解释予以说明：

> 君子乾乾，不息于诚；然必惩忿窒欲，迁善改过而后至。《乾》之用其善是，损益之大莫是过，圣人之旨深哉！"吉凶悔吝生乎动。"噫！吉一而已，动可不慎乎！(《通书·乾损益动第三十一》)

他是把《周易》中的经文和传文贯通起来，指出"惩忿窒欲，迁善改过"是君子"终日乾乾""自强不息"的必由之路，他特意突出《周易·乾·大象传》所言"天行健，君子以自强不息"中的"不息"是"不

---

① 参见周敦颐：《通书·动静第十六》，《周敦颐集》，中华书局1990年版。周敦颐不是孤立地强调"动而正"，而是指出"物"的特性是动静隔绝，因为"动而无静，静而无动"，所以"不通"；"神"恰好是动静一如，所以使万物显得精妙："动而无静，静而无动，物也。动而无动，静而无静，神也。动而无动，静而无静，非不动不静也。物则不通，神妙万物：水阴根阳，火阳根阴。五行阴阳，阴阳太极。四时运行，万物终始。混兮辟兮！其无穷兮！"

息于诚”，明确了“自强”的方法和方向。

《通书》对“圣人”的推崇，贯穿始终，但也追溯“圣人之本”“圣人之道”，体用贯通，条理清晰，收放自如。

二 “中通外直”

周敦颐之《爱莲说》所言“出淤泥而不染，濯清涟而不妖，中通外直，不蔓不枝，香远益清，亭亭净植，可远观而不可亵玩焉”，亦可视作其自身之写照。但他绝非孤芳自赏，避世自保，而是以拳拳之心关注民生，断疑洗冤而超然于毁誉得失，其独立人格、卓越智慧令人赞叹：

> 有狱久不决，敦颐至，一讯立辨。邑人惊曰：“老吏不如也。”部使者荐之，调南安军司理参军。
>
> 有囚法不当死，转运使王逵欲深治之。逵，酷悍吏也，众莫敢争，敦颐独与之辨，不听，乃委手版归，将弃官去，曰：“如此尚可仕乎！杀人以媚人，吾不为也。”逵悟，囚得免。
>
> 移郴之桂阳令，治绩尤著。
>
> 徙知南昌，南昌人皆曰：“是能辨分宁狱者，吾属得所诉矣。”富家大姓、黠吏恶少，惴惴焉不独以得罪于令为忧，而又以污秽善政为耻。历合州判官，事不经手，吏不敢决。虽下之，民不肯从。部使者赵抃惑于谮口，临之甚威，敦颐处之超然。通判虔州，抃守虔，熟视其所为，乃大悟，执其手曰：“吾几失君矣，今而后乃知周茂叔也。”
>
> 熙宁初，知郴州。用抃及吕公著荐，为广东转运判官，提点刑狱，以洗冤泽物为己任。行部不惮劳苦，虽瘴疠险远，亦缓视徐按。
>
> 以疾求知南康军。因家庐山莲花峰下。前有溪，合于湓江，取营道所居濂溪以名之。抃再镇蜀，将奏用之，未及而卒，年五十七。
>
> 黄庭坚称其“人品甚高，胸怀洒落，如光风霁月。廉于取名而锐于求志，薄于徼福而厚于得民，菲于奉身而燕及茕嫠，陋于希世而尚友千古”。（《宋史·道学列传·周敦颐》）

仅从上述的记载，我们就可以了解到周敦颐先生不避繁难，不畏强悍，不计得失，超然自处而关切民生的非凡能力和高风亮节。他在不足六十年的一生中在立言、立德、立功诸多方面均有载入史册的建树，这在中外思想史上也是凤毛麟角的。

三 释师道，说教化

周敦颐认为天以阴阳生成万物，而圣人以仁义养育万物、端正万民。天下顺安的关键在于天道施行而圣明的德行得以修成，孔子是行道义、修圣德的典范：

> 天以阳生万物，以阴成万物。生，仁；成，义也。故圣人在上，以仁育万物，以义正万民。天道行而万物顺，圣德修而万民化。大顺大化，不见其迹，莫知其然之谓神。故天下之众，本在一人。道岂远乎哉！术岂多乎哉！（《通书·顺化第十一》）

> 《春秋》，正王道，明大法也，孔子为后世王者而修也。乱臣贼子诛死者于前，所以惧生者于后也。宜乎万世无穷，王祀夫子，报德报功之无尽焉。（《通书·孔子上第三十八》）

周敦颐一方面注重"阳（仁）生（育）"与"阴（义）成（正）"的对应互动关系，并概括为"天道"与"圣德"；同时强调天下芸芸众生之中，起根本作用的是"一人"——朱熹解释"一人"为"君"："天下之本在君，君之道在心，心之术在仁义。"① ——但根据《通书》的上下文，周敦颐所说的"一人"乃是"圣人"，而不是一般的君王。他特别指出孔子为后世王者编修了《春秋》，谴责"乱臣贼子"，君王祭祀孔子，是报答他的恩德；而更为重要的是君王要施行"王道大法"，需要以孔子为师；而以孔子为师，则要了解孔子之道德与教化的意义和影响：

---

① 周敦颐：《周敦颐集》，中华书局 1990 年版，第 23 页。

道德高厚，教化无穷，实与天地参而四时同，其惟孔子乎！（《通书·孔子下第三十九》）

但周敦颐并非主张对于孔子的盲目崇拜，而是把老子所说“道尊德贵”进一步强化为“至尊者道，至贵者德”，同时突出“人”最难得的就是“道德”，而每个人自身获得“道德”，必须依靠师友：

天地间，至尊者道，至贵者德而已矣。至难得者人，人而至难得者，道德有于身而已矣。求人至难得者有于身，非师友，则不可得也已！（《通书·师友上第二十四》）

道义者，身有之，则贵且尊。人生而蒙，长无师友则愚。是道义由师友有之。而得贵且尊，其义不亦重乎！其聚不亦乐乎！（《通书·师友下第二十五》）

文所以载道也。轮辕饰而人弗庸，徒饰也；况虚车乎！文辞，艺也；道、德，实也。笃其实，而艺者书之，美则爱，爱则传焉。贤者得以学而至之，是为教。故曰：“言之无文，行之不远。”然不贤者，虽父兄临之，师保勉之，不学也；强之，不从也。不知务道德而第以文辞为能者，艺焉而已。噫！弊也久矣！（《通书·文辞第二十八》）

周敦颐指出人的尊贵和难得在于道义在身，而追求道义则需要师友的指点和帮助；“道”和“德”是真实而不可虚饰的。周敦颐的太极生成论、道德教化论和文辞艺实论是有机统一的。

周敦颐对于“师”有特别的解释。《通书》第七章中有一段关于“师为天下善”的论述，把刚柔和善恶相结合，分别指出了善之刚柔和恶之刚柔，甚为特别：

或问曰：“曷为天下善？”曰：“师。”曰：“何谓也？”曰：“性者，刚柔、善恶，中而已矣。”“不达”。曰：“刚善，为义，为直，为断，为严毅，为干固；恶，为猛，为隘，为强梁。柔善，为慈，为顺，为巽；恶，为懦弱，为无断，为邪佞。惟中也者，和也，中节也，天下之达道也，圣人之事也。故圣人立教，俾人自易其恶，自至其中而止矣。故先觉觉后觉，闇者求于明，而师道立矣。师道立，则善人多；善人多，则朝廷正，而天下治矣。”（《通书·师第七》）

周敦颐进而发挥《中庸》之言指出，只有“中”才是最通达的方法，是圣人的活动。因此，圣人设立教育体系，就是要人们自觉自动地达致中和而加以保持。“先觉觉后觉，闇者求于明”的师道确立之后，善人就会增加，善人增加则朝廷风清气正，天下自然太平。周敦颐在人性论方面除了注意善恶之别以外，还引入刚柔之分，颇有启发性。不仅如此，他还多次强调知耻、改过的重要性：

人之生，不幸不闻过；大不幸无耻。必有耻，则可教；闻过，则可贤。（《通书·幸第八》）

实胜，善也；名胜，耻也。故君子进德修业，孳孳不息，务实胜也。德业有未着，则恐恐然畏人知，远耻也。小人则伪而已！故君子日休，小人日忧。（《通书·务实第十四》）

伊尹、颜渊，大贤也。伊尹耻其君不为尧、舜，一夫不得其所，若挞于市。颜渊“不迁怒，不贰过”“三月不违仁”。志伊尹之所志，学颜子之所学。过则圣，及则贤，不及则亦不失于令名。（《通书·志学第十》）

仲由喜闻过，令名无穷焉。今人有过，不喜人规，如护疾而忌医，宁灭其身而无悟也。噫！（《通书·过第二十六》）

“有善不及?”曰：“不及，则学焉。”问曰：“有不善?”曰：“不善；则告之不善。且劝曰：‘庶几有改乎，斯为君子。’”“有善一，不善二，则学其一，而劝其二。”有语曰：“斯人有是之不善，非大恶也。”则曰：“孰无过，焉知其不能改？改，则为君子矣。不

改为恶，恶者天恶之。彼岂无畏耶？乌知其不能改！”故君子悉有众善，无弗爱且敬焉。（《通书·爱敬第十五》）

周敦颐标举孔子的启发式教学原则和举一反三的教学方法以及不言之教的高明，同时赞叹颜回善于学习圣人精蕴：

“不愤不启，不悱不发，举一隅不以三隅反，则不复也。”子曰：“予欲无言。天何言哉！四时行焉，百物生焉。”然则圣人之蕴，微颜子殆不可见。发圣人之蕴，教万世无穷者，颜子也。圣同天，不亦深乎！常人有一闻知，恐人不速知其有也，急人知而名也，薄亦甚矣！（《通书·圣蕴第二十九》）

周敦颐亦批评常人的“恐”“急”和“薄”，可谓苦口婆心。

四 序礼乐，慎刑狱，纯人心

对于天下太平的实现途径，周敦颐突出“万物各得其理”的基础，并认为应该先礼后乐：

礼，理也；乐，和也。阴阳理而后和，君君、臣臣、父父、子子、兄兄、弟弟、夫夫、妇妇，万物各得其理，然后和。故礼先而乐后。（《通书·礼乐第十三》）

但是，他对于音乐的特殊作用从“宣”“淡”“和”“优柔平中”等角度不惜笔墨加以申述；并对古乐的式微深表忧虑，而提出“复古礼，变今乐”：

古者圣王制礼法，修教化，三纲正，九畴叙，百姓大和，万物咸若。乃作乐以宣八风之气，以平天下之情。故乐声淡而不伤，和而不淫。入其耳，感其心，莫不淡且和焉。淡则欲心平，和则躁心释。优柔平中，德之盛也；天下化中，治之至也。是谓道配天地，古之极也。后世礼法不修，政刑苛紊，纵欲败度，下民困苦。谓古乐不足听也，代变新声，妖淫愁怨，导欲增悲，不能自止。故有贼君弃父，轻生败伦，不可禁者矣。呜呼！乐者古以平心，今以助欲；古以宣化，今以长怨。不复古礼，不变今乐，而欲至治者远矣！（《通书·乐上第十七》）

在周敦颐看来，天下人的心平、心和都和音乐有密切关系：

乐者，本乎政也。政善民安，则天下之心和。故圣人作乐，以宣畅其和心，达于天地，天地之气，感而太和焉。天地和，则万物顺，故神祇格，鸟兽驯。（《通书·乐中第十八》）

乐声淡则听心平，乐辞善则歌者慕，故风移而俗易矣。妖声艳辞之化也，亦然。（《通书·乐下第十八》）

而像颜回那样的“心泰”则是亚圣的境界：

颜子“一箪食，一瓢饮，在陋巷，人不堪其忧，而不改其乐。”夫富贵，人所爱也。颜子不爱不求，而乐乎贫者，独何心哉？天地间有至贵至爱可求，而异乎彼者，见其大而忘其小焉尔。见其大则心泰，心泰则无不足。无不足则富贵贫贱处之一也。处之一则能化而齐。故颜子亚圣。（《通书·颜子第二十三》）

对于普罗大众，周敦颐则提出了“纯其心”的主张：

十室之邑，人人提耳而教，且不及，况天下之广，兆民之众哉！曰：“纯其心而已矣。”仁、义、礼、智四者，动静、言貌、视听无违之谓“纯”。心纯则贤才辅。纯心要矣，用贤急焉。（《通书·治第十二》）

同时，他对刑罚的必要性有清醒的认识，但极力主张要慎重选用中正、明达、果断的官吏：

天以春生万物，止之以秋。物之生也，既成矣，不止则过焉，故得秋以成。圣人之法天，以政养万民，肃之以刑。民之盛也，欲动情胜，利害相攻，不止则贼灭无伦焉。故得刑以治。情伪微暧，其变千状。苟非中正、明达、果断者，不能治也。《讼卦》曰“利见大人”，以“刚得中”也；《噬嗑》曰“利用狱”，以“动而明”也。呜呼！天下之广，主刑者民之司命也。任用可不慎乎！（《通书·刑第三十六》）

前文已述，依据《宋史·道学列传》所载，周敦颐在断狱量刑方面也是中正、明达、果断的典范。

五 “明通公溥”

周敦颐明确提出圣人可学而至，要领在于“一”，内涵是“无欲”，而“无欲”则能贯通动、静，进而达致“明通公溥”：

“圣可学乎”？曰：“可。”曰：“有要乎？”曰：“有。”“请问焉。”曰：“一为要。一者，无欲也，无欲则静虚、动直，静虚则明，明则通；动直则公，公则溥。明通公溥，庶矣乎！”（《通书·圣学第二十》）

周敦颐之所以强调“无欲”，乃是针对孟子所言的“寡欲”而言：

孟子曰：“养心莫善于寡欲。其为人也寡欲，虽有不存焉者，寡矣；其为人也多欲，虽有存焉者，寡矣。”予谓养心不止于寡焉而存耳，盖寡焉以至于无。无则诚立、明通。诚立，贤也；明通，圣也。是圣贤非性生，必养心而至之。养心之善有大焉如此，存乎其人而已。（《养心亭说》）

在周敦颐看来，“养心”的理想状态是“寡焉以至于无”，亦即无欲，没有私欲则诚信得以确立、智慧得以通达，前者是“贤”，后者是“圣”。他特意指出圣贤并非由人性中生发出来，而一定是通过“养心”而达到的，“养心”有如此巨大的益处，存在于人自身。而光明之“通”与广博之“公”兼备，就很接近圣人的境界了。

周敦颐还特别提出“公于己者公于人”。“公于己”之“公”不仅是指“无私”，亦包括“不纵不枉”。而如果没有达到明智就会产生疑窦，周敦颐反对把能够怀疑当作明智：

> 公于己者公于人，未有不公于己而能公于人也。明不至则疑生。明，无疑也。谓能疑为明，何啻千里？（《通书·公明第二十一》）

对于“圣人之道”的要领，周敦颐认为就是如天地一般至为公正：

> 圣人之道，至公而已矣。或曰：“何谓也？”曰：“天地至公而已矣。”（《通书·公第三十七》）

这是与“圣可学”的主张相呼应，由无欲，养成“明”和“公”，通向“至公”——可见，周敦颐所主张的“明”，不是以一己之私为出发点的“明哲保身。”

周敦颐的思想虽然也围绕“修齐治平”展开，但他有一系列别具新意的阐发，如强调“本必端”“则必善”，提出“家难而天下易，家亲而天下疏也”的困境，以及“复其不善之动”的修养方法，等等，可见其思考的深入和冷峻：

> 治天下有本，身之谓也；治天下有则，家之谓也。本必端——端本，诚心而已矣。则必善——善则，和亲而已矣。家难而天下易，家亲而天下疏也。家人离，必起于妇人。故《睽》次《家人》，以“二女同居，其志不同行”也。尧所以厘降二女于妫汭，舜可禅乎？吾兹试矣。是治天下观于家，治家观身而已矣。身端，心诚之谓也。诚心，复其不善之动而已矣。不善之动，妄也；妄复，则无妄矣；无

> 妄，则诚矣。故《无妄》次《复》，而曰“先王以茂对时育万物”。深哉！（《通书·家人、睽、复、无妄第三十二》）

周敦颐所言“家人离，必起于妇人”或许可能引起性别歧视的抗议。但无论如何，男女关系是家庭的基石，而说到底，则是以每个家庭成员的自身修养为基础。

周敦颐也认为君子可以追求富贵，只不过君子所认为的“贵”是道的充实而无所亏欠，君子所认为的“富”是自身的安稳而不忮不求；轻视功名，鄙薄金玉，其自身的重要性因此而无以复加：

> 君子以道充为贵，身安为富，故常泰无不足；而铢视轩冕，尘视金玉，其重无加焉尔！（《通书·富贵第三十三》）

周敦颐其人其文仰之弥高，钻之弥坚。窃以为其学问之格局、其人格之气象，是宋儒之中最接近孔子的——以“通人”的身份，阐述“通”的哲学，而建立了贯通古今的思想体系。

（作者单位：中山大学 哲学系）

周敦颐《太极图》渊源考

——对“朱震说”和“晁说之说”的再考察

周建刚

一　朱震与晁说之

周敦颐的《太极图》和《太极图说》，是宋明理学的经典著作，地位甚至在“四书”之上。《朱子语类》中记载，南宋人刘子澄说：“本朝只有四篇文字好，《太极图》《西铭》《易传序》《春秋传序》。”[①] 周敦颐的《太极图》，生前并未示人，据朱熹说，是“手授”给了二程，其后在程门中流传，直到南宋初年，朱震才在《汉上易传》中首次公布了《太极图》。

周敦颐《太极图》的来源，历来有多种说法。朱熹认为是周敦颐自作，他的证据主要是潘兴嗣所撰的《濂溪先生墓志铭》，其中说道：“（濂溪）尤善谈名理，深于易学，作《太极图》《易说》《易通》数十篇。”但从北宋末年到南宋初年，有关《太极图》的来源还有一种说法，那就是《太极图》源自宋初陈抟。此说最早出于朱震《汉上易传》中的《进周易表》。朱震在《进周易表》中说，北宋易学分为三系，《河图》《洛书》为一系，《先天图》为一系，《太极图》为一系，此三系皆出于陈抟。朱震此说的影响很大，南宋学者大都熟悉朱震的说法，如胡宏在《周子通书序》中说：“推其道学所自，或曰：传《太极图》于穆修也。修传

① 朱熹：《朱子语类》（五），《朱子全书》第十八册，上海古籍出版社、安徽教育出版社2002年版，第4300页。

《先天图》于种放，放传于陈抟。此殆其学之一师欤！”[①] 陆九渊也说：“朱子发（朱震）谓濂溪得《太极图》于穆伯长，伯长之传出于陈希夷，其必有考。”[②] 甚至朱熹后来对此说也有些相信，在《再定太极通书后序》中说：“又读张忠定公语而知所论希夷、种、穆之传，亦有未尽其曲折者。按：张忠定公尝从希夷学。而其论公事之有阴阳，颇与《图说》意合。窃疑是说之传，远有端绪，至于先生然后得之于心……于是始为此图，以发其秘尔！”[③] 朱熹虽然还是认定《太极图》是周敦颐“始为此图，以发其秘”，但也含糊其词地承认“是说之传，远有端绪”，即《太极图》以及《图说》的内容可能与陈抟有关，这无疑是间接地承认了朱震《进周易表》中的说法具有一定真实性。

朱震《进周易表》中有关《太极图》渊源的说法，不但影响了南宋学者，对清初的“易图考辨”之学也发生了重大影响。清初学者中，黄宗炎、毛奇龄、朱彝尊等人都撰写了专门的著作和文章，对周敦颐《太极图》的来源进行考证。黄宗炎、毛奇龄、朱彝尊等人的考证虽然表面上十分复杂，但究其根底，都是建立在朱震《进周易表》的基础之上。其中黄宗炎将《太极图》的传承，由陈抟上推至西汉的河上公；毛奇龄则将《太极图》的源头由陈抟而上溯到东汉的《周易参同契》和唐代的《太极先天之图》；朱彝尊主要是糅合二家之说。[④] 黄宗炎、毛奇龄、朱彝尊三人关于《太极图》的考证细节，现代学者李申、吾妻重二的文章里多有涉及，此处不作详细陈述。需要着重指出的是，清人《太极图》考据看起来提出了一些新的论据，如黄宗炎提出的《无极图》、毛奇龄提出的《太极先天之图》，但这些论据都有漏洞，基本上已经被现代学者所否定。[⑤] 但黄宗炎、毛奇龄等人认为，陈抟是《太极图》传承的中心人物，周敦颐的《太极图》是直接由陈抟一系的传人传递到他手上的，这一说

---

① 胡宏：《胡宏集》，中华书局 1987 年版，第 160 页。

② 陆九渊：《陆九渊集》，中华书局 1980 年版，第 24 页。

③ 朱熹：《再定太极通书后序》，《周敦颐集》，中华书局 1990 年版，第 46 页。

④ 清初三家考辨《太极图》的著作分别是黄宗炎的《图书辩惑》、毛奇龄的《太极图说遗议》、朱彝尊的《太极图授受考》。

⑤ 李申：《话说太极图——〈易图明辨〉补》，知识出版社 1992 年版，第 1—48 页；吾妻重二《〈太极图〉之形成——围绕儒佛道三教的再检讨》，载吴震、吾妻重二《思想与文献——日本学者宋明儒学研究》，华东师范大学出版社 2010 年版，第 177—193 页。

法却是朱震《进周易表》的旧说，也是宋代以来极有影响力的说法。即使是反对黄宗炎、毛奇龄的人，在找到新的证据之前，对朱震的《进周易表》也会感到难以措辞。

宋代还有一个关于周敦颐《太极图》的传说。晁公武在《郡斋读书志》中引用了晁说之的话："景迂言胡武平、周茂叔同师润州鹤林寺僧寿涯，其后武平传其说学于家，茂叔则授二程。"① 这是说周敦颐的学说来自润州鹤林寺的寿涯和尚。"景迂"即晁说之，他本人也是北宋重要的易学家，与邵雍学派关系密切。晁说之的说法在历史上也很有影响力，清初的黄宗炎、毛奇龄在著作中都采用了他的说法。

周敦颐《太极图》在历史上的是非纠葛，主要就是由朱震、晁说之两家的说法造成的，其中朱震的说法造成的影响更大。元代的马端临曾对此表示过迷惑不解："案伊川之学出自濂溪，此先儒通论也，而晁、朱之说以为濂溪所师，本于希夷及一僧，则固老、释之宗旨矣。此论未之前闻。"② 因此要解决周敦颐《太极图》来源的历史难题，就必须从解析朱、晁两家之论入手。

二 对朱震《进周易表》的分析

朱震的《汉上易传》卷首有一份《进周易表》，为北宋的《易》学诸家勾画了一幅蓝图：

> 国家龙兴，异人间出，濮上陈抟以《先天图》传种放，放传穆修，修传李之才，之才传邵雍；放以《河图》《洛书》传李溉，溉传许坚，坚传范谔昌，谔昌传刘牧；修以《太极图》传周敦颐，敦颐传程颐、程颢。是时张载讲学于二程、邵雍之间，故雍着《皇极经世》之书，牧陈天地五十有五之数，敦颐作《通书》，程颐述《易传》，载造《太和》《三两》等篇。或明其象，或论其数，或传其辞，

---

① 晁公武：《郡斋读书志校证》，上海古籍出版社1990年版，第40页。

② 同上。

或兼而明之，更唱迭和，相为表里。①

朱震在《进周易表》中，说明了北宋《易》学三种“图书”之学的源流：

一是《先天图》的传授，顺序是陈抟—种放—穆修—李之才—邵雍；

二是《河图》《洛书》的传授，顺序是种放—李溉—许坚—范谔昌—刘牧；

三是《太极图》的传授，顺序是穆修—周敦颐—二程。

在这三种“图书”的传授顺序中，宋初的华山道士陈抟无疑处于最先的位置，因此许多人由此得出结论，陈抟就是包括《太极图》在内的北宋象数《易》学的源头人物。

在此需要澄清的是，许多人在引用、解释朱震《进周易表》中的这段文字时，误认为朱震在这里说的是：陈抟分别创作了《先天图》《河图》《洛书》《太极图》，然后将其传授给种放、穆修等人。② 但仔细衡量朱震的语义，他似乎是说陈抟所传的只是《先天图》，《河图》《洛书》是种放所传，《太极图》则是穆修所传。当然，由于种放和穆修都传承了陈抟之学，因此无论是《河图》《洛书》还是《太极图》，都属于陈抟系统的象数《易》学。

朱震的观点还可以从胡宏的《周子通书序》中得到印证：

推其道学所自，或曰：传《太极图》于穆修也。修传《先天图》于种放，放传于陈抟。此殆其学之一师欤？非其至者也。③

朱震的《进周易表》成于绍兴五年（1135）（据《宋明理学史》），

---

① 朱震：《汉上易传》，《景印文渊阁四库全书》第十一册，上海古籍出版社 1987 年版，第 5 页。

② 侯外庐、邱汉生、张岂之：《宋明理学史》（上），人民出版社 1984 年版，第 263 页。如侯外庐等人的《宋明理学史》（上）说：“朱震在《表》中又提出了一个非常突出的宋代《易》学传授系统，他说：这里说的是两个问题：其一是把象数学作为《易》学的正统，所有二程、张载都包入这一系列中；其二是把隐居华山的道士陈抟作为宋代《易》学也就是象数学的创始人。什么《先天图》《太极图》《洛书》《河图》，都归之于陈抟。”

③ 胡宏：《胡宏集》，中华书局 1987 年版，第 160 页。

胡宏卒于绍兴三十一年，《周子通书序》大致也应该撰成于绍兴年间。胡宏的上述言论应该是来自朱震。“传《太极图》于穆修也。修传《先天图》于种放，放传于陈抟。”这里所叙述的传授顺序是：陈抟以《先天图》传种放，种放传穆修；穆修得陈抟系统的《先天图》于种放，但另外传授《太极图》给周敦颐。胡宏所述与朱震完全一致，说明南宋绍兴诸儒都普遍认为，周敦颐的《太极图》是受之于穆修，穆修有陈抟系统象数《易》学的背景，但《太极图》究竟是陈抟系统固有的“图”，还是穆修所自创，则诸家都含糊其词。

朱震所建构的北宋象数《易》学的传授系统，虽然有含糊不清之处，如《河图》《洛书》是否为种放所作，《太极图》是否为穆修所作，但大致上说明了北宋象数《易》学的“图书之学”都源出于陈抟系统，这就为后世否定《太极图》为周敦颐所做的人提供了依据。实际上，最早将周敦颐《太极图》与陈抟《易》学联系起来的就是朱震的《进周易表》，明末清初之际，毛奇龄、黄宗炎、朱彝尊等人的考证，也是建立在朱震《进周易表》的基础之上。因此，要确认周敦颐《太极图》的真实来源，就必须对朱震的《进周易表》进行仔细的考察。

朱震作《进周易表》，主要是为了以象数《易》学的观点对北宋《易》学的发展过程进行综合性的描述，将周敦颐、邵雍、张载、程颐等人的《易》学都统汇在象数学的旗帜之下，故其结论是：“雍著《皇极经世》之书，牧陈天地五十有五之数，敦颐作《通书》，程颐述《易传》，载造《太和》《三两》等篇。或明其象，或论其数，或传其辞，或兼而明之，更唱迭和，相为表里。”[①] 这一描述体现了朱震本人极其强烈的“象数学本位”立场，但与历史事实并不相符。众所周知，二程与邵雍在洛阳共处几十年，于世事无所不论，唯独对邵氏的象数《易》学不闻不问。张载的《易》学亦是以义理为宗，与《先天图》《河图》《洛书》等毫无关系。周敦颐虽有《太极图》，但从《通书》来看，还是偏重于义理，象数的意味极为淡薄。由此而言，朱震所描述的北宋《易》学蓝图，似乎只能从象数《易》学的角度进行理解，而不能统括包含张、程在内的义理《易》学。

---

① 朱震：《汉上易传》，《景印文渊阁四库全书》第十一册，上海古籍出版社 1987 年版，第 5 页。

从北宋象数《易》学的发展历程来看，陈抟是一个中心人物。宋徽宗大观元年（1107），晁说之撰成《传易堂记》，对陈抟学派的《易》学传承进行描述：

> 至有宋，华山希夷先生陈抟图南，以《易》授终南种征君放明逸，明逸授汶阳穆参军修伯长，而武功苏舜钦子美亦尝从伯长学。伯长授青州李之才挺之，挺之授河南邵康节先生雍尧夫。惟康节先生天资既卓越不群，而夜不施枕，惟《易》之学者，三十年。其兼三才而错综变通之妙，始大着明矣。自希夷而来皆未尝有书，乃如子木、子夏之初欤？有庐江范谔昌者，亦尝受《易》于种征君。谔昌授彭城刘牧，而隅先生黄晞及陈纯臣之徒，皆由范氏知名者也，其于康节之《易》，源委初同而浅深不伦矣。①

晁说之所描述的陈抟学派《易》学传承的主流系统是“陈抟—种放—穆修—李之才—邵雍”，此外还有一个支流系统是“陈抟—种放—范谔昌—刘牧”。晁说之所说的陈抟《易》学两大传承系统，与朱震在《进周易表》中所述基本相符。但晁说之的《传易堂记》与朱震的《进周易表》相比，有两点主要的不同：一是晁说之没有提到《太极图》的传授②；二是朱震说陈抟《易》学系统的传授有《先天图》《河图》《洛书》《太极图》等“图书”，而晁说之则说“自希夷而来皆未尝有书”，否定了陈抟以“图书”授种放、穆修等人。

晁说之，字以道，一字伯以，因慕司马光之为人，自号“景迂生”。《宋元学案》卷十二有《景迂学案》。晁说之出身于北宋文化世家“昭德晁氏”，父兄皆以文学知名，“独景迂湛深经术，亲得司马公之传，又为

① 晁说之：《嵩山文集》第16卷，“四部丛刊续编集部”，上海涵芬楼景印旧抄本。

② 晁公武、孙猛：《郡斋读书志校证》，上海古籍出版社1990年版，第40页。晁说之本人认为，周敦颐《易》学别有传授，与陈抟《易》学系统无关。《郡斋读书志》记载：“景迂云胡武平、周茂叔同师润州鹤林寺僧寿涯，其后武平传其学于家，茂叔则授之二程，与（朱）震之说不同。”由此可知，晁说之主观上认为周敦颐《易》学源自佛教僧侣寿涯。

康节私淑弟子，其攻新经之学，尤不遗余力”[①]。晁说之私淑邵雍的象数《易》学，是在宋哲宗绍圣五年（1098），据其《太极传后序》自述："逮绍圣戊寅，邂逅洛阳杨老朝散贤宝，语及《易》而异之，良非仆平生所尝闻之之言也。恳从杨老有求，乃得康节先生自为《易图》二……自是入洛，与先生之子伯温，得先生之遗编残稿，宝而藏之，服勤不知昼夜，二十年间，辄作《易》传四种，名曰《商瞿传》。"[②] 晁说之对邵雍《易》学下过很深的功夫，又与邵雍之子邵伯温交游甚密，《传易堂记》即应邵伯温所请而撰，其所述《易》学传承源流应当就是从邵伯温等人处听闻而来，代表的是邵雍学派对这一问题的看法。

邵伯温有《易学辨惑》，亦对陈抟《易》学的传授系统有所论述：

> 先君（邵雍）受《易》于青社李之才，字挺之，为人倜傥不群，师事汶阳穆修伯长，性严急，少不如意，或至呵叱，挺之左右承顺，如事父兄，略无倦意。[③]
>
> 挺之之师即穆修也。修字伯长，汶阳人。后居蔡州，即葬于蔡。师事华山处士陈抟图南而传其学。[④]
>
> 时学者方从事声律，未知为古文。伯长首为之倡，其后尹源子渐洙、师鲁兄弟始从之学古文，又传其《春秋》学。伯长《国史》有传，其师即陈抟也。[⑤]
>
> 明逸亦传其象学，明逸授庐江许坚，坚授范谔昌，由此一枝传于南方也。[⑥]
>
> 先君之学虽有传授，而微妙变通，盖其所自得也。[⑦]

---

① 沈善洪主编：《宋元学案》（二），《黄宗羲全集》第四册，浙江古籍出版社 1992 年版，第 94 页。

② 晁说之：《嵩山文集》第 17 卷，"四部丛刊续编集部"，上海涵芬楼景印旧抄本。

③ 邵伯温：《易学辨惑》，《景印文渊阁四库全书》第 12 册，上海古籍出版社 1987 年版，第 403 页。

④ 同上书，第 404 页。

⑤ 同上。

⑥ 同上书，第 405 页。

⑦ 同上书，第 406 页。

邵伯温描述的陈抟《易》学的两大传承系统是：1. 陈抟—穆修—李之才—邵雍；2. 陈抟—种放—许坚—范谔昌。邵伯温在《易学辨惑》中认为陈抟将其《易》学直接传授给穆修，而非如晁说之《传易堂记》所云通过种放再传到穆修，这是两者的差异点。在这两种说法中，晁说之的说法较为合理。钱穆先生指出：从生活年代来看，陈抟生活在北宋初年，与穆修的生活年代不甚衔接，因此二人不可能发生直接的授受关系；穆修要传承陈抟之学，有可能是通过种放，但种放在宋代文人中的口碑不佳，“似诸家言穆修得《易》学于陈抟者，乃略去种放言之。或由放在当时颇滋排异，故谈者不欲称引”①。

《传易堂记》和《易学辨惑》中关于陈抟《易》学的传授系统，在细节上或有差异，但从宏观上来看，两者所述基本相同，即都描述了陈抟《易》学的两支传授系统：一是传承到邵雍而形成的《易》数学；二是传承到范谔昌、刘牧而形成的《易》象学。《东都事略》对此总结说：“初，华山陈抟读《易》，以数学授穆修，修授之才，之才授雍；以象学授种放，放授许坚，坚授范谔昌云。”②

邵伯温、晁说之所描述的陈抟《易》学两大传授系统，在朱震的《进周易表》中也有所反映。朱震在《进周易表》中指出，北宋诸家《易》学皆源出陈抟，但所受内容不同，邵雍一系所得为《先天图》，这相当于《东都事略》所说的“数学”；范谔昌、刘牧一系所得为《河图》《洛书》，这大致相当于《东都事略》所说的“象学”。但是无论是邵伯温、晁说之还是王称（《东都事略》），都只说到“二系”，“三系”的说法唯独见于朱震的《进周易表》，而不见此前诸家称引，这不能不说是一件令人感到相当疑惑的事情。

朱震在《进周易表》中称“（穆）修以《太极图》传周敦颐”，这一说法未见邵雍学派有何反应。由目前的史料来看，穆修与邵雍学派的关系相当密切，邵伯温、晁说之都肯定穆修传《易》学于李之才，李之才又传之于邵雍。如果穆修又传《太极图》给周敦颐，我们很难想象邵雍学

---

① 钱穆：《论太极图与先天图之传授》，《中国学术思想史论丛》（五），安徽教育出版社2004年版，第70页。

② 王称：《东都事略》，齐鲁书社2000年版，第981—982页。

派会对此一无所知。邵伯温《易学辨惑》中有一条说："伊川同朱公掞访先君，先君留之饮酒，因以论道。伊川指向前食卓（桌）曰：此卓（桌）安在地上，不知天地安在何处？先君为之极论天地万物之理，以及六合之外。伊川叹曰：平生唯见周茂叔论至此，然不及先生之有条理也。"[①]《邵氏闻见录》则云："程宗丞先生名颢字伯淳，弟侍讲先生名颐字正叔，康节先公以兄事其父太中公，二先生皆从康节游。其师曰周敦颐茂叔。"[②]这说明邵雍父子通过二程的介绍，对周敦颐其人其学都有所了解，如果周敦颐果真从穆修那里得到《太极图》的传授，邵雍父子必然会与二程言及，并在文献中留下记载。但遗憾的是，邵雍父子乃至于"私淑康节"的晁说之，在他们的著作中似乎对此茫然无知。

不但如此，作为周敦颐弟子的二程，也从未提及"穆修以《太极图》传周敦颐"。二程与邵雍交往密切，对于穆修的《易》学是有所了解的。程颢《邵尧夫先生墓志铭》曰："先生得之于李挺之，挺之得之于穆伯长，推其源流，远有端绪。今穆、李之言及其行事，概可见矣。而先生淳一不杂，汪洋浩大，乃其所自得者多矣……若先生之道，就所至而论之，可谓安且成矣。"[③] 程颢为邵雍作《墓志铭》，其事颇费了一番周折。《二程外书》有一条语录记载说："尹子曰：邵尧夫家以墓志属明道，许之，太中、伊川不欲，因步月于庭。明道曰：'颢已得尧夫墓志矣。尧夫之学，可谓安且成。'太中乃许。"[④] 程珦、二程父子心知邵雍之学源于穆、李，穆、李之学又非正统的儒门《易》学，因此下笔之际，极难措辞，这是程珦和伊川意欲拒绝的原因，直到明道构想出"安且成"一语，意谓邵雍之学既"远有端绪"又"淳一不杂，汪洋浩大，乃其所自得者多矣"，是从方外自觉地回归儒门，这才恰当地解决了这一矛盾。从这一事件过程来看，二程对于穆修之学的性质、特点都有一定的了解。但问题在于，二程从周敦颐问学，对于周敦颐的《易》学思想也了如指掌。《程氏粹言》曰："子谓门弟子曰：昔吾受《易》于周子，使吾求仲尼、颜子之

① 邵伯温：《易学辨惑》，《景印文渊阁四库全书》第12册，上海古籍出版社1987年版，第411页。

② 邵伯温：《邵氏闻见录》，中华书局1983年版，第160页。

③ 程颢、程颐：《二程集》（上），中华书局1981年版，第503页。

④ 同上书，第414页。

所乐要哉此言！二三子志之！”二程对于穆修、周敦颐的《易》学都知之甚悉，但却从来没有提及过穆修和周敦颐之间有学术传授[①]，无论如何都是一件令人费解的事。这也反过来证明，“穆修以《太极图》传周敦颐”一说存在很大的疑点。

综合以上说法，我们可以发现，朱震在《进周易表》中所描绘的陈抟《易》学传承“三系”说，其中的“穆修以《太极图》传周敦颐”一系，可能出于朱震本人的主观构想，并没有历史事实作为依据。

朱震的《进周易表》撰于绍兴五年（1135），据他自述：“臣顷者游宦西洛，获观遗书，问疑请益，遍访师门，而后粗窥一二，造次不舍，十有八年，起政和丙申，终绍兴甲寅。”[②] 也就是说，《汉上易传》是从宋徽宗政和六年丙申（1116）到宋高宗绍兴四年甲寅（1134）撰写完成的，总共花费了 18 年的时间。这期间朱震在洛阳一带为官，有机会接触到邵雍学派的学者，“获观遗书，问疑请益”。晁说之的《传易堂记》撰成于宋徽宗大观元年（1107），代表了邵雍学派对于北宋象数《易》学“传道谱系”的成熟定论，朱震《进周易表》中的“三系”传承说应该就是从晁说之《传易堂记》的“二系”说扩展而来的。至于朱震为什么要在晁说之、邵伯温等人的“二系”之外增添周敦颐一系，其动机恐怕是为了使周敦颐、二程、张载等理学家的《易》学都统汇在象数学的系统中，故云：“穆修以《太极图》传周惇颐，惇颐传程颢、程颐。是时，张载讲学于二程、邵雍之间……臣今以《易传》为宗，和会雍、载之论。”[③] 朱震的《汉上易传》，一方面崇尚象数，“盖其学以王弼尽去旧说，杂以《庄》《老》，专尚文辞为非，故其于象数加详焉”[④]，故于陈抟特加推崇；另一方面，朱震是谢良佐的弟子，于程门为再传，他所说的“以《易传》为宗”即以程颐的《易传》为宗。朱震在主观目的上是“以《易传》为宗，和会雍、载之论”，即将程颐、邵雍、张载的《易》学思想冶为一炉，但这样就面临如何处理义理《易》学与象数《易》学矛盾的问题。

---

① 程颢、程颐：《二程集》（下），中华书局 1981 年版，第 1203 页。

② 朱震：《汉上易传》，《景印文渊阁四库全书》第十一册，上海古籍出版社 1987 年版，第 5 页。

③ 同上。

④ 脱脱：《宋史》第三十七册，中华书局 1977 年版，第 12908 页。

众所周知，二程与邵雍在《易》学思想上有分歧，程颐甚至说过："颐与尧夫同里巷居三十年余，世间事无所不论，惟未尝一字及数耳。"（《答晁以道书》）[①] 语虽涉于夸张，但二人之学难于和会却是事实。朱震解决这一矛盾的方法是将周敦颐《太极图》纳入陈抟《易》学的系统，这一点，前人早已指出："朱震言（程）颐之学出于周敦颐，敦颐得之于穆修，亦本于陈抟，与邵雍之学本同。"[②] 周敦颐既与邵雍之学同出一源，那么作为周敦颐传人的二程和讲学于二程、邵雍之间的张载，也就无不可以纳入陈抟象数《易》学的系统，从而达到他"以（程颐）《易传》为宗，和会雍、载之论"的目的。[③]

三　穆修传《太极图》考

朱震在《进周易表》中描述的陈抟《易》学的"三系"传承谱系，其中的"邵雍"系和"刘牧"系，和晁说之的《传易堂记》基本一致，但"周敦颐"系，则除了朱震以外，再不见于同时期的其他任何文献记载[④]，基本可以断定是出于朱震的主观构想。但朱震之说一出，对后世影响很大。如陆九渊说："朱子发谓濂溪得《太极图》于穆伯长。伯长之

---

① 程颢、程颐：《二程集》（上），中华书局 1981 年版，第 672 页。

② 晁公武：《郡斋读书志校证》，上海古籍出版社 1990 年版，第 39 页。

③ 脱脱：《宋史》第三十七册，中华书局 1977 年版，第 12908 页。朱震《进周易表》的"三系"说，尤其是《太极图》的传承谱系，可能是出于主观构想，历史上也屡屡有人指出。如《宋史》朱震本传云："其论《图》《书》授受源委如此，盖莫知其所自云。"沈善洪：《宋元学案》（二），《黄宗羲全集》第四册，浙江古籍出版社 1992 年版，第 540 页。全祖望则说："汉上谓周、程、张、刘、邵氏之学出于一师，其说恐不可信，其意主于和会诸家，而反不免于晁氏所讥舛错者也。"参见永瑢《四库全书总目》（上），中华书局 1965 年版，第 9 页。四库馆臣则云："惟其所叙图书授受……其说颇为后人所疑。"今人的研究论文，可参见：1.［日］吾妻重二：《〈太极图〉之形成—围绕儒释道三教的再检讨》（载吴震、吾妻重二《思想与文献：日本学者宋明理学研究》，华东师范大学出版社 2010 年版，第 177—194 页）；2.［日］吾妻重二：《谁作〈太极图〉——论"异教"来源说的真伪》（载罗传芳主编《道教文化与现代社会》，沈阳出版社 2001 年版，第 124—146 页）；3.［韩国］金秉峘：《论太极图的起源问题》（载陈鼓应主编《道家文化研究》第 26 辑，生活·读书·新知三联书店 2012 年版，第 109—135 页）。

④ 胡宏在《周子通书序》中言及周子之学源自陈抟、种放和穆修，但胡宏较朱震年辈略后，应该是从朱震《汉上易传》那里接受的这一观点。

传，出于陈希夷。其必有考。”[①] 要弄清朱震《进周易表》“三系”说的谬误所在，还必须对其中的关键人物穆修进行进一步的考察。

穆修，字伯长，汶阳人。《东都事略》说他卒于明道初年，年五十四。苏舜钦《哀穆先生文》则说“穆伯长以明道元年夏客死于淮西道中”[②]。以此推算，穆修生于宋太宗太平兴国三年（978），卒于宋仁宗明道元年（1032）。

《东都事略》云：

> 穆修字伯长，汶阳人也。师事陈抟，而传其《易》学。少豪放，举进士，调海州理掾。修恃才，尝忤监郡者，由是捃摭其罪，坐削籍，隶池州。遇赦，叙颍州文学参军，故当时呼之曰“穆参军”……
>
> 修老而益贫，家有唐《韩柳集》，镂板鬻于京师。有儒生数辈，辄取阅。修谓曰：“先辈能读得一篇，当以一秩为赠。”自是经年无售者。明道初，修卒，年五十四，识者哀怜之。方是时，学者从事声律，未知为古文。修首为之倡，其后尹源与其弟洙始从之，学古文又传其《春秋》学。[③]
>
> 李之才字挺之，青州人也。倜傥不群，师事穆修。[④]

《东都事略》所提及的穆修生平，有两点值得注意：一是穆修“师事陈抟，传其《易》学”，这是沿袭邵伯温《易学辨惑》的错误说法，但可以肯定，穆修曾研究过《易》学，并通过李之才传给了邵雍，这可以通过程颢的《邵尧夫先生墓志铭》得到旁证；二是穆修是北宋古文运动的倡导者，宋初古文大家尹源、尹洙等人都是他的弟子，除了古文以外，尹洙等人还传承了他的《春秋》学。

穆修是北宋古文运动的健将，这一点，我们从当时和后代人的记录中可以得到确证。苏舜钦说他“又独为古文，其语深峭宏大，羞为礼部格

---

① 陆九渊：《陆九渊集》，中华书局 1980 年版，第 24 页。

② 苏舜钦：《苏舜钦集》，上海古籍出版社 2011 年版，第 199 页。

③ 王称：《东都事略》，齐鲁书社 2000 年版，第 981 页。

④ 同上。

诗赋”[1]；邵伯温说“本朝古文柳开仲涂、穆修伯长首为之倡，尹洙师鲁兄弟继其后”[2]；《宋史》本传将他列入《文苑传》，并称：“（穆）修于是时独以古文称，苏舜钦兄弟多从之游。修虽穷死，然一时士大夫称能文者必曰穆参军。”[3] 至清代，《穆参军集》收入四库全书，四库馆臣对他的文学成就有一个综合性的评价：

> 其文章则莫考所师承。……盖天资高迈，沿溯于韩、柳而自得之。宋之古文，实柳开与修为倡。然开之学，及身而止。修则一传为尹洙，再传为欧阳修，而宋之文章，于斯极盛，则其功亦不尠矣。[4]

不但穆修以古文知名，他的弟子在古文创作方面也有很高的造诣。尹洙曾向穆修学习古文，又写信向石延年（曼卿）推荐李之才，“孟州司法参军李之才，年三十九，能为古文章，语直意遂，不肆不窘，固足以蹈及前辈，非洙所敢品目，而安于卑位，无仕进意，人罕知之”[5]。穆修、李之才等人似乎形成了一个以复兴韩、柳古文为宗旨的文学团体，这个团体除了古文创作之外，还兼及经学。他们的经学也以唐人为宗，《东都事略》记穆修以《春秋》学传尹洙，而李之才授学给邵雍时，也是先从《春秋》入手，“于是先示之以陆淳《春秋》，意欲以《春秋》表仪《五经》，既可语《五经》大旨，则授《易》而终焉”[6]。陆淳是柳宗元同时代的人，柳宗元极其推重其《春秋》学，称其“能知圣人之旨，故《春秋》之言，及是而光明”[7]。穆、李等人在古文创作上以韩愈、柳宗元为宗，在经学思想上亦追随不变，《易》学仅是他们思想中的一环，绝非主要内容。

关于穆修《易》学思想的内容，今天我们已无从得知。翻检《穆参

---

① 苏舜钦：《苏舜钦集》，上海古籍出版社 2011 年版，第 199 页

② 邵伯温：《邵氏闻见录》，中华书局 1983 年版，第 166 页。

③ 脱脱：《宋史》第三十七册，中华书局 1977 年版，第 13070 页。

④ 永瑢：《四库全书总目》（下），中华书局 1965 年版，第 1308 页。

⑤ 脱脱：《宋史》第三十七册，中华书局 1977 年版，第 12824 页。

⑥ 同上。

⑦ 。柳宗元：《柳宗元集》，中华书局 1979 年版，第 209 页。

军集》，其中完全没有关于《易》学的论述。晁说之《传易堂记》曾说苏舜钦亦从穆修学《易》。今检《苏舜钦集》，其中谈到《易》学仅有一篇名为《复辨》的文章，是对王弼注解《复卦》彖辞提出异议。从苏舜钦的文章中，我们看不出陈抟象数《易》学的任何痕迹，反而和后来程颐《易传》中的思想相当接近，都反对王弼以“静为天地之心”的观点。当然，我们无法就此断定穆修《易》学的真实面貌也是如此，但至少从现存资料来看，很难看出他和陈抟的道家象数《易》学有必然联系。①

“种放—穆修—李之才”这一脉传承谱系，在朱震的《进周易表》中，是作为陈抟《易》学的“传道谱系”来看待的，但从另一方面来看，特别是从穆修到李之才，再加上穆修的友人苏舜钦及穆修的弟子尹源、尹洙等人，这似乎又是宋初古文运动的“传道谱系”。日本学者土田健次郎在《道学之形成》一书中指出，在北宋初年，“古文家们被认为担当了包括《易经》在内的传授任务，这是因为古文家让人感到浓厚的思想性”②。穆修的《易》学，从时代氛围来看，应该与宋代初年古文运动的思想诉求有关，而非仅仅是传承道家之学。当然，我们也无法排除，穆修《易》学曾受过陈抟学派的影响，但晁说之在《传易堂记》中曾说过一句常常为人所忽视的话：“自希夷而来皆未尝有书，乃如子木、子夏之初欤”，也就是说，在《易》学方面，陈抟等人并没有成型的著作包括“图书”之类传世，那么，即使有《太极图》，也是穆修所作，而非陈抟所传。

穆修在《易》学方面有所造诣，并且经由李之才而传到邵雍，这在程颢的《邵尧夫先生墓志铭》中可以得到确认。但穆修是否曾传《太极图》给周敦颐？从文献上来看，与穆、李之学有关系的邵雍、邵伯温、晁说之都没有提及，与周敦颐之学有关系的程颢、程颐也没有提及，仅见于朱震的《进周易表》，其说之不确，可想而知。

穆修传《太极图》给周敦颐，考之年岁也不相合。元代的刘因在《记太极图说后》最早指出了这一点：

---

① 胡适：《胡适日记》第二册，安徽教育出版社2001年版，第358页。胡适在日记中曾说：“今读穆集，无一语及陈抟，可怪。朱震之说必是瞎说。”

② ［日］土田健次郎：《道学之形成》，上海古籍出版社2010年版，第144页。

> 《太极图》，朱子发谓周子得于穆伯长，而胡仁仲因之，遂亦谓穆特周子学之一师。陆子静因之，遂亦以朱《录》为有考，而潘《志》之不足据也。盖胡氏兄弟于希夷不能无少讥议，是以谓周子为非止为种、穆之学者。陆氏兄弟以希夷为老氏之学，而欲其当谬加"无极"之责，而有所顾藉于周子也。然其实，则穆死于明道元年，而周子时年十四矣，是朱氏、胡氏、陆氏不惟不考乎潘《志》之过，而又不考乎此之过也。①

刘因指出，朱震所谓"穆修传周敦颐以《太极图》"之说一出，胡宏、陆九渊诸人皆盲目信从。他们一方面对潘兴嗣《濂溪先生墓志铭》中的记载视而不见，另一方面则对穆修、周敦颐的生平未加详考。因为穆修死于宋仁宗明道元年（1032），是年周敦颐才 14 岁（按：刘因此处所说有误，按照度正的《周敦颐年谱》记录，周敦颐于明道元年已 16 岁）。如果说穆修在临终前会将《太极图》传授给一个少年，无论如何都是难以说得通的。

四 僧寿涯考——关于《太极图》的佛教渊源说

关于僧寿涯传《太极图》给周敦颐的传说，最早见于晁公武的《郡斋读书志》。《郡斋读书志》中引用了晁说之的话："景迂言胡武平、周茂叔同师润州鹤林寺僧寿涯，其后武平传其说学于家，茂叔则授二程。"②晁说之是北宋末年人，他对经学有专长，但同时也是一名佛教徒。《宋元学案》中的《景迂学案》有他的传记，其中说："先生粹然儒者，惜乎晚年颇信佛氏之说。日诵《法华》，自称'国安堂老法华'，又称'天台教僧'。"③ 有学者的研究表明，晁说之家族有深厚的佛教传统，因此，"由

① 沈善洪主编：《宋元学案》（一），《黄宗羲全集》第三册，浙江古籍出版社 1992 年版，第 617—618 页。

② 晁公武：《郡斋读书志校证》，上海古籍出版社 1990 年版，第 40 页。

③ 沈善洪：《宋元学案》（二），《黄宗羲全集》第四册，浙江古籍出版社 1992 年版，第 94 页。

于长久以来的家族传统，晁说之肯定和佛僧们交往深厚，因此也很可能听说过寿涯和周敦颐间的关系”①。

度正在《濂溪先生年谱》（或称《年表》）中，也提到了关于僧寿涯的传说，但与晁说之所说略有不同。他说：“或谓先生与胡文恭公同师润州鹤林寺僧寿涯，或谓邵康节之父邂逅文恭于庐山，从隐者老浮图游，遂同授《易》书。所谓隐者，疑即寿涯也。”② 这一传闻又将僧寿涯与邵雍的父亲邵古联系在一起，使事情的真相变得越发扑朔迷离。

度正的《濂溪先生年谱》有两个版本。南宋本的《元公周先生濂溪集》中有《濂溪先生周元公年表》，其中说：“景祐四年丁丑，先生时年二十一。七月十六日，仙居县太君郑氏卒，葬于润州丹徒县龙图公之墓侧。”③ 道光己亥爱莲堂藏版《濂溪志》中的《年谱》对此事有更为详细的记载：“（景祐）四年丁丑（1037）。先生年二十一。七月十六日，母仙居县太君卒。先是舅氏龙图公卒，葬润州丹徒县。先生遂扶柩厝于龙图公墓侧。是岁居润，读书鹤林寺。”④ 两相对比，“读书鹤林寺”这一条显然是后人添加的。

从度正的《年谱》可以看出，周敦颐21岁时，母亲郑氏去世，他将母亲安葬在润州丹徒县。爱莲堂藏版《濂溪志》中的《年谱》说“是岁居润”，也是有可能的。《河南程氏遗书》卷三的“明道先生语”有一条说：“许渤在润州，与范文正、胡宿、周茂叔游。”⑤ 这说明程颢也曾经听闻，周敦颐在润州时与范仲淹、胡宿等人有过来往，但是否“读书鹤林寺”，传僧寿涯之学，则没有进一步的证据可以证明。

说到这里，可以略微简单地总结出宋人关于僧寿涯传说的是非问题。首先是寿涯其人是否存在的问题。检索文献，令人感到惊异的是，在整个宋代，寿涯之名仅见于儒家学者晁说之和度正的记载，而佛教学者编辑的各类史籍和灯录中完全没有记载过他的名字。日本学者荻原扩

① ［韩国］金秉岠：《论太极图的起源问题》，载陈鼓应《道家文化研究》第26辑，生活·读书·新知三联书店2012年版，第127页。

② 周敦颐：《元公周先生濂溪集》，岳麓书社2006年版，第237页。

③ 同上书，第232页。

④ 钟明立：《周敦颐年谱》，《九江师专学报》1995年第2期。

⑤ 程颢、程颐：《二程集》（上），中华书局1981年版，第67页。

在《周濂溪的哲学》一书中也谈到了这一问题，并因此主张寿涯可能是一个虚构的人物。对此，韩国学者金秉峘回应："但这种说法也未免欠妥，因为南宋时代的度正和前面提到的晁公武均提过寿涯授学于周敦颐一事，因此我们很难认为寿涯和周敦颐的关系只是一种传说……或者也有可能是寿涯还没有进入可以流传后世的有名望的高僧的行列，所以获原扩没有查到关于寿涯的资料，那么获原扩认为寿涯不是实存人物的主张就难免牵强。"①

其次是寿涯有没有授学给周敦颐的问题。从度正的《年谱》和程颢的语录来看，周敦颐 21 岁时因葬母之故留居润州，并与胡宿等人交游。在这段时间里，或许如晁说之所言，他与胡宿曾经和润州当地名为寿涯的僧人有过来往。但二人"同师寿涯"，"其后武平传其说学于家，茂叔则授二程"，此说明显不确，因为胡宿与周敦颐、二程的学术路径显然大相径庭，绝非一个系统所出。许毓峰在《宋周濂溪先生惇颐年谱》中指出，胡宿之学"盖亦星历之学，与濂溪先生及二程夫子之学不类，晁氏所谓同传寿涯之学者，究何据耶?"② 所谓"传寿涯之学"，只是晁说之的一家之言，结合晁说之的佛教背景，此说也可能是北宋佛教界的私下传闻，至晁说之、晁公武始笔之于书，成为正式的文献。

事实上这类传说在宋代极为普遍。王应麟的《困学纪闻》中记录了谢良佐失传的一篇文章《晁以道传易堂记后序》，其中说："安乐邵先生《皇极经世》之学，师承颇异。安乐之父，昔于庐山邂逅文恭胡公，从隐者老浮图游。隐者曰：'胡子世福甚厚，当秉国政；邵子仕虽不耦，学业必传。'因同授《易》书。"③ 这则传闻虽然出自程门高第谢上蔡之口，但依然荒诞不经，经不起认真推敲，因此元儒刘因斥之为"浮薄不根之说"④。由此可见，宋代士人如周敦颐、胡宿、邵古（邵雍之父）

① ［韩国］金秉峘：《论太极图的起源问题》，载陈鼓应主编《道家文化研究》第 26 辑，生活·读书·新知三联书店 2012 年版，第 129 页。

② 许毓峰：《宋周濂溪先生惇颐年谱》，台湾商务印书馆 1986 年版，第 13 页。

③ 王应麟：《困学纪闻》（全校本），上海古籍出版社 2008 年版，第 114 页。

④ 沈善洪主编：《宋元学案》（一），《黄宗羲全集》第三册，浙江古籍出版社 1992 年版，第 618 页。

等人，与佛教徒交往或有可能，但所谓“传其学”，却往往是后人出于各种目的编造的传言，且宋代的佛教僧人也不见有长于《易》学者。

周敦颐与寿涯的关系，本来仅止于此，即使如晁说之所言，也仅说是“传其学”，但并没有说明“传学”的具体内容，更没有说寿涯之学与《太极图》有关。但到了清代又衍生出另一种有关寿涯的说法。黄宗炎在《图学辩惑》中说，“茂叔又得先天地之偈于寿涯”[①]，“茂叔得此图于穆修，又得先天地之偈于寿涯”[②]，但黄宗炎并没有具体说明“先天地偈”的内容，直到他的侄子黄百家才在《宋元学案》中说出了“先天地偈”的内容：“晁氏谓：元公师事鹤林寺僧寿涯而得‘百物先天地，无形本寂寥，能为万象主，不逐四时凋’之偈。”[③] 黄百家的这一说法明显是错误的。晁公武的《郡斋读书志》中，并没有“先天地偈”的偈语内容，黄百家此处显系误记。但黄百家的误记造成了一个不良后果，由于《宋元学案》的巨大影响力，后世学者没有认真翻检《郡斋读书志》的，普遍认为“先天地偈”是宋人晁说之、晁公武等人记录下来的，由此更增强了“寿涯授学”说的说服力。实际上通过文献调查可以发现，此说最早是由清初的黄宗炎、黄百家叔侄发明出来的，只是把账误记在了宋代的一对叔侄（晁说之、晁公武）身上。

所谓“先天地偈”，是佛教中的一首普通偈语，其实与寿涯并没有直接关系。笔者在《周敦颐研究著作述要》一书中就已经揭示过其来源：“（但是）从史料上来看，这一偈语并非始于僧寿涯，而是出于南朝的佛教居士傅翕，即佛教史上著名的傅大士，最早在唐代进士楼颖所编的《善慧大士语录》中就有记载，宋代早期的临济宗禅僧石霜楚圆、杨岐方会的《语录》中都出现过此语，而这些禅僧的生活时期都要略早于周敦颐。这说明所谓‘先天地偈’在禅宗中是一首很普通的偈语，既非僧寿涯所自创，也不需要僧寿涯‘秘传’给周敦颐。所谓‘周敦颐得

---

① 黄宗羲：《易学象数论》（外二种），中华书局 2010 年版，第 456 页。

② 同上书，第 459 页

③ 沈善洪主编：《宋元学案》（一），《黄宗羲全集》第三册，浙江古籍出版社 1992 年版，第634 页。

先天地偈于僧寿涯’的说法是很不可靠的。”① 现在看来，这一说法依然是正确的。

五 《太极图》与《图说》的关系

在清理了有关《太极图》渊源最有影响力的两种说法以后，我们发现，关于《太极图》的来源，最有力的证据还是潘兴嗣为周敦颐撰写的《墓志铭》，“（濂溪）尤善谈名理，深于易学，作《太极图》《易说》《易通》数十篇”。这是迄今为止对周敦颐《太极图》著作权最早也是最直截了当的说明。潘兴嗣与周敦颐交往密切，不但为周敦颐撰写了《墓志铭》，还为周敦颐的母亲撰写过《仙居县太君郑氏墓志铭》，此碑现在还保存在江西九江的庐山区（现名“濂溪区”）莲花乡周家湾村。② 作为对周敦颐家族有很深了解的人物，潘兴嗣的证言是无法忽视的。

吾妻重二在研究了关于《太极图》起源的各种说法后，得出的结论是：“这样，迄今为止所提出的《太极图》来源于道教或者佛教的说法，事实证明在决定性的关节点上存在着缺陷。既然无法遵从这些说法，那么，我们就必须重新回到《太极图》本身来考察其思想的根据。”③ 在另一篇《谁作〈太极图〉》的论文中，他的结论更为简单明了：“朱震所说是关于《太极图》传承过程的惟一原始史料。既然此说不是事实，最自

---

① 陈鼓应：《道家文化研究》第26辑，生活·读书·新知三联书店2012年版，第128页。需要说明的是，笔者在《周敦颐研究著作述要》一书中，依据《宋元学案》中黄百家的叙述，认为寿涯传“先天地偈”是宋人提出的，这一点完全错误，应该予以更正。此外，关于“先天地偈”在佛教中的起源问题，韩国学者金秉峘在《论太极图的起源问题》《辩太极图源于佛教》两文中均指出了“先天地偈”源于《善慧大士语录》（金秉峘在文中误称为《善慧大师语录》）。金秉峘在《论太极图的起源问题》一文的注释中还指出：“关于这一点，1968年，日本人大西晴隆在《太极图说成立考》中曾指出‘先天地偈’的出处是《善慧大师语录》，但没能引起学界的广泛注目。”照此说来，其实早在1968年日本学者就已经对这一问题有了解决，我国学者长期以来未能注意到这一点，因此一些理学史著作、论文中仍然大量引用黄宗炎等人的错误考证，不能不说是一种遗憾。

② 吴圣林：《江西九江市发现周敦颐母亲郑氏迁葬墓志》，《南方文物》1993年第1期。

③ ［日］吾妻重二：《太极图之形成——围绕儒佛道三教的再检讨》，载吴震、［日］吾妻重二《思想与文献：日本学者的宋明儒学研究》，华东师范大学出版社2010年版，第187页。

然的解释即《太极图》的作者应是周敦颐。”①

对历史记载的分析表明，周敦颐是《太极图》的作者，这是目前为止唯一可靠的结论。在此需要进一步分析的问题是：《太极图》并非“源于二氏”，那么它真正的来源在哪里？

通过对《太极图》图形进行认真观察，并结合《太极图说》的说明，基本上可以确定：周敦颐作《太极图》的依据，就是《易传》中的《系辞传》，由《系辞》可以直接推导出《太极图》。

《太极图》由五层图案组成，第一层是一个空白的圆圈，上面标注文字“无极而太极”；第二层是黑白交错的圆圈，左边标注文字为“阳动”，右边标注文字为“阴静”；第三层是金、木、水、火、土五个小圆圈，用线联结为一体；第四层也是一个空白圆圈，左边标注“乾道成男”，右边标注“坤道成女”；第五层同样是一个空白圆圈，下面标注文字“万物化生”。

《太极图说》则是对《太极图》的文字说明。以下是中华书局《周敦颐集》中的《太极图说》原文：

> 无极而太极。太极动而生阳，动极而静，静而生阴，静极复动。一动一静，互为其根。分阴分阳，两仪立焉。阳变阴合，而生水火木金土。五气顺布，四时行焉。五行一阴阳也，阴阳一太极也，太极本无极也。
>
> 五行之生也，各一其性。无极之真，二五之精，妙合而凝。乾道成男，坤道成女。二气交感，化生万物。万物生生而变化无穷焉。
>
> 唯人也得其秀而最灵。形既生矣，神发知矣。五性感动而善恶分，万事出矣。圣人定之以中正仁义而主静，立人极焉。
>
> 故圣人与天地合其德，日月合其明，四时合其序，鬼神合其吉凶，君子修之吉，小人悖之凶。故曰：“立天之道，曰阴与阳。立地之道，曰柔与刚。立人之道，曰仁与义。”又曰：“原始反终，故知

---

① ［日］吾妻重二：《谁作太极图——论“异教”来源说的真伪》，载罗传芳《道教文化与现代社会》，沈阳出版社 2001 年版，第 277 页。

死生之说。”大哉《易》也，斯其至矣！[①]

《太极图说》中的语句，一望而知是出自《易传》的《系辞传》，“是故《易》有太极，是生两仪，两仪生四象，四象生八卦”，“乾道成男，坤道成女”，“天地氤氲，万物化醇。男女构精，万物化生”，这些都是《系辞传》中的句子，《太极图说》采用这些现成语句来说明《太极图》，极为明确地表明了《太极图》的思想就是直接来源于《系辞传》，而非道教的修炼思想或佛教的“先天地偈”。《太极图说》的结尾“大哉《易》也，斯其至矣”，也说明了周敦颐画《太极图》是为了解释《易传》中的道理。

《系辞传》“是故《易》有太极，是生两仪，两仪生四象，四象生八卦”，是周敦颐作《太极图》的依据。从图形来看，第一层是说明“《易》有太极”；第二层是说明“是生两仪”，这两层图形直观清晰，与《系辞传》完全吻合。

第三层“五行图”，按照《系辞传》的次序应该是“四象图”。吾妻重二认为，周敦颐改“四象”为“五行”，是取材于唐代孔颖达的《周易正义》，“‘四象’，按照《正义》，是指五行，因为《正义》说：‘两仪生四象者，谓金木水火土禀天地而有，故云两仪生四象。土则分王四季，故惟云四象也。’土藏在四行之中而没有固定的地位，所以可以省略”[②]。“五行”就是“四象”，因此，这一层就是《系辞传》的“两仪生四象”。

第四层“乾道成男，坤道成女”，按照《系辞传》的顺序，应该是“四象生八卦”。对此，宋代易学家俞琰有一个解释，他在《书斋夜话》中说：“《太极图》，五行下一圈注云‘乾道成男，坤道成女’，又下一圈注云‘万物化生’。此‘男女’，谓乾坤所生之六子，乃日、月、风、雷、山、泽，非人之男女也。若以为人之男女，则人之男女仅能生人，岂能生万物也哉？”[③] 颜师古注《汉书郊祀志》云：“乾为父，坤为母，震为长

① 周敦颐：《周敦颐集》，中华书局1990年版，第3—7页。

② ［日］吾妻重二：《谁作太极图——论“异教”来源说的真伪》，载罗传芳《道教文化与现代社会》，沈阳出版社2001年版，第275页。

③ 俞琰：《书斋夜话》，载阮元辑《宛委别藏》第七十二册，江苏古籍出版社1988年版，第32页。

男，巽为长女，坎为中男，离为中女，艮为少男，兑为少女，故云六子也。”由此可见，所谓“乾道成男，坤道成女”，其实是说“乾坤生六子”，合并起来看还是“八卦”。故《太极图》的第四层，反映的应该还是《系辞传》的“四象（五行）生八卦”。

《太极图》反映的虽然是《系辞传》的思想，但与《系辞传》也有细微的不同。如上面所说的，第三层改“四象”为“五行”，就是一个具体的例证。战国以后，儒家受阴阳家影响，普遍接受了“五行”思想。事实上周敦颐改“四象”为“五行”，直接来源很可能就是《礼记》中的《礼运》篇。《礼运》：“故人者，其天地之德、阴阳之交、鬼神之会、五行之秀气也。”周敦颐《太极图说》“五行之生也，各一其性……唯人也得其秀而最灵”明显化用了《礼运》篇的说法。这一改动尽管与《系辞传》有差别，但还是在儒家思想发展的脉络中进行的。

《太极图》第二层，《太极图说》的说法是“分阴分阳，两仪立焉”，但图形实际上是黑白相合的“坎离图”。清代的毛奇龄特地指出了这一点：“盖其图正作坎、离二卦而运为一轴，非所谓两仪也，亦非所谓阳动生阴，阴静复生阳也。”[①] 毛奇龄尽管对《太极图》持论苛刻，但他的这一点发现却是正确的。在唐宋内丹道教中，《坎》《离》被视为水、火，是修炼的基础，因此道教学者普遍对坎、离两卦非常重视。《太极图》用《坎》《离》来表示“阴阳”，颇让人怀疑这是周敦颐受道教影响所致。[②] 这也是《太极图》中唯一可能与道教相关联之处。

清儒陆世仪认为：“周子《太极图》全从《系辞》出，不曾造作一毫。不知者诬之谤之，或谓得之陈抟、种放、穆修，或谓师事鹤林寺僧寿涯。此二氏无稽之言，谬欲引为己重，如孔子为释迦弟子也。至朱子序《通书》，亦谓莫知师传之所自。夫《系辞》即师传也，何必舍是而更问哉！”[③] 陆世仪的意见是正确的。

① 毛奇龄：《毛奇龄易著四种》，中华书局2010年版，第97页。

② ［日］吾妻重二：《〈太极图〉之形成——围绕儒佛道三教的再检讨》，载吴震、［日］吾妻重二《思想与文献——日本学者宋明儒学研究》，华东师范大学出版社2010年版，第177—193页；卢国龙：《周敦颐〈太极图〉渊源辨》，载朱伯崑主编《国际易学研究》第二辑，华夏出版社1996年版，第158—179页。

③ 徐世昌：《清儒学案》（第一册），中华书局2008年版，第181页。

总的来说，通过对《太极图》和《太极图说》的仔细分析，基本上可以认为，周敦颐的《太极图》是用图形的方式来表示《系辞传》的思想，《系辞传》就是《太极图》的来源。与《系辞传》有所不同的是，《太极图》还顺着战国以后儒家思想的发展脉络，用“五行”取代了“四象”；《太极图》用《坎》《离》表示阴阳，也可能是在图形上受到了唐宋内丹道教的影响。但从整体而言，《太极图》表达的是以《系辞传》为背景的儒家思想，与道教或佛教的思想并无关系。潘兴嗣说周敦颐“尤善谈名理，深于易学”，此说并非夸大，《太极图》就是明显的例证。

（作者单位：湖南科技学院 国学院）

周敦颐"太极"与理气概念的关系分析①

［韩］孙兴彻　著　林海顺　译

一　绪　言

北宋时代是一个为了治理唐末五代的长期混乱而需要能够指导国家改革和革新的新思想的时期。为了适应这一时代要求，旧党派和新党派依次登场进行了改革。与此同时，比道教、佛教发展晚的儒学展开了新的复兴运动。其结果是诞生了道学。

所谓"道学"作为北宋时代新出现的名称，《宋史·道学传》中称，"道学之名，古无是也。"又称"道学盛于宋"。"道学"也是"程朱学"或"性理学"的别称。②

在程朱学形成中发挥中心作用的人物是周敦颐（1017—1073，号濂溪）。周敦颐利用传承已久的"太极"来说明宇宙万物的生成和变化的过程。这就是《太极图》和《太极图说》。该"图"与"说"虽然简短，但其中包含着受容道家和佛教主要概念的新的形而上学理论，以此为契机，形成了作为包括儒学、道家和佛学在内的新学问体系的程朱学的中心脉络。另外，周敦颐恢复了经过汉代训诂学而断裂的孔孟儒学的精神和问题。因此，学者称周敦颐为程朱学的鼻祖。

本文的目的在于了解《太极图说》中"太极"的根源及其哲学意义，

---

① 本文原载韩刊《退溪学论丛》第 29 辑（退溪学釜山研究院，2017 年 6 月 30 日）。

② "道学"有"性理学""程朱学""宋明理学""新儒学""程朱理学"等诸多名称。本文将周敦颐的"太极"概念和"理""气"的关系，通过程颐的"天理"和朱熹的解释为中心进行说明，故统一为"程朱学"。

研究作为程朱学重要概念的“理”与“气”的关系。尽管“理”与“气”的渊源不同，但与“太极”有紧密的关联。“太极”也是程朱学的核心概念。

为此，首先了解“太极”概念的由来。笔者将分析《周易》“易有太极”中的“易”与“太极”的意义，考察“太极”变化发展为哲学的形而上学，以及在学者间传承的过程。

其次，将研究“太极”与“理”“气”的关系。随着程朱学理论的确立，有关“理”与“气”的概念及其相互关系的说明变得尤为重要。从传统上看，在有关“太极”概念的解释上有两种见解。一种是将“太极”解释为存在论根源的“气”，另一种是解释为存在原理的“理”。这里将考察从“太极”到确立理气论的过程。然后，考察濂学与洛学的关系。这是因为，朱熹（1130—1200，号晦庵）通过运用程颐（1033—1107，号伊川）的“天理”概念来再解释周敦颐的《太极图说》，由此确立了成为程朱学基础的理气论。在本文中，将了解把“太极”解释为“理”的转机始于洛学。另外，尽管有异论，但周敦颐与二程明显存在紧密的学问师承关系。

最后，将分析周敦颐的《太极图说》中“无极而太极”的意义。众所周知，“无极而太极”的“无极”是当时儒家没有使用过的概念，周敦颐在《太极图说》中将之作为说明万物根源的概念而使用后，引起了很多争议。在这里，将详细考察“无极”的概念究竟是指什么，“太极”之外为何又需要“无极”，如何设定“无极”与“太极”的关系。

关于周敦颐的《太极图》和《太极图说》，在韩国和中国等很早就进行了很多研究，同时也进行了很多论争。其论争集中于《太极图说》的第一句“无极而太极”。事实上，被称为“鹅湖之会”的朱陆论争的主题是“无极太极论争”。在该论争中，朱熹把老庄和佛教的理论也包括在内，扩展了“太极”的概念。然而，陆九渊（1139—1193，号象山）批判说，“太极”不是儒家的传统概念，周敦颐的《太极图》中本来没有“无极”，朱熹加上了“无极”，是在“太极”之上又加了一个实体，因此是无意义的。由此，程朱学与陆王学出现了分歧。

同时，朝鲜的性理学者也对太极的问题进行了很多研究。尤其曹汉辅（生卒未详，号忘机堂）和李彦迪（1491—1553，号晦斋）的“无极太极论争”在韩国思想史上意义深刻。论争的结果是，晦斋的太极论被李滉（1501—1570，号退溪）所传承。朝鲜性理学者之间对于太极论产生异见和论争的焦点问题集中在太极的概念、太极与无极的关系、太极与理气的关系、太极与阴阳的关系等的解释上。

他们研究的观点分为，在“理”与“气”中以何种概念进行理解的问题，补充说明朱熹的见解或者批判朱熹见解的立场。程朱学的宇宙论被确立为理气论，“理”与“气”的概念与《太极图说》有紧密的关联。笔者在这里关注的问题是，朱熹确立的“理”“气”概念与“太极”有何关联，以及作为宇宙实体的“太极”包含何种概念？本文将比较朱熹的理论及其对此的批判，并分析其理论根据。

二　“太极”与《太极图说》

最早出现“太极”概念的经典是《易·系辞上》的“易有太极，是生两仪，两仪生四象，四象生八卦”。还有《易·系辞上》的“生生之谓易”。“生生”是指万物不断地产生、消失和变化的现象。根据《周易正义》，韩康伯将“生生之谓易”的“生生”解释为“阴阳转易，以成化生”，这是指阴阳运动变化创造万物。“是生两仪”是指“太极使两仪产生”，此时的“两仪”是指阴阳。因此，先有太极，后有阴阳。由此，如果解释“易有太极，是生两仪”的意义，则是指“万物不停息地产生、消失和变化的现象中有太极，太极产生阴阳”。太极是指阴阳变化之理，可以解释为类似自然法则或变化规律的意义。然而，《周易》的“太极”概念并没有包含形而上学的意义。对于“太极”究竟是物质存在，还是抽象法则或理法，很难做出明确的定义。这是因为万物产生于“有”的物理学原则与存在论的形而上学不同的缘故。

“太极”概念在周敦颐的《太极图说》中被重新确立为形而上学的哲学。从《易·系辞》到周敦颐，存在1500多年以上的差异。然而，在这一过程中，存在诸多阶段的传授过程。

> 震经学深醇，有《汉上易解》云：“陈抟以《先天图》传种放，放传穆修，穆修传李之才，之才传邵雍。放以《河图》《洛书》

传李溉，溉传许坚，许坚传范谔昌，谔昌传刘牧。穆修以《太极图》传周惇颐，惇颐传程颢、程颐。是时，张载讲学于二程、邵雍之间。故雍著《皇极经世书》，牧陈天地五十有五之数，惇颐作《通书》，程颐著《易传》，载造《太和》《参两》篇。臣今以《易传》为宗，和会雍、载之论，上采汉、魏、吴、晋，下逮有唐及今，包括异同，庶几道离而复合。”（《宋史·列传第一百九十四》）

上述引文中，陈抟（871—989，号白云先生或希夷先生）以下，一直到周敦颐以前为止，都是道教人物。另外，在周敦颐的《太极图》之前，有穆修（979—1032，字号伯长）的《太极图》，再之前有陈抟的《先天图》。然而，一方面，《先天图》按照陈抟→种放（955—1015，云溪醉侯）→穆修→李之才（？—1045）→邵雍（1011—1077，号康节）的顺序传承；另一方面，种放向李溉传授《河图》《洛书》，李溉再传许坚，许坚传范谔昌，范谔昌传刘牧（1011—1064，号长民），穆修将《太极图》传给周惇（敦）颐，周敦颐再传给程颢（1032—1085，号明道）和程颐（1033—1107，号伊川）。

然而，这些道教系统把“太极”理解为事物和物质的根源。朝鲜中期宋翼弼（1534—1599，号龟峰）提出，“邵子言气，周子言理，老庄佛柳，亦皆言气。但邵子知理而言气。”（《龟峰集》卷3，《太极问》1）对于《庄子·大宗师》的“夫道，有情有信，无为无形……在太极之上而不为高”，成玄英（608—669，字子实）解释为“在太极之先而不为高，在六极之下而不为深；阴阳未判，是为太极”。由此可知，阴阳被区别之前的混合状态是太极，这是指物质的根源。在这些道教系统中，“太极”作为物质根源被说明为“元气”，作为作用的法则被说明为“道”的概念。然而，随着王弼（226—249）用“无”来解释，提供了将“太极”解释为“理”概念的端绪。

“太极”概念在北宋时由周敦颐将之发展为“存在论的形而上学”。“存在论的形而上学”通常称为“本体论”。该本体论与单纯寻找“物质的根源”是什么的自然哲学不同。作为形而上学的本体论是指，从包括人类、万物和宇宙在内的统一体的观点上，用整合的逻辑来说明宇宙的起源、生成、变化和构造的理论。朱熹对《太极图》的学术史意义说明如下：

> 盖先生之学之奥，其可以象告者，莫备于太极之一图。若通书之言，盖皆所以发明其蕴，而诚、动静、理性命等章为尤著。程氏之书，亦皆祖述其意，而李仲通铭、程邵公志、颜子好学论等篇，乃或并其语而道之。故清逸潘公志先生之墓，而叙其所著之书，特以作太极图为首称，而后乃以易说、易通系之，其知此矣。（《再定太极通书后序》，朱熹《晦庵集》卷76“撰序”）

上述引文可以说是所谓“周子自得说”的要旨。若加以整理，朱熹认为，周敦颐学问的奥妙在于用“象”来说明，这在《太极图》中都具备。另外，《通书》的内容将包含于《太极图》中的内容更详细地体现出来，《周敦颐集》的《诚》《动静》《理性命》篇的文章更突出。这里有必要关注“程氏之书，亦皆祖述其意，而李仲通铭、程邵公志、颜子好学论等篇，乃或并其语而道之”。在朱熹看来，二程继承了周敦颐的学问。也就是说，《李仲通铭》《程邵公志》《颜子好学论》等，是二程受到周敦颐《太极图》的学问影响而写的文章。因此，潘兴嗣（1023？—1100，自号清逸居士）在周敦颐的墓志上记述周敦颐的著作时，特别把《太极图》放在开头，其后是《易说》《易通》。另外，周敦颐所写的《易说》和《易通》，将《周易》“易有太极”中的“太极”概念发展为形而上学的理论。

周敦颐的《太极图》成为形成程朱学本体论的嚆矢，是由于朱熹。换言之，周敦颐的《太极图》不是直接被与其有很深的学问关联的二程所继承，而是间接地被继承。幼年时曾修学于周敦颐的二程，没有重视周敦颐的太极，而是独立地创造“天理”概念，在形成程朱学的理哲学方面作出了贡献。朱熹将《太极图说》用程颢的“天理”概念进行再解释，确立了理气论，更进一步，完成了程朱学。约八百多年间，程朱学在东亚政治、经济、思想等领域发挥了中心作用。

三 “无极”与“太极”

《太极图说》尽管是篇249个字的短文，但包含了关于程朱学的宇宙论和人性论的基本思想。如绪言所述，本文的目的在于了解从“太极”概念到确立程朱学理气论的理论过程。

周敦颐的太极论应该从与以前哲学不同的新哲学诞生的观点上来理解。事实上，论争的焦点在于周敦颐。周敦颐把“太极”解释为“理”“气”两种意义。周敦颐用复合论法叙述如下：

> 无极而太极。太极动而生阳，动极而静，静而生阴，静极复动。一动一静，互为其根。分阴分阳，两仪立焉。阳变阴合，而生水火木金土。五气顺布，四时行焉。五行一阴阳也，阴阳一太极也，太极本无极也。五行之生也，各一其性。无极之真，二五之精，妙合而凝。乾道成男，坤道成女。二气交感，化生万物。万物生生而变化无穷焉。(《周敦颐全集·太极图说》)

周敦颐认为，“太极动而生阳”“阴阳一太极也”。这里“阴阳”是指“气”，“动”是指“气”的属性。当然，“理”是否有动静也存在争议。朱熹在晚年定论中提出，“盖气则能凝结造作，理却无情意，无计度，无造作。”(《朱子语类》卷1) 一般来说，有关“理”的动静问题被说明是该段的中心。然而，在“太极动而生阳”“静而生阴”中，“动”与“静”都是运动的属性。因此，“太极”有运动性，运动性是“气”的属性。

另外，周敦颐指出，“五行一阴阳也，阴阳一太极也。”换言之，阴阳是“气”，阴阳是“一太极”。如此而言，“太极”是“气”。

若加以整理，“太极”是“气”，是运动的存在。另外，“太极”在具体事物产生以前就存在，事物产生之后，该事物为了维持自身特性而发生作用，并内在于阴阳的作用。因此，在事物的生成和变化方面，存在太极。

然而，朱熹将“太极”说明为“理”。

> 问：“‘动而生阳，静而生阴’，注：‘太极者本然之妙，动静者所乘之机。’太极只是理，理不可以动静言，惟‘动而生阳，静而生阴’，理寓于气，不能无动静所乘之机。乘，如乘载之‘乘’，其动静者，乃乘载在气上，不觉动了静，静了又动。”曰：“然。”（《朱子语类》卷94）

上述引文是朱熹与弟子贺孙（生卒未详，叶味道的早期名字，号西山）问答的一部分。贺孙概括朱熹所言并提问的内容，朱熹都予以肯定。如果整理其内容，“太极”作为“本然之妙”，是形容“作用”或“动静”奥妙之言，“动静”并不是指太极本身动静，而是指太极是乘载于阴阳动静的契机。但由于“太极”就是“理”，所以不能说“理”是“动静”的运动。然而，此“理”内在于“气”，成为乘载于“动静”的契机。“太极”即“理”，虽然本身没有“动静”，但内在于“气”，使“气”动静。即发挥类似柏拉图（Plato）“理念（Idea）”一样的“不动之动者（Unmoved Mover）”的作用。

然而，周敦颐提出“无极而太极”“太极本无极也”。简言之，“无极”与“太极”可谓是同样的概念。既然如此，为何“太极”之外还需要“无极”呢？笔者认为，这三个问题是说明“太极”概念的关键。为此，应该详细分析《太极图说》中包含“无极”概念的三段和说明宇宙论的前半部内容。

周敦颐在《太极图说》中提出，“无极而太极”“太极本无极也”“无极之真二五之精”，使用了三次“无极”。应该分析这三句来寻找“无极”的意义。

第一，“无极而太极”中的“无极”概念。为了说明“无极”的概念，首先应了解“有”“无”和“极”的意义。“无”是用来形容类似无声、无臭一样，没有形体或痕迹，“有”既是“无极”，也是“太极”，是指本体的存在。“极”是指“物之至极而莫能有加者”。所谓“极”，是指事物或某种原理的实体。另外，“无极”“太极”等有“极”字的概念具有各自的意义。朱熹对“极”“无极”的意义说明如下：

原“极”之所以得名，盖取枢极之意。圣人谓之“太极”者，所以指夫天地万物之根也；周子因之而又谓之“无极”者，所以大一作“著夫”“无声无臭”之妙也。(《朱子语类》卷94)

“极”是指“枢极”。“枢极”虽然也指“斗枢”或北斗星，但这里是指根源、本源。即，在朱熹看来，天地万物的根源是“极”，周敦颐所谓的“无极”非常明显地体现了“根源”的意义和“无声无臭”的意义。

朱熹将“太极”视为最高的实体，太极随着形体，即“气”而体现，将“无极”视作表示太极“无形象”的概念来说明。

“易有太极，是生两仪。”四象八卦，皆有形状。至于太极，有何形状？故周子曰：“无极而太极。”盖云无此形状，而有此道理耳。(《朱子语类》卷94)

“无极而太极。”盖恐人将太极做一个有形象底物看，故又说“无极”，言只是此理也。(《朱子语类》卷94)

除此之外，朱熹解释“无极而太极”的语句也很多。[①] 若对上述引文进行整理，朱熹将“无极”解释为表现“太极的无形性”的意义。朱熹将之综合如下：

林又曰：“太极有象。且既曰‘易有太极’，则不可谓之无。濂溪乃有‘无极’之说，何也？”曰：“有太极，是有此理；无极，是无形器方体可求。两仪有象，太极则无象。”(《朱子语类》卷67)

① 《朱子语类》卷94。“无极而太极”，只是说无形而有理。所谓太极者，只二气五行之理，非别有物为太极也。又云：“以理言之，则不可谓之有；以物言之，则不可谓之无。”《朱子语类》卷94。问：“‘无极而太极’，固是一物，有积渐否？”曰：“无积渐。”曰：“上言无极，下言太极。窃疑上言无极无穷，下言至此方极。”曰：“无极者无形，太极者有理也。周子恐人把作一物看，故云无极。”曰：“太极既无气，气象如何？”曰：“只是理。”

林黄中[①]提出，“太极”中有“象”，而“易有太极”，所以不能称作“无”。即不能把“太极”称作“无极”。对此，朱熹答复说，有“太极”，就有“理”，“无极”没有形状；由于“无极”就是“太极”，所以“太极”也没有形象。

对“太极”与“无极”的关系说明如下：

> “无极而太极”，只是无形而有理。周子恐人于太极之外更寻太极，故以无极言之。既谓之无极，则不可以有底道理强搜寻也。（《朱子语类》卷94）

朱熹将“无极”和“太极”解释为都是最根源性的实体，是对一个实体的两种名称。所谓“无极而太极”是指，既是“无极”，同时又是“太极”，“无极”和“太极”并非各自作为一个实体而存在。过去，“太极”被解释为“天”“元气”等的实在，以后，王弼把“太极”解释为“无称之称”的意义，将“太极”视作道家的“无”概念。“太极”虽然是真实的实在，但即便如此，也并非是我们的思维所能捕捉的存在。然而，周敦颐为了明确体现作为宇宙唯一实体的“太极”的意义，而使用了所谓“无极”的意义。即试图通过强调“太极”的无限性来说明“太极”是终极实体。因此，“无极”包含了无法再追求的所谓最终本体的本体意义。这种“太极”贯穿“天人”而存在。由此，成为树立“人极”（人的根本道德性）的标准。因此，成为存在的原理，同时也成为道德的原理。

第二，应该考察“太极本无极也”的意义。该句既可以解释为“太极本来是无极”，也可以解释为“太极源于无极”。然而，朱熹在前者的立场上认为“太极”和“无极”不是各自分别存在，而是同时同所存在的概念。

> 如“无极而太极，太极本无极”“体用一源，显微无间”，康节

① 林黄中，林栗，字黄中，或宽夫。南宋福州福清（今属福建）人。绍兴十二年（1142）进士。

无此说。(《朱子语类》卷71)

问:“既曰太极,又有个无极,如何?”曰:“‘太极本无极’,要去就中看得这个意出方得。”(《朱子语类》卷94)

“无极而太极”体现了“体”“用”是一个根源,“太极本无极”是指通过现象体现和不体现,即在是否有形象方面,“无极”和“太极”总是在同一场所。因此,朱熹提出,“无极”并不是独立于太极之外的。既然如此,“无极”和“太极”是何种关系?“无极而太极”是指“无极”和“太极”是对一个实体的不同名称。

“无极而太极”,不是太极之外别有无极。无中自有此理。又不可将无极便做太极。“无极而太极”,此“而”字轻,无次序故也。(《朱子语类》卷94)

在朱熹看来,“无极”的“无”与“太极”的“太”是指最根源性的、最终的意义。朱熹认为,在“无极而太极”中的“而”可以忽略。这是由于“无极”和“太极”从时间和空间上没有顺序或次序的缘故。

第三,应该分析“无极之真”的意义。这句可以解释为两种意义。一种是,如果解释为有“无极”,是“无极中的真髓”,那么“无极”和“无极之真”就将有两个实体。另一种是,将“无极之真”的“真”视作指“无极”特性的概念,可以解释为“所谓无极的真髓”的意义。

无极之真是包动静而言,未发之中只以静言。无极只是极至,更无去处了。(《朱子语类》卷94)

“无极之真”,已该得太极在其中。“真”字便是太极。(《朱子语类》卷94)

朱熹对《太极图说》的解释尊重了周敦颐的见解,将之发展为程朱学宇宙论的中心概念。然而,如果仔细地加以考察,则与周敦颐本来的解释存在一定的差异。即朱熹的目的在于,将作为自然法则的“所以然之故”和作为道德当为法则的“所当然之则”说明为一个一贯的原理。这是从“太极”概念发展而来的“理”概念。“理”作为综合以往的“天”概念的概念，在表示人应当的道理的同时，作为实践或哲学的课题，要求当为性。

程朱学的宇宙论基于当时的宇宙本体论，通过对儒学重新解释而得以确立。最初的端绪可谓是周敦颐的《太极图说》。以《太极图说》和二程的天理概念为根据，朱熹确立了“理气论”，从此将宇宙论和人性论确立为一个一贯的逻辑体系。程朱学由此具备了理论体系。

四 “太极”和“理气”

“太极”在《周易》以后被解释为概念。然而，如果将之以大范畴进行概括的话，那么与“理”“气”的概念有紧密的关联。首先，通过“气”概念来理解的观点，将“太极”理解为存在论的根源。丁若镛(1762—1836，号茶山）考证如下[①]：

> 韩云：“夫有必始于无，故太极生两仪也。太极者，无称之称，不可得而名，取有之所极，况之太极者也。”孔云：“太极谓天地未分之前，元气混而为一，即是太初太一也。故老子云，‘道生一’，即此太极是也。又谓混元既分，即有天地，故曰‘太极生两仪’，即老子云‘一生二’也。”论曰：“孔以太极为元气，又引老子‘道生一’为太极，是犹近理。乃后世之论，推尊太极为形而上之物，每云，‘是理非气，是无非有’。不知形而上之物，何以有黑白交圈也。又云，‘无极而太极’，则是其义，虽本出于‘道生一’三字，彼云，‘道生一’，是于太极之上，明有造化之本。若云，‘无极而太极’，则所谓太极者，是又自然而生，无所为本也，未论经旨得失，而老子之意。亦一变而为异说矣。”[②]

---

① 将“太极”视为“气”的观点和研究资料很多。这里的目的不是对这些资料进行分析，而是了解代表性的类型。

② 丁若镛：《易学绪言·韩康伯玄谈考》，《与犹堂全书》第46卷，社会科学院出版社1965年版。

上述引文中的“韩”是指东晋时代玄学家韩伯（332—380，字康伯），“孔”是指孔颖达（574—648，字仲达）。

韩康伯的观点是“有生于无”。“有生于无”出自《道德经》第40章。在韩康伯之前，王弼（226—249，字辅嗣）对“有生于无”，提出“有之所始，以无为本。将欲全有，必反于无也。”（王弼《老子注》）这是所谓王弼的“贵无论”。郭象（252？—312，字子玄）紧接其后，主张“独化论”。韩康伯所谓的“有必始于无”，可以视作类似“有生于无”的意思。另外，若将此句与“故太极生两仪也”相联系的话，则意味着韩康伯将“无”视作“太极”。在“太极者，无称之称，不可得而名”中，“无称”的由来是基于王弼的《老子注》第25章“自然者，无称之言，穷极之辞也”。本来王弼认为“道法自然”的“自然”是“无称之言”，但韩康伯将“太极”不是用“自然”，而是代之以“无称之称”来指称。韩康伯的观点可以整理为“无＝太极＝穷极的根源”。

而孔颖达在《易传·系辞上传》中解释为“太极谓天地未分之前，元气混而为一，即是太初、太一也”。即“太极”在天地生成之前是混合为一的“元气”，“太初”是指宇宙万物的时间根源，“太一”是指天地万物或宇宙存在论的本体。孔颖达认为“太极”是天地分化之前的“元气”，这是将老子所谓“道生一”的“一”视为“太极”。另外，“两仪”作为阴阳，是老子的“一生二”的“二”。

丁若镛主张“太极即气”的立场，尽管本来批判韩康伯或孔颖达的《周易》解释不正确，但认为孔颖达关于“太极”的解释是“近理”。若加以整理，孔颖达利用发生论的观点，理解为“一”是“元气”，是“太极”。另外，丁若镛批判说，本来“太极”是“气”，只是到了后世，随着尊重“太极”，才将之解释为“理”，而非“气”。他认为，这些见解都是由于错误地理解老子本意的缘故。

其次，有将“太极”视作“理”的观点。即把“太极”看作是人间万物生成变化的“统合原理”的观点。该理论虽然是朱熹确立的，但其理论根源与二程的“天理”概念有紧密的关联。另外，从这种“天理”开始，确立了程朱学最重要的“理”概念。

朱熹通过所谓“天理”的概念，对周敦颐的《太极图》和《太极图说》进行再解释，完成了程朱学的理气本体论。既然如此，二程的“理”

与周敦颐的“太极”具有何种关联？对于该问题，以周敦颐与二程之间的学问影响关系即师承关系和“太极”“天理”两个概念的联系为中心，可以类推其相互关系。这是因为，如果周敦颐和二程明显具有师承关系，那么周敦颐的“太极”与二程的“天理”起码具有某种程度的关联性。另外，如果说“太极”和“天理”具有哲学关联性，那么应该说明师承关系及其所包含的内容，并与“太极”进行比较。具体而言，如果说代表周敦颐学问的概念是“太极”，那么代表程伊川学问的概念就是“天理”或“理”。因此，如果将周敦颐的“太极”与二程的“天理”进行比较，探讨其异同点，那么该问题也就可以得到解决。

众所周知，对程朱学的形成做出贡献的主要有四个学派，即所谓的濂学、洛学、关学、闽学。[①] 其间，很多学者研究了这四个学派的特性及其关系。然而，其中对于濂学与洛学的关系存在异见。异见的中心问题是周敦颐与二程兄弟之间是否存在师承关系及其内容。

二程兄弟曾经受学于周敦颐。通常称之为“南安问道”。[②] 然而，对于当时二程究竟是将周敦颐尊为老师，还是单纯的交游关系，大致有两种见解。

第一，主张二程没有受到周敦颐学问的影响。尤其程伊川是通过自己的努力而创立了自身的学问。这种主张的代表性人物是全祖望（1705—1755，号谢山）。

> 濂溪之门，二程子少尝游焉。其后伊洛所得，实不由于濂溪，是在高弟荥阳吕公（希哲）已明言之，其孙紫微（本中）又申言之，汪玉山（应辰）亦云然。今观二程子终身不甚推濂溪，并未得与马（司马光）、邵（雍）之列，可以见二吕之言不诬也。晦翁、南轩始确然以为二程子所自出，自是后世宗之，而疑者亦踵相接焉。然虽疑之，而皆未尝考及二吕之言以为证，则终无据。予谓濂溪诚入圣人之室，而二程子未尝传其学，则必欲沟而合之，良无庸矣。（《宋元学

---

① 濂溪（现在的湖南省道县）的周敦颐，洛阳（现在的河南省洛阳县）的程颢、程颐，关中（现在的陕西省渭河流域）的张载，闽中（现在的福建省闽侯县）的朱熹。

② “南安问道”是指，二程的父亲程珦任南安军的副官时，周敦颐是南安军的狱卒。程珦看到周敦颐学问非凡，结为好友，二程兄弟受学于周敦颐。南安是现在的江西省大余县，南安军于宋淳化元年（太宗元年，990）设置。

案·序录》)

简述陈祖望上述所说的内容，二程幼年时与周敦颐曾经交游，但伊洛[①]的学问，即洛学是二程自己创立的学问。该主张的根据是，作为二程弟子的吕希哲和他的孙子吕本中以及汪应辰的记录。同时，朱熹和张栻也确认二程的学问是独创的。吕希哲和吕本中提出，二程刚开始追随周茂叔，后来自己继续发展并绽放光彩。(《濂溪学案》下，《宋元学案》卷12)。这是所谓的“少师说”。同时，汪应辰虽然承认“南安问道”，但认为没有尊周敦颐为师，这是所谓的“未师说”。

第二，然而怀疑二程独创性的人主张吕希哲与吕本中的记录没有根据。首先，程颐也说过，“先生为学，自十五六时，闻汝南周茂叔论道，遂厌科举之业，慨然有求道之志。”(《二程集·明道先生行状》)门人中最了解二程行迹的刘立之提出，“从汝南周茂叔问学，穷性命之理，率性会道，体道成德，出处孔孟，从容不勉。”(《二程集·门人朋友叙述并书》)吕大临也在《东见录》提出，二程受学于周敦颐，喜好学问，范冲[②]在《程颢传》、洪迈[③]在《程颐传》记录了二程向周敦颐求学问。与朱熹同时代的汪应辰也没有否认“南安问道”的事实。然而，主张周敦颐与二程明显有师承关系的人是陆世仪(1611—1672，号刚斋)。

> 两程之学，本于周子。或谓伊川作《明道行状》，言“明道得不传之学于遗经”，不言周子。此不善读书者也。明道自言“见周茂叔后，吟风弄月以归。”《定性书》即“定之以仁义，中正而主静”之旨。至伊川《颜子所好何学论》“惟人得其秀而最灵”，皆周子《太极图》之言也。岂得云不本于周子?[④]

---

① “伊”是指程伊川，“洛”是指程明道，一般称为“洛学”。

② 范冲，宋范祖禹的儿子，字元长，司马光的宾客。

③ 洪迈，字景卢，号容斋，谥号文敏。

④ 陆世仪，字道威，号刚斋，又号桴亭、私谥、尊道、文潜等，江苏省太仓出身。没有应试科举，而是埋头于学问，与同门结成文社。与陆陇其一起，并称“二陆”。主张实学，文集有《思辨录》35卷。

若整理上述引文，二程虽然没有直接提及与周敦颐的关系或学问继承，但从《明道行状》的记录和二程的学术内容来看，二程的学问明显地源于周敦颐的学问。尤其是程颐的《颜子所好何学论》与周敦颐的《太极图》有紧密的关联。

笔者认为该内容最符合事实。这是因为，程颢也提出，“‘周茂叔胸中洒落，如光风霁月’（见黄庭坚所作诗序）。李延平每诵此言，以为善形容有道者气象。”（《近思录集解》卷3）程颢虽然以周敦颐的字“茂叔”来称呼，但也却非常尊重周敦颐的学问。因此，周敦颐和二程的关系起码也应该从“少师说”出发。二程的学问即便是自己创立的，但其学问的出发点始于周敦颐，学问的大纲也受到周敦颐的影响。因此，上述所谓“未师说”的证据不足。

既然如此，接下来将比较周敦颐的“太极”与二程的“天理”概念。

“天理”概念究竟是二程独创性的哲学，还是受到周敦颐的学问影响？这种“天理”概念与周敦颐的“太极”有何关联？对于“天理”，程颢提出，“吾学虽有所受，然‘天理’二字，却是自家体认出来。良知即是天理，体认者，实有诸已之谓耳。”（《明儒学案》卷十，《姚江学案·与马子莘》）即自身的学问虽然受教于老师而形成，但所谓“天理”二字则是自己独创的。然而，虽然二程认为自身的“天理”概念是独创性的，但不可能不与周敦颐确立的“太极”概念有紧密的关联。其关联性通过完成程朱学的朱熹可以得以论证。

> 问：“‘一阴一阳之谓道’，是太极否？”曰：“阴阳只是阴阳，道是太极。程子说：‘所以一阴一阳者，道也。’”（59岁）（《朱子语类》卷94）

若整理上述引文，则是“太极 = 道 = 所以一阴一阳”。朱熹从程颐的说明中找到了“道”概念的根据。程颐提出，“天理云者，这一个道理，更有甚穷已？不为尧存，不为桀亡。人得之者，故大行不加，穷居不损。”（《元丰己未吕与叔东见二先生语》，《河南程氏遗书》卷2上）即，程颐认为“天理”是既不能加，也不能减的完全无缺的“道理”。

同时，朱熹将“太极”解释为宇宙论的形而上学，将“太极”与

“天理”相联系。

> 太极只是天地万物之理。在天地言，则天地中有太极；在万物言，则万物中各有太极。未有天地之先，毕竟是先有此理，动而生阳，亦只是理；静而生阴，亦只是理。(《朱子语类》卷1)

朱熹提出，“太极”是天地万物之理。天地之间有“太极”，万物之中各有“太极”，天地在未生成之前必然先有“理”，生成阴阳也是“理”。这里朱熹所谓的“理”是指天地万物生成变化运行的法则。对此，朱熹提出，“太极只是一个‘理’字。”(《朱子语类》卷1）把“太极”与“理”说明为相同概念。程朱学的最高核心概念是“性即理”的命题。这时的“理”就是指宇宙的运行原理。在朱熹看来，此“理”就是“太极”。他认为，“理”既是“宇宙自然的原理”，也是“事物的理致（自然法则)”，还是“变化事物的不变本质”。所谓人的道德本性“性即理”的命题是指，人的道德本性是根据宇宙原理的“理”，所以成为“绝对的善”。这里宇宙的存在原理统合为道德的当为规范。即朱熹将“存在的原理”（所以然之故）和“道德的当为”（所当然之则）综合起来，视之为“理”。①

由此，作为程朱学最大难题的道德价值和宇宙论的逻辑连接成为可能，所谓程朱学的体系得以完成。程朱学从此展开人的道德“善”的内容和具体实践方法等，其后，在东洋的政治、经济、社会、文化等大部分领域成为中心思想。

五 结语

以上考察了从周敦颐的“太极”到程朱学“理气论”确立的过程。从学术史上，北宋时代展开了作为新思潮的儒学复兴运动。根据这种环境，所谓程朱学的新学问体系得以确立。众所周知，程朱学以孔孟儒学的

---

① 《大学或问》“致知格物”条：至于天下之物，则必各有所以然之故，与所当然之则，所谓理也。

哲学问题为中心，也融合了道家思想和新确立的佛教思想的庞大思想体系。程朱学的这种基础是理气论。周敦颐的《太极图说》和《太极图》在形成程朱学的理气论方面做出了决定性的贡献。因此，即便将周敦颐称为程朱学的鼻祖也不为过。

本文首先比较《周易》的“太极”和《太极图说》的“太极”，整理了其特征。笔者在这里确认了《周易》的“太极”是强调事物的根源和生成原理的概念。《太极图说》中的“太极”不是单纯对一个概念的理解，而是论证了新的宇宙论。宇宙论是将人类和万物以及宇宙的起源、生成、变化、构造，通过合适的逻辑进行说明的形而上学。

其次，研究了有关“无极”与“太极”的概念和关系。笔者在这里通过朱熹的解释说明了在“太极”之外为什么又要说“无极”，“无极”是何种概念，“无极”与“太极”是何种关系。即，“无极”并非独立存在于“太极”之外，“无极”是形容“太极”的“无形状”的概念，“无极”和“太极”都是最根源性的实体，是对一个实体的两种名称。在“太极”之外单独谈论“无极”，是为了更明确体现作为宇宙唯一实体的“太极”的意义。

最后，研究了太极与理气的关系。朱熹通过二程的“天理”概念重新解释周敦颐的《太极图说》，确立了理气论。笔者了解到在这个过程中二程的“天理”和周敦颐的“太极”具有学问的相关关系。二程与周敦颐具有明显的师承关系，“天理”和“太极”也论证了用所谓“理”的共同概念来理解的相关性。

通过以上研究，笔者确认了周敦颐的《太极图说》是程朱学的基础，是新的宇宙论。不应只是穿凿于程朱学本身的理论，而是应该更综合地研究成为程朱学基础的周敦颐的学问。通过这种研究，确认了能够寻找现代人的精神本质的可能性。

另外，对太极与理气的关系，以及“理”“气”的由来和概念等的学术史意义有必要进行更正式的研究。程朱学的本体论事实上是在与11—13世纪东洋的天文学和自然科学知识紧密的关联中得以确立的。汉代天文宇宙学非常发达，这些知识经过唐代成为形而上学。在这一过程中，有佛教和道教的理论发展，以此为基础，孕育了北宋时代的程朱学，南宋的朱熹确立了其理论体系。这是由于程朱学最核心的概念虽然是“理”“气”，但“理”“气”概念的根源不仅是“太极”，而且与佛教和道教也有紧密关联的缘故。

（作者单位：孙兴彻，韩国 安养大学校 教养学科；林海顺，延边大学 马克思主义学院）

从中国文化的认知进路看《太极图说》的天人合一架构

易燕明

中国文化的源头，是《尚书》和《易》，中国文化的认知进路，大致可以用《易》里面的两句话来概括，一句是“以人文化成天下”，一句是“近取诸身，远取诸物”。文化者，即是人以自身之纹路，化出自身之意义世界或人文世界。“近取诸身”而有人文，而有意义之源；“远取诸物”而有材料，而有意义映射之对象。康德说“形式无内容则空，内容无形式则盲”，此不独知性认知如此，意义的映射亦如此。人就是太阳，它散发出意义之光，映射着万事万物，从而将万事万物纳入一个以“我”为中心的同心圆式的人化世界。因此这条进路是人本主义的，它不去问人之外的其他物是怎样来认知和存在于这个世界的，它只关心人是怎样来认知和存在于这个世界的；它不是为知而知，而是为人自身的存在以及更好的存在而知。为知而知的知，是理性之知或所谓真知，表面上是与人的生命生活不相关涉的；为自身存在而知的知，是人文之知或良知，始终是以人要活下去和活得好的自然愿望为基底的。故中国文化的人本主义认知进路，也可称之为良知的进路，或可称之为求知之良的进路，区别于西方理性主义的真知进路——亦可称之为求知之真的进路。中国文化的经典，大多需要从良知的进路去体认，方能显出其有益于人生的意义来，若一意以真衡之，无异于买椟还珠、求小失大。《太极图说》作为宋明理学的开山之作，构建了一个天人同体、天人合一的天人图像，对儒学的发展具有承前启后的意义。对《太极图说》的理解，也应从中国文化的人本主义认知进路去切入，由此方可见出天的意义与天人合一的意义。

一 两条认知进路

人认知世界有两条进路，一是静观的方式，让对象（包括自身）以信息流的方式自然地呈现自身，而排斥掉自己的情感、意志、审美等一系列非理性因素的作用，纯粹以感官和心的知性范畴来接收（包括想象中的变更来创造新的信息）和处理此信息流。这个时候，呈现的世界就是一个纯客观的受客观规律支配的世界，也就是科学的世界，西方传统理性主义哲学及科学所遵循的就是这种认知进路。

第二种方式是情感映射的方式，人有情感的需求，需要对自身和环境及其交流、相处过程的主观感受，需要唤醒对自身生命的尊重和热爱来规避自我毁灭指令的发生，需要唤醒对他人他物的尊重和热爱来强化对自身生命的尊重和热爱，需要营造一个自己感到温馨、舒适、快乐的生活世界，因此人会运用情感的目光观看自身、他人与世界，他企求情感的共鸣和自身生命的自由与充实。这样万事万物被我的情感之光所映射，同时也就带着情感走向我。在这种情感的目光中，自身、他人与世界就不再是纯客观的东西，而是按照人的需要，成为带着情感与价值之光的东西，由此我们的生活世界实质上更多的是一个情感世界或文化世界。中国哲学遵循的就是这种认知进路。

人要活下去，身体内生理的新陈代谢的正常进行，依赖于与自然界的物质与能量交流，所以必须认识自然，掌握自然规律，这是自然对人的制约，故第一条进路不能没有；但人要活着或活下去，不仅是生理的新陈代谢需要正常进行，同时还有一个对生命存在的主观感受或乐不乐意的问题，还有情感的满足这个问题，它比生理的新陈代谢更重要、也更难解决。锦衣玉食，不过是有了活下去的基础条件；安生乐生，才是活下去的动力源泉，故第二条进路产生出来，予人以安、以乐。

人的世界，是一个意义世界，而我的需要与心情便是意义之源，故人的世界，是人以自身为意义源而映射万事万物所转化和创造出来的人化世界，也称之为人文（文化）世界、精神世界（家园）或心灵世界。自然物，不依赖于人的意识存在，但自然物要进入人的世界，则依赖人对自然物的转化，故人非为自然而存在，而是自然进入人的世界后便须为人的生命生活而变化其存在的方式，因意义源的映射而转化为不同之象。科学、宗教、道德、文学、艺术、游戏、娱乐，或依赖于自然物转化而来，或由人根据自身的需要创造而来，要之，皆在为人的生命与生活而成像。人是为生命而生活，不是为任何别的而生活，科学、宗教、道德、文学、艺术、游戏、娱乐，都不是生活的目的，只是生活的手段或生活之万象。

二　两条认知进路的影响

第一种进路无论是基于好奇还是基于利用的目的，探求具有相似性、统一性、因果性和可重复性显现的规律或“真”知识，探求现象背后的“秘密”，这是西方传统理性主义哲学及科学所遵循的认知进路。当理性哲学或科学纯粹因为对自然的好奇而仅仅满足人的探索自然的兴趣时，它是娱乐活动的一部分；当将此“真”知识与人的利用目的结合起来，为工匠性技能服务时，它就成了工匠辅助师——理性哲学，包括科学，严格来说只是工匠职业的辅助职业，这里的工匠职业并非狭义的士农工商中的工，而是士农工商所有职业的工匠性技能部分，理性哲学与科学的事业，是剖析工匠性技能的原理并为其提供理论指导，以及应用原理创设出更多更好更全面的工匠性职种、技能与方法。从自然探索兴趣的满足和物质性的利用来看，理性哲学和科学所获得的知识是成功的，同此它在这两个领域确立了自身的绝对权威。然而理性哲学与科学随着其在自然探索和工匠技术改造方面的成功，野心也随之膨胀，开始越出其自然探索师和工匠辅助师的身份与职能，企图在人的生命、生活的所有方面树立其“无”的权威，开始以“真”来衡量万事万物并排斥一切非“真”的东西。这种野心，反映在“上帝之死”“无神论”“拒斥形而上学”“祛魅”“实证”“科学万能”“工具理性”等一系列思潮以及所谓现代化的运动之中。由此带来的后果，是人被彻底地理性化、物质化与工具化——他（她）遗忘了一个“整全的人”是什么和需要什么，它开始以“真”的名义对人类生活的丰富性进行了肆无忌惮的破坏。

第二种进路是中国文化的人本主义认识进路，这种进路，不同于西方传统哲学的理性主义认知进路。它的基础是一个“整全的人”，这个“整全的人”的整全的需要就是活着和活得快乐。由人的整全需要出发，人运用自身的感觉、认知、改造、想象、创造、映射等诸种能力，来使用自然所直接提供和自身所能创造出来的材料，构造出一个使自己能够活下去和乐意活下去的人化（文化）世界或家园，这是中国哲学所遵循的认知进路。在此进路中，探索自然的娱乐活动和利用万物的生产活动只是人类活动的一部分——这一部分是重要的，不可或缺，但是人本质上是一个有生命意识或以生命为目的的存在，物质与能量的交流，以及纯粹为了满足自然探索兴趣而进行的信息性娱乐活动，只是人之生命目的的基础的和底层的部分，如果人类将自身生命与生活的重心放在这里，人与一般的生物就处于同样的水平①，甚至它可能比一般的生物更低级，因为一般生物的生活是简单而宁静的，它不会为知识所累，它获得足够活下去的知识与技能就开始安享生命与生活的快乐。

基于对“整全的人”的体验，中国哲学对知的局限性和两面性有深刻的认知。对知的局限性的认识，明确体现在孔子提出的“知之为知之，不知为不知”（《论语·为政》）和“祭神如神在”（《论语·八佾》）的命题之中，人之所知者，只是已经显现出来的现象，至于未显的和现象背后的东西，是不被知的，人既不知其有无，更不知其可知或不可知。故弟子问鬼神是否实有，孔子答不知。未显或不被知的东西，当然不能成为理性哲学或科学的材料，不能进入“真”知识的范围，不能应用在工匠性技能之中，不能进入劳动技能或工作技能的领域；然而不被知或未显的东西，并不因其不被知或未显而不能在人的生活世界中被想象与被构建出来，并不因其不被知或未显而不能在工作技能之外的其他生活领域中发生作用。故孔子说不知鬼神之事，“不语怪力乱神”，却又说“祭神如神在”，故孔子之“性与天道，不可得而闻”（《论语·公冶长》），却又说“天何言哉？四时行焉，百物生焉，天何言哉？”（《论语·阳货》）神在不必是“真”的，天及天与四时百物的联系也不必是“真”的，生活中人们打交道的各种事物也不必是“真”的，人的尊严与价值也不必是“真”的，世上实有的东西，我们可以把它纳入我的世界并投射我的色

① 西方传统哲学对人的经典定义是“人是理性的动物”（亚里士多德），如果理性是以所谓的“真”知识为中心的，人就会连机器都不如，因为很多机器在活动上的此种理性化程度，远远超过人类的活动。

彩，世上不知其实有的东西，我们也可以把它创造出来、纳入我的世界并投射我的色彩。梅兰菊竹荷，本是自然之物，无所谓品性，人赋予其品性，并以具此品性的梅兰菊竹荷而为友、为榜样、为勉励，则事物有了意义，而我有了激励、温馨、舒适、快乐；天地鬼神，皆在未知之列，人给予它模样、威严、神奇的特征，并以其为父、为母、为始终，而我有了责任、尊严、信心、向往；父母兄弟、亲朋好友、忠恕诚信、礼义廉耻，皆在有无之间，人将这种情感关系和情感维系规则创造出来，而我与人之间，得了和谐、安宁、信任、托付。

以上种种，若以知之“真”衡之，全属不实不知之论，若以“整全的人”的整全需要论之，其意义远在知识之上。孔子这种关于知的态度，在明确知的局限性的基础上也指明了知识运用的两面性，知识源于实在之物或实在之现象，也只能应用于生活中应付实在之部分（工作中的技能部分），这是知的局限性。当知识仅仅运用于工作中的技能部分时，它能起积极的作用，而当知识的运用超出这一范围时，它除了破坏别无意义，这是知识运用的两面性。因此《礼记·乐记》有言：“人生而静，天之性也。感于物而动，性之欲也。物至知知，然后好恶形焉。好恶无节于内，知诱于外，不能反躬，天理灭矣。夫物之感人无穷，而人之好恶无节，则是物至而人化物也。人化物也者，灭天理而穷人欲者也。于是有悖逆诈伪之心，有淫泆作乱之事，是故强者胁弱，众者暴寡，知者诈愚，勇者苦怯，疾病不养，老幼孤独不得其所。此大乱之道也。”物之知与用，若在人内在的德性可以节制的范围之内，当然是必要的；若听之任之，而至无穷，则物为主而人为奴，则人化为物而非人矣，故“好恶无节于内，知诱于外，不能反躬，天理灭矣……则是物至而人化物也……此大乱之道也”。是以孔子以仁统智，孟子倡导从其大体而不从其小体，荀子主张人心之作为（伪）以节制人性（物欲或人欲之性）之横流（性恶或可能为恶之性），此皆是以良知来主宰与节制逐物之知。

对知的局限性和知识运用的两面性的认知，同样反映在道家的智慧之中。老子提出了“为学日益，为道日损”。（《道德经·四十八章》）庄子更是说：“吾生也有涯，而知也无涯。以有涯随无涯，殆已！”（《庄子补正·养生主》）人是为了生命而生活，不是为了知识而生活，不应由知识来占满生活、支配生活，而应由生命的整全目的来产生生活，来决定知识在生活中的地位与作用，来决定获取知识的限度以及知识应用的范围。这是一种极其深刻的关于知的认知，对知识的追求，关键的不只是知识追求是一个永无止境的追求，不只是人的生命生活不应该去耗费、消磨在知识追求的永无止境之中，更为关键的是，人是否有足够的能力来控制生产出来的知识和知识产品？深层次言之，仁的力量是人的自我控制力，知的力量是人认识和控制环境的外在控制力，“知识是力量”，这种力量本质上是一种外在控制力，其增长没有极限，而人类的自我控制能力则总是有限，以有限的自我控制能力来获取无限的外力，无异于幼童舞刀，自寻死路。因此儒家以仁统智，意图把人控制环境的能力节制在自我控制能力所能掌控的范围之内；而老子的“小国寡民”，则是意图将人的自我控制能力与控制环境的能力保持在原始的和谐状态。但遗憾的是，西方理性主义传统开启了无限求知的“潘多拉魔盒”，人类今天获取知识的速度与限度都远远超出了人类自身的控制能力范围，人类的毁灭已经只在一念之间。[①] 为了享受更好的物质生活而推动科学技术的发展，不可避免地将人类置身于自毁的危机之中，这无异于人类在大量地制造鸦片并大力地推销鸦片。少量的鸦片可以治病救人，过量的鸦片只会使人在麻痹中死亡，鸦片如此，科学技术亦如此。今天的世界，将对科学技术的控制落在对科学应用的限制上，而不是落在知识获取的限度上，这是治标不治本，这是慢性自杀。人类的自我控制力是有限的，只有人们深记这一点，人类才有延续和未来可言！

值得注意的是，科学技术的发展不仅给人类生活带来了毁灭性的潜在威胁，也给专制统治披上了腾飞的翅膀。日益先进的武器，改变了民众与政府之间的力量对比，民众的人数优势荡然无存——他已经失去了制衡与反抗专制政府的能力。管理控制技术的发展，撕碎了个体和社会群体的所有防线，从身体的控制到心灵的控制，几乎无所不能——生命的自由与安乐受到前所未有的挑战与摧残！如果不能给科学技术这一现代专制统治的

---

① 地球的人为毁灭，只在核武器的黑匣子按钮，而核武器的黑匣子按钮动作，只在某些人的一念之间。如果科学技术的发展不能得到有效地遏制，人人拥有一个黑匣子的时代一定会到来——美国一个大学生利用图书馆制造出原子弹的事例已经预示了这一点。侠以武犯禁，因肉身力量的有限还在可控的范围之内；科学以知犯禁，终有一天它会越出可控的范围——如果人类不能及时在知识追求上设下一条绝对的禁忌线。

核心带上枷锁，历史终将终结于暴力、资本与科学技术三者结盟的专制统治。或许只有神灵能够拯救我们，在人类被他的好奇心和无限的物质欲望所产生出来的科学技术进行自我灭绝之后！或者，回到一个“整全的人”来，回到中国传统文化所开启的以仁统智的智慧之路来！

三 《太极图说》的天人合一架构

将人与天打通为一体，是中国文化的传统。《诗经》之“天生烝民，有物有则”，《易》之“天行健，君子以自强不息”以及“天地之大德曰生”“生生之谓道”，《老子》之“一生二、二生三、三生万物”以及“人法地，地法天，天法自然”，《中庸》之“天命之谓性”……如此种种，不一而足。《太极图说》远承《尚书》《易》的天人合一观念，会通儒、道、阴阳诸家，形成了更加精密的天人合一架构。《太极图说》全文精简，兹列如下：

> 无极而太极。太极动而生阳，动极而静，静而生阴，静极复动。一动一静，互为其根。分阴分阳，两仪立焉。阳变阴合，而生水火木金土。五气顺布，四时行焉。五行一阴阳也，阴阳一太极也，太极本无极也。五行之生也，各一其性。无极之真，二五之精，妙合而凝。乾道成男，坤道成女。二气交感，化生万物。万物生生而变化无穷焉。
>
> 唯人也得其秀而最灵。形既生矣，神发知矣。五性感动而善恶分，万事出矣。圣人定之以中正仁义而主静，立人极焉。故圣人与天地合其德，日月合其明，四时合其序，鬼神合其吉凶，君子修之吉，小人悖之凶。故曰：“立天之道，曰阴与阳。立地之道，曰柔与刚。立人之道，曰仁与义。”又曰：“原始反终，故知死生之说。”大哉易也，斯其至矣！

前一部分讲天道变化，化生万物；后一部分讲人禀天地之灵秀，参赞天地之化育而与天合一。如果孤立地来看，这似乎是一种人顺承天的思路，也即人合于天的思路。人合于天，则极容易造成有天无人、以天抑人的心灵结构与社会结构，这也是诸多学者批判顺承观以及传统天人观的原因。

对《太极图说》及传统天人观的另一种批判来自理性主义或科学主义，他们以知之及知之真为标准，断定天作为整体和大全，是一个纯粹的伪概念。认为任何关于天的整体判断，包括将天看作整体与大全，都属于绝对不知和绝对不真的范围——因为人只能对知之（至少也是可能呈现）的部分进行关于真的判断或猜测，对永远不知的，不能进行任何关于真的判断或猜测[①]，天这个概念包含知之与不知的全部，对其整体进行关于真的判断或猜测，便意味着人们对永远不知的东西也进行了关于真的判断或猜测。因此在可证实或可证伪的意义上，在那些喜欢以真为唯一标准来钻牛角尖的人的眼中，天是一个纯粹的伪概念，属于绝对不知的范畴，因而要被“奥卡姆剃刀”拒斥在语言与学问之外。

在何种意义上来理解天人合一（尤其是天），是中国文化的关键且根本的问题，也是理解《太极图说》中天人合一架构的关键。对顺承说的批判和对形而上学的拒斥，是否与中国文化（包括《太极图说》）的天人观相应？在笔者看来，这是完全不相应的，因为从中国文化的认知进路来看，天并非那个纯粹的自然，而是人在“近取诸身”的基础上结合“远取诸物”而构建出来的人化之象。它就像是人的一幅最宏大的作品，人将自身的目的或需要（意义源及意义），自身关于良心良知良能或心、知、能之良的判断，自身的生命生活，自身的喜怒哀乐等，都描绘在这幅作品之中——它本质上就是人的世界的全部以及意义汇聚和良知汇聚之所。孔子说“知之为知之，不知为不知”（《论语·为政》），物有道，可知之；物之大全（自然）是否有整体之道，不可知之，故自然意义上的天道不可得而闻，但理性之知不能到达并不妨碍意义之光映射，故天无言而四时顺、百物生。亦故孟子说“尽其心者，知其性也，知其性则知天矣”（《孟子·尽心上》），意义之源在自身，理解意义所映射出来的天，也在自身，故知天之知，所知者无非是己心己性。天只是一个承载意义的载体，人来知天，不必用心在载体上，而是用心在意义上，而是返源于己

① 经验性真理和猜测都包含对不知的判断，但它是可通过未来的事实来加以证实或证伪的，而永远不知的东西，既没有可能证实，也没有可能证伪。

心己性上，而是落实在相互映射与相互证验上。

“天作棋盘星作子”，人生如棋，不在棋盘的材料，而在棋盘与棋子的意义，但以天为棋盘的载体，亦有其特殊的意义在。理性主义者永远看不到，天这样一个纯粹的伪概念，恰恰因为无所不包的特征以及衍生出来的不可证实也不可证伪的特征，而可赋予性地承载那些永恒的或至少是长久的东西，并将那些永恒或长久的东西以无物不在、无时不在的方式呈现出来。一幅以纸张为载体的绝世画作，经受不住天灾人祸和时光的洪流，而以天为载体的意义之光，则可与敞开的人心永远同在。

什么是人心中永恒的或长久的东西？求生的意志、保生的智慧、乐生的情感，就是人心中永恒的或最为长久的东西，这也就是“天命之谓性”（《礼记·中庸》），这也就是本心良心，这也就是人极。因求生、保生、乐生的天生使命，而谐和身心、谐和人际、谐和自然，使身修（调理）而和、心正而乐、生养而安，这也就是“率性之谓道”（《礼记·中庸》），这也就是良知良能。修身者，践其形，增其能，足其欲，达其和，是谓良能。正心者，“身有所忿懥，则不得其正，有所恐惧，则不得其正，有所好乐，则不得其正，有所忧患，则不得其正。心不在焉，视而不见，听而不闻，食而不知其味。”（《大学》）使心不陷于忿懥、不陷于恐惧、不陷于好乐、不陷于忧患，不陷于麻木，使喜怒哀乐之情，发而皆中节，不及不过度，能利生厚生与养生，此之谓良知。良知良能之发用，忠于己，恕于人，以己度人，己欲立而立人，己欲达而达人，己所不欲，勿施于人，故家国天下皆如一身（如兄弟如手足），而万物一体，而众乐乐，此之谓和谐之道或大同之道。

人心人性本同，前人后人，东圣西圣，皆是此求生、保生、乐生之心（性）。人之道路殊异，身违和、心违正者，或由知不能良，或由能不能良，或由业造，或由境迫。然而良心良知良能之愿，人皆同之也，谁不想活着和活得快乐呢？谁不想有亲有友，其乐融融呢？汇世人之共愿，绘天人一体之图卷，立良心良知良能之教化，此中国文化天人合一架构的目的或本质之所在，也是天之意义之所在，岂顺承论与拒斥论所能梦见之。

故由中国文化的认知进路入，《太极图说》的天人合一架构，非人合于天，乃天合于人心之同、人心之共愿也。人的求生之意、保生之智、乐生之情，映射于天这一载体，故天之生机无限；“唯人也，得其秀而最灵”，故人之生机亦无限。人的良心良知良能的愿望，寄托在天这一载体，故天道至诚而万化；“诚者，圣人之本。大哉乾元，万物资始，诚之源也。乾道变化，各正性命，诚斯立焉，纯粹至善者也。故曰：一阴一阳之谓道，继之者善也，成之者性也。元亨，诚之通；利贞，诚之复。大哉《易》也，性命之源乎！”故天诚明而有人之明诚。天人合一看似是一个不真的循环，天由人化出来，带上人的色彩，反过来这种人的色彩又以天之名而化为人的内在本性。但是正是通过这种循环，人的良心良知良能获得了天的权威与保证，给了人无限的尊严、信心与勇气，引导着人走在成为人的道路上！在此种循环的意义上，天人合一说（包括《太极图说》）可以说是人文教化的伟大艺术。

《太极图说》的天人合一架构，相比前面的天人合一架构，更为精密，因而也更具有解释自然与社会现象的力量。这种解释力不是基于真的意义上的解释力，它的概念和理论不是从自然科学来，而是从生活中来，从广大的人心面相中来。人有好奇心、有恐惧心、有依赖心，如此种种。有此种种心，则心有疑惑、有不安，则行为没有了方向和决断，而决疑惑、去不安、定行为，在普通百姓这里，很多时候并不需要追根究底，而只是需要一个表面过得去的解释、一声带着真诚的安慰、一个可以相信的未来承诺。《太极图说》的无极、太极、动静、阴阳、五行，可以“完美”地解释一切自然与社会现象；天人同体的观念，也可以给人以终极的安慰与依靠；天道生生的景象，亦承诺了一个生生不息的未来。在此种解释力的意义上，天人合一说可以说是人世间安定人心的伟大艺术，而《太极图说》则是这些伟大艺术中的精品！

总而言之，是否有天及天本来是什么样子并不重要，重要的是将天看作一个整体以及设定为这个样子，是否对人有价值、有意义；如果有价值，有意义，那么它就是这样的，《太极图书》中的天就是人以自身的需要、自身的情感投射于天，而赋予并改造天为适合于人生存生活的“为我之物”。

（作者单位：江西师范大学 马克思主义学院）

《太极图说》道教渊源新探

——兼论“无极而太极”之说的形成

刘　聪

周敦颐虽然被视为宋明理学的开山祖师，但他的《太极图说》（以下简称《图说》）与道教的关系一直是后世讨论的重要问题，这主要表现在《图说》首句的争辩上。事实上，《图说》的道教渊源一直无法解决的重要原因在于：所有证明《图说》道教渊源的证据都是理论上的推论，而缺少能够证明周敦颐与陈抟之间有联系的文本证据。如果有能够证明周敦颐与陈抟发生了直接的思想交流，且周氏认可陈抟的宇宙生成理论，那么《图说》的道教渊源则是不言自明的事情。现在，我们恰恰可以找到符合上述条件的证据——《咏阴仙丹诀》，一首未被收入通行本《周元公集》的周氏诗作。

一

因版本流传不同，到南宋时，《图说》已经形成了三种不同的表述形式：“临汀杨方得九江故家传本，校此本（延平本）不同者十有九处，然亦互有得失。其两条此本之误，当从九江本……其三条九江本误，而当以此本为正。如《太极说》云：‘无极而太极’，‘而’下误多一‘生’字。”（《周元公集》卷一）“戊申六月，在玉山邂逅洪景卢内翰，借得所修国史，中有濂溪、程、张等传，尽载《太极图说》，盖濂溪于是始得立传，作史者于此为有功矣。然此说本语首句，但云‘无极而太极’，今传所载，乃云‘自无极而为太极’，不知其何所据而增此‘自’‘为’二字也。夫以本文之意，亲切浑全明白如此，而浅见之士犹或妄有讥议，若增此字，其为前贤之累，启后学之疑，益以甚矣。谓当请而改之，而或者以为不可。”（《晦庵集》卷七十一）按照朱熹所说，《图说》版本的不同主要表现在首句的分歧上。关于《图说》首句的说法，主要有三种：九江本的“无极而生太极”、延平本的“无极而太极”和《国史》本的“自无极而为太极”。就思想内涵而言，这三个表述可归为两类，其一，表示无极太极是一物的“无极而太极”；其二，表示无极太极之间是生成关系的“无极而生太极”或“自无极而为太极”。在这三个版本中，朱熹认为“无极而太极”是正确的表述，其他两种，尤其是《国史》本首句会“启后学之疑”。因此，他曾强烈要求洪迈将《国史》引文改为“无极而太极”，但最终未能如愿。

事实上，在朱熹要求洪迈修改《国史》之前，已经与陆九渊争论过了这个问题。陆九渊认为，《通书》不言“无极”而只言“太极”，且“无极”出自《老子》，故《图说》不是出自周敦颐之手；退一步说，即使《图说》出自周敦颐之手，也是他思想不成熟时的少时作品。朱熹不同意陆九渊的观点，认为：“太极篇首一句，最是长者所深排。然殊不知，不言无极则太极同于一物，而不足为万化之根；不言太极，则无极沦于空寂，而不能为万化之根。”（《晦庵集》卷三十六）二人书信往来、论战良久，史称“无极太极之辩”，但最终双方依旧各持己见，不了了之。[①]

元明以后，随着朱熹理学正统地位的确立，“无极而太极”为《图说》首句几为后世准的，从此大部分儒者反对周敦颐《图说》借用了道教的理论。但反对之词仍时有记载。明代韩邦奇曾说：“周子‘无极而太极’即《老子》‘无生有’。周子重‘无’字，以‘无’为本，观下文云‘无极之真’，不言‘太极’可见。况原本云‘自无极而为太极’，而朱子削去‘自’‘为’二字，乃以吾儒正理释之，则亦回护之过矣。”（《苑洛集》卷十八）韩氏认为，《图说》首句应当是“自无极而为太极”，体现了周敦颐重老子“无生有”的思想特点。朱熹改“自无极而为太极”为“无极而太极”，是以己意改周氏之说，犯了“回护”周子缺陷的错误。

---

① 陈来：《朱子哲学研究》，华东师范大学出版社 2000 年版，第 83—89 页。

当代学界对这两种看法依旧莫衷一是。侯外庐主编的《宋明理学史》认为，《图说》综合了《周易》的“易有太极”的观念和道教的万物生化理论，因此《图说》首句是“自无极而生太极”或“无极而生太极”，无极是“无”，在“太极”之先；“太极”为“有”，是“无极”的化生者。[①] 张立文也大体持相同的观点。[②] 但他们对《图说》和道教生成论之间关系的论证只是理论上的推导，缺少直接证据能证明二者具有理论上的继承关系。冯友兰先生则以无限和有限诠释“无极而太极”，他说：“‘无极’是个形容词，‘太极’是一个名词。用这个形容词形容名词，就是说，太极在空间上没有边际，时间上没有始终。具体的事物总是有边际有始终的，这就是西方哲学中所说的‘有限’。太极没有这些限制，就是西方哲学中所说的‘无限’。‘无极’是形容‘太极’的无限。”[③] 尽管冯先生诠释“无极而太极”的角度较新，也否定了《图说》与道教的关系，但他并没有解释清楚“无限”的太极是如何化生出“有限”的具体事物的。牟宗三先生则将太极与《通书》之诚体相联系，认为：“太极是实体词，无极是状词，实只是无声无臭、无形无状、无方所、无定体，一无所有之‘寂然不动感而遂通’‘寂感一如之诚体本身，而此即是至极之理’，故曰‘无极而太极’。”[④] 牟先生的《通书》《图说》互训方法显然源于朱熹，但他显然忽视了《图说》的宇宙生成论在周敦颐思想中的地位，以及这种宇宙生成论与道教的关系。

以往学界对《图说》与道教渊源的争论，基本上集中在“无极”“太极”两个范畴的定义及其关系的理解上，并进而直接影响到对周敦颐思想体系的解读。而分歧产生的原因，则多与《图说》的思想定位有关。实际上，如果抛开朱熹的影响，可以发现，《图说》中很难找到以太极为本体、无极限定太极的文本依据；相反，《图说》的思想轴心应该是类似于道教的宇宙生成论，无极与太极是时间上的生成关系。

---

① 侯外庐：《宋明理学史》上册，人民出版社 1984 年版，第 114—123 页。

② 张立文：《宋明理学研究》，人民出版社 2002 年版，第 116 页。

③ 冯友兰：《中国哲学新编》下卷，人民出版社 1999 年版，第 66—67 页。

④ 牟宗三：《心体与性体》上册，上海古籍出版社 1999 年版，第 307 页。

二

一般认为，作为理学宗师的周敦颐，在开创了理学本体论的同时，其思想体系中又有着明显的生成论痕迹。在周敦颐的著作中，《太极图说》主要表达的是“时间在先”的宇宙生成义，《通书》则是“逻辑在先”之本体义的代表作。对此，余敦康先生说得很清楚：“在《太极图说》中，周敦颐依据阴阳哲学的原理，立足于儒家的文化价值理想，提出了一个与佛教相抗衡的宇宙生成论。在《通书》中，周敦颐结合《中庸》论‘诚’的思想，把《周易》推崇为‘性命之源’，为理学建立了道德本体论。”①

为了在《图说》自身思想脉络的基础上解决《图说》的道教渊源问题，有必要对《图说》的基本层次进行合理的分疏。因《图说》首句问题尚未解决，故先从“太极动而生阳”开始，分析《图说》的思想脉络。

第一，“太极”到“五行”。“太极”一词源于《周易·系辞上传》的“易有太极，是生两仪，两仪生四象，四象生八卦”。虽然《易传》对“太极”没有具体的解释，但汉唐以来，基本上将其视为物质性的元气或气，同时又是天地万物的本原。这种以“元气”解“太极”的传统一直延续到宋初。刘牧说：“太极者，一气也。天地未分之前，元气混而为一。”（《易数钩隐图》卷上）司马光也说：“太极者何？阴阳混一化之本原也。”（《温公易说》卷五）由此可见，视“太极”为阴阳未分之前的元气，是汉唐至宋初的传统理解。周敦颐对“太极”的理解也没有超过前人。《图说》中说：“太极动而生阳，动极而静。静而生阴，静极复动。一动一静，互为其根；分阴分阳，两仪立焉。”显然，这里所说的“太极”依旧是阴阳未分的元气，此元气因动静不同，产生了阴阳二气，使万物的分化成为可能。

如果说阴阳的产生使万物的出现成为可能，那么五行和四时的变化则是使这种可能性变为现实的基础。五行之说，最早见于《尚书·洪范》，原指组成事物的五种最根本物质。大约到先秦的稷下学派时，产生了

---

① 余敦康：《内圣外王的贯通》，学林出版社 1997 年版，第 144 页。

“五行说同四时教令的阴阳学说的结合”的说法①，该理论经《吕氏春秋》《淮南子》的发展，至《春秋繁露》《白虎通义》时趋于定型，其核心思想是将五行流变所体现出的植物生长规律对应四季变化的节律，并进而将这种联系绝对化。《图说》中的“阳变阴合，而生水、火、木、金、土。五气顺布，四时行焉”，就是说，在五行往复无穷运动的基础上，产生了四时的变化。“五行”“四时”都已具备，下一步就是产生万物了。这显然是秦汉五行四时观念的延续。

第二，“万物化生”到“万事出”。在论及万物是如何产生变化时，《图说》中有：“‘乾道成男，坤道成女’，二气交感，化生万物。万物生生，而变化无穷焉。”在这里，周敦颐将《易传》中的“乾”因阴而成男、“坤”因阳而成女的观念转化为阴阳二气交感生物的生成模式。人有神智，有各种社会活动，远比万物要灵秀。对此，《图说》的解释是：“惟人也，得其秀而最灵。形既生矣，神发知矣，五性感动，而善恶分，万事出矣。”人得阴阳二气最精华之部分而生，故人的形体在万物中最为“灵”；最“灵”的形产生后，神智就自然会产生；神智产生后，“视”“听”“言”“貌”“思”五性也相应地感动；“五性”感动，善恶就会分化；善恶分化，世间的各种事情就会纷纷出现。

从上面的分析中，我们可以发现，周敦颐在总结中国传统哲学宇宙论的基础上，在《图说》从太极分化到“万事出”部分，用精练的语句描述了宇宙、人类社会生化发展的时间顺序。《图说》以大部分篇幅描述这一顺序的现象足以说明宇宙生成论是该篇的思想主轴。

尽管如此，我们还是不能将《图说》的这种宇宙生成论源出于道教，因为缺少直接的证据来证明周敦颐吸收了道教的“无极”与“太极”为生成关系的理论。值得注意的是，一首未被收入通行本《周元公集》的周氏诗作《咏阴仙丹诀》，将“无极”与“太极”定位为时间上的生成关系。这首诗的全文是：“始观丹诀信希夷，盖得阴阳造化几；子自母生能致立，精神合后更知微。”该诗不见于通行的《周元公集》，但南宋邓牧在《洞霄图志》中曾记载：“余曩登平都山，访濂溪周子旧游，乱碑中得小片周子题两绝句。点画劲正，犹存温厉之气，官合阳时笔也。其一

① 白奚：《稷下学研究》，生活·读书·新知三联书店 1988 年版，第 257 页。

《咏阴仙丹诀》云：‘始观丹诀信希夷，盖得阴阳造化几；子自母生能致立，精神合后更知微。’又从山中人得观《丹诀》一篇，二十年间往来于心未忘也。”[①] 由此可见，该诗仅存于碑刻，未收入《周元公集》。诗中所说的“丹诀”是陈抟的《英真君还丹歌诀注》。[②] 这里需要说明，《英真君还丹歌诀注》是陈抟内丹修炼的代表作，周敦颐从中直接感受到的应是“子自母生能致立”，而“阴阳造化几”则是陈抟内丹修炼方法的理论基础——自“无极”而生万物的宇宙生成模式。

概而言之，陈抟认为宇宙的生成发展是一个渐进的过程。这个过程大体上可分为两个阶段：首先，“自无极生太极”的阶段。陈抟说：“无者，太极未判之时一点太虚灵气，所谓视之不见，听之不闻，是也。”在这里，他将《老子》中表示宇宙原初状态的“无”与秦汉以来儒家以元气解太极的观念相结合，认为宇宙的最初状态是不具有任何形状和性质的混沌气状的“无”。而“无”出现阴阳分化的兆头但又未完全判然为二气时，就转化为太极，即“两仪未判，鸿蒙未开，上而日月未光，下而山川未奠，一气交融，万气全具，故名太极”。其次，“太极”分化“万物”的阶段。由于“太极”自身的运动，包含在太极中的混沌未分的阴阳开始显现，逐渐从太极中分化出来。阴阳出现后，还会进一步分化，从阴中分化为太阴和少阳；从阳中分化出少阴和太阳。此后，八卦、物和人相继出现。[③]

据此，陈抟在《英真君还丹歌诀注》中用“从无入有，从有入无”概括了自己的理论。所谓“从无入有”，就是自无极而生化万有的宇宙生成过程；所谓“从有入无”，就是由炼气而“复归无极”的修炼过程。周敦颐的《咏阴仙丹诀》中的“阴阳造化几”就是前一过程，“子自母生能致立”就是后一过程。从这首诗中，我们可以发现，周敦颐对道教的宇宙生成论和修炼方法都是十分熟悉的，尤其是后者，周敦颐甚至有所实践，否则他不会写出“精神合后更知微”的诗句。既然如此，周敦颐应该了解，甚至认同陈抟“从无入有”的宇宙生成理论。再加之，《图说》

---

① 邓牧：《洞霄图志》卷六，文渊阁四库全书本。

② 陆修静：《道藏》第二册，文物出版社、上海书店、天津古籍出版社 1988 年影印版，第 878 页。

③ 李远国：《试论陈抟的宇宙生成论》，《世界宗教研究》1985 年第 2 期。

首句以下基本上是陈抟宇宙生成论的翻版，因此，我们有理由相信，《图说》首句应该是“自无极而生太极”。

通过对《图说》思想脉络的辨析，笔者认为，在周敦颐这里，《图说》的思想主旨是类似于道教“无生有”的宇宙生成论，但这种“无生有”的生成论模式是否像陆九渊、韩邦奇等人所说，是周敦颐思想的缺陷，需要后人百般“回护”呢？笔者认为，即使《图说》的思想主旨是类似于道教“无生有”的宇宙生成论，也不会动摇周敦颐的理学宗师身份。这是因为：《图说》并未止步于描述宇宙社会的生成过程，此后“立人极”之说确立了《图说》的儒学经典地位。中国传统儒学讲天道的目的是为了讲人道，周敦颐概莫能外。既然人产生以后，随之带来了世间的善恶之事，那么确立人道的标准——“立人极”就显得尤为迫切。据此，周敦颐提出了“立人极”的两个方面。首先，“中正仁义”的道德准则。“中正”一词源自《周易·文言》的“大哉乾乎，刚健中正纯粹精也”，在《周易》中，“中正”既体现了天道合宜、正当等特点，又是爻辞用以定吉凶的重要准则。而周敦颐以“中正”限定仁义，将天道和人道更好地结合起来，极大地发展了儒家的“仁义礼智”之说。其次，“主静”的修养方法。《老子》《庄子》中早有“虚静”“守静”之说，陈抟也讲“清静之中求正定”[①] 的修炼方法。正如周敦颐在宇宙论中汲取道家道教以无为本的“无极”观念，他在修养论中也吸收了道家道教的“主静”之说，提出了圣人“主静”的修养方法，从而将这种修养方法与儒家的终极目标结合了起来。

由此可见，周敦颐借助于陈抟的道教理论，把先秦以来道家“无生有”的生成论融入自己的思想体系，形成了从“无极生太极”开始，至“万事出”为止的宇宙社会生成模式。他还创造性地转化了道家道教“以静”为主的修道方法，使之与儒学“仁义”为本的伦理观念相协调，实现了“立人极”的儒学归宿。如果说，《图说》的宇宙社会生成阶段是天道下达人道的阶段，那么“立人极”阶段是人道上通天道的过程，通过二者的结合，《图说》实现了“天人合一”，完成了儒家伦理的宇宙论建构。

---

① 陆修静：《道藏》第五册，文物出版社、上海书店、天津古籍出版社 1988 年影印版，第 737 页。

需要说明的是，从宇宙论层面论证儒家伦理是汉朝以来的传统做法，并非周敦颐首创，更不是宋明理学的理论创新之处。理学不同于传统儒家之处在于它为儒家思想提供了本体论的论证，将儒家伦理提升为宇宙本体，重建了儒家的道德形上学。如果说，《图说》是道教思想对周敦颐影响的结果，反映了他的思想中重视宇宙生成论的倾向，那么《通书》则开启了理学的本体论思维模式。《通书》的本体论思维模式表现在以下两个方面。

首先，在《通书》中，周敦颐扬弃了"无极"之说，不再讲有生于无的生成论，而致力于把"太极"定位为宇宙的本体。《理性命第二十二》说："二气五行，化生万物。五殊二实，二本则一。是万为一，一实万分。万一各正，小大有定。"[①] 这里虽然还有"二气五行，化生万物"的生成观念，但取消了"无极生太极"的原初生化阶段，取而代之的是"一"（太极）和"万"（万物）两个概念，用以说明本体和现象的关系。所谓"是万为一"，就是从现象到本体而言，合万物就是一太极；所谓"一实万分"，就是从本体到现象而言，物物各有一太极，人人各有一太极。这样，太极不再是无极之后的一个生成阶段，而是"逻辑在先"的宇宙本体。

其次，《通书》不但将太极重新定义为宇宙本体，而且还通过"诚"与"乾元"的沟通，确立了"诚"的道德本体地位。所谓"诚"，是儒家从道德实践中抽象概括出来的，用以说明道德主体的自觉品质或心理状态的范畴。虽然在《中庸》中，"诚"已经具有贯通天人的内涵，但"诚者，天之道也；诚之者，人之道也"的表述过于简单，没有具体回答天道何以具有伦理属性的问题。周敦颐在《通书》的《诚上》章中，用《易》《庸》互训的方法，将《周易》中元、亨、利、贞的宇宙生化过程称为"纯粹至善"，也就是"诚"。然后，通过"继"和"成"，将本善的"诚"转化为人的本质，即"继之者善也，成之者性"。这样，周敦颐通过论证"诚"具有天道的本质属性和向现实的转化可能，从而沟通了天道与性命的关系，确立了儒家的伦理纲常的本体论依据。

综上所述，《图说》和《通书》各自有着不同的思想脉络。前者按照

① 周敦颐：《周敦颐集》，岳麓书社2002年版，第42页。

时间流变顺序，描述了一个自“无极”开始的宇宙社会生化过程，并通过“主静”的道德修养方法，使人的精神境界回归于宇宙的虚静本原。可以说，“自无极而生太极”既是这一过程的开端，又是这一过程的归宿。后者通过对“太极”和“诚”的诠释性改造，使它们成为具有比较完整的形上学本体意蕴的范畴，从而实现了儒学由宇宙论向本体论的转化。

三

据现有资料记载，二程、邵雍和张载都没有对《图说》首句提出疑问，甚至连“无极”一词也很少提及，将《图说》首句作为一个重要问题讨论的，最早始于朱熹。他先后就此问题与陆九渊、洪迈等人展开争论。后世朱陆两派学者各承师说，对此问题争论不息。那么，为什么朱熹从《图说》的三个传本中，取“无极而太极”之说，并否定图说的道教渊源呢？笔者以为，原因有三。

第一，出于维护自己理论的需要。作为理学集大成者，朱熹同时肩负着经典诠释和创造性转化的双重使命，而对于作为哲学家的朱熹来说，后者显然更为重要。他通过对“理”的双重改造——“理在气先”和“无形而有理”，使“理”成为完整意义上的本体论范畴。所谓“理在气先”，就是指宇宙万物都是阴阳气化的产物，但从本源上说，“有理，便有气流行，发育万物”（《朱子语类》卷一），也就是说理是气存在的根据。所谓“无形而有理”，就是相对于有形体的、具体的万事万物而言，作为形上本体的“理”是无形无象的。朱熹通过上述改造，一方面延续了中国传统哲学以“气化”为主的生成论模式，另一方面，又将这种生成论置于理本体的笼罩之下，构建起以理为本体的哲学体系。

为了与上述理论体系相协调，朱熹选择了“无极而太极”作为《图说》首句。他是这样解释无极和太极的：“太极只是天地万物之理。在天地言，则天地中有太极；在万物言，则万物中各有太极。未有天地之先，毕竟是先有此理。”（《朱子语类》卷一）“‘无极而太极’，只是说无形而有理。所谓太极者，只二气五行之理，非别有物为太极也。”（《朱子语类》卷九十四）通过朱熹的解释，我们可以看到，“太极”是理的别名，

“无极”则是对“太极”形上性的限定。这样，他就把《图说》首句由最初的“万物如何产生”这一宇宙生成问题，转化为“万物以何为根据”的本体论问题。而《图说》则完全变为以理（太极）开其端，阴阳气化承其绪，“立人极”归其本的本体论著作。

第二，出于维护周敦颐在儒家道统中承上启下地位的需要。《宋史·道学传》曾描述了一个从三代开始，至文王、周公、孔孟，再到周敦颐、张载、邵雍、二程，直至朱熹的道统传承体系。在这个体系中，周敦颐无疑是孔孟和宋明理学之间的关键环节。如果《图说》“无生有”的思想体系成立，那么势必会动摇周敦颐在道统中的地位，进而危及整个道统体系的合法性。事实上，比朱熹稍早的胡宏就已经注意到这个问题：“道学之士皆谓程颢氏续孟子不传之绪，则周子岂特为种穆之学而止者哉！……今周子启程氏兄弟以不传之妙一回，万古之光明如日丽天，将为百世之利泽，如水行地，其功盖在孔孟之间矣。”（《通书续略》，《周元公集》卷一）胡宏之言可谓一语道破天机。道学之士皆以二程“续孟子不传之绪”，他们的老师——周敦颐之功更是超过孔孟之间的任何一人，可与日月相媲美。既然如此，周敦颐之学怎么能落入道教“无生有”的窠臼呢？如果说胡宏只是提出了这种想法而没有付诸实施，那么朱熹为了维护理学道统的稳定，则极力主张《图说》首句为“无极而太极”，为此不惜与陆九渊、洪迈等人反目。虽然朱熹生前未实现这一愿望，但随着后世理学独尊地位的确立，“无极而太极”最终被视为《图说》最初的表述形式。

第三，《图说》和《通书》互训是朱熹消解《图说》宇宙生成模式的方法论基础。元朝学者何中曾撰《通鉴纲目测海》，讨论及了朱熹诠释《图说》的方法：“是书因朱子谓周子《通书》乃发明《太极图说》之义，故所注《通书》，皆比附于太极阴阳五行中。（何中）则谓二书各自为义，不必字字牵合，故作此书以辨之。……朱子释《通书》，显微阐幽，有功于学者至矣。然必欲以《通书》发明《图说》，则恐非周子著书之本意。”（《四库全书总目提要》卷九十五）在这里，何中一方面指出朱熹诠释《图说》的方法是“以《通书》发明《图说》”；另一方面认为，朱熹的这种方法是有缺陷的，因为“二书各自为义”，如果强以《通书》发明《图说》之义，很可能违背了周子的本意。笔者认为，何中的评价基本上是正确的。原因有二，其一，朱熹说过：“《通书》一书，皆是解

《太极说》。”（《朱子语类》卷九十四）可见，朱熹“以《通书》发明《图说》”是确定无疑的了。其二，朱熹改造了《通书》的“诚”，以适应他的“无极而太极”之说。朱熹说：“诚，实理也。无为，犹‘寂然不动’也。实理该贯动静，而其本体则无为也。”（《朱子语类》卷九十四）上文曾论及，在《通书》中，周敦颐认为宇宙生生不已、大化流行的过程是“纯粹至善”，也就是“诚”。因此，“诚”在《通书》中是动态的宇宙过程，而非朱熹所谓的静止不动的“实理”。朱熹如此诠释的目的在于消解“诚”与太极之间的差距，因为在他看来：“太极是作为本体存在于阴阳动静之中的理，它自身并不动静，所谓动静只是指太极所乘气机的动静。”[①] 所以“诚”也必须是“寂然不动”的。

综上所述，我们可以发现，在面对《图说》传本“自无极而生太极”和“无极而太极”两个不同表述时，朱熹选择了“无极而太极”作为《图说》的核心命题。这样，他就完成了对《图说》思想体系的改造，使《图说》完全与他的理本论思想体系相适应，从而建立起规模庞大且逻辑严密的哲学体系。

当然，上述分析的目的并不是要证明朱熹曲解了周敦颐的思想，或否定朱熹在构建和完善理学体系中的重要作用；相反，《图说》首句由“自无极而生太极”转化为“无极而太极”恰恰反映出理学是一个不断完善发展的过程。虽然《通书》开创了理学的本体论思维模式，但周敦颐依旧以《图说》阐释生成论的现象说明，理学在初创阶段并未完全摆脱传统生成论的影响。而朱熹通过对《图说》首句的创造性诠释，把“太极”界定成一个超越有形世界之上的、具有纯粹的形上学意义的本体，使理学本体论得以彻底地建立。因此，廓清《图说》首句的演变历程，对于准确地把握周敦颐思想的两重性，对于厘清周敦颐与朱熹的思想分野，对于认识理学的发展历程及不同历史阶段的基本特征，都具有重要的学术意义。

（作者单位：安徽工程大学 马克思主义学院）

---

① 陈来：《宋明理学》，华东师范大学出版社2004年版，第129页。

周敦颐"诚"的精神之理论与实践的统一

王立新

中国传统儒家说"诚"，最精深至道的莫过于《中庸》。《中庸》曰："唯天下至诚，为能尽其性；能尽其性，则能尽人之性；能尽人之性，则能尽物之性；能尽物之性，则可以赞天地之化育；可以赞天地之化育，则可以与天地参矣。"①《中庸》又称："唯天下之至诚，为能经纶天下之大经，立天下之大本，知天地之化育。"（《四书章句集注·中庸第二十三章》）

"知天地之化育"，与"赞天地之化育"是有递进关系的，"知"是"赞"的前提和条件，"赞"是"知"的落实与完成。不"知"，便不知何以赞，从而也就等于无以"赞"了。无法参赞天地之化育，人就等于枉生于世间，白费粮食和菜蔬了。这当然是儒家的现世使命感和宇宙责任感，不在儒家价值体系内生存的人们，自然没有必要如此苛刻地对待自己和他人。

人之所以能够参赞天地的化育，完全是由于已经达到了至诚的境地，其实所谓"至诚"，主要就是对人而论，至于天地，本身即是诚，无所谓至诚不至诚。

"诚"，分天成和自成。天成之"诚"，是人的本性，生而即有，不待习学而后得，原本就蕴藏于人的生命深处，却不能始终自觉地在人生的随便什么时间和地点上展现出来。要使天赋之"诚"，在人生的不同时段和不同状态下得以自觉地呈现，要靠修养的功夫。修养的效验，被《中庸》表达为"明"。"自诚明，谓之性；自明诚，谓之教。诚则明矣，明则诚

① 朱熹：《四书章句集注·中庸第二十二章》，中华书局1983年版，以下凡引该书均为此版本。

矣。”（《四书章句集注·中庸第二十一章》）由“诚”而“明”，是天性，但是人既生之后，却需要习学、修为，在习学和修为中，渐趋于“明”，而后，再由“明”向“诚”升进。天性既“诚”而“明”，人生自“明”而“诚”，这是《中庸》的教诲。由“明”而“诚”的过程，就是学习和修养的过程。天子再好，也得通过学习和修养，才能成为现世的君子。

《中庸》又说：“诚者自成也，而道自道也。诚者，物之始终。不诚无物，是故君子诚之为贵也。诚者，非自成己而已也，所以成物也。成己，仁也；成物，知也。”（《四书章句集注·中庸第二十五章》）君子之所以“贵诚”，是因为“诚”本身就是万物的本然，万物受天性之赋，本无不“诚”，但是有生之后，因为物欲、习俗、好恶等的干扰，这种原本“自诚”的天性就被淹没了，需要高度的人生自觉，才能唤醒沉睡在人的生命里的这种天性。

一旦人已觉醒，就会自觉地努力恢复这种“诚”的本性。但是这种恢复，却不仅仅是面对自己，也不仅仅就是为了自己，“非自成己而已矣”，还要“所以成物也”。要把成就自己——回归本然之“诚”，跟成就他人和外物联系在一起，内外一时并了，而不是仅仅把自己当成一个“自了汉”。这正是儒学跟道教的隐逸神仙的根本不同之处。

一 周敦颐的理论之“诚”

周敦颐在这方面是有充分自觉的，他的《通书》，既可以看成是对《中庸》的解释，又可以被当作《续中庸》来看待。

《通书》接续《中庸》展开说“诚”，第一篇《诚上》说：“诚者，圣人之本。‘大哉乾元，万物资始’，诚之源也；‘乾道变化，各正性命’，诚斯立焉。元亨，诚之通；利贞，诚之复。”结合《易经》说《中庸》，目的不在于串讲两部儒家经典，从而贯通哲学上的宇宙论和人生论，而是借用各种古代思想资源，论说人生的意义，指引人生的行动方向。在周敦颐和其他宋代理学大家那里，人生不是为学问服务的，学问不是人生的枷锁；学问是为人生服务的，学问和修养，都是为了让现世的生命更加充满光辉。所以，无论他们使用哪部经典，其实都只是借个话头，要说的都是自己心里的话语。

《通书·诚下》又说：“圣，诚而已矣。诚，五常之本，百行之源也。静无而动有，至正而明达也。五常百行，非诚，非也，邪暗，塞也。故诚而无事矣。”

周敦颐说“圣，诚而已矣”，将“诚”说成“圣人之本”，与《中庸》的“诚者，物之始终。不诚无物”的说法并不抵触，虽然与他自己的“圣希天，贤希圣，士希贤”似乎有所出入，但在这里，周敦颐是将“诚”当成圣人的根本，圣人的根本即在天，因此也可以看成是没有出入的。周敦颐以“诚”为圣人根本的同时，也将“诚”当成了自己一生矢志不渝的追求。

二 周敦颐的行动之“诚”

周敦颐做人非常诚信，非常诚恳，与人相交极其诚挚。从不虚妄，不摆花架子，更不摆当了点小官的官架子。他是诚人，诚实的人，诚恳的人，诚信的人，诚挚的人，是个地地道道的诚人。

比如他在南昌县做知县的时候，一次得了怪病，忽然死过去。经过一天一夜以后，又活过来了。家人和朋友们都来帮他收拾遗物，料理后事。打开了他身边唯一的一个箱子，发现箱子里就两件破衣服，几百块钱和几本旧书，其他的什么都没有。他不是装作清廉的样子，一切都是真的，在生命忽然中断的时候，周敦颐为人、为官、为学的情状，全都朗然现于世人面前。原来他读书不多，但很精；原来他把钱都给了别人，留给自己的很少；原来他生活很俭朴，一点都不奢华。

周敦颐很诚信，诚是体，信是用。因用以见体，由体而达用。无体，则不知所用为何者之用；无用，则体之为体，也便无法呈现了。周敦颐的人生，可以看成是有关于“诚”的体用合一的一个典范。周敦颐在理论上论说“诚”的重要性的同时，也在行动上践履“诚”，将“诚”的精神，彻底落实到自己的所有行动之中，是有关于“诚”的理论与实践合一的典范。

周敦颐做郴县县令的时候，他的上司李初平，想要跟他学习，周敦颐实话实说：你年纪大了，系统的学习已经来不及，我给你单独辅导。周敦颐说到了，也做到了，而且成效显著。李初平就这样心悦诚服地给周敦颐当了差不多两年的小学生，临终竟能含笑而去，很有一些“朝闻道，夕死可矣”的味道。李初平在社会上和官场中熏染久了，需要精神上的追求和安慰。周敦颐给李初平解说经典，用圣贤的精神，引导李初平去认识人生的价值和意义，使李初平接受了临终前的“精神洗礼”。

周敦颐在南安军当司理参军的时候，上司王奎错判案件，周敦颐毫不苟且，官都不要了，也要维护司法的正义。

周敦颐在四川合州当判官的时候，不怕被顶头上司赵抃误解为小人，决不主动去表白自己。后来被赵抃理解和真正认识他，都是在无意之间，不是他故意去化解的结果。

这种做法是有充分理论依据的，在《诚几德》篇的一开始，周敦颐就说：“诚，无为。”

“诚”，是一种本然如此，同时也是一种顺势而为的状态，不是故意去“有所作为”，没事找事。

在为官行政方面，周敦颐同样如此。尽管周敦颐立意要做好官，为民请命，除弊布利，但也不强行作为，只是顺势而为。“丈夫才略逢时展”，就是这种行政风格的自我表白。“道不行，乘桴浮于海”，孔子的说法，不仅是一种智慧，尤其是一种德行。人生在世，是否能做成做好某件事情，确实得靠机缘，机缘不对，没必要强求一定要做成。周敦颐不主张强行作为，反对为了结交某个人，或者做成某件事而费尽心思，绞尽脑汁，甚至不惜巧言令色，阿谀谄媚。这种投机作巧的做法，是周敦颐一向反对的，就像《拙赋》里面所说的那样：“巧，窃所耻也，且患世多巧也。”他希望天下人都安于本分，不要打着改革创新的旗号，胡乱折腾。“呜呼！天下拙，刑政彻，上安下顺，风清弊绝。”

为人作巧的极致，人就成了小人；没事找事的极致，事就成了负担，为官作巧的极致，百姓就过不上安宁的生活。总而言之，作巧的极致，人都会变得烦躁不安，也会变得寡廉鲜耻。“人之生，不幸不闻过，大不幸无耻。”① 人生的“不息”，只在于顺天而“诚”，而不是发动智能，去谋

① 周敦颐、陈克明：《周敦颐集·通书第八章》，中华书局1990年版，以下凡引该书均为此版本。

官获利，去造事作巧。“君子乾乾，不息于诚。”（《通书》第三十一章）周敦颐先生一生鄙视功名利禄，厌倦造事使巧，但却不息于诚。

周敦颐虽然被后人尊奉为“道学宗主”和理学的开山祖师，但他自己却是率性而为，志在山林。跟他交往过的同时代人都说他雅意林泉，不眷恋功名利禄。看上去不像是儒家，倒像是一位道教的神仙。周敦颐真诚无伪，用今天的话说就是从来不装，喜欢山林就是喜欢山林，谁爱说他是什么都行，他自己一点也没有故意装作大儒的样子。周敦颐虽然一生主要时间都在官场上度过，但却始终远离名利，不为功名所累。他自觉地意识到，人一旦被名利所惑，就会像着魔了一样，执泥争竞，往而不返了。所以他“志在山林”，娱情山水，自甘寂寞。无论是“平生癖爱林泉处，名利萦人未许闲”，还是“云树岩泉景尽奇，登临深恨寻访迟”，都能表现周敦颐这种世内人的世外情怀。“双双瓦雀行书案，点点杨花入砚池。闲坐小窗读《周易》，不知春去几多时。”如果谁要说这种人生状态不像神仙而像儒家，那如果不是出于无知，就只能是矫情了。

周敦颐在“诚”的理论和实践两个方面，都充分表现了一个君子的自觉。他把这种做君子的自觉，牵连到背后深远的儒家历史文化传统中去。其传世的散文名篇《爱莲说》，就是这种内在君子自觉的全面显露：“予谓菊，花之隐逸者也；牡丹，花之富贵者也；莲，花之君子者也。”“菊之爱，陶后鲜有闻。牡丹之爱，宜乎众矣！莲之爱，同予者何人？”

这不是骂人，说大家都是俗人，只有我周敦颐一个人才是君子，这是与范仲淹“微斯人，吾谁与归”同样的表达方式，是“嘤其鸣矣，求友其声”。这是周敦颐内在的“不息于诚”的君子自觉的自然流露，这是“圣希天，贤希圣，士希贤”精神的艺术化表达。“诚者天之道，诚之者人之道。”周敦颐欲以自己之“诚”，接住上天之“诚”，接住先贤之“诚”，继承儒家的人文传统，接续儒家的命脉。

周敦颐一生的理论与实践，大致可以用一个“诚”字来概括。“诚”是华夏民族文化的核心价值和命脉所系，拥有这种“诚”的内在自觉，是周敦颐的“大诚”。说一个人老实，不撒谎，那只是小诚信。大诚信是对历史文化的忠诚，是对中华民族人文理念中的核心价值的忠诚。正因为周敦内心怀有无上的接天德续斯文的大诚，他才不枉了理学开山祖师和道学宗主的后世赞誉。周敦颐之“诚”，充分体现在他一生的理论与实践之中，我们甚至可以说，他的一生，就是“诚”在理论和实践上的高度统一，仅此一点，他就足以成为后世永远学习和效法的真正典范。

（作者单位：深圳大学 哲学系）

周敦颐礼乐思想简论

龚妮丽

周敦颐是北宋著名哲学家，其理学思想在中国哲学史上具有承前启后的作用。他融合儒、道、佛三家思想资源，既继承了儒家的传统思想，又在新的历史时期开创了宋明理学。其传世之作《太极图说》《通书》系统论述了他的哲学思想和政治理想。《通书》中的论乐篇章，阐释了他的礼乐治国思想、礼乐教化思想和音乐审美诉求，对儒家礼乐思想有了进一步发展。

一　礼乐治国思想——礼乐相济、礼先乐后

儒家的礼乐思想发轫于周代，周公于成王年间制礼作乐，使其成为治国兴邦、稳定社会的重要手段。以孔子为代表的儒家群体对周公礼乐遗产进行了系统整理，形成了一整套理想化的礼乐治国思想。孔子整理的《六经》中就包含《乐经》，虽《乐经》已失传，但在汉代《礼记·乐记》中仍保存了先秦儒家的礼乐思想。儒家极其重视“礼”与“乐”相辅相成的治国作用，认为“礼”能通过事神致福，教国民明人伦秩序，“乐”能宣情，弦歌吟唱可转化为乐（lè），礼乐相济，为秩序化的社会生活增添情感的润滑剂。“礼”侧重人的行为规范，侧重理性行为，“乐”合乎人性中的情感需要，侧重感性和悦，礼乐相互配合，既规范人情、人性，又顺乎人情、人性。如《乐记》所言曰：“乐由中出，礼自外作……乐至则无怨，礼至则不争。揖让而治天下者，礼乐之谓也。”礼乐相济还有更重要的意义，那就是社会中人与人“分”与“和”的配合作用。

“礼”强调社会中人的立身处世，各得其所，各尽其责，注重伦理秩序；“乐”能和悦人的情感，起到社会中人与人和谐相处的作用。如《乐记》所言，“乐者，天地之和也；礼者，天地之序也”；“礼义立，则贵贱等矣；乐文同，则上下和矣”。礼乐教化就是要使人们在情理上相互默契，既有分疏又能融和，使社会达到有秩序的和谐。

周敦颐不仅继承了儒家礼乐相济的思想，并从形而上的层面对礼乐作了深刻的阐释，他在《通书·礼乐》中写道：

> 礼，理也；乐，和也。阴阳理而后和。君君臣臣、父父子子、兄兄弟弟、夫夫妇妇，万物各得其理然后和。故礼先而乐后。

周敦颐将礼提升到了“道”的层面。虽《荀子·乐论》也有过“礼也者，理之不可易者也”的言论，但他的关注点是“礼”使万事合于道理，还未形成形上思想体系，而周敦颐所提出的“礼，理也”，已含有形上道体的天地境界。这里的“理”指天理——天地万物并存的秩序，这秩序即是太极阴阳运行中万物生成之理。朱熹注曰：“礼，阴也；乐，阳也。”礼为阴，乐为阳；礼主分疏、维护秩序，乐主合和、促进和谐，故“阴阳理而后和”。从天人合一的哲学观出发，周敦颐将人伦秩序也视为天理，天理同为天地自然与人伦之本体，因此君臣、父子、兄弟、夫妇之人伦关系与万物生成之秩序都是天理的体现。

周敦颐还提出了“礼先乐后”的观点。先秦的礼乐制度，乐是从属于礼、服务于礼的，这从周代礼仪乐舞规模的规定就可看出，“天子八佾，诸公六，诸侯四”[①]（《春秋·公羊传》），行乐必须遵循等级秩序，这是严格的礼乐制度。“僭礼”的乐舞行为，被视为“礼崩乐坏”，故孔子谓季氏：“八佾舞于庭，是可忍也，孰不可忍也?”（《论语·八佾》）周敦颐明确提出“礼先乐后”的思想，是对乐从属于礼的强调。他认为社会和谐的前提是伦理秩序的顺畅，既合乎天理，又合乎人性，礼乐相辅相成应该以“理而后和”为原则。社会秩序注重“分”，“君君臣臣、父

---

① 古代舞队的行列，八人为一行，叫一佾。按周礼，天子的舞队用八佾，六十四人的规模；诸公只能有六佾，四十八人；诸侯四佾，三十二人；士二佾，十六人。

父子子、兄兄弟弟、夫夫妇妇”，强调各得其所的伦理秩序，“礼”中之“理”，要求人们以自己的角色身份各安其位，各尽其责。社会的稳定既要有“分”，也要有“和”，“万物各得其所理然后和”，这样才能使社会有序地、正常地、协调地运转，达到长治久安。在“有序”与“和谐”中，周敦颐认为“有序”重于“和谐”，故提出“礼先而乐后”的主张。

虽然周敦颐强调“礼先而乐后”，但对乐“和”的作用也是十分重视的，他意识到“人和”“心和”直接关系到政治清明，乃至天地万物的和谐。儒家将音乐与人心、人性相联系，再从人心、人性对社会的影响推导出音乐与政治有密切关系，《乐记》曰：“凡音者，生人心者也。情动于中，故形于声，声成文谓之音。是故治世之音安以乐，其政和。乱世之音怨以怒，其政乖。亡国之音哀以思，其民困。声音之道与政通矣。”周敦颐不仅继承“乐与政通”的思想，还将乐“和”的作用扩展到天地万物。《通书·乐中》第十八写道：

> 乐者，本乎政也。政善民安，则天下之心和。故圣人作乐，以宣畅其和心，达于天地，天地之气，感而太和焉。天地和则万物顺，故神祇格，鸟兽驯。

周敦颐认为乐本乎政，一方面“政善民安，天下之心和”，决定着乐的美善；另一方面也可通过乐“以宣畅其和心”，促进社会的和谐。值得注意的是，周敦颐将圣人作乐的意义更加深化，通过人心之和，不仅使社会和谐，还“达于天地”，天地之气引导自然之和，致使天地万物达到太和的境界。这也体现了他“推明阴阳五行之理，明于天而性于人”（《宋史·道学传》）的理学思想。

二 礼乐教化思想——宣八风之气，平天下之情

中国的礼乐教化早在尧舜时代就出现了，《尚书》有舜命乐官教育学子的记载：“夔！命汝典乐，教胄子，直而温，宽而栗，刚而无虐，简而无傲。”春秋末，礼崩乐坏之后，孔子呼吁继承周公以来的礼乐教化，将西周“官学”的礼、乐、射、御、书、数等“六艺”之教，推广至民间。

《礼记·经解》："孔子曰：'入其国，其教可知也。其为人也：温柔敦厚，《诗教》也；疏通知远，《书》教也；广博易良，《乐教》也；洁静精微，《易》教也；恭俭庄敬，《礼教》也；属词比事，《春秋》也。'"① 孔子将教化视为社会的头等大事，倡导通过礼乐教化使民知"仁"，循"礼"，提升道德修养，进而改善民风，达到社会和谐、政治昌明。《乐记》曰："乐也者，圣人之所乐也，而可以善民心，其感人深，其移风易俗，故先王著其教焉。"周敦颐不仅继承儒家的礼乐教化思想，还从天地境界的角度理解古圣王制礼作乐的意义，他在《通书》中写道：

> 古者圣王制礼法，修教化，三纲正，九畴叙，百姓大和，万物咸若，乃作乐以宣八风之气，以平天下之情。故乐声淡而不伤，和而不淫……优柔平中，德之盛也；天下化中，治之至也。是谓道配天地，古之极也。（《通书·乐上第十七》）

周敦颐赞美先王制礼法、修教化，使纲常有序，君臣、父子、夫妇各得其位，有如洪范九畴治理天下有条不紊，使百姓乃至天下万物和谐相处，达到太和境界。乐与百姓的日常生活相联系，所谓十五国风均产生于民间，也影响着各地之民风，《毛诗序》中有"风以动之"之说，乐如春风吹化万物，影响人心，醇化民风，即所谓"乐行而伦清，耳目聪明，血气和平，移风易俗，天下皆宁"（《乐记》）。周敦颐认为在礼教的基础上作乐，可宣化各地纯正之风、太和之气，平和天下有情物之性情，起到移风易俗的作用。乐教之所以能"宣八风之气""平天下之情"，是因为乐与人心相通。古人早已注意到不同音乐对人心的影响，《乐记》曰："志微噍杀之音作，而民思忧；啴谐慢易繁文简节之音作，而民康乐；粗厉猛起奋末广贲之音作，而民刚毅；廉直劲正庄诚之音作，而民肃敬；宽裕肉好顺成和动之音作，而民慈爱；流辟邪散狄成涤滥之音作，而民淫乱。"周敦颐推崇"淡而不伤，和而不淫"之乐，正是因为"优柔平中"之音，是"中和"之乐，是"德盛"之乐，可感化人心，能起到移风易俗的作用。他在《通书》中写道：

---

① 郑玄疏，孔颖达正义：《礼记正义》，北京大学出版社 1999 年版，第 1368 页。

> 乐声淡，则听心平；乐辞善，则歌者慕，故风移而俗易矣。妖声艳辞之化也，亦然。（《通书·乐下第十九》）

周敦颐十分重视“中和”之乐对于德性的影响，更加推崇有德之乐，他总结先王的礼乐教化，是以太极之道规约天下，可谓治世之极。他仰慕先王制礼作乐的英明，对当时不行礼乐教化感到愤慨，指出不修礼法、缺失乐教带来的恶果：

> 后世礼法不修，政刑苛紊，纵欲败度，下民困苦。谓古乐不足听也，代变新声，妖淫愁怨，导欲增悲，不能自止。故有贼君弃父，轻生败伦，不可禁者矣。呜呼！乐者，古以平心，今以助欲；古以宣化，今以长怨。不复古礼，不变今乐，而欲至治者，远矣！（《通书·乐上第十七》）

正因为“乐者，本乎政”，后世礼法不修，政治混乱，乱世之音，妖淫愁怨，导致了“贼君弃父，轻生败伦，不可禁者”的恶果。周敦颐将古乐与今乐作比较，赞美古乐，鄙弃今乐，指出：古乐“优柔平中，德之盛也”，故能平心，今乐“妖淫愁怨，导欲增悲”，故以助欲；古乐以和音、德音宣化民风，今乐以妖声艳辞扰乱世风。他呼吁恢复古乐，改变今乐，否则，离大治甚远矣！对于当时古乐不兴、礼乐教化衰败的现实，周敦颐是较为悲观的。之后的明代心学家王阳明则对此有较为变通的看法，他提出：“圣人一生实事，俱播在乐中，所以有德者闻之，便知他尽善尽美，与尽美未尽善处。若后世作乐，只是做些词调，于民俗风化决无关涉，何以化民善俗？今要民俗返朴还淳，取今之戏子将妖淫词调俱去了，只取忠诚孝子故事，使愚俗百姓人人易晓，无意中感激他良知起来，却于风化有益。然后古乐渐次可复矣。”① 在“古乐不作久矣”的现实中，王阳明主张改造俗乐，利用百姓喜闻乐见的“今之戏子”，取其中“善”

① 王阳明：《王阳明全集》卷三《传习录下·附朱子晚年定论》，上海古籍出版社 1992 年版，第 113 页。

的内容，既使百姓易于接受，又起到教化作用。阳明深知推行古乐不易，不能强行和勉强，只能渐次恢复。而周敦颐之所以执着于古乐，鄙夷俗乐，除了对先王制礼作乐之崇尚，对古乐教化作用之深信不疑，还有审美认同的重要原因，这与他主静的哲学思想有着内在的联系。

三 音乐审美意识——“淡而不伤，和而不淫”

“以和为美”是中华民族具有代表性的审美意识，同为儒道两家的审美崇尚，但二者对“和”的诉求有所不同。儒家以孔子为代表，主“中和”思想。《礼记·中庸》阐释“中和”：“喜怒哀乐之未发，谓之中；发而皆中节，谓之和；中也者，天下之大本也；和也者，天下之达道也。致中和，天地位焉，万物育焉。”“中”含有商周以“中正”为美德的文化观念，孔子继承周公的“中德”思想，谓“中庸之为德，其至矣乎!”（《论语·雍也》）并将“中庸”“中和”的精神灌注于人生实践，从伦理学的角度提出“礼之用，和为贵”；从人性修养的角度提出“文质彬彬，然后君子”；从艺术表现的角度提出“乐而不淫，哀而不伤”。道家则强调和谐是万物生存的根基，注重“道法自然”，崇尚太和、至和的天地境界，重视生命与道同在的自由体验。庄子将“与天地和”视为至高境界。《庄子·天道》曰：“夫明白于天地之德者，此之谓大本大宗，与天和者也；所以均调天下，与人和者也。与人和者，谓之人乐；与天和者，谓之天乐。”与天地万物相适相和，就游刃有余，就自由自在，就可以“乘物以游心”（《庄子·人间世》）。庄子所向往的“至和”境界与老子的“大音希声”“大象无形”一样，即为“视乎冥冥，听乎无声。冥冥之中，独见晓焉；无声之中，独闻和焉”（《庄子·天地篇》）。可见道家的“至和”思想是超越现象界的一种精神追求。魏晋时期受道家思想影响的阮籍将“和”视为乐之性体，提出：“夫乐者，天地之体、万物之性也。合其体，得其性，则和；离其体，失其性，则乖。”①

周敦颐融合了儒道两家的思想，提出了“淡而不伤，和而不淫”的音乐审美诉求，他在《通书·乐上第十七》中写道：

① 阮籍：《阮籍集·乐论》，上海古籍出版社 1978 年版，第 40 页。

> 故乐声淡而不伤，和而不淫，入其耳，感其心，莫不淡且和焉。淡则欲心平，和则躁心释。优柔平中，德之盛也；天下化中，治之至也。是谓道配天地，古之极也。

周敦颐继承了儒家中正为美德的思想，《通书·师》中说："性者，刚柔善恶，中而已矣。"又说："惟中也者，和也，中节也，天下之达道也，圣人之事也。"他认为："圣人之道，仁义中正而已矣。"（《通书·道》）而"圣人之教，使人自易其恶，自至其中而止焉"（《通书·师》）因此，"优柔平中"的音乐可以"入其耳，感其心"，可以教人"自易其恶，自至其中"，内含中正美德，故"德之盛也"。但周敦颐的"淡而不伤，和而不淫"又与孔子"乐而不淫，哀而不伤"不尽相同。孔子的"乐和"思想强调适度而不过分，和悦而不放纵，以"中和"为审美准则。周敦颐的"淡和"除汲取中和思想，还融入了道家的"淡和""无欲"思想。道家主静，看重恬淡平和之美，《老子》赞美道"淡兮其无味"，《庄子》主张"无情"，曰"恶欲喜怒哀乐六者，累德也"（《庄子·庚桑楚》）。嵇康提出"以平和为体"，称"声无哀乐"。周敦颐从"主静无欲"的思想出发，推崇"淡和"之乐，"淡则欲心平，和则躁心释"，以此修养心性，方能接近至善的道德境界。可见，他既发展了儒家思想，又改造了道家思想，使道家的"主静""无欲"更符合儒家养心修德的需要。

周敦颐之所以倡导"淡和"之风，不仅是修身养性、醇化风俗的需要，这也是他所喜好的审美情趣。"淡"作为一种审美范畴，儒道两家都十分看重，道家从"道法自然"的角度，赞美不加修饰的自然之美——平淡淳朴，"淡然无极而众美从之"（《庄子·刻意》）；儒家从君子人格的角度，提出"淡""简"为美的观点，《中庸》曰："君子之道：淡而不厌，简而文，温而理，知远之近，知风之自，知微之显，可与入德矣。"魏晋以后，受儒道两家思想浸染的士大夫对清雅平淡的诗风、乐风情有独钟。晋宋之际的陶渊明以其纯朴淡远的诗风开辟了田园诗的新天地；唐代诗人白居易喜"恬淡""平和"之乐，其《清夜琴兴》写道："月出鸟栖尽，寂然坐空林。是时心境闲，可以弹素琴。清冷由木性，恬淡随人心。心积和平气，木应正始音。”周敦颐在新的历史条件下，明确提出“淡而不伤，和而不淫”的“淡和”审美范畴，在音乐美学史上有重要的意义。“淡”不仅是疏淡清雅、温润平和，更含有淡然无极、高远空灵的品性，故“是谓道配天地，古之极也”。“淡和”审美意识对后世，特别是琴乐美学思想产生了深远的影响。明末著名琴家徐上瀛所著《溪山琴况》，不仅将“淡”“和”各列一况详尽阐释，还将“淡和”之审美意识贯穿于其他诸况。说希声“调古声淡”，“疏疏淡淡，其音得中正和平者，是为正音”。对“时”“俗”“古”“雅”之判断更是以是否“淡和”为标准，《琴况》曰：“大都声争而媚耳者，吾知其时也。音淡而会心者，吾知其古也。”又曰：“舍艳而相遇于淡者，世之高人韵士也。而淡固未易言也，祛邪而存正，黜俗而归雅，舍媚而还淳，不着意于淡而淡之妙自臻。夫琴之元音本自淡也，制之为操，其文情冲乎淡也。”《溪山琴况》对于“淡和”审美意识的发挥，应该是与周敦颐之“淡和”论一脉相承的。

综上所述，周敦颐的礼乐思想不仅是对儒家礼乐传统的继承，也融入了道家思想。针对现实社会礼乐教化缺失、人欲泛滥、文化衰颓的情况，他阐释了礼乐教化的重要性，表达了他的政治理想和治国抱负。在新的历史条件下，他重申“礼先而乐后”的观点，提出“淡而不伤，和而不淫”的审美意识，是对儒家礼乐思想的进一步发展。

（作者单位：贵州大学 文学与传媒学院）

论颜渊之学与乐的形上意义

张晚林

颜渊为什么如此之好学呢？其原因亦不外有二：第一，颜渊对孔子的人格境界有真切的体悟与感动；第二，颜渊之于学中自有其乐。这里面都有形上之意涵，不唯一点经验之感动与快乐也。

一　颜渊对孔子人格之形上契会

在孔子的众多弟子中，唯有颜渊对于孔子人格境界之体会最深，感动最切。子贡对于孔子人格境界的评价是："夫子之墙数仞，不得其门而入，不见宗庙之美，百官之富。""他人之贤者，丘陵也，犹可逾也；仲尼，日月也，无得而逾焉。""夫子之不可及也，犹天之不可阶而升也。"（《论语·子张》）但颜渊对于孔子人格境界评价却是：

> 颜渊喟然叹曰："仰之弥高，钻之弥坚；瞻之在前，忽焉在后。夫子循循然善诱人，博我以文，约我以礼。欲罢不能，既竭吾才，如有所立卓尔。虽欲从之，末由也已。"（《论语·子罕》）

子贡对于孔子人格境界之评价虽然很高，但他的评价是外在的描述语，而颜渊之评价则是内在的体会语。二者奚辨？外在的描述语是对象外在于自家之生命，对象虽然高大，因其外在性的胶固（宫墙、丘陵、日月皆实有之物）而对观赏者的触动殊少。内在的体会语则是外在对象与观赏者内在地合一，而生发出真切的感动，既而敬畏之，向往之。"仰之弥高，钻之弥坚；瞻之在前，忽焉在后”，就是颜渊与孔子之人格境界相遇后的真切体会，它并非实有之物，乃是一虚灵的境界与氛围。这是精神之间的交会融合，不是主观之间的认知关系。有了这种真切的体会，就必然有感动。“夫子循循然善诱人，博我以文，约我以礼”，就是感动。此种感动是性天之动。何谓性天之动？不妨以孟子之语言之：

> 舜之居深山之中，与木石居，与鹿豕游，其所以异于深山之野人者几希。及其闻一善言，见一善行，若决江河，沛然莫之能御也。（《孟子·尽心下》）

性天之动乃一机之触发，直透至那宇宙荒茫、鸿蒙开辟之中，开启生命之灵根与慧眼，故是“性”之动，亦是“天”之复。所以，性天之动，其始也，乃生命善根之灵现；其终也，乃德之健行、化之广被。[①] 故颜渊之强健的德行，非无故也，乃来自其性天之动。有了这种性天之动，自然会生发敬畏之心与向往之心。“欲罢不能，既竭吾才，如有所立卓尔。虽欲从之，末由也已”，即敬畏心与向往心也。

正因为颜渊之于孔子之道有真切的性天之动，既而敬畏与向往之，故颜渊之于孔子很少有问题，更无诘难，只有领受、感动与向往。这就可以解释为什么我们很少在《论语》中看到颜渊发问，绝无诘难的原因所在，不似子路、樊迟、宰我发问诘难之多也。孔子尝曰：

> 吾与回言终日，不违如愚。退而省其私，亦足以发。回也不愚。（《论语·为政》）

为什么孔子与颜渊说了那么多，而颜渊总是表现出“不违如愚”的样子呢？而孔子又为什么能体会其“亦足以发”“回也不愚”呢？这是因为孔子之道不是知识的传授，而是精神的开启与境界的相遇。知识的传授

---

① 感动有三：曰情意之动、义理之动、性天之动。“君不见黄河之水天上来，奔流到海不复回。君不见高堂明镜悲白发，朝如青丝暮成雪。人生得意须尽欢，莫使金樽空对月。”此李太白情意之动也。曾子曰：“士不可以不弘毅，任重而道远。仁以为己任，不亦重乎？死而后已，不亦远乎？”义理之动也。

乃依据概念，走逻辑之路，一步一步来，个中有严谨的结构与问题。若其中一步出了问题，则不能深入，但若能顺藤摸瓜，则可层层深入。故知识的传授中每一步都有问题，随着每一问题之解答，知识的传授即算完成。但精神的开启、境界的相遇与知识的传授不同，需要有生命境界的相应，存养工夫的笃实。若存养工夫笃实，生命境界相应，则一定有“莫逆于心，相视而笑”（《庄子·大宗师》）的贯通，这里并无阻隔，更不会有问题与诘难。这贯通，若说是义理，就是精通简要的觉悟；若说是境界，就是朗澈无尘的领受。这里不是言语概念的胜场，若须言语概念，亦只是随机点拨，学之者须得鱼忘筌，最好是不要言语概念，是以孔子“欲无言”，惜乎子贡终不能懂夫子之意，而曰：“子如不言，则小子何述焉。”须知，孔子之道若无精诚笃实的生命相应，终非言语概念所能尽者，是以夫子答之曰：“天何言哉？四时行焉，百物生焉。天何言哉？”（《论语·阳货》）盖子贡终究乃一器也，与夫子之境界颇隔，是以如此，若颜渊，必心领神会，不复言矣。故老子曰：“圣人处无为之事，行不言之教。”（《老子》第二章）岂虚言者。由此可知，存养工夫的笃实，生命境界的相应之于孔子之道的重要性。程明道曰：

> 天地之间，只有一个感与应而已，更有甚事？（《二程遗书》卷十五）

夫子以其德行如是如是地“感”，颜渊以其工夫如是如是地“应”，如此而已。这里有什么语言概念，一切皆归于无，只有个如是如是的“感应”而已，问题进不来，诘难更无与也。孔子又曰：

> 回也非助我者也，于吾言无所不说。（《论语·先进》）

千万不要以为孔子这是在批评颜渊。朱子曰：“颜子于圣人之言，默识心通，无所疑问。故夫子云然，其辞若有憾焉，其实乃深慕之。”又引胡氏之言曰：“夫子之于回，岂真以‘助我’望之？盖圣人之谦德，又以深赞颜子云尔。”（《论语集注》）实际上，这里面无所谓助与不助，生命境界相应而觉悟，则必开权显实，而至事理无碍之化境，此时只有领受与禅悦，并无问题涌现，岂能容得下“言”以助之？若生命境界不相应而不能觉悟，则即以言语相助亦无助，因其言语不过吠声吠影，不得其实也。故牟宗三曰：“如果自己的生命根本未动转，于那客观的义理根本未触及。”[①] 是以生命存养、工夫操持之于孔子之道，岂可轻忽耶？而颜渊之所以于孔子之道真有所得，无非与夫子相应之真生命而已。这样一个生命，孔子自然视之为自己生命的延续，然天不假年，不幸早亡。是以颜渊死，“子哭之恸”，乃至呼天而叹曰：“噫！天丧予！天丧予！”（《论语·先进》）是可见夫子与颜渊之相应、相知与相惜也。故可曰颜渊之好学乃在于颜渊对于孔子之人格境界有真切觉悟与感动。“欲罢不能”非装饰溢美之词也。

二　颜渊之乐的形上内涵及其对人性之开发

如果说，颜渊对于孔子之人格境界有真切觉悟与感动乃其好学之外在原因的话，那么，颜渊于学中自有其乐则是其好学的内在原因。颜渊好学之乐，孔子有明确的肯认：“一箪食，一瓢饮，在陋巷。人不堪其忧，回也不改其乐。”（《论语·雍也》）当然，孔子作为一个非常好学的人，他自身对于学之乐的体会亦非常深刻。如“发愤忘食，乐以忘忧，不知老之将至云尔”（《论语·述而》），“饭疏食饮水，曲肱而枕之，乐亦在其中矣。不义而富且贵，于我如浮云”（《论语·述而》）。孔子与颜渊在由学而乐的问题上，都有极为深切的体会。后人把此种乐称为“孔颜乐处”。乃至对于一个学者而言，只有自己体会了“孔颜乐处”，才是真正的善学，为学有所成创造了条件。故二程问学于周濂溪时，周子首先要其体会“孔颜乐处”。程明道尝曰：“昔授学于周茂叔，每令寻仲尼、颜子乐处，所乐何事？”（《伊洛渊源录》卷一）《宋史·道学一·周敦颐传》说：“二程之学源流乎此矣。”周濂溪要二程寻孔颜乐处，直接开启了二程的学问，乃至整个宋明理学——天人性命之学。天人性命之学把孔颜潜沉内修之学发展到极致，其义理大端全部展现出来，成为即道德即宗教即艺术的学问，从而给人以彻底的安顿。从乐这个层次讲，天人性命之学才

① 牟宗三：《现象与物自身》，台湾学生书局1984年版，序言第9页。

是最高的乐；另一方面讲，天人性命之学必然蕴含有乐。两者是一而二、二而一的关系。乃至于明儒王心斋有《乐学歌》一首，其曰：

> 人心本自乐，自将私欲缚。私欲一萌时，良知还自觉。一觉便消除，人心依旧乐。乐是乐此学，学是学此乐。不乐不是学，不学不是乐。乐便然后学，学便然后乐。乐是学，学是乐。於乎！天下之乐何如此学？天下之学何如此乐？①

这首《乐学歌》意味着，在天人性命之学那里，学与乐都达到了最高境界，且会归于一。由孔、颜之乐，再到宋明天人性命之学而归结于《乐学歌》，可知，孔子所开启的潜沉内修之学并不困难，更无痛苦可言，乃是极为轻松愉快之事。不唯此也，这潜沉内修之学可直通宗教。孔子曰“七十而从心所欲，不逾矩”（《论语·为政》），当非虚言也，亦有大义存焉。

那么，孔、颜之潜沉内修之学为什么一定有乐呢？这种乐预示着孔子之道怎样的内涵与大义呢？

孔、颜之潜沉内修之学，自有其乐。其乐乃践行过程中实有之而真得之者，唯孔、颜只会意其有之切与得之确，尚未措意其何以有此乐也。犹如饭饭而知其味，但未究竟何以有其味也。但随着潜沉内修之学的进一步开决，孔、颜后学开始着意孔颜之乐的形上根据。这个形上根据孔、颜虽未明确说出，但已有所会意。

> 颜渊曰：“舜何人也？予何人也？有为者亦若是。”（《孟子·滕文公上》）

颜渊这句话与孔子的“仁远乎哉？我欲仁，斯仁至矣”（《论语·述而》）一样，开启了儒家“人皆可以为尧舜”之信念与实践。在孔、颜践行的笃实工夫中，盖已体会出了人人皆有完成此种践行的根基。但这个根基是什么，则未曾措意而理论地缕析之。至子思，由于内圣之学的进一步

① 牟宗三：《从陆象山到刘蕺山》，上海古籍出版社 2001 年版，第 200—201 页。

开决，开始探讨人性及成圣的根基问题，故云“天命之谓性，率性之谓道，修道之谓教”，又云“诚者，天之道也；诚之者，人之道也”，又云“自诚明，谓之性。自明诚，谓之教”（《中庸》）。子思在此解析出了人性的超越性与普遍性，超越性从天命讲，普遍性从人人皆具讲。在子思看来，人人都有来自天命的性，这个性不但构成了人性，且是人人成圣的形上根基。至孟子，对于这个形上根基作了进一步的开决，不但讲性善，且进一步落实为“四端”。且孟子进一步讲，扩充四端之心，完成性分中所有，方是人生之大美与大乐。故孟子曰：“充实之谓美。”（《孟子·尽心下》）美就是内在的性体充实圆满，无与于外也。是以孟子又曰：

> 孟子曰：“广土众民，君子欲之，所乐不存焉。中天下而立，定四海之民，君子乐之，所性不存焉。君子所性，虽大行不加焉，虽穷居不损焉，分定故也。君子所性，仁义礼智根于心。其生色也，睟然见于面，盎于背，施于四体，四体不言而喻。”（《孟子·尽心上》）

在孟子看来，外在的功业（“广土众民”与“中天下而立，定四海之民”）尽管有可乐者，但不是人生最大的安乐，人生最大的安乐一定来自性分之中。如果人人能尽心养性，那么，每个人都能在自家的性分中找到人生最大的安乐。故孟子曰：“万物皆备于我矣，反身而诚，乐莫大焉。”（《孟子·尽心上》）人之性分中万事俱备，只要逆觉反省体察，就可得莫大之安乐。

但是，先秦儒学并没有沿着孟子向内开决的思路，去究竟那个性分中本有的安乐，反倒是重外在的礼法，即沿着荀子开启的思路发展，这种思路一直影响到汉代。《汉书·儒林传》云：“诸儒始得修其经学，讲习大射乡饮之礼。叔孙通作汉礼仪，因为奉常，诸弟子共定者，咸为选首，然后喟然兴于学。”这样，汉代在学术上重经术而务章句，在修行上重纲纪而务名教。这种转变，其根本在重学术而轻修行，与孔子之道渐行渐远了。故《汉书·艺文志》责之曰：

> 古之学者耕且养，三年而通一艺，存其大体，玩经文而已，是故

> 用日少而畜德多，三十而五经立也。后世经传既已乖离，博学者又不思多闻阙疑之义，而务碎义逃难，便辞巧说，破坏形体；说五字之文，至于二三万言。后进弥以驰逐，故幼童而守一艺，白首而后能言；安其所习，毁所不见，终以自蔽。此学者之大患也。

古之学者固然读书，但更多的是内修以求体会，觉悟以求达道，故于文字上用功少而内修上用功多，是以德业日进。但后世学者仅究竟文言，动辄敷陈万言，然终自蔽性灵而无所见。难怪夏侯胜非难夏侯建曰："章句小儒，破碎大道。"（《汉书·夏侯建传》）钱穆先生在论述汉儒章句之学时云：

> 惟自治经而为章句，则文字蚀其神智，精神撰骜饰说，而通经益不足以致用。于是汉儒之说经，遂仅限于为一儒生，而亦不复为政治动力所在，与夫社会生活治乱盛衰所系。①

儒生通经务以纲纪名教来整合社会，操持人伦。于是，儒学失去了先秦潜沉内修的精神，泯灭了虚灵自如的风姿。总之，儒学完全沦落为纲纪名教之学，而非精修高远之养。这样，儒学完全只有来自外在纲纪名教的强制性，而无内在心性的感通。本来，在孟子那里是"由仁义行，非行仁义也"（《孟子·离娄下》），即人性自身即有仁义之端，依此而行就是德行，而不是外在有个仁义纲纪摆在那里依之而行。这样，仁义有心性之根基，所谓德行亦不过率性而已。但汉儒章句之学只知有外在的纲纪名教而未潜沉到内在的心性之中，不能依根基而率性，是以纲纪名教为外在的强制而不可免也。这诚如庄子所言之"中国之民，明乎礼义而陋乎知人心。昔之见我者，进退一成规、一成矩"（《庄子·田子方》）。这种桎梏性灵而规规于礼数折旋之拘谨已与圣人之境界——"立之斯立，道之斯行，绥之斯来，动之斯和"（《论语·子张》）——相去甚远矣。

---

① 钱穆：《秦汉史》，九州出版社 2011 年版，第 232 页。

于是，魏晋时代之诸名士开始探讨“理想的圣人之人格究竟应该怎样?”[①] 的问题，王弼、何晏等人从道家之“无”得到灵感，企图“无”掉礼数折旋那桎梏性灵的拘谨，而倡“越名教而任自然”。王弼曰：“圣人茂于人者神明也，同于人者五情也。神明茂故能体冲和以通无，五情同故不能无哀乐以应物。然则圣人之情应物而无累于物者也。”（《三国志·魏书·钟会传》注引《王弼传》）圣人“体冲和以通无”，“应物而无累于物”，故有虚灵玄妙之境界，绝非是那桎梏性灵的拘谨。王弼进一步曰：“道不违自然，乃得其性，法自然也。”[②] 王弼此言，可以“名教本于自然”结之，但这里的“名教本于自然”不是要去内在地开决名教的形上根基，而是以自然去消解名教，因为这里的自然是气化人性论中的自然，尚没有开掘到子思与孟子所开启的天道与性命相贯通的率性之自然。于是，名士们多以自家气质之性去抗拒纲纪名教，而倡“礼岂为我设邪”（《晋书·阮籍传》）。后来虽有乐广“名教内自有乐地”（《晋书》卷四十三《乐广传》）之说，然其名教亦非汉儒之名教纲常也。是以汤用彤谓乐广之言“并不是特别推崇‘名教’，其思想还是本于玄学”[③]。这样，魏晋名士虽欲扭转汉儒拘谨礼数折旋之风而重塑圣人自然虚灵之姿，但因为没有潜沉到形上的心性根基之中而止于气性之材质中，于是，名士以放达无守为安乐，以四不着边为风流，与“吾与点也”之境界亦相去甚远。名士仅以外在的美趣与哲学的解悟去体会圣人自然安乐之境界，尚不能以笃实的工夫践履之。这样，他们探讨理想圣人以成之玄学，只是孔、颜境界之相似法，非其实也。牟宗三先生曰：

名士境界之无得无成只是以天地之逸气而为人间之弃才。乃是风流飘荡而无着处，乃是软性之放纵恣肆，而唯播弄其逸气以自娱。故

---

① 汤用彤：《魏晋玄学论稿》，上海古籍出版社 2005 年版，第 103 页。汤用彤先生认为，“理想的圣人之人格究竟应该怎样?”这一问题构成了魏晋时代思想史的中心问题。

② 楼宇烈：《王弼集校释》，中华书局 1980 年版，第 65 页。

③ 汤用彤：《魏晋玄学论稿》，上海古籍出版社 2005 年版，第 107 页。《晋书·乐广传》谓：“天下言风流者，谓王、乐为称首焉。”“王”即王衍，字夷甫。《世说新语·轻诋》载：“桓公入洛，过淮泗，践北境，与诸僚属登平乘楼，眺瞩中原。慨然曰：遂使神州陆沉，百年丘墟，王夷甫诸人不得不任其责。”乐广与王衍风流一时，由桓温之感慨，即可想见乐广说“名教内自有乐地”时之底蕴与精神矣。

名士之基本情调乃是虚无主义的。魏晋人之生命深处不自觉地皆有一荒凉之感。①

是以魏晋名士多命运多舛，不得善终。不唯个人生命不得安顿，亦造成了极大的社会问题。《晋书》卷三十五《裴秀传》附《裴頠传》云："是以立言藉其虚无，谓之玄妙。处官不亲所司，谓之雅远。奉身散其廉操，谓之旷达。故砥砺之风，弥以陵迟……其甚者，至于裸裎。言笑忘宜，以不惜为弘，士行又亏矣。"因此，魏晋玄学所究竟之圣人，不但与孔、颜之境界相去云泥，亦与孔、颜之理想悬隔霄壤。

真正能阐发孔颜乐处的大义，既而把理想的圣人人格落到实处，从而开决孔孟内圣之学深度的是宋明儒者。早在周濂溪让二程体会孔颜乐处之前，范仲淹尝告诫张横渠曰："儒者自有名教可乐，何事于兵？因劝读《中庸》。"（《宋史·张载传》）这里所说的近似于乐广之"名教内自有乐地"，然其底据已根本不同。在范仲淹那里，寻求名教之可乐须去读《中庸》。《中庸》讲什么呢？讲人之性。可见，名教之可乐须从性中寻，在性中落实下来，不然，皆虚悬而不实。魏晋名士就是不能在性中落实下来，开启圣证的实践之路，只以外在的美趣去观赏圣人虚灵以至于"无"的境界，而不能在自性中实践地证悟之，"展转于有无之间，而驰骋其玄谈，亦适足成其为'空华外道'而已矣"②。

那么，魏晋名士适成之"空华外道"为什么可以在宋明儒者那里翻转而得到落实呢？根本原因是宋明儒者承袭思孟，从性中寻。陆象山云："夫子以仁发明斯道，其言浑无罅缝。孟子十字打开，更无隐遁，盖时不同也。"（《象山语录》卷一）孔子以其坚实的践行工夫发明仁道之乐境，故不必言性；但人若无此工夫亦虚言仁道之乐境，必为"空华外道"，是以思孟须言之也。故陈白沙曰：

色色信他本来，何用尔脚劳手攘？舞雩三三两两，正在勿忘勿助之间。曾点些儿活计，被孟子一口打并出来，便都是鸢飞鱼跃。若无

① 牟宗三：《才性与玄理》，台湾学生书局1985年版，第83—84页。

② 同上书，第124页。

孟子工夫，骤而语之，以曾点见趣，一似说梦！（《陈白沙集》卷三《与林郡博》）

若不能从“性”中见，则曾点之趣、孔颜之乐一定是“空华外道”，落不到实处。

鲜于侁问伊川曰：“颜子何以能不改其乐？”正叔曰：“颜子所乐者何事？”侁对曰：“乐道而已。”伊川曰：“使颜子而乐道，不为颜子矣。”侁未达，以告邹浩。浩曰：“夫人所造如是之深，吾今日始识伊川面。”（《二程外书》卷七）

伊川为什么反对颜子乐道之说呢？道作为一种存在，多外在于人，若颜子没有内在的根基而只乐那个外在的道，则一定不是颜子之乐。但颜子并非不乐道也，然若只乐外在之道而无内在之根基，则颜子之乐道与魏晋名士之“空华外道”无以异，岂能得颜子之心？鲜于侁未能明伊川之意，而邹浩则知之。盖伊川所造之深已及于颜子，是以不同俗众也。伊川这段话，朱子作了进一步的解释：

夫颜子舍道，亦何所乐？然先生不欲学者作如是见者，正恐人心有所系，则虽以道为乐，亦犹物也。须要与道为一，乃可言乐。不然我自我，道自道，与外物何异也？须自体会乃得之。（《晦庵集》卷四十一《答程允夫》）

这里的“先生”正指伊川也。颜子并非不乐道，然不可视道为外在一物而乐之，须有内在之根基而与道一体，始知颜子之乐也。

颜子之乐的根基就是“性”——由《中庸》“天命之谓性”下贯于人，复由人之存养工夫而透显（即孟子所云之“尽其心者，知其性也。知其性，则知天矣。存其心，养其性，所以事天也”，《孟子·尽心上》）。这个“性”不是各别而殊异的气质之性，而是作为乾坤万有基的天命之性，人与物皆来自此。故孟子云“万物皆备于我”，庄子亦云“天地与我并生，而万物与我为一”（《庄子·齐物论》）。程明道由此而释之曰：

所以谓万物一体者，皆有此理。只为从那里来。“生生之谓易”，生则一时生，皆完此理。人则能推，物则气昏，推不得；不可道他物不与有也。人只为自私，将自家躯壳上头起意，故看得道理小了佗底。放这身来都在万物中一例看，大小大快活。（《二程遗书》卷二上）

“大仁”从这个性体上来，“大乐”亦从这个性体上来。“大仁”必至于“大乐”，“大乐”必有“大仁”。宋儒张子韶解释“一日克己复礼，天下归仁焉”时曰：

仁者，觉也。物来则觉，物不能移；事至则觉，事不能乱。为学而至于觉，天下之能事毕矣。然人每为事所惑，而至于不通者，则以有己也。有己则自私，自私则不仁矣。克也者，胜也；礼也者，理也。克尽私智，自归天理也。自归天理则四海为家，万物为体，喜怒哀乐疾痛痾痒与四海万物同矣。目之所视，耳之所听，口之所言，身之所履，皆知其源而得其几，邃其本而识其要。天高地下，日光月明，山峙川流，鸢飞鱼跃，周流进退，俯仰徐疾，皆吾之仁也。故曰：“克己复礼，天下归仁焉。”（转引自《颜子新编》卷二）

仁之一个首要条件就是“觉”。“觉”什么呢？就是觉这个性体。觉此以后，就克尽了私欲而复归于天理。这样，就没有了滞碍，“天高地下，日光月明，山峙川流，鸢飞鱼跃，周流进退，俯仰徐疾”皆性体之事，亦吾自身之事，此即仁也。这也就是明道所说的“放这身来都在万物中一例看，大小大快活”之意。这个必须于此真有得才真有“仁”，既而真有“乐”，非外在之虚言“仁”与“乐”也。宋人杨万里曰：

平地而观天，以为山之端即天也，至乎山之端而后见有山而无天。闻京邑之丽者，谓与里之市无异也，至京邑而后见其异耳。是故不至不见，不见不乐。（《诚斋集》卷八十六《颜子论》上）

性体之觉须有笃实之践行工夫而至于其实地，所谓“惟践履实地，自然洞彻为一”（刘子翚：《屏山集》卷一《圣传论·颜子》）。盖颜子堪其任也。不然，就会以山之端即天、里市为京邑，此即为前文所云之“空华外道”。此非“仁”，亦非“乐”也。程明道曰：

学者须先识仁。仁者，浑然与物同体……识得此理，以诚敬存之而已，不须防检，不须穷索。……此道与物无对，大不足以名之，天地之用皆我之用。孟子言“万物皆备于我”，须反身而诚，乃为大乐。若反身未诚，则犹是二物有对，以己合彼，终未有之，又安得乐？（《二程遗书》卷第二上）

识仁即是复性。复性，是我们得仁且得乐之根本途径，空言乐道，不但无仁，亦必无乐。王阳明曰：

良知是造化的精灵，这些精灵生天生地，成鬼成帝，皆从此出，真是与物无对。人若复得他完完全全，无少亏欠，自不觉手舞足蹈。不知天地间更有何乐可代？（《传习录》下）

缕析至此，我们可以总结曰：性体之中自然有仁，亦有乐；或者说，性体自身即是仁，亦即是乐。这是孔颜乐处之根本义。周濂溪要二程寻孔颜乐处，其“处”即是那个天理性道相贯通的性体。外此，皆不是孔颜之乐“处”。而这个乐“处”之寻，不是外在的美趣之观赏，而是建基于笃实的践行工夫之上的。若我们能潜沉朗现这个性体，则同体之仁，亦一定有性天之乐，与外在之遭际无与也。富固有其乐，然贫亦不减其乐，实则贫富与此乐根本无关也。“一箪食，一瓢饮，人不堪其忧”，但颜子“不改其乐”，非乐这“一箪食，一瓢饮”也，盖其自有性天之乐，是以不在乎贫富也。故程子曰：

颜子在陋巷，人不堪其忧，回也不改其乐。箪瓢陋巷非可乐，盖自有其乐耳，其字当玩味，自有深意。（《二程遗书》卷十二）

我们平常曰“安贫乐道”，实则乐道并非必然要安贫也。践行工夫笃实，见得性体自然，则贫可乐道，富亦可乐道也。只是当人富贵时，常随外物牵引，欲望得以松绑，常误以外物之绚丽为美，欲望之放纵为乐，是以离道日远。反不及贫穷时之离道近也，故有“安贫乐道”之说。实则贫富与乐道与否并非有必然之关系也。孔颜乐处之唯一条件就是：潜沉内省而朗现性体。朱子尝与问者有一段对话：

> 问：“不改其乐，与乐在其中矣，二者轻重如何?”曰：“不要去孔颜身上问，只去自家身上讨。”（《朱子语类》卷三十一）

孔颜之乐如何，须在自家性分中去找寻，外此别无他途。在此，可作如下总结：

其一，孔颜乐处并非乐那“一箪食，一瓢饮”；

其二，孔颜乐处并非不在“道”，然不只是在“道”处；

其三，孔颜乐处最根本处在于有性体之根基；

其四，这性体之根基须在笃实之存养工夫中朗现。一旦朗现之，则不但贫富无与，且道亦在其中矣。

由此四点，我们进一步可知其五：孔颜之乐实则是圣贤自在、安详、宁静而与天地合其德的境界。此种境界是自然的，亦是艺术的，复是宗教的。自然地从性体言，艺术的从复性体之全而得自在安详言，宗教的从天道言。这是天道与性命相贯通之文化模型所必然蕴含者，亦是孔子之道所必然蕴含者。由此，我们进一步可以解决下面两个问题，即儒家与道家之关系问题及儒学是否宗教之问题。

三　由孔颜之乐看儒家与道家的会归

一般以为，儒家与道家根本不相容，道家以自然人性反对儒家的礼乐仁义。从道家之经典文献看，确是如此。如，庄子曰：

> 故纯朴不残，孰为牺尊！白玉不毁，孰为珪璋！道德不废，安取仁义！性情不离，安用礼乐！五色不乱，孰为文采！五声不乱，孰应

六律！夫残朴以为器，工匠之罪也；毁道德以行仁义，圣人之过也。（《庄子·马蹄》）

在道家看来，如果没有对自然纯朴的木材、白玉的破坏，哪会有牺尊与珪璋呢？同样，如果自然之道德不废，哪里需要仁义呢？如果自然之性情得其正，哪里需要礼乐呢？这样，毁坏纯朴自然的材质而制成器物，乃工匠之罪过；毁弃自然之道德而制定仁义之教，则是圣人的罪过。

道家强调一切从道德出发，且道家的这种道德是纯粹的自然主义，非伦理之约定主义。故曰："人法地，地法天，天法道，道法自然。"（《老子》第二十五章）这里的自然并非我们现在所讲的自然界意义上的自然，而是一种先天主义或宗教主义，即依道而行即是自然。这也是道家的无为而治。"天地有大美而不言，四时有明法而不议，万物有成理而不说。圣人者，原天地之美而达万物之理。是故至人无为，大圣不作，观于天地之谓也。"（《庄子·知北游》）无为而治就是适性合德而为。

闻在宥天下，不闻治天下也。在之也者，恐天下之淫其性也；宥之也者，恐天下之迁其德也。天下不淫其性，不迁其德，有治天下者哉！（《庄子·在宥》）

而一切背道而驰的有为主义，皆为道家所反对。

夫弓弩毕弋机变之知多，则鸟乱于上矣；钩饵罔罟罾笱之知多，则鱼乱于水矣；削格罗落罝罘之知多，则兽乱于泽矣；知诈渐毒、颉滑坚白、解垢同异之变多，则俗惑于辩矣。（《庄子·胠箧》）

在道家看来，不依据道而依据人之才智而行，乃是社会动乱而不能治理的根本原因。在道家那里，无为主义、道德主义、自然主义都是一个意思，但这里的无为、道德、自然都不是我们通常所讲的意义，它既是先验论，又是宗教立场。若以习常之义视之，则成大谬。

但道家之如是之视道德，并非其孤明独发，乃是秉持了古代中国之道德传统。

> 天之道，虚其无形。虚则不屈，无形则无所位迕，无所位迕，故遍流万物而不变。德者，道之舍，物得以生生，知得以职道之精。故德者，得也。得也者，其谓所得以然也。以无为之谓道，舍之之谓德。故道之与德无间，故言之者不别也。（《管子·心术上》）

道是形而上的存在，虚而无形。道下贯舍于万物之中，则称之为德。故道与德并无本质的区别。这种义理模型与《中庸》所云之“天命之谓性”是一回事。但道家并没有深思儒家的这种义理，只是看到了儒家的礼乐仁义之外在制作，于是，猛烈抨击儒家乃人为主义，非自然主义。其实，儒家并不是一种无根基的人为主义，它的人为主义有自然主义的根基，这个根基与道家之自然主义并无殊异。

> 夫礼，先王所以承天之道，以治人之情，列其鬼神，达于丧祭、乡射、冠婚、朝聘。故圣人以礼示之，则天下国家可得以礼正矣。（《孔子家语·礼运》）

礼绝不是一种纯粹的人为制作，其根基亦在天道。孔子曰：“人而不仁，如礼何？人而不仁，如乐何?”（《论语·八佾》）礼乐固不是纯粹的人为制作，就是“仁”也不是一种伦理规定。朱子曰：“仁者，性之德也。”（《四书或问》卷十四）可见，仁亦是性自身的潜能。总之，儒家之道，正如《中庸》所云的那样：“大哉圣人之道！洋洋乎发育万物，峻极于天。”这也是道德主义与自然主义，其终极目标也是无为主义。

> 是故君子笃恭而天下平。《诗》曰：“予怀明德，不大声以色。”子曰：“声色之于以化民，末也。”《诗》曰：“德輶如毛，毛犹有伦”“上天之载，无声无臭”，至矣！（《中庸》）

儒家通过笃实的践行工夫而潜沉朗现性体时，则必定是道德主义、自然主义与无为主义，此与道家绝无差异。尽管儒家有礼乐之造作，但皆尽性而成，非外在寡头之妄作也。是以王船山曰：“性中尽有天德、王道、事功、节义、礼乐、文章。”（王夫之：《明诗评选》卷五）惜乎道家并没有看到儒家这个性体之根基，一味地反对儒家之仁义礼乐。这种反对使儒家的仁义礼乐往上提升，不至于僵死在外在的制作里，是很有意义的；若根本否定仁义礼乐人文化成之效而废弃之，适成反人文反道德之大盗，则为大谬。道家亦实蕴含有此种流弊，黄老最后发展至申韩之术，正是这种流弊的体现。

然一个人若真潜沉涵养至于性体朗现，则必不反对道家。颜渊就是其中的一个例子。《孔子家语·颜回》载有这样一个故事：

> 鲁定公问于颜回曰："子亦闻东野毕之善御乎？"对曰："善则善矣。虽然，其马将必佚。"定公色不悦，谓左右曰："君子固有诬人也。"颜回退。后三日，牧来诉之曰："东野毕之马佚，两骖曳两服入于厩。"公闻之，越席而起，促驾召颜回。回至，公曰："前日寡人问吾子以东野毕之御，而子曰：'善则善矣，其马将佚。'不识吾子奚以知之？"颜回对曰："以政知之。昔者，帝舜巧于使民，造父巧于使马。舜不穷其民力，造父不穷其马力；是以舜无佚民，造父无佚马。今东野毕之御也，升马执辔，衔体正矣；步骤驰骋，朝礼毕矣；历险致远，马力尽矣；然而犹乃求马不已。臣以此知之。"公曰："善。诚若吾子之言也。吾子之言，其义大矣。愿少进乎。"颜回曰："臣闻之，鸟穷则啄，兽穷则攫，人穷则诈，马穷则佚。自古及今，未有穷其下而能无危者也。"公悦。遂以告孔子，孔子对曰："夫其所以为颜回者，此之类也。岂足多哉？"

东野毕虽善御马，但只是技术上的——有为，而未能尽马之性——无为，于是，"东野毕之马佚"了。同样，政治也是如此，须尽民之性，不可穷民之力。舜就是如此，故孔子曰："无为而治者，其舜也与。"（《论语·卫灵公》）这表明，孔子与颜渊皆认可"无为而治"。为什么呢？因为最好的政治须有人性的根基，不在这个根基之外再有所作为。孔子与颜渊在笃实的存养工夫中，自然从性体之中体认到了"无为而治"。所以，"无为而治"绝非道家之孤明独发，乃是性体朗现之后而必然至者。道家固如此，儒家亦如此。《庄子》中记载颜渊之几条文献，就是明确之表示。

《庄子》中记载颜渊的文献，是历史上的故事还是庄子以寓言表达自己的思想呢？笔者以为可能是历史上的故事。先秦时期，社会上可能经常流传着一些名人有意义的故事而被相关学者记录下来，以表达相关的道理。如：

> 阳子之宋，宿于逆旅。逆旅人有妾二人，其一人美，其一人恶，恶者贵而美者贱。阳子问其故，逆旅小子对曰："其美者自美，吾不知其美也；其恶者自恶，吾不知其恶也。"（《庄子·山木》）

但同样的故事，《韩非子·意林上》中也有相似的记载，且把"阳子"变为了"杨子"。两处记载故事大体相同，但文字略有出入，这说明《韩非子》确实不是照抄《庄子》的原文，而是得自社会流传的故事，不然，就不会有文字上的差别。另外，如果这个故事完全是由庄子杜撰的寓言以表庄子自身的哲学思想，那么，韩非不至于在他的书中留下这个故事。笔者在此是希望证明，《庄子》一书中颜渊的故事，可能并非完全由庄子杜撰，而是确有其事的故实。即便故事未必真确，但其所表现之义理，则为孔子、颜渊所首肯。

> 颜渊问乎仲尼曰："回尝闻诸夫子曰：'无有所将，无有所迎。'回敢问其游。"仲尼曰："古之人外化而内不化，今之人内化而外不化。与物化者，一不化者也。安化安不化？安与之相靡？……圣人处物不伤物。不伤物者，物亦不能伤也。唯无所伤者，为能与人相将迎。山林与，皋壤与，使我欣欣然而乐与！乐未毕也，哀又继之。哀乐之来，吾不能御，其去弗能止。悲夫，世人直为物逆旅耳！夫知遇而不知所不遇，知能能而不能所不能。无知无能者，固人之所不免也。夫务免乎人之所不免者，岂不亦悲哉！至言去言，至为去为。齐知之所知，则浅矣！"（《庄子·知北游》）

"无有所将，无有所迎"就是"无为"。怎样能做到"无为"呢？就是要"外化而内不化"，"外化"是随时俯仰，与物推移，"内不化"是朗现而挺立性体之中。这样，才能做到"处物不伤物"，且物亦不能伤己。但一般人却是“内化而外不化”，变化多端，自己先已站不住了，却宰物以为旅，内轻而外重。于是，哀乐相继，莫之能御，岂不悲乎?! 人若能直达性体以至于无为，则知遇亦知所不遇，知能能亦知所不能，由此，必安闲而乐。“箪食瓢饮”之乐，不就是如此吗?

又：

> 颜回曰：“回益矣。”仲尼曰：“何谓也?”曰：“回忘仁义矣。”曰：“可矣，犹未也。”他日复见，曰：“回益矣。”曰：“何谓也?”曰：“回忘礼乐矣。”曰：“可矣，犹未也。”他日复见，曰：“回益矣。”曰：“何谓也?”曰：“回坐忘矣。”仲尼蹴然曰：“何谓坐忘?”颜回曰：“堕肢体，黜聪明，离形去知，同于大通，此谓坐忘。”仲尼曰：“同则无好也，化则无常也。而果其贤乎！丘也请从而后也。”（《庄子·大宗师》）

这一段表示颜子在践行工夫中德业日进，逐渐超越了外在的仁义礼乐而挺立于性体之中也。“坐忘”不但去掉了肉体之欲望，即仁义礼乐也一并超越，灵现那个形上之性体而直通天道。唐君毅先生曰：

> 依先秦哲人之教，儒者固言万物并育并行之道，庄子亦言，彼是双成，万物一体之意……于是于自然界无往而不见此心仁德之流行，而未曾见万物之相碍而相忍，此即中国古人对自然之审美之最重要精神所在，而亦遥通于中国政教礼乐之大原者。①

这是修德进业的圆成，而孔颜与老庄所“莫逆于心”者也。

通过摘引上述两段文字加以缕析可知，无论是“无为”，还是“坐忘”都必然蕴含在孔颜之乐中。不管这两段文字是确有故实还是庄子所杜撰，其大义必不违背孔颜之道。故“无”是共法，为笃实践行而至于朗现性体者所默契之境。道家固雅言“无”，儒家宁不雅言耶?《周易·系辞上》谓：“易无思也，无为也，寂然不动，感而遂通天下之故。”又，

---

① 唐君毅：《中国文化之精神价值》，台湾正中书局1953年版，第298页。

《洪范》谓："无有作好，尊王之道；无有作恶，尊王之路。"即其选也。"无"即从"体"言，亦从践行之化境（"用"）言，是以圣人体无，本不虚也。唯魏晋名士只从"用"而不从"体"而言"无"，故为"空华外道"也。然其执道家以解儒学，欲化解疏通汉代以来章句之学的僵固，还儒学以灵通活泼之气，其诚心亦可鉴也。盖儒家与道家，其大义本不相背，唯道家重在言"无"，而儒家则不但言"无"，亦言仁义礼乐之"有"。故儒家毕竟为"极高明而道中庸"之中正大道也。后世学者不明乎此，道家或流入黄老，或流为长寿养生之术；而儒家则失其灵动之姿而陷入纲常伦理之制。是既不解道家，亦不知儒学也。今资孔颜乐处之义而疏通之，或有祖述孔颜，宪章老庄之功也。

四　由孔颜之乐看儒家与宗教的会归

我们再来从孔颜之乐看儒学与宗教之关系。孔颜之乐不是居常我们所理解的艺术之美趣与自由的愉悦，而是直通人性之根基与宇宙之本源的。故孔颜之乐绝不是艺术性的美趣与自由，而是宗教性的禅悦与安宁。也就是说，通过笃实之践行工夫而朗现性体至于其极，则必有宗教的禅悦与安宁。故儒学可通宗教，或者说，儒学即是最根源之宗教。何也？因其挺立性体，尽性体之潜能也。这个性体成为所有宗教的根基。宗教哲学家缪勒说：

> 正如说话的天赋与历史上形成的任何语言无关一样，人还有一种与历史上形成的任何宗教无关的信仰天赋。如果我们说把人与其他动物区别开的是宗教，我们指的并不是基督徒的宗教或犹太人的宗教，而是指一种心理能力或倾向。它与感觉和理性无关，但它使人感到有"无限者"的存在，于是神有了各种不同的名称，各种不同的形象。没有这种信仰的能力，就不可能有宗教，连最低级的偶像崇拜或神物崇拜也不可能有。只要我们耐心倾听，在任何宗教中都能听到灵魂的呻吟，也就是力图认识那不可能认识的，力图说出那说不出的，那是

一种对无限者的渴望，对上帝的爱。[①]

性体一旦挺立，即开决了宗教之动力。相对于实定宗教而言，这是一种没有上帝的宗教，或者不是宗教的宗教。儒学从孔、颜、孟子直至宋明儒者都能在存养践行中挺立这个性体，从而开决了宗教之精神源泉。这种宗教之精神源泉比宗教自身之仪式、祈祷或许更重要。德国哲学家施莱尔马赫呼吁说："让我们走向人性，我们在这里为宗教找到了素材。"[②] 基于此，他甚至以为："一种无上帝的宗教可能比另一种有上帝的宗教更好。"[③] 儒学，就是这样一种比有上帝的宗教更好的宗教，或者说，儒学就是一种宗教动力学。[④] 唐君毅先生认为，这是所有宗教的结局地。他说：

> 其所以能为结局地，并非必依于吾人之将人以外以上之问题，存于不论，而是依于人之可自知自见：其所以欲论及或能论及人以上之问题，而表现超越的无限的宗教精神，正依于人自己具有此具超越性、无限性之本心本性。[⑤]

但儒学亦不是没有上帝的宗教。天道下贯而为人之性，最后天道与性命相贯通，是以儒学并非没有上帝（只是常以天道或天理名之，非以上帝名之也）。然儒学既然在生命中挺立性体以开决宗教之动力，则其用力处在性体处，而不在天道或天理处也。故孟子云"尽心""知性"而"知天"。"知天"之根本在"心"处（"四端之心"人人所固有），若"心"不能"尽"，则不但不能挺立性体，于"天"亦根本茫然。茫然归茫然，非谓天根本无有也。若内在之性体挺立，则一定要契合乃至与天为一，故庄子曰："内直者与天为徒。"（《庄子·人间世》）儒学之用力处既在"尽心"处，一旦"心"尽而动力开启，必然感到宗教之禅悦与安宁，非

---

① 缪勒：《宗教学导论》，陈观胜、李培茱译，上海人民出版社 2010 年版，第 10—11 页。

② 施莱尔马赫：《论宗教》，邓安庆译，人民出版社 2011 年版，第 51 页。

③ 同上书，第 73 页。

④ 张晚林：《论儒学的宗教性》，《同济大学学报》2013 年第 4 期。

⑤ 唐君毅：《中国人文精神之发展》，广西师范大学出版社 2005 年版，第 313 页。

如实定宗教那样，“心”未尽而动力未开，直接进行宗教之布道，则必觉压制而不自由。正乃有感于宗教之压制与不自由，蔡元培雅言“美育代宗教”。然蔡元培以纯粹之美学代替宗教，其结果是抹杀了宗教。实则纯粹之美学固有自由，然与宗教之禅悦与安宁相去甚远，根本不可能代宗教。故蔡元培之说根本为虚妄。然蔡元培欲消解实定宗教之压制而不自由依然有意义，若蔡元培能回归到儒家心性之大道，见孔颜之乐之大义，则必不至于以纯粹美学以代宗教也。其必曰：舍孔颜之乐而谁何？然此处不言孔颜之乐代宗教也，盖孔颜之乐乃宗教极致之地，因儒学挺立性体，自身即为宗教也。

颜子之学至此亦充其极也。颜子之所以为颜子，岂虚言哉?！南轩张子曰：

> 嗟乎！颜子之所至亚于圣人，孔门高弟莫得而班焉。及考鲁论师友之所称，有曰“不迁怒、不贰过而已”；有曰“以能问于不能、以多问于寡；有若无、实若虚；犯而不校而已”。自学者观之，疑若近而易识，然而颜子之所以为善学圣人者，实在乎此，则圣门之学其大略亦可见矣。必实用其力而后知其难，知其难而后有可进之地也。然则后之学者贪高慕远，不循其本者，终何所得乎？故予愿与同志之士，以颜子为准的，致知力行，趋实务本，不忽于卑近，不遗于细微，持以缜密，而养以悠久，庶乎有以自进于圣人之门墙。（《南轩集》卷三十三《跋希颜录》）

孔颜之学固极于高明之境，然其下手处却平实而卑近，人人可为而可行，故圣人可学而至，岂妄言之哉?！故孔颜之学亦天亦人，是以天人合一，又岂妄言之哉?！

（作者单位：湖南科技大学 哲学系）

周敦颐的圣人观与其意义

［韩］郑相峰

一　引　言

自20世纪末迄今，中国领导人一向强调儒家哲学思想，民间社会也立即响应之。其实儒家哲学在东亚地区近一百五十年之间受到批判与否定，这是现代历史上发生过的事实。既然传统封建社会已经崩坏了，大家都习惯于以西方的众多学问思想理解整个世界。然而为何我们现在又要注重儒家哲学？也许因为即使科学技术发达，且经济水平步步提高，但道德意识反而淡泊了，社会上不断发生的腐败现象和反伦理事件，不可胜数。我们一再反思：到底发生了什么问题？其原因在何处？

随着历史的演变，整个社会的文化体系也改变了。然而为人处世的核心伦理问题，并没有发生多大的变化。虽然现代社会的结构不同于传统社会，但是基本的人际关系仍然存在。同时我们依然面临着核心伦理课题。于是人们处于是非善恶挣扎不已的道德情境之中，深思反问：在个人层次上我们何以能涵养出自己的道德心性？在社会层次上我们应该如何对待他人以至与他人和睦相处？最后我们要建设何种社会共同体？针对这些问题，儒家哲学虽然自从西势东渐以后已经经历了众多艰辛的发展，但是现在需要重新探讨其哲学思想，以证明其现代价值与意义。所以本文将主要焦点放在“圣人”这一儒家的理想人格上，特别是想要厘清北宋大儒周敦颐的圣人观，并探讨其在哲学史上的意义。周敦颐基本上继承了孔孟以来的圣人观。再则绍述了周敦颐学做圣人的观点。所以首先要介绍孔孟以后相承的传统圣人观；然后管窥周敦颐的观点并讨论其在哲学史上的评价如何。

二 周敦颐以前儒家的圣人观

开创儒家哲学的孔子目睹了“君不君，臣不臣；父不父，子不子”以至“天下无道”的状况。他认为“仁”是人的存在本质，即是人之所以为人的依据。礼乐之规范形式须以仁作为其基础，孔子说：“人而不仁，如礼何？人而不仁，如乐何？”所谓君子就是仁礼彬彬、学德兼备的知识分子，是基于“仁”这一道德心性并通过道德自觉不断努力实践伦理规范的典型人物。“修己以敬”“修己以安人”就属于君子的职分，而“修己以安百姓”则是圣人也耿耿于心之事。(《论语·宪问》)孔子不敢自居圣人，是因为圣人是“生而知之者”。在孔子的心目中，尧舜禹汤文武周公才能代表理想人格之圣人，而他自己则只不过是学不厌、教不倦，“好古敏而求之”而已。[①]

孔孟系统中，圣人指天人合德的理想境界。《中庸》说：“天命之谓性；率性之谓道；修道之谓教。”(《中庸》首章)这一句意含天人一贯之道。天赋予人以道德本性，人则依顺其本性而实践道德伦理。含天地万物普遍原理的就是“诚”。此诚体使得天地位焉万物育焉，所以说“不诚无物”(《中庸》第二十五章)。就天人关系而言：“诚者天之道，诚之者人之道。”(《中庸》第二十章)天下至诚之人即是圣人。至诚的圣人是完全实现了自己固有的道德本性，然后也能够使得人性与物性直接呈现出来的人。因此圣人可赞天地之化育，并与天地相参。[②] 圣人是“生而知之者”与“安而行之者”，有生以来即道德智慧充满而安然实践其道德知见的理想人格。“学而知之”与“利而行之”则属于学德兼备的君子之分内之事；“困而知之”“勉强而行之”则是在道德知见与道德实践上努力去做君子的学人之分内之事。[③]

---

① 《论语·述而》：“子曰：若圣与仁，则吾岂敢？抑为之不厌，诲人不倦，则可谓云尔已矣。”

② 《中庸》第二十二章：“唯天下至诚，为能尽其性；能尽其性，则能尽人之性；能尽人之性，则能尽物之性；能尽物之性，则可以赞天地之化育；可以赞天地之化育，则可以与天地参矣。”

③ “学而知之”“利而行之”“困而学之”“勉强而行之”是君子、学人之事。

孟子则继承孔子与子思的哲学思想，加以发展。孟子的性善说与王道思想的确是在道德哲学与政治哲学上成体系性发展的理论成果。与《中庸》所说一致，孟子也有说："诚者天之道也，思诚者人之道也。"（《孟子·离娄上》）"诚"是贯通于天人之真实无妄的终极价值。"诚"则代表天道运行的实现价值。"诚之者"是人之依顺天道而不断实践之的道德向往。所谓尽心、知性、知天，存心、养性、事天，无一不是"诚之者"的人道之努力实践及其过程。（《孟子·尽心上》）依孟子看，人之所以异于禽兽者即人的存在本质就在于仁义礼智之道德本性。人们由于此先天赋予的仁义礼智之德性而发出恻隐之心、羞恶之心、恭敬之心、是非之心，所以应该推此四端之心以扩充之，自然能够事父母、保四海。从此可说："万物皆备于我矣。反身而诚，乐莫大焉。"（《孟子·尽心上》）孟子极为推崇孔子，认为孔子是圣人之一。依孟子看，伯夷是圣人之中清高的一位；伊尹是圣人之中负责的一位；柳下惠是圣人之中随和的一位；孔子则是圣人之中识时的一位。[①] 不过伯夷、伊尹比不过孔子，所以孟子说："自生民以来未有孔子也"，"自生民以来未有夫子也"，"自生民以来未有盛于孔子也"（《孟子·公孙丑上》）。

汉代董仲舒则将孔孟哲学中"仁"这一核心概念衔接于《周易》，然后提出所谓十端，即天地人与阴阳五行。他接受了《吕氏春秋·十二纪纪首》的思想，认为，天地之元气分为阴阳和五行，四象的少阳、太阳、少阴、太阴，四时的生、长、收、藏，四方的东、南、西、北，共同构成一个有机的整体世界。[②] 甚至仁义礼智、喜怒哀乐、庆赏刑罚都被引入这个有机世界的结构之中。天人相副，以类合之，天人就构成一个有机整体。董仲舒天人感应论的理论依据就在于此。他说："仁之美者在于天。天，仁也。天覆育万物，既化而生之，有养而成之；事功无已，终而复始；凡举归之以奉人。察于天之意，无穷极之仁也。人之受命于天也，取仁于天而仁也。"（《春秋繁露·王道通》）又说："仁，天心。"（《春秋繁露·俞序》）天化生万物，覆育之且养成之。在其事功不已的过程中有天

---

① 《孟子·万章下》："孟子曰：伯夷，圣之清者也；伊尹，圣之任者也；柳下惠，圣之和者也；孔子，圣之时者也。"

② 徐复观：《两汉思想史》，台湾学生书局 1989 年版，第 376 页。

意在。天心以仁为代表，人生来即禀受天之仁德以为其德性。他把人的品性分成三种，即圣人之性、中民之性、斗筲之性。(《春秋繁露·实性》)大多数一般人属于中民，中民潜在地具备可行善的德性，所以进而需要回答如何使中民之性实现出来。圣人是能够完全实现其先天纯善无恶的德性之理想人格。圣人效法天地，施行天德，就能成为君王。(《春秋繁露·威德所生》)作为君王的圣人提供给一般中民合适的环境与教育以帮助其德性之实现。于是他说："名性者中民之性。中民之性如茧如卵，卵待覆二十日而后能为雏；茧待缫以涫汤而后能为丝，性待渐于教训而后能为善。"(《春秋繁露·实性》)一般中民生来具有善质的本性而未能善，需要经过圣人之教化才能成善。①

唐代韩愈则在道教与佛教盛行的情况下为了恢复儒家的正统地位而奋斗努力。他指出儒家圣人之道统，包括孟子在内，即"尧以是传之舜，舜以是传之禹，禹以是传之汤，汤以是传之文武周公，文武周公传之孔子，孔子传之孟轲。轲之死，不得其传焉"(《原道》)。当时道佛两教极为盛行，然而站在道统的立场看，必须抛弃此异端而使儒家哲学思想流行于世。于是他说："人其人，火其书，庐其屋。"(《原道》)另一方面，他极力主张将佛骨"投诸水火，永绝根本，断天下之疑，绝后代之惑。使天下之人，知大圣人之所作，为出于寻常万万也"(《谏迎佛骨表》)。韩愈的高足李翱认为一般人与圣人在本性上无所不同，暴君桀纣的本性和圣人尧舜的本性也是一样的。不过在现实中一般人的本性为嗜欲好恶所遮蔽而被迷惑，所以昏而不能自觉到其至善的本性。人的本性则无不善，反而感情有善有不善矣。人先天具有的德性是人之所以为圣人的依据。人的本性虽然是无不善，但凡人一受到喜怒哀惧爱恶欲这七情的负面影响，人性之善就为之所藏匿而无法充分实现出来。是以他说："人之所以为圣人者，性也；人之所以惑其性者，情也。喜怒哀惧爱恶欲七者，皆情之所为也。情既昏，性所匿矣，非性之过也；七情循环而交来，故性不能充也。"(《复性书》上)圣人也有感情，但未尝有顾及自己的私人感情，只是"寂然不动，感而遂通天下之故"。对凡人而言，如果不灭息其感情之动，就不能恢复其本性。

① 《春秋繁露·沈察名号》："天生民性，有善质而未能善，于是为之立王以善之，此天意也。"

因此为了达至圣人，凡人应该灭息妄情，自明本性，然后可以恢复其纯善的本性。①“灭息妄情”的修养工夫包含了“弗思弗虑”“动静皆离”，至少可以说其语言表述的形式与佛教的修行论相当接近。不过他站在儒学家的立场非常重视“诚”这一概念，如其所说：“诚者，圣人之性也。寂然不动，光大清明，照乎天地，感而遂通天下之故。”（《复性书》上）如此李翱则不只继承了思孟系统所关注的“诚”这个概念，同时引《易传》所述：“夫大人者，与天地合其德，与日月合其明，与四时合其序，与鬼神合其吉凶。先天而天弗违，后天而奉天时。天且弗违，而况于人乎？况于鬼神乎？”而叙说圣人是能尽其性者。（《复性书》上）从此儒家哲学即能够与道教之脱胎成仙说和佛教之一切众生皆能成佛的观点相提并论。换句话说，据此《易传》与《中庸》的形而上学显然揭示了天人合一的圣人观。自尧舜降至孔孟的圣人相承系统也重新具备了其理论基础。

三　周敦颐的圣人观及其在哲学史上的意义

孔孟儒学，经过汉唐时代接受阴阳五行说而建立天人相副的世界观，并且受到道佛两家形上思维和思想逻辑以及其心性论与修养论的刺激，其理论体系也逐渐发生变化，在北宋经由几位儒学家的发展，儒家哲学终于焕然一新，所谓新儒学就出现了。

号称新儒学泰斗的周敦颐（号濂溪，1017—1073），二程曾师承之。程颢（号明道，1032—1085）与程颐（号伊川，1033—1107）两人的哲学思路虽然不同，但是他们受到周敦颐哲学思想的影响非常深，尤其是其圣人观开启了后来宋明理学的圣人观。周敦颐借《易传》和《中庸》的形上思维以重新建构儒家哲学的形而上学。形而上学本身是包含宇宙论与本体论的。宇宙论说明天地万物的生成过程，同时说明其生成过程中的普遍原理。形而上学可为其心性论和修养工夫论提供理论基础。其整体哲学思想融会于《太极图说》与《通书》中。具体而言，“太极”在宇宙论方面是万物生成的最终根源，即由太极生阴阳，阴阳分为五行，阴阳五行妙合而凝，天地万物皆从此化生矣。同时“太极”在本体论的层次上又

---

① 《复性书》中：“妄情灭息，本性清明，周流六虚，所以谓之能复其性也。”

是万物背后的终极形上原理。现象界的“多”与本体界的“一”，到底有何关系？周敦颐说：“五殊二实，二本则一，是万为一。一实万分，万一各正，小大有定。”（《通书·理性命》）涵盖普遍的形上原理与个体的具体本性在本质上相即相摄，终成为一。整个天地万物的世界是存在与价值的世界。万物的存在由阴阳二气之相合而成；人的价值德目是以仁义为主的。万物具备元亨利贞四德；人则有仁义礼智四德。贯通于整个世界的存在原理与价值德目者乃是天道之“诚”。元亨，是指诚之开展；利贞是指诚之收敛，即诚通诚复。[①]“诚”则彻上彻下，天道之诚贯穿于圣人之道。圣人就是体现“诚”这一贯通存在与价值的普遍原理的理想人格。人们禀受阴阳五行而得其气质，其气禀则有刚善、刚恶、柔善、柔恶、中之区分。[②] 是以占大多数的一般人难以实现其先天具备的道德本性。不过周敦颐指出，人们可以学做圣人，如其所说：“圣，可学乎？”曰：“可。”曰：“有要乎？”曰：“有。”“请闻焉。”曰：“一为要。一者无欲也。无欲则静虚动直。静虚则明，明则通；动直则公，公则溥。明通公溥，庶矣乎！”（《通书·圣学》）其实孔子即不敢自居圣人，汉唐时代的儒学家们也仍然以为圣人的境界是一般人不可达致的，所以周敦颐的这种主张在儒家哲学史上有划一界线的突破性的意义。学以达致圣人的关键就在于“无欲”。孟子说：“养心莫善于寡欲。”寡欲之工夫加深，寡之又寡而至于无欲。[③] 周敦颐虽然使用“无欲”这一道家概念，但是却代表儒家的无私欲。无私欲是自孔子说“克己复礼”以来儒家一向坚持的修养工夫条目。克服自私自利的个体私欲是直接通往实践公平公正的普遍伦理之路。无欲则“静虚动直”，“明通公溥”。无思无为，直达于“诚”，以致圣人的理想境界。圣人则以至公无私衡量事物，以中正仁义为为人处世之标准。[④] 古代圣王制作礼乐而施行于天下，维持社会伦理纲常，以致建设极为和谐的世界。《易传》有载：“夫大人者，与天地合其德，与日月合其

---

① 《通书·诚上》：“元亨，诚之通；利贞，诚之复。”

② 《通书·师》：“性者，刚柔善恶中而已矣。”

③ 《养心亭说》：“予谓养心不止于寡焉而存耳。盖寡焉以至于无，无则诚立明通。诚立，贤也；明通，圣也。是圣贤非性生，必养心而至之。养心之善有大焉如此，存乎其人而已。”

④ 《太极图说》：“圣人定之以中正仁义而主静，（无欲故静）立人极焉。”《通书·道》：“圣人之道，仁义中正而已矣。”

明，与四时合其序，与鬼神合其吉凶。”（《周易·文言传·乾卦》）周敦颐说：“道德高厚，教化无穷，实与天地参而四时同，其惟孔子乎!”人们希求圣贤，要以孔子作为榜样，在实践中要努力去“志伊尹之所志，学颜子之所学”（《通书·志学》）。

二程曾就学于周敦颐，在哲学思想方面周敦颐对二程的启发颇多。程颢说过：“昔受学于周茂叔，每令寻颜子、仲尼乐处，所乐何事?”（《二程遗书》卷第二上）孔颜乐处所乐何事之问题，是周敦颐修养工夫一向着重的话题。另一方面，周敦颐也说到天地与圣人之至公无私。[①] 而程颢则接纳其观点而说出天地之无私心和圣人之无私情，如其所说：“夫天地之常，以其心普万物而无心；圣人之常，以其情顺万物而无情。故君子之学，莫若廓然而大公，物来而顺应……圣人之喜，以物之当喜；圣人之怒，以物之当怒。是圣人之喜怒，不系于心而系于物也。”（《定性书》）天地生物之心普遍弥漫于万物而没有私心；圣人之用心，廓然而大公，物来而顺应，没有私人感情。换言之，圣人的感情随着物之当怒当喜，而当怒则怒，当喜则喜而已。圣人是体认仁理的理想人格，以天地万物为一体，视人如己而莫不爱之。圣人之喜怒，以物之当喜则喜、当怒则怒，无私人感情耳。程颐则在18岁入太学之后写过一篇《颜子所好何学论》，其中就认为圣人的境界是可学而至的。[②] 如果人们要努力去做圣人，则应该学颜子之所好学。如此才能重建儒学为学之道。二程所关注的工夫门径虽然各有特色，但其修养工夫论的旨归是学做圣人，这是周敦颐与二程一贯的立场。

北宋周敦颐和二程出入于佛老几十年，受到道佛二家的影响非常大。他们根据《易传》《中庸》建立了新的道德形上学，从而能与道佛二家相比对。从中国哲学史的观点看，北宋儒学家建构了新的形而上学体系，奠定了其道德哲学的理论基础。至于其圣人观与修养工夫论方面，佛教的影响既大又深。代表隋唐佛教的天台宗、华严宗、禅宗都肯认“一切众生，悉有佛性”。“一切众生，悉有佛性”意指一切有感情的存在物都有觉悟成智以成佛的本性。天台宗以实相说为理论基础，认为一切诸法悉具佛

---

① 《通书·公》：“圣人之道，至公而已矣。”或曰：“何谓也?”曰：“天地，至公而已矣。”

② 《颜子所好何学论》：“圣人可学而至与?”曰：“然。”

性，进而从诸法互具的观点主张性具染净、凡圣一如。华严宗则提出性起说，所谓性起即称性而起。一切众生具足如来智慧，只要称性而起，就可作佛。最具中国特色的禅宗，虽然有前期的祖师禅与如来禅以及后期的分灯禅之别，但是前期禅宗以即心即佛为核心思想，而后期则提倡超佛越祖。六祖慧能在《坛经》中说："本性是佛，离性无别佛。""识自心众生，见自心佛性……自性若悟，众生是佛；自性若迷，佛是众生；自性平等，众生是佛。"通过转迷开悟、离妄还源到明心见性，众生皆能成佛。孔孟以来儒家心性论的核心重点就在于万物之灵的人。所以儒学家们一听到佛家的佛性论，则无一不吃惊。除了人以外，其他存在物何以具有佛性，并如何能成佛？针对这一点宋儒的批判也颇为激烈。然而北宋儒学家深受其思考模式与逻辑思维的影响，而建构出新的儒家哲学思想。周敦颐的确是具有代表性的新儒学泰斗。

四　结语

以上我们探讨了孔孟以来传统儒学的圣人观以及周敦颐的圣人观，然后扼要叙述了其哲学思想的意义以及学做圣人的观点。周敦颐倡导新儒学的学术方向，二程也受到周敦颐圣人观的影响，并各自加以发明，建构其修养工夫论。通过周敦颐的圣人观，宋明时期所谓"圣学"就逐渐形成了。明代周汝登写有《圣学宗传》，算是整理儒家圣人之道传承系统的专书。朝鲜退溪李滉则在68岁（1167）时为年轻的宣祖进呈《圣学十图》。[①] 栗谷李珥也在40岁（1575）时向宣祖呈上《圣学辑要》。"圣学"表示达致圣人境界之学，并代表通往圣王的学路。孔子所说的"修己以敬""修己以安人""修己以安百姓"和《大学》所讲格物、致知、诚意、正心、修身、齐家、治国、平天下，都是属于"内圣外王"的圣学之事。就儒家哲学而言，人不只具备自然生命，还具有天赋的道德生命。自天子达于庶民，人人皆为存在于世界之内的一个存在者，亦是社会共同体的一个成员。"圣人"是聪明睿智彻上彻下，体得道德本性而实现普遍价值，当然至公无私。一般人则虽然先天具备仁义礼智之道德本性，但是

① 其中第一个图是周敦颐的"太极图"。

因为气质上有所不足，并在日常生活之中因其私欲动荡不已，而难以实现天所赋予的道德本性。不过照周敦颐所说，圣人的境界是人人皆可学而至的。是以人们需要以伊尹和颜渊作为榜样，不断努力去节制感情、克服私欲以实践伦理道德。在这一过程当中，人们能够尊重他人、关怀他人、体贴他人，自然会在为人处世上实现真实无妄之“诚”的价值。

孔孟以来儒家哲学将“圣人”看作理想人格。依周敦颐看，人们固有天所赋予的德性，所以都能达到此理想境界。此学做圣人的观点，让我们借以反思21世纪现代社会的理想人格形象。无论个人层次上还是社会共同体层次上，自由、平等、正义等代表了现代社会的普遍价值，即现代社会伦理的核心标准。这些现代的普遍价值条目，应当从人之所以为人即人的存在本质之角度来衡量之，才会凸显出其伦理道德的意义。换句话说，人们既然共存于这个世界之中，就应该互相尊重，相敬相爱，以诚待人处世，就能够涵养出内在的道德本性，并能够共同建设和谐相处、合理处事的社会共同体。

（作者单位：韩国　建国大学哲学系）

周敦颐之工夫论祈向

梁世和

周敦颐《太极图说》构建了儒家的宇宙论生成论体系。太极生阴阳、五行，而后万物生焉，最后有男有女。刘宗周称周敦颐："句句言天之道也，却句句指圣人身上家当。"[①] 对天道演进的阐发，最终还是为了讲述人道。人得万物之秀而最灵，而圣人为秀中之秀。圣人法天，"人极"立焉。"人极"即做人的最高标准。《周易·乾卦·文言传》曰："大人者，与天地合其德，与日月合其明，与四时合其序，与鬼神合其吉凶"，便是圣人或大人的做人标准，即是"人极"。如何达到这样的目标呢？唯有孳孳不息，进德修业，《通书》即以此来展开。时人祁宽盛赞《通书》曰："夫老氏著道德五千言，世称微妙。此书字不满三千，道德、性命、礼乐、刑政，悉举其要。而又名之以'通'，其示人至矣。学者宜尽心焉。"[②] 老子《道德经》五千言是中国文化的代表，在中西哲学史上有着崇高地位，将周敦颐不满三千字的《通书》与之相提并论，足见其重要。

儒家学说是实践的学问，修养工夫论是其核心内容。工夫论的意涵广泛存在于先秦儒学之中，"文、周、孔、孟皆是在身上做工夫者"[③]。但儒学中"工夫"概念，以及工夫作为修养体系则是到了宋代才出现。被誉为"道学宗主""理学宗师"的周敦颐，在理学的一些重大领域都有重要贡献，他不仅构建了儒家的宇宙论生成体系和本体论价值观，而且提出了

---

① 周敦颐：《周子通书》，上海古籍出版社 2000 年版，第 31 页。

② 周敦颐：《周敦颐集》，中华书局 1990 年版，第 119 页。

③ 柳诒徵：《中国文化史》，中国社会科学出版社 2008 年版，第 611 页。

理学工夫论的主要命题和观念，昭示了修养工夫的祈向。

一　主静

在《太极图说》的宇宙论体系中，人被赋予了崇高地位，但也正因此，人之为人并非易事，若要与其地位相称，必须付出艰辛的努力，这种努力就是修养。为此，周敦颐提出“主静立人极”的修养理念。在《通书·圣学第二十》中，他进一步阐发了静之功用：“静虚则明，明则通……”他认为静乃是入圣的基本工夫。这一理念得到后世理学家的广泛认同，经由二程及其弟子发扬光大，递相传授，“静坐”成为宋明理学最重要的修养工夫手段，并形成以“主静”为核心的工夫论修养体系。

历代大儒称赞、论述“主静—静坐”工夫的文字比比皆是。二程曰：“性静者可以为学。”[①] 程颐每见人静坐便叹其善学。谢良佐曰：“近道莫如静。斋戒以神明其德，天下之至静也。”[②] 朱熹曰：“明道、延平皆教人静坐。看来须是静坐。”[③] 又曰：“始学工夫，须是静坐。静坐则本原定。”[④] 高攀龙曰：“凡静坐之法，唤醒此心，卓然常明，志无所适而已。”陈宪章曰：“为学须从静坐中养出个端倪来，方有商量处。”孙奇逢曰：“着力做工夫处，在‘主静立人极’句。”今人柳诒徵曰：“盖宋之大儒，皆尝从静养中作工夫。”[⑤] 熊十力曰：“智慧生于静，浮动的生活终无由得大慧与深慧，至言不止于俚耳。真理不显于杂染之心，故知澄净为智慧之母。”[⑥]

周敦颐指出，“主静”并非静止不动，而是一种身心收敛，不受外物干扰的状态。他对“动”“静”的内涵进行了分析，特别辨析了两种“动”“静”的状态：

---

① 程颢、程颐：《二程集》，中华书局 1981 年版，第 351 页。

② 谢良佐：《上蔡先生语录》，中华书局 1985 年版，第 15 页。

③ 黎靖德编：《朱子语类》（一），中华书局 1994 年版，第 210 页。

④ 同上书，第 217 页。

⑤ 柳诒徵：《中国文化史》，中国社会科学出版社 2008 年版，第 616 页。

⑥ 熊十力：《原儒》，上海书店出版社 2009 年版，第 253 页。

> 动而无静，静而无动，物也；动而无动，静而无静，神也。动而无动，静而无静，非不动不静也。物则不通，神妙万物。水阴根阳，火阳根阴。五行阴阳，阴阳太极，四时运行，万物终始。混兮辟兮，其无穷兮。①

一种是“动而无静，静而无动”，这是“物”的状态，是“不通”的；另一种是“动而无动，静而无静”，此为“神”的状态，可以妙应万物。显然，“物”的状态不是儒者追求的，“神”才是圣人应有的德性。关于“神”，周敦颐又曰：“发微不可见、充周不可穷之谓神。”（《通书·诚几德第三》）“感而遂通者，神也。”（《通书·圣第四》）这种神秘、通达、顺遂的特性，与“动而无动，静而无静”或“动中有静，静中有动”之神态是相通的。虽然周敦颐对动静关系的辨析，并非从修行工夫角度来讨论，但据此也足以判断他对静修方式的态度，即其不会认同枯坐式的静坐修行。周敦颐对“静”的修养工夫并没有具体展开说明，也无从得知他如何进行静修实践，但他对儒家“主静”修养工夫的倡导，以及对动静关系的辨析，都被吸纳到后来的理学工夫论之中。

二　寻孔颜乐处

二程兄弟年少时，曾一同问学于周敦颐，程颢曾说：“昔受学于周茂叔，每令寻仲尼、颜子乐处，所乐何事。”② 此即后来理学家所津津乐道的寻孔颜乐处的出处。何谓孔颜乐处？“饭疏食饮水，曲肱而枕之，乐亦在其中矣。不义而富且贵，于我如浮云”（《论语·述而》），此为孔子之所乐；“一箪食，一瓢饮，在陋巷，人不堪其忧，回也不改其乐”（《论语·雍也》），此为颜渊之所乐。贫困的生活难免使人忧愁，孔子和颜渊却为什么快乐呢？所乐的又是什么呢？这便是寻孔颜乐处的内涵。《通书·颜子第二十三》曰：

① 周敦颐：《周敦颐集》，中华书局 1990 年版，第 27—28 页。

② 周敦颐：《周敦颐集》，中华书局 1990 年版，第 81 页。《二程集》为“颜子、仲尼”。《二程集》，中华书局 1981 年版，第 16 页。

> 颜子，一箪食，一瓢饮，在陋巷，人不堪其忧，而不改其乐。夫富贵，人所爱也，颜子不爱不求，而乐乎贫者，独何心哉？天地间有至贵至爱可求而异乎彼者，见其大而忘其小焉尔！见其大则心泰，心泰则无不足，无不足则富贵贫贱处之一也。处之一，则能化而齐，故颜子亚圣。

避苦求乐、嫌贫爱富乃人之常情。孔子和颜渊何以能超越常人呢？周敦颐称颜子“乐乎贫者”，其意应是说颜子安于贫困，没有人会以贫困为乐。颜子所乐者，道也。因为乐道，所以安贫。程颐《颜子所好何学论》曰：“颜子所独好者何学也？学以至圣人之道也。”（《近思录·卷二·为学大要》）因道所在，便不觉其苦，故曰安贫乐道，即在贫困中仍能以行道为乐。这便是周敦颐教二程“寻孔颜乐处，所乐何事”之意。朱熹特别提醒学习者，“当深思而实体之，不可但以言语解会而已”[①]。以言语理解“孔颜乐处”并不难，关键在于切身体验和修行。周敦颐将这种工夫称为“见其大而忘其小”。大者，圣人之道也；小者，富贵也。正是有这种“见大忘小”，使“富贵贫贱处之一也”，以及化而齐之的工夫，颜子才能跻身亚圣的位置。

二程初次听周敦颐论道，程颢便“遂厌科举之业，慨然有求道之志”[②]。程颢又曰：“诗可以兴。自再见周茂叔后，吟风弄月以归，有‘吾与点也’之意。”[③] 程颢这种极富超越和洒脱的境界，与“孔颜乐处”是一致的，是这一境界的另外一种体现。

三　希贤、希圣、希天

希贤、希圣、希天是冀学修圣贤以上达天道，以人道合于天道。《通书·志学第十》曰：

---

① 周敦颐：《周敦颐集》，中华书局1990年版，第33页。

② 同上书，第80页。

③ 同上书，第81页。

> 圣希天，贤希圣，士希贤。伊尹、颜渊，大贤也。伊尹耻其君不为尧、舜，一夫不得其所，若挞于市；颜渊不迁怒，不贰过，三月不违仁。志伊尹之所志，学颜子之所学，过则圣，及则贤，不及则亦不失于令名。

“志伊尹之所志，学颜子之所学”是这段话的核心。伊尹是商朝初期的名相，孟子称其为“圣之任者也”。伊尹是勇于任事的治国之才，代表了儒家的外王之学；颜渊是人格修养的典范，周敦颐对其推崇备至，代表了儒家的内圣之学。伊尹和颜渊的志向，合起来就构成了儒家追求的完美理想。

从修养工夫来看，“圣希天，贤希圣，士希贤”是三个不同等级的工夫次第，一般读书人要效法贤人，贤人要效法圣人，圣人则效法天道，层层提升。张伯行对此解读曰：“道无穷极，学贵上达。圣人生安之质，地位尽高，犹不自满足，孜孜矻矻，思为法天之学。是有心无为之圣，犹望无心成化之天，以为期若斯也。自圣而降则有贤，是才德过人者也。然亦不敢自怠其功力，必朝夕勤苦，以圣人为归。是学知利行之贤，亦望生知安行之圣，以自励若斯也。况号为士，乃人中之秀，方入学问之途，可不厚自期待，求致其知，勉其行，以庶几圣人之诣乎？盖能刻厉向前，则可渐进不已，由贤以希圣、希天而无难。若不能立志，颓废其功，不惟不可以进于圣贤，并不可以言士矣，学者可不勉乎！”[①] 不同层次的人都有自己努力上进的目标和榜样，要学不躐等，循序渐进。只要一心向善，择善固执，无论用力多少都值得肯定和鼓励。所谓“过”“及”“不及”代表了在工夫上用力的程度，若用力超过自己的极限就可以成为圣人，做到了竭尽全力就可以成为贤人，即使用力不够仍然不失努力向善的名声。

四　“惩忿窒欲，迁善改过”

《周易·损卦》曰：“君子以惩忿窒欲。”《周易·益卦》曰：“君子以见善则迁，有过则改。”周敦颐将两者归纳为“惩忿窒欲，迁善改过”。

---

① 张京华辑校：《近思录集释》，岳麓书社2010年版，第121页。

由此，“惩忿窒欲，迁善改过”成了儒家重要的修持工夫，后来被朱熹收入《白鹿洞书院揭示》之中，作为白鹿洞书院学规和修身方法。《通书·乾损益动第三十一》曰：

> 君子乾乾不息于诚，然必惩忿窒欲、迁善改过而后至。《乾》之用其善是，《损》《益》之大莫是过，圣人之旨深哉！“吉凶悔吝生乎动。”噫！吉一而已，动可不慎乎！

君子要刚健不息以达到诚，前提是要能够戒除愤怒，止息欲望，改过迁善。在《太极图说》中，“无欲”是“主静”的前提条件。“主静”，周敦颐自注“无欲故静”，即通过无欲来达到静。在《通书》中，他进一步阐发了这一理念：

> “圣可学乎？”曰：“可。”曰：“有要乎？”曰：“有。”“请问焉。”曰：“一为要。一者，无欲也。无欲，则静虚动直。静虚则明，明则通；动直则公，公则溥。明通公溥。庶矣乎！”（《通书·圣学第二十》）

这里他指出学为圣人的要领是专一，专一就要做到无欲。只有排除私心杂念，才能达到静虚状态。“无欲”不仅是“静”的前提，也是达到“诚”的前提。周敦颐在《养心亭说》一文中对无欲的强调更加突出，他说：

> 孟子曰：“养心莫善于寡欲。”予谓养心不止于寡焉而存耳，盖寡焉以至于无。无则诚立、明通。诚立，贤也；明通，圣也。①

孟子说养心要寡欲，周敦颐认为寡欲还不够，要寡之又寡直至无欲，后世经常将其视为禁欲主义的象征，其实这是误读的结果，朱熹对此早已指出，所谓“盖寡焉以至于无”，是指私欲而言，并非指人的正常欲望。

---

① 周敦颐：《周敦颐集》，中华书局1990年版，第52页。

他说："克去私欲，当自寡而至于无。若饮食、男女之欲，发而中节者，是理义之当然，虽大圣不能无。濂溪即非寂灭之谓也。"[①] 又曰："此寡欲，则是合不当如此者，如私欲之类。若是饥而欲食，渴而欲饮，则此欲亦岂能无？但亦是合当如此者。"[②] 所以，周敦颐所谓无欲，不是要消除人的正常欲望，而是指戒除私欲。以克除私欲作为修行的手段不仅是可行的，也是必要的。

"惩忿窒欲"是从内心下功夫，"迁善改过"则主要是从行为处着手。周敦颐极为赞赏子路闻过则喜的精神，他说："仲由喜闻过，令名无穷焉。今人有过，不喜人规，如护疾而忌医，宁灭其身而无悟也。噫!"（《通书·过第二十六》）子路是改过迁善的典范，一直广受赞誉。周敦颐感叹时人不喜闻过，不喜被人规劝，他称这是人生的不幸，甚至是大不幸。他说："人之生，不幸不闻过；大不幸无耻。必有耻，则可教；闻过，则可贤。"（《通书·幸第八》）朱熹说，不闻过是因为人不告，无耻是因为我不仁。有耻则能发愤受教，闻过则改，而为贤。无耻则闻过不能改，亦不可教，故为人生大不幸。周敦颐深信人是可以教化和改过的，他说：

> "有善不及？"曰："不及则学焉。"问曰："有不善？"曰："不善则告之不善。"且劝曰："庶几有改乎，斯为君子。""有善一，不善二，则学其一，劝其二。"有语曰："斯人有是之不善，非大恶也？"则曰："孰无过？焉知其不能改？改则为君子矣！不改为恶，恶者天恶之。彼岂无畏耶？乌知其不能改？"故君子悉有众善，无弗爱且敬焉。（《通书·爱敬第十五》）

孰能无过，改过则为君子。无善不学，劝人改过迁善，无所不用其爱和敬，所以君子能拥有众人之善。这便是君子的修养之道。

---

① 陈荣捷：《近思录详注集评》，华东师范大学出版社 2007 年版，第 176 页。

② 黎靖德编：《朱子语类》（六），中华书局 1994 年版，第 2414 页。

五 诚

“诚”是《通书》中的重要概念，《中庸》之后对“诚”最重视，并进行系统阐发的就是周敦颐。《通书》曰：“诚者，圣人之本。”（《通书·诚上第一》）又曰：“诚，五常之本，百行之源也。”（《通书·诚下第二》）这里“诚”是宇宙万物之本，是与“太极”“同质、同体并同用的”①，两者是同等的概念。这是本体意义上的“诚”，但《通书》中还有工夫意义上的“诚”。

周敦颐说：“圣，诚而已矣。”（《通书·诚下第二》）即圣人之所以为圣，不过是做到真实无妄而已。所以，“诚”的工夫就是致诚，就是做到真实无妄、不自欺。《通书·家人睽复无妄第三十二》曰：

> 治天下有本，身之谓也；治天下有则，家之谓也。本必端，端本诚心而已矣……身端，心诚之谓也；诚心，复其不善之动而已矣。不善之动，妄也；妄复则无妄矣；无妄则诚矣。

治国平天下的根本就在于治理者自身，必须从根本着手，使自身得到端正，而自身端正，无非是内心真诚而已。所谓内心真诚，就是将其不善的念头回归到善。不善的念头，就是虚妄不实。使虚妄复归到善，就会无妄。无妄，就是诚了。这里讲的是一条如何致诚之路。

其实，致诚的工夫很简单，就在于让自己做到真诚不自欺。真诚之心一旦发动，立刻就达到诚，此即孔子所谓“吾欲仁，斯仁至矣”（《论语·述而》）。“周敦颐从诚开始，最后又达到了诚，即从‘诚之源’开始，经过‘诚之通’，最后实现了‘诚之复’。”② 这个从“诚”到“诚”过程的关键，就在于是否做到自我内心真诚。“诚”本身兼具本体和工夫，其工夫特征体现为即工夫即本体，即本体即工夫。

---

① 陈来：《中国儒学史·宋元卷》，北京大学出版社2011年版，第110页。

② 蒙培元：《理学范畴系统》，人民出版社1989年版，第472页。

六 文以载道

文以载道的观念在唐代韩愈等古文家所提倡的古文运动中已经存在，是一种关于文学社会作用的观点，然而明确提出这一概念并进行了系统阐发的则是周敦颐。他说：

> 文，所以载道也。轮辕饰而人弗庸，徒饰也，况虚车乎！文辞，艺也；道德，实也。笃其实，而艺者书之，美则爱，爱则传焉。贤者得以学而至之，是为教。故曰："言之无文，行之不远。"然不贤者，虽父兄临之，师保勉之，不学也；强之，不从也。不知务道德，而第以文辞为能者，艺焉而已。噫！弊也久矣！（《通书·文辞第二十八》）

不知务求道德，徒以炫耀文辞为能事的弊端存在已久，"文以载道"就是对六朝以来浮华无物文风的反拨。周敦颐将这种浮华文辞喻为装饰精美的空车。车的作用是载人，不载人的车装饰得再好也没用。文辞只是技艺，道才是实质。所以，周敦颐强调："圣人之道，入乎耳，存乎心，蕴之为德行，行之为事业。彼以文辞而已者，陋矣！"（《通书·陋第三十四》）儒者的事业是要使圣人之道入耳、存心，发为德行，行为事业，仅以耍弄文辞为自己事业的文人、读书人，太等而下之了。在为文之道上，孔子主张"辞达而已矣"（《论语·卫灵公》），即文章能做到达意就可以了，反对过分的雕琢，实际上，这就蕴含了文章要以载道为主的意思。"文以载道"应当是儒者重要的修持工夫，没有这样的工夫，为文则不仅不能载道，甚至会害道。二程说：

> 问："作文害道否？"曰："害也。凡为文不专意则不工。若专意则志局于此，又安能与天地同其大也？《书》曰：'玩物丧志。'为文亦玩物也……古之学者，惟务养情性，其他则不学。今为文者，专务

章句，悦人耳目。”①

后之人，始执卷，则以文章为先。平生所为，动多于圣人。然有之所无补，无之靡所阙，乃无用之赘言也。不止赘而已，既不得其要，则离真失正，反害于道必矣。②

为文害道，一是为文者“专务章句，悦人耳目”，同于玩物丧志。二是若文不能载道，文就不仅是无用的废话，还会离真失正，反有害于圣人之道。

七 “成于乐”

孔子曰：“兴于诗，立于礼，成于乐。”（《论语·泰伯》）“诗”“礼”“乐”三者成为儒家人格修养的一种次第，而乐则是人格完成的最高阶段，可见其重要性。周敦颐对乐教极为重视，将其作为修养的重要手段，在仅四十条的《通书》中，就有四条涉及乐的内容，而且其中三条完全以乐为主题。对儒家的礼乐教化，他提出礼先乐后。先使君臣、父子、兄弟、夫妇的关系各得其所，使三纲正，九畴叙，百姓大和，万物咸若，然后再作乐以宣八风之气，以平天下之情，最终达至和谐。音乐如何影响修行呢？他对比了不同音乐的不同影响：

乐声淡而不伤，和而不淫。入其耳，感其心，莫不淡且和焉。淡则欲心平，和则躁心释。优柔平中，德之盛也；天下化中，治之至也。是谓道配天地，古之极也。后世礼法不修，政刑苛紊，纵欲败度，下民困苦。谓古乐不足听也，代变新声，妖淫愁怨，导欲增悲，不能自止。故有贼君弃父、轻生败伦、不可禁者矣。呜呼！乐者，古以平心，今以助欲；古以宣化，今以长怨。不复古礼，不变今乐，而欲至治者，远矣！（《通书·乐上第十七》）

① 程颢、程颐：《二程集》，中华书局1981年版，第239页。
② 同上书，第600—601页。

周敦颐追求的音乐风格是“淡”与“和”。朱熹解释说，先“淡”后“和”，即是“主静”之意。“淡”能平息人的欲望，“和”能释放人心中的烦躁。周敦颐分析了古今两种音乐的差别。古乐：淡而不伤，和而不淫，优柔平中，天下化中；今乐：妖淫愁怨，导欲增悲，贼君弃父，轻生败伦。古乐之作用是平心、宣化，今乐之作用是助欲、长怨。周敦颐又说：“乐声淡，则听心平；乐辞善，则歌者慕。故风移而俗易矣。妖声艳辞之化也，亦然。”（《通书·乐下第十九》）在周敦颐看来，古今两种音乐，无论是乐声，还是乐辞，都有巨大差别，其产生的影响也是截然相反。一种是善的影响，一种是恶的影响。所以，周敦颐强调要“复古礼，变今乐”，充分发挥礼乐教化的作用。西方巴洛克时期音乐大师亨德尔说：假使我的音乐只能使人愉快，那我很遗憾，我的目的是使人高尚起来。这一理念与周敦颐对音乐意义的重视可谓不谋而合，可见中西方在乐教上也存在相通之处。

周敦颐所开启的修养工夫论的命题和提出的观念非常之多，据韦政通先生总结，仅在《通书》中，就有“廓之配天地”“纯心”“进德修业”“孜孜不息”“务实”“改过”“敬”“无欲”“虚静”“心泰则无不足”“乾乾不息于诚”“惩忿窒欲”“迁善改过”“端本”“诚心”“无妄则诚”“欲动情盛”[①] 等不一而足。本文所探讨的周敦颐工夫论祈向，只是就其荦荦大者而言。这些修行工夫的命题和观念大都被后来的理学家所继承，并被发展成为理学的工夫论体系，成为宋明新儒学的重要旨趣。周敦颐于此的贡献，再一次证明了其无愧理学宗师的地位。

（作者单位：河北省社会科学院 哲学研究所）

① 韦政通：《中国思想史》（下），上海书店出版社 2003 年版，第 742 页。

论周敦颐《通书》中的道家道教元素

吕锡琛

周敦颐积极适应唐代以来儒释道合流的趋势，在更高的理论层面上融通儒释道诸家，开创了理学这一儒学的新形态。《太极图说》和《通书》是他创建理学的奠基之作。前辈学者张岂之、侯外庐、陈鼓应等先生曾论述《太极图说》与道教内丹学者陈抟所著《先天图》的渊源关系，① 但对《通书》与道家思想的联系却鲜有讨论，甚至有人认为，该书已经脱离了道家道教的影响，重在阐发儒家以诚为本、仁义中正等思想。对此，笔者不敢苟同。

愚意以为，在周敦颐论及宇宙论、心性论、修养论和伦理思想的《通书》中，同样折射出道家道教思想对他的影响，以下试探究《通书》中包含的道家道教思想元素。

一　一生万物

——《通书》中的道家生成论元素

众所周知，周子在《太极图说》中提出了一个无极—太极—阴阳—五行—万物和人类的宇宙生成图式，这与陈抟的《先天图》和《老子》中“道生一，一生二，二生三，三生万物”的生成图式有明显的继承关系。而这种继承关系亦延续到了《通书》中。在该书中，他对宇宙万物的生成过

---

① 张岂之、邱汉生、侯外庐：《宋明理学史》上卷，第二章第二节，人民出版社 1984 年版；陈鼓应：《论周敦颐〈太极图说〉的道家学脉关系——兼论濂溪的道家生活情趣》，《哲学研究》2012 年第 2 期。

程作了更具体的论述："二气五行，化生万物。五殊二实，二本则一。是万为一，一实万分。万一各正，小大有定。"（《通书·理性命》）即是说，天地万物乃是阴阳二气和金木水火土五行化生而成，五行与阴阳二气各有其不同的质，但二气的本源是"一"，一生二气，二气又化生出万物。也就是说，万物皆源于"一"，"一"分而为万物，而由一分化出来的万物又各有其小大不一的确定本性。周子的这一宇宙生成论不仅与老子"道生一，一生二，二生三，三生万物"及"天下万物生于有，有生于无"的宇宙生成图式相一致，而且在诸多道家作品中亦可找到相似的论述。

例如，秦代黄老道家的代表作《吕氏春秋》中的宇宙生成模式是这样的："万物所出，造于太一，化于阴阳。"[①] 汉代黄老道家的代表作《淮南子》对宇宙生成过程的描述更是与《通书》的论述多有相似。该书《天文训》中说："道始于虚廓，虚廓生宇宙，宇宙生气，气有涯垠，清阳者薄靡而为天，重浊者凝滞而为地……天地之袭精为阴阳，阴阳之专精为四时，时之散精为万物。"[②]《本经训》中亦说："天地之合和，阴阳之陶化，万物皆乘一气者也。"[③] 作者认为，"道"始生于无形的"虚廓"，"虚廓"进而产生出宇宙和气，由"道"产生的"气"具有清阳重浊等性质上的差别，故可分为阴阳二气，阴阳二气刚柔相成，由此而化生出天地万物，人与天地皆统一于阴阳之气。显然，周敦颐"二气五行、化生万物"和"是万为一、一实万分"的宇宙生成模式正是对《淮南子》上述理论更为简要的概括。

周敦颐对道家道生万物宇宙观的吸收为"罕言天道"的传统儒学开拓了新的视野，输入了新鲜血液，从哲学的高度为理学的创建奠定了坚实的理论基础。

二　顺化、至公

——《通书》中的道家治国论元素

周敦颐在治国理论上亦融合了道家的思想主张。作为理学的开山祖

---

① 吕不韦：《吕氏春秋·仲夏纪·大乐》，《二十二子》，上海古籍出版社 1986 年版，第 642 页。

② 刘安：《淮南子·天文训》，《二十二子》，上海古籍出版社 1986 年版，第 1215 页。

③ 刘安：《淮南子·本经训》，《二十二子》，上海古籍出版社 1986 年版，第 1238 页。

师，周敦颐当然首先要强调以仁义之道治天下的重要性，但他心目中的理想政治局面又颇有道家无为而治的色彩。例如，他在《通书·顺化》中说："圣人在上，以仁育万物，以义正万民。天道行而万物顺，圣德修而万民化。大顺大化，不见其迹，莫知其然之谓神。故天下之众，本在一人，道岂远乎哉，术岂多乎哉？"

在这段话中，"以仁育万物，以义正万民"是儒家的政治理想，而"大顺大化，不见其迹，莫知其然之谓神"的蓝图则凸显出了浓厚的道家意蕴。

我们知道，因顺自然、无为而治是道家社会治理的基本原则，《老子》认为，纯任自然、不着痕迹、让民众无政治压力的管理方式是最高明的："太上，不知有之。功成事遂百姓皆谓我自然。"（《老子》第十七章）因此，君主如能"处无为之事，行不言之教"，则可在政治行政生活中收到显著的效果："我无为而民自化，我好静而民自正，我无事而民自富，我无欲而民自朴。"（《老子》第五十七章）黄老道家《淮南子》亦发展了《老子》的政治主张，极力推崇以"不道之道"治理天下。如该书《原道》中说："是故不道之道，莽乎大哉！法度刑罚何足以致之也？是故圣人内修其本而不外饰其末，保其精神，偃其智故，漠然无为而无不为也，澹然无治也而无不治也。"①

对照周敦颐"圣德修而万民化""大顺大化，不见其迹，莫知其然"等主张，人们不难感受到道家无为而治政治理想之韵味。

对于"公"的追求亦是周敦颐的道德理想和政治诉求。他认为，"圣人之道"就是要践行"至公"的美德，在《通书·公》一文中，他说："圣人之道，至公而已矣。"文中进一步阐释说，这种"至公"精神是天地的特性："天地至公而已矣。"在这里，周氏将他心目中"至公"的道德理想向外投射，将其移附于无意志、无目的的自然天地，希图人类效法天地至公的精神。这种将人类的道德理想与天地自然相比附的推理形式正是"推天道以明人事"的传统致思方式，而对于"公"的追求亦是儒道诸家共同向往的社会诉求和道德理想。如《礼记·孔子闲居》中说："天无私覆，地无私载，日月无私照"；该书《礼运》中描画的"天下为公"

---

① 刘安：《淮南子·原道训》，《二十二子》，上海古籍出版社 1986 年版，第 1207 页。

理想蓝图，更是激励着历代中华儿女前赴后继为之奋斗；《老子》亦告诫为政者收敛私欲，效法天地自然那种“不自生”的无私精神；《吕氏春秋》更是专门撰著《贵公》等篇，强调“天无私覆也，地无私载也”，圣王应当效法天地之道，“治天下也，必先公。公则天下平矣，平得于公”①。

周敦颐“至公”的道德理想和政治诉求既是对前贤思想资源的继承，又不仅限于思想理论层面的阐发，亦不再停留于效法天地这一致思方式，而是进一步从具体的修养之道入手，探寻培养和践行“公”的途径，以求能够臻于“至公”的“圣人之道”。而他所指出的这一修养之道又与道家有着密切的联系，以下我们对此展开讨论。

三　无欲主静

——《通书》中的道家修养论元素

周敦颐将“静”视为人类社会的最高原则和人生最高境界，这就是他在《太极图说》中所提出的“主静立人极”命题。为何周子对“静”赋予如此重要的地位呢？在《太极图说》这一言简意赅的作品中他未作具体论述，但我们可以在《通书》中找到答案。在《通书·圣学》篇中，周敦颐讨论了如何学圣、学圣之要等问题。其文曰：“‘圣可学乎？’曰：‘可。’曰：‘有要乎？’曰：‘有。’‘请问焉’。曰：‘一为要。一者，无欲也。无欲则静虚动直。静虚则明，明则通；动直则公，公则溥。明通公溥。庶矣乎！’”在周子看来，学圣的逻辑过程是这样的：学圣之要在于“一”，而所谓“一”即是“无欲”。周子阐释说，成为圣人的关键在于努力进行道德修养，达到“无欲”的境界，“无欲”才能保持心理层面的“静虚”和行为层面的“动直”。如此，就能拥有杰出的认知能力，对于万事万物明了通达——“静虚则明”；做事行为正直，公正、公平——“动直则公”。也就是说，在周敦颐这里，“静”与“无欲”是密不可分的。“无欲”才能达到静虚动直，才能做到“明通公溥”，通往“至公”这一“圣人之道”。关于这一点，清儒窦克勤亦曾指出，“主静以立人极，《太极图说》之大旨也；无欲以学圣，《通书》之大旨也”，此两者“其

① 吕不韦：《吕氏春秋·贵公》，《二十二子》，上海古籍出版社1986年版，第631页。

实一而已矣”。这就道出了静、虚、无欲这些心性道德修养活动其实密切相连。

周敦颐上面这段问答的文字虽然简洁，但内涵却颇深，体现出他对于实现儒道两家“公”之理想的独到探讨。在文中，他关于如何才能培养且践行“公”这一道德原则的思考，可谓是对《老子》致虚守静一章内容的提炼。①

请看《老子》的原文：“致虚极，守静笃……归根曰静，静曰复命。复命曰常，知常曰明。不知常，妄作，凶；知常，容。容乃公，公乃全，全乃天，天乃道，没身不殆。”致虚守静正是要人们排除物欲诱惑，达到无欲的状态，回归到虚静的本性。而回归到虚静之性，则是复归生命，才能把握常道，明白通达。懂得了常道就能宽容，宽容就会坦然公正，公正就能周全不偏，周全不偏才能符合自然，才能顺道而为，保持长久，终身平安。由此看来，这与周敦颐“无欲—静虚动直—明通公溥”的圣人修养之道简直可说是如出一辙。

静、虚、无欲这些在周敦颐思想中处于“大旨”地位的主张正是对《老子》“不欲以静”、清静寡欲以及道教清静修行方法的继承和发挥。

虚静寡欲是道家道教的一贯宗旨。《老子》强调“致虚守静”“涤除玄鉴”，要求在修炼时应摆脱外物的干扰，进入高度虚静的状态，通过“心”这面特殊的镜子（“玄览”“玄鉴”），以达到主观和客观的沟通，进而才能体道、得道。如何才能虚静呢？老子认为，清心寡欲是实现虚静的重要途径，他提出“不欲以静”的观点。这一观点为后代的道家、道教学者所发挥。河上公认为：“得道之人，捐情去欲，五内清静，至于虚极。”（《老子章句·归根》）认为需要摒弃后天的感性认识和理性认识，使心灵处于无知无欲的纯净状态，才可实现认识主体与客体的合一，才能感知外界事物：“心居玄冥之处，览知万事。”（《老子章句·能为》）唐代道教学者司马承祯强调“收心”“守静”，摒见闻，绝欲望，进入虚静状态，认为心是道的处所，心能够“虚静至极，则道居而慧生”，“静则生慧，动则成昏”（《坐忘论》），心静则生智慧，提升修炼主体的认知

① 在中国思想史上，《孟子·尽心下》中虽然提出了“养心莫善于寡欲”的命题，但老子才真正地突出了“无欲”“静虚”这些概念并将其提升到认识论的层面。

能力。

在周敦颐的一些诗作中，我们同样也看到了类似的体悟。他常居于道观进行静修，而静修活动也的确让他收获甚多。如在《题酆都观·读英真君丹诀》一诗中，就透露出他对致虚守静修养之道的体悟："始观丹诀信希夷，盖得阴阳造化机"，"精神合后更知微"。也就是说，通过致虚守静的修炼工夫，他达到了心与道合的境界，获得了"知微""体察阴阳造化机"的独特认知能力。

在世俗社会中，要保持虚静寡欲的心态，必须摆脱外物的诱惑和干扰，对世俗趋之若鹜的名利富贵保持恬淡的心态，这也正是周敦颐将"静"与"无欲"紧密相连的内在原因。在这方面，周敦颐与道家的人生旨趣颇为一致。他在《通书》中专门撰有《富贵》一篇，对富贵观念作出了自己的阐发，文中说："君子以道充为贵，身安为富，故常泰无不足，而铢视轩冕，尘视金玉，其重无加焉尔。"在周子这里，"道"既指儒家所向往的崇高道德，更是道家所追求的"大道"。他以体道悟道、拥有崇高的道德品质为尊贵；以安和宁静的生活为富足，这就颠覆了世俗之人的富贵观念，凸显出知足常乐、淡泊名利、"不为轩冕肆志"的道家情怀。

上述以"道充为贵"的人格形象亦是众多道学人士所推崇的。请听晋代著名道教学者抱朴子葛洪的心声："得之者贵，不待黄钺之威；体之者富，不须难得之货……动息知止，无往不足。弃赫奕之朝华，避偾车之险路。泰尔有余欢于无为之场。"这里所说的"得之者""体之者"即是得道、体道之人。在葛洪看来，体悟大道的人生追求远比世俗的荣华富贵更有价值，体道、得道才是最为尊贵而又充实富有的理想人生。因此，他超越物外、怡然自得、无往不足。

葛洪说的"道"与周敦颐所说的"道"虽然在内涵上存在差别，但皆是强调精神世界的充实以及对于物质利益、感官欲望的超越。周敦颐笔下的道充为贵、身安为富、泰无不足的君子气象，不也正是葛洪所崇尚的不待黄钺之威、不须难得之货、泰尔有余欢于无为之场的得道者风姿吗？

从以上的分析来看，道家道教不仅只是在《太极图说》中有所体现，而且渗透到周敦颐的整个思想体系之中，他的《通书》亦存在着道家道教的思想元素。在该书中，他沿着《太极图说》融通儒道的思路，以开放的胸襟，从宇宙生成论、治国主张、道德理想和个人修养等多个层面对道家道教思想进行了吸收和融会，从而突破了韩愈排佛非道的儒家道统之狭隘陋见，集思广益，成为理学的开山祖师。在中华民族走向世界、开拓创新的今天，周敦颐这种兼收并蓄、广采众长的精神，越发彰显出其非同寻常的现代意义和深刻启示。

（作者单位：中南大学 哲学系）

二　周敦颐政治伦理美学思想

从政治公信到万物本源：周敦颐对诚学思想的提升

陈仲庚

中国的诚学思想源远流长，内涵丰富。舜帝提倡“诚允”，诚作为政治公信原则，运用于国家治理；到孔孟提倡“诚信”，诚扩展为伦理道德律则，用于规范全社会的言行；再到《中庸》提倡“诚性”，诚上升到哲学层面作为“成己成物”的普遍法则；最后到周敦颐所论定的“诚几”，诚被提升到了哲学本体论的高度，作为万物本源的不二定则和万物运行的普遍定律，“诚”之内涵被推向了最高峰。此后，中国的诚学思想便在政治、伦理和哲学三大领域中运行、运用，再无大的突破。

一　舜帝之“诚允”：政治公信原则

从现有的历史文献来看，在谈到尧舜时代的治国理念时，尚未直接使用“诚”的概念，但有一字与“诚”相通，而且使用率较高，那就是“允”。如《论语·尧曰》：“天之历数在尔躬，允执其中。”《尚书·舜典》：“命汝作纳言，夙夜出纳朕命，惟允。”《尚书·大禹谟》：“人心惟危，道心惟微，惟精惟一，允执厥中。”这里的“允”是会意字，从甲骨文的字形来看，上为“以”，下为“儿”（人）；“以”是信任，用人不疑、用人不贰就是“允”。所以《说文》云：“允，信也。”司马迁在复述《尚书·舜典》的上述内容时，干脆改“允”为“信”：“舜曰：‘龙，朕畏忌谗说殄伪，振惊朕众，命汝为纳言，夙夜出入朕命，惟信。’”（《史记·五帝本纪》）

“允”与“信”相通，与“诚”也是相通的，《尔雅》云：“允，信也；允，诚也。”《说文》亦云：“信，诚也。”因此，“允”“信”“诚”字义相通，可以互训，在一定范围内也可以互换，由“允”所组合的一些词语，其含义也可以相通，如“允元”，指值得信任的仁厚之人；“允直”，指诚实正直之人；“允忠”，指忠诚忠信之人。

在《尚书》中，“纳言惟允”与“允执厥中”是相互配合的治国理念。“纳言惟允”是前提，它要求以诚信的态度，广开言路、广纳贤才，实现政治清明，提高政府及官员的公信度。《孔传》解释“纳言”云：“纳言，喉舌之官。听下言纳于上，受上言宣于下，必以信。”《正义》则云：“‘从早至夜出纳我之教命，惟以诚信’，每事皆信则谗言自绝，命龙使勉之。”这里的重点是解释“惟允”，其中包含了三重可信之意义：首先是舜帝自己所说的话要诚实可信，其次是百姓的话要真实可信，其三是中间环节的上传下达更要属实可信。三者都要做到“可信”，关键是政治开明：“月正元日，舜格于文祖，询于四岳，辟四门，明四目，达四聪。”（《尚书·舜典》）《孔传》曰：“谋政治于四岳，开辟四方之门未开者，广致众贤。广视听于四方，使天下无壅塞。”正是因为有了“广视听于四方”作基础，百姓才会说真话，才能保证龙的传达“属实”；如果只是听信龙一人的上传下达，就势必会造成言路“壅塞”，从而失“信”于民。

政治清明，不仅要取“信”于民，甚至要取“信”于罪犯。《尚书·舜典》：“皋陶……汝作士，五刑有服，五服三就，五流有宅，五宅三居。惟明克允。”《正义》：“‘克允’谓受罪者信服。故王肃云‘惟明其罪，能使之信服’，是信施于彼也。但彼人信，由皋陶有信。”“惟明克允”就是要求对待罪犯也要公平公正，让他们信服。如《尚书·吕刑》谈执法：“惟良折狱，罔非在中”；谈判案：“民之乱（治）也，罔不中听狱之两辞，无或私家于狱之两辞”。执法在“中”，判案也在“中”，都是要求公正、不徇私情。在这里，“允执厥中”是目的，也就是将“中”的原则——公平公正落实到生活细节的真实上。

要真正做到广开言路，还要摆正君与民包括官与民的位置：“帝曰：俞！允若兹，嘉言罔攸伏，野无遗贤，万邦咸宁。稽于众，舍己从人，不虐无告，不废困穷，惟帝时克。”“无稽之言勿听，弗询之谋勿庸。可爱非君？可畏非民？众非元后何戴？后非众罔与守邦。”（《尚书·大禹谟》）

这里的要点是如何做到“舍己从人”，其前提是如何认识君与民的关系：是“爱君”还是“畏民”？心存“畏民”之念，才有可能舍弃私念而依从众人。

与广开言路相联系的是政务公开，这与所谓的“中旗”有关。据刘节考证，“中旗”是一种制度，而且由来已久：“《吕氏春秋·谕大篇》：‘舜欲旗古今而不成。’所谓‘旗古今’，就是说把古今的事都写在中旗上。《国语·楚语》灵王引用史老的话：‘余左执鬼中，右执行殇宫，凡百箴谏，吾尽闻之矣！’”①“鬼中”应为“归中”，《说文》云：“人所归为鬼。”《释言》亦谓：“鬼之为言归也。”“归中”是说将“百箴谏”的话全都“归纳”到“中”上，这是舜帝“旗古今”的实现。舜帝当时之所以“不成”，可能是因为文字尚不成熟，而“旗”太小，古今事太多，写不下。

舜帝之所以要把古今事写在中旗上，是因为中旗在古代社会具有特殊的意义：“中者最初为氏族社会中之徽帜，《周礼·司常》所谓‘各画其象焉，官府各象其事，州里各象其名，家各象其号’，显为皇古图腾制度之孑遗。”“盖古者有大事，聚众于旷地，先建中焉，群众望见中而趋附，群众来自四方，则建中之地为中央矣。列众为陈，建中之酋长或贵族，恒居中央，而群众左之右之望见中之所在，即知为中央矣。然则中本徽帜，而所立之地，恒为中央，遂引申为中央之义，因更引申为一切之中。”②中旗是众“望”所归之处，古今大事写在旗上，就可以让群众“望”而明了。这是舜帝意欲推行的“旗教”或者说是“政务公开”，与命龙作“纳言”的指导思想是一致的。二者的区别只在于：中旗“公示”以事实为“信”，龙所“出纳”以言语为“信”。因此，“中”与“允”“信”“诚”也是相通的。

二　孔孟之“诚信”：伦理道德律则

在儒家的经典中，最早对“诚”进行论述的是孟子。《孟子·离娄

---

① 刘节：《中国史学史稿》，中州书画社1982年版，第12—13页。

② 唐兰：《殷墟文字记》，中华书局1981年版，第53—54页。

上》说："是故诚者，天之道也；思诚者，人之道也。至诚而不动者，未之有也，不诚未有能动者也。"在孟子看来，"诚"是自然（天道）和人类社会（人道）运行的最高道德律则。其后的荀子则认为"诚"既是养心修身的根本原则，也是大自然运行变化的规律，《荀子·不苟》说："君子养心莫善于诚，至诚则无它事矣。"又说："变化代兴，谓之天德……夫此有常以至诚者也。"《孟子》之前的《论语》，虽然没有提到"诚"，但多处提到了"信"，因为二者的含义相同，所以讲"信"的地方也可以用"诚"来解释。

孔子很重视"信"，他说："人而无信，不知其可也。大车无輗，小车无軏，其何以行之哉？"（《论语·为政》）在曾子的"三省"中，也有一条是"与朋友交而不信乎？"子夏也说："与朋友交言而有信，虽曰未学，吾必谓之学矣。"（《论语·学而》）从孔子及其门人的语言中可以看出，所谓"信"，首先就表现在待人接物上。人与人之间，是以言语和行为来相互交往的，口里怎样说，行动上就怎样做，这就是诚实的态度；这一刻怎样说，下一刻一定要兑现，这就是诚信的品质。这些，都是做人的道德律则。子贡曾经问孔子："何如斯可谓之士？"孔子认为"士"可分为三个等次：其一是"行己有耻，使于四方，不辱君命"；其二是"宗族称孝，乡党称弟"；其三是"言必信，行必果，硁硁然小人哉"（《论语·子路》）。第一等次的士人是干大事的官员；第二等次的士人道德修养好，至少在他所生活的圈子里是小有名气的；第三等次的则是普通人，"硁硁"是谦虚而坚正之貌，"小人"既指人品低下之人，也指地位低微之人，这里是指后者，意思是说，即使地位低微，也应该谦虚而坚定地做到"言必信，行必果"。由此可见，"言而有信"是对所有人的基本要求，所以孔子又说："始吾于人也，听其言而信其行；今吾于人也，听其言而观其行。"（《论语·公冶长》）这是强调在待人接物中要言行一致，心口如一，绝不能欺骗人。

不欺人是诚信的第一要义。但欺人者在欺骗人的同时，往往也是在自我欺骗。所以诚信的要义除了"不欺人"之外，也包含有"不自欺"的意思。《论语》中有个例子，有一次孔子病得很重，子路便带着门人充当孔子的"家臣"，意思是万一孔子死了，丧礼可以风光一些。但其实，当时的孔子已经去位，并没有家臣。孔子知道后说："由之行诈也。无臣而为有臣，吾谁欺？欺天乎？”（《论语·子罕》）像这种不“诚”的行为，用来欺骗别人没什么意义，只是要抬高一下自己的身价，给自己的脸面增增光，说到底，是一种“欺天”亦即自欺欺人的行为。这种行为虽然无损于他人，但同样是一种不“诚”的行为，所以孔子不允许子路这样做。

要做到“言而有信”就必须“守信”，这是“诚”的基本要义之一，但如果把“守信”当作一种教条来理解，那就走向了“诚”的反面。例如《左传》中的鉏麑，他接受暴君晋灵公之命去刺杀赵宣子，但他发现赵宣子其实是一个值得尊敬的正派人，于是便放弃了刺杀任务。但他又觉得“弃君之命，不信”，为了守信，便只好自杀了（《左传·宣公三年》）。这种自杀，对于社会公德的维护并无太大的意义，主要是为了维护自己守信的名声，所以，从根本上说，也是一种自欺欺人的做法。

相对于舜帝所提倡的“诚允”，孔、孟所倡扬的“诚信”，首先在理论内涵上有了拓展，即从治国理念扩展为伦理道德理念；其次是在实践上有了更宽广的范围，即从政治生活领域扩大到全社会、从官员扩大到全民。但有一点则又是相通的，那就是重视实践性，二者只是侧重点有所不同，前者是重视国家管理的政治实践，后者是重视个人修养的道德实践。而将二者紧密地结合起来并使之成为一个完整的实践过程的，则是《大学》的“三纲八目”：“大学之道，在明明德，在亲民，在止于至善。知止而后有定；定而后能静；静而后能安；安而后能虑；虑而后能得。物有本末，事有终始。知所先后，则近道矣。古之欲明明德于天下者，先治其国；欲治其国者，先齐其家；欲齐其家者，先修其身；欲修其身者，先正其心；欲正其心者，先诚其意；欲诚其意者，先致其知；致知在格物。物格而后知至；知至而后意诚；意诚而后心正；心正而后身修；身修而后家齐；家齐而后国治；国治而后天下平。自天子以至于庶人，壹是皆以修身为本。其本乱而末治者否矣。其所厚者薄，而其所薄者厚，未之有也！”“三纲八目”的实践过程，是有着严格的逻辑递进关系的，而“正心、诚意”则处于中间的核心环节，缺失了这两个环节，整个逻辑链条便无法接续，整个实践过程便无法完成，其结果就是天下大治无法实现，社会陷入混乱。可见“正心、诚意”的重要性。

在《中庸》里，也有类似的逻辑递进关系，也同样把“诚”摆在基础的、关键的地位：“在下位不获乎上，民不可得而治矣。获乎上有道：

不信乎朋友，不获乎上矣。信乎朋友有道：不顺乎亲，不信乎朋友矣。顺乎亲有道：反诸身不诚，不顺乎亲矣。诚身有道：不明乎善，不诚乎身矣。”（《中庸》）这里，从获乎上、信乎朋友、顺乎亲到诚乎身、明乎善，同《大学》的“三纲八目”一样，显然是有着逻辑递进关系的，而“信”与“诚”则表现在不同的层次上。获得皇上（或上司）及朋友的信任，这需要通过外在的行为表现来证实，而“明乎善”与“明明德”的含义相同，是“诚乎身”的思想前提，“诚”正是“善”的内化，通过对“善”的理解和把握，使之融入人的心灵，内化为人的思想道德品质，然后再外化为道德行动，从孝顺父母开始，再到获得朋友、皇上（或上司）的信任，从而治理好民众，这也就是修齐治平的思维路径。

三 《中庸》之“诚性”：成己成物法则

当然，“诚”之内涵也不仅仅局限于伦理道德领域，《中庸》一书，更多的是从哲学层面来阐发。《中庸》开篇即说：“天命之谓性，率性之谓道，修道之谓教。”那么，性、道、教与诚是什么关系呢？

首先，尽性是诚：“唯天下至诚，为能尽其性。能尽其性，则能尽人之性；能尽人之性，则能尽物之性；能尽物之性，则可以赞天地之化育；可以赞天地之化育，则可以与天地参矣。”（《中庸》）也就是说，只要能尽其性，就是至诚；有了至诚，就能先尽人之性，再尽物之性。因此，不管是人性还是物性，都是与诚相通的，而且是与最高的诚——至诚相通的。或者也可以说，“尽性”就是“诚性”，是毫不掩饰、毫无虚假之“天性”。

其次，天道是诚：“诚者，天之道也。”（《中庸》）什么是天道？《中庸》说：“天地之道，可一言而尽也：其为物不二，则其生物不测。”“不二”就是“专一”，“专一”就是“诚”。天道之诚表现在生物成物上，即表现为自然之天及其运行规律。《论语·阳货》说：“天何言哉？四时行焉，百物生焉。天何言哉？”“天”并无言语，一年四季的运行、自然万物的生长，都是无声无息、自然而然的，所以“天”所起的作用，用今天的话来说就是自然规律的作用；“天道之诚”也就是自然规律运行的专一不二。

再次，教是明诚："自明诚，谓之教。诚则明矣，明则诚矣。"（《中庸》）"明诚"的含义与"明明德"一致，指通过自己的学习修炼能够明白、把握"诚"的内涵，这就是"教"。由此可见，"教"主要是指自我教育，而别人对自己的教育或自己对别人的教育都是通过道德行为来进行感化的，而不是仅凭言语来教训人，这就是中国文化一直所重视的"身教重于言教"。所以，天道之诚是不言而生物，人道之诚首先在"自明"，然后再推己及人：不言而使别人"明"。

"明诚"是"教"，这还只是停留在"修道"之"修"的层次；那么，如何更进一步，进入到"道"的层次：那就要做到"率性"而为。《中庸》提出了一个"素位而行"的办法："君子素其位而行，不愿乎其外。素富贵，行乎富贵；素贫贱，行乎贫贱；素夷狄，行乎夷狄；素患难，行乎患难。君子无入而不自得焉。在上位不陵下，在下位不援上，正己而不求于人，则无怨。上不怨天，下不尤人。故君子居易以俟命，小人行险以侥幸。"（《中庸》）这里的一个关键词是"素"。《说文》云："素，白致缯也。"即"素"的本义是指本色的生帛，引申为"本质、本性"，如《淮南子·俶真》："是故虚无者道之舍，平易者道之素。"高诱注："素，性也。"也就是说，"平易"即是"道之素"，也就是道的本质、本性。而"率性之谓道"，所谓"率性"也就是以"平易""平常"的生活态度来对待自己所处的地位，这就是"素位而行"：从自己所处的实际地位出发，做自己本来该做的事情。富贵者应该以富济贫，贫贱者应该安贫乐道……在上位的人不能欺凌于下，在下位的人也不必攀缘于上，各人都要严正地要求自己而不必求于他人，做到既不怨天，也不尤人，到了这一步，也就能够做到"君子居易以俟命"了。"居易"，是说要居在平易安定之处，"俟命"是说要等待机会，而不能铤而走险。能够做到这一切，不管其地位低微与否，都可以成为君子，这也就是"自明诚"的最终实现。

因此，"诚者，天之道也；诚之者，人之道也"（《中庸》）。人要"明诚"，要使自己尽量地接近天道之诚，就应该率性而为、素位而行，用平易、平常之心来对待现实人生，这才是"诚"的本质所在。

那么，"诚"是如何成物的？《中庸》说："故至诚无息。不息则久，久则征，征则悠远，悠远则博厚，博厚则高明。博厚，所以载物也；高明，所以覆物也；悠久，所以成物也。博厚配地，高明配天，悠久无疆。如此者，不见而章，不动而变，无为而成。天地之道，可一言而尽也。”朱熹的《四书集注·中庸章句集注》说：“天地之道可一言而尽，不过曰诚而已；不二，所以诚也。”“不二”就是“专一”，就是只有公心而无私心，这是天地之心亦即道心与人心的差别；正因为无私心杂念的干扰，所以能经久不息地运行，就在这经久不息的运行中，天地万物自然而然地便化生出来了：“诚则形，形则著，著则明，明则动，动则变，变则化。惟天下至诚能化”；“唯天下至诚，为能经纶天下之大经，立天下之大本，知天地之化育”（《中庸》）。用哲学的眼光来看，这里所说的“诚”至少包含三层意思：其一，“诚”是一种客观存在，它确证事物的真实性，所谓“形、著、明”，都是客观真实的确证——不管是有形之物还是无形之物；其二，“诚”是在运动变化中生成万物的，它确定了客观事物发展变化的规律性；其三，“诚”能经纶天下，让人们知天地之化育，也就是说，客观事物及其规律的专一不二特性，是可以被人们所掌握并用来治理天下的。正因为“诚”有这样的价值和意义，所以有志于国家治理的人就必须懂得“诚之为贵”。这主要是从“成物”的角度来看待“诚”对于“成己”的借鉴意义。

“至诚不息”，如果能“惟精惟一”地正心诚意，就一定能够致广大而辨精微，察兴亡而知祸福，最终实现治国平天下的社会理想，这是“成己”的最高境界。

四　周子之“诚几”：万物本源定则

中国的诚学思想，到了周敦颐这里发展到了一个新的高度，有人将它总结为两“论”结合：即“把本体论与生成论结合起来，从事物的‘万殊’论证道体的‘理一’，进一步构建形上学系统”[①]。笔者认为，“本体论”无疑是对的，但“生成论”的表述不准确，更简单一点，应该说是“体”“用”论结合。周敦颐《通书》全篇所论证的核心就是“诚”，内容无非两个方面：一为诚之“体”，二为诚之“用”。

---

① 郑熊：《从无极到诚——略论周敦颐本体思想的演变》，《孔子研究》2012年第1期。

关于诚之“体”，周敦颐将它提升到了“万物本源”的地位：“诚者，圣人之本。大哉乾元，万物资始，诚之源也。乾道变化，各正性命，诚斯立焉，纯粹至善者也。故曰：一阴一阳之谓道，继之者善也，成之者性也。元亨，诚之通；利贞，诚之复。大哉《易》也，性命之源乎。”（《通书·诚上第一》）“诚，五常之本，百行之源也。”（《通书·诚下第二》）“本”与“源”，在这里可以分开解释，也可以合为整体解释。分开解释，“本”指本体，它是一个独立的存在，而且是先于万事万物而存在的，朱熹认为“诚即所谓太极也”，并将其命名为“实理”，大致相当于老庄所说的“道”、柏拉图所说的“理念”，与马克思所说的“规律”也有相通之处；“源”指始源，是万物生成的起点和动力，即万物从它开始，也由它所推动。合为整体解释，“本”也指根本，“根本”也是“根源”，所谓“五常之本，百行之源”，其“文”互见，其“义”可以互训，“本”是“源”，“源”也是“本”，二者的含义可以合一。之所以要进行这种辨析，是为了说明“本源”与“体用”的共通性。

周敦颐之所以要将“诚”提升到万物本源的高度，无疑是为了确立“诚”的重要地位，所谓“不诚无物”。要想“有物”，必先“立诚”：“乾道变化，各正性命，诚斯立焉，纯粹至善者也。”朱熹解释说：“天所赋为命，物所受为性。”“命”是“天所赋”，所以是不可改变、不可移易的，这是“命”的同一性，也就是“理一”。“性”是“物受天命”的表现，表现可以各不相同，所以性各有异，这是“分殊”。但不管是同一性还是相异性，都是一种真实的存在，不掺杂任何虚妄的成分，所以是“纯粹至善”的。这里似乎有一个孰先孰后的问题需要辨明：是先有“乾道变化”而后“诚斯立”吗？其实，“立”可以作“见”理解，“诚”作为本体论的存在，是看不见摸不着的东西，只有当它运行于具体的事务之中的时候，才可以“立”起来让我们感受到，所以“诚斯立”不是从无到有，而是从隐到显。“乾道变化”还是要以“诚”为本源的，周敦颐在这里所论述的还是“诚”之体的问题，但“乾道变化”又暗含了“诚”之用。

关于诚之“用”，周敦颐既关注了客观的诚之用，更关注了主观的诚之用。“乾道”因“诚”的推动，自然而然地产生了“变化”，这就是客观的诚之用。这种“用”，不需要人为的干预，所以周敦颐说“诚则无事”（《通书·诚下第二》），“诚无为”（《通书·诚几德第三》），乃至于要求“君子慎动”（《通书·慎动第五》）。排除了人为的干扰，“诚”的客观之用才能更好地发挥功效，这与“客观规律”的作用相类似。

诚之“用”，更多地要受到人的主观因素的影响，因而周敦颐提出了“几善恶”的观点。关于“几善恶”的内涵，朱熹解释说：“几者，动之微，善恶之所由分也。盖动于人心之微，则天理故当发见，而人欲亦已萌乎其间矣。”“几”，可以理解为“动机”“意念”。动机有善恶之分，意念有天理、人欲之别，“君子乾乾不息于诚，然必惩忿窒欲、迁善改过而后至”（《通书·乾损益动第三十一》）。朱熹说：“乾乾不息者，体也；去恶进善者，用也。无体则用无以行，无用则体无所措。”这是最典型的体用结合，因为有了“惩忿窒欲、迁善改过”的前提要求，所以是主观的诚之用。“用”，自然是为了齐家、治国：“治天下有本，身之谓也；治天下有则，家之谓也。本必端，端本，诚心而已矣。则必善，善则，和亲而已矣”；“是治天下观于家，治家观身而已矣。身端，心诚之谓也。诚心，复其不善之动而已矣。不善之动，妄也；妄复，则无妄矣；无妄，则诚矣。故《无妄》次《复》，而曰‘先王以茂对时育万物’，深哉！”（《通书·家人睽复无妄第三十二》）从道德实践的思维路径说，周敦颐的思路与《大学》的“三纲八目”相一致，但周敦颐更强调“诚意”的重要性。从诚之“体”来说，“诚”为万物之本；从诚之“用”来说，“诚”是修身之本，也是齐家、治国、平天下之本。所以清乾隆皇帝说：“治统源于道统，学不正则道不明。有宋周程张朱诸子，于天人性命大本大原之所在，与夫用功节目之详，得孔孟心传，而于理欲公私义理之界辨之甚明。循之则为君子，悖之则为小人。为国家者，由之则治，失之则乱。”[①] 君子小人之别“本”于诚，国家治乱之别同样“本”于诚，“诚”之用可谓大矣！

---

① 唐之享：《重刊宋版〈元公周先生濂溪集〉序》，载《元公周先生濂溪集》，岳麓书社2006年版，第1页。

从政治理念到道德理念再到哲学理念，“诚”之内涵不断扩展和提升，诚学思想的不断丰富，特别是周敦颐“诚几”理念的提出，将政治、道德、哲学三者统一起来，将主观与客观统一起来，不仅开创了宋明理学一脉，也让中国诚学思想的高峰拔地而起。

（作者单位：湖南科技学院 湖南省舜文化研究基地）

周敦颐道德形而上学之建构

——兼与康德道德形而上学比较

王泽应

认识周敦颐伦理思想的意义和价值可以通过比较的视域来加以确证。应该说，在人类伦理思想史上，周敦颐与康德都有建构道德形上学的学术致思及努力，周敦颐的《太极图说》《通书》，康德的《道德形而上学原理》，即是这种学术致思及其努力的代表性文本。但是由于各自学术致思的路径及所依恃的学术资源特别是文化传统不同，周敦颐建立起了自己的“道德的形上学”，康德却由道德形上学的建构出发走向了“道德神学”。或者说周敦颐建构起了一个“以诚为本”的道德本体论，而康德建构起来的其实是一个以上帝存在、灵魂不灭来保障绝对命令之普遍必然性的道德信仰论。

周敦颐之所以能够成为理学鼻祖，在于他将《中庸》之诚与《周易》之乾元有机地统一起来，“从寂然不动处，握诚之本”（《宋元学案·濂溪学案》），创造性地建构了“以诚为本”的道德本体论，从而为儒家德性主义的伦理之学提供了道德形上学的理论支撑。周敦颐以诚为本道德本体论的建构是其“独契道妙，破千年之晦塞，发义理之奥蕴”① 的结晶，具有极其重要的学术引领和价值支撑意义，故而能够开辟出理学伦理思想的发展通途。

一　周子之学实乃以诚为本的道德本体论之建构

黄百家在濂溪学案按语中指出：“孔孟而后，汉儒止有传经之学，性

① 蔡仁厚：《宋明理学·北宋篇》，吉林出版集团2009年版，第15页。

道微言之绝久矣。元公（濂溪谥号）崛起，二程嗣之，又复横渠诸大儒辈出，圣学大昌。故安定、泰山、徂徕，卓然有儒者之矩范，然仅可谓有开之必先。若论阐发心性义理之精微，端赖元公之破暗也。”（《宋元学案·濂溪学案》黄百家案语）这里从学术史的角度谈到了周敦颐对于道学创建的奠基意义，认为周敦颐对宋代心性义理之学的创建具有“破暗”或“开山”的创化性建构价值。虽然，宋初三先生胡瑗、孙复、石介“卓然有儒者之矩范”，有“开伊洛之先”的学术贡献，但是他们并没有建立一套完备的道学或理学思想体系，故《宋史》还是把他们列入了《儒林传》而不是《道学传》。道学或理学作为心性义理之学的真正奠基人是周敦颐，周敦颐对于心性义理之精微的阐发，可谓洞见本根，接其堂奥，从而“千载不传之秘，故在是矣”（《宋元学案·濂溪学案》黄宗羲案语）。

南宋湖湘学派代表人物胡宏为周子《通书》作序，指出：“周子启程氏兄弟以不传之学，一回万古之光明，如日历天，将为百世之利泽；如水行地，其功盖在孔、孟之间矣。”[①] 这里明确将周敦颐“启程氏兄弟以不传之学”看作学术史上“为百世之利泽”的重大学术建构，其功可以与孔孟相提并论。胡宏还在该序中阐扬《通书》的理论价值，说：“人见其书之约也，而不知其道之大也；人见其文之质也，而不知其义之精也；人见其言之淡也，而不知其味之长也。”并且认为该书的“道之大”“义之精”“味之长”值得人们认真体悟、深刻把握、久久品味。“故此一卷书，皆发端以示人者，宜度越诸子，直与《易》《诗》《书》《春秋》《语》《孟》同流行乎天下。”[②] 在胡宏看来，《通书》的学术建构价值超越了诸子，可以直接与《周易》《诗经》《尚书》《春秋》《论语》《孟子》这些儒家核心经典一同流行乎天下，启迪人们之心智。

张栻认为，周敦颐的《通书》阐发了圣人千载不传之学的精义。他在《通书后跋》中有言：“嗟乎！自圣学不明，语道者不睹乎大全，卑则割裂而无统，高则汗漫而不精。是以性命之说，不参乎事物之际；而经世之务，仅出乎私意小智之为，岂不可叹哉！惟先生生乎千有余年之后，超

① 胡宏：《周子通书序》，载《胡宏著作两种》，岳麓书社 2008 年版，第 149 页。

② 同上书，第 150 页。

然独得乎大《易》之传。所谓《太极图》乃其纲领也。推明动静之一源，以见生化之不穷，天命流行之体，无乎不在。文理密察，本末该贯，非阐微极幽，莫能识其指归也。”① 周敦颐生乎孔孟千有余年之后，独得《周易》和《中庸》等儒家圣学的精蕴，并能推明动静之一源，以见宇宙生生不息的内在机理，阐发性命义理之精微，建构了一个融人道与天道之中，以天道推本人道的道学或理学思想体系。“《通书》之说，大抵皆发明此意，故其首章曰：‘诚者圣人之本。大哉乾元，万物资始，诚之原也。乾道变化，各正性命，诚斯立焉。’夫曰圣人之本，诚之原者，盖深明万化之一原也，以见圣人之精蕴。此即《易》之所谓‘密’，《中庸》之所谓‘无声、无臭’者也。至于乾道变化，各正性命，则是本体之流行发见者，故曰‘诚斯立焉’。其书云：‘五行、阴阳、太极，四时运行，万物终始，混兮辟兮，其无穷兮。’道学之传，实在乎此。”② 周敦颐的《通书》以诚为宇宙论和道德论的根本，诚既是宇宙的始基，又是圣人的根本，具有合天道与人道的伦理妙用。“某尝考先生之学，渊源精粹，实自得于其心，而其妙乃在太极一图。穷二气之所根，极万化之所行，而明主静之为本，以见圣人之所以立人极，而君子之所当修为者，由秦汉以来，盖未有臻于斯也。”③ 在张栻看来，周敦颐的太极图说确立了儒家的宇宙本体理论和道德本体论，论述了天地万物的起源、人物的化生，也为道德的起源和本质建立了“本末该贯”的系统，从而为“人为什么要讲道德”提供了一个形上学的本体支撑。

朱熹服膺并表彰周敦颐对于心性义理之精微的阐发，指出：“濂溪在当时，人见其政事精绝，则以为宦业过人；见其有山林之志，则以为襟袖洒落，有仙风道气，无有知其学者。惟程太中独知之。这老子所见如此，宜其生两程子也。”④ 又作《周子像赞》，指出：“道丧千载，圣远言湮。不有先觉，孰开我人？书不尽言，图不尽意。风月无边，庭草交翠。”⑤

① 张栻：《通书跋后》，载《周敦颐集附录二》，中华书局2009年版，第120页。

② 张栻：《张栻全集》，长春出版社1999年版，第1180页。

③ 张栻：《张栻集·南轩先生文集》卷十，岳麓书社2010年版，第581页。

④ 黎靖德编：《朱子语类》卷九十三，中华书局1986年版，第2357页。

⑤ 朱熹：《濂溪先生像赞》，载《周敦颐集》，中华书局2009年版，“周子遗像”背页。

《朱子语类》引季通话说：“濂溪之学，精悫深密。”[①]“今观《通书》，皆是发明太极。书虽不多，而统纪已尽。二程盖得其传，但二程之业广耳。”[②]朱熹于周敦颐的著作有过全面的集次与校定，“周子《太极图》并说一篇，《通书》四十章，世传旧本《遗文》九篇，《遗事》十五条，《事状》一篇。熹所集次，皆已校定，可缮写”[③]。故其评价也深刻而公允。朱熹指出：“盖先生之学之奥，其可以象告者，莫备于太极之一图。若《通书》之言，盖皆所以发明其蕴，而诚、动静、理性命等章为尤著。”[④]在《周子通书后记》中他指出：“周子《通书》……本号《易通》，与《太极图说》并出程氏，以传于世。而其为说，实相表里，大抵推一理、二气、五行之分合，以纪纲道体之精微，决道义、文辞、禄利之取舍，以振起俗学之卑陋。至论所以入德之方，经世之具，又皆亲切简要，不为空言。顾其宏纲大用，既非秦、汉以来诸儒所及；而其条理之密，意味之深，又非今世学者所能骤而窥也。”[⑤]

明末刘宗周在《学言》中说道：“周子之学，以诚为本。从寂然不动处，抉诚之本，故曰主静立人极。本立而道生，千变万化皆从此出。化吉凶悔吝之途，而反复其至善之体，是主静真得力处。静妙于动，动即是静；无动无静，神也，一之至也，天之道也。呜呼，至矣。”[⑥]又说：“诚者，天之道也，四德之本也。诚之者，人之道也，立诚所以立命也，知几其神所以事天也。圣同天，信乎！”[⑦]在刘宗周看来，周敦颐《通书》一编，抒《中庸》论“诚者，天之道”和“诚之者，人之道”的道理，同时又赋予新意，将天道之诚和人道之诚合而为一，直是勺水不漏。“第一篇言诚，言圣人分上事，句句言天之道也，却句句指圣人身上家当。”“圣贤垂训，字字皆可发病，唯诚字无病，所谓调元剂也，一诚立，而万善从之。”[⑧]周子之学，阐发性命义理之精微，建立了一个以诚为本的道

---

① 黎靖德编：《朱子语类》卷九十三，中华书局1986年版，第2357页。

② 同上书，第2358页。

③ 朱熹：《再定太极通书后序》，载《周敦颐集》，中华书局2009年版，第45—46页。

④ 同上书，第46页。

⑤ 朱熹：《通书后记》，载《周敦颐集》，中华书局2009年版，第49页。

⑥ 刘宗周：《刘宗周全集》（二），浙江古籍出版社2007年版，第364—365页。

⑦ 同上书，第364页。

⑧ 同上。

德本体论，从而为原儒德性主义伦理学提供了一个道德形上学的理论支撑和学理支持。

二　以诚为本道德本体论的构建思路及精义阐发

周敦颐道德本体论的始基和中心都是“诚”。诚是“圣人之本”，是五常之本、百行之源也。诚，资始于乾元，即源于乾元，产生于性命，是“纯粹至善”的。周敦颐结合《中庸》论诚的思想，把《周易》推崇为“性命之源”，为理学建立了以诚为本的道德本体论，重新解释并光大了孔孟儒学。

周敦颐的《通书》，诚如朱熹所言“与《太极图》相表里”[①]，是对宇宙论和道德论的形上学探讨和建构，“无极而太极”的宇宙演化过程集中体现在“诚”上，“诚即所谓太极也”[②]。宇宙生成论与道德本体论统一于“诚”，“诚”是合天道与人道的母体、本体和载体。因此，“诚者，圣人之本。‘大哉乾元，万物资始’，诚之源也。‘乾道变化，各正性命’，诚斯立焉，纯粹至善者也，故曰：‘一阴一阳之谓道，继之者善也，成之者性也。’元亨诚之通，利贞诚之复。大哉易也，性命之源乎？”[③] “诚”始于太极，源于乾元，根于性命，是圣人之本，百行之源。朱熹解释说：“诚者，真实而无妄之谓。天所赋，物所受之正理也，人皆有之，而圣人之所以圣者，无他焉，以其独能全此而已。”[④] 周敦颐以诚为本的道德本体论从《易》说诚，从诚之源、诚之立、诚之正、诚之用和诚之位五个方面来确证诚的道德本体意义和价值，贯注着一种道德性命的义理和内在精神。自乾元之为万物之所资始而言可谓“诚之源”。所谓诚之源亦即诚体发用流行的根源，它与万物资始的乾元其实是一体的。天之道以诚为体，亦可合称为“天道诚体”。诚体亦是天道之乾元，乾道变化也就是诚体之流行。“自实体言，为诚体流行；自轨迹言，为终始过程；自成果

---

① 朱熹：《通书解附》，载《周敦颐集》，中华书局2009年版，第13页。

② 同上。

③ 周敦颐：《通书·诚上》，《周敦颐集》，中华书局2009年版，第13—14页。

④ 朱熹：《通书解附》，载《周敦颐集》，中华书局2009年版，第13页。

言，则为事事物物。”[①] 诚之源源于天道乾元之本体和始基，亦即诚体。诚体与“无极而太极”的宇宙生化过程是相辅相成、表里如一的。朱熹在解释周敦颐“太极动而生阳，动极而静，静而生阴，静极复动，一动一静，互为其根”时指出：“太极之有动静，是天命之流行也，所谓一阴一阳之谓道。诚者，圣人之本，物之终始，而命之道也。其动也，诚之通也，继之者善，万物之所资始也。其静也，诚之复也，成之者性，万物各正其性命也。动极而静，静极复动，一动一静，互为其根，命之所以流行而不已也。”[②] 诚之源也即性命之源，是资始万物的道体，也是促使万事万物发展变化的动因。“诚之行著、明动、变化与万物不贰，生物不测，亦同样是诚体之流行。”[③] 乾道内涵的元亨利贞四德展现的是诚体流行的终始过程。如果说元亨体现的是“诚之通”，那么利贞体现的则是“诚之复”。元，始也，表征的是创造之真几、创化之生机。亨者，通也，通畅之条理，表征的是生机之不滞。诚体之流行，就在乾道之元亨处流荡灌注，表示天地万化生生之不息，此即是周敦颐所说的“诚之通”。利者，和也。贞者，正也。通而有定向者为之利，利而有终成者为之贞。诚体之自建自立而自见其自己，正由于它自定方向而得其贞定终成，此即是周敦颐所说的“诚而复”。设若有元亨而没有利贞，乾德便是有始而无终，诚体流行也会呈现出流逝而不能复亦即半途而废的特点，从而伤害诚体的整全性和动静合一性。

诚之立立的是天道之诚，是从乾道变化亦即宇宙生成论的角度，言万物生成之后各有其性命，此性命实为“诚”落实于万物的表现，或者说万物都以“诚”为其性命之始基，而万物之性命亦即“诚”的现实存在样态。[④] 诚之自立天道之诚，故而始终真实无欺，所以“无妄则诚”，或“寂然不动者，诚也”。乾之德性，其本义为至诚无息、健行不已。万物本来由天而生，万物的真实无妄源于天道的真实无妄。心的本体自然就是“诚”，“诚”是道德的极致，所以“圣，诚而已矣”。周敦颐《养心亭说》从人之养心的角度言“诚立”，指出：“予谓养心不至于寡焉而存耳，

① 牟宗三：《心体与性体》第一册，上海古籍出版社 1999 年版，第 325 页。

② 朱熹：《太极图说解附》，见《周敦颐集》，中华书局 2009 年版，第 4 页。

③ 蔡仁厚：《宋明理学·北宋篇》，吉林出版集团 2009 年版，第 19 页。

④ 参阅杨柱才《道学宗主：周敦颐哲学思想研究》，人民出版社 2004 年版，第 329—330 页。

盖寡焉以至于无。无则诚立、明通。诚立，贤也；明通，圣也。是圣贤非性生，必养心而至之。”① “诚”既是“万物资始”的宇宙本体，也是“纯粹至善”的先天本性。就人类来说，只要树立了“诚”的道德意识，就觉解和把握了“五常之本，百行之源”。这样“乾道变化，各正性命，诚斯立焉”②。诚体之立是自建自立。这种自建自立的过程也就是“无极而太极”的宇宙生化过程，是一个“无极之真，二五之精，妙合而凝。‘乾道成男，坤道成女’，二气交感，化生万物。万物生生，而变化无穷焉”③ 的过程。“自万物而观之，则万物各一其性，而万物一太极也。盖合而言之，万物统体一太极也；分而言之，一物各具一太极也。所谓天下无性外之物，而性无不在者，于此尤可以见其全矣。”④ 诚体之所以能够自建自立，关键在于诚在具有“诚之通”的同时还具有“诚之复”的功能。“复有立而见，由诚之自建自立，而自见其自己；自己见自己，亦就是‘复’其自己。”⑤

诚之正是说诚天然地具有使自己端正、中正和正万物之性命的功能与机理，从而达致“保合太和”和“万国咸宁”的境界。诚体亦即道体处在一种无形的大化状态，不仅能资始万物，而且能“乘变化而御大器，静专动直，不失大和，岂非正性命之情者邪?”⑥ 唐代孔颖达在为《周易》“乾道变化，各正性命”作疏中说：“变谓后来改前，以渐移改，谓之变也。化谓一有一无，忽然而改，谓之为化。言乾之为道，使物渐变者，使物卒化者，各能正定物之性命。性者天生之质，若刚柔迟速之别；命者人所禀受，若贵贱寿夭是也。”⑦ 诚体具有“静专动直，不失大和”的品性和功能，亦即诚体在“其静住之时，则专一不转移也；其运动之时，正直不倾斜也”，《系辞上》有“夫乾，其静也专，其动也直，是以大生焉”，专指专一而不变，直指刚正而不偏，正是因为诚体具有“其静也

---

① 周敦颐：《养心亭说》，《周敦颐集》，中华书局 2009 年版，第 52 页。

② 周敦颐：《通书 · 诚上第一章》，《周敦颐集》，中华书局 2009 年版，第 13 页。

③ 周敦颐：《太极图说》，《周敦颐集》，中华书局 2009 年版，第 5 页。

④ 朱熹：《太极图说解附》，载《周敦颐集》，中华书局 2009 年版，第 6 页。

⑤ 蔡仁厚：《宋明理学 · 北宋篇》，吉林出版集团 2009 年版，第 20 页。

⑥ （魏）王弼、（晋）韩康伯注，（唐）孔颖达正义：《周易正义》第一，中国致公出版社 2009 年版，第 15 页。

⑦ 同上。

专，其动也直”的品性和功能，故既能使万物各得其利，又能使万物各保其正。天道生生不息，万物各保其性命之正，所以诚是纯粹至善的。

诚之用是诚之体“其静也专，其动也直”的功用与表现。诚贯穿于“无极而太极，太极动而生阳，动极而静，静而生阴。静极复动。一动一静，互为其根；分阴分阳，两仪立焉。阳变阴合，而生水、火、木、金、土。五气顺布，四时行焉”[①] 的全过程，贯穿在“二气交感，化生万物。万物生生，而变化无穷焉”的全过程，贯穿在“惟人也，得其秀而最灵”的生化过程中，所以诚如朱熹所言：“诚者，圣人之本，物之终始，而命之道也。其动也，诚之通也……其静也，诚之复也。”[②] 诚能贯通天下万事万物，具有既资始万事万物，又成就万事万物的独特功用，而且“生而不有，为而不恃，长而不宰，功成弗居”，故就此而言，“诚之用”是宇宙之大用，所以才能达致“保合太和”“万国咸宁”的伦理妙用。

诚之位是指诚在宇宙生成与道德化育中的地位，亦即“不诚无物”，不诚难以为人。“诚”即纯粹至善，它是“寂然不动”而“无为”的精神，是配天之道，故“诚，五常之本，百行之源也。静无而动有，至正而明达者也”[③]。周敦颐说：“寂然不动者，诚也。感而遂通者，神也。动而未形，有无之间者，几也。诚精故明，神应故妙，几微故幽。诚、神、几，曰圣人。”[④] “几”“德”“无为”“神”实际上也是由“诚”这个概念而来的。“寂然不动”也即《通书·诚几德第三章》所说的“诚无为”，意为至静无思，此谓“诚”之体。“神”即“诚”之用，它能通达明照，是“诚”所固有的一种神妙的认识功能。“几者，动之微，吉之先见者也。”意即善恶之未形。“诚体之流行虽然无思无为，但当吾人感于物而动时，其动之‘几’，则不免有差异之分化，而不能保持其纯一不杂，于是乃有或善或恶之分歧。顺承诚体而动者为善；若不顺诚体而动，而为感性（物欲）所左右，则为恶。”[⑤] “几善恶”要求人们在“动之微”处立诚思诚，从而不被微小的恶念所左右，进而坚守诚道，与诚体为一。

① 周敦颐：《太极图说》，《周敦颐集》，中华书局2009年版，第3—4页。

② 朱熹：《太极图说解附》，载《周敦颐集》，中华书局2009年版，第4页。

③ 周敦颐：《通书·诚下第二章》，《周敦颐集》，中华书局2009年版，第15页。

④ 周敦颐：《通书·圣第四章》，《周敦颐集》，中华书局2009年版，第17—18页。

⑤ 蔡仁厚：《宋明理学·北宋篇》，吉林出版集团2009年版，第24页。

朱熹指出："几者，动之微，善恶之所由分也。盖动于人心之微，则天理固当发见，而人欲亦以萌乎其间矣。"① "诚"作为道德的本体，本身即是一种先验而神妙的认识主体，一旦感应而动，不必通过思虑，即能明照一切，自可直觉微而未形的善恶。圣人以诚为本，就具备了"诚""神""几"三者统一的品格，"圣，诚而已矣"（《通书·诚下第二章》）。作为圣人之本的"诚"，是"寂然不动"的，只有主静，才能达到与"诚"合一的境界，也才能"立人极"和达到圣人之境。觉解、认识和把握诚体，会因人们的修为及其禀赋而有不同的表现形式或类型，周敦颐以"圣""贤""神"来予以界说，指出："性焉、安焉之谓圣，复焉、执焉之谓贤，发微不可见，充周不可穷之谓神。"② 亦即不假工夫而本性自然如此，不待勉强而德性安然若此，在任何时候或条件下都能完全保持固有的"诚"的人是圣。不能自然安然如此，必须时时通过思虑，通过择善固执来恢复"诚"的人是贤。"性焉安焉、称诚体而行，其发也，几微幽隐而不可见，然其感应迅速，顿时充周而不可穷，一念之动，即感应无方而无穷无尽，亦莫能测知其所以然，此便是圣而神了。"③ 孟子有"大而化之之谓圣，圣而不可知之之谓神"的界定，周敦颐将这一界定与对诚体的认识、觉解与把握联系起来加以论说，较为全面深刻地揭示了人们认识、觉解和把握诚体可能产生的不同境界。所以人们求达圣贤的"圣功"就在于"身端心诚"："身端，心诚之谓也。诚心，复其本善之动而已矣。不善之动，妄也；妄复则无妄矣，无妄则诚矣。"④

整体上看，周敦颐以诚为本的道德本体论的建构是与其对世界本体、宇宙始基及其生化过程以及人类道德之源的深刻求索紧密联系在一起的，是在对诚之源、诚之立、诚之正、诚之用和诚之位五个方面的系统探究基础上而形成的。周敦颐的诚既是宇宙论的生成范畴，与太极同体互证，又是道德论的母体和根源，在终极的意义上等同于天道之诚。"太极和诚是宇宙万物和形上价值的发生之源，同时也是宇宙万物和人生社会的天赋本

① 朱熹：《通书解附》，载《周敦颐集》，中华书局 2009 年版，第 16 页。

② 周敦颐：《通书·诚几德第三章》，《周敦颐集》，中华书局 2009 年版，第 17 页。

③ 蔡仁厚：《宋明理学·北宋篇》，吉林出版集团 2009 年版，第 25 页。

④ 周敦颐：《通书·家人睽复无妄第三十二章》，《周敦颐集》，中华书局 2009 年版，第 39 页。

质和道德价值的本体。"[①] 如果说在从太极到五行万物的生化过程中，诚的道德意义是潜隐或未被充分体现的，那么在人类社会出现以后，诚之价值和道德内涵便得到了充分而全面的扩充与展开，表现为人之生命、生活乃至整个人性、人的本质、人的价值、人的意义等属人的一切都与诚发生了密切的关系，这种关系既是先在的，也是后天的，是人之天性与德性的源泉、始基、动能和力量。所以"诚"成为道德形上学的母体、本体、主体和载体。以诚为本成为周子之学的本质、主旨和核心。张伯行《周濂溪先生全集序》较为全面地揭示了周子之学的精神实质："有宋濂溪先生崛起南服，不由师授，默契道体。上以接邹、鲁之传，而下以启洛、闽之绪，于无极之真，二五之精，形生神发之理，推极奥蕴。且其言诚、言几、言性安、言复执，直揭日月而昭云汉。以故二程传其学，朱子阐其说，字剖句析，无微不彰……勉斋又言周子'以诚为本，以欲为戒'，先生真所谓'黯然而日章'者也。"[②] 应该说，以诚为本的道德本体论或道德形上学的建构成为周子之学之所以上接孔孟道统、下开理学学统的深蕴或堂奥所在。而其道德本体论或道德形上学的建构则为儒家德性主义伦理学提供了深刻而坚实的学理支撑和价值支持，故此周敦颐本人成为"宋代新哲学思想之创始者，正如笛卡尔、斯宾诺莎、莱布尼兹乃近代欧洲哲学之创始者"[③]。

三 以诚为本道德本体论对中华伦理之学的创化意义

周敦颐以诚为本的道德本体论的建构，其"破暗"之功在于"阐发心性义理之精微"。心性与天道（义理）是先秦孔孟儒家思想的重要部分，《周易》重视天道的阐释，《中庸》《孟子》关注心性的研究，同时还提出了"尽心知性以知天""穷理尽性以至于命"的命题，并试图在"心性与天道"之间做出自己的贯通性研究。但实际上，先秦儒家并没有重视"天道"思想的深度阐发，《周易》后来反而成了道教阐释和利用的

① 杨柱才：《道学宗主：周敦颐哲学思想研究》，人民出版社 2004 年版，第 310 页。

② 张伯行：《周濂溪先生全集序》，载《周敦颐集》，中华书局 2009 年版，第 127 页。

③ 张君劢：《新儒家思想史》，中国人民大学出版社 2009 年版，第 105 页。

重点，所以先秦儒家有自己的德性主义伦理之学，而并未真正建立自己的道德本体论或道德形上学，亦即先秦儒家并未实现“心性与天道”的内在贯通。真正建立儒家的道德本体论或道德形上学，打通“心性与天道”的阻隔，实现“学达性天”之宏旨的则是周敦颐。他以“诚”为“心性与天道”的贯通点和枢纽，把《周易》的天道观与《中庸》《孟子》的心性论有机地融合成一体，从而实现了心性义理的本性化，也为遥契天道，使天道内化于心开辟了通途。在周敦颐那里，“诚”对“心性与天道”的贯通具有十分重要的作用，做到了“诚”，也就能达到“心性与天道”的融合，也即实现“天人合一”的目标。“诚”既是社会伦理道德的规范和标尺，又是宇宙自然万物的源泉或始基，此即“诚，五常之本，百行之源”的意义所在。

自思孟学派提出“诚者，天之道；诚之者，人之道”以后，“诚”这一范畴一直被儒学所重视。周敦颐提出以诚为本的道德本体论，不仅认定“诚”是宇宙万化的精神实体，而且认定诚是“圣人之本”和一切伦理道德的根基，从而建构了一种为孔孟儒家所忽略的道德形而上学，为儒家伦理学提供了一种道德哲学的理论支撑。

有了以诚为本的道德本体论，道德规范论的制定、道德实践论的修为才有了可以依托的根蒂和源泉，讲道德才不致陷入一般意义的劝说或诫命。依据周敦颐的道德本体论，“道德性的天理实理是本心性体之所发。本心性体或于穆不已之道体性体是寂感真几，是创化之源，是直贯至宇宙之生化或道德之创造”[①]。周敦颐道德本体论的建立使儒家的性体心体不仅具有道德法则的普遍性和必然性，从而具有至高无上的权威性和伦理合理性，“而且直透至其形而上的宇宙论的意义，而为天地之性，而为宇宙万物的实体本体，为寂感真几、生化之理”，“而且还要在具体生活上通过实践的体现工夫，所谓‘尽性’，作具体而真实的表现”。[②] 正是因为这样，牟宗三才肯定地赞道：“这是儒家言道德理性充其极而为最完整的一个圆融的整体，是康德所不能及的。”[③]

---

① 牟宗三：《道德理想主义的重建》，中国广播电视出版社 1992 年版，第 273 页。

② 同上书，第 297 页。

③ 同上。

在牟宗三看来，康德虽然写出了《道德形而上学原理》这一著作，也意欲建立自己的道德形而上学理论，并具有向儒家道德哲学方向运演的价值性追求，“他的分解工作之功绩是不可泯灭的。由他开始，经过费希特、黑格尔，以至谢林这发展的传统，即已表示出这趋势”，但是由于学术渊源、致思或路径的限制，康德最终未能建立起自己的道德形而上学理论，他建立的只是“道德的神学”而不是道德的形而上学。康德之所以不能建立自己的道德形而上学理论，其原因在于：“（一）是因为他那步步分解建构的思考方式限制住了他，他缺乏那原始而通透的具体智慧；（二）他无一个具体清澄、精诚恻怛的浑沦表现之圆而神的圣人生命为其先在之矩矱。所以他只有停在步步分解建构的强探力索之境了。”[①] 牟宗三区分了“道德底形上学”与“道德的形上学”，认为“道德底形上学”是关于道德的一种形上学的研究，以形上地讨论道德本身之基本原理为主，其所研究的对象或客体是道德，而不是形上学本身，形上学只是一种借用。而“道德的形上学”则是以形上学本身为研究对象或客体，“从‘道德的进路’入，以由‘道德性当身’所见的本源（必性）渗透至宇宙之本源，此就是由道德而进至形上学了，但却是由‘道德的进路’入，故曰‘道德的形上学’”[②]。康德只是由实践理性而接近上帝与灵魂不灭而建立其客观妥实性，他建立的只是“道德的神学”而不是“道德的形上学”，亦即康德“未能四无傍依地就其所形式地透显的实践理性而充分展现一具体的‘道德的形上学’”[③]。康德之所以对“自由是如何可能的”，“道德法则如何能使人们感兴趣”，“纯粹理性如何能是实践的”等问题无法予以清晰的说明，并且得出了完全不恰当不相应的结论，根本原因在于他对于道德真理、道德生命缺乏深刻的觉解与体悟，“而陷于枯窘呆滞、只在外部指画的境地之中，因而遂有此不恰当的思考方式：以经验知识、思辨理性底界线误移作实践理性底极限，妨碍了对于实践理性底领域之真实地开辟，使道德全落于空玄之境地中”[④]。关于康德之道德神学的虚幻性或空玄性，马克思、恩格斯在《德意志意识形态》一书中指出：“康德

---

① 牟宗三：《道德理想主义的重建》，中国广播电视出版社 1992 年版，第 298 页。

② 同上书，第 299 页。

③ 同上。

④ 同上书，第 313 页。

只谈善良意志，哪怕这个善良意志毫无效果也心安理得，他把这个善良意志的实现以及它与个人的需要和欲望之间的协调都推到彼岸世界。”① 康德关于道德形上学的建构是以制造“两个世界”（即此岸世界和彼岸世界）的对立为前提或依据的，他把道德的绝对命令建基于普遍理性的基础之上，并认为道德律令是绝对超经验、超功利或超感觉的。德性与幸福的统一即至善只有在彼岸世界才有可能成为现实。“我们纵然极其严格地遵行道德律令，也不能因此就期望幸福与德行能够在尘世上必然地结合起来，合乎我们所谓至善。”② 由对道德生活领域“二律背反”的揭示，使得康德原本要建立的道德形上学不得不走向“道德的神学”。康德指出：“道德的神学，则是一种对最高存在者的存在的确信，这种确信将其自身建筑在道德律令的基础上。”③ 康德为实践理性公设了“上帝存在”“灵魂不死”等信仰。“因此，道德不可避免地要导致宗教。这样一来，道德也就延伸到了人之外的一个有权威的道德立法者的理念。在这个立法者的意志中，（创世的）终极目的也就是那种同时能够并且应该是人的终极目的的东西。”④

不同于康德道德神学的虚幻性或空玄性，周敦颐以诚为本的道德本体论建立的是一种“道德的形上学”而不是“道德神学”。如果说“道德神学”是一种伦理宗教学或宗教伦理学，其本质落在宗教上，那么“道德的形上学”则是一种道德哲学或哲学伦理学，其本质落在哲学上。周敦颐“从寂然不动处，握诚之本，故曰：主静立人极”（《宋元学案·濂溪学案》黄宗羲案语）。他在《通书》中以“诚”作为开篇，可谓从“道德的进路”入，然后通过独契道妙，视“诚”为宇宙万化的始基、核心和根本，得出“诚者，圣人之本。大哉乾元，万物之始，诚之源也。乾道变化，各正性命，诚斯立焉。纯粹至善者也”⑤ 的结论，从而破秦汉以

① 马克思、恩格斯：《德意志意识形态》，《马克思恩格斯全集》第三卷，人民出版社 1960 年版，第 211—212 页。

② ［德］康德：《实践理性批判》，关文运译，商务印书馆 1960 年版，第 116—117 页。

③ ［德］康德：《纯粹理性批判》，蓝公武译，商务印书馆 1960 年版，第 451 页。

④ ［德］康德：《单纯理性限度内的宗教》“第一版序言”，李秋零译，商务印书馆 2012 年版，第 4 页。

⑤ 周敦颐：《通书·诚上第一》，《周敦颐集》，中华书局 2009 年版，第 13—14 页。

来儒学千年未能遥契天道的晦塞，使儒家心性义理之精微重新彰显于世。在周敦颐看来，诚实至善，源于世界的最初本源，是天地万物之本性，因而也是圣人的根本，是五常（仁、义、礼、智、信）的基础，又是百行（孝悌、忠信）的源泉。周敦颐以诚为本的道德本体论建立的是中华伦理之“顺道”，此即是唐君毅所言的“人诚顺吾人性情之自然流露，而更尽其心，知其性，达其情，以与自然万物及他人相感通，吾人即可由知性而知天”①。这种与形而上实在相遇的方法即是中华伦理之学的“顺道”，它与西方思想界对于自然世界与人文世界总是先取一隔离态度的“逆道”迥然有别。在周敦颐等理学家的视野里，无极而太极的宇宙演化过程，亦即是人类精神生命、道德慧命的生长发育过程，“天地不特包含一切人生命精神之本源，亦且为一切人生命精神所之充塞弥沦，则天地为一大宇宙生命、宇宙精神也”②。《中庸》有关“诚”的说法，只是强调了诚的重要性，强调了做圣人的途径是“诚”，而周敦颐则把“诚”上升为宇宙的始基和母体，赋予“诚”沟通天道和人道的价值特质，并认为“大哉乾元，万物资始”的万物之本源天道，正是“诚”的终极根源，不特如此，与太极合一的“诚”也是“圣人之本”和道德价值的终极来源，具有至善至美的伦理意义。人只有深刻理解了“诚”的内涵、功能和特质，才能使自己的思想和境界在世俗生活中得到升华，过上希贤希圣的既平凡又神圣的道德生活。此即是中华伦理之学的“内在超越论”和道德理想主义，是一种“尊德性而道问学，致广大而尽精微，极高明而道中庸”的理想人生。周敦颐说：“圣，诚而已矣。诚，五常之本，百行之源也。静无而动有，至正而明达也。五常百行非诚，非也。邪，暗塞也。故诚则无事矣。”③ 朱熹解释说：“非诚，则五常百行皆无其实，所谓不诚无物者也。静而不正，故邪；动而不明、不达，故暗且塞。诚则众理自然，无一不备，不待思勉，而从容中道矣。”④ 人诚，静时便至正，动时便明达，便能从容中道；人不诚，便无法遵循“五常”和“百行”。“诚”是宇宙的始基和本体，是圣人之大本，是宇宙精神与人之生命精神的合一，这样

① 唐君毅：《中国文化之精神价值》，台北正中书局 1987 年版，第 450 页。

② 同上书，第 451 页。

③ 周敦颐：《通书·诚下第二章》，《周敦颐集》，中华书局 2009 年版，第 15 页。

④ 朱熹：《通书解附》，载《周敦颐集》，中华书局 2009 年版，第 15 页。

天道一方面在人与万物之上不失其超越性；另一方面亦内在于人与万物之中亦即具有内在性。由此可见，以诚为本的道德本体论把天道的超越性和内在性有机统一起来，从而既揭示了道德的形上学来源与旨归，也揭示了天道内在于人道之中，人通过人道体悟默契天道的主体性和能动性。人们在道德修养上一旦达到了“诚”，那就达到了至高至善的境界，实现了心灵的净化，成为最完善、最高尚的圣人。

（作者单位：湖南师范大学 道德文化研究中心）

成为一个人:从罗哲斯的人本心理学看周敦颐的尝试与努力

尹文汉

在今天，如果有人说某位心理学家所思考的是哲学问题，则那位心理学家多半会认为那是对他的一种污蔑。不过，我却是个例外。对于我所视察到的现象，我常觉得忍不住要追问它的意义。这些意义中，有一些对我们当今的世界具有相当大的启示。

——卡尔·罗哲斯

当代著名的人本心理学家卡尔·罗哲斯（Karl R. Rogers）将心理治疗理论深入到哲学层面，进而探讨如何成为一个人，“成为一个如其所是的自我”。[①] 在学科分化愈益严重的今天，心理学与哲学分道扬镳，也愈行愈远，罗哲斯这样从心理学领域自动发展出哲学问题，并提出自己深刻而独到的见解，确实是个“例外”。然而，罗哲斯的“成为一个人”的论证对于理解中国古代哲学而言具有一定的帮助，因为中国古代哲学非常重视“人道”，重视“修养”或“修行”，可以说，“成为一个人”，是中国哲学的核心问题之一。中国哲学文献不像西方哲学那样注重逻辑推理、理论架构和经验证实，惜字如金的先哲大多将论证、推

---

① 这些理论与观念集中在卡尔·罗哲斯的著作《成为一个人：一个治疗者对心理治疗的观点》（*On Becoming a Person*：*A Therapist's View of Psychotherapy*）一书中。中译本见宋文里译作，1989 年台湾久大文化股份公司、桂冠图书股份有限公司出版，2014 年又由台湾左岸文化传播有限公司出版。

理或悟道的过程隐藏于心，仅仅直接拿出结论公之于众并传诸后世，加之中国文字的多义性，使得中国古代注释经典的风气长盛不衰，注释之书也汗牛充栋。然而，即使如此，仍然难以真正把握住原著所要表达的含义。“成为一个人”，既是一个哲学问题，也是一个心理学问题。中国先哲隐藏或未明示的部分，心理学家的论证或许可以用来当作补充，从而增加原有理论的可靠性及价值。在中国哲学史上，《老子》仅五千言而开启道家一派，千余年后的宋代大儒周敦颐留下的全部文字比《老子》更少，却为宋明理学开山之祖，开启了中国哲学的一场伟大革命。周敦颐的哲学究竟做了些什么新的尝试呢？本文将运用罗哲斯“成为一个人”的相关论述进行一个简要的探讨。

一　成为一个人：从“太极”到“立人极”

成为一个人（On Becoming a Person），这个由美国心理学家罗哲斯提出的重要命题，更像一个哲学命题，一个中国哲学的命题。中国文化“理性早启”，在人神问题上，在孔子以前天神的权威已经衰落，《左传》中即有“夫民，神之主也，是以圣王先成民，而后致力于神”（桓公六年）和“国将兴，听于民，国将亡，听于神。神，聪明正直而壹者也，依人而行”（庄公三十三年）的思想记载。原始天神权威的衰落，代之而起的便是儒家的人文思想运动。“在这一个运动中，天神经由人的自觉，转化为形上学意义的天命、天道，天命、天道既是儒家人性论的形上基础，又是人生目标的终极境界。”① 从神本走向人本，人不再依附于神而活，人自挺立于天地之间。西方基督教中，耶稣是神的儿子，他的神格是上帝赋予的，是“神而人”（God - man）。而中国的圣人孔子，身世平凡，因其伟大人格而被后世神化，是“人而神”（man - God）。“神而人，人的伟大来自神。人只是神表演的工具，终极目的还是为了神。人而神，人的伟大出于人本身，他终极的目的是为了人。前者决定了基督教文化的超人间性，后者决定了中国文化的人间性。”②

---

① 韦政通：《中国的智慧》，岳麓书社 2003 年版，第 168 页。

② 韦政通：《中国文化概论》，岳麓书社 2003 年版，第 69 页。

中国文化的这种重人、人间性的特征，不仅在儒家如此，道家、佛家也受此影响。印度佛教之所以能在东土生根以至繁荣久传，很大原因在于佛教的大乘思想与中国文化这种重人、人间性的土壤相契合。后来大乘佛教在中国衍生出八派，而又以禅宗一枝独秀，正是因为大乘佛教强调入世，强调人间性，“佛法在世间，不离世间觉”。禅宗反对一切神圣崇拜，直指人心。近世太虚大师所言“人成即佛成”，成佛即是成人，是对中国佛教本质的诠释。

如何成为圣人（儒家），如何成为真人（道家），如何成为觉悟者（佛家），是中国儒道释三家人士各自的人生追求。如果我们放下各家追求的具体目标不谈，成为一个人而不是成为神，确实是中国哲学最为重要的思想倾向。

周敦颐的伟大在于他敏锐地把握住了中国哲学这个重人特征，在玄学、佛教、道教盛行之后，再次回归到最具人间性的儒学，回到现实生活空间，经由太极而大倡“立人极”，构建起一个“成为一个人”的人生哲学。

“人极”一词，最早见于《文中子·述史》：“仰以观天文，俯以察地理，中以建人极。”但中国思想史上讨论“人极”者，最主要的是周敦颐和刘宗周。2001 年笔者曾撰《濂溪〈太极图〉与蕺山〈人极图〉比较论略》一文尝试比较周敦颐《太极图》和刘宗周《人极图》，认为二者是儒家在人道问题上一对前后呼应的作品。“如果说《太极图》为了重述儒家人道原则而对从天道到人道的逻辑推演进行了合理论证，开启了宋儒研究人道的新局面，那么，蕺山的《人极图》则在人道被论证发展 500 年之后完成了《太极图》留下的任务。二者是一对前后呼应的作品。《人极图》顺着《太极图》的逻辑接着《太极图》往下讲，从人道原则的大范围到个体的日用常行、从理论上的证人道理到实践上具体的证人途径，可谓极广大而尽精微，把濂溪之人道愿望与粗糙轮廓归显于密，发展完善。”①

---

① 参见拙文《濂溪〈太极图〉与蕺山〈人极图〉比较论略》，《嘉应大学学报》2002 年第 1 期。

很多研究周子的专家都会极力关注周敦颐的“太极”“无极”等概念，而忽略“人极”。“人极”或“立人极”两词，关注者极少，大多中国哲学方面的辞典都不录。韦政通教授著《中国哲学辞典》收了“人极”一词，从中笔者得知熊十力先生对周敦颐的“立人极”之说，极力推崇。他说：“周濂溪从道家转手而归儒家，《太极图说》立人极三字，确有无穷义蕴，真得六经之髓，学者不可忽也。”又说：“周子以主静立人极，而于静字下，自注无欲故静，则此静非与动相对之静，而以停止之静讥之可乎？立人极三字，的是尼山宗旨。”[①] “确有无穷义蕴”，“真得六经之髓”，“的是尼山宗旨”，这是熊十力对周敦颐“立人极”三字的高度评价，熊先生真是知濂溪者也。

周敦颐通过重述《易经》《中庸》，为孔孟一系的生命哲学补充了宇宙论和本体论依据，但他思想的重点和落脚点并不在“无极而太极”上，而是在“立人极”上。《太极图说》的后半部分，皆是论述人道，强调“唯人也得其灵而最秀”，“圣人定之以中正仁义，而主静，立人极焉”；《通书》则是论述“诚”，不言“无极”和“太极”。笔者个人认为：“《太极图说》是濂溪立人极之总纲，重在解决人极之宇宙论与本体论依据；《通书》则是濂溪立人极中对人极内容（中正仁义）与修养方式（主静）之展开。”[②]

成为一个人，周子大倡“立人极”，挺立人之地位。人必须成为人，而非其他。人应该成为什么样的人呢，原则为何？周敦颐明确指出：“圣人定之以中正仁义”（《太极图说》），“圣人之道，仁义中正而已矣”（《通书·道第六》）。这里要特别注意，“中正仁义”并非来自神的要求或者无极太极的推演，而是圣人所定。人所要成为的人，是人自己的追求，而非神意。人通过什么样的努力才能达到中正仁义呢？周子的答案是：①主静（《太极图说》），②诚（《通书》）。

---

① 韦政通：《中国哲学辞典》，台北水牛出版社出版，世界图书出版公司北京公司 1993 年版，第 19 页。

② 尹文汉：《濂溪“立人极”的成功尝试及其现代启示——从傅伟勋“生命的十大层面”理论模型说起》，《船山学刊》2005 年第 4 期。

二　向体验开放：寻孔颜乐处

回到罗哲斯，他的“成为一个人”是什么意思呢？

罗哲斯于1954年在欧柏林学院的一个会议上作演讲，题目便是“‘成为一个人’是什么意思？”罗哲斯认为：“人最想要达成的目标，以及人自觉或不自觉地追求的终点，乃是要变成他自己。”[①] 他还提到，在他的心理治疗中，人们都在追问：“我到底是什么，我到底要怎样才能冲破行为的表面，而接触到那深藏在底下的真我，我到底怎样才能成为我自己？”[②] 不难看出，由于心理治疗的丰富经验以及对问题的深入思索，罗哲斯把心理问题引向了哲学，引向了对人的追问。心理障碍的根本问题，在于人偏离了自己。成为一个人，说到底就是成为自己。罗哲斯很吃惊地发现，丹麦哲学家梭伦·齐克果（Soren Kierkegaard）早已发现：“最普遍的绝望乃是人陷入这样的绝境：不能选择，没有成为自己的意愿；而最深切的绝望乃是选择‘做不是自己的人’。另一方面，‘决意成为真正的自己，确是绝望的相反’，而这种抉择乃是人最终极的责任。”[③] 不错，齐克果提出了“绝望”与“绝望的相反”两种情况。“绝望”是因为人陷入了“不能选择，没有成为自己的意愿”的境地，而“深切的绝望”则是人选择了“做不是自己的人”。“不能选择”意味着人没有自由，以至于“没有成为自己的意愿”，甚至选择“做不是自己的人”。“绝望的相反”则是“决意成为真正的自己”，这种抉择是人最终极的责任。

如何才能成为真正的自己？罗哲斯的方法是穿透假面具，向体验开放，在体验中发现自我。成就自己，前提是要发现自我；而发现自我，首先要撕下和穿透戴在自己身上的假面具，真实的自我才会呈现出来。在这里，罗哲斯特别强调体验。他认为自我到底如何，要在自己的体验中去发现。“真正的自我乃是可在自身的体验中找到的，而不必以外物强

① 卡尔·罗哲斯：《成为一个人：一个治疗者对心理治疗的观点》，宋文里译，左岸文化传播有限公司2014年版，第128—129页。

② 同上书，第128页。

③ 同上书，第129页。

加于其上。”①

向体验开放，在体验中发现自我，让我们想起禅宗的“如人饮水，冷暖自知”这类言语。周敦颐的哲学是格外重视体验的。周敦颐立人极，强调“中正仁义”，这并不是外在且强加于人的要求，正如孟子所言，“非外铄我也”，乃是人本具的。本具的东西并不能自然地显现出来，而需要去体验和发现。明道先生曾说，“昔受学于周茂叔，令寻颜子仲尼乐处，所乐何事？”② 周敦颐教二程，并没有让他从知上去理会，而是要求他们去寻孔颜乐处，通过自己的体验来感受孔颜所乐，来发现自具的“中正仁义”。周敦颐自己也特别强调体验与感受。程明道曾回忆说，周茂叔窗前草不除去，问之原因，周敦颐回答说，“欲以观天地生生的气象”，以及“与自家意思一般”。③ 这表明周敦颐是在日常生活中体会宇宙生命和个体生命的。中国哲学与西方哲学的不同，在于中国哲学关注生命，是一个有情的宇宙观，因此特别强调人格修养和人生体验，在体验中深化对宇宙和人生的了解，在修养中不断提升人格。

孔孟对于修养工夫的讨论本来就不多，两汉以来儒家在修养工夫上也很少进步。汉代以来佛教传入、道教兴起，释道二家在修养工夫方面都有非常好的表现，尤其是佛教对于人生的体验深刻，修养工夫更是多种多样。周敦颐重振儒学，在一定程度上吸收了释、道二家的修养工夫，为儒家生命哲学在修养实践上开拓出新的气象。如其主静之说，为佛道所通用。在《通书》里，周敦颐提出了许多修养工夫的命题与观念，如“廓之配天地”（第六章），“纯心”（第十二章），“进德修业”“孳孳不息”“务实”（第十四章），“改过”“敬”（第十五章），“无欲”“虚静”（第二十章），“心泰则无不足”（第二十三章），“乾乾不息于诚”“惩忿窒欲”“迁善改过”（第三十一章），“端本”“诚心”“无妄则诚”（第三十二章），“欲动情盛”（第三十六章），等等。虽然《通书》文字不多，对这些观念也很少展开和深入讨论，但将这么多观念集中起来，确实为儒家在修养工夫方面开启了一个全新的局面，为儒学的继承者开辟了新的道

① 卡尔·罗哲斯：《成为一个人：一个治疗者对心理治疗的观点》，宋文里译，左岸文化传播有限公司 2014 年版，第 136 页。

② 周敦颐：《元公周先生濂溪集》，岳麓书社 2006 年版，第 148 页。

③ 同上书，第 112 页。

路。在周敦颐这里，儒家第一次如此全面地重视修养工夫以及人生体验。

三 在体验中发现自己：诚之道

罗哲斯认为，向体验开放，要不断突破防卫性，相信自身的官能，从而增加自己向体验开放的能力。他说："也许可以这样说：这样的人会逐渐发现自身的有机官能是值得信赖的，也就是说，人的有机体本身便是个很管用、很便利的工具，可在任何情境中，当下用以找出最合宜的行为。"① "大多数人在权衡拿捏时之所以会犯错，乃是因为我们把一些不属于自身的体验范围内的东西包含进来，却排除掉了一些体验内本有的因素。"② 在这里，罗哲斯强调体验的重要意义。我们要相信自己的体验，并且按自己的体验做出反应，而不必在乎别人的或外在的评价：

> 他会愈来愈不必仰赖别人的赞同或反对；不必靠别人来制定生活的标准；不必依别人的眼色而做出选择与决定。他能分辨：选择端赖自己。对自己而言，该问的问题只是："我的生活方式是否能深令自己满意，是否能真正表现我自己?" 而我认为这也许才是富有创造的人最为重要的问题。③

罗哲斯的这一论断，会让富于创造性的人着迷。但是，我们若是想到孟子"自反而缩，虽千万人，吾往矣"的说法，罗哲斯的这一观点，并非新意。忠于自己的体验与判断，而勇往直前，这是历代哲人的共识。

更进一步，罗哲斯提出，向体验开放，忠于体验，需要离开"应该"，离开外在的强迫性，"成为一个如其所是的自我"。"要而言之，他是自知而自我接纳地迈向当下存有（Being），也就是迈向内在而实在的如其所是的过程，他要离开他所不是的存在情态，离开表面形象。"④

---

① 卡尔·罗哲斯：《成为一个人：一个治疗者对心理治疗的观点》，宋文里译，左岸文化传播有限公司 2014 年版，第 140 页。

② 同上书，第 141 页。

③ 同上书，第 142 页。

④ 同上书，第 211 页。

在体验中发现自己，迈向当下存有，周敦颐的《通书》大讲“诚”，并以“诚”为道体，与罗哲斯的观点有相通之处。周敦颐《通书》前四章:《诚上第一》《诚下第二》《诚几德第三》《圣第四》都在讲“诚”。[①]

周敦颐认为:“圣人之道，仁义中正而已矣。”又说，“诚者，圣人之本。”“圣，诚而已矣。”也就是说，他的理想人格“希贤希圣”，标准是“仁义中正”，而要成为圣人，根本在于“诚”。这个诚，就是“当下存有”，是道体，就是人“如其所是的自我”。诚的含义，首先在于不欺，也就是要忠于自我体验。“诚，五常之本，百行之源也。”“五常百行非诚，非也，邪暗塞也。故诚则无事矣。”[②] 仁义礼智信，孝悌忠顺，皆在一“诚”字上见分晓，诚则无事，非诚则邪暗。

“诚”作为儒家道德哲学的重要概念，在《中庸》里得到系统化发展。周敦颐正是通过对《周易》《中庸》的回归，重振儒家精神。他通过《周易》为儒家重建宇宙论，通过《中庸》则为儒家重建心性论和修养论，这也正是周敦颐在佛教宇宙论、心性论和修养论都高度发达的背景下为儒学所做的努力。周敦颐的努力，在一定程度上与罗哲斯的“成为一个人”的理论相契合。也正因为如此，当儒家吸收佛道之长，重视个人的修养工夫和个体经验，开创出新的思想进路的时候，儒家再一次回归思想中心，受到人们的欢迎。

当然，我们也要看到，罗哲斯的“成为一个人”是从心理治疗的角度切入人生问题，他主张向经验开放，并完全相信经验，在经验中获得“如其所是的自己”，这个“自己”完全没有预设，而周敦颐希圣希贤的人生哲学并非完全如此。他的人生目标是先定的，“圣人定之以中正仁义”，只是通过体验来感受，通过“诚”来达到。韦政通教授更是指出，周敦颐并未觉察到《周易》与《中庸》这两个系统的差别。“《易传》在天人关系中，天是主位，故人须法天，所谓‘天垂象……圣人则之’是也。《中庸》不同，它强调要经由个体尽性的工夫，然后能与天地参。在这工夫中，人是主位，天不过是工夫所达到的境界。”[③] 周敦颐想把二者

---

① 周敦颐:《元公周先生濂溪集》，岳麓书社 2006 年版，第 55—57 页。

② 同上书，第 56 页。

③ 韦政通:《中国思想史》下册，上海书店出版社 2003 年版，第 737 页。

会通，但会通的基础是《易传》而非《中庸》，因此他以为诚源于天，而诚为圣人之本，所谓圣人，不过法天而已。这一观点，与罗哲斯通过体验发现自己，迈向当下存有就不同了。

（作者单位：池州学院 管理与法学院）

以濂溪学说谈朝向建构华人自主的修养心理学理论：儒家自性与修养曼陀罗自我模型

夏允中　张峻嘉[①]

一　濂溪学说的重要性：以濂溪学说来建构华人自主的修养心理学理论

（一）儒家的重要性：迈向自性的修养心理学

最近西方学者[②]已公开承认：当前西方的心理学理论，以来自西方（Western）、高教育水平（Educated）、工业化（Industrialized）、富裕（Rich）和发达（Developed）社会的"怪异"（WEIRD）样本为基础，而建构出来。可以很明显得知个人主义作为预设的西方心理学理论过于怪异，可能会无法全部适用于非西方国家。黄光国教授（以下简称黄氏）[③]呼吁华人心理学家应该运用我们的文化遗产与智能来建构一系列的社会科学理论，它不只能够呈现人类普遍的心智，而且可以呈现某一社会中人们的特殊心态。如此才能建立自主的社会科学，并对西方的主流心理学进行科学革命，以摆脱西方学术霸权的宰制，而不是一味地引用西方理论作为研究的基础，还可以摆脱学术研究水平的低落现象。

---

① 本文两位作者对于此篇论文皆有相同的贡献。

② 参见 Henrich, J. Heine, S. J. & Norenzayan, A. , "Most People are not WEIRD," *Nature*, 466, 29, 2010。

③ Hwang, K. – K. , " The Implication of Popper's Anti – inductive Theory for the Development of Indigenous Psychologies", *Psychological Studies*, 55, 2010, pp. 390 – 394; Hwang, K. – K. , "The Mandala Model of Self", *Psychological Studies*, 56, 2011, pp. 329 – 334.

传统上西方心理学致力于从个人主义的观点①来了解自我（self）的心理运作，非常强调满足、维持与强化自我。② 目前华人心理学界大量移植西方心理学的自我理论。西方心理学有非常多有关自我的理论，都是以自我为基础来建立的③，因此有很多以个人主义的观点的自我为开始的心理学名词或其衍生的相关理论④（如 self - affirmation，self - awareness，self - comparison，self - concept，self - consistent，self - control，self - efficacy，self - esteem，self - determination，self - fulfillment，self - handicapping，self - image，self - identity，self - perception，self - regulation，self - reference 等）。其中个人主义的观点的自我可追溯至基督教文化，尤其是新教（Protestantism）⑤，所以从广义来说西方谈自我的心理学受到了基督教文化的影响。

回顾我们的历史不难发现，我们的文化形成了一个与西方基督教文明不同的自我观：自性；其中儒家就是我们的文化遗产与智慧，而儒家的内涵与修养实践就是要我们养成积极心理（positive psychology）的状态、特

---

① Triandis，H. C.，"Individualism - collectivism and Personality"，*Journal of Personality*，69（6），2001，pp. 907 - 924. Triandis，H. C.，& Gelfand，M. J.，"Converging Measurement of Horizontal and Vertical Individualism and Collectivism"，*Journal of Personality and Social Psychology*，74（1），1998，pp. 118 - 128.

② Burke，B. L.，Martens，A.，& Faucher，E. H.，"Two Decades of Terror Management Theory：A Meta - analysis of Mortality Salience Research"，*Personality and Social Psychology Review*，14（2），2010，pp. 155 - 195. Greenberg，J.，Pyszczynski，T.，Solomon，S.，Rosenblatt，A.，Veeder，M.，Kirkland，S.，& Lyon，D.，"Evidence for Terror Management Theory II：The Effects of Mortality Salience on Reactions to Those Who Threaten or Bolster the Cultural Worldview"，*Journal of Personality and Social Psychology*，58（2），1990，pp. 308 - 318.

③ Shonin，E.，Van Gordon，W.，& Griffiths，M. D.，"The Emerging Role of Buddhism in Clinical Psychology：Toward Effective Integration"，*Psychology of Religion and Spirituality*，6（2），2014，pp. 123 - 137.

④ Klein，S. B.，"Sameness and the Self：Philosophical and Psychological Considerations"，*Frontiers in Psychology*，2014，p. 5.

⑤ Cohen，A. B.，& Hill，P. C.，"Religion as Culture：Religious Individualism and Collectivism among American Catholics，Jews，and Protestants"，*Journal of Personality*，75（4），2007，pp. 709 - 742. Oyserman，D.，Coon，H. M.，& Kemmelmeier，M.，"Rethinking Individualism and Collectivism：Evaluation of Theoretical Assumptions and Meta - analyses"，*Psychological Bulletin*，128（1），2002，pp. 3 - 72.

质与行为。[①] 这个过程是由个人内在心理状态出发，透过不断学习调节面对外界变动时的自我状态，以“自我修养”走出人生之道，最终达到个人与环境之间的和谐关系，进而使个人即便在面对困境时仍能有良好的心理社会平衡状态。[②] 因此本文先说明濂溪学说的重要性，可用来朝向建构华人自主的心理学理论：自性心理学，然后以黄氏所建构的曼陀罗自我模型来提出儒家关系主义之儒家自性定义与三层次修养的自我曼陀罗模型：包含庶人、士大夫与圣王修养之曼陀罗模型，提供后续心理学研究的研究之方向与引导。

（二）以濂溪学说来谈朝向自性修养心理学之路

中华文化广博渊深，上可考于三代之前，下可究于当代风俗之内。根据《易经》之道，《易经·系辞上传》：“子曰：‘易其至矣乎！’夫易，圣人之所以崇德而广业也。知崇礼卑，崇效天，卑法地，天地设位，而易行乎其中矣。”然两汉以降，只授经传之学，而大道几废。逮庆历之间，濂溪先生始继绝学，开宋明理学之先河，传《太极图说》于世，以明天道之理，此是自性之理与自性修养之目的。夫易知简能，易之用也。《易经·系辞上传》：“乾以易知，坤以简能，易则易知，简则易从。易知则有亲，易从则有功。”而《太极图说》则汇幽微大道于方寸之间，摄天道万物于数言之内。其首谓“无极而太极”，乃大道之本然。动静阴阳，为天道之用。有其用，而后四时为之序，五行为之生克，日月星辰为之系。其用在地，乃为坤德，与天氤氲，化醇万物。其用在人，而为男女，以化生万物。《易经·系辞下传》：“天地氤氲，万物化醇，男女构精，万物化生。”天地之道立，而圣人明其德，故观象法以通神明，以立教化。《易经·系辞下传》曰：“易穷则变，变则通，通则久。是以自天佑之，吉无不力，黄帝、尧、舜垂衣裳而治天下，盖取诸乾坤。”天地之道立，而人位乎其中，圣人教之。故曰：“立天之道，曰阴与阳，立地之道，曰刚与柔，立人之道，曰仁与义。”

---

① 黄光国、夏允中、越建东：《从本土心理学到修养心理学》，《本土心理学研究》2016 年第 47 期。

② 参见黄光国《儒家关系主义：哲学反思、理论建构与实征研究》，心理出版社 2009 年版。

濂溪之说，始源于六经之学，然六经之中，皆谓天道与自性，或不可得闻，或闻而不知所以。如《论语·公冶长第五》云："夫子之言性与天道，不可得而闻也。"然知性命与天道，乃达至善之要途，故《论语·为政第二》曰："五十而知天命，六十而耳顺，七十而从心所欲，不逾矩。"孔子至圣也，五十知天命，积二十年之功，然后能七十从心所欲，不逾矩。若不得其道而入，则无以登圣人之堂，入至圣之室。故《系辞传》言及明天地之道，阴阳之用。然《系辞》虽言天地之道，圣人观象之德，而未言性命之学。若不知性命之学，亦无以达天地之道。故子思子述圣人之志，作《中庸》以明性命之学。《中庸》第一章："天命之谓性，率性之谓道，修道之谓教。"《中庸》第二十一章："自诚明，谓之性，自明诚，谓之教。"《中庸》第二十二章："唯天下至诚，为能尽其性。"盖谓："性"者，"天命"也。"至诚"者，"性"也。然知天道性命之学，若不知修养之次第，亦无以依之为善去恶，以明至诚。故《大学》言修养之道，至天子以至于庶人，皆可规范之。《大学》经一章："大学之道，在明明德，在亲民，在止于至善。"朱熹谓此三者，为三纲领，亦进德修业之次第。然三纲领之意，明则明矣，何以依之明"明德"而臻乎"至善"？故《大学》经一章曰："致知在格物。物格而后知致，知致而后意诚，意诚而后心正，心正而后身修，身修而后家齐，家齐而后国治，国治而后天下平。"言"格物"以至"天下平"者，乃修养"明德"以至"至善"之道。若知天道性命之学，修养天道性命之次第，则道在咫尺，求仁而仁至矣。

由上述可知儒学提供了自性的定义与修养之道，但是目前心理学学术界没有以儒学的核心概念——自性来建构完整的理论，再者儒学有非常完整的知识体系，注重实践、修养，全人类都适用，因此，本研究最主要的目的是以儒学的内容与实践来建构儒家关系主义之自性与修养的自我曼陀罗模型，希望此模型可以用来建构自性心理学的理论，来引导未来的研究方向，并可适用于全人类，预计将会做出学术与应用实务的贡献。

二 朝向儒家的第三次"现代化"：儒家之自性与修养曼陀罗自我模型

若夫天道无所不覆，地无所不载，圣人之教无所不化，则虽历代兴衰，风俗民心各异，然性命修养之道，应可含摄当代之学说、当世之学，亦可诠释圣人之道。且日新又新，汤之盘铭。孔子曰："温故而知新。"朱子曰："旧学商量加邃密，新知培养转深沉。"然则法天地以合圣人之言，与时迁移，应物变化，商量旧学而博学新知，审问明辨以邃密深沉，为师之道也。而温故知新，以合时宜者，我们称之为"现代化"。依据韦伯[①]诠释"现代化"之意，可以"理性化"与"除魅"为标准。其中儒家文化已经历两次"现代化"。第一次现代化是由孔子重释《易经》，去鬼神卜筮之术，仅论天地运行及圣人教化之道。第二次现代化是逮至北宋，濂溪先生合佛老之学，明性命天道与修养次第，其后二程夫子、朱熹、陆、王等宿儒，依之发展"理""心"学说。清中叶以降，西方众多科学陆续发展，亦普遍为世人所接受，此乃时之迁移也。今日我们依据西方文明的精华——多重科学哲学典范[②]，再次诠释儒家文化，建构含摄儒家文化之修养心理学，此为第三次儒家"现代化"，传圣人之道于寰宇，实为当今学者之重任。其中多重科学哲学典范简单来说，就是依据儒家文化为基础，来想象建构出一个解释此文化的机制或理论。

进行儒家第三次现代化可采用黄氏的策略与理论，黄氏根据多重哲学典范与含摄文化理论，与荣格（1875—1961）晚年提出之"自性"（the Self）理论，建构了"普世性之自我曼陀罗模型"。黄氏提道："我们唯有在普世性的'自我曼陀罗模型'中加入自性（Self）的考虑，才能体现儒家一贯面向天道的人文精神，才能开启儒、释、道三教合一的修养心理学。"[③] 因此本文为利用此多重哲学典范与此理论来建构儒家之自性与修养曼陀罗自我模型。

荣格依据弗罗伊德之部分精神分析理论，并吸收东方文化概念而发展出独特理论，其理论核心之一即是"自性"学说。此自性之义，与天命之性，或有相同之处。黄氏虽据荣格提出的"自性"学说为蓝本，但解释却不相同。荣格所谓"自我"（ego），包含"个人潜意识"（personal unconscious）与"集体潜意识"（collective unconscious），黄氏提出之

① Weber，M.，*The Methodology of the Social Sciences*，New York：The Free Press。

② 黄光国：《社会科学的理路》（第三版），心理出版社 2013 年版。

③ 黄光国：《"自我"与"自性"：破解"黄光国难题"的"戈迪安绳结"》，台湾大学出版社（出版中）。

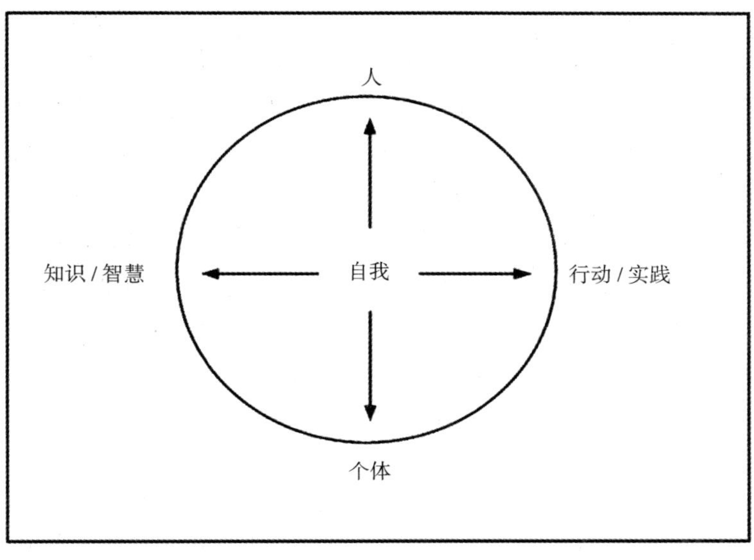

图一　自我的曼陀罗模型

“自我”（self/ego），则以“自性”（Self）为本体，是行动主体于某一特定时间与事件作决策之心理力场（field of force）。包含“经验汇聚之中枢”（locus of experience）与“修养汇聚之中枢”（locus of self - cultivation）。

图一中圆的象征是指向生命的终极圆满或至善，而方形则是世俗事物、肉体与现实的象征。“自我”处于两个双向箭头之中心，横向双箭头之右端指向“行动”（action）或“实践”（praxis），左端指向“知识”（knowledge）或“智慧”（wisdom）；纵向箭头上端为“人”（person），下端指向“个体”（individual）。此五种概念与四个力场之含义，黄氏[①]提到：从文化心理学的角度来看，这五个概念都有特殊的含义，都必须作进一步的分疏：“人”“自我”和“个体”的区分，是人类学者 Grace G. Harris [②]所提出来的。她指出，在西方学术传统里，个体、自我和人这三

① Hwang, K. - K., “The Mandala Model of Self,” *Psychological Studies*, 56, 2011, pp. 329 - 334.

② Harris, G. G., “Concepts of Individual, Self, and Person in”, *American Anthropologist*, 91, 1989, pp. 599 - 612.

个概念有截然不同的意义:“个体”(individual)是一个生物学层次(biologistic)的概念,是把人(human being)当作人类中的一个个体,和宇宙中许多有生命的个体并没有两样。“人”(person)是一个社会学层次(sociologistic)或文化层次的概念,这是把人看作“社会中的施为者”(agent - in - society),他在社会秩序中会采取一定的立场,并策划一系列的行动,以达成某种特定的目标。每一个文化,对于个体该怎么做才算扮演好各种不同的角色,都会做出不同的界定,并赋予一定的意义和价值,并借由各种社会化管道,传递给个人。“自我”(self)是一个心理学层次(psychologistic)的概念。在图一的概念架构中,“自我”是经验汇聚的中枢(locus of experience),他在各种不同的情境脉络中,能够作出不同的行动,并可能对自己的行动进行反思。任何一个文化传统为了帮助个人处理“生、老、病、死”的问题,必然会发展出各种生命的“智慧”,其中有一部分会代代相传,成为所谓的“文化遗产”。除此之外,人们为了解决他们在生活世界中所遭逢的各种问题,还会学习到许多必要的“知识”,至于如何建构科学的“客观知识”,则是西方启蒙运动发生之后,人类的主要成就。①

黄氏“自我曼陀罗模型”中之“自我”,以“自性”为本体(noumenon),亦即“经验汇聚中枢”与“修养汇聚中枢”具有共构性。若将“自我”与“自性”分别论述时,则“自我”为“经验汇聚之中枢”,“自性”为“修养汇聚之中枢”。然黄氏之论述中,犹未以儒家文化之定义,解此“自我”者何?“自性”者何?若不能据儒家传统解释“自我”与“自性”,亦不能建构“自我”与社会秩序之关联。若未建构其与社会秩序之关联,亦无法建构儒家修养之道。盖“自我”“自性”本体也,苟不知本,何以知其他?不知“自我”立世之道,又何以修养?如果不定义“自我”“自性”,则不能建构修养之道,未建构修养之道,则无以建构含摄“儒家文化”的修养心理学理论。

(一)儒家自性的定义:性善、至诚

儒家定义“自性”之说,略可分《孟子》与《中庸》之解。孟子解

① 黄光国:《“自我”与“自性”:破解“黄光国难题”的“戈迪安绳结”》,台湾大学出版社(出版中)。

"自性"为先天非由外铄之"善性"。《中庸》之解可分为"先天之性"与后天修养而得之"至诚"二者。"先天性善"之说，如《孟子·告子上》曰："孟子曰：乃若其情，则可以为善矣，乃所谓善也。若夫为不善，非才之罪也。"又云："仁义礼智，非由外铄我也，我固有之也。"此则孟子所谓先天非由外铄之性善。《中庸》"先天自性"之说，如《中庸》第一章云："天命之谓性，率性之谓道。"此乃先天之秉性。"至诚"之说，如《中庸》二十一章云："自诚明，谓之性。"《中庸》二十二章又曰："唯天下至诚，为能尽其性。"此则《中庸》所谓后天自诚而后明，可以参天地日月之"圣人至诚之性"。若据孟子"性善"之定义，与"天命之谓性"之解，则"自性"人固有之，非修养而得；若据《中庸》"至诚"之定义，则"自性"乃修养而得，非固有之也。然则《孟子》与《中庸》前后章之定义，似有水火不兼容者。

然圣人之说，理应贯彻无碍，故本文援以黄氏"自我""自性"之说，试解此题。若以"经验汇聚中枢"之"自我"，定义《孟子》先天非由外铄之"性善"与"先天性命"之意；以修养汇聚中枢之"自性"，定义《中庸》后天自明而诚之"至诚圣人之性"，或可解决黄氏自我内部定义不明之困境，亦可区分儒家文化"先天"与"后天"自性之差别。《孟子·告子上》："今夫水，搏而跃之，可使过颡；激而行之，可使在山。是岂水之性哉？其势则然也。人之可使为不善，其性亦犹是也。"人性本善而由势为之恶，亦先天之"善性"，以习而相远。不论圣贤、男女，皆本有之，故谓"经验汇聚中枢之自我"。而《中庸》以"至诚"为性，乃自诚而通明，圣人至善至诚之本性，亦即"修养汇聚中枢之自性"。由孟子之"性善"，以至《中庸》之"至诚"，即自我修养之次第。盖以纯良天真，然因势而为恶之"自我"，修其道而循其教，率其性而和其节，以达至诚而通神明，故能参天地之化育。

（二）儒家自性的修养之道：自性与修养的自我曼陀罗模型

若已定义"自我""自性"之意，则可建构修养心理理论与实践。《中庸》二十一章："自明诚，谓之教。"所以由明而诚之教化，乃修养之道也。修养以至尽万物之性，则参圣人之位矣。《中庸》二十二章："唯天下至诚，为能尽其性。能尽其性，则能尽人之性。能尽人之性，则能尽物之性。能尽物之性，则可以赞天地之化育。可以赞天地之化育，则可以与天地参矣。”由教化而明，明而诚，诚而后至诚，至诚而后尽其性，乃至可以经纶天下之大经，立天下之大本，参天地之化育，此圣人之德也！由明而诚之方式，《中庸》犹未明言，此可据《大学》经一章之意而知，曰：“致知在格物。物格而后知致，知致而后意诚，意诚而后心正。”诚其意，正其心之后，以至“自性”之步骤，亦如《大学》经一章所云：“心正而后身修，身修而后家齐，家齐而后国治，国治而后天下平。”此亦《论语·颜渊第十二》“一日克己复礼，天下归仁焉”之意欤！故格物致知乃至天下平为其修养次第，亦可依之建构修养次第理论。

本文依据《大学》修养之道，《中庸》《孟子》自性之说，建构“儒家三层次修养曼陀罗模型”，以定义“自性”与“修养”之次第如下。

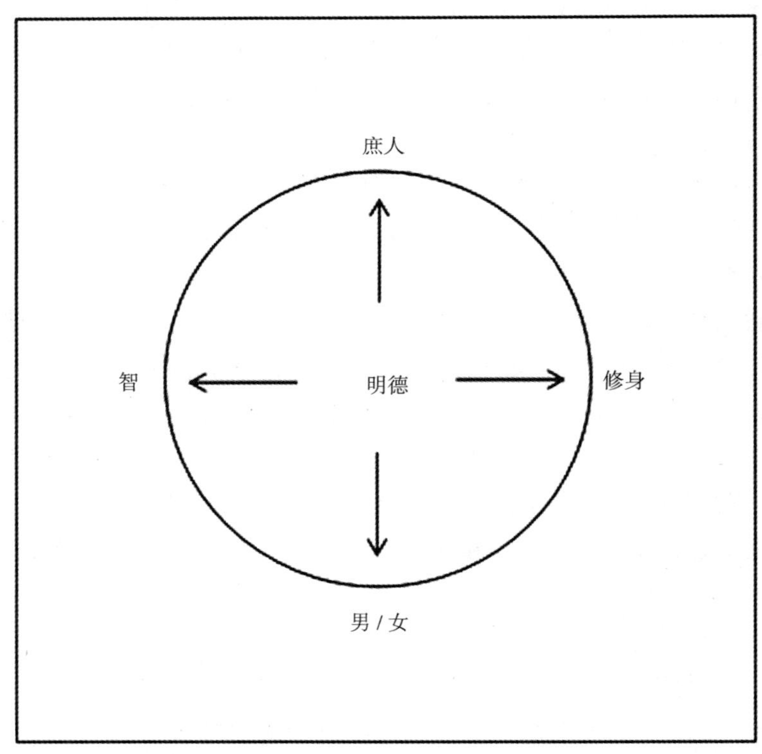

图二　庶人修养之曼陀罗模型

1. 庶人修养之曼陀罗模型

此模型之中心，以“明德”取代“自性”，纵向箭头上端指“庶人”，下端指“男/女”；横向箭头左端为“智”，右端为“修身”。盖“自性”者，“修养汇聚之中枢”，如是“明德之性”亦“修养汇聚之中枢”。《大学》经一章提出：“大学之道，在明明德，在亲民，在止于至善。”此“三纲领”，亦可解为修养之三种次第。盖须先明“明德”，然后能“亲民”，终能“止于至善”。朱子谓：“人之所得乎天，而虚灵不又昧，以具众理而应万事者也。但为气禀所拘，人欲所蔽，则有时而昏；然其本体之明，则有未尝息者。故学者当因其所发而遂明之，以复其初也。”朱子之意为：“自性”得乎天，虚灵而通天道，亦“至诚”乃圣人之本体。然风俗之气禀所拘，五音五色等横流人欲为之蔽，故时而昏聩，以至昧于本性。《孟子·告子上》：“牛山之木尝美矣，以其郊于大国也，斧斤伐之，可以为美乎。”亦谓：“自性”犹牛山之木，“人欲”犹大国之斧斤，以失其养而致昏聩。故最初须明“本性”，亦谓之明“明德”，然后可以推于人，此谓之“亲民”，有此二者，然后可以达“至善”，通天地圣人之德。故修养第一次第之“自性”，可以“明德之性”为中心。此亦可于众多情境中，进行反思，并采取行动。

纵向箭头之上端指向“庶人”，以取代“自我曼陀罗模型”中社会学层次之“人”，此图即谓“庶人修养之曼陀罗模型”。“庶人”者，言其德如在“庶人之位”，非仅未食君之俸禄者。如“君子”一词，古谓诸侯，而儒家文化中，“君子”皆指有德者。如云：“君子不重则不威”，“君子喻于义”者是。又据《春秋》褒贬之意，有其名者，必有其德，无其德者，则失其名。如谓：“郑伯克段于鄢。”郑伯，庄公也，讥其失教，故曰“伯”。段，大叔段也，郑公之弟。言其不弟，故曰“段”。据此褒贬之意，本图论述之“庶人”，非必谓草莽之人，可为王公，抑或走卒。凡其德不足为圣王、贤大夫者，皆可谓之“庶人”。且据公羊氏尊孔子为“素王”之意，刘勰《文心雕龙·原道》“玄圣创典，素王述训”之言，皆尊孔子之德为王，而非其位，故言“素王”。且孔子设学，有教无类，弟子之中，虽有大夫，然无一诸侯，但皆教以尧舜圣王之德，传修身以至平天下之道。子曰：“不在其位，不谋其政。”（《论语·泰伯第八》）若据夫子：身不在位，不谋其事，诚谋其事，必在其位之意，岂教百姓皆弑其君，背叛其国，而自王天下耶？纵万民皆有尧舜之德，亦不可能万民为王。盖王者不过一人，为官者亦少数，其多数者百姓黎民。故夫子所谓治国平天下者，乃言其德而不言其位。若据此意而立明“明德之性”，凡位配于儒家修养中，德可以独善其身，跻于清流，而不足以推其德于人者，皆谓之“庶人之德”。庶几可矣。

纵向箭头之下端，指向“男/女”，以取代“自我曼陀罗模型”中生物学层次之“个体”。《易经·序卦传》：“有天地，然后有万物；有万物，然后有男女；有男女，然后有夫妇；有夫妇，然后有父子；有父子然后有君臣；有君臣，然后有上下；有上下，然后礼仪有所错。”“个体”者，仅谓其有生命，而不论其反思、行动之功能。如“人”即“人类”中之个体，有此生命，然后能施为，与社会相联结。如是，“男/女”于儒家文化中，亦施为者之基础。有天道阴阳之道，而后有男女，男女构精，而生万物，然后夫妇、父子、君臣之道立，而后礼仪为之行。

“明德之性”为中心，而其所应具备之“实践”，即是“修身”。《大学》经一章曰：“自天子以至于庶人，一是皆以修身为本。”“修身”亦可包含“格物”以至于“正心”。朱子曰：“一者，一切也。正心以上，皆所以修身也，齐家以下，皆举此而措之耳。”盖修身之先，必先正心，正心之先，必先诚意，诚意者，《大学》传六章曰：“所谓诚其意者，毋自欺也。”而欲诚其意，须先格物致知。格物知致者，朱子曰：“致，推极也。知，犹识也。推极吾之知识，欲其所知无不尽也。格，至也。物，犹事也。穷至事物之理，欲其极处无不到也。”然则推及其知，穷事理之本来，格物知致之谓也。能知其性，诚其意，正其心，则自能“明德”。而明“明德”者，亦必能“修身”，故“明德”之实践，可以谓之“修身”。

图中横向左方箭头指于“智”。盖“智仁勇”三者，“三达德”也。《中庸》第二十章：“智仁勇三者，天下之达德也。”学习者修养之际，务须先听闻致博学，而后能思。闻之思之，而能不罔不殆。故闻而慎思，实为首要。《中庸》第二十章：“博学之，审问之，慎思之，明辨之，笃行之。”故须先博学，而后能审问，能审问而后能明辨以至于笃行。而笃行明辨之际，亦不忘博学审问，则好学也。程子曰：“五者废其一，非学也。”然五者之初，必先博学审问，而好学且能辨是非善恶者“智”也。

《中庸》第二十章："好学近乎智。"《孟子·公孙丑上》引子贡之言曰："学不厌，智也；教不倦，仁也。"《孟子·告子上》："是非之心，智也。"《孟子·万章下》谓孔子集大成，能始终条理。曰："始条理者，智之事也。"由此观之，能辨善恶，知事物之理者，"智"也。其始曰："智"，及其至也，则圣人之"聪明睿智"，足以临天下。

2. 士大夫修养之曼陀罗模型

若能圆满"庶人修养模型"之步骤，则可进德于"士大夫修养模型"之位阶。此模型建构如下。

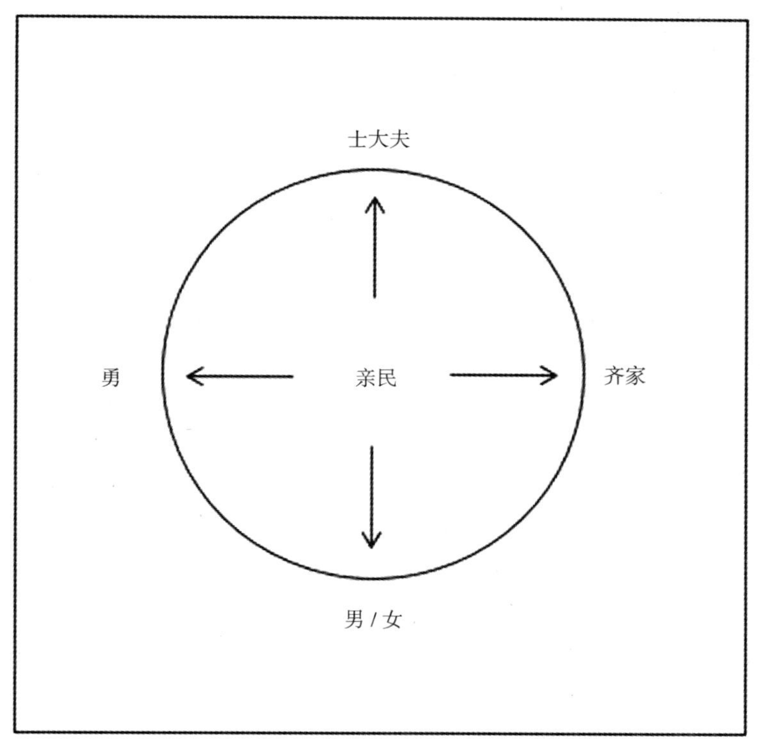

图三　士大夫修养之曼陀罗模型

模型之中心，以能"亲民"之性为"修养汇聚之中枢"。朱子曰："新者，革其旧之谓也，言既自明其明德，又当推以及人，使之亦有以去其旧染之污也。"因"明德"者，自明"明德"，而不须推之于人。深之广之，即是推之于人，此谓"亲民"。《孟子·梁惠王上》："老吾老，以及人之老；幼吾幼，以及人之幼。天下可运于掌。诗云：‘刑于寡妻，至于兄弟，以御于家邦。’言举斯心加诸彼而已。”始则自推爱自、爱亲之心于人，继以自修之德教化于人，使人皆能修其德，谓之“亲民”。盖独善其身易，教化于人难，能进于“亲民”之德，以其德性增上也。故置于第二层次中。以“亲民之性”为中枢，形于人，足以齐家，立于世，可以治世。故曰：“亲民之性。”

箭头上端指向“士大夫”，此亦如前，言德配“士大夫”之位者。古之大夫与后世为官，其制或有差异，但同皆可治世。役人治人者，皆劳心者也，劳心者须有劳心之能，然后可以治人。此劳心之能者，乃修其身而能教化于人之德性。若有“齐家”之德性，则于儒家文化之社会系统中，足以为官为大夫。

箭头下端指向“男/女”。此与“图二庶人修养之曼陀罗模型”中之“男/女”无别，故不赘述。但由是可知，修养无分男女，但凡德性足以治人，在朝可以为官，在公司足以为领导。若无其德而在其位，不论男女，皆不能久居之。《大学》传九章：“其所令反其所好，则民不从……所藏乎身不恕，而能喻诸人者，未之有也。”

箭头右端指向“齐家”。此“齐家”者，意指实践“齐家”之德性。图二中，“庶人”之德，仅修其身，不足以治人。或可仅修其身，而不教于人。逮其德性渐次增上，其实践亦须扩大，不可独善其身，而须教化于人，具备齐家统领之德。但“齐家”必以“修身”为基础，故“修身”之后，方能“齐家”。《大学》传八章云：“此谓身不修不可以齐其家。”“齐”者，自修身而能宜家之意。《诗经·蓼萧》：“宜兄宜弟，令德寿岂。”宜者，若合符节，行止居礼，故德永而乐。又云：“其仪不忒，正是四国。”忒者，差错之意。其行宜德而不忒，以是能正四国。《大学》传九章：“其家不可教而能教人者，无之。故君子不出家，而成教于国。”“家”者，古大夫之家，或十乘，或百乘，或千乘。今世固无此“家”，然各类政府、民间机关，乃至社团群组之属，皆应可谓之“家”。盖“齐家”之意，指君子处世之德，“世”或迁移，而立德之道不变，故古有“家”有“食邑”，今虽无此，而有群组社团、公司机构，君子处之，必合其德。齐家之道，《大学》传九章曰：“孝者，所以事君也；弟者，所以事长也；慈者，所以使众也。”意指推己慈爱之心于人，推己德性以教化于人，则可以齐家而治人。

箭头左端指向“勇”。《中庸》第二十章曰：“知耻近乎勇。”司马迁《报任少卿书》云：“取与者，义之表也；耻辱者，勇之决也。”朱子引吕氏之言曰：“知耻非勇，然足以起懦。”勇之相反，即是懦弱。懦弱之人，则怯于行善，须有所为而不为。《论语·为政第二》：“见义不为，无勇也。”孟子四十不动心，乃善养浩然正气之功。有志有气，则勇而不惧。《孟子·公孙丑上》孟子引曾子之言曰：“吾尝闻大勇于夫子矣：自反而不缩，虽褐宽博，吾不惴焉；自反而缩，虽千万人，吾往矣。”故勇者，勇于行善而不惧。其身不正，其意不诚，虽见一匹夫，亦耻也。其身正，其意诚，其行以礼，虽千万人，何惧之有。若因怯弱而为恶，亦能因知恶行之羞耻，遂止其恶行。《佛遗教经》云：“惭耻之服，于诸庄严，最为第一。惭如铁钩，能制人非法。”此虽佛典，而其理相同。德配庶人之位时，旨在自身之修为，欲修其身，须先明圣人之道，继而辨明善恶，慎独诚意，故智为要。此后齐家治国，化育万民，固然须有明辨谮愬之智慧，然不淫于富贵，不屈于威武之勇，则更为至要。盖克己行善、动之以礼之决心，勇也，然能推己之德以化人，其勇大矣。佛家称菩萨为“勇士”，以其能忍难行，教化不倦，利益众生不惧不缩，故称“勇士”。据“勇士”之意，与孟子自反而缩之解释，则“勇”应可作为士大夫之“智慧”。黄氏云：“任何一个文化传统为了帮助个人处理‘生、老、病、死’的问题，必然会发展出各种生命的‘智慧’，其中有一部分会代代相传，成为所谓的‘文化遗产’。”① 此“勇”亦为解决实践“齐家”时，所遇之各种难题，故应可置于“智能”之位置。

三层模型中，上层必建构于下层之上，故下层应具之智慧实践，上层亦须具备之。故“士大夫”之“勇”，必建立于“智”之上。《论语》：“勇而无礼则乱。”（《论语·泰伯第八》）又曰：“好勇不好学，其蔽也乱。”（《论语·阳货第十七》）盖好学近乎智，近乎智则明而行止合宜，以是有勇而不乱。子曰：“知者不惑。”（《论语·子罕第九》）又曰：“必也临事而惧，好谋而成者也。”（《论语·述而第七》）以智者不昧于事理，

---

① 黄光国、夏允中、越建东：《从本土心理学到修养心理学》，《本土心理学研究》2016 年第 47 期。

临时好谋而远虑，故能不惑不乱以成事。此时修养者非仅修身，又须治人，故必以明智为基础，而后加以勇健之德如天健行，渐次修养自强不息，终致圆满德性。

3. 圣王修养之曼陀罗模型

若能完成“士大夫修养模型”之次第，则能进于“圣王修养之曼陀罗模型”之位阶。此模型建构如下：

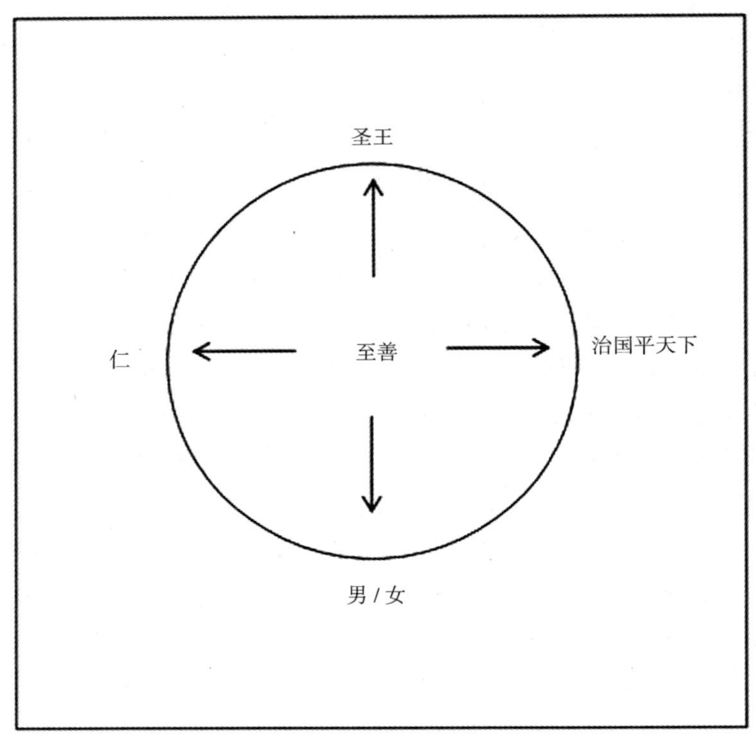

图四　圣王修养之曼陀罗模型

模型中心以“至善之性”作为“修养汇聚之中枢”。《大学》经一章曰“止于至善”，修养之终极也。朱子曰：“止者，必至于是而不迁之意。至善，则事理当然之极也。言明明德、新民，皆当至于至善之地而不迁。盖必其有以尽夫天理之极，而无一毫人欲之私也。”修养之初，或有反复，及其至精至熟，不假思索，任运自在。一切心念不离于仁，一切洞见聪明睿智，一切行止皆合于礼，《论语·为政第二》中子曰“七十而从心所欲，不逾矩”，此之谓也。初明“明德”者，诚意之始也。自诚而明，可谓“见性”矣。《中庸》第二十一章：“自诚明，谓之性。”此后或明或昧，或善或恶。其后为善去恶，穷尽其道，谓之“至诚”。至诚之德，与天地同体。《中庸》第二十二章云：“可以赞天地之化育，则可以与天地参矣。”《中庸》第二十三章云：“唯天下至诚为能化。”《中庸》第二十六章云：“故至诚无息，不息则久，久则征，征则悠远，悠远则博厚，博厚则高明。”此或言天道，或言人道，然皆言至诚之性，与天道同德。天地者，无尽而不可测量之意。与天地同德，乃谓至圣之德，无穷无尽，佛家谓之“不可思议”。

纵向箭头上端指向“圣王”，此模型亦称为“圣王修养之曼陀罗模型”。“圣王”者，言其德性而不言其位，至圣至诚，德可以配帝王之位者，皆可谓之“圣王”。“圣王”之修养汇聚中枢，乃“至诚至善之性”。既言“极至”，应无须再修养，此模型名“圣王修养”，是指“至圣”修养之境界，而非表示其尚须修养智慧与实践。“至圣”之境界，如《中庸》第二十七章云：“大哉圣人之道，发育万物，峻极于天。”言圣人之道，峻极乎天，与天同德。《中庸》第三十二章：“唯天下至诚，为能经纶天下之大经，立天下之大本，知天地之化育。”言圣人之德，极诚无妄，深静广大。非聪明圣知达天德者，皆莫能知。《法华经·方便品》云：“佛所成就第一希有难解之法，唯佛与佛乃能究尽诸法实相。”至圣之道亦复如是，唯有至圣能知至圣，其余凡俗，莫能知之。而至圣之德，非至诚莫能为，至诚之道，非至圣不能知。朱子曰：“然至诚之道，非至圣不能知；至圣之德，非至诚不能为。”此之谓也。

箭头下端指向“男/女”。此男女与“庶人修养之曼陀罗模型”中之男女，毫无差别。置于儒家修养境界之最高位阶，盖言德性修养，无分男女。若能尽其性，皆可知至诚之道，皆可以为圣人。及其止于至善，皆可以王天下。今世社会，言男女平等，实则男女之相，身体结构，虽无法平等，然修养之德，必能平等。基督宗教文化体系中，有圣女贞德、特雷莎修女为圣人。佛教文化体系中，观音势至，皆化女相，德被四海。《华严》系统理论中，更以善财求道为榜样，而五十三师，或现倡优，或为童女，但其德至，皆可为师。或谓：子曰：“唯女子与小人为难养。”（《论语·阳货第十七》）故女子奚可为至圣？夫子之意，在言不逊怨忿之过，而不在女子。若非如此，何须言乾坤之德！《乾卦》：“乾：元，亨，利，贞。”《坤卦》：“元，亨，利牝马之贞。”乾坤配天地之德，男女合天地之道。故得其道，皆可以为至圣，而不在男女之相。

横向箭头右端指向“治国平天下”。凡有至圣之德性，必能实践“平天下”之德。古谓诸侯之国，天子之天下。自秦一统以降，凡定天下者，亦称其土为国。“平天下”之意，非谓权术控其国，乃谓以德教其民。《大学》引《楚书》舅犯之言，谓“仁亲”为宝。盖仁人能爱人恶人，而不言权谋之术。故至圣以至善至诚之性，化育天下。爱人者，发其至诚以亲民，恶人者，罚其恶而开新。《书》曰：“罪疑惟轻，功疑惟重。”其意在此。苏子曰：“有一善，从而赏之，又从而咏歌嗟叹之，所以乐其始而勉其终；有一不善，从而罚之，又从而哀矜惩创之，所以弃其旧而开其新。”（《刑赏忠厚之至论》）圣王平天下之道，据《中庸》第三十一章云：“唯天下至圣，为能聪明睿智，足以有临也；宽裕温柔，足以有容也；发强刚毅，足以有执也；齐庄中正，足以有敬也；文理密察，足以有别也。”夫聪明睿智，至圣至诚之德，可以临天下，为天下之王。宽裕温柔，仁之德也；发强刚毅，义之至也；齐庄中正，礼之行也；文理密察，智之表也。此五者，至圣平天下之德，溥博于中，源泉深静，时发于外，以化其民。以是普天覆地，凡有灵者莫不尊亲，故曰“配天”。

此时至圣之智慧，可谓之“仁”。《论语·颜渊第十二》：颜渊问仁。子曰：“‘克己复礼为仁。’克己者，格物致知以至修身也，身修而求诸己，然后教国人，此谓之‘仁’。”仲弓问仁。子曰：“出门如见大宾，使民如承大祭。”（《论语·颜渊第十二》）樊迟问仁。子曰：“爱人。”（《论语·颜渊第十二》）《中庸》第二十章：“仁者人也，亲亲为大。”夫子之言虽不同，而其理相通，皆言举爱自之心以加诸人。佛家文化中，修菩提心者亦当如此。曰：“我于虚空如母众，视之犹胜如意宝。”（《修心八偈》）又曰：“一切有情我皆奉如宾。”（《发菩提心仪轨》）皆言欲发菩提心，必将有情视如己宾，尊重珍爱。据佛家之解，或可明夫子之意。修“仁”为治天下之机，据《大学》传九章曰：“一家仁，一国兴仁；一家让，一国兴让；一人贪戾，一国作乱；其机如此。此谓一言偾事，一人定国。”《论语·颜渊第十二》：“一日克己复礼，天下归仁焉。”一日为仁，天下不必归仁，然能为仁，必能有归天下人于仁之德。佛家文化中，菩萨有“成熟有情”“严净佛土”之意，或可以解夫子“天下归仁”之言。故将“仁”安置于“圣王”应有之“智慧”。且三达德中，“智”“勇”犹易，修“仁”为难。子文三仕三已于令尹，无喜愠之色，孔子曰：忠矣，未知，焉得仁。陈文子以崔氏弑君，自弃于他邦，子曰：“清矣，未知，焉得仁。”（《论语·宪问十四》）又曰：“仁者必有勇，勇者不必有仁。”（《论语·宪问十四》）故“勇”必立于“智”，“仁”必立于“智、勇”。全“智、勇”而尽“仁”德，止于博厚高明悠久之境界，则至诚、至善、至圣矣。故将“仁”安置于“至善”之“智慧”。

由图二到图四构成了一个立体的儒家三层次修养曼陀罗模型，如下面图五：

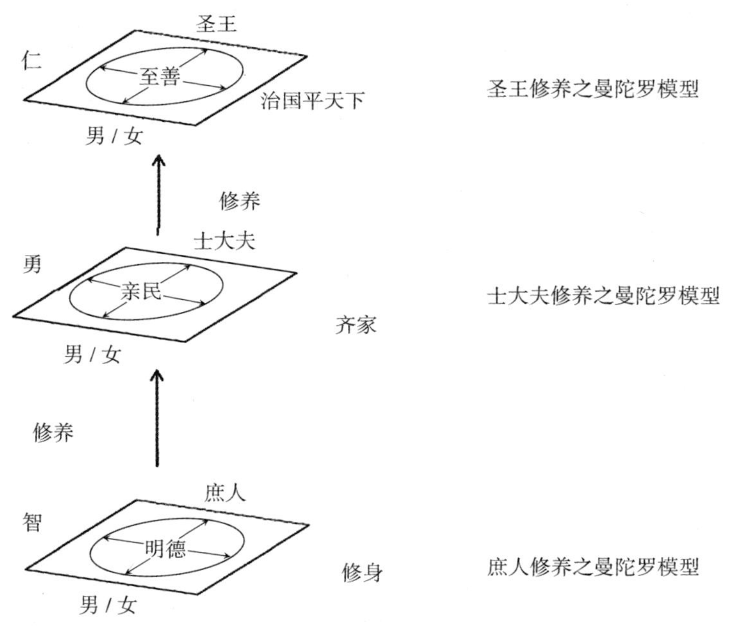

图五 儒家三层次修养曼陀罗模型

三 结论：迈向华人自主“修养心理学”理论的建构与实践

本文认为儒家文化广大精微，儒家天道性命之学可以作为迈向华人自主“修养心理学”理论建构与实践的蓝图，有别于西方的自我心理学。

儒家的第二次现代化是由濂溪先生开启，合佛老之学，明性命天道与修养次第，其后敦颐先生汇整其说，二程、朱熹发扬此道。本文依据其理，从濂溪学说谈起，采用黄氏建议的多重哲学典范与“自我曼陀罗模型”来提出儒家自性的定义与修养之心理和次第，迈向儒家文化的第三次现代化。

本文提出的儒家自性定义与修养的自我曼陀罗模型，也可用来建构含摄“儒、释、道”三教合一的修养心理学，尝试的第一步是将作者以佛教“道次第学说”为基础建构的“三士道自我的曼陀罗模型”理论①，与此模型进行对话与合作，并试图解决“自性的定义”及“修养的步骤”这两个核心议题，如此来进行儒佛会通的修养心理学理论与实践。

本文提出的儒家自性定义与三层次修养的曼陀罗模型，可以用来建构修养心理学重要的议题之理论蓝图，例如：人格心理学、社会心理学、咨商与心理治疗等。其他的重要议题，例如：利他、神秘/高峰经验、死亡恐惧的克服及道德，探索自性、生命意义与修养目标等。这些议题在修养心理学，虽然只是开始，但非常值得开展一系列的研究来迈向华人自主“修养心理学”理论的建构与实践。②

（作者单位：夏允中，台湾高雄师范大学 咨商心理与复健咨商所；张峻嘉，玄奘大学 宗教与文化学系）

① 夏允中、张峻嘉、张兰石、陈泰璇：《黄光国难题正面临的迷阵与突破再四问：自性的有无？何谓自性？自性如何修养达成？如何进行社会科学研究?》，《本土心理学研究》（出版中）。

② 黄光国、夏允中、越建东：《从本土心理学到修养心理学》，《本土心理学研究》2016 年第 47 期。

心体论：由周敦颐思想来思索华人本土社会科学的发展路径

陈　复　刘　莞[①]

一　周敦颐的生平概要

周敦颐，字茂叔，号濂溪，原名敦实，后来为避宋英宗讳而改敦颐，湖南道县人，生于宋真宗天禧元年（1017），卒于宋神宗熙宁六年（1073），谥号元公。他一生的重要著作只有《太极图说》和《通书》，却被视为北宋道学开山第一人。周敦颐15岁时丧父，跟着母亲到开封依附舅舅龙图阁学士郑向生活，深得郑向器重，因周敦颐喜爱莲花，郑向就专门为他构亭植莲，甚至在宋仁宗景祐三年（1036），郑向把封荫子侄的机会给了周敦颐，奏补试将作监主簿。然而周敦颐尚未上任，他的舅舅和母亲就相继去世，周敦颐安葬舅舅和母亲后，在镇江鹤林寺内守丧读书。据《周敦颐年谱》记载："是岁居润，读书鹤林寺。时范文正公、胡文恭公诸名士与之游。独王荆公少年不可一世，怀刺谒先生，足三及门而不得见。荆公恚曰：'吾独不可求之六经乎。'"[②] 其中具体内容虽不见得尽然可信（其特意拒绝王安石的行径很难解释，或系后来反对新法者的编史企图），但是可从中窥见当时周敦颐已经与范仲淹、胡武平及王安石这些人物有交往，并有可能对其后来的学术思想产生影响。再者，《鹤林寺

---

① 本文两位作者对论文皆有相同的贡献。

② 度正：《周敦颐年谱》，钟立明点校，《九江师专学报》（哲学社会科学版）1995年第2期。

志》记载："宋寿涯禅师，与胡武平（宿）、周茂叔交善。茂叔尤依寿涯，读书寺中，每师事之，尽得其传焉。其后二程之学本于茂叔，皆渊源于寿涯云。"① 可见周敦颐在鹤林寺居住期间，和佛教中人曾有密切的往来，受到佛教尤其禅宗思想的熏陶，为后来学术思想的融合二教再创新儒学奠立基石。

宋仁宗康定元年（1040），周敦颐 24 岁，服丧期满，由吏部调往洪州分宁县任主簿，正式展开仕宦生涯。在分宁县任主簿期间，周敦颐展示出过人的吏治才能。据《周敦颐年谱》记载："先生年二十五。始在分宁。时有狱久不决，先生一讯立辨。邑人惊诧曰：'老吏不如也。'由是士大夫交口称之。旋被台檄摄袁州庐溪镇市征局。袁之进士来讲学于公斋者甚众。"② 从这段文字中可以看出周敦颐不仅政事才能出众，而且从他 25 岁在袁州为官时，就开始了其"边做官边讲学"的人生，为官期间讲学不仅是对汉代以来"官教合一"传统的继承，更是后来宋明理学大行于世的重要传播形态。然而，周敦颐的讲学不同于前儒的讲经，由其开始专论思想义理，展现出后世宋明儒学家特有的风格。庆历四年（1044），周敦颐通过吏部考察，调任南安军司理参军。在南安期间，程颐与程颢的父亲程珦结识了周敦颐，认为他"气貌非常人，与语，果知道者"③，于是让程颢与程颐拜周敦颐为师。程颐在《明道先生行状》中说："先生为学，自十五六时，闻汝南周茂叔论道，遂厌科举之业，慨然有求道之志。"④ 可见周敦颐对于青少年时期二程思想观念的影响还是很大的。后来程颢谈到在周敦颐处受学的情景时说："昔受学于周茂叔，每令寻颜子、仲尼乐处，所乐何事。"⑤

此后的岁月里，周敦颐又辗转郴县、桂阳与南昌等地任职，直至熙宁五年（1072），周敦颐回到早已在庐山脚下修筑好的濂溪书堂，过着退隐的生活，并将原在故里的母亲郑木君墓迁葬于庐山清泉社三起山。熙宁六

---

① 《鹤林寺志·高僧》，《中国佛寺志》第 43 册，明文书局 1980 年版，第 213 页。

② 度正：《周敦颐年谱》，钟立明点校，《九江师专学报》（哲学社会科学版）1995 年第 2 期。

③ 同上。

④ 程颢、程颐：《二程集·河南程氏文集》卷第十一，中华书局 1981 年版，第 638 页。

⑤ 程颢、程颐：《二程集·河南程氏遗书》卷第二上，中华书局 1981 年版，第 16 页。

年，周敦颐病逝于九江，陪葬在其母亲的墓旁。周敦颐过着如谜样的一生，其年轻时在家乡，道县有个叫“月岩”的山洞，东西各有一个开口，各自看来有如上弦月和下弦月，中间空旷明亮，看起来像满月，据说其“太极图”便是看着这座山洞的意象体悟出来的，因此世称“月岩悟道”。客观来说，他生前官阶不高，既没有受到很高的政治礼遇，更未受到当朝政治风波的侵扰，学问的声名也并不显赫，会被尊为“道学宗主”，甚至被视作理学的开山祖师，其实乃是经过后世学者如朱熹的高度推崇才逐渐成为事实。他的贡献在于建立宋朝心性学问的先声，让时人意识到儒家本身同样有修身养性的路径（尽管这本来就是事实），并开启儒者讨论本来为孔子所罕言的“性与天道”议题，由此改变了儒家“话语劣势”的状况。

二　周敦颐思想的特点

儒学在周敦颐所生活的北宋时期，尚处在一个凋敝期。自从汉武帝提出“罢黜百家，独尊儒术”的政策，儒学就被确立了官方正统地位，然而儒学也从此开始被经学化，尤其到了东汉，古文经学大盛，学者们往往皓首穷经研究典籍，严苛地去穿凿字义，甚至出现了只知文字而不知义理的现象。古文经学的这种统治地位持续了数百年，情况发展至魏晋南北朝隋唐时代，儒学都没有完全跨出古文经学的桎梏。由孔子、子思子而至孟子建立起来的儒家学说，本来是蕴含着丰富的工夫论，并且对天有着冥契感的学问，而儒学的经学化则使得这部分最精深的内容荡然无存，而只在名物训诂的考证上下功夫，这就导致儒学逐渐僵化，失去了思想的灵魂。与此相对应的情况，则是佛教思想东传中国后的大举兴盛，从魏晋南北朝直到唐朝，上至天子下到百姓，都有着佛教的忠实信徒。即使以韩愈为代表的儒家士大夫曾冀图、试图说服皇帝不要过度迷恋佛教，依然不能改变佛教强劲发展的势头。究其原因，乃是因为儒学逐渐变成字义考究的经学，无法在心灵层面给人以寄托感，只剩余社会性意义而没有终极性意义了。当学问无法裨益人心，自然要被人心远离。其间或有道教中人标举中国本土的道术（依托于道家思想）来对抗佛教，但作为中国士人安身立命根基的儒学，在这股第一波“西学东渐”的浪潮中到底应该何去何从呢？

这一难题由周敦颐开始获得解决。黄榦在《宋元学案·濂溪学案》中说："孔孟之后，汉儒止有传经之学，性道微言之绝久矣。元公崛起，二程嗣之，又复诸大儒辈出，圣学大昌。故安定、徂徕卓乎有儒者之矩范，然仅可谓有开之必先。若论阐发心性义理之精微，端数元公之破暗也。"[①] 黄榦用"破暗"一词形容周敦颐的思想，具有相当的精确性。周敦颐所突破的关键点，是儒学数百年来欠缺心性阐发的幽暗学说。根据黄光国教授的说法，中华文化经历了三次现代化的过程，第一次是孔子解释《易经》，去除了这部原本用作占卜的著作中的迷信色彩，转化成中国伦理和道德的基础，完成了中华文化第一次的理性化。第二次的现代化是宋明儒学，自周敦颐而开其先河，其后有以朱熹为代表的理学，以陆九渊、王阳明为代表的心学。[②] 这个说法固然不错，然而笔者觉得其梳理尚不是很细致，如果将现代化等于理性化，则中华文化的现代化并不仅有三次，若按照《孟子·公孙丑下》中孟子的说法："五百年必有王者兴，其间必有名世者。"[③] 则依序推演来检视：由文王到周公，这是中华文化第一次现代化；由孔子到孟子，这是第二次现代化；司马迁到董仲舒是第三次现代化；王通则是第四次现代化；周敦颐则是第五次现代化；王阳明开启的心学则是第六次现代化。其间除董仲舒到王通彼此相隔七百年外（中间正是佛学来华时期），其余大致都相历五百年左右。

王通教出的弟子如杜淹、魏徵、房玄龄与杜如晦都属大唐中兴名臣，然而其并未彻底处理儒学面对天道的议题，因而只是"前理学时期"的主要思想家，这个问题直到周敦颐才开始被正视。可见周敦颐的学说不仅是重新阐释儒学这么简单，他更是一位重构中国学术体系的继往开来者。他融合佛道两家的思想，具有"儒学为体，佛道为用"的特征，目的是揭示心性的意涵，让人除在世俗意义上可"安身"外，还可在内在的心性层面，包括在天人关系层面，都能"立命"，这是对孔孟思想的回归与蜕变，更是对当时儒家学说的"拯救"。因此，后世有批评周敦颐为代表

---

① 缪天绶选注：《宋元学案》，上海商务印书馆 1928 年版，第 79 页。

② 黄光国：《尽己与天良：破解韦伯的迷阵》，心理出版社 2015 年版，自序第 3 页。

③ 朱熹：《四书章句集注·孟子集注》，中华书局 2016 年版，第 252 页。

的宋明儒学家“流于禅弊”的论断，实是罔顾儒学的本来面目。因为教人修身养性，体认“心体”（nous），本来就是儒家思想的重要组成部分，儒家思想本不是要人抱残守缺，死守经义，禅学里面谈的“自性”（the Self），更是本属儒家思想的内涵，孔子的罕言并不是其不重视，其“仁”自具有自性义，孟子谈的“性善”则更是在诠释自性光洁无染的本质。

周敦颐开创宋朝新儒家，新儒家所以“新”，具体来说是新在由外而内，由广而微，“新”在他开始阐释儒家思想中天理与人心的终极意义，具体内容包括心体论（nousism）和工夫论（kungfuism）。认识心体论首先离不开宇宙论，因为认识天理、与天冥契是人做工夫修行的目的，“人道”是“天道”在人身的体现，认识宇宙的天理流行，也就是在认识人自身。《太极图说》可视作周敦颐的宇宙观，以“无极而太极”开篇，阐释宇宙的起源和运行。从揭示本体的角度来看待这个问题，我们可以从印度世纪新思潮大师阿南达穆提的思想中获得一些启发。阿南达穆提（Anandamurti，1921—1990）是印度灵性导师，他创立灵性组织“阿南达玛迦”（Ananda Marga），意即“喜悦之路”，该组织旨在结合古代密宗瑜伽，从事身心灵修炼，教导人了悟自性。阿南达穆提在《激扬生命的哲学》一书中，把无极和太极分别称为“无属性宇宙本体”（Nirguna Brahma）和“俱属性宇宙本体”（Saguna Brahma）。宇宙本体本身由意识（purus'a）和造化势能（prakrti）组成，造化势能是给予个体意识属性特质者，当造化势能比意识弱，无法影响或赋予意识属性，此时的宇宙本体就是无属性宇宙本体；而当意识受到造化势能的影响，被赋予属性，就呈现为俱属性宇宙本体，无属性宇宙本体与俱属性宇宙本体只是宇宙本体的不同状态，如同人有清醒和沉睡两种状态。阿南达穆提还表示，宇宙本体是无限的，它的最高境界就是“无属性”，在无属性宇宙本体中，只要有较不集中的意识，这部分意识就会受到造化势能的影响，转化成俱属性宇宙本体，这就像是在一个海洋中，有些环境的水会结成冰，但是冰与水本质上是同一种物质。正如冰山在海洋内，俱属性宇宙本体存在于无属性宇宙本体内。① 同样，周敦颐会说“太极本无极也”，何尝不是基于同样的道理？周敦颐为中华思想做出的巨大贡献，就在于他早于印度的阿南达穆

① 阿南达穆提：《激扬生命的哲学》，阿南达玛迦出版部，第19—27页。

提更细致地意识到“无极”与“太极”的相异性与相通性，因此，太极与无极都可视作创生宇宙的本体，只不过无极更是一种全然无相无形的“混沌本体”，无极而生太极，使得太极成为具体创生万物的“宇宙本体”，世间万有通过该宇宙本体而显现出来。

接着，周敦颐在《太极图说》中道出宇宙运行的过程：“太极动而生阳，动极而静，静而生阴，静极复动。一动一静，互为其根；分阴分阳，两仪立焉。”[①] 太极动而生阳，静而生阴，阴阳各自到了极致又互相转化，阳动、阴静，作为两种基本的属性在宇宙之内川流不息，也体现出宇宙永恒运动的特性。动与静互为其根，说明动静也是彼此生发的根源，动中蕴含着产生静的机制，静中也蕴含着产生动的机制，两者在运动中相互转化，才构成太极，进而化生万物。“阳变阴合，而生水、火、木、金、土。五气顺布，四时行焉。五行，一阴阳也；阴阳，一太极也；太极，本无极也。五行之生也，各一其性。无极之真，二五之精，妙合而凝。‘乾道成男，坤道成女’，二气交感，化生万物。万物生生，而变化无穷焉。”[②] 化生万物首先是由阴阳交感而生“水、火、木、金、土”五行。五行气息的运转又显现为四季的更替。宇宙由无极到太极进而生动静、阴阳、五行，这是宇宙生成的过程。然而反过来说，五行也统一于阴阳，阴阳又统一于太极。五行虽同出于阴阳，却各有其特性，以至于形成五种不同的形态。阴阳二气与五行凝合，形成乾、男，坤、女两种宇宙能量，二气交感，可化生出无穷万物。在这里，乾、男属于阳，坤、女属于阴，相对于无极、太极属于宇宙创生源头的范畴，乾坤、男女的气则是直接化生万物的世界层面，这两种气相交融，生成充满生命力、生生不息的宇宙万物，是阴阳二气在世界范畴中的直接体现。

三　周敦颐如何吸纳佛道

周敦颐还吸纳佛教的思想，重新阐释心性论。佛教并非在最初传入中国时就得到中国各阶层人士的接受，它必须要面对其教义与中国文化相适

---

① 周敦颐：《周敦颐集》卷一，中华书局 2016 年版，第 4 页。

② 同上书，第 5 页。

应的问题。原始的佛教教义讲“空”，例如阐发般若思想的中观学派即认为一切皆空，包括理论与论证本身。东晋时期的竺道生提出“一阐提皆有佛性”及“悟理成佛”，让成佛这件事成为人人都有可能实现的事情，实现的办法是把握住某种虚存的实有。通过这一理论，竺道生把佛教思想从万法皆空的般若学转向实体心性的涅槃学。般若学最初被中国的上层社会所热衷，而它蜕变出的涅槃学则让佛学理论转化为平民接受和谈论的对象，最终使士族贵族的佛教转变成平民俗信的佛教。[①] 并且，竺道生所提倡的悟理成佛，其方法是结合中国儒家思想中的内圣路径，他把成佛和成德结合起来，让成佛这件事不再是单纯存在于虚无缥缈的彼岸，而是与中国传统的天人合一、伦理道德等相结合，使得世俗中的人有可入手的门径，符合《大学》与《中庸》等经典中的心性论的内容。[②] 因此，从时间上来看，佛教在中国发展的时期正是儒家思想中有关心性学问的停滞期，佛教中人在这个“空当”里通过吸收儒家心性的思想而使佛教思想完成了中国本土化，这种佛教是因其具有“阳佛阴儒”的特质才有生长的空间。因此，深度阐发心性，在普罗大众中展开传播工作，来获得思想的内植结果，这是当时佛教的生长模态，同样这一生长模态可被借鉴到儒家思想新的成长中。或者说，让这种本来就属于儒家的思想内容再回归到儒家思想的本来位置上，这就是周敦颐所接续完成的王通未竟的志业。

竺道生通过心性论打开新的通道，周敦颐同样对心性论有所阐释。《通书·圣学第二十》：“‘圣可学乎？’曰：‘可。’曰：‘有要乎？’曰：‘有。’‘请问焉。’曰：‘一为要。一者，无欲也。无欲，则静虚动直。静虚则明，明则通；动直则公，公则溥。明通公溥。庶矣乎！’”[③] 周敦颐表示圣人是可学而至的，只要无欲、明、通、公、溥，就接近圣人了。他在《养心亭说》中说：“予谓养心不止于寡焉而存耳，盖寡焉以至于无。无则诚立、明通。诚立，贤也；明通，圣也。是圣贤非性生，必养心而至之。养心之善有大焉如此，存乎其人而已。”[④] 他认为圣贤的境界可以通

---

① 张源旺：《从空性到佛性——晋宋佛学核心论题的转换》，博士学位论文，苏州大学，2012 年，第 117 页。

② 同上书，第 78 页。

③ 周敦颐：《周敦颐集》，中华书局 2016 年版，第 31 页。

④ 同上书，第 52 页。

过修养心性而达到，能否达到，决定权也在于人本身。这与涅槃佛学中的“阐提成佛”，以及通过顿悟、渐修成佛的修行方式有相似的地方，都提供了凡人成佛或成圣的可行路径。

此外，周敦颐的思想内容相当程度上同样借鉴了道家甚或道教的思想。对于这一问题，历来学者众说纷纭，主要集中于下面几点：首先，“无极”一词最早出自《道德经》，“太极”一词最早出自《庄子》，周敦颐糅合两个道家经典中的词汇来描述自己“无极而太极”的宇宙观，并且“无极而太极”更在某些角度应和了道家“有生于无”的早期观念。再者，周敦颐的《太极图》被认为是传承自道士陈抟，《宋史·朱震传》引朱震所著《汉上易解》说：“陈抟以《先天图》传种放，放传穆修，穆修传李之才，之才传邵雍。放以《河图》《洛书》传李溉，溉传许坚，许坚传范谔昌，谔昌传刘牧。穆修以《太极图》传周敦颐，敦颐传程颢、程颐。”① 周敦颐《太极图》的形式，的确与陈抟《先天太极图》有相似的状态，可是具体的排列有变化，用来阐释的思想内容就显著不同，对此问题陈鼓应指出：“道教所传之图旨在说明炼丹修养方法并扩及宇宙生成论，而周敦颐则用以表达其宇宙论并下贯于人生论，这是两者的不同之处。”② 这是比较中肯的评价，周敦颐虽然借用道家的思想元素，却是用来呈现儒家的形而上的理论体系，其理与吸纳佛教思想的意思相同，正如王阳明说：“释氏之说亦自有同于吾儒，而不害其为异者，惟在于几微毫忽之间而已。亦何必讳于其同，而遂不敢以言。”③ 正确的义理本属共法，不应该拘泥于名相，此点颇值得我们省思。

综合前面的讨论，周敦颐引领出的宋朝新儒家确实融合佛教和道教的思想，但是他的目的旨在充实儒家形而上的理论体系，他没有引入道教修炼的部分，更没有沿着佛家的理论去讲空性，周敦颐与其后来的宋明儒学家讲心性，所讲的是心体的实存，因为有心体的实存这一观念，“内圣外王”这一修养目标才有可落实的着眼点。所以，宋朝新儒家终究是在讲“实”或者“有”，而不是在讲“空”或者“虚”，新儒家的出现

① 脱脱：《宋史·儒林列传五·朱震传》，鼎文书局1994年版，第12908页。

② 陈鼓应：《论周敦颐〈太极图说〉的道家学脉关系》，《哲学研究》2012年第2期。

③ 王阳明：《答徐成之》，《王阳明全集》，上海古籍出版社1992年版，第808页。

正是为应对当时社会空谈禅理的弊端，后世有人指责宋儒援佛入儒是“流入空疏”[①]，这就是无视思想史的真实面貌了。韦政通先生在《中国思想史》一书中指出，自汉朝以来，谈修身养性者多是佛家和道家，儒家的修养工夫已经很少被提起。周敦颐所主张的工夫虽然有佛教的影响，虽是无须讳言的实情，但是在禅佛思想影响如此大的情况下，少数儒者仍然坚持朝向儒家圣贤的义理，他们愿意背反时代思潮，进行着难能可贵的思考。周敦颐在《通书》中提出的道体论、宇宙论，已经让宋儒的世界观与佛教区别开来。[②] 佛教本来源于印度，周敦颐将佛教思想纳入儒家体系中，可谓是一种“师夷长技以自强”的做法。民初五四运动以后，中国学术也被西洋学术“大举入侵”，中国学术长期处在某种与传统学术断层，又无法良好地吸纳西洋学术精髓的尴尬境地里，这一问题该如何解决，一千年前周敦颐的做法无疑能给我们许多的启示，更对我们重构中华自主学术有益。

四　中华自主学术的再兴

如前面所说，周敦颐在构建新的学术体系，开启宋明新儒家的过程中，其中最重要的一项贡献就是揭示出心体，通过认识“心体”这一虚存的实有，来打开中国士人沟通“天”“人”“物”与“我”的象限，回归到中华文化“天人合一”的根本。这一点同样适用于我们今天想要摆脱被西洋文化“学术殖民”的境况，我们如果要构建华人本土的社会科学，合理展开中西文化的汇通融合，就要重新正视心体的存在，将心体纳回到学术主轴中来。这二十年来，如何构建华人自主的学术体系这一命题，在各个学科里都被广泛讨论着。台湾大学黄光国教授多年来奋勉于构建华人本土心理学，提出“自我的曼陀罗模型”（mandala model of self）和“人情与面子模型”（theoretical model of Face and Favol）来反对西洋学术从自身文化中心的角度来解读中华文化，并指出中华文化并不能对照西

---

① 这一风气在清代乾嘉考据学派中尤甚，惠栋甚至在《毛诗注疏》中说：“宋儒之祸，甚于秦灰。”

② 韦政通：《中国思想史》，吉林出版集团有限责任公司2014年版，第745—759页。

洋文化的“个人主义”（individualism）而简单被铺陈为“集体主义”（collectivism），中华文化其实是一种“关系主义”（relationalism），更注重人在各种关系中的地位和结构。另外，黄光国认为想要发展出华人自主的学术，首先要学习西洋的“科学哲学”（scientific philosophy），架构出属于中华文化的“客观知识”，这是儒家学术传统中的“宇宙论、良知论、工夫论”本来不具备的理路。[①] 基于这个观点，黄光国在《社会科学的理路》一书中认为，“建构实在论”（constructive realism）[②] 是“本土心理学”或“本土社会科学”的起点。[③] 这些理论固然是黄光国基于中国学术过度被西洋学术宰制的情况做出的学术本土化的奋斗，更是根植于中华文化土壤的基础做出的研究，但是这些理论依然没有触及中华思想最精湛的核心地带——心体。

在中国传统学术自孔孟而宋明的体系里，最核心的脉络可谓是对心体的阐发，孔子揭“仁”，孟子讲“性善”，周敦颐说“诚体”，王阳明发“良知”幽微，不同词汇的背后都指向心体。[④] 德国社会学家韦伯（Maxi Weber，1864—1920）在研究中国社会文化的过程中，由于不能直接阅读中国文献，故用转译的资料做研究，并简单地将中国两千多年的社会随意混为一谈来分析，犯下了“欧洲中心主义”（Eurocentrism）的谬误，意即“熔接的谬误”，他的研究成果在西洋社会产生了广泛的影响，并被中国学者不加反思地广泛接受。[⑤] 如前所述，黄光国冀图对抗这种错误的研究，重新审视儒家传统文化，提出了“自我曼陀罗模型”和“人情与面子模型”，然而这两个模型虽然更真实地反映了中国社会的状况，却只是

---

① 陈复：《儒家心理学：黄光国难题正面临的迷阵与突破》，《本土心理学研究》2017 年第 48 期。

② 建构实在论（constructied realism）是一种科学哲学，认为“实在”分为两种，一种是“实在自身”（reality itself），另一种是“建构的实在”（constrctied reality），我们所知悉的世界都是建构出来的，我们只能理解自己所建构的东西，“建构的实在”由“微观世界”（microworld）和“生活世界”（lifeworld）组成，微观世界就是由科学家通过某种语言规则、理论所创造出来的世界，每一个学科的构建都可以被视为一种“微观世界”。

③ 黄光国：《社会科学的理路》，心理出版社 2008 年版，第 7 页。

④ 陈复：《儒家心理学：黄光国难题正面临的迷阵与突破》，《本土心理学研究》2017 年第 48 期。

⑤ 黄光国：《尽己与天良：破解韦伯的迷阵》，心理出版社 2015 年版，第 4—5 页。

表面现象的描述，而没有深入传统文化里“天”“人”“物”与“我”的交互关系都以心性为统摄的事实。

首先在“个人”的层面，中华文化里最重要的不是“自我”（the Ego），而是“自性”（the Self）。黄光国将人区分为生物学概念的个体（individual）、社会学概念的个人（person）、心理学概念上的自我（self）三个层面，人可以通过生理的生长、社会经验的累积、心理的成熟不断成为更完善的自我。[①] 但是，这些只是“普通的经验”，没有超越性的意义，儒家传统文化中的修身养性，以“成圣”为最高目标，这是中华文化中特有的观念。成圣，意即通过践履儒家的修养工夫，引发个人与宇宙的交通感，悟得自性，天人内外被打通，再也没有限隔，如此便是“天人合一”的实际体验，这应该被摆放在什么位置呢？其次，在人与人的关系互动上，黄光国认为中国社会通过“资源请托者”和“资源支配者”这样的利益型人际关系来互动。[②] 这种认识只从利益的角度来思考，固然不能说没有道理，然而这只是表象与局部的关系，从宋朝新儒家的思想内容中我们可以看出，除人与人之间的关系，中国士大夫同样看重人在宇宙中的位置，如何厘清天理、人际、外物与本我的关系，这是儒者修身养性的重要课题，通过掌握住这四种超越于普通社会经验的终极性意义，认识到天理和宇宙的生灭变化，才能掌握最终的实相。[③]

从学术层面来说，我们今天更需要借由继承中华文化中的“心体论”（nousism）来构建新的华人本土学术体系，这是一种话语体系的构筑。首先，任何一种学科、哲学或者科学方法的建立，其目的都是探索世界本原的真相。西方的科学和哲学发展至今，源自其“主客对立”的思维模式，他们将“人”这个主体之外的世界客体化了，把它们当作客观的对象来研究，抛开主观的感受来探索事物自然的规律，以此来获得无限接近真理的知识。而中国的学术传统所迥异于西方的关键点，就在华人强调人应该“虚己”，运用“天人合一”的方式来体会“天理”，没有主客的对立，

---

① 黄光国：《尽己与天良：破解韦伯的迷阵》，心理出版社 2015 年版，第 90—94 页。

② 黄光国：《儒家关系主义：哲学反思、理论建构与实征研究》，心理出版社 2009 年版，第 107—114 页。

③ 陈复：《修养心理学：黄光国儒家自我修养理论的问题》，《本土心理学研究》2017 年版。

跨越天人的隔阂，只要回到“天人共构”的状态里，就会体会到实相。

中国的学术注重人的身心体验，这点同样来自“天人合一”的思想，因为人只有这个有限的生命，有限的生命如何能了解无限的宇宙，就需要人投注其身心来体验来自天的奥义。西洋学术把人与外在的世界视作主客二元对立的关系，人要维持其客观性来面对世界，继而才能对其进行“科学的探索”。西洋学术中注重逻辑和实证的部分，正是五四以来中国的知识分子孜孜不倦地意图吸纳进中国学术体系中的内容。我们固然需要吸纳西洋学术中的“科学性”，更需要思考到底何谓“科学”（science），更不能摒弃中国学术传统，简单照搬几个理论移植进来，最终只会导致不伦不类的状况。黄光国认为要合理地学习西洋文化，只有将科学哲学融入中华文化传统，架构出“知识论的主体”，才能发展出华人自主的学术，他后来更主张通过“建构实在论”（constructive realism）来完成这一目标。建构实在论本身不是一种“微观世界”（microworld），它是“微观世界”的总和，更是不同“微观世界”间互相沟通交流的思想平台。科学家通过实践微观世界的建构与外推，让自己的生命获得了合理的位置。外推，这是让某一个微观世界的话语系统，通过翻译、实践运用到其他微观世界的理解过程。黄光国的主要目的是反对五四以来中国学术界吸收的“朴素实证主义”研究方法，意即单纯地用现象、数据作为证据来客观分析研究对象，因此他引入“实在论”（realism）。[①] 不过，他的这种研究方法同样是“由外而内”的，它暂且承认“主客二元论”的合法性，冀图由自身的理论心态来探讨中华文化，最终构架出科学的“微观世界”，借由其学术语言来完成华人本土社会科学。但问题在于这同样是一种西洋学术的横向移植，不是根植于中华文化土壤的思想，与华人的生命世界发展出的微观世界不相应。

如果“实在”（reality）是作为客体被人这个主体来研究，那么人所构建出来的“实在”只能是无限接近于“实在”本身，而不是真正的实在，这是一种“实在不可知”论。这并不符合中华文化中的“悟道”与“成圣”观念，在中华文化里，“天”对于“人”来说并不是遥远到不可及的存在，孔子说“我欲仁，斯仁至矣”，就是在描述人与天的精神冥

---

① 黄光国：《社会科学的理路》，心理出版社 2008 年版，第 424—434 页。

契。中华文化里的“天”与“人”本来有自然流动交感的精神意境，其间具有“人天共构主体”的主体际性（intersubjectivity），这是与西方主客二元对立思维的核心差异。心体这一终极的实在，就是沟通天与人的核心所在。心体可以让人展开主客合一的实践，在此基础上再将建构实在论中所值得参考的实质内涵拿来作为新实在论的补充，才能真正落实“中学为体，西学为用”的学术愿景。①

我们如何突破既有的实在论的局限，建立真正融入中华文化精髓的实在论呢？本研究团队的作者陈复长年思考该问题，曾在《儒家心理学：黄光国难题正面临的迷阵与突破》这篇论文里指出，应该从心体论的角度，提出“两重实在论”（two types of reality）来构筑“多重哲学典范”（multiple philosophical pradigms）的“典范架构”，这两重实在论即“精神实在论”（spirical realism）与“历史实在论”（historical realism），精神的实在与历史的实在交互论证，来阐释心体如何作为实在本身。“精神实在论”是内部的实在论，人的精神意识可感应到实在，实在本身具有精神属性，当人朝向实在不断地进行验证或精神锻炼，两者如同有条管线般可相互连通，最终令人获得实在本身。“历史实在论”是外部的实在论，不论称作“成圣”“成佛”或“成道”，历史上不同时空的人都有对实在的讨论，并通过语言文字等符号记录下来，这个事实就使得实在永恒存在于历史中。②

历史实在论与精神实在论来自一个共同的终极理念：人如果没有心灵实体，则不仅历史的实在论与精神的实在论将没有“存在的根据”，实在本身更因没有心灵而无法存在，这使得“心体即是实在”。承认这个“实在的范畴”，接着才能认识“真实的范畴”，虽然实在本身具有“天”的意义，超越于“人”而独立存在，然而每个人的生命都有心灵，使得“自我”注定就是“人天共构主体”（如果违反则会产生各种乖张的现象），这个人天共构主体往外面产生对己身外的现象，两者交融就会变成客体的能量，客体的能量启动后发生的事件就是真实。最后，就来到

① 陈复：《儒家心理学：黄光国难题正面临的迷阵与突破》，《本土心理学研究》2017 年第 48 期。

② 同上。

"事实的范畴"，个人的经验常常只能确知眼耳鼻舌身意这六识构筑的"事实"，这些都是经验的表象，如果事实来自真实，且真实来自心体，则表象反应里象，意即"表里合一"，然而实况则是由于社会的各种熏染，人无法恢复自我本具的"人天共构主体"属性，使得表象无法反应里象，造成事实不来自真实，真实并不实在的深刻问题，这就是知识的确认为何需要来自修养的根本原因，意即"道问学"与"尊德性"需要获得整合的背景，当人把握住历史实在论与精神实在论，这时就能发展出坚实的"建构的实在"，面对森罗万象的微观世界就能展开整合且不再有挂碍。图示如下。①

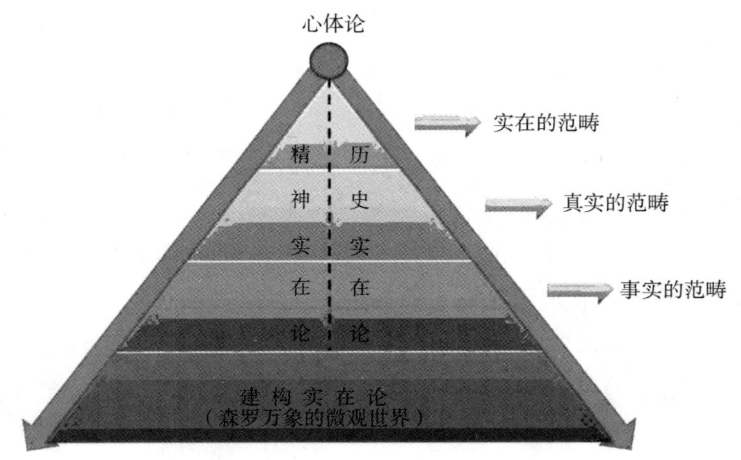

图一 互动实在论研究法示意图

这是"植基于传统的实在论"，该图示的最大特征在于"生命世界"不再需要通过任何实在论作为桥梁来与"微观世界"展开交流，生命世界来自心体，通过历史实在论与精神实在论有关于"实在范畴""真实范畴"与"事实范畴"的验证（锻炼），面对森罗万象的微观世界，直接在实践中选择对应的微观世界来诠释来自心体的领会，这也是儒家成圣的历程。举例而言，曾子的母亲连续三度听见"曾参杀人"，误认谣言属实而丢掉织梭翻墙逃跑，这就是她根据众人闻见获得的"事实范畴"；然而

① 陈复：《儒家心理学：黄光国难题正面临的迷阵与突破》，《本土心理学研究》2017年第48期。

“真实范畴”却是“曾参”这个名字有两人，其中一人杀了人，那位被后世称作“宗圣”的曾子却没有杀人，然而曾子的母亲因为三度听见“曾参杀人”这四个字就逃跑了，误听谣言就创造出关于逃跑的事件；如果根据“实在范畴”来认知，则确实发生了“曾参杀人”这件事情，然而该人不是同名的曾子，且曾母如依据长年对曾子沉稳的心灵的认识，来借此厘清真实并判断事实，则根本不会获得“我的孩子曾参杀人”这样的认知，更不会有逃跑的事情，曾子的母亲无法在纷杂扰攘的现象面前，经由真实辨识事实，动摇了自己对孩子一贯的信任，显见其获得的真实并没有来自“人天共构主体”的心灵，最终使得她认知并发生的真实，其实无关于实在范畴。①

再以“阳明杀人”这个案例来说明。王阳明是明朝独一无二的思想家与军事家，他不断消灭朝内与朝外的叛逆，战争本身就不得不杀人，因此“阳明杀人”已属于事实范畴，但“阳明杀人”的事件来自他执干戈卫社稷的平生夙愿，这个夙愿碰撞到叛逆这些对象，就使得他需要率兵平乱而杀人，夙愿与对象共构出“阳明杀人”的真实范畴，最后，他不只消灭朝内与朝外的叛逆，更消灭心内与心外的叛逆，每个生命实践都来自他毕生对心学的深刻体认与动态诠释，使得“阳明杀人”乃来自“人天共构主体”的实在范畴，意即符合他“知行合一”的主张（认知与实践都来自心体），他死前在青龙铺的江舟上悠然说出“此心光明，亦复何言”的遗言，更是悟道者心体的自然流露。“曾参杀人”与“阳明杀人”有着乍看相同的表象，却有完全不同的里象，只有从实在范畴展开检视，才能对真实范畴有深刻的认识，并了解何谓事实范畴。②

中华文化传统的学术脉络借由心体论一脉相承，汉唐时期因心性论的衰微而儒学不彰，周敦颐因重新阐释心性而复兴儒学。周敦颐的思想中可借由“诚体”这个词汇来揭示心体。周敦颐的“诚体”思想承自《中庸》，《中庸》记载：“诚者，天之道也；诚之者，人之道也。”③“唯天下至诚，为能尽其性；能尽其性，则能尽人之性；能尽人之性，则能尽物之

---

① 陈复：《儒家心理学：黄光国难题正面临的迷阵与突破》，《本土心理学研究》2017 年第 48 期。

② 同上。

③ 朱熹：《四书章句集注·孟子集注》，中华书局 2016 年版，第 31 页。

性；能尽物之性，则可以赞大地之化育；可以赞天地之化育，则可以与天地参矣。”[①] 人能彻底体悟“诚”的实质意涵，则能知天道、明人道。在“成圣”的修养方式上，周敦颐认为最重要的是“诚”，黄宗羲在《宋元学案》中指出：“周子之学以诚为本，从寂然不动之处把握诚之本，故曰‘主静立极’。本立而道生，千变万化，皆从此出。化吉凶悔吝之途，而反复其不善之动，是主静真得力处。静妙于动，是主静真得力处。静妙于动，动即是静。无动无静，神也，一之至也，天之道也。千载不传之秘，固在是矣。”[②]《通书》首句即指出“诚者，圣人之本”[③]，周敦颐把立诚作为通往圣贤道路的根本。“诚，五常之本，百行之源也。”[④] 朱熹对此作注解称，五常即是仁、义、礼、智、信，百行就是孝、悌、忠、信等，只要把握住“诚”这一实然之理，则动静举止都可符合道德标准上的伦常。达到至诚，即是与本体合一，就是成圣，周敦颐把“圣”与“诚”视为一体，所以他说：“诚者，圣人之本。”并说：“圣，诚而已矣。”[⑤] 同时，做到“诚”，就是在借由“虚己”来展开成圣的修养工夫，所以他说：“故诚则无事矣”[⑥]，当人能做到至诚，让心体恢复到本然的纯粹，就是存在于本体中了。心体是个广大无碍的存在，是沟通天与人的机制，当人能超越生物意义上和社会意义上的“自我”，回归到心体中超越性的“自性”，才能让动静举止既符合自然流行的天理，又符合社会道德中的伦理纲常，要达成这一目标，只有人透过心灵实体打通内外、天人的隔阂，才有可能实现。笔者根据该脉络判断周敦颐所阐发的“诚体”就是指心体。

周敦颐的学术思想通过点破心体而有振衰起敝的能量，这给我们发展华人本土社会科学相当重要的启发。我们今天面对的时代问题与周敦颐所面临的问题自有某种脉络的相像，都是要解决在面对外来学术思想“长期入侵”的情况下，如何复兴本土学术传统的问题。虽然今天的社会形

---

① 朱熹：《四书章句集注·孟子集注》，中华书局2016年版，第33页。

② 王维和、张宏敏：《〈明儒学案〉〈宋元学案〉之黄宗羲案语汇辑》，九州出版社2012年版，第239页。

③ 周敦颐：《周敦颐集》，中华书局2016年版，第13页。

④ 同上书，第15页。

⑤ 同上。

⑥ 同上。

态与宋朝相比已经大不相同，但是中华文化的根基没有泯灭，儒学“与时更化”的特质依然有强劲的生命力。我们今天面对着西方哲学、科学的浸染，更需要从承认心体实存的角度来重塑华人学术传统，进而完成“中西会通”，发展出真正具有中华思想性质的华人本土社会科学，笔者将其简称为“华学”（huaology），这意味着华夏学术不再只有外国人的角度来研究的“汉学”（Sinology），更有华人基于自身社会实际需要并植根传统继续发展的学问，希冀当代学者从此展开“华学再兴”的新契机与新里程。

（作者单位：陈复，宜兰大学 博雅教育中心；刘莞，上海大学中文系）

惟人也得其秀而最灵

——周敦颐思想中的师友之道与大学通识教育的施为

陈雪丽

一 前 言

周敦颐（1017—1073），字茂叔，号濂溪，宋营道楼田堡（今湖南永州道县）人，北宋著名哲学家，宋明理学的开山宗祖。北宋五子之首周敦颐，应运五星聚奎的五星连珠天象，其所开创的理学成了天意的代表。

《蕺山传》载："五星聚奎，濂、洛、关、闽出焉；五星聚室，阳明子之说昌；五星聚张，子刘子之道通，岂非天哉，岂非天哉！"（《黄宗羲年谱·附录》）①

"五星聚奎"是什么呢？奎、室、张都是星宿的名称，五星就是金、木、水、火、土这五大行星。"濂、洛、关、闽"指的是宋朝四个理学派别："濂"指周敦颐；"洛"指二程，即程颢和程颐两兄弟；"关"指张载；"闽"指朱熹。照黄宗羲说，五星聚在奎宿的时候，"濂、洛、关、闽出焉"，也就是说，影响到明清的宋朝理学就出现了。②

《宋史·列传第一百八十六·道学一》载："孔子没，曾子独得其传，传之子思，以及孟子，孟子没而无传，两汉而下，儒者之论大道，察焉而弗精，语焉而弗详，异端邪说起而乘之，几至大坏。千有余载，至宋中叶，周敦颐出于舂陵，乃得圣贤不传之学。作《太极图说》《通书》，推

① 转引自朱鸿林《朱鸿林读黄宗羲：〈明儒学案〉讲稿》，香港中文大学2013年版。

② 同上。

明阴阳五行之理，命于天而性于人者，了若指掌。”此段记载，指出了孟子之后千余年而绝学断，至北宋周敦颐出，乃得圣贤不传之学。

凡此皆提及周敦颐开创理学与应运天意。濂溪先生博学力行，著《太极图说》，明天理之根源，究万物之终始。（《宋史列传第一百八十六道学一》）本文试从当前大学通识教育的困境切入，取其“惟人也得其秀而最灵”的主张，以其命于天而性于人者的概念，贯穿探究当代大学教师如何取法乎此，开启反思自觉路径的师友之道，引导学生朝向内圣外王之远大理想而迈进的教育施为等。

二　当前大学通识教育的困境①

（一）APP是青少年通往奴隶的道路？还是迎向新世界的利器？

“世界上最遥远的距离，不是生与死，而是我在你身边，你却低头滑手机。”网络流行的这句话，一语道尽滑时代的生活实况与情感疏离。大学教师面对注意力集中于电玩、line、影音、网络，随时闪神，同时多任务的滑时代大学生，传统的课程与教法已经无法吸引其注意力了。

教师不可能再期望将学生困坐教室，单靠传统纸笔课本、工具理性、线性分析的课程与教学，却期待他们敏锐、善感、想象力丰富、有创意、口语表达流畅、人际沟通良好。教师若不能解放依赖课程文本与呆板的教学方式，学生则无从逃出无形桎梏，只好眼神空洞、思想贫瘠，在滑滑滑中虚度青春时光。

APP已串起青少年每天的社交、学习与创作。哈佛创新教育团队，精

① 以下当前大学通识教育的困境，部分文章引自笔者的两篇论文。详见陈雪丽《以创校者故事开展自传文本的课程实践——华梵大学通识核心课程“觉智与人生”实施经验》，载《华梵大学纪念创办人晓云导师圆寂十周年：思想与实践暨觉之教育学术研讨会》，2014年10月。另参见陈雪丽《以创校者典范故事引导大学生书写筑梦计划之研究》，载《2016“中华大学”通识教育课程与教学发展学术研讨会》，2016年5月。

准捕捉当代青少年的神髓，名之为“APP 世代”。[①] 团队数字关键报告提出“APP 是一条通往奴隶的道路？还是青少年迎向新世界的利器?”的大哉问。

（二）学校教育扭曲学习者的生活世界

时空回到 1975 年，美国“再概念化学派”（Reconceptualist）的大将 Pinar，指出学校已成为反人性化或疏离的场所，学校教育的失败，是学习者于学习过程中自我意识受到抑制，因而自我在“生活世界”（学校）中被扭曲而割离，主张学校教育应以“个人”为教学的核心。Pinar 指出学校的病症：（一）造成学生幻想（如做白日梦）或避缩；（二）只学会称赞别人，以别人为模范，而却对自己不满意；（三）形成过度依赖及听任权威；（四）自我完全受制于别人的认定或否定；（五）无法产生健全的人际关系：（六）太重智育而对情意和自我了解的教育太少，因而产生自我疏离；（七）由“自我导向”的人格成为“他人导向”；（八）自我的迷失以及以虚幻的外在内化于己；（九）使扭曲的自我体系继续发展；（十）由于学校教学的非人格化而形成自我疏离；（十一）因学校的非人性化经验，使学生创造力干枯；（十二）审美及敏感性的萎缩。[②]

Pinar 在 1975 年揭露学校教育病症，包括自我疏离、迷失于物欲、自我概念薄弱、美感与创造力干枯、对生命的感知薄弱、鲜少探索人生意义与生命价值、缺乏生命的奋进与理想性格等。环顾当今大学校园宅男宅女，低头沉迷手机的现况，可见前述自我疏离、迷失物欲、创造力干枯等问题，日益严重。

黄俊杰教授直指现代大学的教学活动中“外驰”远大于“内省”，学

---

① 霍华德所在哈佛大学零点计划（Project Zero）的研究团队，2006 年，开始探讨新兴电子媒介对青少年伦理准则的影响。检视科技在年轻人的生活中扮演的角色，提出“三 I”的研究主题：自我认同（identity）、与他人的亲密关系（intimate relationship）、如何运用创造力与想象力（imaginative power），认为数字科技已经重新塑造我们的自我认同、亲密关系与想象力。详见陈郁文译《破解 APP 世代：哈佛创新教育团队全面解读数字青少年的挑战与机会》，台北时报文化 2015 年版。

② 陈伯璋：《课程研究的第三势力——美国“再概念化”学派课程理论的评介》，《教育研究集刊》1983 年第 25 期。

生的价值意识多半处于沉睡的状态。[①] 孙效智教授意识到大学功能与课程失准的问题：今日大学，毋宁更像是高级职能培训所，而非体现大人之学的学府。着重专门知识的传递，而轻忽生命智慧的启发，重视 know - how，远胜于 know - why。连专门知识的教育，也随着学科的日趋分化而日渐碎片化（fragmentalization）、密闭化（compartmentalization），从而不再有能力提供整全统合的世界观与人生观。[②]

三　生而为人的核心价值：惟人也得其秀而最灵

宋真宗天禧元年，周敦颐年方 14，无意间发现濂溪西边有一块酷似月亮的岩洞，有东西两门，而中间却什么也没有，是空洞的。此处人烟稀少，极为安静，于是筑室其间。他发现白昼时分从月岩下往上看，顶部的太阳如月亮一般。如果人在月岩的周围进行仰视，不同的角度，可以看到上弦月、下弦月等不同的月像，也就是说人们能够在白天的时候观察月相变化之景，因此称之为月岩。周敦颐的《太极图说》蕴含着对宇宙人生的深入思考，这些思考离不开对“月岩”景象的领悟。月岩亭与周子的宇宙人生观之形成有着密不可分的联系。[③]

月岩悟道伊始，周敦颐从月岩天然景观地貌中，体悟并建构了“无极—太极—阴阳—五行—万物”无限循环的宇宙论体系，体现了他对人类生命本质、根源、生存意义的探索。从阴阳交感，万物生生之变化无穷，至“惟人也得其秀而最灵”，惟独人得其醇正秀异，在万物中最为灵敏睿智，由此确立了人在天地间最为灵秀的价值，凸显了立基于以人为本的核心价值之教育本质。

> 圣，诚而已矣。诚，五常之本，百行之源也。静无而动有，至正而明达也。五常百行非诚，非也，邪暗塞也，故诚则无事矣。至易则

---

① 黄俊杰：《知识的深化与生命的深化：论提升大学通识课程的策略》，《慈济通识教育学刊》2009 年第 5 期。

② 孙效智：《以生命教育为核心的通识教育》，《通识在线》2008 年第 19 期。

③ 朱雪芳、黄莹：《论周敦颐月岩悟道初期的思想》，《湖南科技学院学报》2015 年第 36 卷。

行难，果而确，无难焉，故曰：“一日克己复礼，天下归仁焉。”（《通书·诚下》第二）①

周敦颐以乾元的创生过程展现“诚”的变易属性。把万物的生成当作“诚”的外化。周敦颐认为万物都秉承自己的本性，作为“得其秀而最灵”的人更是继承和发扬了自己的本性，这本性就是“纯粹至善”的“诚”。因此“诚”就从天道（乾元）回归人道。②

无极而太极。太极动而生阳，动极而静；静而生阴，静极复动。一动一静，互为其根。分阴分阳，两仪立焉。阳变阴合，而生水、火、木、金、土，五气顺布，四时行焉。五行，一阴阳也；阴阳，一太极也；太极本无极也。五行之生也，各一其性。无极之真，二五之精，妙合而凝。乾道成男，坤道成女。二气交感，化生万物。万物生生，而变化无穷焉。惟人也得其秀而最灵。形既生矣，神发知矣，五性感动而善恶分，万事出矣。圣人定之以中正仁义而主静，立人极焉。（《太极图说》）③

元代吴草庐说周敦颐最大的儒学成就在于他“默契道妙”，将天道与人道、性命贯通为一，所谓“天道性命相贯通”。宇宙是无极生成的，万物和生命是无极演化而成的，人类在“二气交感”中化生，从而肯定了人作为一个物质性存在的生命体。“惟人也得其秀而最灵”，“中正仁义”是一切道德之本，德行之源。“主静”是去除欲望的心理宁静状态，人若能去除不符合“中正仁义”的欲望，就能实现“与天地合其德，与日月合其明，与四时合其序，与鬼神合其吉凶”。可见“主静”作为道德教育的方法，“立人极”则是道德教育的目标，其根本宗旨就是要人确立自信自觉，实现自我完善。④

---

① （清）胡宝瑔：《周子全书》，台北武陵出版社 1990 年版。

② 崔治忠：《宇宙与人生的统一——周敦颐“体”思想探析》，《理论月刊》2012 年第2期。

③ （清）胡宝瑔：《周子全书》，武陵出版社 1990 年版。

④ 周欣、陈安民：《周敦颐道德教育思想及现代价值》，《中南林业科技大学学报》（社会科学版）2010 年第 3 期。

“惟人也得其秀而最灵”的思想，挺立了人的主体性地位，天道人道贯通，人与天地万物无法分开，人在天地之间，看似独立苍茫，其实并不孤独，人秉持“惟人也得其秀而最灵”的得天独厚，可以靠着什么回归天道与天合一呢？

周敦颐的“惟人也得其秀而最灵”的核心概念，能否响应前述当前大学通识教育的困境呢？研究者试以图解方式爬梳周敦颐思想中的师友之道以及其如何引导学子立定远大志向，最后研究者延伸建议可行的内圣外王路径，详见下图。

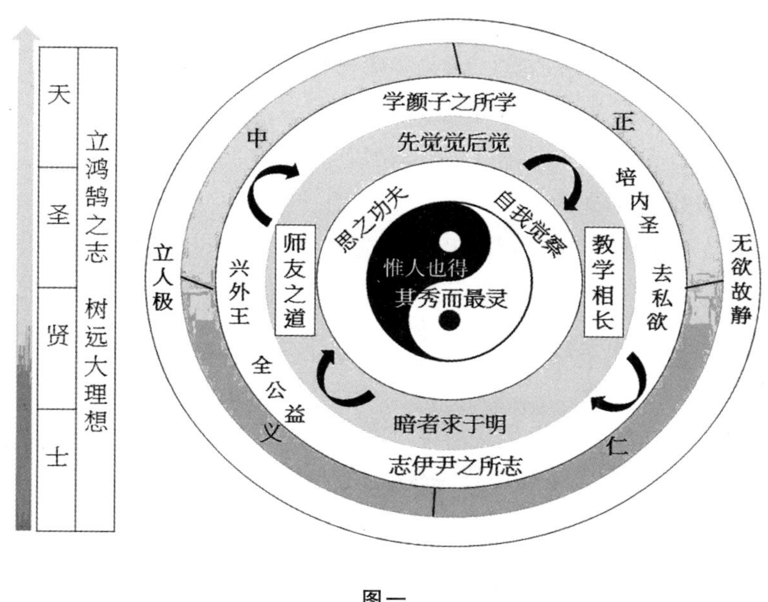

图一

（一）师友之道，觉为先：先觉觉后觉，暗者求于明

> 或问曰：“曷为天下善？”曰：“师。”……故圣人立教，俾人自易其恶，自至其中而止矣。故先觉觉后觉，暗者求于明，而师道立矣。师道立，则善人多。善人多，则朝廷正，而天下治矣。（《通书·师第七》）①

① （清）胡宝瑔：《周子全书》，台北武陵出版社1990年版。

师者，是先觉之人，师为天下善，圣人施行教化，使人自我反省修改缺点，使其作为达到中正不偏。所以，先领悟道理者开导后领悟者，不明事理者求教于通晓明白者，则跟随老师请教事理之道就建立起来了。

“先觉觉后觉”，主张谁先觉谁就可为师，能不能觉，靠的是思与自我觉察的功夫。觉察什么？觉察并且承认自己的不足。不足者该如何？周敦颐提出“暗者求于明”，学习必须主动，有不明白之处，须能主动求师、求学。

先觉觉后觉，施教于人。以当代大学教育中的师友相处之道来看，研究者特别提出此处所谓的觉，无关年龄与尊卑，完全取决于个体觉醒的先后，主张师生无分主客，谁先觉就觉后觉，打破师者一定先觉的刻板印象。师友之道无分年龄，可以相互请教，必须放下传统中老师一定要对学生进行启迪的刻板印象。

师生在觉之前平等无差，无分年龄尊卑，系以自性先觉者（亦即先察觉得其秀者）为引导，期盼大学教师放下传统师者为尊的观点。颠覆师者为尊的观念极其不易，因为能悟此而平等看待学生与自己的个性者，实属不易。

能否明澈觉察到众生平等，以觉者为先，先觉觉后觉，取决于大学教师平日所修之“思”与“自我觉察”的功夫。教师平等地示范这样的身教与风度，学生濡沐其中，谦卑地感觉到觉性的开启，柔软地弯身向贤者学习，哪怕对方还是个学生。

师生平等，以能否自觉作为谁向谁师法的标准，因此师者必须向圣者学习圣者的襟怀。例如，孔子在路上看见玩泥巴做城墙的项橐，二人展开了一场相互论难辩说，项橐对答如流、善审异同，一一难倒了孔子，使孔子长叹：“方知后生实可畏也！”①

“后生可畏”，是感叹当学生的觉性高于教师，此时教师若能秉持“暗者求于明”的态度，则师道立矣。这是修养的最高标准，无我相，无高低，觉性面前一律平等，只看觉性开启之先后，不论表象的年龄与尊

---

① 参见维基百科之“项橐”条目。亦可参见朱介凡《中国谣俗论丛》，台北联经出版社1978年版。

卑。对大学教师而言，要跨出这一步，若还持有保留面子之问题，其实会很纠结，也极不容易。但若就自性而言，则需要谁先发亮就先内照自己，向外照耀别人，只论觉的先后，不论年龄之长幼与角色扮演等问题。教师若能由内发起真正的诚，以身作则，以觉为师，承认后生可畏，这也是教师个人自觉的起点。

（二）立鸿鹄之志，树远大理想：圣希天，贤希圣，士希贤

教师不只教学生句读，为其授业解惑，更大的责任在启发引导鼓励学生确立人生志向。志向的引导与确立如同生命的定锚，即使学生目前暂时做不到，教师仍可向学生演示一种生命理想境界的追求。

> 圣希天，贤希圣，士希贤。伊尹、颜渊，大贤也。伊尹耻其君不为尧、舜，一夫不得其所，若挞于市。颜渊“不迁怒，不贰过”，“三月不违仁”。志伊尹之所志，学颜子之所学。过则圣，及则贤，不及则亦不失于令名。（《通书·志学第十》）①

教师鼓励学生立鸿鹄之志，树远大理想：“圣希天，贤希圣，士希贤。”圣人希望达到与天合德的地步，贤人希望达到圣人的地步，士人希望达到贤人的地步，这是一种开拓人生价值理想，层层转进提升精神境界的过程。人可以靠精神意志上则向往圣贤，逐步提升境界。常人心怀对圣人的向往与坚定向上的意志、决心与自觉，则常人也可成为圣人。如此则圣人与常人并没有绝对的界限，圣人可能来自常人，常人亦可成为圣人，迈向圣人之路好像并不那么遥远。

周敦颐举伊尹、颜渊为例，伊尹认为自己的国君不能成为像尧舜一样的圣君，是一大耻辱；又认为如果还有一个人不能得到适当的照顾，就好像自己在市集上被鞭打一样的羞愧。颜渊则不会把怒气转移到不相干的人身上，不会再犯同样的过失，可以做到持续三个月都不违背人道。立志树立伊尹的志愿，学习颜渊所学习的，能超过他们就可以成为圣人，能赶得

---

① （清）胡宝瑔：《周子全书》，台北武陵出版社 1990 年版。

上就可成为贤人，就算赶不上，也不会失掉好名声。[①]

1. 学颜子之所学，培内圣，去私欲

胡宏在《通疏序略》中说："周子患人以广闻见，工文词，矜智能，慕空寂为事也，故曰：'学颜子之所学。'"[②] 周敦颐要求学生摆脱时俗只为科举取名的学习目的，而应进德修业、务实，不断改善自我的品性，最终达到养心无欲。[③] 教师引导学生去私欲，培内圣，诚无为，几善恶，防恶于未然，借以提升修养品德与人生境界。

2. 志伊尹之所志，兴外王，全公益

胡宏在《通疏序略》中说："周子患人以发策决科，荣身肥家，希世取宠为事，故曰：'志伊尹之所志。'"[④] 周敦颐要培养学生的责任感和使命感，引导学生树立心怀天下、情系于民的政治抱负，治理国家、经世济民，担当起历史赋予的使命，具有强烈的社会责任心。研究者将之延伸为兴外王，全公益，以公心为上，大众事业为先，心怀社会造福大众。

这种"富贵贫贱，处之如一，不拘时地，其乐如常"的精神超越儒学范式，到宋明理学时代被称为"孔颜乐处"，成为许多人孜孜向往的圣贤境界。[⑤]

四 建议

大学之道在明明德，在亲民，在止于至善。学子何以读《大学》？读《大学》的目的，绝不止于接受专门知识，更在认识自己，自我探索，探测生命可以包容接纳的底线何在？面对欲望的诱惑与中正仁义的自我把持，人将何以自处？

"慎独"的珍贵，在于"遏意恶于动机"，在幽微意念波动之际，自

---

① 参见董金裕注释《周濂溪集今注今译》，台湾商务印书馆 2011 年版。

② （宋）周敦颐：《元公周先生濂溪集》卷之四，岳麓书社 2006 年版。

③ 参见邓武蓉《论周敦颐〈通书〉的师道观》，《湖南师范大学教育科学学报》2013 年第 2 期。

④ （宋）周敦颐：《元公周先生濂溪集》卷之四，岳麓书社 2006 年版。

⑤ 周欣、陈安民：《周敦颐道德教育思想及现代价值》，《中南林业科技大学学报》（社会科学版）2010 年第 3 期。

己是第一个知道心念动得对不对的人。明知还是故犯，因为别人可能不知道，把手指向别人，指责别人的错误，容易；自我觉照，看到且承认自己的问题，难。

若有一天，当生命历经沧桑，当内在经验蓄积到某种能量饱满的状态，力道足以真实与内在惊心相见时，就能够探见内在的幽暗、自私、小奸小恶，不过凡此皆有赖觉性的开发。

师友之道，以先觉觉后觉，暗者求于明，无分年龄尊卑，但以觉性为先，标举尊觉性。教师引导学子立定志向，学为君子，学做大人，学做一个可以为自己的生命负最大责任的喻义君子，志伊尹之所志，心怀天下、情系于民；学颜子之所学，研几慎动、迁善改过。

在价值混乱的时代，大学生迫切需要安顿生命的意义与价值，目前专业学门的细碎分科，也割裂了人的整全性，生命应该是独一无二、身心灵整全不可分割，大学应该以“生命的觉醒”作为通识教育的核心。黄俊杰指出：“实施大学通识教育的目的，在于建立学生自己的主体性，进而完成自我解放，并与其所生存的人文及自然环境达到一种互为主体性的关系。”[①] 也就是一种完成“人之觉醒”的教育。[②]

周敦颐“惟人也得其秀而最灵”的思想，挺立了人的主体性地位，为当前大学教育之难题找到了可能觅得亮光处，人与天地万物无法分，天道人道贯通，教师必先自觉，也借此引导学生建立自己的主体性，立志学为圣人，因为周敦颐主张圣可学，以中正仁义而主静，专心致志、心无旁骛，抛弃心中的杂染与物欲，泰然处之，无欲则静虚动直、不偏不倚，无欲故静，则以立人极。

（作者单位：台湾华梵大学　哲学系）

---

① 黄俊杰：《大学之理念：传统与现代》，台湾大学出版中心 2015 年版。

② 黄俊杰：《大学通识教育的理念与实践》，台北“中华民国”通识教育学会 1999 年版。

濂溪学"君子"内涵

张官妹

君，在古代是指国家最高统治者，称为君主。君子，本是国君之子的意思。根据古代宗法制度要求，国君之子（嫡长子）从小需要进行理想和人格的规范教育，要想继承国君之位，需要成为个人修养上的楷模。《现代汉语词典》对"君子"一词的解释为："古代指地位高的人，后来指人格高尚的人。"古籍中使用"君子"一词时其含义却更丰富：君子最先是对统治者和贵族男子的通称，指的是政治地位的高贵，如《诗经·魏风·伐檀》"彼君子兮"，宋司马光《训俭示康》"君子寡欲、君子多欲"。后来才赋予君子以有德行之义，用以指才德出众的人。《易经·乾》："九三，君子终日乾乾。"汉班固《白虎通义》："或称君子何？道德之称也。君之为言群也；子者丈夫之通称也。"宋王安石《君子斋记》："故天下之有德，通谓之君子。"朱熹在对《通书》的批注中说："君子，圣贤之通称。身外无道，道外无身。"

除上，"君子"还是对别人的尊称，如唐李朝威《柳毅传》"君子书叙，君子登山"，明张溥《五人墓碑记》"同社诸君子"，清梁启超《谭嗣同传》"君子之后"。可为妻对夫之称，如《诗经·召南·草虫》："未见君子，忧心忡忡。"《后汉书·列女传·曹世叔妻》："进增父母之羞，退益君子之累。"李贤注："君子，谓夫也。"唐李白《古风》之二七："焉得偶君子，共乘双飞鸾。"清孙枝蔚《采莲曲》之一："妾采莲，采莲寄君子。"易中天在《先秦诸子》中说，君子一词后来便被引申为所有道德、学问修养极高之人的统称。

中国儒道释三教，对人格品性的修养、品德塑造有着不同理想的要求，道家有真人、至人、神人，这是一种出世甚是高远不可攀及的仙界，需要经过脱俗出世的修炼，一般世人很难达到；佛教中有佛、菩萨等高高在人之世界之上的完人，世人想要达到佛的境界，同样需要出世；而儒家不出世，大同世界是理想社会，大同世界需要具有理想人格品德的尧舜一样的圣人和伊尹、颜回一类的贤人。但世间完人终究不是很多。然而在纷扰的人世间却需要人们经过一定的修养，达至较普遍的、较能达到的、较完美的人格典型，那就是君子。做一个品德高尚的人，是人们普遍追求而又能达到的理想人格。

周敦颐作为理学开山祖，继孔孟之后千年的亚圣，他是真正把先前的政治儒学转向人性儒学的第一人。他把人道与天道统一，把人作为自然界的一员，可达至与天道一样的最高境界，太极与人极相应，即“立人极”。其著作中特别是《通书》四十章之前十章中主要论述理想的人格境界是什么，人们如何达到理想的人格。他的著作中把不同人格分别称为圣人、贤人、小人、善人、士人和君子，而在他仅有3000多字的著作中，“君子”一词的出现竟有9处：《太极图说》“君子修之吉，小人悖之凶”；《通书》“故君子慎动”，“《易》曰君子见几而作，不俟终日”，“故君子日休，小人日忧”，“改则为君子矣”，“故君子悉有众善，无弗爱且敬焉”，“君子乾乾不息于诚，然必惩忿窒欲、迁善改过而后至”，“君子以道充为贵，身安为富，故常泰无不足”；《爱莲说》“莲，花之君子者也”。

周敦颐文中的君子是圣贤之人的统称，尤其是在君子与小人的对举中。但人格修养的高下却又不能简单分为“君子”与“小人”。周敦颐的圣贤之人之道德修养具有不同的人格境界，具有程度不同的层次，即使同为君子也仍有圣、贤、士之别，“圣希天，贤希圣，士希贤”，处于不同层次的人都有自己的奋斗目标。他的思想中注意到了人的个性差别以及品德修行的精深之别，“大而化之谓之圣，才德出众谓之贤，讲学修立谓之士”[①]。曹端注：“士，学者之称也，学者见贤而思齐也。”士人应该讲学修立，“见贤思齐”，努力达到高一个的奋斗目标，成为才德出众的贤人。“才德出众谓之贤人，不敢自以为胜，而望同于圣人，则又法圣人而行

① 梁绍辉：《太极图说通书义解》，海南出版社、三环出版社1991年版，第118页。

焉。”① 具有了贤人的品德，还须进而学圣，希冀到达更高一个奋斗目标。虽然圣贤是一个很高的目标，但是是“希贤、希圣”，不断努力实现一个个的人生奋斗目标，最后要达到“立人极”的最高境界。这是周敦颐哲学思想中较先前儒学进步的观点，他对不同的人提出不同的奋斗目标，反映了一种孜孜不倦、奋发向上的精神，这种精神与《周易》中的“天行健，君子以自强不息”一脉相承。

周敦颐思想中的“圣”是需要通过后天努力的修养工夫才能达到的，桑日升注说：“人不要把圣人看作不可及的，圣人亦须从下学做起，只是由思造到无思而无不通便是。”② 周子学说认为即使是“圣”也需要不断进行品行操守的修养，才能达到天道与人道合一的境界，即“圣希天”。“贤希圣”，同为大贤的伊尹和颜回也有不同的操守修养。伊尹出身贫寒，处于畎亩之中，汤“三使往聘之”，先二次禄之以天下不顾，系马千驷不视，他的理想、目标是要使“君为尧舜之君”。伊尹辅政执政二十三年，最后归隐故里，直至百岁去世。伊尹虽身处郊野却有鸿鹄之志，居庙堂之高却不恃功恋位而能转身归隐，他是以天下为己任的担事型贤人之典型。颜回 32 岁去世，虽然未能行尧舜之道，但他跟随孔子学而不倦，一箪食一瓢饮，守贫不移志，并养成“不迁怒、不贰过，三月不违仁”之品性，坚守自己的道德修养，颜回是独善其身型的贤人典型。伊尹、颜回是儒家要求君子做到的“达则兼济天下，穷则独善其身”的典范。周敦颐树立了这两个学习典型，一个兼济天下，一个独善其身，他们是儒家人格塑造中最理想、最完美的君子典型。他鼓励士人树立更高的理想，“过则圣，及则贤，不及则亦不失于令名”。向这两个贤人典型学习，超过他俩就是圣人，赶上这两人就是贤人。只要去努力，即使达不伊尹、颜回这两个大贤的标准，但学问一天天增长了，修养也一天天长进了，也不失一个好名声，“不及则亦不失于令名”。这是因为“三者随其用力之浅深，以为所至之近远。不失令名，以其有为善之实也”③。君子当“志伊尹之所志，学颜子之所学”。志伊尹所志，是为了使君主更好地惠泽于黎民百姓，并

① 周文英：《周敦颐全书》，江西教育出版社 1993 年版，第 119 页。

② 转引自周文英《周敦颐全书》，江西教育出版社 1993 年版，第 118 页。

③ 张官妹：《三子与三溪》，人民日报出版社 2005 年版，第 220 页。

不是为了谋取个人的私利；“学而优则仕”，入仕当官不是为名禄，不是为个人肥私，而是为了造福于百姓。学颜子之学，学的是圣人之道，不管是居之安，还是颠沛之危，都要守诚之本，仁义忠信不离乎心。胡宏说：“周子患人以发策决科，荣身肥家，希世取宠为事也。故曰志伊尹之所志。患人以广闻见，工文词，矜智能，慕空寂为事也，故曰学颜子之所学。人能志此志而学此学，则知此书包括至大而其用无穷矣。”周子自己就是“志伊尹之所志，学颜子之所学”的典范。入仕兢兢业业，秉公执法，在官场“出淤泥而不染，濯清涟而不妖”，宠辱不惊，清廉勤政，“事冗不知筋力倦”，“举箸常餐淡菜盘”，“官清赢得梦魂安”；而在学识上又是中国千年亚圣。如今我们社会上一些立志当官之人，一旦获取了官位，不是为百姓谋幸福，不是为官一任造福一方，而是为了肥私，贪污腐败，当官一任，为己豪掠巧取，贪得无厌；而一些立志为学的专家学者却也为一己私利，逞能邀宠，攀附权贵，甚至卖国求荣。这些人不仅与共产党员的标准相差甚远，就是与“君子”相比也相差甚远，甚至已经失去了做一个人的基本底线。周子的君子论述在当代依然有积极的现实教育意义。

儒家的君子修养核心内容是“仁义礼智信”，或是“忠孝廉节”。周敦颐发展了儒学，他在“仁义礼智信”的基础上，提出了“中正仁义”。《太极图说》有“圣人定之以中正仁义”，《通书》也有“圣人之道，仁义中正而已矣。”什么是“中正”？“唯中也者，和也，中节也，天下之达道也，圣人之事也。”中正即真诚地坚持那不偏不倚的正道。“周子的‘中正’在宇宙生成论中指的是天下万物生长的规律，合‘中’为‘正’……‘中’是天下达道的一种规则，‘优柔平中，德之盛也；天下化中，治之至也’。在人性论中，‘中正’是一种方法，一种思维方法，处理社会事物的方法，‘圣人之事也’，‘中’是圣人处事的一种手段、方式方法，用我们现在的话说，要成为‘圣人’，必须要掌握科学思维方法。‘中正’也是做人修养的一个内容，‘性者，刚柔善恶，中而已矣’，‘苟非中正明达果断者，不能治也’。‘中正’是‘合乎众所共由之道也，’符合大众所共有的利益，为人要正，做官要正。”[①]“中正仁义”既有人格修养的内容，也是修养的方法。

---

① 张官妹：《三子与三溪》，人民日报出版社2005年版，第220页。

如何努力奋斗以成为圣人，达到“立人极”的境界呢？佛家讲求“顿悟”，“放下屠刀，立地成佛”；道家强调“无为”；但是儒家之成圣，却是要经过不懈的努力奋斗才行，就是圣人也要不断去努力，才能达到“立人极”的境界。周子学说中“希圣”的主要方法有四种。

一是“立诚”。《通书》第一章说：“诚者，圣人之本。”第二章说“圣，诚而已矣。”“诚”是圣人的根本，诚是人的真实无妄之本性，是一切道德之源也，“诚，五常之本，百行之源也”；朱熹注曰：“五常，仁义礼智信，五行之性也。百行，孝悌忠信之属，万物之象也。”五常、百行是当时封建社会之一切伦理道德和行为准则，而诚是五常之本、百行之源。“诚”乃圣贤君子的修养标准、道德修养的最高原则，修养至“诚”就可成为圣人。

二是主静慎动。“主静，立人极。”什么是“静”，“无欲故静”，“无欲则静虚动直”，静如水则明鉴，虚若谷则无杂。“君子慎动”，动是指心动，动要谨慎，“动而正”，要符合五常的规范。如果心动不正，“邪动，辱也；甚焉，害也”。小则辱身，大则害命。在浮躁盛风的当下，我们更应静下来好好学习和思考，我们的一切行为是否符合社会道德规范，是否符合社会大众利益。

三是思。“故思者，圣功之本，而吉凶之机也。”“不思，则不能通微……通微生于思。”学圣人之道须善于思考，才会有自己的理解和收获，要通过无数细致的思考积累成圣之功。

四是受教闻过。接受教育，则可“俾人自易其恶，自至其中而止矣”。通过受教，使其自觉改正品性中不好的地方，自主地提高好的品质至中、和，达到高度自觉自省的程度。“人之生，不幸不闻过，大不幸无耻。必有耻，则可教；闻过，则可贤。”过是行为过失，耻是羞愧心理。有耻才能发愤而受教，闻过则可知所改而为贤。有过不闻，会影响自己上进；若无耻，则没有上进的条件，也失去了做人的基本条件，这是“大不幸”。

濂溪学说博大精深，他在继承先前儒学的基础上又发展了儒学，对圣贤君子的论述周密丰富，需要我们深入研究其丰富的内涵，更好地为建设新文化服务。

（作者单位：永州职业技术学院）

周敦颐与古琴考述

欧阳平彪

一 周敦颐雅好古琴

周敦颐（1017—1073），原名敦实，字茂叔，后世称“濂溪先生”，又称周元公、周子，道州营道楼田堡（今湖南省永州市道县）人。曾任桂阳县令、永州通判、江西南安军司理参军等。北宋理学鼻祖、文学家、古琴家。弟子有程颢、程颐两兄弟。著有《太极图说》《通书》《爱莲说》等。

阅读《元公周先生濂溪集》可知，周敦颐雅好古琴，自己也提到与古琴相伴。另外，濂溪友人蒲宗孟、后世之人都曾提到周敦颐与古琴相关的条目。周子《通书》中有《礼乐》和《乐》上中下三篇，是周敦颐音乐思想的集中体现。周敦颐通过古琴与古人对话，与天地对话，悟道，参透人间的真谛。周敦颐的礼乐思想，尤其是琴乐思想，为其理学后学很好地传承了下来，如朱熹最早提出琴律学，蔡元定提出了十八律等。由于周敦颐遗留著作较少，故提到周子与古琴的资料有限，只能从诗词及墓志铭等去考证。

（一）周敦颐《书堂》诗和蒲宗孟《先生墓碣铭》中有关周子抚琴的记录

1. 周敦颐《书堂》诗云：“元子溪曰瀼，诗传到于今。此俗良易化，不欺顾相钦。庐山我久爱，买田山之阴。田间有流水，清泚出山心。山心无尘土，白石磷磷沉。潺湲来数里，到此澄澄深。有龙不可测，岸竹寒森森。书堂构其上，隐几看云岑。倚梧或欹枕，风月盈中襟。或吟或冥默，或酒或鸣琴。数十黄卷轴，贤圣谈无音。窗前即畴囿，囿外桑麻林。千蔬可卒岁，绢布足衣衾。饱暖大富贵，康宁无价金。吾乐盖易足，名濂朝暮侵。元子与周子，相邀风月寻。”

2. 蒲宗孟《先生墓碣铭》：“生平襟怀飘洒，有高趣，常以仙翁隐者自许。尤乐佳山水，遇适意处，终日徜徉其间。酷爱庐卓，买田其旁，筑室以居，号曰‘濂溪书堂’。乘兴结客，与高僧道人跨松萝，蹑云岭，放肆于山巅水涯，弹琴吟诗。经月不返。及其以病还家，犹篮舆而往，登览忘倦。语其友曰：‘今日出处无累，正可与公等为逍遥社，但愧以病来耳！’铭曰：‘庐山之月兮暮而明，湓浦之风兮朝而清。翁飘飘兮何所，琴悄寂兮无声。杳乎欲诉而奚问，浩乎欲忘而难平！山巅水涯兮，生既不得以自足；死而葬乎其间兮，又安知其不为清风白月、往来乎深林幽谷皎皎而泠泠也。形骸兮归此，适所愿兮，攸安攸宁。’”

“书堂”的缘起：嘉祐六年，周敦颐赴虔州途中，经过庐山，因风景幽静、美丽，便有卜居之意。晚年时定居庐山莲花峰下，在山麓建筑“书堂”。“书堂”成为以琴会友、雅集之重要场地。众多朋友、琴家题诗书堂。书堂也是周敦颐晚年的精神寄托、著书立言的家园，所以书堂的环境显得格外宁静、优美。远处有山峰、濂溪，近则有水声、芭蕉、松竹等，书斋、琴室与大自然融和一体了。我们从诗词中便可了解书堂环境的优美和书堂大概的格局。

宋版《元公周先生濂溪集》记载周敦颐此诗的题目为“书堂”，而后来学者，把此诗的题目加了瀼溪、濂溪等字，便有“濂溪书堂”“瀼溪书堂”等。周敦颐的好朋友赵抃题诗也是题“濂溪书堂”，诗云“题茂叔濂溪书堂”。明胥从化《濂溪志》、清吴大镕《道国元公濂溪周夫子志》卷六《遗书文献志三》记录为“题濂溪书堂”，而且诗的内容，省略了诗最前面四句，“芓”原作“千”。清周诰《濂溪志》道光己亥年爱莲堂藏版著录为“濂溪书堂”。周敦颐定居庐山莲花峰下因书堂前有溪，故以家乡濂溪之名命名。《宋史・周敦颐传》：“因家庐山莲花峰下，前有溪，合于湓江，取营道所居濂溪以名之。”才有众多朋友和后来学者以濂溪题诗词，如潘兴嗣《题濂溪》《和茂叔忆濂溪》等。

周子《书堂》诗云：“元子溪曰瀼，诗传到于今。”元子指元结，元结居住时，溪就叫瀼溪，当地人以瀼溪名地名，名曰“瀼溪乡”，人称瀼溪人。唐元结《与瀼溪邻里》诗云：“修竹多夹路，扁舟皆到门。瀼溪中曲滨，其阳有闲园。”又《喻瀼溪乡旧游》诗云：“往年在瀼滨，瀼人皆忘情。今来游瀼乡，瀼人见我惊。我心与瀼人，岂有辱与荣。瀼人异其心，应为我冠缨。”

元结曾在周子的故乡道州任刺史，在永州期间创作了大量诗词。元结也是琴家，爱好音乐。清曹寅等之《全唐诗》收录了元结有关音乐方面的诗词，如《补乐歌十首》《系乐府十二首》《漫歌八曲》等。元结《欸乃曲》诗云：“谁能听欸乃，欸乃感人情。不恨湘波深，不怨湘水清。”宋郭茂倩《乐府诗集》卷八十二《近代曲辞四》在《欸乃曲》诗前题云：“《欸乃曲》，元结之所作也。其序曲曰：‘大历初，结为道州刺史，以军事诣都。使还州，逢春水，舟行不进。作《欸乃曲》，令舟子唱之，以取适于道路云。’”又作《欸乃曲五首》：“千里枫林烟雨深，无朝无暮有猿吟。停桡静听曲中意，好是云山韶濩音。”元结还跟渔翁学唱地方小调等。元结《宿丹崖翁宅》云：“儿孙棹船抱酒瓮，醉里长歌挥钓车。吾将求退与翁游，学翁歌醉在鱼舟。官吏随人往未得，却望丹崖惭复羞。”也有流传至今的古琴曲《欸乃》。

周敦颐对庐山莲花峰下之瀼溪及定居后自己命名的濂溪，甚是喜爱，在上述诗中也表达了周子寄寓山林，追随元结之意，可见元结对周子影响也很大。

周敦颐诗云：“或吟或冥默，或酒或鸣琴。”自己提到了饮酒、弹琴、吟诗等。“鸣琴”指抚琴、弹琴，“鸣”基础释义指发出声音，使发出声音。《增韵》凡出声皆曰“鸣”。这里指琴弦所发出的声音。《韩非子·说林下》：“文子曰：‘吾尝好音，此人遗我鸣琴；吾好佩，此人遗我玉环。’”曹丕《燕歌行二首·其一》：“援琴鸣弦发清商，短歌微吟不能长。”柳宗元《李西川荐琴石》：“远师驺忌鼓鸣琴，去和《南风》惬舜心。”苏轼《琴诗》：“若言琴上有琴声，放在匣中何不鸣。”

蒲宗孟《先生墓碣铭》记录了周敦颐与高僧道人跨松萝，蹑云岭，放肆于山巅水涯，弹琴吟诗，经月不返。最重要的是它直接说出周敦颐弹古琴，志于山水，爱好雅乐，流连忘返。周子常以“仙翁”自称。有琴曲《仙翁操》，词曰：“得道仙翁，得道陈抟仙翁，仙翁仙翁，得道仙翁。”蒲宗孟和周敦颐是好朋友，蒲宗孟的妹妹嫁与周敦颐为妻，他对周敦颐的性情比较了解，也比较赞许，可信。

（二）周敦颐友人及学者诗词中描述周敦颐弹古琴的情景

1. 吕陶《送周茂叔殿丞序并诗》云：“外任安济德，中养澄静源。青云路三峡，寄傲开琴樽。白日满平楚，放怀清梦魂。夷险既一致，卷舒惟义存。未易泛沧浪，时平斯道尊。”

2. 赵抃《题茂叔濂溪书堂》云：“固无风波虞，但觉耳目快。琴樽日左右，一堂不为泰。经史日枕藉，一室不为隘。”

3. 赵抃《同周敦颐国博游马祖山》云：“下指正声调玉轸，放怀雄辩起云涛。联镳归去尤清乐，数里松风耸骨毛。”

4. 何平仲《赠周茂叔》云：“智深《大易》知幽赜，乐本《咸池》得正声。”

5. 潘兴嗣《和茂叔忆濂溪》云：“试将一酌当美酒，似有泠然仙驭飞。素琴携来谩横膝，无弦之乐音至微。胡为剑佩光陆离，低心俯首随转机。伊尹不忘畎亩乐，宁非斯人之与归。”

6. 黄庭坚《濂溪祠并序》云：“溪毛秀兮水清，可饭羹兮濯缨，不渔民利兮又何有于名。弦琴兮觞酒，写溪声兮延五老以为寿。”

吕陶《送周茂叔殿丞序并诗》云“青云路三峡，寄傲开琴樽”，赵抃《题茂叔濂溪书堂》诗云“琴樽日左右，一堂不为泰”，“琴”指古琴，“樽”本义指盛酒器。上面的诗词多次谈到周子琴酒相伴，心情也是很好。其实自古文人雅士，弹琴、饮酒、吟诗等，已是一种琴趣，这也是养心正性之趣。大文豪欧阳修，号醉翁、六一居士，也是琴、酒不分家。三国魏阮籍所作著名琴曲《酒狂》，据《神奇秘谱》对《酒狂》题解：“臞仙曰：‘是曲者，阮籍所作也。籍叹道之不行，与时不合，故忘世虑于形骸之外，托兴于酗酒，以乐终身之志。其趣也若是，岂真嗜酒耶，有道存焉。妙在于其中，故不为俗子道，达者得之。’”

历代很多诗词中都谈到了文人雅集琴酒相伴，这也成了一种很有趣的文化现象。元辛文房《唐才子传》卷二《王维传》：“日与文士丘为、裴迪、崔兴宗游览赋诗，琴樽自乐。”又卷五《贾岛传》：“寓居法乾无可精舍，姚合、王建、张籍、雍陶，皆琴樽之好。”陈后主《与詹事江总书》：

"吾监抚之暇，事隙之辰，颇用谈笑娱情，琴樽间作。"李中《送致仕沈彬郎中游茅山》："忽因风月思茅岭，便挈琴樽上叶舟。"白居易《对琴酒》："油油春云心，一杯可致之。自古有琴酒，得此味者稀。"许浑《和宾客相国咏雪》："卷幌书千帙，援琴酒百杯。"李群玉《言怀》："白鹤高飞不逐群，嵇康琴酒鲍照文。"

赵抃有《同周敦颐国博游马祖山》，可能赵抃与周敦颐经常游马祖山，马祖山离庐山不远。诗词描写了周敦颐弹古琴的情景，可知周子的鼓琴技术是比较高的。诗云："下指正声调玉轸，放怀雄辩起云涛。联镳归去尤清乐，数里松风耸骨毛。"虽然这是一首诗词描写，运用了夸张的手法，但是赵抃为北宋著名古琴家，也亲自看见周子了抚琴，从诗的意思来看，还是可以确认周子的琴艺是比较高的。

"正声"指华夏正声，正声雅乐、古乐等。《雅》是周人的正声雅乐，又分《小雅》和《大雅》。《乐记·第十九》："正声感人，而顺气应之，顺气成象，而和乐兴焉。"宋张炎《词源》卷下："古之乐章、乐府、乐歌、乐曲，皆出于雅正。"李华《杂诗六首》："黄钟叩元音，律吕更循环。邪气悖正声，郑卫生其间。"

"玉轸"指玉制的琴轸、雁足等，也借指琴、瑟。唐李贺《追和柳恽》："酒杯箬叶露，玉轸蜀桐虚。"王琦汇解："轸者，琴柱所以系弦，丽者以玉为之。"

"放怀"指放宽心怀、情怀等。暗指周子鼓琴的心情。周子曰："淡则欲心平，和则燥心释。"

周子鼓琴下指成音，鼓的是雅乐，金声玉振。可想琴曲淡和、古雅，有金石之声，与周子的音乐琴学观一致。《通书·乐中第十八》："故圣人作乐，以宣畅其和心，达于天地，天地之气，感而大和焉。"周子当时鼓琴的心情是愉悦的，气息和，指法和，琴曲和，山林的环境也和，古琴的意境深远。琴曲旋律高低起伏，像天空的彩云，变化万千。回家归去时，还在谈论古琴雅集，依依不舍。琴声清乐，余音绕梁，回味无穷。尚因正声，以识真趣。故有何平仲《赠周茂叔》云："乐本《咸池》得正声。"

潘兴嗣《和茂叔忆濂溪》诗云："素琴携来谩横膝。"这句诗，是实写。"素琴"是琴的一种，琴的称谓也很多。在宋朝时，琴类很多，宫琴、百纳琴、小琴、雅琴、颂琴等。《宋史·乐志》载："丝部有五，曰一弦琴，曰三弦琴，曰五弦琴，曰七弦琴，曰九弦琴。"可知周敦颐珍藏有一张"素琴"。

"素琴"，即为无装饰的琴。《礼记·注》："素琴无漆饰也。"漆装饰与不上漆，是两种概念。汉秦嘉《留郡赠妇诗》之三："芳香去垢秽，素琴有清声。"唐刘禹锡《陋室铭》："可以调素琴，阅金经。"历代学者对"素琴"都有不同解读，存在争议，没有一个确切的结论。李益《闻亡友王七嘉禾寺得素琴》："素琴苦无徵，安得宫商全。"白居易《清夜琴兴》："明镜懒开长在匣，素琴欲弄半无弦。"杨宗稷《琴学问答》："问：素琴为何式？答：相传不漆者为素琴。"

虽然周子寄情于山水，但是他始终志存高远，忧国忧民，体现了内圣外王的儒家现世情怀。周敦颐有言："志伊尹之所志，学颜子之所学。"

黄庭坚跟周敦颐是好朋友，黄庭坚也雅好古琴，著《山谷琴趣外篇》。《听崇德君鼓琴》："月明江静寂寥中，大家敛袂抚孤桐。古人已矣古乐在，仿佛雅颂之遗风。"《招戴道士弹琴》："欲听淳音消妄想，抱琴端为一来无。"《听履霜操》："幽人拂琴而当予，曰夫子则钟期。"王祎撰《自建昌州还经行庐山下记》云："宋元丰间，真净文禅师住归宗时，濂溪周先生自南康归老九江上，黄太史以书劝先生与之游甚力，以故先生数数至归宗，因结青松社。"黄庭坚到濂溪祠，想到周敦颐弹琴吟诗的画面，作《濂溪祠并序》云："溪毛秀兮水清，可饭羹兮濯缨，不渔民利兮又何有于名。弦琴兮觞酒，写溪声兮延五老以为寿。"

宋代文人士大夫都爱好弹琴。如欧阳修、范仲淹、苏轼、黄庭坚等都是古琴家。经常以琴会友，雅集。周敦颐会弹古琴也是很自然的。从以上文献可知，周敦颐与古琴相伴，寄情于自然山水，以琴怡情养性，禅琴悟道，著书立言，继往圣，开来学。

二 周敦颐与琴家交往事迹考

周敦颐与众多文人琴家都有交往，如与范仲淹、赵抃、王安石、胡武平等。朱长文《琴史》卷五共收录北宋琴家九人。如太宗、崔遵度、唐异、范仲淹、欧阳修、赵抃等，还专门列了琴人传。

（一）周敦颐与琴家范仲淹的交往

范仲淹（985—1052），北宋政治家、文学家。字希文，江苏吴县人。1015 年考中进士，官至参知政事。推行庆历新政，卒谥文正，世称范文正公。范仲淹也是著名古琴家，朱长文《琴史》卷五记载："君子之于琴也，发于中以形于声，听其声以复其性，如斯可矣。非必如工人务多趣巧，以悦他人也。故文正公所弹虽少，而得其趣盖深矣。"

范仲淹在读书求学的青年时代，就非常喜欢古琴。范仲淹《睢阳学舍书怀》："瓢思颜子心还乐，琴遇钟君恨即销。但使斯文天未丧，涧松何必怨山苗。"又《书海陵滕从事文会堂》云："诗书对周孔，琴瑟亲羲黄。君子不独乐，我朋来远方。"据陆游《老学庵笔记》记载，范仲淹最喜欢弹《履霜》琴曲，世人称之为"范履霜"。《老学庵笔记》卷九曰："范文正公喜弹琴，然平日止弹《履霜》一操，时人谓之'范履霜'。"

范仲淹曾拜师北宋著名琴家崔遵度、唐异学古琴。范仲淹《与唐处士书》云："皇宋文明之运，宜建大雅。东宫故谕德崔公，其人也，得琴之道。志于斯，乐于斯，垂五十年，清静平和，性与琴会，著琴笺，而自然之义在矣。某尝游于门下。一日请曰：'琴何为是？'公曰：'清厉而静，和润而远。'某拜而退，思而释曰：清厉而弗静，其失也躁；和润而弗远，其失也佞；角躁弗佞，然后君子其中和之道欤？一日又请曰：'今之能琴，谁克与先生和者？'曰：'唐处士可矣。'某拜而退，美而歌曰：'有人焉，有人焉，且将师其一二。'"

范仲淹的老师崔遵度喜欢《周易》，《宋史·崔遵度传》："是知作《易》者，考天地之象也，作琴者，考天地之声也。"又曰："意有疑，则弹琴辨其数，筮《易》观其象，无不究也。"范仲淹《斋中偶记》诗中云："忘忧曾扣《易》，思古即援琴。"

宋度正《周敦颐年谱》说："宋仁宗景祐四年丁丑，是岁居润读书鹤林寺。时范文正公、胡文忠公诸名士与之游。"周敦颐 21 岁时，周敦颐的母亲在宋仁宗景祐四年（1037）过世，葬于润州。周敦颐在润州三年守孝期间，结交、认识了范仲淹、胡武平等。虽然文献没有直接记载有关琴的事，但是笔者认为大家都雅好古琴，应该少不了以琴会友。

（二）周敦颐与琴家赵抃的交往

赵抃（1008—1084），宋衢州西安（今浙江衢州市）人。景祐元年（1034）进士，任殿中侍御史，平时以一琴一鹤自随。赵抃为著名的古琴家。提到“琴鹤”，大家便马上会想到赵抃。朱长文《琴史》云：“赵抃，字阅道。以清节正论显于仁宗朝，迄熙宁初尝参预国政，以太子少保致仕。公好琴，其将命于四方，虽家人不以从行，而琴龟鹤未尝去也。王事之隙，弹古曲以和平其心志，故终始完洁无疵，世师表云。”清毕沅《续资治通鉴》卷六十五：“己未，以龙图阁直学士、知成都府赵抃知谏院。入谢，帝谓抃曰：‘闻卿入蜀，以一琴一鹤自随，为政简易，亦称事邪？’”

周敦颐与好朋友赵抃琴家交往的事迹很多文献都有记载。《宋史·周敦颐传》：“历合州判官，事不经手，吏不敢决。虽下之，民不肯从。部使者赵抃惑于谮口，临之甚威，敦颐处之超然。通判虔州，抃守虔，熟视其所为，乃大悟，执其手曰：‘吾几失君矣，今而后乃知周茂叔也。’”

赵抃《次韵周茂叔国博见赠》云：“蜀川一见无多日，赣水重来复后时。古柏根深寒不变，老桐音淡世难知。观游邂逅须同乐。离合参差益再思。篱有黄花樽有酒，大家寻赏莫迟疑。”真是高山流水话知音，可见周敦颐和赵抃关系很好。嘉祐元年（1056），周敦颐任合州判官，嘉祐六年（1061），周敦颐为国子博士、任虔州通判，在虔州期间，两人经常互赠唱和诗。

周敦颐曾与赵抃同游万安香林寺，作《万安香城寺别虔守赵公》：“公暇频陪尘外游，朝天仍得送行舟。轩车更共入山脚，旌旆且从留渡头。精舍泉声清汩汩，高林云色澹悠悠。谈终道奥愁言去，明日瞻思上郡楼。”赵抃和诗一首：“顾我人趋朝阙去，烦君出饯赣江头。更逢萧寺千山好，不惜兰船一日留。清极到来无俗语，道通何处有离忧。分携岂用惊南北，水阔天高万木秋。”

赵抃藏有一张雷琴。赵抃《次韵僧重喜闻琴歌》云：“我昔所宝真雷琴，弦丝轸玉徽黄金。昼横膝上夕抱寝，平生与我为知音。”嘉祐七年（1062），赵抃与周敦颐等人一起游马祖山，弹琴吟诗。也许这次游马祖山就带了这把雷琴，同时诗中也描写了周敦颐弹古琴的情景，可知周敦颐弹琴的技术是比较高的。赵抃《同周敦颐国博游马祖山》云："晓出东江向近郊，舍车乘掉复登高。虎头城里人烟阔，马祖岩前气象豪。下指正声调玉轸，放怀雄辩起云涛。联镳归去尤清乐，数里松风耸骨毛。"

赵抃一直很关心好朋友周敦颐，多次向朝廷推荐周敦颐。《宋史·道学传》："熙宁初，知郴州。用抃及吕公著荐，为广东转运判官，提点刑狱。"在成都时，得知周敦颐到家乡任职，并写信作诗《寄永州通判茂叔虞部》："君去濂溪湖外行，停藩仍喜便乡程。九疑南内参空碧，二水秋临彻底清。诗笔不闲真吏隐，讼庭无事洽民情。霜鸿只到衡阳转，远绪凭谁数寄声。"好朋友潘兴嗣也作诗一首，《益帅赵阅道以诗寄周茂叔程公辟相率同和》："道交衷契少人行，况是云霄自有程。日极一涯天共远，心期千里月同明。春归锦里豪华地，秋人浯溪冷淡情。山水高深无限意，为公分付玉徽声。"

周敦颐在熙宁四年（1071）任知南康军。到熙宁五年（1072），因身体原因，居住在江西庐山脚下，筑濂溪书堂。赵抃在成都府得知周敦颐隐退，便再次给朝廷上奏折。潘兴嗣《先生墓志铭》云："赵公抃人参大政，奏君为广南东路转运判官，称其职，迁虞部郎中提点本路刑狱。君尽心职事，务在矜恕，虽瘴疠僻远，无所惮劳，竟以此得疾。恳请郡符，知南康军，未几分司南京。赵公抃复奏起君，而君疾已笃，熙宁六年六月七日卒于九江郡之私第，享年五十七。"

周敦颐以"琴""莲花"为自己喜爱之物，鼓励自己亲政爱民，廉洁公正。"莲花"更是周敦颐的代表。周敦颐《爱莲说》云："予独爱莲之出淤泥而不染，濯清涟而不妖，中通外直，不蔓不枝，香远益清，亭亭净植，可远观而不可亵玩焉。"《爱莲说》名垂千古。又周敦颐《任所寄乡关故旧》云："老子生来骨性寒，宦情不改旧儒酸……事冗不知筋力倦，官清赢得梦魂安。"黄庭坚《濂溪词并序》云："春陵周茂叔，人品甚高，胸中洒落，如光风霁月。"又吕陶《送周茂叔殿丞序》："春陵周茂叔，志清而材醇，行敏而学博，读《易》、《春秋》探其原，其文简洁有制，其政抚而不柔。与人交，平居若泛爱。及其判忠谀、拯忧患，虽贲育之力，莫亢其勇。滀之深，流必长；趋之端，适必远。广而充之，斯民有望焉。然而常自诵曰：'俯仰不怍，用舍惟道。行将遁去山林，以全吾思。'"

赵抃以"琴""鹤"自励之，清风亮节。"琴""鹤"是赵抃的代表。

《宋史·赵抃传》："赵抃，字阅道，衢州西安人。进士及第，为武安军节度推官……京师目为'铁面御史'……宰相韩琦尝称抃真世人标表，盖以为不可及云……帝曰：'闻卿匹马入蜀，以一琴一鹤自随，为政简易，亦称是乎？'"死后被皇帝赐"清献"，世称"赵清献公"。

（三）周敦颐与琴家王安石的交往

王安石（1021—1086），字介甫，号半山，抚州临川人。北宋著名思想家、政治家、文学家、改革家。庆历二年（1042），王安石进士及第，为"唐宋八大家"之一。《宋史》记载："安石少好读书，一过目终身不忘。其属文动笔如飞，初若不经意，既成，见者皆服其精妙。"

王安石的很多诗词都谈到了古琴。如《招叶致远》："最是一年春好处，明朝有意抱琴来。"《和崔公度家风琴八首》："疏铁檐间挂作琴，清风才到遽成音。伊人欲问无真意，向道从来不博金。"又《伯牙》："千载朱弦无此悲，欲弹孤绝鬼神疑。故人舍我归黄壤，流水高山深相知。"

王安石不仅雅好古琴，还精通经学。王安石对石汝砺的《解易图》很是喜欢。宋石汝砺为著名琴家，斫琴家，著有《碧落子斫琴法》传世。对五经多有讲解，于《易》尤契精妙。清黄子高《粤诗搜逸》："石汝砺，字介夫，号碧落子，英德人，五经多有讲说，于《易》尤契精妙。晚年进所著《解易图》于朝，为王荆公所抑。苏东坡谪惠州，相遇圣寿寺谈《易》，大异之。"

周敦颐和王安石会晤，文献记载有两次，一是宋仁宗景祐四年（1037），周敦颐在润州守孝期间，当时周敦颐21岁，王安石17岁。二是嘉祐五年（1060），周敦颐奉调入京。两人长谈几天，当时周敦颐44岁，王安石40岁。宋度正《周敦颐年谱》："宋仁宗景祐四年丁丑，是岁居润读书鹤林寺。时范文正公、胡文忠公诸名士与之游，独王荆公少年不可一世，怀刺谒先生，足三及门而不得见。荆公恚曰：'吾独不可求之六经乎？'"又曰："先生东归，时王荆公安石年四十，提点江东刑狱，与先生遇，语连日夜，安石退而精思，至忘寝食。"王安石对经学研究很深，两人进行了深入交流。

周敦颐雅好古琴，与范仲淹、王安石、赵抃、黄庭坚等琴家交流。文以载道，琴以载道。周敦颐善谈名理，深于易学，作《太极图说》《通书》等。潘兴嗣《先生墓志铭》："尤善谈名理，深于易学，作《太极图》《易说》《易通》数十篇，诗十卷，今藏于家。"特别是周敦颐古琴琴学思想中的"淡、和"等琴学观念，对后世的琴家产生了深远影响。

（作者单位：宁远县实验中学/湖南科技学院 国学院）

三　周敦颐与理学及其历史地位

从周敦颐到王阳明

——以朱熹“道统说”为中心

金春峰

道学开宗是濂溪，手授“图说”与二程。
朱熹承前又启后，“致知”直贯王阳明。

宋明理学之发展过程是一既与佛禅斗争，又对其吸收、消化以为己用，而愈至后来愈益禅化的过程。“道统说”是这一过程的轴心。“道统说”由朱熹完成。周敦颐在理学史中的地位，也由“道统说”而奠定。王阳明“致良知”直承朱熹，故由周敦颐经朱熹而至王阳明，乃一部理学或道学的真实发展史。

一 “道统说”与周敦颐地位之确定

“道统说”是韩愈首先提出的。它的提出不只是为了排佛，而实是企图对儒学思想之内在本质作一界定，并提高其神圣性。但“道统”的核心内容——道体，韩愈对它的了解十分肤浅。北宋伊始，胡瑗、孙复、石介、欧阳修继承韩愈，高举反佛大旗；但都未达到哲学高度。苏辙以欧阳修为“道统”在宋代的承继者。李觏《常语》将孟子排除在外，认为孟子亦是“言伪而辨”者，与孔子之道不同。故道传至孔子，“孔子死，不得其传矣”（《李觏集》）。

以后程颐作《明道先生墓表》，提出：“周公没，圣人之道不行；孟轲死，圣人之学不传。道不行，百世无善治；学不传，千载无真儒……”

（《二程文集》）并以程颢上承孟子，认为其是“道统”的真正传人，排除了韩愈；但何谓圣人之道，程颐并未有新的提法。

南宋起，开始有大变化。刘屏山深受佛禅影响，首以“十六字心传”为“道统”的内容，谓：“尧舜必有授也……《书》论人心道心，本之惟精惟一。此相传之密旨也。”（《圣传论》，载《诸儒鸣道集》卷六十九《尧舜》）胡宏承接此旨，谓：“六君子（指尧、舜、禹、汤、文王、孔子）因心以成性”，“粹然天地之心，道义完具”（《知言》）。朱熹在“中和之悟”中提出：“圣人论性无不因心而发。”“粹然天地之心，道义完具。”（《朱子文集》卷三十二《答张敬夫》第四书）继承胡宏，并予以发挥。盖朱熹三十七岁有“中和之悟”，由心外求理——人伦道德之性理转向了求理于吾心；由程颐等外在排佛转而消化吸收以为己用。朱熹《答罗参议》云：“元来此事与禅学十分相似，所争毫末耳。”（《朱子文集续集》卷五）“释氏虽自谓惟本一心，然实不识心体，虽云心生万法，而实心外有法，故无以立天下之大本，而内外之道不备……若圣门所谓心，则天序、天秩、天命、天讨、恻隐、羞恶、是非、辞让，莫不皆备，而无心外之法。”（《朱子文集》卷三十《答张钦夫》第十书）“儒释之分，只争虚实而已。”（《朱子语类》卷一百二十四）就是说，犹如镜子，禅说万法皆空，清净是其本相；朱说万法皆实，天理是其本然。一虚一实，看法虽然不同，但同为镜子则同，故一有了此“悟”，镜子也就为我所用了。朱熹讲“心性合一”，“粹然天地之心，道义完具”，实皆由此一悟而来。

南宋，秦桧垮台，学术解禁以后，程学与反程学的斗争，与政治斗争相结合，一直非常激烈。乾道初，为振兴程学，朱熹和张栻开始大力整理和出版《程氏遗书》和周敦颐著作。乾道九年四月，朱熹完成了《太极图传》《通书解》。淳熙五年，侍御史谢廓然乞禁程学，谓：“‘近来掌文衡者，主王安石之说，则专尚穿凿；主程颐之说，则务为虚诞……请诏有司……无得循私、专尚王、程之末习。’从之。”（《续资治通鉴》卷一四六）接着秘书郎赵彦中上疏，谓：“科举之文，程序具在，今乃祖性理之说，以游言浮词相高。士之信道自守，以六经圣贤为师可矣；而别为洛学，饰怪惊愚，士风日弊，人才日偷，望诏执事，使明知圣朝好恶所在，以变士风。”孝宗从之。（《宋史纪事本末》卷八十《道学崇黜》）这是在科举考试这一关系士风的大局上对程学的打击。淳熙五年，朱熹作《袁州州学三先生词记》，针锋相对地提出："孟子没而圣人之道不传……濂溪周公先生奋乎百世之下，始深探圣贤之奥，观造化之原而独心得之，立象著书，阐发幽秘。河南两程先生既亲见之而得其传，于是其学遂行于世。"（《朱子文集》卷七十八）淳熙六年，作《隆兴府学濂溪先生祠记》，谓："盖尝窃谓先生之言其高极乎无极太极之妙，而其实不离乎日用之间；其幽探乎阴阳五行造化之赜，而其实不离乎仁义礼智、刚柔善恶之际……其体用之一源，显微之无间，秦汉以下，诚未有臻斯理者，以传于程氏，而其学遂及于天下。天下之学者，于是始知圣贤之所以相传之实乃出于此，而有以用其力焉。此先生之教所以继往圣、开来学而大有功于斯世也。"（《朱子文集》卷七十八）遂立濂溪先生祠于学宫，以二程先生配。淳熙八年，过九江，拜濂溪先生书堂遗像。刘子澄来谒，为诸生说《太极图》义。濂溪曾孙玄孙设食于光风霁月亭，朱子题名以志之，提出"惟先生承天畀，系道统"（《朱子文集》卷八十四）。朱子五十岁知南康军，作知南康《榜文》及《牒文》，提出："濂溪先生虞部周公，心传道统。"（《朱子文集》卷九十九）淳熙十年，作《韶州州学濂溪先生祠记》，提出："宋兴，有濂溪先生者作，然后天理明而道学之传复续。"（《朱子文集》卷七九）周敦颐在"道统"与宋代道学中的开宗地位被凸显出来。

淳熙十一年，朱熹与陈亮展开辩论。朱说："所谓'人心惟危，道心惟微。惟精惟一，允执厥中'者，尧、舜、禹相传之密旨也……此其相传之妙，儒者相与谨守而共学焉，以为天下虽大，而所以治之者，不外乎此。"（《朱子文集》卷三十六）直承刘屏山，将"十六字心传"从"舜禹授受之际"扩大到成汤、文、武、周公、孔子、颜渊、子思、孟轲，使之成为完整的传"道"统系。

淳熙十五年，兵部侍郎林栗劾朱"本无学术，徒窃程颐、张载绪余，谓之道学，所至辄携门生数十人，妄希孔孟历聘之风，邀索高价，不肯供职，其伪不可掩"。（王白田：《朱子年谱》五十九岁条）朱在《戊申应诏封事》中对林严厉反击，尖锐地揭露："今日天下之势，如人之有重病，内自心腹，外达四肢，盖无一毛一发不受病者。"（《朱子文集》卷十一）而后郑重地提出"十六字心传"，告诫孝宗践履尧舜"惟精惟一之戒”、孔子“克己复礼”之训，以为政治危机的最终解决之道；政治必须以“道统”为指导思想，由此也愈益被凸显。

同年，朱始出《太极图传》《通书解》《西铭解》以授学者。

淳熙十六年，朱熹正式公布《中庸章句·序》，完成了“道统说”之经典的表述，文字虽和刘屏山稍有不同，但实是直承其思想的。[①] 文中提出“天授”和“传授密旨”的说法，使其具有类似于禅宗衣钵相传和传心的神秘色彩；传道名单中虽未提周而仅提二程，但其六十四岁所作《邵州州学溪先生祠记》（《朱子文集》卷八十），又一次肯定了周在道统中的地位。此后，政治斗争日益激化，朱被打成“伪学”。但理宗时期朱学复兴，朱“道统说”及“学统”地位日益提高。由此，周敦颐在理学中的地位也日益凸显。

二　两宋“道学”的开宗

《宋元学案》卷十一《濂溪学案上》载黄百家案语说：“孔孟而后，汉儒止有传经之学。性道微言之绝久矣。元公崛起，二程嗣之，又复横渠诸大儒辈出，圣学大昌。故安定、徂徕卓乎有儒者之矩范，然仅可谓有开之必先。若论阐发心性义理之精微，端数元公之破暗也。”冯友兰先生说：“在《伊洛渊源录》中，他第一个提出的是周惇颐，给人们一种印象，认为周惇颐是道学的创立者，这是一种误会。朱熹的书名是《伊洛渊源录》，可见他的重点是‘伊洛’，即二程。况且他还明确地说：‘以至于老佛之徒出，则弥近理而大乱真矣。然而尚幸此书之不泯，故程夫子兄弟者出，得有所考虑以续夫千载不传之绪，得有所据，以斥夫二家似是之非。盖子思之功，于是为大，而微程夫子，则亦莫能因其说而得其心也。’他对于二程，尊称为‘子程子’，他对于别人，都没有这种称谓。”[②] 但实际上，朱早已提出“宋兴，有濂溪先生者作，然后天理明而道学之传复续”。在《太极图解序》中张栻指出：“（二程）先生道学之

---

① 参见金春峰《朱熹道统说的建立与完成——从思想史所作的分析》，《九州学林》2006年春季号；金春峰：《〈中庸章句〉的诠释思想及其方法论》，载《“中国文化书院八秩导师文集”金春峰卷》，东方出版社2015年版。

② 冯友兰：《中国哲学史新编》下，人民出版社1999年版，第59页。

传，发于濂溪周子，而《太极图》乃濂溪自得之妙，盖以手授二程先生者……道学之传实在乎此。”其《太极图解后序》谓：“二程先生虽不及此图，然其说固多本之矣……”在《通书后跋》中又说：“嗟乎！自圣学不明……惟先生生乎千有余载之后，超然独得夫《大易》之传，所谓《太极图》，乃其纲领也。”（乾道庚寅闰月谨题，《南轩集》卷三三）在乾道五年所作《周子太极通书后序》中，朱熹说：“盖先生之学，其妙始具于太极一图。《通书》之言皆发此图之蕴。而程先生兄弟语及性命之际，亦未尝不因其说。观《通书》之诚、动静、理、性命等章及程氏书之《李仲通铭》《程邵公志》《颜子好学论》等篇，则可见矣。”（《朱子文集》卷七十五）在《太极图说解》中又总结说：“大哉《易》也，斯其至矣！《易》之为书，广大悉备，然语其至极，则此图尽之，其指岂不深哉！抑尝闻之程子昆弟之学于周子也，周子手书是图以授之。程子之言性与天道，多出于此。”周是否以《太极图》及《通书》口授二程，朱张的口气虽含糊，但从义理而言，则肯定二程“言性与天道，多出于此”。故手授二程之说，“虽非二程所明言”，却乃“理之所已然”。

胡宏《通书序略》亦有类似言论。（《周敦颐集》附录二）祁宽《通书后跋》谓：“《通书》即其所著也。始出于程门侯师圣，传之荆门高元举、朱子发。宽初得于高，后得于朱。又后得和靖尹先生所藏，亦云得之程氏。今之传者是也。”（《周敦颐集》附录二）晁公武《郡斋读书志》卷十子类儒家类：“《周子通书》一卷，右皇朝周敦颐茂叔撰。茂叔师事鹤林寺僧寿涯，以其学传二程，遂大显于世。此其所著书也。”周之著作由二程及程门传播，当是事实。

二程是周的学生，以“天理”作为哲学核心，谓“天理二字却是自家体贴出来”；从哪里体贴出来？即从周子处体它出来。程颢自言：“昔受学于周茂叔，每令寻颜子、仲尼乐处，所乐何事。”“自再见周茂叔后，吟风弄月以归，有‘吾与点也’之意。”“周茂叔窗前草不除去，问之，云：‘与自家意思一般。’”又曰：“周茂叔谓荀子元不识诚。伯淳曰：‘既诚矣，心焉用养邪！荀子不知诚。’”伊川作《明道先生行状》，谓：“先生自十五六时，闻汝南周茂叔论道，遂厌弃科举之业，慨然有求道之志。”河间刘立之叙述明道事，谓：“先生从汝南周惇颐问学，穷性命之理，率性会道，体道成德，出入孔孟，从容不勉。”程颢《仁说》突出

“仁者与万物为一体”（茂叔“窗前草不除去”之意），突出“诚敬”之重要，谓：“人之学，当以大人为标垛。然上面更有化尔。人当学颜子之学。”（《河南程氏遗书》卷第十二《戌冬见伯淳先生洛中所闻》，《二程集》）其《程邵公墓志》谓：“夫动静者阴阳之本，况五气交运，则益参差不齐矣。赋生之类，宜其杂揉者众，而精一者间或值焉。以其间值之难，则其数或不能长，亦宜矣。”（《河南程氏文集》卷第四，《二程集》第二册）《李寺丞墓志铭》谓：“二气交运兮，五行顺施；刚柔杂揉兮，美恶不齐。”（同上）皆本于《太极图说》。程颐《颜子所好何学论》乃直接受周教诲所作。程颐论乾坤动静，谓“动静无端，阴阳无始”；“不专一，则不能直遂；不翕聚，则不能发散”。论仁，谓：“公而以人体之谓仁。”（《通书·公明第二十》：“公于己者公于人，未有不公于己而能公于人也。”）二程兄弟的思想确可以说是出于周敦颐之所传。周既以“道”教授二程，其内容当然不外乎《太极图说》与《通书》之思想。

在儒学经典“五经”中，《易》是天道之原，是哲学典籍。“四书”中，《中庸》是集中讲“心性之学”的著作。而周敦颐即是首位以《中庸》思想解释或诠释《易传》，使两者内在融合而建立起一完整的哲学思想体系的思想家。

周敦颐的著作与思想具有两大特点与优势：（一）《太极图》《太极图说》形象地揭示了宇宙天道阴阳五行的运行与生化系统，为儒学的天道、宇宙观建立了坚实可靠的基础；比之张载的《正蒙》，它更为完整和具有鲜明的承前启后的性质，很符合“统系化”的要求。有如族谱、家谱，一代一代，传人与祖产及业迹有案可据。由《易传》而至汉易、而至周之《太极图说》，谱系明确而完整。《周易》在“五经”中一直被认为是论述天人之道的哲学著作，周的《太极图说》，提纲挈领，对之作一新的哲学概括，是一卓越的建树。（二）《易通》是通释《易传》的，有如《系辞》，但周以《中庸》为指导，开以《中庸》心性思想释《易》之前驱先路。《中庸》谓：“诚者，天之道也；诚之者，人之道也。诚则明，明则诚。”天道人道合而为一。《通书》以“诚”为中心，谓：“诚，无为；几，善恶。”“大哉《易》也，诚之源乎。”道家讲无为，乃自然如此之意，周则予之以道德价值的含义；既有真实无妄，自然实在，自然如此之义，又具有“真诚”“诚心诚意”“诚实”“永恒专一”之义，成为

“实然”与“应然”的合一。在《通书·诚下第一》中，周说：“乾道变化，各正性命，诚斯立焉，纯粹至善者也。元、亨，诚之通；利、贞，诚之复。大哉《易》也，性命之源乎!”在《通书·圣第四》中，周说：“寂然不动者，诚也；感而遂通者，神也；动而未形，有无之间者几也。诚精故明，神应故妙，几微故幽。诚、神、几，曰圣人。圣人之道，仁义中正而已矣。”《通书·诚下第二》谓：“圣，诚而已矣。诚，五常之本、百行之源也。静无而动有，至正而明达也。五常百行，非诚，非也，邪暗塞也。故诚则无事矣。”天道之“诚”体现为圣人之“诚”与心性之“未发”。确如张栻、朱熹所论，开两宋性命、心性之学的先河。

《通书·动静第十六》说：“动而无静，静而无动，物也。动而无动，静而无静，神也。动而无动，静而无静，非不动不静也。物则不通，神妙万物。”“水阴根阳，火阳根阴。五行阴阳，阴阳太极。四时运行，万物终始。混兮辟兮，其无穷兮。”“二气五行，化生万物。五殊二实，二本则一。是一实万分。万一各正，大小有定。”（《理性命第二十二》）按这些话的意思，太极有如“天地一元之气”绕圆周终而复始、以波浪状运行，浪高处为动为阳，低处为静为阴。“五行”则是圆周上之方位与时序。董仲舒说：“天地之气，合而为一，分为阴阳，判为四时，列为五行。”（《春秋繁露·五行相生》）“阴阳虽异，而所资一气也。阳用事，则此气为阳；阴用事，则此气为阴。阴阳之时虽异，而二体常存。犹如一鼎水，而未加火，纯阴也；加火极热，纯阳也。纯阳则无阴，息火水寒，则更阴矣；纯阴则无阳，加火水热，则更阳矣。”（《董子文集·雨雹对》）《太极图》即表现了这一思想。“五气顺布，四时行焉”，即东方为木为春，南方为火为夏，西方为金为秋，北方为水为冬，中为空虚为土。图之曲线所示，即由春、木、东而夏、火、南，而秋、金、西，而冬、水、北，经土而复至春、木、东。一气运行于其中，所谓“五殊二实，二本则一”，故“五气”不可机械地以为阴阳真分而为五种“气”。亦如董仲舒讲“仁，天心”，讲“五行”木为春、为阳、为仁等一样，周认为太极之运行亦非仅仅自然、实然之现象，而乃体现“诚”——道德价值之支配与导向，故“五行各一其性”，所指即仁义礼智信之性，非金、木等自然物理之性。“乾道成男，坤道成女”，化生万物，并以“人”之出现——圣人定之以仁义中正、“立人极”，而完成。“诚”就圣人言是其精神境界，亦是人伦道德之理——即仁义礼智信之五常之性理的体现，所谓“德：爱曰仁，宜曰义，理曰礼，通曰智，守曰信。性焉安焉之谓圣。复焉执焉之谓贤。发微不可见、充周不可穷之谓神。”（《通书·诚几德第三》）

二程讲“阴阳无始，动静无端”。无始、无端已指明《太极图说》所讲“太极动而生阳，静而生阴”，不是时间概念。阴阳不是由“无”产生的。凡由“无”产生的东西，就有时间的起点，如“宇宙大爆炸”学说所谓宇宙至今的年龄是137亿年。“无极而太极”不是由“无”产生了“太极”，由“太极”产生了阴阳；而是说“太极”是无所谓“极”的，它自本自根，自古以固存，用图表示即是循环往复不停不息的天地之气运行之圆周。阴和阳也不是各有自来的两体两气，而只是一气运动形成不同的状态。有如朱熹所说：“阴阳只是一气，阳之退便是阴之生。不是阳过了，又别有个阴生。”“阳气只是六层（六爻），只管上去，上尽后下面空缺处便是阴。”（《朱子语类》卷六十五）犹如钱塘江的潮水，高潮后面便是低潮。高潮是阳，低潮是阴。钱塘江的高潮低潮是月球的引力造成的。阴阳的高潮低潮如冬至、夏至以及春分、秋分形成四季，汉人认为是由“五行”在圆周的东、南、西、北、中的排列位置决定的，所谓木位于东方，助少阳之长也，等等。

对《太极图说》之“无极而太极”，朱熹释为“太极，理也”“无形而有理”。“理”之所指即“诚”，即仁义道德价值之理，非客观自然物理。由“五殊二实，二本则一”，朱谓：“人人有一太极，物物有一太极。”而“太极只是极好至善的表德”或“理之极至”，如“为君止于仁，当人臣止于义，为人父止于慈，为人子止于孝”等，故朱以“心性”思想释“太极”，以“太极”为“天地生物之心”，谓：“要识仁之意思，只是一个浑然温和之气，其理则天地生物之心”（《朱子语类》卷六）。“心，生道也……天地生物之心，是仁。人之禀赋接得此天地之心，方能有生，故恻隐之心在人亦为生道也。”（《朱子语类》卷九十五）“须知所谓纯粹至善者，便指生物之心，方有著实处也。”（《朱子文集》卷四十七《答吕子约》）“天地之帅，则天地之心，而理在其中也。”（《朱子语类》卷六十八）其《仁说》以天地生物之心具元亨利贞四德，而“人得天地生物之心以为心”而具仁义礼智四德。“理”与“心”是打通为一的。之所以如此，即因朱所讲之“理”乃性理、仁义道德价值之理、应然之理。

朱晚年谓："盖原此理之所自来，虽极微妙，然其实，只是人心之中许多合当作底道理而已。"因其生而即具，先于经验而有，"非人力之所能为，故曰'无极'，故曰'天命'尔"（《答廖子晦》第十八书，《朱子文集》卷四十五）。"无极太极"即心之道德价值应然之理，这里讲得更直切明白。

三 王阳明——"食朱熹之余唾"

王阳明号称"集心学之大成"，与朱熹"集理学之大成"相对，故似与周敦颐完全不接续；但实际上王乃"食朱熹之余唾"。明乎此，周敦颐在理学史中的地位，由北宋至明，可得一完整之了解。

2003年暑假，笔者从台湾教书回来，看望任继愈老师。笔者谈及对朱熹的看法，说在心性上（康德所谓"实践理性"领域），笔者不同意牟宗三先生对朱的种种说法，朱亦乃"心学"。任先生说，牟宗三就是会摆架子唬人（指论述问题喜摆理论架子）。你的看法可给研究生讲，不要给大学生讲。王阳明是食朱熹之余唾。"食朱熹之余唾"，笔者第一次听到，以前从无此说法。这话极有分量，是任先生深思熟虑，久久研究朱王关系的结论，用词非同寻常。何谓"食余唾"？笔者未请先生解释。下面是笔者自己的看法。分五小部分。

（一）"致良知"与《格致补传》

王阳明是特等聪明的人。孟子说："五百年必有王者兴，其间必有名世者。"王阳明就是明代几百年才出的人。青少年时即特立独行，出入佛道，研究兵法及百家，有经略四方之志，为日后建立军功和应付困厄打好了功底。王此时属诸葛亮或豪杰一类人物。其所学兵法谋略属工具理性，与良知之价值理性性质不同。良知之上乘人物不一定能带兵打仗，如刘蕺山被讥为"平日袖手谈心性，临危一死报君王"。会用兵打仗者不必有良知，更不必讲"致良知"。王阳明以后平贼平叛，良知使其勇往直前；所学兵法使其能运筹帷幄，建立奇功，良知与谋略有最好的结合，为有史以来儒者所未有。

《年谱》说他于1490年（弘治三年庚戌）19岁时从娄一斋先生受

“格物致知”之学，遍读朱熹著作，思宋儒“物有表里精粗，一草一木皆具至理”，格竹七日，无果，患病。以朱所讲“理”为竹子等客观物理。这为其反朱学、讲心学做了铺垫。“遍读朱熹著作”未免夸大，但以王之特等聪明，博闻强记，对朱子的基本思想、观念，烂熟于心，当是事实。故能在以后处处不离朱学的运用。

1506 年（武宗正德元年），王阳明三十五岁，贬谪贵州修文龙场驿驿丞。1508 年（正德三年），三十七岁，至贵州修文县龙场，大悟“圣人之道，吾性自足，向之求理于事物者误也”，史称“龙场悟道”。这和朱熹三十七岁有“中和之悟”，如出一辙。王说：“及在夷中三年，颇见得此中意思，乃知天下之物本无可格者，其格物之功，只在已身心上做，决然以圣人为人人可到，便自有担当了。”（《传习录》下）

1509 年（正德四年），三十八岁，提出“知行合一”说，既针对时弊，也很标新立异。“知”指伦理道德之“知”，“行”指道德实践，谓：“知之笃切处即是行，行之明觉真切处即是知。”“知是行的主意，行是知的功夫。知是行之始，行是知之成。若会得时，只说一个知，已自有行在。只说一个行，已自有知在。”（《传习录》上）但衡之于一般哲学，这是不合要求的。因其所讲知行非一般哲学所讲，其“知”为良知、先验之知、生而知之之“知”，且混淆知、行两词固有的含义与区分，并“行”于“知”。

1518 年，四十七岁，刻古本《大学》及《朱子晚年定论》。九月，修濂溪书院，四方学者云集于此。

1520 年，四十九岁，自言在应付宦官刁难时全靠良知指引。

1521 年，五十岁——孔子所谓“知天命”之年，在江西揭“致良知”之教。谓：“我此‘良知’二字，实千古圣圣相传一点滴骨血也。”“某于此‘良知’之说，从百死千难中得来，不得已与人一口说尽。”“良知之外，别无知矣，故‘致良知’是学问大头脑，是圣人教人第一义。”（《传习录》中）王的这一学思发展历程让人以为是一反朱熹理学而建立其独特心学“新思”的过程。实际上其“致良知”之基本论述乃“食朱熹之余唾”。

“致良知”，经典文本出于《大学》“致知在格物”一语。何谓“致知在格物”？《大学》未说。朱熹代圣贤立言，为之作一《补传》，谓：

所谓致知在格物者，言欲致吾之知，在即物而穷其理也。盖人心之灵，莫不有知，而天下之物，莫不有理。惟于理有未穷，故其知有未尽也。是以《大学》始教，必使学者即凡天下之物，莫不因其已知之理而益穷之，以求至乎其极。至于用力之久，一旦豁然贯通，则众物之表里精粗无不到，吾心之全体大用无不明矣。此谓物格，此谓知之至也。(《大学章句》)

《朱子语类》卷十六："问：'经文格物而后知至，却是知至在后，今云因其已知，则又在格物前。'曰：'知元自有，才要去理会，便是这些知萌露，若懵然不向著，便是知之端未曾通。'"

《朱子语类》卷十五："他所以下格字、致字者，皆是为自家元有是物，但为他物所蔽耳。而今便要从那知处推开去，是因其所已知而推之，以至于无所不知也。"

《朱子语类》卷十八："穷理者因其所已知而究其所未知。人之良知本所固有，然不能穷理以至于物格知至者，不能穷且尽也。故见得一截却又不曾见得一截，此其所以于理不精。"

"格物穷理"是扩充"良知""已知之理"，非向外穷究竹子等物理以成圣，故对"致知"朱亦反复指明：

致知工夫亦只是据所已知者玩索推广将去，具于心者本无不足也。(《朱子语类》卷十五)

凡人各有个见识，不可谓他全不知，如孩提之童知爱其亲，长知敬其兄，以至善恶是非之际，亦甚分晓。但不推至充扩，故其见识(指道德之知，非外界物理知识)终只如此。(同上)

致之为义，如以手推送去之义(由内往外扩充，不是从外横摄进来之义)。凡经传中云致者，其义皆如此。(同上)

但王阳明《朱子晚年定论》把朱熹上述"语录"删除了。因为如果收入，其以朱子"格竹子而入圣"之说，也要被揭穿了。王之《朱子晚年定论序》谓："及官留都，复取朱子之书而检求之。然后知其晚岁固已大悟旧说之非，痛悔极艾，至以为自诳诳人之罪不可胜赎。世之所传《集注》《或问》之类，乃其中年未定之说，自咎以为旧本之误，思改正而未及。而其诸《语类》之属，又其门人挟胜心以附己见，固于朱子平日之说，犹有大相缪戾者。”（《王阳明全集》卷七）此则王自己自诳诳人，大违其标榜之“良知”了。因朱熹论《论孟集注》说：“某《孟语集注》，添一字不得，减一字不得。”（《朱子语类》卷十九）“《论语集注》如秤上称来无异，不高些，不低些。”（同上）“《中庸解》每番看过，不甚有疑，《大学》则一面看，一面疑，未甚惬意，所以改削不已。”（王昌录甲寅朱子年六十五以后所闻）故朱《四书集注》是成熟定型之作。朱子临死前还在修改其《大学》“诚意章”，更表明其敬慎不已之精神，诬称其为“中年未定之论”，全盘否定，可谓大有负于朱子了。“大悟旧说之非，痛悔极艾，至以为自诳诳人之罪不可胜赎”云云，是朱三十九岁“中和旧悟”后所写，见《朱子文集》卷四十《与何叔京》第十三书，[①] 指此前的“为学”之非。朱四十岁戊子“新悟”并未改变其心学立场。朱子《答张敬夫》：“旧读《中庸》慎独，《大学》诚意毋自欺处，常苦求之太过，措辞烦猥。近日乃觉其非。此正是最切近处，最分明处。乃舍之而谈空于冥漠之间，其亦误矣。方窃以此意痛自检勒，懔然度日，唯恐有怠而失之也。至于文字之间，亦觉向来病痛不少。盖平日解经，最为守章句，然亦多是推衍文义，自做一片文字。非惟屋上架屋，说得意味淡薄……下稍看得支离。至于本旨，全不相照。”此书写于淳熙二年，朱子四十六岁时。[②] 王皆以之为朱子晚年所写，以此否定《四书集注》和有关“语录”。所以如此，盖在于王自己所论，本系朱子早已言之，如此可掩抄袭之谤，亦可借此以提高身价。但如此作为，终授人以柄。《明史》谓：“既卒，桂萼等言：‘守仁事不师古，言不称师，欲立异以为高，则非朱熹格物致知之论。知众论之不予，则为《朱子晚年定论》之书，号召门徒，互相唱和。才美者乐其任意，庸鄙者借其虚声。传习转讹，背缪弥甚。’”（《列传》第八十三《王守仁传》）王学一度被打成伪学。

---

① 陈来：《朱子书信编年考证》乾道四年条，上海人民出版社 1989 年版，第 46 页。

② 陈来：《朱子书信编年考证》淳熙二年条，上海人民出版社 1989 年版，第 130 页。

但朱之注意点在注经，不是以“致良知”为“教旨”。《四书集注》中许多注解仍随文就义，不如王以“致良知”为学问大头脑，到处讲用和套用，一了百了。虽然如此，朱揭出“格致”本义就是“致良知”，还是破天荒首次，且亦成为士子的标准教材，其重大意义，是不能否认的。

朱释“格”为“来”，为“至”，非研究之义。这本于郑玄：“做善事即来善物，做恶事即来恶物。”“物”非物体、物质，乃代词，泛指某种东西，吉凶、祸福皆包括在内。“格物”谓来物、至物。“物”训为“事”，即修齐治平等。故“格物穷理”即亲至修齐治平等“事”上穷尽、扩充“已知之理”。用力之久，至“豁然贯通”，即达于“吾心之全体大用无不明”，而“众物之表里精粗无不到”的境界。“全体”指心之整全之本体。“众物”指修齐治平之众事。“用力”之工夫则是“涵养本原”（用敬）与存天理、灭人欲，扩充良知于修齐治平之种种“事”上。王谓：“先儒解格物为格天下之物，天下之物如何可格得？且谓一草一木亦皆有理，今如何去格？纵格得草木来，如何反来诚得自家意？”（《传习录》下）“新本（指朱熹《大学章句》）先去穷格事物之理，即茫茫荡荡都无着落处，须用个‘敬’字方才牵扯得向身心上来，然终是没根源。若须用添个‘敬’字，缘何孔门倒将一个最紧要的字落了，直待千余年后要人来补出？正谓以诚意为主，即不须添敬字。所以提个诚意来说，正是学问的大头脑处。”（《传习录》上）“后世不知作圣之本是纯乎天理，却专去知识才能上求圣人，以为圣人无所不知，无所不能，须是将圣人许多知识才能逐一理会始得，故不务去天理上着工夫。徒弊精竭力，从册子上钻研，名物上考索，形迹上比拟。知识愈广，而人欲愈滋；才力愈多，而天理愈蔽。”（《传习录》上）这些批评朱熹的话，实都是肆意曲解的。[①]

甲骨文有“物”字。《说文》：“物，万物也，牛为大物。天地之数起于牵牛。从牛，勿声。”“牛，大牲也。牛，件也。件，事理也。凡牛之属皆从牛。”“件，分也，从人从牛，牛，大物故可分。”王国维《观堂集

---

① 金春峰：《朱熹哲学思想》第四章《〈格物致知说〉》，台北东大图书公司1898年版；金春峰：《朱熹哲学思想的重新认识》，载《“中国文化书院八秩导师文集”金春峰卷》，东方出版社2015年版。

林一》卷六《释物》说："古者杂帛为物，盖物本杂色牛之名，后推之以名杂帛。由杂色牛之名因之以名杂帛，更因以名万有不齐之庶物，斯文字引申之通例矣。"并引《小雅·鸿雁之什·无羊》"三十维物，尔牲则具"之《毛传》为证。但许、王之解实际上都是不正确的。甲骨文"物"是泛指性的代词。"勿"，非杂色；乃"勿"之本义——否定词，会意为"牛"，而勿以为只是指"牛"。凡某东西、有所指，皆可称"物"，故"件"从人从牛。"件"者事件也，"事"是一件一件的。"牛"代指某东西。"事理"则是从"物"字中的"牛"所扮演的角色——牛而非牛，只代某件东西——"理而分之也"所做的释义。甲骨文变易之"易"，日下之"勿"亦如"物"，会意为日出而勿以为只是指"日出"，乃泛指变化、变易。日出，由黑夜变白昼，是变的具体所指；加"勿"之否定意，即谓非仅指旦之变，乃泛指一切"变易"。郑玄释"物"为"事"，朱熹讲格物，谓"物者，事也"，皆本于此。《小雅·鸿雁之什·无羊》："三十维物，尔牲则具，物其多矣，维其嘉矣。物其旨矣，维其偕矣。物其有矣，维其时矣。"《南有嘉鱼之什·六月》："王于出征，以匡王国。比物四骊，闲之维则。"《节南山之什·何人斯》："伯氏吹埙，仲氏吹篪。及尔如贯，谅不我知。出此三物，以诅尔斯。"《荡之什·烝民》："天生烝民，有物有则。民之秉彝，好是懿德。"《周易·家人》："君子以言有物而行有恒。"《国语·周语》："和实生物，同则不继。""物"都是泛指性的代词。王国维所引"三十维物"，"物"代指"牲"，"三十维物"即三十条牲口，非谓三十条杂色牛。《周礼·司常》："杂帛为物。""物"指"旗"，是九旗之一。《释名·释兵》："九旗之名：日月为常……交龙为旗……通帛为旃……熊虎为旗……杂帛为物，以杂色缀其边为燕尾，将帅所建，象物杂色也。""物"与通帛之"旃"相对，"象物杂色也"之"物"为代词，泛指。《仪礼·士丧礼》："旌各以其物。"——士丧礼所用之旌，有特定的质地和样式，故"各以其物"即各以其该用之"旌"。20世纪60年代讨论《老子》，关锋释"道之为物"为道生物，认为"物"是实体字，指物质，老子是唯心论。冯友兰先生嘲笑关锋不知"道之为物"是指"道"这个东西。《大学》"物有本末，事有终始"，"物""事"互文同意，皆代指"三纲领""八条目"中之"事"或"物"。徐爱说："昨闻先生之教，亦影影见得功夫须是如此。今闻此说，益无可疑。爱昨晓思，格物的‘物’字，即是‘事’字。皆从心上说。”王回答说：“然。身之主宰便是心。心之所发便是意。意之本体便是知。意之所在便是物，皆从心上说。”（《传习录》上）这些实也都是朱《补传》思想的发挥，是《朱子语类》讲过的。但王却曲解朱传“格物”是研究草木等自然客观物理以之为入圣之途。

“事”是人之作为，不能离开人之理性、意志、情感、欲望，而凡此皆统于“一心”。做事动机，王阳明称之为“意”，故谓：“凡意之所发必有事，意所在之事谓之物”。将“物”解为客观外物、物体，是乱套、曲解；解为贝克莱之主观唯心论，更属无谓、无稽。但王也是简单片面的说法。“意之所在”如果只停留在动机范围内，就只是一个“观念”，只有发为行为，实地去做才是“物”或“事”。

用兵打仗，兵马粮草等是客观外在之物。但指挥打仗，如王阳明平宁王之乱，其“运筹帷幄”是“事”。种种计谋、方略皆不能离“心”而有。一个仗，十个将军有十个不同的“取胜之道”或“用兵之道”。这些“道”或“理”皆不能离“心”而出。仗打完了，指挥者总结经验，写出来成为“文本”教材，变成客观存在之“理”。但你要运用于打另一仗，仍不能照搬而取胜。

王说：“位天地、育万物，未有于吾心之外也。”（《紫阳书院集序》）“位”是动词，指“后天而奉天时”之类。“育”亦是动词，指春种夏耘秋收冬藏之类，皆人之活动，也即“事”，故不能离开“心”。这与天地、万物“未有外于吾心之外”有别，不应混为一谈。

王阳明与学生游南镇，学生指满树鲜花问道：“（先生）说天下无心外之物，如此花树，在深山中自开自落，于我心亦何相关?”王道：“你未看此花时，此花与汝心同归于寂。你来看此花时，则此花颜色一时明白起来。便知此花不在你的心外。”（《传习录下》）花是心外之物，王并不否认；但看花有如读书，是人之作为，是“事”。当看时，花之为花，其美丽形象才在看中呈现出来。“花”作为自在之“物”，是不知其为“花”，亦无所谓美（明白）的。一本书尘封在架子上，若无人读，也就如同垃圾，似有而无。一旦有人读，它的道理、情节、人物就在“读”中活了起来，如花之“明白”一样。这，在今天已是诠释学的常识。以之为主观唯心论是大误解了。以为王阳明“心外无理”“心外无物”只限于道德活动，也不符合王之本意。

事亲交友事君等道德实践活动皆是“事”，其事亲之道、交友之道、忠君之道，不能离事者之“一心”，更是如此。

心本体或“良知”只有分别善恶的判断能力，不带经验内容。见父知孝，见兄知弟等说法，是以“生知”举例而言。实际上，“君臣以义合”，并不是人生来即知要忠君的，它与见父知孝不能等同。朱熹讲“太极是众理的总和”，是“理之极至”；但众理、万理归结为仁义礼智四理，四理归为仁之一理，而仁是“本心之全德”（《论语集注》）。在“心本体、性即理”上，朱是讲“心外无理”的。但朱亦讲“理一分殊”。“仁”在某事上须表现为义，在某事上须表现为礼为智。仁义礼智之具体运用于处理万事，又各有不同。故要应对得当，须有智的辅益。《孟子集注·公孙丑上》：“孔子曰：‘圣则吾不能，我学不厌而教不倦也。’子贡曰：‘学不厌，智也；教不倦，仁也。仁且智，夫子既圣矣。’”“圣”是包含仁与智两者的。《论语》中讲以“知”辅仁的地方甚多。王阳明则只反复讲“诚意、正心”，心外无理，良知外无知，一了百了，在伦理学上属于只讲动机的义务伦理。《传习录》下：“黄勉之问：‘无适也，无莫也，义之与比’，事事要如此否？先生曰：‘固是事事要如此，须是识得个头脑乃可。头脑是良知，义即是良知。识得良知是头脑，方无执着。且如受人馈送，也有今日当受的，他日不当受的。也有今日不当受的，他日当受的。你若执了今日当受的，便一切受去，执着了今日不当受的，便一切不受去，便是‘适莫’，便不是良知的本体，如何唤得作义？”今日当受与不当受，受具体条件限制，受外在礼制等制约。道德良知并不能完全判断。但王却拿着一个“头脑”套用，陷入“适、莫”而不自知了。“礼”的许多节目是历史与社会或习俗所定的，如祭先祖以长孙为“尸”，《仪礼》所记各种丧服规定等，这并不能求之于“心之条理”或“良知”，但王却谓：“于升降周旋隆杀厚薄之间而求尽其条理节目焉，非他也，求尽吾心之天理焉耳矣。”（《博约说》，《王阳明全集》卷七）可谓只图说得痛快，而置实际事理于不顾了。有“诚于孝亲之心”，并不会知道要“丧服三年”。你去讲求，才会知道而照着做。知“三年丧服”这“孝之理”是“智”或“知”之事。“亲”不在了，这“理”仍在。朱较重义务与效果的统一。如“至善”，落实到不同情况，有不同要求与表现。朱解“至善”为“事理当然之极也”，有这种意思。朱说人人有一“太极”，物物有一“太极”，但“太极只是极好至善的表德”或“理之极至”，如“为君止于仁，当人臣止于义，为人父止于慈，为人子止于孝”等。朱讲“天下之物莫不有理”，皆是从其“至善”上讲的。如“蝼蚁有君臣，虎狼有父子，只是不能推（扩充推广）”虽草木亦有“至善”（价值取向），如生而知向阳之类。这些从价值取向上的立论，与其道德之理出于本心之说，是完全一致的。

（二）道心人心与《中庸章句·序》

朱子《中庸章句·序》确立了道心、人心及操存之精一功夫以为“道统”之内容和《中庸》全书之要旨，这是学术思想史上划时代的大事。何谓道心人心？朱子有许多论述，如：“饥寒痛痒，此人心也；恻隐、羞恶、是非、辞逊，此道心也，虽上智亦同。一则危殆而难安；一则微妙而难见。”“此道心却杂出于人心之间，微而难见，故必须精之一之，而后中可执。然此又非两心也，只是义理、人欲之辨尔。”“自人心而收之，则是道心；自道心而放之，便是人心。‘惟圣罔念作狂，惟狂克念作圣’，近之。”“或问人心道心之别。曰：‘只是这一个心，知觉从耳目之欲上去便是人心；知觉从义理上去便是道心。’”“若说道心天理，人心人欲，却是有两个心！人只有一个心，但知觉得道理底是道心（此即道德理性），知觉得声色臭味底是人心……非有两个心。道心人心本只是一个物事，但所知觉不同。”（《朱子语类》卷六十二）所谓“知觉”是内在知觉，非由外物引出的认知与情欲活动。“道心”也即康德所谓“实践理性”或“道德理性”，为道德法则之本，所谓为自己立法、而自觉遵循者。[①]

《传习录》下：“问道心人心。”王说：“率性之谓道，便是道心。但著些人的意思在，便是人心。道心本是无声无臭，故曰‘惟微’。依照人心行去，便有许多不安稳处，故曰‘惟危’。”又谓：“心一也，未杂于人

① 参见金春峰《朱熹道统说的建立与完成——从思想史所作的分析》，《九州学林》2006年春季号；金春峰：《〈中庸章句〉的诠释思想及其方法论》，载《“中国文化书院八秩导师文集”金春峰卷》，东方出版社2015年版。

谓之道心，杂以人伪谓之人心，人心之得其正者即道心，道心之失其正者即人心，初非有二心也。”全本朱意；但王又批评朱熹，谓：“今日道心为主，而人心听命，是二心也。天理人欲不并立，安有天理为主，人欲又从而听命者！”（《传习录》上）“人心”与“人欲”，朱熹、张栻等早有辨别；朱子《问张敬夫》七：“《遗书》有言，人心私欲，道心天理。熹窃疑私欲二字太重。近思得之，乃识其意。盖心一也，自其（指心）天理备具（先天地具、本具，非后天所摄取），随处发现（指见孺子入井而恻隐之类）而言，则谓之道心；自其有所营为谋虑而言，则谓之人心。夫营为谋虑非皆不善也，便谓之私欲者，盖只一毫发不从天理上自然发出，便是私欲。所以要得必有事焉而勿正、勿忘、勿助长，只要没这些计较，全体是天理流行，即人心而识道心也……此语如何，更乞裁论。”（《朱子文集》卷三十二）“夫谓‘人心惟危’者，人欲之萌也，‘道心惟微’者，天理之奥也，心则一也，以正不正而异其名耳。惟精惟一，则居其正而审其差者也，绌其异而反其同者也。能如是，则信执其中，而无过不及之偏矣。非以其道为一心，人为一心，而又有一心以精一之也。”（《观心说》，《朱子文集》卷六十七）王阳明的“人心道心”之论，实抄自朱熹这些说法而又肆意曲解之。

王阳明讲“致良知”，实际也是将“道心”换名为“良知”，将“人心”换名为“意”。解“格”为“正”，以“良知”正“意”之不正以归于正，便是“格物”，正是朱“道心为主而人心听命”的说法，不过改易其词而已。

《传习录》上：“人性皆善。中和是人人原有的。岂可谓无？但常人之心既有所昏蔽，则其本体虽亦时时发见，终是暂明暂灭，非其全体大用矣。（朱子《补传》用语，亦是对《补传》此语的恰当的解释。）”“天理何以谓之中？曰：无所偏倚。无所偏倚是何等气象？曰：如明镜然，全体莹彻，略无纤尘染著……须是平日好色好利好名等项一应私心，扫除荡涤，无复纤毫留滞，而此心全体廓然，纯然天理，方可谓之喜怒哀乐未发之中，方是天下之大本。”（《传习录》上）“圣人致知之功至诚无息，其良知之体，皎如明镜，略无纤翳。妍媸之来，随物见形，而明镜曾无留染，所谓情顺万物而无情也……明镜之应物，妍者妍，媸者媸，一照而皆真……一过而不留。”（《传习录》上《答陆元静》）朱熹说：“圣人之心未感于物，其体广大而虚明，所谓天下之大本者也。及其感于物也，则喜怒哀乐之用，各随所感而应之，无一不中节者，所谓天下之达道也。盖自本体（今人之所谓‘道德主体’或道德判断能力）而言，如镜之未有所照，则虚而已矣，如衡之未有所加，则平而已矣。至语其用，则以其至虚而好丑无所遁其形，以其至平而轻重不能违其则。此所以致中和而天地位、万物育，虽以天下之大而举不出乎吾心造化之中。”（《朱子文集》卷六十七《舜典象刑说》）“盖公犹无尘也，人犹镜也，仁则犹镜之光明也。镜无纤尘则光明，人能无一毫之私欲则仁。然镜之明非自外求也，只是镜原来自有这光明，今不为尘所昏尔。人之仁亦非自外求得也，只是人心原来自有这仁，今不为私欲所蔽尔。故人无私欲则心之体用广大流行而无时不仁，所以能爱能恕。”（《朱子语类》卷五）王阳明上述种种论述皆“食朱子之余唾”，为朱子所已言。

（三）“明明德”与朱熹《大学章句》

《大学问》是王阳明采注《经》形式讲学的唯一著作。钱德洪说：“大学之教，自孟氏而后，不得其传者几千年矣。赖良知之明，千载一日，复大明于今日。”（《传习录》上）这话一半是对的，一半是错的。《周官》：“以德行教国子。”注疏谓：“在心谓之德，在事谓之行。”韩非注《老子》：“有得于道谓之德。”都未对“明德”给以良知的解释，从心学来说，确是“不明”。但《大学问》之前，朱熹早已明确地予“明德”以心性关系的“良知”来界定了。在《大学章句》和《朱子语类》等著作中，朱子明确指出：

> 明德者，人之所得乎天，而虚灵不昧、以具众理而应万事者也。但为气禀所拘，人欲所蔽，则有时而昏；然其本体之明，则有未尝息者。故学者当因其所发而遂明之，以复其初也。（《大学章句集注》）
>
> 明德，谓得之于己、至明而不昧者也。如父子则有亲，君臣则有义，夫妇则有别，长幼则有序，朋友则有信，初未尝差也。苟或差焉，则其所得者昏，而非固有之明矣。（《朱子语类》卷十四）
>
> 明德未尝息，时时发现于日用之间：如见非义而羞恶，见孺子入井而恻隐……皆明德之发现也。如此推之极多。但当因其所发而推广

之。(《朱子语类》卷十四)

若于日用间试省察此四端者，分明迸趱出来，就此便操存涵养将去，便是下手处。只为从前不省察了，此端才见，又被物欲汩了。所以秉彝不可磨灭处虽在，而终不能光明正大，如其本然。(《朱子语类》卷一百一十八)①

故“明德”即“良知”。

王阳明《大学问》谓：“其一体之仁也，虽小人之心亦必有之，是乃根于天命之性而自然灵昭不昧者也，是故谓之‘明德’。”“天命之性，粹然至善，其灵昭不昧者，此其至善之发见，是乃明德之本体，而即所谓良知也。至善之发见，是而为是，非而为非，轻重厚薄，随感随应，变动不居，而亦莫不自有天然之中，是乃民彝物则之极，而不容少有拟议增损于其间也。少有拟议增损于其间，则是私意小智，而非至善之谓矣。”“良知者……是乃天命之性，吾心之本体，自然良知明觉者也。凡意念之发，吾心之良知无有不自知者。其善欤，惟吾心之良知自知之，其不善欤，亦惟吾心之良知自知之。是皆无所与于他人者也。故虽小人为不善，既已无所不至，然其见君子，则必厌然掩其不善，而著其善者，是亦可以见其良知之有不容于自昧者也。今欲别善恶以诚其意，惟在致其良知之所知焉尔。”和朱子比较，其种种说法，用词几乎是完全一样的。

(四)“良知假气以为用”

王阳明说：“所谓汝心却是那能视听言动的，这个便是性，便是天理。有这个性，才能生这性之生理，便谓仁。这性之生理发在目便会视，发在耳便会听，发在口便会言，发在四肢便会动。都只是那天理发生。以其主宰一身，故谓之心。”(《传习录》上)“心不是一块血肉，凡知觉处便是心。如耳目之知视听，手足之知痛痒，此知觉便是心也。”(《传习录》下)“心之本体原自不动，心之本体即是性，性即是理，性元不动，理元不动。”“这心体即所谓道心，体明即是道明，更无二理，此是为学

---

① 金春峰：《朱熹哲学思想的重新认识》，载《“中国文化书院八秩导师文集”金春峰卷》，东方出版社 2015 年版，第 268—269 页。

头脑处。”（《传习录》上）既讲“心”，又讲“心之本体”。“心”即朱熹所讲“气之灵”之“心”。“孝亲之心”有“真切”与不真切之别。“不真切”指“气之灵”之心所发之“意”不真切。良知、天理与“气之灵”之“心”是什么关系？持“心”即“心体”“性体”“理体”“诚体”说者，认为“心体”“良知”“性体”等与“气之灵之心”无关，乃“既存有，又活动”——自己能见、能闻、能“经营造作”，“形而上”与“形而下”直贯为一。名此为“智的直觉”，认为这才是心学正宗。但如此一来，“意”之所发即是良知，无有“真切”不“真切”之分，也不必要有“致良知”之“致”的工夫，天理人欲的“搏斗”也压根儿不会有了。这与王阳明讲力行，讲“致良知”之“致”之精神完全反其道而行了。

王阳明在许多“语录”中，概念是随意变换的，不讲形式逻辑的同一律，也无所谓严格的逻辑推理；但虽如此，他还是知道“心体”“良知”不是“气之灵之心”，但又是不能离开“气之灵之心”而自己能见、能闻、能经营造作的，故反复说：

> 良知不由见闻而有，而见闻莫非良知之用。故良知不滞于见闻，而亦不离于见闻。（《传习录》中）
>
> 性善之端须在气上始见得。若无气，则无可见矣。恻隐、羞恶、辞让、是非即是气。（《传习录》中）
>
> 良知亦是这口说，这身行，岂能外得气，别有个去行去说？（《传习录》下）

就是说，良知是先验和超越，与经验、见闻、已发是“不即不离”的关系。“良知”何所从来？来自天命，与康德“实践理性”“绝对命令”一样，是先验的纯粹形式。犹如镜子，“不将不迎”，空无一物，而物来自应。它自己不能“见闻”，否则就沦为形而下之经验了。心体、良知究竟如何“不离于见闻”、假之以为用？阳明未讲，朱熹则讲得清楚明白，谓：

> 灵底是心，实底是性。灵便是那知觉底。如向父母则有那孝出

来，向君则有那忠出来，这便是性（意谓此道德底知觉有如绝对律则，是一种天赋之实践理性）。如知道事亲要孝，事君要忠，这便是心。（《朱子语类》卷十六）

且如心、性、情。虚明应物，知得这事合恁地，那事合恁地，这便是心；当这事感则这理应，当那事感则那理应，这便是性；出头露面来底便是情，其实只是一个物事。而今这里略略动，这三个便都在，仔细看来，亦好则剧。（《朱子语类》卷一一六）

就是说，"见父母"属"心知之灵"；见而知"应该孝"，是性——心体、良知的发用流行。依照它去做或不去做，又属于心知之灵的事。"应该做"的道德准则不来自经验、见闻，是先验的。就其为天赋而言，则称之为"性"或"心体""良知"。① 王阳明说："知是心的本体，心自然会知，见父自然知孝，见兄自然知弟，见孺子入井自然知恻隐，此便是良知，不假外求。若良知之发，更无私意障碍，即所谓充其恻隐之心而仁不可胜用矣。"（《传习录》上）这话，按"假见闻以为用"的说法，就是"见父""见兄""见孺子"是闻见，是"气之灵之心"的认知活动，见而有"应该孝""应该弟"，有"恻隐"之情出来，是良知的发用流行。孝与不孝、救与不救的抉择及具体地去温凊，去友爱等，又是心知的作用，不能离了气，故王阳明这些说法实是拾以上朱熹之"余唾"的。"智的直觉说"者认为人人和上帝一样，全善、全知、全能，"良知"不仅知善知恶，且行善罚恶，不须"假气""假见闻以为用"。这比阳明"致良知"更简单直截，但也离哲学更远了。

阳明也有类似说法，如："良知是造化的精灵。这些精灵，生天生地，成鬼成帝，皆从此出，真是与物无对。人若复得他完完全全，自不觉手舞足蹈，不知天地间有何乐可代。"（《传习录》下）但这是王的曾点式的"狂说"，不能作为哲学命题看待。与"智的直觉说"者真以"良知"为上帝不同。

---

① 参见金春峰《〈格物致知说〉》，《朱熹哲学思想》第四章，台北东大图书公司 1898 年版；金春峰：《朱熹哲学思想的重新认识》，载《"中国文化书院八秩导师文集"金春峰卷》，东方出版社 2015 年版。

（五）“四句教”与朱熹

王晚年有“四句教”。《年谱》谓：1527年（嘉靖六年），五十六岁，出征广西思恩、田州。出发前夜，与钱德洪、王畿立善恶四句教法，谓“天泉证道”。其内容为：“无善无恶心之体，有善有恶意之动，知善知恶是良知，为善去恶是格物。”

“心之体”有两种解释，一是“心本体”“本心”；一是心之本来作用。阳明笼统其辞。

“心本体”或“本心”源于“天命之性”，是“纯粹至善”而超乎善恶的。王门常作此解。但王又以“心之体”为“心之主宰作用”，如谓视听言动皆须心作主宰，其自然发用流行无善恶可言。

“意之动”为人心感于外物而动所引起的“欲念”。欲念有善有恶，故谓“有善有恶意之动”。“意”源于“气之灵之心”。

“良知”发于心之本体，知“意”之善恶而“格正”之。故“格”训“正”。“物”指“事”或“意念”。故工夫只在一“念”上。

这四句教，王畿（汝中）和钱德洪两人理解不一。王畿说：“若说心体是无善无恶，意亦是无善无恶的意，知亦是无善无恶的知，物亦是无善无恶的物矣。若说意有善恶，毕竟心体还有善恶在。”钱说：“心体是天命之性，原是无善无恶的，但人有习心，意念上见有善恶在，格致诚正修，此正是复那性体功夫。若原无善恶，功夫亦不消说矣。”是夕，侍坐天泉桥上，各举请正。王阳明说：“我今将行，正要你们来讲破此意。二君之见正好相资为用，不可各执一边。我这里接人原有此二种：利根人直从本原上悟入，人心本体原是明莹无滞的，原是个未发之中，利根之人一悟本体即是工夫，人己内外一齐俱透了。其次不免有习心在，本体受蔽，故且教在意念上实落为善去恶，功夫熟后，渣滓去得尽时，本体尽了。汝中之见是我这里接利根人的，德洪之见我这里为其次立法的。二君相取为用，则中人上下皆可引入于道；若各执一边，眼前必有失人，便于道体各有未尽。”（《传习录》下）

钱德洪之说实乃朱熹之老生常谈，如朱晚年训学生说：“‘戒慎不睹，恐惧不闻’，是要切工夫。佛氏说得甚相似，然而不同。佛氏要空此心，道家要守此气，皆是安排。子思之时，异端并起，所以作《中庸》发出此事；只是戒慎恐惧，便自然常存，不用安排。‘戒慎恐惧’虽是四个字，到用着时无他，只是紧鞭约令归此窠臼来。”“二三年前，见得此事尚鹘突，为他佛说得相似。近年来方见得分晓，只是‘戒慎所不睹，恐惧所不闻’，如颜子约礼事是如此。佛氏却无此段工夫。”朱子对辅广、陈文蔚、叶贺孙等人的教诫，都贯穿着上述精神。钱德洪实即发挥朱子以上说法。

王汝中发挥为“四无”之说，强调“不着念”——“念而无念”“不着意”——“意而无意”，“即工夫即本体”，由此，良知本体似有而无，终至流入邪门歪道而不自知。钱德洪批评说：“好为径超顿悟之说，无复有省身克己之功。谓‘一见本体，超圣可以歧足’，视师门诚意格物、为善去恶之旨，皆相鄙以为第二义。”至王艮，以“明哲保身”为“本心”，李贽以“人皆有私”为“本心”。朱熹批陆象山为禅，因其不立文字，直悟本心，确可以流而为禅学一类。王学在阳明死后迅速分化解体，也证明了这一点。

武宗正德七年，王阳明四十一岁，与徐爱同舟归越，论《大学》宗旨。徐谓：“既久，渐知反身实践，然后始信先生之学为孔门嫡传，舍是皆傍蹊小径，断港绝河矣。”（《年谱》）以王为“道统”正宗传人，“孔门嫡传”；殊不知王之基本论述皆“食朱熹之余唾”，不过更简易、更禅学化而已。王在外王事功上主要是平寇、平贼、平叛，朱则主要是儒学之文献整理，遍注群经，在文献上用力甚多，成就卓著，故落人以“道问学”、外心以求理之讥。但实际上朱之心学论述，概念、论说更完整明晰。

朱、王所处时代不同。朱的时代，整理文献，以毕生精力完成“四书集注”，是儒学发展最要紧的任务。王不必也不能再做这项工作了。朱遍注群经，思想不免芜杂，朱子后学复对朱子注以己意，更令儒学陷入末流，失朱学之真。王到处说“良知”，正是接着朱熹心性思想讲，是发展儒学所可能也最必需的工作，其意义是重大的。

讲来讲去，朱王皆紧抓不放的是“存天理，灭人欲”一语。但朱强调的是“人心惟危”，是天理与人欲的搏斗，常谓有如两军对阵，须灭得一份人欲，才能存得一份天理，故道德之践履、完成乃“戒慎不睹，恐惧不闻”，敬畏不已，有如康德所谓暗夜仰望繁星，庄严而神圣也。王则强调满街皆是圣人，讲力行反而轻松快活，不必力行了。王学本想如禅宗一样，教人不要在册子言语上讨生活，只念念致良知，但却仍然是在书本言语上讨生活。其《传习录》《大学问》和书信，师徒朋友研讨对话，仍是在文献义理上辩论讲求，成员亦多是官员、学者，与禅宗师徒之一力求道悟道不同。故虽一时扇得风潮骤起，唱和者不少，但迅即风消云散，趋于解体。之所以如此，原因很多，深层原因盖在于儒学终归是“学”而非“教”。成德、成圣既不在教堂、佛寺，道德多流为说教。有成就者亦成为学者、哲学家。

朱子的“存天理，灭人欲”，一直与政治抗争相联系，如朱子历次上封事，矛头直指皇帝及其周围群小！与陈亮论战时，谓“三代以天理行，汉唐而下以人欲行”，扫荡历代君主而无所畏惧顾忌，以致终被打成“伪学”。王的名言是“破山中贼易，破心中贼难”。政治抗争销声匿迹了。故明末东林党人与权奸斗争，前赴后继，“冷风热血”，弃王而崇朱，谓：“孔孟既没，吾道不绝如线，至宋而始一光，法脉得一周元公，结局得一朱晦翁。”（《小心斋札记》卷一）“《太极图说》，元公之《中庸》也；《通书》，元公之《论语》也。上下两千年间，一人而已矣。”（同上）“孔子表章六经，以推明羲、尧诸大圣之道，而万世莫能易也。朱子表章《太极图》等书，以推明周、程诸大儒之道，而万世莫能易也。此之谓命世。”（《小心斋札记》卷三）顾宪成之所以如此断言，绝非偶然。王学迅即流为空疏，亦绝非偶然。故一部理学或道学史，从周敦颐到王阳明，也就基本结束了。东林亡，明亡，学术思想即转开新页了。

（作者单位：人民出版社）

周敦颐与阳明心学

［韩］宣炳三

一 问题所在：阳明心学比朱子道学逊于继承发扬周敦颐的思想吗？

周敦颐（1017—1073），字茂叔，原名敦实，因避宋英宗旧讳而改名。谥号元公，学者称濂溪先生。湖南道州人。周敦颐历来被评为理学的开山祖，如元朝史官编写的《宋史·道学传》记载如下："孔子没，曾子独得其传，传之子思，以及孟子，孟子没而无传。两汉而下，儒者之论大道，察焉而弗精，语焉而弗详，异端邪说起而乘之，几至大坏，千有余载。至宋中叶，周敦颐出于舂陵，乃得圣贤不传之学，作《太极图说》《通书》，推明阴阳五行之理，命于天而性于人者，了若指掌。"[①] 认为周敦颐是孔孟道统的继承者，"得圣贤不传之学"，肯定他是"宋儒之学"的开山祖，从而确定了他在宋明学术史上的地位。[②]

黄宗羲第三子黄百家在《宋元学案·濂溪学案》中，说："孔孟而后，汉儒止有传经之学，性道微言之绝久矣。元公崛起，二程嗣之，又复横渠诸大儒辈出，圣学大昌。故安定、徂徕卓乎有儒者之矩范，然仅可谓有开之必先。若论阐发心性义理之精微，端数元公之破暗也。"[③] 认为宋儒心性义理之学，由周敦颐首发其端，而二程嗣之，又张横渠等大儒辈

① 脱脱：《宋史》卷四百二十七《列传·道学》，中华书局 1985 年版。

② 朱汉民：《论〈通书〉的两个学术问题》，《湖南大学学报》1998 年第 2 期。

③ 黄宗羲：《宋元学案》卷十一《濂溪学案》，中华书局 2012 年版。

出，“圣学大昌”。尤其是在周敦颐之前，胡瑗、孙复、石介等宋初三先生只是在教育和为人风范上开理学风气之先，而自周敦颐始，才为理学理论体系的形成奠定了基础。①

从上可知，周敦颐确是理学的开山祖。那么，要尝试回答一个问题：理学又称为新儒学，新儒学就是宋明理学，故也可以说周敦颐是宋明儒学的开山祖。宋代理学的集大成者是朱子，明代理学（心学）的完成者是王阳明。宋代理学后称为程朱学派，也称为道学；明代理学后称为陆王学派，也称为心学。道学与心学有门户之争，形成似凿枘不入之势。然则就宋明理学开山祖周敦颐而言，程朱学派继承周敦颐的思想资源，陆王学派也继承周敦颐的思想资源，然则两派继承的思想资源同抑或不同？

有人解释如下：“心学成为宋明理学的一个独立学派，始自陆象山，而王阳明心学及其后学则成为明代后期学术思想的主流。心学虽在诸多问题上与道学（理学）相互对立，几不容调和，但对于周敦颐的推崇和阐发却并不亚于道学，尽管在具体论说上又不同于道学者。”② 认为心学虽在诸多问题上与道学（朱子学）相互对立，而推崇周敦颐，阐发周敦颐的思想，并不亚于道学。这种说法确实是学术界公认的观点，似不容疑问。

那么，笔者想提出一个问题：在朱子学和阳明学中，哪个学派更为继承发扬周敦颐的原本思想呢？朱子学派？还是阳明学派？从上面所引“心学……对于周敦颐的推崇和阐发却并不亚于道学”来看，这“却并不亚于道学”的说法意味着朱子学比阳明学更为继承发扬周敦颐的原本思想。这种常见可以直观性的事实为支持，即周敦颐是北宋五子之一，而朱子收集北宋五子的思想资源而大成之，建立了所谓新儒学体系。因此在继承发扬周敦颐的原本思想上，作为反对朱子学的阳明心学不得不逊于道学，这种想法是很自然的。且此常见在现在的研究者中常常看到，如“就是陆王学派也从不讳言周敦颐对理学所作的重要贡献”③。“周敦颐是宋代理学的开山鼻祖，学者称道程朱一派，有濂、洛、关、闽之说。胡直

① 刘宗贤：《周敦颐的理学思想及其在宋明理学中的地位》，《齐鲁学刊》1996 年第 5 期。

② 杨柱才：《道学宗主》，人民出版社 2004 年版，第 342 页。

③ 刘宗贤：《周敦颐的理学思想及其在宋明理学中的地位》，《齐鲁学刊》1996 年第 5 期。

虽宗阳明，但对周敦颐颇能肯定。”①

然则这种常见是不是符合历史事实？若说阳明心学比朱子道学更为继承发扬周敦颐的原本思想，这种说法成不成立？本文围绕这个问题进行研究，并且通过如此尝试，期待更深入地理解周敦颐思想的本来面目。

二 阳明心学建立了以周程为轴的宋代道统

朱子多处表示了他对儒学道统的看法，在《中庸序》中说：“夫尧、舜、禹，天下之大圣也……自是以来，圣圣相承：若成汤、文、武之为君，皋陶、伊、傅、周、召之为臣……若吾夫子，则虽不得其位，而所以继往圣、开来学，其功反有贤于尧舜者。然当是时，见而知之者，惟颜氏、曾氏之传得其宗。及曾氏之再传，而复得夫子之孙子思，则去圣远而异端起矣……自是而又再传以得孟氏，为能推明是书，以承先圣之统，及其没而遂失其传焉……程夫子兄弟者出，得有所考，以续夫千载不传之绪；得有所据，以斥夫二家似是之非。盖子思之功于是为大，而微程夫子，则亦莫能因其语而得其心也。”② 认为从尧、舜、禹、孔子、颜渊和曾子、子思、孟子，到宋代二程有一明显的道统谱系。

又在《大学序》中说：“及周之衰，贤圣之君不作，学校之政不修，教化陵夷，风俗颓败，时则有若孔子之圣，而不得君师之位以行其政教，于是独取先王之法，诵而传之以诏后世……三千之徒，盖莫不闻其说，而曾氏之传独得其宗，于是作为传义，以发其意。及孟子没而其传泯焉……宋德隆盛，治教休明。于是河南程氏两夫子出，而有以接乎孟氏之传。……虽以熹之不敏，亦幸私淑而与有闻焉。”③ 认为孔子、曾子、子思、孟子，到宋代二程继承道统，最后是朱熹本人。

朱子为了建立宋代道统，从乾道八年（1172）起，即开始编撰《伊洛渊源录》，次年草成。在这本书中，朱子首次将周敦颐、程明道、程伊川、张横渠四人作为宋代道学很重要的人物进行表述，也暗示着这四子是

---

① 唐司妮：《阳明后学胡直与濂溪故里》，《湖南科技学院学报》2016 年第 7 期。

② 朱熹：《四书章句集注·中庸序》，中华书局 2012 年版。

③ 朱熹：《四书章句集注·大学序》，中华书局 2012 年版。

有宋道统正脉之所在，而二程又是这个谱系的核心。[①] 总之，朱子推崇周敦颐为道统首位奠定者，但认为北宋五子中最核心的学者，乃是二程，即程明道和程伊川，其中更为核心者是程伊川，因此后世称“程（程伊川）朱学派”是理所当然的。

王阳明曾进行过推崇陆象山的活动，抚守李茂元刊行《象山文集》，他为此写序，说：“圣人之学，心学也。尧、舜、禹之相授受曰：‘人心惟危，道心惟微，惟精惟一，允执厥中。’此心学之源也……孔孟之学，惟务求仁，盖精一之传也。至宋周、程二子，始复追寻孔、颜之宗，而有‘无极而太极’，‘定之以仁义中正而主静’之说；动亦定，静亦定，无内外，无将迎之论，庶几精一之旨矣。自是而后，有象山陆氏，虽其纯粹和平若不逮于二子，而简易直截，真有以接孟子之传。”[②] 认为尧、舜、禹、孔子、孟子，到宋代周子（周敦颐）、程明道、陆象山继承道统。在此，值得注意的是，阳明把陆象山放在道统中，并且将周（周敦颐）程（程明道）二贤共列为宋代道统的核心。再者，在宋代圣学（心学）的道统中，王阳明认为除了陆象山以外，只是周敦颐和程明道二贤，才能符合道统。

程伊川是朱子道统中内在的核心，却在王阳明的道统里没有位置。王阳明将程明道连接于周敦颐而套说周程，来建立宋代圣学道统的先河。王阳明推崇周敦颐为圣学法统，其书中频频可以看到，“又问：陆子之学何如？先生曰：敦颐、明道之后，还是象山，只是粗些”[③]。“洙、泗之传，至孟氏而息；千五百余年，敦颐、明道始复追寻其绪；自从辨析日详，然亦日就支离决裂，旋复湮晦。吾尝深求其故，大抵皆世儒之多言有以乱之。”[④]

后来王阳明的晚年高足王龙溪继承了王阳明的道统观，并建立了心学道统，在《艮止精一之旨》中说：“孔子曰：吾有知乎哉？无知也。无知

---

① 姜鹏：《〈伊洛渊源录〉与早期道统建构的挫折》，《学术月刊》2008 年第 1 期。

② 王阳明：《象山文集序》，《王阳明全集》卷七，上海古籍出版社 2011 年版。

③ 王阳明：《传习录》下，205 条（注意：条目数字准用陈荣捷的《传习录详注集评》），台湾学生书局 1998 年版。

④ 王阳明：《朱子晚年定论》（附录），《王阳明全集》卷三《序文》，上海古籍出版社 2011 年版。

也者，空空也。无圣无凡，孔子之空空，与鄙夫之空空一也……孔子称颜子曰：回也，庶乎！屡空……敦颐主静无欲，归于无极。明道定性无事，本乎两忘……阳明先师，生千百年之后，首倡良知之说，以觉天下，上溯濂洛，以达于邹鲁千圣之绝学也。”① 龙溪认为心学的道统是，自孔子、颜子（颜渊）到宋代周程，最后王阳明完成了心学道统。

综上所述可以见出，朱熹大力推崇周敦颐为宋代道学的宗主，认为其是奠定理学的先驱者，可是从继承思想方面来看，朱熹却倾向于程伊川的理学。相反，就王阳明而言，他直接将周敦颐安在圣学道统的核心地位，阐发周敦颐思想，挖掘周敦颐思想在圣学（心学）上的意义。然则若对在朱子和王阳明中，谁更为推崇周敦颐思想作一回答，则可以说王阳明更为推崇周敦颐。这不荒唐且有充分理据。②

三　阳明心学奠定以诚为主的思想

周敦颐的核心思想资料就是《太极图说》和《通书》，其《太极图说》提出了一个无极太极、阴阳五行、万物化生的儒家宇宙论哲学，奠定了儒家伦理的根源；《通书》建立了一个以“诚”为核心的心性论。这种理解是学术界公认的。有人如此评价《通书》：“心性论是宋明理学的核心：其一，心性论能够解答人的心性与宇宙本源的关系，它成为天道过渡到人道的中介；其二，它回答了人的本质、人的道德基础等重要问题；其三，它也是道德修养、道德教育、礼法制度的基础。《通书》所以在宋明理学史上居于重要地位，就在于它完整地讨论了心性论的问题，并在上述几个方面均有系统的阐述，为宋明理学心性论的建立和发展奠定了基础。”③ 此中认为周敦颐的“心性论能够解答人的心性与宇宙本源的关系，它成为天道过渡到人道的中介”，而天道和人道的中介在

---

① 王畿：《艮止精一之旨》，《王畿集》卷八，凤凰出版社 2007 年版。

② 冯友兰说：“朱熹继承、发展了程颐的哲学思想，而程颢的哲学思想，则为‘陆王’所继承，发展。”这就是说，程颐是“理学”的源头，而程颢则是“心学”的源头。然则阳明心学合称周程，而放在心学道统，应有道理。参见冯友兰《中国哲学史新篇》第五册，人民出版社 2001 年版，第 91 页。

③ 朱汉民：《论〈通书〉的两个学术问题》，《湖南大学学报》1998 年第 2 期。

《通书》里就是“诚”。

《通书》一共有四十则，第一则到第四则，即《诚上第一》《诚下第二》《诚几德第三》《圣第四》，皆示诚的纲要意义：

> 诚者，圣人之本。大哉乾元，万物资始，诚之源也。乾道变化，各正性命，诚斯立焉，纯粹至善者也。故曰：一阴一阳之谓道，继之者善也，成之者性也。元亨，诚之通；利贞，诚之复。大哉《易》也，性命之源乎！(《诚上第一》)
>
> 圣，诚而已矣。诚，五常之本，百行之源也。静无而动有，至正而明达也。五常百行，非诚，非也，邪暗塞也，故诚则无事矣。至易而行难，果而确，无难焉。故曰：一日克己复礼，天下归仁焉。(《诚下第二》)
>
> 诚无为，几善恶，德爱曰仁，宜曰义，理曰礼，通曰智，守曰信；性焉安焉之谓圣，复焉执焉之谓贤，发微不可见、充周不可穷之谓神。(《诚几德第三》)
>
> 寂然不动者，诚也；感而遂通者，神也；动而未形、有无之间者，几也。诚精故明，神应故妙，几微故幽。诚、神、几，曰圣人。(《圣第四》)[①]

周敦颐之所以历来被称为道学开山祖，因为他奠定理学的基础，如《太极图》提供了理学宇宙本体论的理论根据，《通书》详细论述了理学心性论的内容。就《通书》理学心性论而言，周敦颐先唱“圣可学”，“圣可学乎？曰：可。”[②] 后来为程伊川继承发扬，他说：“圣人之门，其徒三千，独称颜子为好学。夫《诗》、《书》、六艺，三千子非不习而通也，然则颜子所独好者，何学也？学以至圣人之道也。圣人可学而至与？曰：然。”[③] 圣学就标志新儒学的精神，而周敦颐对此有先驱者的功劳。

就圣学来说，周敦颐以圣人之本为诚，直说圣就是诚而已。这意味着

---

① 周敦颐：《周敦颐集》，中华书局2009年版，第13—18页。

② 周敦颐：《通书·圣学第二十》，《周敦颐集》，中华书局2009年版。

③ 程颢、程颐：《颜子所好何学论》，《二程集》（上）《河南程氏文集》卷第八，中华书局2004年版，第577页。

为学的终极目标是成圣，而成圣就是体诚。然则可知体诚工夫在周敦颐圣学中处于核心地位。具体而言，诚是天道的本质，即“大哉乾元，万物资始”；又是天道贯通人道之本性，即“乾道变化，各正性命”。周敦颐用诚的概念将天道和人道统合为一了。这是他继承《中庸》“诚者，天之道也；诚之者，人之道也”，以及《孟子》“诚者，天之道也；思诚者，人之道也”的儒学天人合一的传统。周敦颐对《中庸》“诚”思想的阐发，在理学史上有不能忽略的重要意义。

这四则，即《诚上第一》《诚下第二》《诚几德第三》《圣第四》，均是关于诚的记述，但侧重不同。《诚上第一》说明作为天道人道原委始终之诚，即从“大哉乾元，万物资始”到“乾道变化，各正性命”；《诚下第二》说明人道之诚，即“诚，五常之本，百行之源也”；《诚几德第三》和《圣第四》都讲人道之诚，可是从“第三”而言，侧重人道整体，而“第四”则侧重圣人境界，两者小有区别。

后来程明道将诚敬作为理学工夫论的核心，在《识仁篇》里，他说：“学者须先识仁。仁者，浑然与物同体，义、礼、智、信皆仁也。识得此理，以诚敬存之而已，不须防检，不须穷索。若心懈，则有防；心苟不懈，何防之有！理有未得，故须穷索；存久自明，安待穷索！”① 认为保存仁体之法就是诚和敬的工夫。诚和敬是理学工夫论中，不能偏存偏废而互用互助的核心工夫。

可是理学家对诚敬工夫，皆说互用而自轻重不同，如从朱子和王阳明而言，朱子极为重视敬之工夫，而王阳明则很强调诚之工夫，故用敬和诚的概念粗略地规定朱、王之学，则朱子接近于敬的精神，阳明接近于诚的精神。一般来说，敬是“主一无适”而“庄重严肃”的，诚是“真实无妄”而“至诚不息”的。对朱子的敬的精神，先行研究很多，不须赘言，因此本文着重于王阳明的诚的精神，分析王阳明诚的思想，要说明王阳明继承的周敦颐诚思想的因素。

其实研究王阳明和周敦颐诚思想的相关性问题，先需要规定阳明心学的性格，才能进行探讨，因为研究者对阳明学的理解方向会影响对王阳明

---

① 程颢、程颐：《识仁篇》，《二程集》（上）《河南程氏遗书卷》第二上，中华书局 2004 年版，第 16—17 页。

和周敦颐诚思想的相关性的理解。笔者认为，历来研究者关于阳明心学的理解有两种倾向：第一是“着重于作为道德实践家之王阳明的立场”，即阳明处于道德伦常颓落、功利主义横行的时代，批判辞章、训诂之学，以及朱子学的功利化，指出老、佛自私自利之病，期望建立名实相符的为圣之学。第二是“着重于作为晚年化境之王阳明的立场”，即阳明处于个人主体思想发芽、市民阶层慢慢成长的时代，肯定个人情感、平民思想，承认老、佛作为内圣之学之功，到晚年，正如黄梨洲所谓“居越以后，所操益熟，所得益化，时时知是知非，时时无是无非，开口即得本心，更无假借凑泊，如赤日当空而万象毕照”①，阳明超出了纯粹道德理性主义之限，提出了四句教，实现了有无合一的境界。

这两种倾向均反映着阳明的精神趋向，如过度强调一面，则难免偏颇，障碍对阳明思想的准确理解，并且这两种对阳明精神方向的理解方案各有其理，而似乎难免凿枘之势。因此圆满解决这两种理解阳明精神的倾向，是为了准确理解王阳明心学思想不可缺少的一项工作。下面用王阳明诚的思想尝试解决这个问题，同时也要说明王阳明和周敦颐诚思想的相关性。

第一，“作为道德实践家之王阳明”。《传习录》记载了阳明与徐爱之问答，徐爱已听命至善求于心而仍有事理未尽之惑，阳明因此发明诚心之旨而解除徐爱之惑。阳明说：“此心若无人欲，纯是天理，是个诚于孝亲的心，冬时自然思量父母的寒，便自要去求个温的道理；夏时自然思量父母的热，便自要去求个凊的道理。这都是那诚孝的心发出来的条件。却是须有这诚孝的心，然后有这条件发出来。”② 温凊之条件（事理）缘于诚孝的心，有诚心而后有发出来的条件，如有诚孝的心而后有温凊之条件。这段话用意在于事理之辨，却从此可寻绎到以诚心为道德行为之基的意思，这是与真诚恻怛之良知一脉相通的。

阳明有时对是非和好恶的关系进行如下说明，他说：“良知只是个是非之心，是非只是个好恶，只好恶就尽了是非，只是非就尽了万事万

---

① 黄宗羲：《文成王阳明先生守仁》，《明儒学案》卷十《姚江学案》，中华书局 2008 年版，第 180 页。

② 王阳明：《传习录》卷上，3 条，中华书局 2016 年版。

变……是非两字，是个大规矩，巧处则存乎其人。”① 其中指示良知的是非判断缘于好善恶恶的真心之发用，与上面与徐爱问答中的诚心意思相同。同时，这“是非两字，是个大规矩，巧处则存乎其人”的话着眼于良知是非判断的相对性，而提出诚心之巧。如“然其发见流行处却自有轻重厚薄，毫发不容增减者，所谓天然自有之中也。虽则轻重厚薄毫发不容增减，而厚又只是一个；虽则只是一个，而其间轻重厚薄又毫发不容增减，若可得增减，若须假借，即已非其真诚恻怛之本体矣。此良知之妙用，所以无方体，无穷尽”②。良知是非之用应该有轻重厚薄之别，而轻重厚薄一毫不容人为安排，则良知之妙用决于真诚恻怛，就是决于诚心。

程明道在《识仁篇》中主“诚敬以存之”，主张诚和敬不可偏废，而阳明标榜周程为心学道统，却有轻敬重诚的倾向，这与阳明反对朱熹敬的思想有关。阳明回答蔡希渊对诚意和格物致知工夫顺序的提问时，表明了他对朱子所主“敬”的看法：“《大学》工夫即是明明德；明明德只是个诚意；诚意的工夫只是格物致知。若以诚意为主，去用格物致知的工夫，即工夫始有下落，即为善去恶无非是诚意的事。如新本，先去穷格事物之理，即茫茫荡荡，都无着落处；须用添个敬字方才牵扯得向身心上来。然终是没根源……正谓以诚意为主，即不须添敬字，所以提出个诚意来说，正是学问的大头脑处。”③ 在此阳明针对朱子的“居敬穷理”的工夫论，提出“添个敬字方才牵扯得向身心上来”的说法。阳明认为，朱子即物穷理的格物论侧重于追求外部知识的穷理方面，于是提出居敬而补充身心修养工夫。且就居敬工夫而言，敬只是主一而不是性命主宰，终是没根源，不如诚意工夫根于知善知恶的活泼心体而身心工夫有根有本。由此可以看到较之朱子的主敬，阳明确实有主诚的倾向。当然阳明主诚的思想，不仅是诚意的诚，又通于真诚恻怛的良知，他说：“盖良知只是一个天理，自然明觉发见处，只是一个真诚恻怛，便是他本体。”④ 这良知的“真诚恻怛”就是他提倡的“主诚”之意。

那么，现在要把阳明如上主诚的思想与周敦颐的诚思想作一比较。周

---

① 王阳明：《传习录》卷上，288 条，中华书局 2016 年版。

② 王阳明：《传习录》卷中《答聂文蔚》，189 条，中华书局 2016 年版。

③ 王阳明：《传习录》卷上，129 条，中华书局 2016 年版。

④ 王阳明：《传习录》卷中《答聂文蔚》，189 条，中华书局 2016 年版。

敦颐理学是成圣之学，诚是为圣的根本，圣人是体诚者。他说："诚者，圣人之本。"（《诚上第一》）又说："圣，诚而已矣。诚，五常之本，百行之源也……五常百行，非诚，非也，邪暗塞也，故诚则无事矣。"（《诚下第二》）又说："性焉安焉之谓圣，复焉执焉之谓贤。"（《诚几德第三》）这些话认为，圣人是体诚而性焉安焉之人，且体诚过程就是在五常百行中应用诚心诚意，非诚则不是。

这一点与阳明反对朱子即物穷理，而侧重诚意，论证心即理说的逻辑相一致，即如上所说，阳明向徐爱说明至善求于心的道理，他说："此心若无人欲，纯是天理，是个诚于孝亲的心，冬时自然思量父母的寒，便自要去求个温的道理……这都是那诚孝的心发出来的条件。却是须有这诚孝的心，然后有这条件发出来。"认为温凊之条件（事理）缘于诚孝的心，有诚心而后才有发出来的条件。这就是周敦颐所说"诚，五常之本，百行之源也。五常百行，非诚，非也"，也是良知的真诚恻怛。

第二，"作为晚年化境之王阳明"。孔子说其七十岁从心所欲不逾矩，这"所欲"的"不逾矩"意味着个人欲望跟社会公道没有矛盾，达到自在自乐的境界。这确实是通过修证而达到的圆境。可是阳明提倡心即理，主张易简之学，故蒙躐等之嫌。对此问题，在阳明"乐"的分析中，可窥见一斑。

《传习录》（中）《答陆原静书》里探讨了"乐"的问题。原静之论整体上失于在"知解上转"，但确实"善问"。阳明如此回答："乐是心之本体，虽不同于七情之乐，而亦不外于七情之乐。虽则圣贤别有真乐，而亦常人之所同有。但常人有之而不自知，反自求许多忧苦，自加迷弃。虽在忧苦迷弃之中，而此乐又未尝不存。但一念开明，反身而诚，则即此而在矣。"① 陆原静提出的问题中值得注意的是，戒慎恐惧和乐之辨，在他来说，两者似成凿枘之势。

对此，阳明虽未直接说明陆原静提出的问题，但从他的基本思想来说，良知本身是"兢兢业业"的戒慎恐惧，同时良知本身是"稳当快乐"的不睹不闻。故两者不是凿枘之势而是一体两面。并且，阳明说，乐是心之本体，无有圣凡之别，故反身而诚就是乐在其中。因此，孔颜之乐在于

---

① 王阳明：《传习录》卷中《答陆原静书》，166 条，中华书局 2016 年版。

“反身而诚”，即孟子所谓“义理之悦我心”。这种乐境既是畏敬之乐，又是洒落之乐。故这“反身而诚”的乐不违背道德性命的严密性，也不违背晚年化境的活跃性。

阳明在与舒国用书里探讨了敬畏和洒落之辨。他说：“夫君子之所谓敬畏者，非有所恐惧忧患之谓也，乃戒慎不睹，恐惧不闻之谓耳。君子之所谓洒落者，非旷荡放逸，纵情肆意之谓也，乃其心体不累于欲，无入而不自得之谓耳。夫心之本体，即天理也。天理之昭明灵觉，所谓良知也。君子之戒慎恐惧，惟恐其昭明灵觉者或有所昏昧放逸，流于非僻邪妄而失其本体之正耳。戒慎恐惧之功无时或间，则天理常存，而其昭明灵觉之本体，无所亏蔽，无所牵扰，无所恐惧忧患，无所好乐忿懥，无所意必固我，无所歉馁愧作。和融莹彻，充塞流行，动容周旋而中礼，从心所欲而不逾，斯乃所谓真洒落矣。”[①] 从阳明的思想来说，诚心之内皆有敬畏和洒落之境界。从此可见晚年化境的根本也是诚。

那么，现在要把阳明如上之主诚思想与周敦颐的诚思想作一比较。周敦颐所主乐是沿袭孔颜之乐，包含洒落、敬畏在内的，有人对周敦颐的乐如此评价，他说：“周敦颐所讲的乐沿袭了孔颜之乐。孔子的‘吾与点也’是天人之间的和合之乐，疏水箪瓢是天人合德的道义之乐。周敦颐直承之，一方面他非常受用与自然山水的一体之乐，蒲宗孟说其‘乐佳山水，遇适意处，终日徜徉其间’，周敦颐自言‘闻有山岩即去寻，亦跻云外入松阴。虽然未是洞中境，且异人间名利心’。另一方面他也醉心于道义之乐。因为诚是他的价值本体，故此周敦颐的道义之乐又表现为诚中之乐，与诚的一体之乐。他说：‘颜子一箪食，一瓢饮，在陋巷，人不堪其忧，而不改其乐。夫富贵，人所爱也，颜子不爱不求，而乐乎贫者，独何心哉？天地间有至贵至爱可求，而异乎彼者，见其大、而忘其小焉尔。见其大则心泰，心泰则无不足。无不足则富贵贫贱处之一也。处之一则能化而齐。故颜子亚圣。’‘天地间，至尊者道，至贵者德而已矣。’‘君子以道充为贵，身安为富，故常泰无不足。而铢视轩冕，尘视金玉，其重无加焉尔！’周敦颐奉儒家的人伦道德为至尊至贵，视世间的富贵如铢如

① 王阳明：《王阳明全集》卷五《答舒国用》，上海古籍出版社1992年版，第190页。

尘，认为人一旦拥有诚的境界，就会体悟到心泰身安的至乐。”①

总之，阳明的“主诚”包含道德性命的严密性，同时也包含道德性命的自在性。故“主诚”可以疏通“作为道德实践家之王阳明”和“作为晚年化境之王阳明”的特征，故学者需要避免过于强调“着重于作为道德实践家之王阳明的立场”或“着重于作为晚年化境之王阳明的立场”的一面而片面理解阳明心学。

就“着重于作为道德实践家之王阳明的立场”而言，如刘蕺山的诚意说就是突出阳明“主诚”的立场，但蕺山偏于道德实践家的特征，未免严肃主义过重的色彩。同时，刘蕺山指出了良知学的弊端，“今天下争言良知矣，及其弊也，猖狂者参之以情识，而一是皆良，超洁者荡之以玄虚，而夷良于贼，亦用知者之过也”②。故以诚意为主的主意说代替良知。这确实有功于保存阳明良知学的本意，可良知就是蕺山所说的主意，故未免赘言以误入阳明良知学之嫌。

就“着重于作为晚年化境之王阳明的立场”而言，阳明追求道德性命的严密性而较之宋儒的严肃主义却有不同，这从良知活泼的分析中可以见出。阳明的良知活泼包含两点：一曰良知本体的自然流行，即所谓“见在良知”；一曰心体的活跃无羁，即所谓“狂者胸次”。这“狂者胸次”代表他的晚年化境，就是听从良知主宰而独往独来的自由精神。

根据以上对阳明心学的理解，比较于周敦颐的诚思想，可以理解阳明把周敦颐放在心学道统核心的理由，也可以知道王阳明和周敦颐诚思想的相关性。

四　结语：以心极统合周敦颐的无极而太极

以上确认了阳明本人视周敦颐思想为心学道统的核心，把他尊为孔子圣学在宋朝复兴的开山祖，且继承发扬周敦颐主诚的思想，建立他的良知学。从此可以知道王阳明对周敦颐思想的评价和推崇的程度。阳明后学继承先师的立场而发扬光大之，其中代表者是阳明晚年的高足王龙溪。他说：

---

① 何静：《远绍周敦颐的阳明心学》，《浙江社会科学》2011 年第 8 期。

② 黄宗羲：《蕺山学案》，《明儒学案》卷六十二，中华书局 2008 年版，第 1575 页。

心极之义，其仿诸古乎？孔子“《易》有太极，是生两仪”，以至定吉凶而生大业，所以通神明之德，类万物之情，而冒天下之道，无非《易》也。《易》者无他，吾心寂感、有无相生之机之象也。天之道为阴阳；地之道为刚柔；人之道为仁义：三极于是乎立。象也者，像此者也。阴阳相摩，刚柔相荡，仁义相禅，藏乎无扃之键，行乎无辙之途，立乎无所倚之地，而神明出焉，万物备焉。故曰：“无思也，无为也，寂然不动，感而遂通天下之故。”此孔子之精蕴也。当时及门之徒，惟颜氏独得其宗。观夫喟然之叹，有曰：“如有所立，卓尔。”有无之间不可以致诘，虽欲从之，未由也已。故曰：“发圣人之蕴，颜子也。”颜子没而圣学遂亡。后千余载，敦颐濂溪始复追寻其绪，发为“无极而太极”之说，盖几之矣。而后儒纷纷之议，尚未能一无惑乎！千载之寥寥也。盖汉之儒者泥于有象，一切仁义、忠孝、礼乐、教化、经纶之迹，皆认以为定理，必先讲求穷索，执为典要，而后以为应物之则，是为有得于太极似矣，而不知太极为无中之有，不可以有名也。隋、唐以来，老、佛之徒起而攘臂其间，以经纶为糟粕，乃复矫以窈冥玄虚之见，甚至掊击仁义，荡灭礼教，一切归之于无，是为有得于无极似矣，而不知无极为有中之无，非可以无名也。周子洞见二者之弊，转相谬溺，不得已而救之，建立《图说》，以显圣学之宗，定之以中正仁义而主静。中正仁义云者，太极之谓；而主静云者，无极之谓；人极于是乎立焉。议者乃以无极之言谓出于老氏，分中正仁义为动静，而不悟主静无欲之旨，亦独何哉？夫自伏羲一画以启心极之原，神无方而易无体，即无极也。孔子固已言之矣，而周子之得圣学之传无疑也。夫圣学以一为要。一者，无欲也。人之欲大约有二：高者蔽于意见；卑者蔽于嗜欲：皆心之累也。无欲则一；无欲则明通公溥而圣可学矣。君子寡欲，故修之而吉；小人多欲，故悖之而凶。吉凶之几，极之立与不立于此焉分，知此则知函峰阮子所谓心极之说矣。①

① 王阳明：《年谱附录一》，《王阳明全集》卷三十六，上海古籍出版社 1992 年版，第 1335—1336 页。

王龙溪把周敦颐的《太极图说》和《通书》的核心内容融合为心极，说明有无相通相生的良知学，尝试建立三教合一的阳明心学：颜子死亡以后，孔子所传圣学遂亡。汉儒偏于有，仁义、忠孝、礼乐、教化、经纶等，皆认以为定理，讲求穷索，执为典要，这似乎有得于太极而不知无极之无；老佛偏于无，以经纶为糟粕，掊击仁义，荡灭礼教，一切归之于无，这似乎有得于无极而不知太极之有。千余年以后，到宋朝的周敦颐则洞见二者之弊，建立《图说》，发为“无极而太极”之说，始复追寻其绪，以显圣学之宗。①

总之，从王阳明和王龙溪对周敦颐思想的继承发展来看，阳明心学比朱子道学在继承发扬周敦颐思想方面不一定逊色。且从此可知除了道学（朱子学）的观点以外，还有从阳明心学的角度研究周敦颐思想的余地。

（作者单位：韩国 成均馆大学）

① 要更多理解王龙溪根据有无相通相生的良知学，建立三教合一的阳明心学，请参看彭国祥《良知学的展开：王龙溪与中晚明的阳明学》，生活·读书·新知三联书店 2005 年版。

湖湘学人对周敦颐的历史记忆与文化诠释

朱汉民

湘学的建构往往要借助于历史记忆与文化诠释。湘学的建构过程，与湖南的士大夫对周敦颐的历史记忆、文化诠释是密切关联的。宋元明清以来湖湘学人在追述湖湘文化的历史与传统时，均认同周敦颐作为湖湘学术与文化的奠基者地位。其实，这种对周敦颐的历史记忆、文化诠释的过程，也正是湘学的建构过程。所以，通过湖南人对周敦颐的历史记忆、文化诠释的探讨，可以进一步深入了解湘学的建构过程、内涵及其特点。

一　湖湘学人对周敦颐的历史记忆

周敦颐于北宋天禧元年（1017）生于道州营道（今湖南道县）。因故乡有溪名“濂溪”，晚年于庐山建书堂名“濂溪”，学者称其为濂溪先生。与传统的士大夫一样，周敦颐一边做官，曾担任过并不太重要的县令、通判、知州、提点刑狱等，一边做学问，曾著有《通书》《太极图说》。与他后来崇高的学术地位相比，其在世时学术思想的影响并不大。但是，从中国学术史、文化史的角度来看，他有两点贡献是十分重要的。其一，他的学术思想涉及宋学的一个根本性的问题意识，即如何在名教中安身立命？他的《太极图说》《通书》对这个问题做出了极有开拓意义的回答；其二，周敦颐传学于“慨然有求道之志”的程颢、程颐两兄弟，而二程后来又成为宋代理学的奠基人。周敦颐为中国学术史、文化史所做出的上述两点重要贡献，给后人的历史记忆、文化诠释留下了巨大的空间，有待于后人的不断理解、认知与开拓。周敦颐后来成为理学的开山之祖，与这两个重大学术文化贡献有关。

但是，对两点贡献的理解和认识，则是后来的事情，特别是与南宋湖湘学人对周敦颐的推崇有密切关联。周敦颐作为一个湖南人，以及其后来在湖南做官、讲学所产生的影响，使得湖湘学人对周敦颐的历史记忆、文化诠释具有鲜明的地域文化色彩。据周敦颐的《年谱》及周氏的《家谱》记载，濂溪先生的十世祖早就迁入湖南定居，到了周敦颐这一代他已经是一个地道的湖南人了。周敦颐晚年定居庐山，仍以故乡的“濂溪”命名书堂，可见其对故乡的感情之深。同时，他最初做州、县地方官时，在湖南任职的经历较多，包括担任郴县县令、桂阳县令、永州通判、邵州知州等。他在湖南做官时不仅留下了很好的政声、名望，尤其是他作为一个宋朝“循吏”对儒学传播做出了不懈的努力。如他在任郴县县令时“首修学校以教人”，作《修学记》；任邵州知州时迁建州学作《邵州迁学释慕文》等。所以说，周敦颐作为一个出生于湖南，又在湖南留下诸多影响的重要文化人，为后来湖湘人的历史记忆、文化诠释创造了条件。

周敦颐逝世时，并没有在当时引起特别的关注，甚至当时政界、学界的重要人物中，没有人论及此事。现在我们所知道的，仅仅是周敦颐的生前好友潘兴嗣撰写了《周敦颐墓志铭》，其妹夫蒲宗孟撰有《周敦颐墓碣铭》。他的著作最初也仅由其家族收藏，据潘兴嗣记载，周子“作《太极图》《易说》《易通》数十篇，《诗》十卷，今藏于家”①。在这种状况下，他很可能会被历史遗忘，更不可能拥有他后来的崇高声望、显赫地位。

周敦颐逝世不久的一段时期内，他似乎处于一种被遗忘的状态中。但是，几十年之后，情况发生了变化。从南宋初年开始，对周敦颐的历史记忆开始被唤醒。这时，已经有学者在搜集、整理他留下的学术著作，开始继续讨论他著作中探讨的问题，开始修建纪念他的祠堂，开始创办名为“濂溪”“爱莲”等与周敦颐有关的书院。而推动人们强化对周敦颐历史记忆的文人学者，恰恰是湖湘学人。正由于是湖湘学者强化了周敦颐的历史地位，因而，有关周敦颐的历史记忆，就具有了湖湘文化建构的特别意义。

南宋初年，著名理学家胡安国及其儿子胡寅、胡宏、胡宁等一行因避

① （宋）潘兴嗣：《周敦颐墓志铭》，《周敦颐集》附录一，中华书局2009年版，第91页。

靖康之乱而隐居湖南，在此创办文定书堂、碧泉书院，潜心治学育人，创立了湖湘学派。其中胡宏“优游南山之下余二十年，玩心神明，不舍昼夜”①，著有《知言》《皇王大纪》《五峰集》等，成为湖湘学派理学体系的奠基人。“东南三贤”之一的理学家张栻，就于碧泉书院从学胡宏。后来，张栻主持了著名的岳麓书院，并进一步推动了湖湘学派的繁荣发展。可见，胡安国、胡宏、张栻等人是湖湘学派的“一代宗师”，亦是理学史上十分重要的理学家。最早唤起对周敦颐的历史记忆的，恰恰正是湖湘学派的几位重要学者。

据胡安国的弟子回忆：南下的胡安国对周敦颐在湖南的遗事很感兴趣，曾向后来担任舂陵太守的向子忞说：“濂溪先生，舂陵人也，有遗事乎?”② 显然，这和程门弟子中流传周敦颐与二程之间的学术授受关系有关。当时，许多程门二传、三传弟子对此事并不得其详。胡安国携全家及门弟子长期隐居湖南，而周敦颐又恰恰是湖南舂陵人，这种地域的关联性，是激发他们历史记忆的重要诱因。所以，胡安国的儿子胡宏和弟子胡铨、向子忞是最早强化对周敦颐的历史记忆的重要人物。受到父亲胡安国的影响，胡宏表现出对周敦颐的特别关注，他编定《周子通书》并为之作序，这就是后来朱熹所讲的“长沙《通书》因胡氏所传”的重要版本。胡宏对周敦颐《通书》评价甚高，认为：“故此一卷书，皆发端以示人者，宜度越诸子，直与《易》《诗》《书》《春秋》《语》《孟》同流行乎天下。”③ 胡宏将周敦颐的书提到这样高的地位，当然也是对周敦颐的历史记忆的一种特别强化。

强化对周敦颐的历史记忆同时还与胡安国的另外两个弟子向子忞、胡铨有关。向子忞在从学胡安国时，就受到老师的诸多启发教育而十分尊崇周敦颐。后来他担任道州太守时，于南宋绍兴二十九年（1159），首次建道州濂溪祠。修好后，特请另一位湖湘学者胡铨作《道州濂溪祠记》。胡铨《记》不仅阐述了建设濂溪祠的过程及意义，尤其对周敦颐《通书》中以“诚”为核心的哲学理念作了系统的论述。绍兴二十九年创建的道

---

① （宋）张栻：《胡子知言序》，《张栻集》，岳麓书社 2010 年版，第 619 页。

② （宋）胡铨：《濂溪先生祠堂记》，《濂溪志》卷七，《续修四库全书》第 550 册，上海古籍出版社 2002 年版，第 182 页。

③ （宋）胡宏：《周子通书序》，《胡宏集》，中华书局 2009 年版，第 161—162 页。

州濂溪祠，开创了湖湘地区也是全国建祠祭祀濂溪之始，此祠一直延续到元、明、清各朝，而且祭祀规格也不断提高。道州濂溪祠的创建，既具有弘扬地域性湖湘文化的意义，同时又有弘扬道学文化的普遍性意义。

继胡安国、胡宏、向子忞、胡铨之后，作为“一代学者宗师”的湖湘学派掌门人张栻，对强化周敦颐的历史记忆、确立濂溪之学在理学史上的地位做出了重大贡献。首先，他在湖南地区广泛地纪念、推崇周濂溪之学。他为重新扩建的道州濂溪祠作记。淳熙五年（1178）赵汝谊因原祠占地太小而加以扩建，并且列二程像于其中，张栻积极作《道州重建濂溪周先生祠堂记》，还在《记》中特别强调：“先生之祠，凡学皆当有之，岂惟舂陵？特在舂陵尤所当先者。”[①] 事实上，他早就在不断地为强化对周敦颐的历史记忆而呼吁和行动。因周敦颐曾任永州通判，零陵太守陈辉于永州州学新建濂溪祠，希望永州士子能够因此而重道崇学，张栻又撰有《永州州学周先生祠堂记》，强调周濂溪传道二程，在理学史上具有重要地位。周敦颐于治平四年至邵州任知州时，曾迁建州学及文庙，并撰有《邵州迁学释奠文》，乾道九年（1173）知州胡华又重新修复邵州州学，张栻又撰有《邵州复旧学记》，他特别强调邵州州学是“复旧学”，因而湖湘士子读书期间，要“思夫当时先生所以望于后人者”[②]，将对周敦颐的记忆与文化的传承、开拓结合起来。

其次，张栻不仅在湖南地区大力推崇周敦颐，还在他游宦的其他地区，特别是周敦颐曾经做官的地方支持建设濂溪祠堂。广南东路的韶州也是周敦颐做官并留下遗迹的地方，淳熙二年（1175）詹仪建濂溪祠，张栻为之作《濂溪周先生祠堂记》。这一年，张栻正在知静江府任上，他在府学明伦堂旁立三先生祠，祭祀周敦颐、程颢、程颐三位道学人物。庐山是周敦颐晚年隐居之所，淳熙六年（1179）朱熹为南康守时曾创建濂溪祠，张栻作《南康军新立濂溪祠记》。张栻为使当时的文化界能够牢牢地记住周敦颐做出了不懈的努力。

最后，张栻也继承老师胡宏的做法，通过刊刻周敦颐的著作，以强化

① （宋）张栻：《道州重建濂溪周先生祠堂记》，《张栻集》，岳麓书社 2010 年版，第 577 页。

② （宋）张栻：《邵州复旧学记》，《张栻集》，岳麓书社 2010 年版，第 562 页。

对濂溪之学的记忆与传承。朱熹重新修订了濂溪的遗书，将《太极图说》列于《通书》篇首，张栻很同意这样的结构，他在严陵学馆刊刻了包括篇首《太极图说》的《通书》，并撰有《〈通书〉后跋》。

总之，北宋时期名望并不很高的周敦颐，在南宋初年湖湘学人胡安国、胡宏、胡铨、向子忞、张栻等人的积极倡导下，其学术声望、道学地位急剧发生变化，不仅使其著作能得到广泛的刊行，而且纪念他的祠堂也在湖南、江西、广东、广西纷纷建立。一个可能被遗忘的学者，在湖湘学者的倡导下成为学术文化界瞩目的“道学宗主”，成为“续孟氏千载不传之道”的道统传人。湖湘学者对周敦颐历史记忆的唤醒，与他们在湖湘地区传播理学、创建学派是有关系的，所以说，这种历史记忆对地域文化的建构，有着特别重要的意义。

当然，周敦颐道学地位的最终确立，还与另一位宋代理学集大成者朱熹有密切关系。朱熹与张栻是志同道合的朋友，在一些重大的学术理念上十分一致，他们在对周敦颐的理解、评价上是相互影响的。但考虑到胡宏、张栻等湖湘学人对周敦颐的推崇有历史传承和地域文化的关联，我们认为张栻在这个问题上影响更早、更值得关注。总之，在两代湖湘学人的不懈努力下，加上朱熹在重新诠释濂溪之学方面的重大贡献，使濂溪之学的道学地位最终完全确立。到了宋理宗时代，理学在思想文化界的主导地位被确立后，周敦颐的道学地位也得到了完全肯定。南宋嘉定十三年，朝廷赐周敦颐谥号“元公”，淳祐元年朝廷又封号“汝南伯”，并从祀孔庙。

从此之后，对周敦颐的历史记忆得到空前强化：他的著作被广泛地刊印，有的进入官方教科书；他的专祠和以“濂溪”命名的书院已遍布全国。但是，对于湖湘士大夫而言，进一步强化周敦颐的乡贤身份及其地域文化意义就显得特别重要。所以，对于湖南的士大夫、乡绅而言，不仅仅是要保持对周敦颐作为“道学宗主”的文化认同，同时还应强化他在地域文化传统中的重要性，即保持对周敦颐乡贤身份和地域文化代表的历史记忆。这一点，后来的湖湘士大夫做了许多重要工作。这里，专门讲一讲湖南地区濂溪书院及其濂溪祠的建设，这对周敦颐的乡贤身份与地域学术文化象征的确立有着特别的意义。

宋元明清时期，书院是地域学术文化的中心，同时也是各个地域文化发展水平、繁荣程度的标志，在文化地理格局中占有重要地位。书院作为中国古代私学发展的最高形态，与那种奉诏而建的州县官学不同，它完全是士大夫出于对文化建设、学术发展、教育普及的追求而推动起来的。书院作为文化人士自主创建和主持的文化—教育机构，对各地地域文化的发达程度与文化传统的形成起到了十分重要的推动作用。

湖南地区地处长江流域以南，汉唐时期一直远离中原王朝，处于政治的边缘地位，也被认为是文化落后的南蛮卑湿之地。其实，所谓文化落后，是指地方的精英文化相对中原落后。在宋以后中国文化重心南移的大背景下，代表精英文化的理学学术与书院教育在湖南地区得以发展，湖南才成为十分重要的地域文化资源。湖湘之地的士大夫、乡绅在从事书院创建及地方文化建设时，十分注意强化对周敦颐作为地域文化象征的历史记忆，其实也是强化他在文化地理格局中的重要地位。所以，宋元明清时期，在湖南出现了大量以“濂溪”命名的书院。书院命名一般以地名为主，但也有许多书院是以某些文化符号、文化理念来命名，因而这些文化符号具有强化文化记忆、突出文化特色的特殊意义。湖南出现大量以“濂溪”命名的书院就是如此。

南宋时期，在湖湘学者倡导和推动下，那些周敦颐宦游过的地方，纷纷修建了祭祀周敦颐的濂溪祠。就在当时或以后不久，这些建有濂溪祠的地方，又纷纷创建了作为地方文化教育核心的濂溪书院，通过这种具有知识生产、学术积累、文化传播功能的书院机构，来强化周敦颐在文化地理中的特殊地位。

当然，道州濂溪书院的创建意义重大。景定三年（1262），该书院获得了理宗皇帝御书“道州濂溪书院”。知州杨允恭撰定了《濂溪书院御书阁记》，强调了书院的教育宗旨是：“盖欲成就人才，将以传斯道而济斯民也。”[①] 道州濂溪书院自南宋创建后，由于其特殊的文化标志及其潜在意义，故而历经元、明、清各朝修复并延续办学，清朝时还获得康熙皇帝“学达性天”的赐额，地位一直很高。因为湖南桂阳为周敦颐宦游之地，宋嘉定十五年（1222）知县周思诚创建濂溪书院，同时建祠祭祀周敦颐。是书院于宋元之际一度废弃，明正德间修复，明清两朝延续办学。此外，

---

① （清）曾国荃、郭嵩焘：《艺文三十五》，《湖南通志》卷279，上海古籍出版社1990年版，第5681页。

为了强化周濂溪在地域文化中的重要地位，南宋时期创办的纪念周敦颐的书院还有宝庆府的濂溪书堂，宋宝祐三年（1255）知府宋仲锡创建濂溪书堂于邵阳。

自宋至清，湖南省内各州府纷纷创建纪念周敦颐的书院，以强化对周敦颐作为区域文化符号的记忆。现根据地方志材料，并参考《中国书院辞典》的《中国书院名录》，湖南地区所建纪念周敦颐的书院有二十多所，现以时间为序列表如下。

湖南地区濂溪书院一览表

书院名称	地点	创建人及年代及延续情况
濂溪书院	道州	南宋时创建，景定三年（1262）得理宗赐额，明清延续
濂溪书院	桂阳	南宋嘉定十五年（1222）知县刘思诚建，明清延续办学
濂溪书院	邵阳	南宋宝祐三年（1255）知府宋仲锡创建
濂溪书院	郴州	南宋时建，明清重建延续办学
濂溪讲堂	永兴	周濂溪讲学处，久废
濂溪书院	宁远	南宋时期知县黄大明建，久废
濂溪书院	新化	明成化元年（1465）知县傅轸建
濂溪书院	汝城	明正德年间知县陈德本建，清复
濂溪书院	江永	明嘉靖中创建，原名“宗元”，清代重建并改名
濂溪书院	长沙	明嘉靖年间督学颜鲸建
濂溪书院	永州	明嘉靖四十一年（1562）知府董翰筹建
濂溪书院	蓝山	明万历元年（1573）县令郑之韶建
会濂书院	宁远	明万历二年（1574）知县蔡光建
爱莲书院	邵阳	明崇祯十一年（1638）知府陶珙建，清修复
濂溪书院	永州	清顺治十四年（1657）知府魏绍芳建
濂溪书院	东安	清初建，咸丰二年毁于兵火
濂溪书院	桂东	清乾隆三十三年（1768）建
濂溪书院	汝城	清嘉庆九年（1804）邑绅范毓洙建
濂溪书院	江华	清道光元年（1820）建
濂溪书院	新田	清咸丰四年（1854）建

宋元明清以来，全国以“濂溪”命名的书院不少，但统计后可以发现，以“濂溪”命名的书院主要集中在湖南地区，这当然与周濂溪是湖湘区域文化的代表有关。

与湖南地区濂溪书院同时出现并表达湖南人的历史记忆的，是祭祀周敦颐的专祠大量出现。其实，一般来说，每一所濂溪书院，均有一所祭祀周敦颐的祠堂。与此同时，在湖南地区的那些以地名命名的书院中，亦大量设有祭祀周敦颐的专祠。譬如，湖南长沙的岳麓书院，本与周敦颐的活动没有直接联系，但是，清嘉庆十七年（1812）山长袁名曜建专祠于岳麓书院内，他们的理由也完全是地域性的文化记忆，即“濂溪周子为湖南人”，故而应该激励湖湘士子继承濂学，即“乡之人有能读周子书、继周子业而勃然兴起者”[①]。由此可见，无论是创建濂溪书院，还是设置濂溪祠堂，湖南的士大夫群体均是强调“濂溪周子为湖南人”的区域文化符号的历史记忆。

二　湖湘学人对周敦颐的文化诠释

为了强化对周敦颐的历史记忆，湖南地区的士大夫、乡绅等采取刊刻周子遗著、创办濂溪书院、设置濂溪专祠等方式，使人们对周敦颐的记忆越来越深。但这绝不仅仅是一种简单的对乡贤的纪念活动，事实上，他们在强化对周敦颐的历史记忆的同时，也在展开对他的文化诠释。正如莫里斯·哈布瓦赫所说：“依靠社会记忆的框架，个体将回忆点回到脑海中。换言之，组成社会的各类群体在每时每刻都能重构其过去。”[②] 湖湘士人在回忆周敦颐时，也是一种“重构过去”，即对周敦颐展开文化诠释的活动。

在中国文化史上，对周敦颐的思想诠释是多元化的。譬如，同样是学者，推崇儒家的学者与推崇道家、道教的学者对周敦颐的思想诠释是不一样的；同样是儒家学者，宋儒与清儒对周敦颐的思想诠释也不一

① 朱汉民：《岳麓书院》，湖南大学出版社 2005 年版，第 118 页。

② ［法］莫里斯·哈布瓦赫：《论集体记忆》，毕然、郭金华译，上海人民出版社 2002 年版，第 303 页。

样；即使同样是宋儒，朱熹与陆九渊对周敦颐的文化诠释也差别甚大。可见，由于每个人的“社会记忆的框架”不一样，故而对历史文化的诠释也不一样。由于本文是采用区域学统的视角，故而希望能考察湖湘士大夫、乡绅在展开对周敦颐的文化诠释时，如何赋予周敦颐以独特的区域学统意义。

宋代儒学形态有一个很重要的特点，就是体现出儒学知识的普遍性与地域性的双重性。一方面，儒学是一种全国独尊的意识形态与学术系统，表现出儒家对“天下”的思考，故而具有普遍性意义；另一方面，儒家学者在不同地区从事学术研究、人才培养活动，又是一种地域性的知识形态与学术传统，故而又体现出地域性意义。事实上，湖湘士大夫群体对周敦颐的地域文化诠释，包括了对濂溪学所具有的普遍性与地域性的双重意义的诠释。

首先讨论湖湘学人对濂溪之学的普遍性意义的思想诠释，这种意义的诠释目的，就是要尽可能地将濂溪学这种地域性学术形态的普遍性意义阐发出来，表明湖湘地域学术在中华学术体系中的地位和对中华学术的贡献。所以，无论是胡宏、胡铨，还是张栻、真德秀，他们总是力图从儒家道统承传、道学学术建构的普遍性意义来诠释周敦颐。

胡宏是濂溪学的重要诠释者。他虽是福建人，但长期在湖湘之地从事学术、教育活动，二十多年的湖湘之地的学术经历，使得他对该地区的文化资源表现出特别的关注，成为张扬濂学的重要学人。正是由于地缘关系，才使得胡宏对周敦颐之学表达出一种特别的关切。胡宏对濂溪学作文化诠释的特点，就是张扬这种地方性学术传统的普遍性意义。他在《周子通书序》一文中，就完全是从道统传承、道学建构的普遍性意义来诠释周敦颐及其《通书》的。所以，胡宏一方面从传承孔孟之道的普遍性意义来理解，说明周敦颐的重要地位，提出：“今周子启程氏兄弟以不传之学，一回万古之光明，如日丽天，将为百世之利泽，如水行地。其功盖在孔、孟之间矣。”[①] 另一方面，胡宏从道学建构的意义来诠释《通书》的普遍性意义，认为：“故此一卷书，皆发以示人者，宜度越诸子，直与

① （宋）胡宏：《周子通书序》，《胡宏集》，中华书局2009年版，第161页。

《易》《诗》《书》《春秋》《语》《孟》同流行乎天下。”[①] 经过胡宏对周敦颐及其《通书》的诠释，不断强调的正是濂学所具有的儒学的普遍性意义。

道州太守向子忞创建濂溪祠，并请湖湘学者胡铨作记。胡铨是湖湘学派奠基人胡安国的弟子，他虽然知道《道州重建濂溪周先生祠堂记》是一个具有地方文化建设意义的举措，有利于改变地域文化格局，但是，他的记仍然把重点放在对濂溪之学的普遍性意义的阐发上。他的《道州重建濂溪周先生祠堂记》，主要篇幅均是论述周濂溪在承传先秦儒学上的重要地位，强调周子《通书》与儒家经典的一脉相承。他认为可以通过周敦颐的《通书》，以“合乎《曲礼》之诚”，“合乎《月令》之诚”，“合乎《乐记》之诚”，“合乎《中庸》之诚”，“合乎《大学》之诚”，故而，“由是而充焉，则尽性也，能化也，前知如神也，无息则久也，知天地之化育也，宜皆吻合《通书》之旨”[②]。胡铨对濂溪之学的诠释，同样是在强化其在中国儒学史上的普遍性意义。

张栻对濂溪学的思想诠释，更加突出其普遍性的意义。张栻不仅是代表湖湘学派发展的新阶段，也是理学发展到乾、淳之盛时的集大成者之一，是与朱熹齐名的“一代学者宗师”。他对濂溪学所体现的儒学普遍意义的思想诠释也达到了一个新的高度。虽然张栻对周敦颐的推崇具有区域学术背景的原因，但是他在诠释濂溪之学时，则完全是从儒家传统、道学建构的普遍性着眼。他在为道州重建濂溪祠作记时，完全是从中华主流思想文化的延续、发展着眼的。他将濂溪之学的出现放在一个重大的背景下来考察：自先秦儒学奠基人孔孟殁后，汉唐儒者仅仅求儒家经典于训诂章句之间，士大夫从政则又出于功利之末，故使汉唐以来佛老异端之学大盛。周敦颐出现的重大意义在于，“以孔孟之遗意复明于千载之下，实自先生（周敦颐）发其端”，于是，“学者始知夫孔孟之所以教，盖在此不在乎他。学可以至于圣，治不可以不本于学，而道德性命初不外乎日用之

---

① （宋）胡宏：《周子通书序》，《胡宏集》，中华书局2009年版，第161—162页。

② （宋）胡铨：《濂溪先生祠堂记》，《濂溪志》卷七，《续修四库全书》第550册，上海古籍出版社2002年版，第182—183页。

实……然则先生发端之功，顾不大哉”![1] 显然，这是继胡铨的濂溪祠记之后的又一篇对濂溪之学作儒学普遍性意义的文化诠释的重要文献。张栻从更加开阔的文化视野、更加清晰的学术理念对濂溪之学的普遍性学术文化价值作了新的诠释。

由此可见，尽管胡宏、胡铨、张栻及后代湖湘学人对周敦颐的推崇均具有区域学术传统的背景，他们或是湖湘学派的宗师，或是湖湘后学，而他们为之作记的濂溪祠也均是地域学术的设施，具有张扬地域学术的意义，但是，他们对濂学的思想诠释，均体现出一种将区域学术传统提升为一种具有中华学术文化普遍性意义的学术形态。

其次，我们再讨论湖湘学人对濂溪之学地域性意义的诠释。尽管许多湖湘学人对周敦颐之学作中华学术文化的普遍性意义进行了文化诠释，与此同时，他们仍然关注周敦颐之学的湖湘地域性意义。当然，这种地域性文化诠释的目的，也是基于一种地域学术文化建构的需要。

最早对濂溪之学作地域性文化诠释的也是胡宏。胡宏曾经这样论述北宋时期的几位著名理学家：

> 我宋受命，贤哲仍生，舂陵有周子敦颐，洛阳有邵子雍、大程子颢、小程子颐，而秦中有横渠张先生。[2]

这段话有两点值得注意：其一，胡宏首次将周、邵、二程、张五位北宋的道学家并举，这也就是后来常说的“北宋五子”，胡宏将周敦颐列为北宋五子之首，其实是奠定了他理学开山祖的地位；第二，胡宏是以儒学的地域化形态论述北宋五子的，从而强化了对周、邵、程、张的地域性学术的文化诠释，也开了张扬濂、洛、关等地方学术传统的先河。可见，这一段话，既表达了胡宏对濂溪之学的儒学普遍性意义的文化诠释，同时也强调了濂溪之学的湖湘地域性文化的意义。

南宋时期，进一步从地域文化角度诠释濂溪之学的是理学家真德秀。

---

① （宋）张栻：《道州重建濂溪周先生祠堂记》，《张栻集》，岳麓书社 2010 年版，第576 页。

② （宋）胡宏：《周子通书序》，《胡宏集》，中华书局 2009 年版，第 162 页。

真德秀曾经于宋嘉定十五年（1222）担任湖南安抚使，为了劝勉士子继承湖湘学术传统，他作有《劝学文》一篇，在这篇文章中，他特别从地域学术源流来诠释周敦颐，说：

> 窃惟方今学术源流之盛，未有湖湘之右者。盖前则有濂溪先生周元公生于舂陵，以其心悟独得之学，著为《通书》《太极图》，昭示来世，上承孔孟之统，下启河洛之传……此邦之士，登门墙、承謦欬者甚众，故人才辈出，有非他郡国所可及。[①]

真德秀在此文中进一步强化了对濂溪之学的双重文化意义的诠释。一方面，他仍然从“上承孔孟之统，下启河洛之传”[②] 的儒家道统意义来说明濂溪之学的普遍性价值；另一方面，他特别强调从湖湘学术源流的地方传统来诠释濂溪之学的地域性特色。同时，他还将周敦颐与湖湘学派的几位宗师胡安国、胡寅、胡宏、张栻等均纳入湖湘地域的学术脉络之中。真德秀对濂溪学的这种地域性文化诠释，彰显了其地域学术文化特质与象征意义，对后来的湖湘学子有强大的影响力，推动了湖湘文化的建构。

元明清以来，随着濂溪学地位的完全确立，出于地域学统建设和发展的需要，湖湘地区的士大夫更进一步强化了对濂溪之学的地域性诠释。这种地域文化的诠释体现在以下几个方面。

其一，强调周敦颐的学说源于或产生于湖湘之地。周敦颐的学术思想渊源，一直是学术界一个有争议的问题。特别是他的《太极图说》，自宋至清一直有许多人认定为源于道士陈抟；与此同时，亦有许多学者认为是源于濂溪本人“渊源精粹，实自得于其心”[③]。但是，明清以来，许多湖湘士大夫另外提出地域性的文化诠释，认为周敦颐《太极图说》的学术思想与他家乡的地理环境有关。在濂溪故里西八里左右有一山崖，其中有一处被称作“月岩”，因为月岩之顶的岩洞很像“太极图”，于是明代开始在道县就广泛流传一个看法，周敦颐是在月岩悟“太极图”的。明代

① （宋）真德秀：《劝学文》，《西山文集》卷四十，《文津阁四库全书》第1178册，商务印书馆2006年版，第1178—452页。

② 同上。

③ （宋）张栻：《濂溪周先生祠堂记》，《张栻集》，岳麓书社2010年版，第581页。

张乔松说："周元公应运而生，静养是岩之测，超然神解，作'太极'一图，以续孔孟之绪，是天地兆其象，而元公启其秘也……子故表之为'太极岩'。后之达观君子玩太极之象、悟太极之理，默会元公心法于千载之下。"[①] 当时，在此处还建有月岩书堂，纪念周敦颐在此读书悟道。明清时期，这类观念在湖南地区十分流行。其实，这些言行均是对濂溪学的地域文化诠释，旨在强调濂溪学的产生与湖湘地域的渊源关系。

其二，从湖湘学术的源流脉络上理解周敦颐，强调濂溪之学与湖湘之学的学脉关系。宋代理学家真德秀早就从湖湘学术源流来诠释濂溪学的地域性意义。他的观念被明清之后许多湖湘后学所继承，特别是许多湖湘士大夫自觉地传承周敦颐所开创的湖湘学统，从而将自己的学术活动、学术成绩纳入到这个湖湘学术演进的脉络中去。清嘉庆时任岳麓书院山长的袁名曜，他在岳麓书院创建濂溪祠特祀周敦颐，他说的理由是：

> （岳麓）书院为湖南学者萃聚之地，濂溪周子为湖南人，尤当建专祠，于从祀外加特祀，以彰俎豆先贤之谊，且以吾乡学者之感发为尤近也……乡之人有能读周子书、继周子业而勃然兴起者，得非其神灵所默许相而佑启者乎？[②]

可见，他的理由是"濂溪周子为湖南人"，故而应该激励湖湘士子继承濂学，即"乡之人有能读周子书、继周子业而勃然兴起者"。事实上，这种"读周子书、继周子业"者不断涌现，如湖湘名儒邓显鹤就是如此。他"因思周子大儒，诞生吾楚，而其《遗书》《文集》，苦乏精刻"，故而重新编校、刻印《周子全书》。据他自己表述，他这样做皆与地域文化的传承、建设有关，他说："显鹤生长邵州，为先生权守过化之地。自来濂溪，僭充院长……意又以先生兴起邵学，吾邵人尤不可无书。"[③] 显然，邓显鹤对周敦颐的推崇，其动机、目标均与地域学术传统的承传、湖湘文

① （明）李桢：《月岩辩》，《濂溪志》卷7，《续修四库全书》第550册，上海古籍出版社2002年版，第203页。

② 朱汉民：《岳麓书院》，湖南大学出版社2005年版，第118页。

③ （清）邓显鹤：《周敦颐集·附录二·周子全书编后记》，中华书局2009年版，第132页。

化的建构有关。

其三，从湖南人的精神特质、湖湘文化的深层内涵去解读周敦颐。近代以来，湖南人在全国的地位迅速提升，湖湘文化在中华文化大格局中也表现得积极夺目。于是，许多人都在探讨湖南人的精神性格特质，探讨湖湘文化的深层内涵，为了证明这种精神性格特质、深层文化内涵的历史依据，他们也以此去解读、诠释周敦颐，使周敦颐具有更加鲜明的地域性特质。如近代维新志士杨毓麟在谈到湖南人的特别独立之根性时说："且我湖南有特别独立之根性……自濂溪周氏，师心独往，以一人之意识，经纬成一家学说，遂为两宋道学不祧之祖。"[①] 杨毓麟所诠释的周敦颐，完全是一种区域文化、精神性格的视域，他用湖湘文化的精神特质去诠释周敦颐，故而肯定他具有"师心独往，以一人之意识，经纬成一家学说"的湖南人"特别独立之根性"。

从上述的几个方面可以看到，湖湘士大夫不仅强调濂溪之学作为儒学正统的普遍性意义，也强调其地域性意义。其实，他们对濂溪学意义的双重强调，均具有地域文化建构的目的。

文化诠释其实是一种社会思想活动，它涉及记忆、建构的不同面向，正如莫里斯所说："一方面是记忆，一个由观念构成的框架，这些观念是我们可以利用的标志，并且只指向过去；另一方面是理性活动，这种理性活动的出发点就是社会此刻所处的状况，换言之，理性活动的出发点是现在。"[②] 湖湘士大夫对周敦颐的文化诠释，作为一种社会思想活动，一方面是以关于周敦颐及其学说的历史为基础的社会记忆活动；另一方面是立足于社会现实需要的理性活动，也就是一种文化建构活动。宋元明清以来湖湘地区的士大夫、乡绅对周敦颐所作的种种文化诠释活动，其目的十分明确，就是满足当时湖湘文化建构的需要。

三 周敦颐与湘学建构

如前所述，湖湘士大夫对周敦颐的文化诠释，是从儒家学说的普遍性

① 杨毓麟：《新湖南》，《杨毓麟集》，岳麓书社 2008 年版，第 32 页。

② ［法］莫里斯·哈布瓦赫：《论集体记忆》，毕然、郭金华译，上海世纪出版集团 2002 年版，第 304 页。

与湖湘文化的地域性两个方面阐发的，其实，湖湘文化建构的目标，恰恰是要建设一种既有天下普遍性，又有鲜明地域性的区域学术文化，所以，湖湘学人对周敦颐的文化诠释，正是为了这一文化建构目标的实现。

为了说明上述湘学建构的目标，我们必须回到湖湘士大夫作文化诠释时的历史现实中去。秦汉时期，是大一统的中华帝国及其文化完全成型的时代，这时不但建立了由高度集权的中央政府管辖广阔地方政区的政治体制；与之相应，也形成了统一的中华文化与各具特色的地域文化并存的文化格局。尽管汉代文化是在兼容各个不同地域文化的基础上建立起来的，但是，自汉武帝推行“罢黜百家，独尊儒术”的大一统思想文化方针后，广义的中原文化在统一的中华文化中占据了统治地位，汉唐时期的中央政府，总是希望将这个产生于黄河流域具有意识形态色彩的思想文化推广、传播开来，建立起以儒家文化为核心的统一性中华文化。所以，对于远离中央王朝政府、意识形态核心的湖湘地区而言，其文化结构中的中华文化的普遍性与地域文化的特殊性之间并不是很协调，往往体现出一种紧张性。一方面，湖湘地区保存了自己独有的地域文化传统，上古时期的苗蛮文化、荆楚文化均是具有悠久历史、特色鲜明的地域文化，但是它们均只是作为一种民俗文化的形态而存在；另一方面，中央政府所要推广、传播的文化观念、社会礼俗，尽管它们是精英文化形态，却只能通过那些崇儒重教的儒家士大夫作一些外在的文化引进和灌输。譬如贾谊、柳宗元等士大夫在湖南开展的儒家文化的传播活动，对推广儒家文化虽有成绩，但并没有将普遍性的儒家文化融入地域性之中。这样，汉唐时期湖湘地区的文化结构呈现出一种二元紧张，具有区域性意义的民俗文化并不像儒家文化那样表现出普遍性意义，而具有普遍性意义的儒家精英文化却是外来的中原文化，并没有表现出区域文化的意义。

汉唐以来，湖湘地区的士大夫、乡绅所面临的地域文化建构的任务，就是要化解湖湘文化中本土文化与外来文化、民俗文化与精英文化、地域性与普遍性之间的紧张，建构一种地域性与普遍性相统一的湖湘文化。他们的努力终于在宋代取得了成功。周敦颐及其濂学本身即是这种地域性与普遍性相统一的湖湘文化、湘学的代表。周敦颐是历史上第一位在湖南地区土生土长的儒学大师，他曾在湖南的邵州、永州、桂阳等地做官讲学，故而具有鲜明的地域性；周敦颐在中国文化史、儒学史上具有重要地位，是理学的开山祖，体现出中国思想文化统合发展的要求，又具有深刻的普遍性。周敦颐能够作为湖湘文化、湘学的代表人物，恰恰在于他本人就体现出这种地域性与普遍性的统一。

但是，在北宋时期，周敦颐的学术地位、文化价值并没有被人们认识到，他当时根本无法与同时代的范仲淹、欧阳修、苏轼、王安石等人相提并论。所以，作为湖湘文化、湘学的标志性人物，周敦颐的地域性特质与普遍性价值均需要进一步诠释。当然，这种文化诠释的最终目的，是要建构一种统一其地域性与普遍性的湖湘学术文化。历经宋元明清学术思想的发展演变，一代代湖湘士大夫、乡绅的努力，他们努力强化对周敦颐的历史记忆，不断展开对周敦颐的文化诠释，最终建构了一种既有地域性又有普遍性的湖湘学术文化。我们进一步思考就可以发现，湖湘文化建构的完成体现在如下三个方面。

其一，使周敦颐为代表的湖湘理学成为湖湘学术文化的核心。汉唐时期，湖南一直处于中原核心文化的边缘化地位，即所谓“湖南偏僻，风化凌夷，习俗暴恶”①，故而在中国文化史上的地位很低。这段时期内，尽管其他地域学术思想蓬勃发展，文化思想异彩纷呈，但是，处于思想文化边缘地区的湖南，则无声无息。只是到两宋以后，形势才发生了重大的逆转。理学是宋明学术思想的主流思想与核心文化，这个向来“不为中原人文沾被”的地区一跃而成为“理学之邦”，是中国理学思潮形成、发展、集大成的几个重要省区之一，出现了理学开山祖周敦颐，又形成了南宋初期最盛的湖湘学派，还产生了理学总结者王夫之，晚清时期还有保持理学精神传统的湘军集团代表人物曾国藩等，有影响近代甚深的理学型教育家杨昌济，等等。可见，湖湘地区形成以湖湘理学为主流思想、核心文化的地域文化。这种地域文化的建构完成，是湖湘学派胡宏、张栻等人经过不断地唤起对周敦颐的历史记忆、文化诠释，才逐步实现了其文化建构目的。到了南宋后期，这一文化建构的任务已经初见成效。以后，历经元、明、清各朝，理学思想一直处于湖湘地域的主流思想、核心文化的主导地位，即使明清时期涌现出各种思潮，但湖湘理学的主导地位一直在强

① （宋）欧阳守道：《赠了敬序》，《巽斋文集》卷七，《文津阁四库全书》第1187册，商务印书馆2006年版，第1187页。

化。如尽管清代乾嘉时期考据之学大盛，但独有湖湘之地仍然推崇理学，清儒罗汝怀说："湖湘尤依先正传述，以义理经济为精闳、见其言字体意义者，恒戒以逐末遗本，传教生徒，辄屏去汉唐诸儒书，各以程朱为宗。"① 可见，对周敦颐的历史记忆、文化诠释，最终实现了湖湘理学在地域文化中的核心地位。

其二，使湘学对中华思想文化的演变发展做出了重要贡献，凸显了湘学的普遍性价值，提升了湘学在中华学术文化体系中的地位。本来，宋明理学是中国古代学术思想、文化思潮的一个重要发展阶段，是继先秦诸子、两汉经学、魏晋玄学、隋唐佛学之后的一种新兴文化思潮，推动了中国思想文化、儒家学说向更具文化综合、更有哲学思辨的理论层次发展。而历来对中国学术文化贡献较少的湖南地区，一跃而成为理学思潮的重镇，既产生了许多著名的理学家，包括周敦颐、胡安国、胡宏、张栻、王夫之、曾国藩、罗泽南等，他们对理学学术思想的奠基、建构、发展、传承做出了重要贡献；同时也形成了影响全国的重要理学基地——岳麓书院、石鼓书院、碧泉书院等。湖湘理学的影响一直延续到近代，著名教育家、留学欧洲多年的杨昌济先生在湖南一师讲德育课时，仍然大量传授理学思想。② 地域文化的成就、地位与它对中华文化的贡献有关。以理学为核心文化的湖湘文化，在理学思潮形成、开拓、发展、总结、转型等几个不同历史阶段均做出过重要贡献，体现为中华学术文化发展、演进的标志性成就，他们的思想学术成为中华学术文化宝库中的重要宝藏。

其三，实现了湖湘学术文化的普遍性与地域性统一的文化建构目标。历史记忆、文化诠释的最终目标，均是为了实现当时及以后的文化建构。湖湘士大夫、乡绅们不断强化对周敦颐的历史记忆，是为了建构一种以区域性理学传统为核心的湖湘学术文化。同样，他们对濂溪学展开的湖湘地域性与中华普遍性的双重诠释，更是为了实现一种既有地域特色又有普遍意义的文化建构目标。当湖湘士大夫、乡绅们反复宣扬濂溪学在中国学术思想史上的学术创新，特别崇敬周敦颐作为"道学宗主"的重要地位，

---

① （清）罗汝怀：《绿漪草堂文集》卷首，《续修四库全书》，清光绪九年罗氏常课本影印原书版，第523页。

② 毛泽东：《毛泽东早期文稿·讲堂录》，湖南人民出版社2008年版，第525—551页。

异常强调周敦颐对中华思想文化发展的重要贡献，均是为了凸显湘学在中华学术文化传承、发展中的重要地位与普遍意义。同时，湖湘士大夫、乡绅们也反复宣扬濂溪学的湖湘学术文化特质，特别强调湖湘地域对濂溪学形成的历史条件，非常崇敬周敦颐作为湖湘之地“乡先生”“湖南人特别独立之根性”的品质，则是为凸显湖湘学术文化作为地域文化的“地域性”与独特性。

（作者单位：湖南大学 岳麓书院）

湘军要员是如何推崇周敦颐的?

王兴国

湘军，顾名思义，是产生于湖南的一个地方性武装集团。但这个武装集团又有其特别之处，即与其他武装集团的将领大多为行伍出身不同，湘军绝大多数将领是文人出身，因此他们具有极高的文化自觉。正如曾国藩在《讨粤匪檄》中所宣示的那样，湘军就是要维护“中国数千年礼义人伦、诗书典则”①。所以在近代，湘军是以中国传统文化的卫道者的形象出现的。这样的例子不胜枚举，本文仅以他们是如何推崇周敦颐为例说明之。

一　曾国藩研几主静又谒陵墓

曾国藩是湘军的主帅。他早年在北京当官，遵照倭仁的指示进行修身时，其方法即包括周敦颐的研几和主静思想。乌齐格里·倭仁（1804—1871），字艮峰，蒙古正红旗人，晚清大臣，以讲程朱理学受到清廷重用。曾氏日记道光二十二年十月初一记：“拜倭艮峰前辈，先生言‘研几’工夫最要紧，颜子之有不善，未尝不知，是研几也。周子曰：‘几善恶。’《中庸》曰：‘潜虽伏矣，亦孔之照（照）。’刘念台（宗周）先生曰：‘卜动念以知几。’皆谓此也。失此不察，则心放而难收矣。又云：人心善恶之几，与国家治乱之几相通。又教予写日课，当即写，不宜再因

① 曾国藩：《曾国藩全集·诗文》，岳麓书社1986年版，第232页。

循。”[①]“几”字最早出现在《易传》，“几者动之微，吉之先见者也。君子见几而作，不俟终日”。这里，它是作为一种观察和处理问题的方法论而提出来的。就是说，一个君子善于从那些十分细微的变动中去发现吉凶的不同征兆，从而做到见几而作。周敦颐在《通书》中提出“几善恶”，即从几上分辨善恶的观点，从而使研几有了道德论的意义。倭仁引述刘宗周“卜动念以知几”的话，更是为了说明，要做到从几上分辨善恶，就要时刻明了自己心中萌发的念头，当恶念刚一冒头就要及时克服，同时要充分发扬那些善良的念头。所谓“人心善恶之几，与国家治乱之几相通”，与《大学》修身、齐家、治国、平天下，是如出一辙的，但它却更具有可操作性。曾国藩接受了倭仁的教导，在当时的日记中，反复对自己进行自我反省和悔过自新，正是为了在一念之几上辨善恶。

要在一念之几上辨善恶，就要使自己的身心保持一种相对静止的状态。所以曾氏又根据周敦颐《太极图说》中的“主静”思想，实行静坐。道光二十二年（1842）的日记中，曾氏对此多有记载，十月初二日：“辰初起，静坐片刻……饭后昏昧，默坐片刻，即已成寐。神浊不振，一至于此！……静坐，思心正气顺，必须到天地位、万物育田地方好。”初三日：“一早，心嚣然不静……默坐，思此心须常有满腔生意；杂念憧憧，将何以极力扫却？勉之！”十四日：“因心浮，故静坐，即已昏睡，何不自振刷也！”十九日：“饭后，会客一次，静坐不得力。”二十五日：“昨日今日，俱无事出门，如此大风，不能安坐，何浮躁至是！静坐功夫，须是习熟，若不勉强苦习，更说甚？”二十八日：“起，杂思，静坐半时，不得力。”十一月十三日：“树堂来，与言养心养体之法。渠言舍静坐更无下手处，能静坐而天下之能事毕矣。因教我焚香静坐之法。所言皆阅历语。静中真味，煞能领取。言心与气总拆不开，心微浮则气浮矣，气散则心亦散矣。”十四日：“起亦不早，焚香静坐半时。饭后……仍静坐，不得力，枕肘睡去，醒来心甚清……饭后，静坐半小时，颓然欲睡，可恨之至。”[②]

经过一段时间的实践，曾国藩初步总结出静坐的一些经验来：“细思

---

① 曾国藩：《曾国藩全集·日记一》，岳麓书社1987年版，第113页。

② 同上书，第113—129页。

神明则如日之升，身体则如鼎之镇，此二语可守者也。惟心到静极时，所谓未发之中，寂然不动之体，毕竟未体验出真境来。意者，只是闭藏之极，逗出一点生意来，如冬至一阳初动时乎。贞之固也，乃所以为元也；蛰之坏也，乃所以为启也；谷之坚实也，乃所以为始播之种子也。然则不可以为种子者，不可谓之坚实之谷也。此中无满腔生意，若万物皆资始于我心者，不可谓之至静之境也。然则静极生阳，盖一点生物之仁心也。息息静极，仁心不息，其参天两地之至诚乎？颜子三月不违，亦可谓洗心退藏极静中之真乐者矣。我辈求静，欲异乎禅氏入定，冥然罔觉之旨，其必验之此心。有所谓一阳初动，万物资始者，庶可谓之静极，可谓未发之中，寂然不动之体也。不然，深闭固拒，心如死灰，自以为静，而生理或几乎息矣，况乎其不能静也？有或扰之，不且憧憧往来乎？深观道体，盖阴先于阳，信矣，然非实由体验得来，终掠影之谈也。”① 这段话表明，曾国藩力图从哲学高度去把握静坐的意义。曾氏认为，静坐并非“深闭固拒，心如死灰，自以为静，而生理或几乎息矣”，相反，而是必须“如冬至一阳初动时”，“满腔生意，若万物皆资始于我心者”，从而达到“参天两地之至诚”。

道光二十四年三月初十日曾国藩在《致温弟沅弟》的信中附上了他所写的《五箴》，其中之一就是《主静箴》，箴中描述了主静导致的思想境界：“斋宿日观，天鸡一鸣。万籁俱息，但闻钟声。后有毒蛇，前有猛虎。神定不慑，谁敢余侮？岂伊避人，日对三军。我虑则一，彼纷不纷。驰骛半生，曾不自主。今其老矣，殆扰扰以终古。”② 曾国藩生于1811年，道光二十四年即1844年，其时只有33岁，他在箴中就说“今其老矣”，表明他对自己“驰骛半生，曾不自主”的忧虑。但他说的“神定不慑，谁敢余侮？岂伊避人，日对三军。我虑则一，彼纷不纷”则表明，他在周敦颐主静思想指导下养成的能静功夫已经相当深厚。所以若干年后当他与太平军作战时，就坚持以静治军。他在咸丰五年（1855）江西南康水营作《水师得胜歌》中就规定：“第四军中要肃静，大喊大叫须严禁。半夜惊营莫急躁，探听贼情莫乱报。切莫乱打锣和鼓，亦莫乱放枪和

① 曾国藩：《曾国藩全集·日记一》，岳麓书社1987年版，第129页。

② 曾国藩：《曾国藩全集·家书一》，岳麓书社1986年版，第81—82页。

炮。”第二年在南昌省城作《陆军得胜歌》也规定：“他呐喊来我不喊，他放枪来我不放。他若扑来我不动，待他疲了再接仗。”“第四规矩要肃静。”“不许高声大喧哗。”①

曾国藩于咸丰八年（1858）在江西与太平军作战的间隙中，于八月初二专程拜谒过周敦颐墓。周敦颐墓在江西九江。熙宁四年（1071），周敦颐听说其母在润州（在今江苏镇江）的墓地遭水淹，于是便将其改葬江西德化县（今九江县）栗树岭（今为莲花镇冯家村）。两年后周敦颐逝世，便埋在其母亲坟墓的左边，右边则埋葬周氏两位夫人陆氏和蒲氏。自从此墓建立之后，“数百年来，兵燹继至，朝代交谢，有墓无祠，有祠无祀，有祀无子孙奉守之”。这种情况，到了明代弘治、正德年间有了改变。弘治庚戌（1490）九江太守童潮创祠堂一所于墓前，堂凡三间，尸先生像于中，匾曰“宋元公濂溪先生祠”，中又别建爱莲室三间，室前凿二池，植莲于内；前祠门一所，匾曰“濂溪先生墓”。外又置田地、山塘四十七亩一分，收其所入以为祀事之需。弘治十年（1497）经江西有关官员的努力，征得湖广布政司的支持，从弘治十六年（1503）七月二十一日起，送原住湖南道县的周敦颐后裔庠生周纶前往九江府德化县守元公墓。②

据曾氏当天的日记：“饭后与雪琴（彭玉麟）、小泉（李翰章）、申夫（李榕）往谒周子墓。墓距九江府城十五里，在石塘铺之东南四五里。辰正起行，巳正到。其墓发脉于庐山之莲花峰，东行至江滨，绕折迤逦皆平岗。绕至西头，入脉结穴，系钤穴。两钤本沙，环抱甚紧，坐北向南。近案为一金星，远朝即莲花峰。所谓回龙顾祖也。溪水从右流出，微嫌左手外沙太少耳。墓为咸丰五年正月罗萝山所修。坟顶结为龟形，约高六尺，径一丈四五尺，罗围高约三尺，罗围后身碑三通。”③ 此次陪同曾国藩谒墓者三人中，彭玉麟将在下文介绍。李瀚章（1821—1899），字筱泉，一作小泉，安徽合肥人，李鸿章的哥哥。道光二十九年（1849），以拔贡朝考出曾国藩门下，及曾国藩建湘军之初，即奏调瀚章至江西南昌综理粮

① 曾国藩：《曾国藩全集·诗文》，岳麓书社 1987 年版，第 426—428 页。

② 王晚霞校注：《濂溪志·希贤录》，湖南大学出版社 2013 年版，第 825—828 页。

③ 曾国藩：《曾国藩全集·日记一》，岳麓书社 1987 年版，第 405 页。

秣。谒周子墓时，他在曾氏幕中总核粮台报销。李榕（1819—1890），字申夫，四川剑州人，官至湖南布政使。谒周子墓时，他在江西南昌办理湘军营务。日记中所说的“结穴”，是一个风水名词，旧时堪舆家谓地脉顿停处地形洼突，地气所藏结。“金星”也是风水名词，是五种基本定穴星峰之一，指顶部圆净呈弧状隆起的山形。“回龙顾祖”也是一个风水学名词，指龙头（山脉）掉头朝向太祖山来脉方向。这表明，曾氏对堪舆学颇有研究，他认为周子墓的风水总体来看还不错。

在曾氏晚年所写的《湖南文征序》中，他对周敦颐在中国思想史上的地位作了总的评价：“湖南之为邦，北枕大江，南薄五岭，西接黔蜀，群苗所萃，盖亦山国荒僻之亚。然周之末，屈原出于其间。《离骚》诸篇为后世言情韵者所祖。逮乎宋世，周子复生于斯，作《太极图说》《通书》，为后世言义理者所祖。两贤者，皆前无师承，创立高文，上与《诗经》《周易》同风，下而百代逸才举莫能越其范围。而况湖湘后进，沾被风流者乎？”① 曾氏将屈原说成中国诗歌之祖，将周敦颐说成是理学之祖，并且说他们上与《诗经》《周易》同风，下而无人能够超越。可见他对周敦颐是佩服之至的。

二 罗泽南撰《人极衍义》并修墓

罗泽南（1807—1856），字仲岳，号罗山。湖南省湘乡县（今属双峰）人。太平军进犯湖南后，罗泽南从咸丰二年（1852）开始以在籍生员的身份率生徒倡办团练，次年协助曾国藩编练湘军。自此率湘军转战江西、湖北、湖南三省。因战功卓著，历迁知县、同知、道员（加按察使衔）等。

“人极”一词最早出现在南朝梁沈约（445—513）《明堂登歌·歌黑帝》：“祚我无疆，永隆人极。”唐白居易（772—846）《立制度策》：“夫制度者，先王所以下均地财，中立人极，上法天道者也。”这里所讲的“人极”意为纲纪、纲常、社会的准则。周敦颐《太极图说》：“圣人定之以中正仁义而主静，立人极焉。”此所谓“人极”指做人之准则，《人极

① 曾国藩：《曾国藩全集·诗文》，岳麓书社 1987 年版，第 334 页。

衍义》就是推衍这种做人的准则。罗泽南此书作于40岁时，即道光二十七年（1847）。刘蓉在为此书作序时，阐明了罗泽南写作此书的宗旨："古之圣人所以建中立极，本天德以行王道，明学术以修治法，靡不一以贯之者也。尧舜禹汤、文武周孔，皆所谓躬凝此道，而立人极之准者也……濂溪周子，又复括其精意，建图属书，以发明之。于是阴阳变化之故，天人性命之微，圣凡修悖之要，又益精切著明。读者诚即是以尽吾心焉，则夫太极之全体，亦可以反诸身而自得之矣。"这就是说，周敦颐的《太极图》和《通书》是专门发明古代圣人"本天德以行王道，明学术以修治法"，即探求天的德性以施行王道，讲明学术以修订统治方法。这种体与用、知与行、理论与实践的高度统一，乃是人极的最高准则和实现人极的最终归宿。可是在明代末年，"学者浸失其旨，其曰性、曰命、曰太极者，往往沦于空虚元（玄）妙之归，而无预于人生日用之故。后之矫其失者，又欲一切置之，而但以博学行己为训，则又未免滞于形器事为之末，而不达夫天命降衷之原。二者既各倚于一偏，而于学术之精微之蕴、政治教化之本，亦往往不能究极端委，而深求所以然。此道之所以不明不行，而人极之所以不立也"。这就是说，在明代末年出现了两种不良的倾向，一种是只停留在性、命、太极的空谈之上，而不联系人生日用的实际；一种则是只注重博学行己，拘泥在种种具体事物和百工技艺之中，而将理论的研究撇在一边。这两种人都不能明道，不能立人极。正是针对这些弊端，罗泽南"本周子定之以中正仁义而主静以立人极之意，推衍以尽其义。上自天命之原，而下达于人事之著。触类引申，反复周尽，以明凡人日用酬酢之间，即事即物莫不有所谓太极者存。至究其所以修德凝道之实，则必以主敬工夫为之准焉。其宏纲要领，虽不出于先儒之所言，而要其旨趣，殆有非明季诸儒所能及者"①。刘蓉的这段话清楚地表明，罗泽南的《人极衍义》就是要用周敦颐的太极理论指导人生现实的实践活动，这正是与近代湖湘文化特别重经世致用的精神相一致的。

罗泽南《人极衍义》的前一部分，主要是从理论上论述太极与人极的关系。他认为，天、地、人，一太极也。至诚无息，天以诚而运也；至顺有常，地以诚而凝也。"圣人者，至诚无息，与天地合其德也。贤人

① 罗泽南：《罗泽南集》，岳麓书社2010年版，第187—188页。

者，静存动察，善反天地之性者也。愚者、不肖者，千百其功，亦可驯至圣人之域，使所受诸天地者不失也。尽吾之性，以尽人物之性，以辅相天地之宜，则可以与天地参。"① 罗氏的这段话表明，他一反历代儒者将人性分等，认为上智下愚不移的观点，而认为即使是所谓"下愚""不肖"之人，只要他们"千百其功"，即认真学习和实践，也可达到"圣人之域"。接着，罗氏指出，人性的善和不善，是由于气禀不同决定的，但是只要努力，是可以克服气质之偏的。他说："气质之性，君子终不为所囿者，变化之道，是在乎人为也。尽性则人事皆天，好学则气质无权。"要为学，就要做到"内以成己，外以成物"。要"成己"，则要"明善"。如何明善呢？就是要正心："立一身之主宰，而提万事之纲者，其维心乎？心也者，理之舆也。事物未至，理具于心，事物既至，心即运此理以应之。"② 这些观点表明，罗泽南对人性抱着一种乐观主义的态度，认为它是可以改变的，所以他在加入湘军以前，长期从事教育工作，并且培养了一批有体有用的学生，后来他们大多成为湘军骨干。所以后人称罗泽南为"湘军之父"。

《人极衍义》的主要部分，是论"皇极"，即帝王统治天下的准则，也就是所谓大中至正之道。《书·洪范》："五，皇极，皇建其有极。"孔颖达疏："皇，大也；极，中也。施政教，治下民，当使大得其中，无有邪僻。"罗泽南说："今夫天子者，继天立极，致天下于中和者也。"也正是这个意思。那么如何才能正确行使天子之道呢？罗氏从五个方面进行了论述。

其一，正心。他说："君天下者，君也；君君身者，心也。帝王之政，本之一心以推及天下……修身谨行，圣言之所由兴也；纵欲败度，昏主之所由亡也。不正其心，则无以正其身；不正其身，则无以正一家；不正其家，则无以正朝廷、正天下。"

其二，穷理。罗氏说，君主"内修家政，外任贤才，果何道而不失与？曰：是亦在乎人君之穷理而已，修身而已矣"。穷理的目的是明道。"天子有道，封建亦治，郡县亦治。天子无道，封建亦乱，郡县亦乱。然

① 罗泽南：《罗泽南集》，岳麓书社 2010 年版，第 189 页。

② 同上书，第 191—192 页。

欲跻天下于郅治，终非封建不为功……苟为无道，郡县岂能保其不失也哉？”

其三：教民。“天能畀民以性，不能令民之气质皆淳也。天能与民以德，不能令民之习俗皆厚也。五方殊俗，贤否异情，必得圣人为之君，为之师，修其道以教之，而后可以一道而同俗。”

其四：安民。“今夫继天立极之道，岂有他哉？惟在有以安民而已。”“大矣哉！皇极之用乎极也者。物我一源，体用一致者也。立己之极，尤必立人之极。明德、新民，皆止于至善也。”

其五：利民。“帝王之道，以利天下，非以利一身。故三王公天下，其治降；后世私天下，其政杂。”①

《人极衍义》最后论述天下之乱的原因。罗氏说：“然则天下之乱，天使之与？抑人自召之与？曰：人召之也。”“今夫天，有气数之天，有义理之天。气数之天，人为天限者也；义理之天，天由人立。”“是故尚词章，务记诵，身心之学不事讲求者，弃天者也。矜夸诈，逞机变，崎岖反侧，不即乎义理之安者，欺天者也。”②

咸丰五年（1855）春天，罗泽南和李续宾在江西作战时，曾经重修周敦颐墓。据罗泽南《重修濂溪先生墓记》记载：“浔城东南莲花峰下，周濂溪先生之墓在焉。咸丰五年春，泽南与李子续宾督师浔阳，往谒之。其中为郑太君墓，乃先生所自卜者，先生没，祔于其左。右则陆、蒲两夫人也。历年久，墓圮，因与李子购陶甓与石重修之，命监生李兰亭、外委谢维德、先生二十二世孙周文珍董其事。不一月，告成。”③ 李续宾（1818—1858），字如九，号迪庵，湖南湘乡（今属涟源）人。咸丰二年（1852）在籍协助其师罗泽南办团练，对抗太平军。次年随罗泽南出省作战，增援被太平军围困的南昌。咸丰四年（1854），在湘军攻占湖南岳州（今岳阳）、湖北武昌、田家镇（今武穴西北）等重要作战中，常当前锋、打硬仗，以功升知府。次年一月，随罗泽南南下，连占弋阳、广信（今上饶）、德兴、义宁等府县。十二月，随罗泽南赴援湖北。咸丰六年

① 罗泽南：《罗泽南集》，岳麓书社 2010 年版，第 195—202 页。

② 同上书，第 203—205 页。

③ 同上书，第 80 页。

(1856) 罗泽南战死后，接统其军，成为湘军一员重要统兵将领。罗泽南的这段记载表明，他重修周墓的原因是由于年代久远墓地坍塌，即是自然原因造成的。而李续宾的年谱却说："宋儒周子葬于城外石塘铺，其墓及母妻冢遭贼损削，公督士卒葺治，而市石以表。"[①] 就是说，是由于太平军的破坏。但方宗诚光绪九年（1883）写的《谒周濂溪先生墓记》则说："咸丰初，湘乡罗忠节公泽南率师过九江，重修其墓，为记而泐之石。兵燹之余，凡庐山名胜、佛宇多被残毁，而先生墓木、碑碣，独无敢毁伤。民之秉彝，好是懿德，虽盗贼亦有未尽泯灭者。古所谓'不为尧存，不为桀亡'，其不信然欤！"[②] 应该说，罗泽南和方宗诚的记载是准确的，因为他们都是亲历者，而李续宾年谱的编者则是后人，难免有想当然的成分。

罗泽南还在《重修濂溪先生墓记》中对周敦颐在中国思想史上的地位进行了评论："吾道之兴废，世运之盛衰所由系也。孔孟既没，圣贤不作，天下之士不驰骛于功利，则陷溺于虚无，古人修己治人之学，无复为之讲求。六朝五代攘夺频仍，生民之祸至此已极。无他，圣学不明故也。先生生千载下，奋起边方，不由师承，默契道体，图《太极》，著《通书》四十章，以示天下后世，孔孟之道灿然大明，其所以为世道人心计者，至深且远也。向使天下后世之士，尽能学先生之所学，求合乎仁义中正之道，以之修身则身修，以之治世则上有礼下有学，又何至贼民纷起，重贻斯世之忧也哉？救乱如救病，养其元气，邪气自不得而入。感怀时事，兴念斯文，盖不禁有味乎先生之道，且深有望于学先生之道者也。"[③] 罗泽南认为，周敦颐的著作使"孔孟之道灿然大明"，假如后世之人都"能学先生之所学"，就不会有"贼民纷起"。现在"贼民"既起，再来修周子之墓，并且强调读周子之书，"亡羊补牢"，犹未为晚也。这正是罗氏修墓的初衷。罗泽南还作有《重修周濂溪先生墓》一诗："关闽延道脉，伊洛接心传。不有濂溪子，谁开宋代贤？言余书以外，意在画之先。千载墓门下，萋萋草色鲜。"[④]

---

① 梅英杰等：《湘军人物年谱·李续宾》，岳麓书社 1987 年版，第 124 页。

② 王晚霞校注：《濂溪志·希贤录》，湖南大学出版社 2013 年版，第 829 页。

③ 罗泽南：《罗泽南集》，岳麓书社 2010 年版，第 80—81 页。

④ 同上书，第 35 页。

三 彭玉麟重修陵墓再纂《希贤录》

彭玉麟（1816—1890），字雪琴，号退省庵主人、吟香外史。湖南衡阳县人。与曾国藩、左宗棠、胡林翼并称中兴四大名臣，湘军水师创建者。官至两江总督兼南洋通商大臣，兵部尚书，封一等轻车都尉。关于光绪七年彭玉麟修墓的情况，彭氏有《重修周子墓碑记》："濂溪周子，吾楚道州人也，墓在江西德化县（今九江）栗树岭下。光绪七年，玉麟巡阅江海，道出浔阳，率同湖口总兵丁义方、知县胡传钊等往谒。墓经湘乡罗忠节公泽南、李忠武公续宾于咸丰乙卯重修。时当戎事方棘之秋，工尚未足以经久远。玉麟因蠲金为倡，属丁君营度其事，易陶甓（陶砖）而石，周缭以垣，闬闳其墓门，历一周星蒇事。"这说明此次重修周子墓的主要负责人为丁义方（？—1893），字燕山，湖南益阳人。早年入水师，隶彭玉麟部下，积功至守备。历任都司、参将、副将。同治七年，授湖口镇总兵。根据彭玉麟的重修记和丁义方的《说》、方宗诚的《谒周濂溪先生墓记》，可以知道这次重修周子墓的一些基本情况。

（一）修墓的时间和经费：光绪辛巳（七年，1881），湖口总兵丁义方和新昌县知县胡传钊等人，陪同彭玉麟谒周子墓，"乃定集赀修墓之举。自壬午夏经始，洎癸未春蒇事"，这也就是彭玉麟在《墓记》中所说的"历一周星蒇事"。据王闿运所写的彭玉麟行状，"其濂溪墓、昭忠祠、京师及各省直衡永会馆，凡募助公举者，动以千计"[①]。这说明彭玉麟的捐银在一千两以上。

（二）主要修建项目：

1. 在墓区修建或加高加厚围墙，"八十余丈，高视旧加倍，深其址而石垒以甓，而增厚焉"。

2. 自门至墓，级石为道（有的记载说，墓区内的石级为57级，以象征周敦颐年龄57岁，不知是否起自此时，抑或更早），并在墓区内植树数十株。

3. 修建祠堂。墓前原有祠，明季已毁于兵。于是重新修建"守冢精

---

① 王闿运：《湘绮楼诗文集·文》，岳麓书社1996年版，第334页。

舍二”，“俾奉守者有栖息，展礼者有斋沐之处。并且崇高其门而坊表之”。

（三）树碑：旧有碑仍之，新立碑四，中为元公母仙居县郑太君墓，左为元公墓，右为元公配缙云陆县君、继配德清蒲县君墓，皆彭玉麟所敬题。彭氏在谈到他是如何题周敦颐的墓碑时说：“嘉定九年，蜀使者魏了翁为先生请易名典，诏谥曰‘元’。明弘治三年，九江知府童潮于墓所建祠，题匾额曰‘宋元公濂溪周先生祠’。及嘉靖甲寅，修墓者则题曰‘宋知南康军濂溪周先生’，继修者则题曰‘先贤濂溪周子’，漏谥不书而书知军，若先为重谥亦漏也麟因山所意，增题‘元公’二字于碑，其于古礼，庶有合乎！”现存彭玉麟所题墓碑全文如下：“光绪癸未春先贤宋元公濂溪周子墓后学衡阳彭玉麟敬题。”[①] 丁义方曰：“则谨摹元公遗像兼图所爱莲花于石，以表洁而遗芳，庶俾过墓则式者有所宗仰乎。”[②] 此遗像碑原存道县，碑上有朱熹所题的像赞：“至道千载，圣远言湮。不有先觉，孰开我人？书不尽言，图不尽意，风月无边，庭草交翠。”丁义方将此遗像碑及朱子像赞摹绘下来，刻石墓所。[③]

上述情况表明，这次重修周敦颐墓的工程量和工作量是比较大的。

彭玉麟在周敦颐墓重修完工的时候，写了一篇《重修周子墓碑记》。在这篇记中，他明确表示，对于推崇周敦颐来说，修墓一事还只是“末”：“先生发伊洛之源，继洙泗之学，所著《太极图说》《通书》与六经并垂不朽。后之人苟不明乎中正仁义之道，以之修齐治平而徒致力于先生之墓焉，末已。”那么什么是“本”呢？彭玉麟认为，就是要把握周敦颐所宣扬的“中正仁义之道”。[④] 所以彭氏在写完这篇《记》以后，觉得意犹未尽，于是又着手编纂《希贤录》。

彭玉麟在《希贤录》序中，论述了他编辑此书的宗旨：“予维周子之学，德行精纯，体用俱备。上继文、周、孔、孟，下启二程、张、朱，宋赐谥曰元，义深远也。其所著《太极图说》《通书》，与《易·系辞》《大学》《中庸》之旨，如合符节。经朱子注释之后，明时取以冠《性理

① 参见《拜谒周子墓，感知湘军魂》所附照片，新浪网。

② 王晚霞校注：《濂溪志·希贤录》，湖南大学出版社 2013 年版，第 813—830 页。

③ 同上书，第 317 页。

④ 同上书，第 820 页。

大全》。我圣祖仁皇帝命儒臣纂修《性理精义》，复取以弁篇端，循明制颁之学宫，著为令典，与六经、四子书并垂天壤。其言行出处进退，几于时措从宜，近于君子，依中庸遁世不见知而不悔。《宋史》创立《道学传》，而以先生为首，称朱子《濂溪先生事实》所载特详，《宋史》即据以立传。其赐谥有礼臣之议，其从祀有理宗之诏，其墓则有潘兴嗣为之志铭，其重修墓则有罗忠节为之记，皆能发明先生体用实学，予无以益也。夫尚友古人，不徒在过墓生哀、至庙生敬，尤当奉为德行、政事、学术以为师法焉。既撰重修墓记以识颠末，复取《宋史·道学传》、朱子所撰《事实》并《通书讲义》，以及宋赐谥议、从祀诏、墓志铭、修墓记，并绘墓图汇为编，俾仰止先生者，考其言行，知其穷理尽性至命之学，实能存诸心、备诸身，发之于事君、行政、济人、泽物之间，故可为百世师而非徒托空言者也。用以自励希贤之志，且以励同志云。”[①] 彭玉麟反复强调“体用俱备”“体用实学”，并且说“尚友古人，不徒在过墓生哀、至庙生敬，尤当奉为德行、政事、学术以为师法焉”，充分体现了湖湘文化重体用统一、经世致用的优良传统。

《希贤录》全书约一万五千字。卷前有彭玉麟的序，丁义方所绘濂溪墓图和《说》。正文分上下两卷。上卷收录有关周敦颐的传记、赐谥、封号、尊崇典礼等资料。所收集的资料都是比较权威的。如《宋史·道学传》《九江志·理学传》是官方对周敦颐的评价。而朱熹的《濂溪先生事实》《濂溪书堂记》及《濂溪先生像赞》，其学术的权威性也是公认的。而魏了翁的《为濂溪先生请谥奏》和《再为濂溪先生请谥奏》、臧格的《濂溪先生周元公谥议》以及楼观的《濂溪先生周元公谥议》，则是有关朝廷赐谥的原始资料。而九江太守赵善璙的《濂溪书堂谥告石文》则是在赐谥之后，“更治其书堂，缮修其祠墓”的实际行动。《宋理宗淳祐元年从祀文庙诏》《宋理宗追封汝南伯制词》《元仁宗加封道国公制词》，则是有关从祀和加封号的原始文件。《历代尊崇典礼》一文则记述了历代皇帝尊崇周敦颐的种种措施。文中还有彭玉麟的按语：“淳祐之先，嘉定四年十二月，承议郎、秘书省著作佐郎兼沂王府小学教授李道传尝奏，乞下除学禁之诏，因以濂溪及邵、程、张四先生列于从祀，其奏略云：‘臣

---

① 王晚霞校注：《濂溪志·希贤录》，湖南大学出版社2013年版，第812—813页。

闻，绍兴中，从臣胡安国尝欲有请于朝，乞以邵雍、程颢、程颐、张载四人春秋从祀孔子之庙。淳熙中，学官魏掞之亦言，宜罢王安石父子勿祀，而祀颢、颐兄弟。厥后虽诏罢安石之子雱（雱?），而他未及行。儒者相与论说，谓宜推而上之，以及二程之师周［敦］颐。臣愿陛下诏有司，考安国、掞之所尝言者议而行之，上以彰圣朝崇儒正学之意，下以示学者所宗，其所益甚大，所关其重，非特以补祀典之缺而已。’等语。会西府中有不乐道学者，而朝廷亦有以其事大体重，未及行焉。迨嘉定十三年，因魏华父（了翁）之奏，定议周子谥曰元，于时明道谥纯、伊川谥正，亦同定议。惟横渠请谥曰明，在嘉定十六年。朱子之谥文则已定于嘉定二年，先周子十年矣。淳祐从祀时，除邵子外，皆同特降指挥。由是历代表显复异，有加蔑已，升跻先贤位次，邵子亦同列。虽道之明晦先后有时，而推崇濂溪，实仲贯一奏肇其始。麟特详考端委，附载于编，以昭其希贤之美云。”[①] 彭玉麟的这段考证，补充了《濂溪志》中《历代尊崇典礼》只从封周敦颐“元”公讲起的不足，而将这种封典的酝酿过程也都寻绎出来，以说明“虽道之明晦先后有时，而推崇濂溪，实仲贯（李传道）一奏肇其始”，这就既充分表彰了前人尊贤之美，也体现了彭玉麟氏的希贤之美。

《希贤录》的下卷，则收录有关周敦颐墓的资料。《庐山志》有关周氏墓记载：“墓虽面莲花峰，而相去乃二十余里。弘治庚戌，九江守童潮始辑祠置田，以供祭祀，廖纪为记。后十四年，提学邵宝为请于道州，取先生裔孙周纶来主其祀焉。”[②] 此外，这一卷还收录了潘兴嗣的《濂溪先生墓志铭》《查取后裔赴九江守墓公檄》，傅楫的《重修墓祠增置祭田记》、廖纪的《重修濂溪先生墓记》、童潮的《濂溪祠墓记》、罗泽南的《修濂溪先生墓记》、彭玉麟的《重修周子墓碑记》、方宗诚的《谒周濂溪先生墓记》。

方宗诚在其《记》中，对彭玉麟既修墓又编《希贤录》的举措评价很高。他说：“予惟先生（指周敦颐）所著图书，发羲、文、周、孔之蕴奥，上缵颜、曾、思、孟之绪，下开二程、张、邵、朱子之先，论者谓为

① 王晚霞校注：《濂溪志·希贤录》，湖南大学出版社 2013 年版，第 823 页。

② 同上书，第 824 页。

三代以后圣人，虽毛、郑、董、韩皆不逮也。既从祀学宫，谥‘元公’，改称先贤，凡二十一行省府州县二千有余，有祀孔子之宫，即无不有先生之位，凡读孔子六经者，即无不读先生之书。且大孝尊亲，并其父亦得称先儒，而从祀启圣、肇圣五王（孔子的五代祖先）之下。先生之道，实与前圣冥契而无间；先生之神，殆与天地浑合而无迹，又岂拘拘于一墓之间哉！然而道不囿于器，亦不离于器，神固不滞于墓，而墓亦未始非神之洋洋如在者也。是以历朝祀典，凡先圣先贤祠墓之所，皆必令有司春秋致祭。盖帝王尊德重道之心，不如是不足以昭诚敬垂法则也。世之有司往往视为具文，且或不亲诣其地，渐至无知者毁伤其宰木，侵蚀其土地，堕坏其祠宇。呜呼！是何秉彝好德之良，竟有泯没无存者乎！然则彭公之所为，固足以发聋振聩，而为民牧者，其尚善养其懿德之好也。"[①] 方宗诚将陵墓与先贤之神的关系，比作道与器的关系，他说“道不囿于器，亦不离于器，神固不滞于墓，而墓亦未始非神之洋洋如在者也”，便将彭玉麟修周子墓与编《希贤录》这两件事的必要性与重要性都凸显了出来，并且统一了起来。

四 郭嵩焘定位定祀力赞诚神几

郭嵩焘（1818—1891），字伯琛，号筠仙。湖南湘阴县人。他是湘军创建者之一，最早带湘军出省作战，也是湘军的高参，曾力劝曾国藩和左宗棠出山与太平军作战，并最早提出练水师、征厘捐。郭嵩焘对周敦颐也是十分推崇的。他在很多著作或活动中，经常将周敦颐和王夫之并提，并且作了准确的定位。他在同治九年（1870）掌教城南书院时，就曾建船山祠于南轩祠之旁。他在所写的《船山祠碑记》中将周敦颐与王夫之作为湖南古代学术上的两大丰碑。他说：“自有宋濂溪周子倡明道学，程子、朱子继起修明之，于是圣贤修己治人之大法灿然昭著于天下，学者知所宗仰。然六七百年来，老师大儒，缵承弗绝，终无有卓然能继五子之业者。吾楚幸得周子开其先，而自南宋自今，两庑之祀，相望于学，独吾楚无之。意必有其人焉，而承学之士无能讲明而推大之，使其道沛然施显于

① 王晚霞校注：《濂溪志·希贤录》，湖南大学出版社2013年版，第830页。

世。若吾船山王先生者，岂非其人哉!”[1] 在《船山先生祠安位告文》中，郭嵩焘又说：“盖濂溪周子与吾夫子（指王夫之），相去七百载，屹立相望。揽道学之始终，亘湖湘而有光。”[2] 所谓“揽道学之始终”，是说周敦颐是宋明理学（道学）的创始人、奠基人、开山祖，而王船山则是宋明理学的总结者和终结者。这一认识，与当代学者的看法是一致的。光绪三年正月十六日，郭嵩焘驻英国大使馆，梦见周敦颐：“夜梦六人同席，旁一人指示：首座周濂溪（敦颐），次张横渠（载），次张南轩（栻），次韩持国（维），而韩稚珪（琦）坐席上方，与我相对。并古衣冠。予因问：‘濂溪、横渠俱在，而二程子及朱子不至，何也?’众亦无应者。醒时犹能辨其面貌，惟周子丰面，须不甚长，记忆为最清。”[3] 到英国当公使去了，还念念不忘周子，说明郭氏对周敦颐的深情和尊重。郭氏从英国回国后，于光绪七年（1881）创立思贤讲舍，并且成立禁烟公社，他与同人商定，每年在屈原、周敦颐、王夫之、曾国藩等人生日之时举行祭祀及讲演活动。周敦颐虽然早已从祀孔庙，但敦嵩焘将他与屈原、王夫之、曾国藩等人列为思贤讲舍的祭祀对象，则是为湖湘文化和湘学树立了一个纵向坐标。

郭嵩焘对周子的研几思想特别服膺。他在咸丰十一年（1851）的日记中说：“年来他无所得，惟于周子之言几，深悟其旨。圣贤处事，只重在一几字。所谓几者，动之微也。虽处一人，治一事，莫不有几焉。一失其几，而遂无以善其后。”[4] 郭嵩焘最为赞赏的是周子关于“诚、神、几”三者统一的思想。《通书》中对此有两段论述：“诚无为，几善恶。德，爱曰仁，宜曰义，理曰礼，通曰智，守曰信。性焉安焉之谓圣。复焉执焉之谓贤。发微不可见，充周不可穷之谓神。”“寂然不动者诚也，感而遂通者神也，动而未形、有无之间者，几也。诚精故明，神应故妙，几微故幽。诚、神、几，曰圣人。”郭嵩焘论“诚、神、几”时，偏重于“诚、神、几，曰圣人”一句话。相对于周敦颐的论述来说，郭嵩焘的论述有两点值得注意。

① 郭嵩焘：《郭嵩焘诗文集》，岳麓书社 1984 年版，第 512 页。

② 同上书，第 538 页。

③ 郭嵩焘：《郭嵩焘日记》第 3 卷，湖南人民出版社 1982 年版，第 150 页。

④ 郭嵩焘：《郭嵩焘日记》第 1 卷，湖南人民出版社 1980 年版，第 449 页。

其一，从周敦颐上述两段论述来看，其论“诚、神、几”偏重于个人的自我修养，而郭嵩焘则将它们推广为处理各种问题的一个重要方法论原则。最早将“诚、神、几”作为思想方法者，当推王夫之。他曾说：“诚斯几，诚几斯神。‘诚无为’，言无为之有诚也。‘几善恶’，言当于几而审善恶也。无为而诚不息，几动而善恶必审。立于无穷，应于未着，不疾而速，不行而至矣，神也。”① 可见，王夫之也更多的是从道德修养方法上立论的。郭嵩焘则不然，他将把握“诚、神、几”的关系，作为一种普遍的方法论原则。例如他说：“吾谓天下事无论大小，只是一个几。得几则势如破竹，不得几则寸寸抵牾，事劳而功不能半……周子曰：诚、神、几，谓之圣人……一失其几，则能者束手，而事端丛出，末路终无可观。”② 又说：“鄙人近数年颇有悟于《周易》言几之旨，以为道非诚不立，非几不行，事之大小，天下之治乱，皆有几者行其间，天也，固人也。”③ 显然，在郭嵩焘这里，是将《周易》之言几与周子之言几一例视之的。他说的“天下事无论大小，只是一个几”，“事之大小，天下之治乱，皆有几者行其间”，即都可以用《周易》或周敦颐论几的思想为指导去研究和解决。

其二，他用中国传统哲学关于体用关系的理论，分析了“诚、神、几”之间的关系：“周子之言曰：寂然不动者诚，感而遂通者神，动而未形有无之间者几。诚精，故明；神应，故妙；几微，故幽。诚、神、几，曰圣人。诚、神至矣，而言几者，非几则诚弗形，非几则神弗显也。诚，体也；神，用也。几者，动之微，体用之交，妙而通焉者也。”④ 又说：“周子言：诚、神、几，谓之圣人。诚者，本也；神者，用也；几者，介乎动静之间。大而治国平天下，小而处置一事，皆有几者存其间，顺之而得，逆之而失，其初甚微，其流而为功效，相去判然。近年见此理差明，故曰几，善恶判之以几而已。”⑤ 上面两段话中讲的“体”或“本”，就是中国传统哲学所说的“本体”；“用”则是指作用。郭嵩焘将诚视为本

---

① 王夫之：《船山全书》十二册，岳麓书社 1992 年版，第 403 页。
② 郭嵩焘：《郭嵩焘日记》第 1 卷，湖南人民出版社 1982 年版，第 351—352 页。
③ 郭嵩焘：《郭嵩焘诗文集》，岳麓书社 1984 年版，第 167 页。
④ 郭嵩焘：《郭嵩焘日记》第 1 卷，湖南人民出版社 1982 年版，第 499 页。
⑤ 郭嵩焘：《郭嵩焘诗文集》，岳麓书社 1984 年版，第 172—173 页。

体，这一认识是与王夫之一致的。王夫之也是将诚视为“实有”的。“神”则是事物运动变化的一种微妙状态。郭嵩焘讲“诚，体也；神，用也”，就是说世界的本体是“诚”，即“实有”，其作用则是诚的运动变化条理。这样，他便从唯物主义的立场对诚与神的关系作了解释。这一思想，显然是对张载和王夫之思想的继承。张载曾在《正蒙·太和》中说：“散殊而可象为气，清通而不可象为神。”对此，王夫之解释说：“太和之中，有气有神。神者非他，二气清通之理也。”郭嵩焘将诚、神的关系说成是体用关系，的确是对周敦颐、王夫之思想的发展，在此基础之上，他认真探讨和研究“介乎动静之间”的“几”，并以之作为自己一切行动的指南，就使他的思想和行动既具有唯物的基础，又具有辩证的基础。

（作者单位：湖南省社会科学院）

周敦颐何以被尊为理学鼻祖？

刘立夫　黄小荣

胡宏《通书序略》评周敦颐云："其功盖在孔孟之间矣。"[①] 这既是对周敦颐学术贡献的褒奖，同时也是对其作为理学鼻祖、道学宗主地位的肯定。宋明理学以恢复孔、孟之"道统"为务，而周敦颐"上承洙泗，下启洛闽"[②]，"绵圣传于不坠，振道统于中兴"[③]，实为孔孟之后第一人，堪称理学开山之师。

清人黄百家按云："若论阐发心性义理之精微，端数元公之破暗也。"则更进一步指出：周敦颐之所以被尊为理学鼻祖，其原因就在于他对于心性义理之学有首倡之功。元者，始也。周敦颐谥号之"元"可谓名副其实，恰如其分。

如此来说，周敦颐作为理学鼻祖似乎是一个不争的事实。但"阐发心性义理之精微"不是周敦颐对于理学的唯一贡献。周敦颐还是第一个践行孔颜之乐的理学家。二程跟随周敦颐学习之时，他即"每令寻孔、颜乐处"[④]，程颢颇得其趣，故常"吟风弄月以归"[⑤]，而这后来即成为宋明理学家的精神寄托，作为人生境界被反复讨论；周敦颐立足道学，但又不设藩篱，兼用三教，为儒家注入新鲜的血液，打破了长期以来儒家停滞不前、僵化的"经学"困局，真正开启了儒学的第二次生命。

---

① （宋）周敦颐：《周敦颐集》，中华书局 2009 年版，第 117 页。

② 同上书，第 1 页。

③ 同上。

④ 同上书，第 88 页。

⑤ 同上。

一 立“诚”为本，开理学心性论之先河

“诚”是《中庸》里最重要的概念。《中庸》说：“诚者，天之道也；诚之者，人之道也。”[①] 意即天按照“诚”的原则“化生”万物，所以说“不诚无物”[②]；而人既然继承了这个“诚”，即当成就之，这就是《周易》说的“继之、成之”的道理。就人言，“诚”实际上就是所谓“性”。人有凡圣，其性则一。圣人“不勉而中，不思而得，从容中道”[③]，这是“自诚明”的体现；而寻常之人则需要经过“教”的作用才能“诚之”，达到“明心见性”的地步，这叫作“自明诚”。所以，《中庸》里讲的“诚”毫无疑问是儒家最早的“心性论”。这种模式的根本特征是既以“天人合一”论证人性，又以“心性”作为“天人合一”的内在根据，从而为儒家“内圣外王”之道提供可能性论证——即由“尽人之性”而“尽物之性”，以至于“参赞天地之化育”。

然时势使然，孔子“罕言性与天道”。孟子虽提出了“四端”之说，但其说乃以“王道”为宗；荀子讲“性恶”，则完全偏离了“天人合一”的“心性论”模式，但他是为了论证“礼制”的必要性，当然也无可厚非。汉四百年，得一董子；唐三百年，又得一韩子，皆不足以继此往圣之“绝学”。董仲舒主张“性三品”之说，又以“中民之性”为“性”，固不可与“诚”相提并论；而韩愈不过在“三品”说中加入了“情”而已，其实质仍与董子无异。唯有李翱《复性书》可以说在一定程度上继承了《中庸》的“心性论”传统，但李翱以“灭情复性”上达《中庸》之“至诚”实在毫厘千里。总之，《中庸》而后，儒家所谓的“精微”之学渐趋于汩没。

更残酷的是，一方面是“儒门淡薄，收拾不住”，而另一方面则是释老的强势崛起。这让儒家知识分子感受到了巨大危机。韩愈搬出“家法”，大树“道统”之旗，试图以此来限制释老，但收效甚微。要而言

---

① （宋）朱熹：《四书章句集注》，中华书局 2011 年版，第 32 页。

② 同上书，第 35 页。

③ 同上书，第 32 页。

之，释老之所以在隋唐大放异彩，乃由于其有一套精致的“心性之学”，而不在于所谓的“法统”。特别是禅宗，其“心性”理论素以精密著称，不仅有完整体系，而且建立在“真如”的基础上，具有形而上的特征，更有普遍性和绝对性。佛老之崛起对传统儒学的冲击虽以“心性”最为突出，但绝不限于此，这种冲击是全方面的。韩愈对此有着十分清醒的认识，他说“释老之害过于杨墨”，实在是其肺腑之言。但他也是“有心杀贼，无力回天”，他的批佛始终都流于表面，因此不可能真正击垮佛教，挽救儒学。

宋初三先生，孙复、石介、胡瑗继续对佛教展开批判，但其路数仍旧还是韩愈那一套。无非还是以“夷狄之法”“悖乱王道”等方面入手进行批判。放到佛法“西来”已有千余年的宋代来说，这种批判恐太嫌肤浅。想对抗佛老之冲击，就不得不建立一套比之更加精致的形而上道德哲学，这已经成为一个时代之儒者的共识！

而最早进行这项工作的正是周敦颐。《通书·诚上第一》曰：“诚者，圣人之本。大哉乾元，万物资始，诚之源也。乾道变化，各正性命，诚斯立焉，纯粹至善者也。”这虽然还是一个非常粗鄙的“心性论”模式，但却与《中庸》一脉相承。诚，不仅是“圣人之本”，也是万物之“性命”，是人之为人的根本，其性质为“纯粹至善”。因此，“诚，五常之本，百行之源也”①，就是说，诚是一切德性、善行的本源。

当然，现实之人性，也有“刚柔善恶”之分。“刚善：为义，为直，为断，为严毅，为干固；恶：为猛，为隘，为强梁。”② 这是刚中之善恶二分；同样，柔中也有善恶二分，“柔善：为慈，为顺，为巽；恶：为懦弱，为无断，为邪佞”③。此处周敦颐谈及性之“刚柔善恶”并不与“纯粹至善”说相抵牾，因为这是就气禀说性，而不是就理说。不可否认，张载义理之性与气质之性，朱熹的理气之辨，都可以在周敦颐此说中找到根据。

周敦颐的“无极而太极”说也与“诚”有密切关系。一方面，周敦

① （宋）周敦颐：《周敦颐集》，中华书局2009年版，第15页。

② 同上书，第20页。

③ 同上。

颐把“太极”视为化生万物的根源；另一方面，周敦颐也把“寂然不动”归给“诚”——这使得“诚”具备了形而上的性格。朱熹的注解中更直言“诚即所谓太极也”[①]。大概在周敦颐的思想当中，“太极”这个范畴通常与“宇宙生成论”相关；而“诚”这个范畴则更多讨论的是“心性论”的内容。朱熹将二者合而为一，固然是他的一己之见，但是这至少表明他想从周敦颐那里为自己的学说——如“理一分殊”——建立根据。

在更早的二程，尤其是程颢那里，周敦颐的“诚”其实就已经被转化为“理”而出现过。虽然程颢对此予以否认，他说：“吾学虽有所授，天理二字却是自家体贴出来。”但是，理学中所谓的“理”或者“天理”与周敦颐“寂然不动者，诚也；感而遂通者，神也；动而未形、有无之间者，几也”[②]中的“诚、神、几”不完全是一回事吗？要说“自家体贴”，不过就是把“诚、神、几”三者统一于“天理”，如此而已。程朱之后，“天理”变成了宋明理学之中最核心的范畴之一。不仅程朱，就连陆王也是如此。程朱理学与陆王心学的分歧在于“心与理”是一还是二，一则心学，二则理学。

周敦颐既以“寂然不动”为“诚”的本性，遂提出了“主静”的修养学说。对于“动静”，周敦颐亦有独到的见解。他认为：“动而无静，静而无动，物也；动而无动，静而无静，神也。动而无动，静而无静，非不动不静也。”[③]也就是说，有两种“动静”：（一）物之动静，这种动静是“绝对的”，动就是动，静就是静，所以动时非静，静时非动。（二）神之动静，这是“太极”或“诚”化生万物的那种神妙作用，这种动静是“相对的”，是非动非静，既动既静，说不动是因为“神”的主体“诚”是不动的；说不静则是因为“诚”的作用“神”是感通的。也就是说，万物虽在变化，在其背后的根据是没有变化的。因此，周敦颐所主张的“主静”之说显然不是一味“静坐”，而是“以静御动”，实在就是“中和”二字。无奈的是，理学家们“半日静坐，半日读书”显然误会了周敦颐的本意。

---

① （宋）周敦颐：《周敦颐集》，中华书局2009年版，第13页。

② 同上书，第17页。

③ 同上书，第27页。

另外，周敦颐还提出“学圣之要”在于“无欲”。他论证说：“故无欲，则静虚动直。静虚则明，明则通；动直则公，公则溥。明通公溥。”① 所谓“静虚”就是内心“诚”的状态，所谓“动直”就是应用“神”的作用，惟“诚”能“神”，惟“明”可“通”，所谓“神通”就是应用无碍。简单来说，也就是一个人内心没有私欲杂念，大公无私，这样才能够事事处置得宜。周敦颐的“无欲”说后来以“存天理、灭人欲”的命题在理学中作为“金科玉律”而被继承。但同样很不幸的是，这种学说一旦被固化，就变成了不折不扣的思想禁锢，失去了其原本的积极意义。

综上可知，周敦颐的“诚本”论可以说是真正地开创了宋明理学心性之学的先河。而且此后，心性之学就一直都是宋明理学的绝对主旋律。

二　心胸洒落，第一个践行“孔颜之乐”的理学家

周敦颐对理学的另一重大贡献是践行“孔颜之乐”，他把“孔颜乐处”重新植入每一个儒家知识分子的心中。相较唐代文人之“热衷政治”而言，宋代文人是有操守的，有底线的，他们对于道德上的追求更高，这其中自有周敦颐的一份功劳，因为他给宋代知识分子安放了一个精神上的寄托，这就是“孔颜之乐”。

何谓“孔颜之乐”？“孔颜乐处”何在？《论语·述而》：“子曰：‘饭疏食饮水，曲肱而枕之，乐亦在其中矣。不义而富且贵，于我如浮云。’”《论语·雍也》：“子曰：‘贤哉，回也！一箪食，一瓢饮，在陋巷。人不堪其忧，回也不改其乐。贤哉，回也！’”由这两处的记载来说，所谓“孔颜之乐”至少不是物质生活上的富足，因为孔子和颜回都没有这个条件。当然，透过这两则记载，还可以确定一点，那就是“孔颜之乐”也不排斥富贵。面对贫困、拮据的生活现实，孔子“乐亦在其中”，而颜子则“不改其乐”，一个“亦”，一个“不改”，表明如果面对的是另一种截然不同的生活，孔、颜仍旧不失其“乐”。所以，孔子否定的只是“不义之富贵”，如果“富而可求也，虽执鞭之士，吾亦为之”（《论语·述而》），就是说对用正当手段可求之富贵，没有必要刻意排斥。

① （宋）周敦颐：《周敦颐集》，中华书局2009年版，第31页。

但到底什么是“孔颜之乐”，实际上一直是谜案。周敦颐对此的论述是：

> 颜子“一箪食，一瓢饮，在陋巷，人不堪其忧，而不改其乐”。夫富贵，人所爱也。颜子不爱不求，而乐乎贫者，独何心哉？天地间有至贵至爱可求，而异乎彼者，见其大、而忘其小焉尔。见其大则心泰，心泰则无不足，无不足则富贵贫贱处之一也。处之一则能化而齐。故颜子亚圣。①

周敦颐虽然提到了天地之间有一种不同于“富贵”的“至贵至爱可求”者，但对此仍未予明言。而只是说，相较于世间之富贵，这种东西更为贵重、更为可爱，能见此“大”，就可以“心泰而无不足”。说到底，还是搞不明白这究竟是个什么东西。值得注意的是，周敦颐同样说到了“无不足”则可“处富贵贫贱为一”，这表明他也认为“孔颜之乐”与财富无关，仅此而已。

周敦颐对“乐”还有另一种阐述，虽不直接涉及所谓“孔颜之乐”，但或许可以为此提供线索。

> 天地间，至尊者道，至贵者德而已矣。至难者得人，人而至难得者，道德有于身而已矣。求人至难得者有于身，非师友则不可得也已。②
>
> 道义者，身有之，则贵且尊。人生而蒙，长无师友则愚。是道义由师友有之，而得贵且尊，其义不亦重乎！其聚不亦乐乎！③

这里，周敦颐提到的“乐”似乎更像是一种师友之间交往、相处的快乐，跟人际关系息息相关。但实际上，这种“快乐”有更高层次的内涵。天地间，最可尊贵的是道德，人想得到道德是困难的，但有师友则一

---

① （宋）周敦颐：《周敦颐集》，中华书局2009年版，第32、33页。

② 同上书，第33页。

③ 同上书，第34页。

切皆有可能，所以，师友实际上承担了“圣人立教”之职能，在此意义上，周敦颐提出了师友相聚“不亦乐乎”！由此观之，周敦颐所谓的“孔颜之乐”一定是与“道德”相关的。但这种与“道德”相关的未必就一定局限于“内圣”。

关于“道”和“德”，周敦颐说：“动而正，曰道。用而和，曰德。”① 显然，至少在此处，周敦颐强调的是“动”与“用”，而非“静”与“体”。这也就是说，“道”“德”不仅是“内圣”的事情，而且还要将之落实到实际应用中去，虽未必是“外王”，但起码与个人的生存境遇有关系，其直接表现就是一种洒落、豁达的生活姿态。诚如黄庭坚之评价，“舂陵周茂叔，人品甚高，胸怀洒落，如光风霁月”②。“光风霁月”四字或可以说周敦颐之“孔颜乐处”万中的一二。

周敦颐践行“孔颜之乐”的生命实践，带有强烈的个人浪漫主义色彩。《宋史·道学传·周敦颐传》中，有一段话说：

> （周）敦颐每令（二程）寻孔、颜乐处，所乐何事？……故颢之言曰：“自再见周茂叔（敦颐）后，吟风弄月以归，有‘吾与点也’之意。”③

根据程颢的话，大致可见周敦颐令二程所寻之“孔颜乐处”是怎么一回事。所谓“吟风弄月”原本是一种生活情趣，但周敦颐似乎与“孔颜乐处”等同视之。当然，此处缺乏情境，理解起来难免有一些困难，不过大致可以肯定周敦颐让二程找寻的“孔颜乐处”，首先就是一种洒脱、随性、不受拘束的生活情趣。至于曾点“浴乎沂，风乎舞雩，咏而归”（《论语·先进》）的志向，还是不要过度解释的好，这活泼泼的就是生活，就是生命啊！

潘兴嗣在为周敦颐写的墓志铭中也说道：

---

① （宋）周敦颐：《周敦颐集》，中华书局 2009 年版，第 18 页。

② 同上书，第 87 页。

③ 同上书，第 88 页。

尝过浔阳，爱庐山，因筑室溪上，名之曰濂溪书堂。每从容为予言："可止可仕，古人无所必。束发为学，将有以设施，可泽于斯民者，必不得已，止未晚也。此濂溪者，异时与子相从与其上，歌咏先王之道，足矣！"①

这就更加证明了"自然之乐"是周敦颐"孔颜乐处"的重要内涵之一。周敦颐每与友人谈及至此，可见他对于"归隐"之事绝不是一时的心血来潮。但是，话又说回来，周敦颐认为最理想的还是"有以设施，泽于斯民"，不可乃止，故其只将希望寄托于"异时"，这又表明周敦颐仍然对"外王"放不下。更何况，即便是归隐，他也要在溪上"歌咏先王之道"呢。

也就是说，"自然之乐"是周敦颐所谓"孔颜之乐"内涵的一个重要方面，但不是唯一的方面；"孔颜之乐"还包括政治、社会方面的内涵，具体说，就是"圣人在上，以仁育万物，以义正万民。天道行而万物顺，圣德修而万民化"②。

必须要指出的一点是，即便是"自然之乐"，在周敦颐也不纯粹是一种审美，而是与伦理相关的道德活动，是人生伦理境界。惟其如此，这种"孔颜之乐"才有可能成为理学家们的精神寄托。于此意义上说，"孔颜乐处"，就是安贫乐道，随顺自然。《二程集》载：周茂叔窗前草不除去，问之，云："与自家意思一般。"所以，归根结底，这种洒落、豁然还是"自家意思"，是君子修养过程中追求的生命伦理境界。

三　不设藩篱，兼用三教

宋代学术之大势是三教合一，在这样的环境中周敦颐难免受到影响。但作为一个儒者，他最难能可贵的地方在于，他是以一种开放、包容、兼收并蓄的心态对待三教的，并没有局限于儒家门户，而对释、老横加指斥。

---

① （宋）周敦颐：《周敦颐集》，中华书局2009年版，第91页。

② 同上书，第23、24页。

甚至有学者把周敦颐当作道教传人。如胡宏在《通书序略》中就说："推其道学所自，或曰：'传太极图于穆修也，传先天图于种放，种放传于陈抟，此殆学之一师欤，非其至者也。'"① 关于周敦颐的道学受学于陈抟，胡宏虽然是借人之口说出来的，而且还认为这顶多也只是其学术的一个渊源，甚至还是比较次要的一个，但此说多少还是揭示了一些周敦颐与道教的因缘。宋朱震作《进周易表》，其中说道："濮上陈抟以先天图传种放，放传穆修……修以太极图传周敦颐。"② 大概胡宏所谓的"某人"就是指朱震吧。

而周敦颐在《题酆都观·读英真君丹诀》写道："始观丹诀新希夷，盖得阴阳造化机。子自母生能致主，精神合后更知微。"③ 根据学者考证，周敦颐提到的"希夷"恐怕并非"希夷先生"陈抟。但尽管如此，这首诗至少还是表明了两点：（一）周敦颐对于道教丹诀之类的学说是有研究的；（二）周敦颐所谓的"阴阳造化之机"与其在《太极图说》和《通书》中的"宇宙生成论"思想明显是相通的。

此外，周敦颐诗文见诸《周子全书》与道教有关的还有《题寇顺之道院壁》《题惠州罗浮山》《题酆州仙都观》等。在这几首诗中，周敦颐几乎都表露了对道家、道教"真心""真意""真风"的渴慕之情，其骨子里的"仙风道气"由此一览无余。这种"寄情山水"之真趣，构成了周敦颐独特的审美意境，也成为其寻"孔颜乐处"的一种外在方式。

当然，周敦颐的兼用三教，不止于此。对于道家、道教而言，周敦颐用得最多的元素要数《太极图》。周敦颐的《太极图说》是为了解释《太极图》而作，而"《通书》之言，皆发此图之蕴"④，就此而论的话，说周敦颐的学术根于道教亦无不可。《太极图说》中，周敦颐主要论证了由"无极而太极"以至于"二气五行""万物"的宇宙生成模式，这与《道德经》中"道生一、一生二、二生三、三生万物"的说法有异曲同工之处。《通书》则以"诚"说"太极"，谈的更多的是儒家的"性理""礼

① （宋）周敦颐：《周敦颐集》，中华书局2009年版，第117页。

② 同上书，第137页。

③ 同上书，第69页。

④ 同上书，第44页。

乐"，但其中仍有"二气五行，化生万物"① 等对宇宙生化的论述。从《太极图说》到《通书》，周敦颐实现了"太极"到"诚"的转化，这也正体现了其思想融通儒道为一体，而兼取并用的特点。

周敦颐与佛教的关系也很紧密。明代黄绾说："宋儒之学，其入门皆由于禅。濂溪、明道、横渠、象山由于上乘，伊川、晦庵皆由于下乘。"此说未免夸张。但宋人参禅之风盛行确是历史事实，宋代文字禅的兴起也与士大夫学禅有很大关系。根据资料记载，周敦颐确实与当时的很多禅师都有交往，甚至师事之。所谓的"茂叔穷禅客"，不管是把"穷禅客"理解为周敦颐的自称，还是把"穷"当作动词释为"穷诘"，都是周敦颐交往禅师的有力证据。

在周敦颐交往的诸多禅师中，尤其以鹤林寿涯、黄龙慧南、晦堂祖心、佛印了元、东林常总等值得注意。周敦颐开理学之先，与这几位禅宗大德有莫大关联。

（1）鹤林寿涯

周敦颐师事寿涯，其事见于《鹤林寺志》："宋寿涯禅师，与胡武平（宿）、周茂叔交善。茂叔尤依寿涯，读书寺中，每师事之，尽得其传焉。"《佛祖纲目》亦说："周子（敦颐）之传，出于北固寿涯禅师。"《清凉山志》："茂叔所由得窥心性之学者，以从东林、寿涯二禅师游。"三说可互印证，大概此事无差。

以上三说虽然都提到周敦颐所学是由寿涯所传，但对师徒授受的内容却都没有交代，仅《清凉山志》以"心性之学"四字概括。《空谷集》却认为周敦颐自寿涯处接受的秘传正是《太极图》，并且还造出了一个《太极图》的传授"法统"：国一道钦、鹤林寿涯、麻衣道士、陈抟、种放、穆修、周敦颐。《太极图》是讲宇宙生成的，并非心性之学，因此《清凉山志》与《空谷集》二说对应不上。姑且不论这个，就是《空谷集》所谓的"法统"也是很成问题的，其中既有和尚，又有道士，最后竟然又传到周敦颐这个大儒手里，试问这种"法统"又有多少可信度呢？

但无论如何，寿涯之于周敦颐，肯定是有影响的。这个影响到底是什么呢？如果说以上所引文献都是出自佛教徒之手，只是单方面的说辞，难

① （宋）周敦颐：《周敦颐集》，中华书局2009年版，第32页。

免有失偏颇，为求“兼听则明”，那不妨读一读儒门中的“批佛斗士”欧阳修的《解惑篇》：

> 濂问太极图之所由，总（常总）曰：竹林寿涯禅师，得国一禅师之心传，其来远矣！非言事物，而言至理。当时建图之意，据吾教中，依空立世界，以无为万有之祖，以无为因，以有为果，以真为体，以假为用，故云：无极之真，妙合而凝。①

根据欧阳修所说，周敦颐从寿涯那里学到的最主要的还是“无极之真，妙合而凝”的宇宙生成论。当然，周敦颐的宇宙生成理论与心性修养理学本来就是互通的，至于是受学于人，还是“独心得之”，这就不得而知了。

总之，周敦颐师事寿涯的事不会假，至于他所学之内容，则主要有“心性之学”与“宇宙生成”两种说法。这两种说法，都有一定的可信之处，但还需要进一步研究。

（2）黄龙慧南、晦堂祖心

周敦颐曾经就“教外别传”请教过黄龙慧南，且与慧南的俗家弟子潘兴嗣为友。慧南对周敦颐的一大启发就是“孔颜乐处”。欧阳修《解惑篇》载：

> 濂初扣黄龙南禅师教外别传之旨，南谕濂，略曰：只消向你自家屋里打点，孔子谓朝闻道，夕死可矣！毕竟以何为道，夕死可耶？颜子不改其乐，所乐者何事？但于此究竟，久久自然有个契合处。②

禅宗有“教外别传”的说法。慧南这里指点周敦颐，把禅宗“教外别传”与儒门“孔颜乐处”放在一起说，是因为此二者都是不能在言语上过多执着的，而只能意会，都是一种非常高妙、神奇的内心精神境界。

对于以上“公案”的主人公之一是否慧南还有一种说法，即周敦颐

---

① （宋）欧阳修：《解惑篇》，《嘉兴藏》第35册，第459页。

② 同上。

参的不是慧南，而是其徒弟晦堂祖心。比如《宗统编年》《居士分灯录》《古今图书集成选辑（下）》等都认为周敦颐参的是“晦堂祖心”；而包括《解惑篇》在内，《归元直指集》《吹万禅师语录》《空谷集》《庆忠铁壁机禅师语录》《尚直编》等文献则认为是“黄龙慧南”。有此异说，这大概是周敦颐与慧南和祖心师徒两人皆相交好所致。

因为有以上因缘，所以周敦颐自己尝谓：“吾此妙心，实启迪于黄龙。”①

（3）佛印了元

与周敦颐交往的另一个著名禅师是佛印了元。周敦颐居庐山时曾谒佛印禅师。《居士分灯录》：

> 时佛印了元寓鸾溪。颐谒之，相与讲道。问曰：天命之谓性，率性之谓道。禅门何谓无心是道？元曰：疑则别参。颐曰：参则不无，毕竟以何为道。元曰：满目青山一任看。颐豁然有省。一日忽见窓（窗）前草生。乃曰：与自家意思一般。以偈呈元曰：昔本不迷今不悟，心融境会豁幽潜。草深窓外松当道，尽日令人看不厌。遂请元作青松社主。以媲白莲故事。颐尝叹曰：吾此妙心，实启迪于黄龙，发明于佛印。②

这样看来，佛印对周敦颐的“发明”主要也是“心性”境界方面的开发。这种境界实际上仍然还是“孔颜乐处”，首先要做到心境交融，其次才有草深松翠不厌看的“乐处”。

（4）东林常总

周敦颐与东林常总交游的史料最为丰富。据《性学指要》说，周敦颐随常总交游日久，但罔知所入，找不到门径，于是常总便姑教之以“静坐”之法。没有想到，一月左右，周敦颐就有所见，还写了一首偈子呈给常总看，说：“书堂兀坐万机休，日暖风和草自幽。谁道二千年远事，而今只在眼睛头。”常总对此加以肯定。周敦颐在《太极图说》中提

① 《居士分灯录》，《续藏经》第86册，第600页中。

② 同上。

出的“主静，立人极”可能受到常总的影响，但“书堂兀坐万机休”式的“静”显然不是其一贯强调的“动而无动，静而无静”“非不动不静”之“静”。

另外，《居士分灯录》当中周敦颐与常总二人对性理的讨论也很有价值，要引起注意。

> 周敦颐又叩东林总禅师。总曰：吾佛谓实际理地即真实，无妄诚也。大哉乾元，万物资始，资此实理。乾道变化，各正性命，正此实理。天地圣人之道至诚而已。必要着一路实地工夫，直至于一旦豁然悟入。不可只在言语上会。又尝与总论性及理法界、事法界，至于理事交彻，冷然独会。遂著《太极图说》，语出自东林口诀。颐尝叹曰：吾此妙心，实启迪于黄龙，发明于佛印。然易理廓达，自非东林开遮拂拭，无繇（由）表里洞然。

不难发现，常总禅师对“实理”“至诚”的说法与周敦颐在《通书》中简直如出一辙。不过，据此就说《太极图说》“语出自东林口诀”，则未免有点言过其实。周敦颐“是万为一，一实为万”① 的说法确实容易让人联想到华严之“一即一切，一切即一”的表述，而且材料中也明确说到周敦颐尝与常总论及“性及理法界、事法界，至于理事交彻”等议题，故不妨推测，周敦颐所谓“表里洞然”即是指此而言。至此，常总对周敦颐的性理之说的影响已经显而易见。

周敦颐学通三教，兼收并用，不仅开启了宋明理学以心性立教的新方向，恢复了自孔孟以来断绝的儒家“道统”，而且还致力于践行“孔颜之乐”，建立儒家知识分子博大宽广的心灵境界。他为一代学人无着落的精神世界找到了安顿之所，也为后代理学家们树立了一个真正“胸怀洒落”的学者典范。周敦颐被尊为“理学鼻祖”，当名至而实归。

（作者单位：刘立夫，中南大学哲学系；黄小荣，中南大学 哲学系）

---

① （宋）周敦颐：《周敦颐集》，中华书局2009年版，第32页。

四　周敦颐行迹与交游

周敦颐与罗田濂溪阁

刘范弟

有关周敦颐的纪念性建筑物，以“濂溪”命名的最为普遍，其类型有濂溪祠、濂溪书院和濂溪阁等。检索《四库全书》史部地理类的文献（正文，不含注释），在这三种类型的纪念性建筑物中，濂溪祠共有记录64处，除去重复者为27处，分布在北京，江西星子（庐山下）、九江、南昌、赣州、袁州（今宜春）、萍乡、万安、雩都（今于都县），湖南道州（今道县）、零陵（今永州）、祁阳、永明（今江永县）、郴州、桂阳（今汝城县）、江华、邵州（今邵阳），湖北武昌，江苏苏州、无锡、镇江、盱眙，福建南靖，广东韶州（今韶关）、肇庆、高要，四川合州等地；濂溪书院共有记录63处，除去重复者为20处，分布在江西星子（庐山下）、九江、赣州、南安（今大余）、萍乡、崇仁，湖南道州（今道县）、零陵（今永州）、永明（今江永县）、郴州，湖北武昌，广东广州、韶州（今韶关市曲江区）、高要、四会、阳江、程乡（今梅县）、德庆，四川合州，广西浔州（今桂平）等地；濂溪阁共有记录9处，除去重复者为2处：一在湖南桂阳（今湖南汝城县），一在江西雩都（今江西于都县）。[①] 学界对濂溪祠和濂溪书院已有注意，研究周敦颐的专著对之或多或少都有论述或提及，也有专门文章对此进行过研究[②]；而濂溪阁，则至

---

① 文渊阁《四库全书》电子全文检索版，上海人民出版社、迪志文化出版有限公司1999年版。

② 李才栋：《周敦颐与濂溪书院》，《江西教育学院学报》1993年第3期；夏剑钦：《湖湘濂溪书院考略》，载欧阳海波主编《理学思想与人文汝城》，湖南大学出版社2013年；王晚霞：《濂溪祠堂考》，《南昌大学学报》（人文社科版）2011年第6期。

今尚未见有对之进行考察论述的。有鉴于此，本文将对濂溪阁作一考察，聊为抛砖云尔。

一

四库所收雍正《江西通志·山川志》载："罗田岩，在雩都县南五里，一名善山，两旁岩岫空洞交通。宋嘉祐间，周元公敦颐倅虔，游此赋诗。县令沈希颜因建濂溪阁。"① 同书卷四十二《古迹·赣州府》："濂溪阁，在雩都县南五里善山上，宋周敦颐倅虔时曾游此赋诗，邑令沈希颜因建此阁。"这就是最早出现的濂溪阁，位于江西赣州府雩都县南五里的罗田岩，罗田岩又名善山。

以上雍正《江西通志》载明了濂溪阁所在的地点、修建的缘起和创修者的姓名身份，但对修建年代却没有交代。

最早记载雩都罗田岩濂溪阁修建始末的是南宋度正为周敦颐所做的年谱（年表）。明代万历年间永明（今永州市江永县）知县胥从化所编刻的《濂溪志》，其卷三收了度正所撰的《（周敦颐）年表》，其云："（嘉祐）八年癸卯（1063），先生年四十七。正月七日，行县至雩都，邀余杭钱建侯拓、四明沈几圣希颜游罗岩，题名，并有诗刻石。沈公者，邑令也，因建濂溪阁于善山，顶有高山仰止亭。"②

清道光己亥（1839）年周浩所编《濂溪志》卷三亦为周敦颐年谱③，其所载雩都罗田岩濂溪阁创建始末与以上胥从化《濂溪志》全同。此外，清道光二十七（1847）年邓显鹤编刻的《周子全书》卷首的周敦颐年谱，以及近年出版的几种有关周敦颐著作所附的度正周敦颐年谱（年表），如周文英所编《周敦颐全书》、梁绍辉所撰《周敦颐评传》，其所载雩都罗

① 雍正《江西通志》卷十三《山川七·赣州府》，影印文渊阁《四库全书》本，台湾商务印书馆1986年版。

② （明）万历癸卯（1593）永明县知县胥从化编订，道州儒学署学正事谢贶编校，训导刘报国同校：《濂溪志》卷三《年表》（万历癸巳刻版），王晚霞编：《〈濂溪志〉八种汇编》，湖南大学出版社2013年版，第17页。

③ 此《濂溪志》道光己亥（1839）年刻，为爱莲堂藏版，国内部分图书馆有藏，已收在王晚霞所编《〈濂溪志〉八种汇编》中。

田岩濂溪阁创建始末亦与胥从化《濂溪志》全同。[①]

据年谱，周敦颐于嘉祐六年（1061）通判虔州（今江西赣州），作为知州的副手，他勤于政事，时常下到下面各县巡查。嘉祐八年（1063）正月初七，周敦颐“行县至雩都”。他这次来雩都，具体有什么事务年谱没说，也从来没有人注意到这点。有一件事值得注意，就是周敦颐此次在雩都公余邀了钱拓、沈希颜两人同游罗田岩。据年谱和有关方志，沈希颜的身份是雩都知县，他于周敦颐到雩都“行县”的嘉祐八年上任；钱拓也是雩都知县，他正好上任于此前的嘉祐七年。[②] 这前后两位雩都知县怎么都在此时此地一起陪上司游罗田岩呢？周敦颐于嘉祐八年正月初七来到雩都，而年谱当日记事已明确说“沈公者，邑令也”，可见沈希颜嘉祐八年正月初七已是知县，那么他上任的具体时间只能是正月初一到初七这几天；而钱拓嘉祐八年正月初七还在雩都与沈希颜陪周敦颐游罗田岩，他卸任雩都知县也只能在这几天。由此可以断定，周敦颐是为了新旧知县的交接而来雩都的，当然也有顺便检查工作的任务，说不定周敦颐就是与沈希颜一同到达雩都，并在当日主持见证了钱拓、沈希颜新旧知县的交接工作。

交接公事完毕之后，周颐敦心情愉快轻松，于是“邀余杭钱建侯柘（拓）、四明沈几圣希颜游罗岩”，与雩都新旧两位知县一起前往罗田岩游玩。一个“邀”字，体现了他以交接工作主事人的身份，在严肃的正事办完之后，让两位属下放松一下的意图。

在周敦颐游罗田岩之前，此岩并不十分有名，基本上没有什么著名学者和官员至此游赏，更谈不上有什么题刻了，直到北宋开宝年间，此地才有了一所像样的寺院。嘉靖《赣州府志》记载：“罗田（岩），（雩都）县南五里，一名善山。岩祟可二丈，深视祟杀之。两旁有岩相通，其形如虎，内凿茶灶汤炉，流觞曲渠，峭壁悬崖。旧云岩本虎穴，陈末（天）嘉中，有僧庐其上，虎不复出。宋开宝僧复创华严禅院，既废。周濂溪倅

① 周文英编：《周敦颐全书》，江西教育出版社 1993 年版，第 15 页；梁绍辉：《周敦颐评传》，南京大学出版社 1994 年版，第 438 页。

② 嘉靖《赣州府志》卷七《秩官·雩都·宋·知县事》：“钱柘（拓）建侯，嘉祐七年任；沈希颜几圣，浙江四明人，嘉祐八年任。”康熙《雩都县志》卷之五《职官志·宋·知县事》：“钱柘（拓），字建侯，嘉祐七年任；沈希颜，字几圣，嘉祐八年任。”

郡，有诗。”（嘉靖《赣州府志》卷二《山川·雩都》）

周敦颐的到来，使罗田岩开始有了名气。据年谱，当日周敦颐“游罗岩，题名并有诗，刻石”，可见当天他的游兴很高，不仅在此留下了题名，还写下了一首诗。他的题名和诗作当即或过后不久都被镌刻在罗田岩上。其诗题为《行县至雩都邀余杭钱建侯拓四明沈几圣希颜同游罗岩》，诗云：“闻有山岩即去寻，亦跻云外入松阴。虽然未是洞中境，且异人间名利心。”①

当时同游的钱、沈两位知县于此诗未有和诗，但后来和者不少。康熙《雩都县志》所载的即有李涞的《追和罗岩周元公韵》：“天外幽奇不厌寻，紫萸黄菊正崖阴。山僧窃听匡时话，也识生平报国心。”管奏韺的《罗岩谒周元公先生次壁间韵二首》：“（其一）先贤遗迹杳何寻，庭草青青满地阴。忽忆当年无极思，天心秋月到君心。（其二）庭前古柏旧千寻，无复高人憩夕阴。我欲层崖留信宿，白云肯住此间心？”曾绍裕的《谒周元公祠追和原韵》：“孔颜乐处曾经寻，庭草春深满地阴。最是旷怀潇洒境，风来水面月天心。”（康熙《雩都县志》卷之十二《纪言志·诗·七言绝》）同治《雩都县志》又增加了几首：沈璇《罗田岩追和周元公韵》：“罗田崔巍高几寻，谁家书屋伴松阴。满庭芳草春无限，都属濂溪造化心。”邱懋原《游罗田岩次周元公韵》：“苍苍岩谷柏千寻，松竹参差间绿阴。一自元公歌啸后，风光月霁快人心。”邱光世《罗田岩和周元公韵》：“丹岩九折足幽寻，绕径松篁洒绿阴。遥想当年庭草翠，静观是处见天心。”段彩《谒周元公祠追和原韵》：“个中消息耐人寻，缓步登临穿绿阴。风满池塘秋水老，源头活水漾莲心。”曾大忠《谒周元公祠追和原韵》：“卓绝芳规何处寻，徘徊崖壑半晴阴。拜瞻道貌衣冠古，一束苹蘩写素心。”宋启忟《游罗田岩次周元公韵》：“遗迹千年何处寻，荒凉有阁树阴阴。书生好说孔颜乐，休逊老僧入定心。”（同治《雩都县志》卷之十五《艺文志·诗·七言截（绝）》）

据年谱，“沈公者，邑令也，因建濂溪阁于善山顶”，看来，新任雩都知县沈希颜陪同周敦颐游赏罗田岩后，不仅将周敦颐的题名及诗作镌刻

① 梁绍辉、徐荪铭等点校：《周敦颐集》（湖湘文库本），湖南人民出版社2007年版，第132页。

于此，还在此后不久为之兴建了纪念性的建筑——濂溪阁。沈希颜嘉祐八年（1063）正月开始担任雩都知县，接替其职务的张宗谔于治平三年（1066）到职[①]，沈希颜任雩都知县有三年多近四年，他有充分的时间修建濂溪阁。

沈希颜，身后入祀雩都县名宦祠（康熙《雩都县志》卷之七《祠祀志·名宦祠》），康熙《雩都县志·名宦志》中有其小传："沈希颜，字几圣，四明人，嘉祐中任。质性谦和，廉直公恕，三年，百废俱兴，吏民畏怀。邑有妖禽，夜啼甚哀，希颜题曰：'此处离朝路几千，为官不取半文钱，平生不养无情鸟，遮莫妖禽夜哭天。'诘旦，禽遂去。县西峡路崎岖，希颜鸠工开道，往来便之。及代，王鸿作序送之，其略曰：'督赋以宽，决狱以敏，处己以廉，御吏以法，明足以照欺弊，威足以服奸顽。民有争讼，一切教谕，使辨曲直。有罪立遣，无及蔓延，邑居恬安，不挠不烦。治邑三年，风和雨顺，灾沴不生，寇窃潜消，公私饶裕，百废俱兴，教黉有经，齐民化迁。'鸿，隐君子，不妄许可，盖实录云。"（康熙《雩都县志》卷之六《名宦志·宋》）

小传中说到他在雩都的政绩，无非是"兴学劝农，平讼宽赋……县西峡路崎岖，希颜鸠工开道，往来便之"，加上一件写诗驱除"妖禽"的事，没有什么太突出的；如果他真是创建了濂溪阁，其小传中为何对之不着一笔呢？

我们知道，周敦颐在世时其声名并不显著，其为人所尊崇是在朱熹大力推崇和宋理宗的褒彰之后，纪念彰表他的建筑物如濂溪祠、濂溪书院等此后才开始纷纷出现，这已是他身后一百多年了。如果雩都罗田岩濂溪阁真是沈希颜所创建，那在濂溪学史上就应当是一个具有重大意义的事件。因为这件事情说明，早在周敦颐逝世前十年左右，就已经有纪念彰表他的建筑物开始出现，周敦颐的思想在他在世时的影响，我们就要对之重新评估，理学史或许也要加以改写了。

此外，从年谱"沈公者，邑令也，因建濂溪阁于善山，顶有高山仰

---

① 嘉靖《赣州府志》卷七《秩官·雩都·宋》："沈希颜几圣，浙江四明人，嘉祐八年任；张宗谔，治平三年任。"康熙《雩都县志》卷之五《职官志·宋·知县事》："沈希颜，字几圣，嘉祐八年任；张宗谔，治平三年任。"

止亭”之文看，这“高山仰止亭”也是一座纪念周敦颐的建筑，且从文意看，这高山仰止亭并非沈希颜所建，似乎之前就已存在了，这当然是不可能的。这就令人不得不对年谱关于“沈公者，邑令也，因建濂溪阁于善山，顶有高山仰止亭”的记载产生怀疑。

二

查康熙《雩都县志》关于罗田岩和濂溪阁的记载，我们看到了如下记载：“罗田岩，距县五里，一名善山。两旁有岩相通，古称华严禅院，左为仕学山房（屋），岩下右曰观善岩，阳明先生题笔，邑孝廉何春所辟也。周濂溪先生倅虔时游此，有诗，明罗文恭大书刻石壁上。故有濂溪阁，顶有高山仰止亭。”（康熙《雩都县志》卷之一《舆地志·山川》）“濂溪阁，在罗田岩右，宋嘉熙庚子知县周颂建。明知县羊修、刘昌祚相继重修。邑人黄弘纲、李涞记。”（康熙《雩都县志》卷之三《营建志·楼阁》）

以上所记关于濂溪阁的信息，前一条未载创建者为谁，创建时间亦付阙如；第二条则对创建者和创建时间记载得清清楚楚。创建者为知县周颂，创建时间为宋嘉熙庚子，也就是南宋理宗嘉熙年间的庚子年，即嘉熙四年（1240），这时已是南宋理宗于嘉定十三年（1220）赐谥褒崇周敦颐[①]的二十年之后。

同时此条记载还将其所据的资料来源作了交代：“邑人黄弘纲、李涞记。”

黄弘纲，“字正之，西一坊人，正德丙子科，以诗经中式第七名。任汀州府推官，升刑部主事”（康熙《雩都县志》卷之八《选举志·举人·明·黄弘纲》）。“学者称为洛村先生……自幼志迈越，甫读书，便能通会大意，既长就乡塾，教以举业文字，弘纲曰：‘雕虫小技，壮夫所耻，吾儒之学，须以圣贤为归耳。’于是苦心刻索，必欲追其微茫而探其元始。

---

① 《周元公集》卷五《历代褒崇》：《宋嘉定谥濂溪先生议》：“嘉定十三年六月二十二日，赐谥曰元。监司博士谨按谥法：‘主善行德曰元。’先生博学力行，会道有元，脉络贯通，上接乎洙泗，条理精密，下逮乎河洛，以元易名，庶几百世之下，知孟氏之后明圣道，必自濂溪始。”影印文渊阁《四库全书》本，台湾商务印书馆 1986 年版。

久之，曰：‘圣贤千言万语，大要不越主敬二字。’……正德丁丑，王守仁讲学虔台，弘纲归，自计偕往谒而执贽焉。甫三日，忽悟心理合一之旨，益信圣人可学而至……卒后配祀阳明祠，又合祀于濂溪祠。所著有《洛村集》行世。”（康熙《雩都县志》卷之九《乡贤志·理学·明·黄弘纲》）由此可知他是明朝正德丙子（1516）科中第七名的举人，担任过汀州府推官、刑部主事等官职，是王阳明的学生，于周敦颐、王阳明之学深有体会而“悟心理合一之旨”，学人尊之为“洛村先生”，有《洛村集》行世，死后“配祀阳明祠，又合祀于濂溪祠”。

李涞，“字源甫，二坊人，登隆庆五年张元汴榜，授宝应知县，升户部给事中，转山东佥事、广西参议、苏松兵备副使，以外艰归。服阕，复除原官，擢巡抚应天等府、右佥都御史，寻告归。万历二十一年十月，以原官起巡抚保定等府，提督紫荆等关”（康熙《雩都县志》卷之八《选举志·进士·明·李涞》）。“家贫，刻苦读书，屏迹罗岩，屡月不至城下，为文能自竖一家……嘉靖丁卯举于乡，辛未登进士，授宝应令。宝应故水乡，会大水，庐荡析，一望皆白。涞自携疏□，循行阡陌间，践冰霜，沐风雨，衣敝面垢，不顾。垦辟疏瀹，不遗余力，民赖以生活……七年，赴召，老稚攀辕遮哭，送至数百里……丁丑，拜户部给事中……出为山东佥事，再迁广西参议。居粤西四年，嚼菜饮水，一如宝应。提纲饬纪，未始一日懈弛……进宪副，饬苏松四郡兵事诸役……甫两月，闻封翁讣，即日徒跣归，哀毁骨立。既葬庐墓下，免丧，再补旧地……已，超拜中丞，抚江南十郡……先后在吴五年，所御一冠一衿一布一被不更置，郡邑亦无敢以一登豆荐者……以母老乞养，奉旨予告。既归，日愉匕奉母，孺人欢。月会邑中同志，讲明朱子德性问学之旨，嘉惠后学。文章原本性命，虽谈笑题咏，皆关理道。癸巳，起抚保定、提督紫荆等关，念太孺人春秋高，力辞不就。家居，每食惟煮豆为下箸物，帷敝不能更，制物纸补之。庚子，居太孺人之丧，四方来吊者，至不能治蔬具。麻衣蓝缕，朝夕不解，遂抱痛致疾，未及禅服而卒。万历三十五年，督学副使姜檄郡邑有司崇祀乡贤。所著奏议、文集、语录，藏于家。”（康熙《雩都县志》卷之九《乡贤志·行业·明·李涞》）由此可知他是嘉靖丁卯（1567）科举人和隆庆辛未（1571）科进士，历任宝应知县、户部给事中、山东佥事、广西参议、苏松兵备副使、巡抚应天等府、右佥都御史等官职，是一位干实事和亲民的好官，也是一位有成就的学者。

由前引康熙《雩都县志》对濂溪阁的有关记载，我们得知黄弘纲、李涞两人都写有关于濂溪阁兴建沿革的记文，查康熙《雩都县志·纪言志》（艺文志），黄弘纲、李涞二人的《重修罗田岩濂溪阁记》赫然在焉。

黄弘纲《重修罗田岩濂溪阁记》云："雩都罗田岩濂溪阁者，祠濂溪、明道、伊川三先生暨武穆岳公、阳明先师也，创始于宋邑令周公颂，续建于明太府邢公珣，至督学蔡公克廉，乃檄有司并五先生列之祀典。因其半毁而增辟之，视其未备而加饬之者，佥宪沈公谧、今邑令羊公修也。庆历间，濂溪先生通判我虔州，尝有游罗田岩诗。于时大中程公令兴国遣明道、伊川见所谓周茂叔者，疑即其时。按岩刻：'嘉熙庚子，濂溪阁成，勒先生诗。'闻其风则思过化之所钟，而况亲炙之者与？岩亦为黄龙禅师经行地。武穆公提兵平贼，至固石洞，访黄龙于岩，有作宫冢。罗公洪先为书而刻之石。督学公首三先生及武穆矣，并述阳明先师倡学虔台及门诸生雩独多于他邑，合五先生而祀于一堂，且曰：'道德忠贞，其揆一也。'故佥宪公辟为三室，同宇中妥三先生，左武穆，右阳明，春秋举祀，仍合而享之。"①

据黄弘纲此记，"雩都罗田岩濂溪阁者……创始于宋邑令周公颂"，其根据是"按岩刻'嘉熙庚子，濂溪阁成'"；但记中所云"岩刻'嘉熙庚子，濂溪阁成'"，只是说明了濂溪阁是嘉熙庚子年建成的，并未说是邑令周颂创建了此阁。

李涞《重修罗田岩濂溪阁记》则明确指出了此点："雩岩洞故多奇，惟罗（田）岩最著，则以濂溪先生游也。先生游故有诗，宋邑令周公颂所记'嘉熙庚子，濂溪阁成，勒先生诗'者是也……考年表，庆历甲申先生为南安司理……至嘉祐辛丑，先生始以国子博士通判虔州，又二年癸卯，先生行县至雩都，邀余杭钱公建侯、四明沈公希颜游罗岩，正月七日赋诗刻石而归。"② "宋邑令周公颂所记'嘉熙庚子，濂溪阁成，勒先生

---

① 黄弘纲：《重修罗田岩濂溪阁记》，康熙《雩都县志》卷之十四《纪言志》，此文又收在雍正《江西通志》卷一百三十《艺文·记九·明》中，文字稍有删节。

② 李涞：《重修罗田岩濂溪阁记》，康熙《雩都县志》卷之十四《纪言志》，此文又收在雍正《江西通志》卷一百三十三《艺文·记十二·明》中，文字稍有删节。

诗’者是也”之句，明确指出濂溪阁落成后周颂为此写了一篇记，且据黄弘纲记中所说“按岩刻‘嘉熙庚子，濂溪阁成，勒先生诗’，闻其风则思过化之所钟，而况亲炙之者与?”之意，周颂所作之记当时即已镌刻岩上。

由此可见，黄、李二记所言濂溪阁是由南宋雩都县令周颂于嘉熙庚子年创建当为事实，创建者周颂在阁成之后所作并刻在岩上之记，黄、李二人写作记文之时还可见到（可能已剥蚀不少，并非完璧)。

罗田岩濂溪阁的创建者周颂，“字叔成，儒林郎，庐陵人，嘉熙二年任。尝砌大成殿，修雩山庙，撰《雩都志》”（康熙《雩都县志》卷之五《职官志·宋·知县事》)。其小传收在康熙《雩都县志·名宦志》:“周颂，字叔成，嘉熙二年任知县，施为缓急，具有条理，实心惠民，四时晏然。始撰雩志，所著风俗、学校、人才、坊郭、科目、兵制、财赋诸论，俱切于雩。”（康熙《雩都县志》卷之六《名宦志·宋》）据此知周颂是一位热心地方文化建设的官员，他在雩都主要业绩有“砌大成殿，修雩山庙，撰《雩都志》”等，对雩都宗教文化和地方史志建设有一定贡献，特别是他撰著的《雩都志》，可算是雩都较早的一部县志了。[①] 因为在其他部分已对周颂创修濂溪阁作了介绍，故康熙《雩都县志》其小传中这一业绩就被省略未记。

罗田岩濂溪阁最初是专为纪念周敦颐而建的，同时还兼有供文人雅士登临观玩的作用，随着官方意识形态中周敦颐的尊隆地位不断提高，官方祭祀周敦颐的仪式也在此进行，濂溪阁最终就与濂溪祠合而为一了，到后来就被径称为濂溪祠。康熙《雩都县志·祠祀志》对此说得很清楚:“濂溪祠，即罗田岩濂溪阁。祀周濂溪先生，以程明道、程伊川二先生配，以先生尝讲学于此。宋嘉熙庚子知县周颂建。明嘉靖乙巳提学蔡克廉至岩，阅武穆、阳明题刻，乃檄知县许来学并祀之，以春秋仲月致祭。”（康熙《雩都县志》卷之七《祠祀志·先贤祠》）但康熙《雩都县志》的《营建志·楼阁》类中则是将其作为纯粹的楼阁来记载的，将其与龙门阁（回

① 前此有《雩都图经》，康熙《雩都县志》卷之五《职官志·宋·知县事》载:“邱钦若，奉议郎，绍兴二十三年任，尝著《雩都图经》。”

濂阁）并列在一起[①]；在乾隆《雩都县志》里，濂溪阁同样于“营建”和“祠祀”两志中都分别立了条目记载[②]，可见直到清朝中期，罗田岩的濂溪阁还兼具着登临观玩与纪念祭祀的两种功能。[③]

这种状况到清末则有了变化，同治《雩都县志》卷六《古迹》中仍列有“青云阁”“敕书阁”等阁，但“濂溪阁”已不在其中；仅在卷五《祠庙志》中列“濂溪祠”条目加以介绍：“濂溪祠，在县南罗田岩，祀周濂溪先生，以程明道、程伊川二先生配，缘先生尝讲学于此。此祠创于宋嘉熙庚子令周公颂，续建于明大府邢公珣，至明嘉靖乙巳提学蔡克廉至岩，阅武穆、阳明题刻，乃檄知县许来学以武穆、阳明二先生并祀之，岁以春秋仲月致祭。祠前有古柏四株，望之蔚然苍翠，此系数百年之植。咸丰七年丁巳冬毁于贼，同治九年庚午邑侯颜公寿芝修复，职员严名椿董其事。”（同治《雩都县志》卷之五《祠庙志》）在这里已看不到“濂溪阁”的字样，只是从介绍内容中，我们才知道这个濂溪祠与濂溪阁其实就是同一个建筑；而且翻遍整部同治《雩都县志》，除了《艺文志》中几篇（首）乾隆、康熙《雩都县志》已收入的以“濂溪阁”入题的诗文外，我们也找不到任何有关濂溪阁的字眼和记载。

这种情况说明，乾隆以后罗田岩濂溪阁的功能和作用已发生很大的嬗变，到同治年间，濂溪阁仅剩下官方祭祀周敦颐等先贤的作用，而作为文人雅士登临观玩的功能则已完全丧失，在当地官方的话语系统中，濂溪阁

① 康熙《雩都县志》卷之三《营建志·楼阁》：“濂溪阁，在罗田岩右，宋嘉熙庚子知县周颂建。明知县羊修、刘昌祚相继重修……龙门阁，在永安门外，即回澜阁，明万历癸丑知县阮悉建。”

② 乾隆《雩都县志》卷之七《祠祀志·先贤祠》：“濂溪祠，即罗田岩濂溪阁。祀周濂溪先生，以程明道、程伊川二先生配。”乾隆《雩都县志》卷之三《营建志·楼阁》：“濂溪阁，在罗田岩右，宋嘉熙庚子知县周颂建。明知县羊修、刘昌祚相继重修……龙门阁，在永安门外，即回澜阁，明万历癸丑知县阮悉建。”

③ 在康熙《雩都县志》卷之十二《纪言志·诗》和乾隆《雩都县志》卷之十二《纪言志·诗》中，就收了好几首以《登濂溪阁》为题的诗，如罗汝芳《登罗岩濂溪阁》：“山谷双黄鸟，嘤嘤来好音。名岩方独往，多士偶同心。陟峤宁辞险，寻源莫厌深。元公开绝学，遗像俨峰阴。”宋应桂《登濂溪阁》：“此地何年辟，濂溪旧有祠。光风吹谷草，霁月照庭墀。礼重千秋祀，道隆百世师。徘徊阶下立，归步欲迟迟。”严时中《登濂溪阁》：“先哲祠堂古，时闻万籁音。一真无绝续，千载自晴阴。诗蚀荒苔合，山封古木深。高贤重有契，信宿话知心。”可见当时人们到罗田岩濂溪阁除了怀念周敦颐外，亦有登高一览的雅兴。

的名称也已完全变成了濂溪祠。

三

据前文所引黄弘纲、李涞两篇《重修罗田岩濂溪阁记》，以及康熙、乾隆、同治《雩都县志》的有关记载，自南宋嘉熙庚子年（1240）雩都知县周颂创建之后，到清代同治年间，濂溪阁曾整修或重修了五次。

第一次是明太府（即赣州知府）邢珣的续建。黄弘纲记中说“（濂溪阁）创始于宋邑令周公颂，续建于明太府邢公珣”。据嘉靖《赣州府志》，邢珣于正德十年任赣州府知府，正德十四年离任①，据此知此次濂溪阁的重建是在正德十年（1515）至正德十四年（1519）之间，取中间值则可以定为正德十二年（1517）。第二年，王阳明来到罗田岩，亲笔题了“濂溪阁”三个大字镌刻在崖壁之上。这三个字民国初年还可辨识，民国九年担任赣南道尹的邵启贤编撰《赣石录》，其中收录了王阳明在罗田岩所题“濂溪阁”及其题款的录文，“濂溪阁”三字为横刻，其下方为竖刻题款：“□□戊寅孟夏之吉（第一行）守仁谨书（第二行）。”② 按“□□戊寅”，所缺当为“正德”二字。正德戊寅为正德十三年（1518），康熙《雩都县志》卷之九《乡贤志·理学·明》黄弘纲传载：“正德丁丑，王守仁讲学虔台，弘纲归，自计偕往谒而执贽焉。”正德丁丑为正德十二年，黄弘纲从雩都前往赣州从王阳明受学，第二年或许王阳明受其之邀来到罗田岩，此时邢珣重建的濂溪阁刚刚竣工，故有王阳明为濂溪阁题字之事。

此次重修距周颂创建已近三百年之久，即使其间濂溪阁未遭任何人为损坏，三百年岁月风雨侵蚀，恐怕也是颓败不堪，整修或是重修在所必行。主其事者邢珣，《大明一统志》有小传：“邢珣，当涂人，弘治癸丑（1493）进士，授南京户部主事，出知赣州府，论讨宸濠功擢江西参政，

---

① 嘉靖《赣州府志》卷七《秩官·国朝·知府》载：“邢珣（字）子用，直隶当涂人，进士，历郎中，坐忤逆瑾罢，未几复官，正德十年出任。修学作士，躬率行古礼，自横水、桶冈、龙川、利头诸寨，继勒兵擒逆濠。累升江西参政、右布政使，致仕。盛茂（字）本深，顺天人，历郎中，正德十四年任。”

② 邵启贤编：《赣石录》卷二，《石刻史料新编》第三辑第12册，新文丰出版公司1986年版，第249页。

以布政致仕，卒于家。”[①]

第二次和第三次整修，据黄弘纲记中所说，是“因其半毁而增辟之，视其未备而加饬之者，佥宪沈公谧、今邑令羊公修也”，对濂溪阁上次重修之后有所毁坏之处加以整修，有不完备的地方加以增扩，而整修增扩者则为“佥宪沈公谧、今邑令羊公修也”两人。

沈谧，“字靖夫，（浙江）秀水人，嘉靖己丑（1529）进士，除行人，擢吏科给事中，历江西按察佥事，有《石云家藏集》”[②]，《王文成全书》年谱附录载：“（嘉靖）三十二年癸丑，江西佥事沈谧修复阳明王公祠于信丰县。”[③] 可见他嘉靖三十二年（1553）时已在江西按察佥事任上；邵启贤《赣石录》，在王阳明所题“濂溪阁”三个大字下面，除了王阳明的“□□戊寅孟夏之吉守仁谨书”题款外，右方稍远处另有沈谧的题款：“嘉靖壬□仲冬之吉（第一行）后学沈谧重修（第二行）。”[④] 嘉靖三十二年是癸丑年，此前的嘉靖三十一年是壬子年，正与沈谧题款“嘉靖壬□仲冬”相合，由此可以判定，沈谧对濂溪阁的此次整修是嘉靖三十一年（1552）完成的。

但按黄弘纲的说法，此次整修是“因其半毁而增辟之，视其未备而加饬之者，佥宪沈公谧、今邑令羊公修也”，则雩都知县羊修也是主持者。羊修任雩都知县的时间是从嘉靖三十五年（1556）到嘉靖四十一年（1556）[⑤]，他开始担任雩都知县的时间是在沈谧嘉靖三十一年（1552）整修濂溪阁的四年之后，且羊修也不可能在到任的当年就对濂溪阁进行整修。羊修担任雩都知县有六年之久，那么他此次濂溪阁修整的时间应该在这六年中的某一年，取中间值可定为嘉靖三十八年（1559）左右。

---

① （明）李贤等（奉明英宗敕）撰：《大明一统志》卷十五《太平府·人物·本朝》，影印文渊阁《四库全书》本，台湾商务印书馆1986年版。

② 《御选宋金元明四朝诗：御选明诗·姓名爵里三》，影印文渊阁《四库全书》本，台湾商务印书馆1986年版。

③ 《王文成全书》卷三十五《附录四·年谱附录》，影印文渊阁《四库全书》本，台湾商务印书馆1986年版。

④ 邵启贤编：《赣石录》卷二，《石刻史料新编》第三辑第12册，台湾新文丰出版公司1986年版，第249页。

⑤ 康熙《雩都县志》卷之五《职官志·知县事·明》：“羊修，广东儋州人，监生，嘉靖三十五年任，水后修城，民甚戴之，以给由致仕。”康熙《雩都县志》卷之五《职官志·知县事·明》紧接羊修之后的是蒋文侨：“蒋文侨，全州人，举人，嘉靖四十一年任。”

一般来说，县志中的职官志对官员任职年份的记载是不会弄错的，因为这涉及前后一系列同一职位官员的交替代接[①]，且另有其他资料对羊修职雩都知县时间的记载与县志所载相同[②]，所以我们不能怀疑羊修任职时间被记错了。

如此看来，被黄弘纲记为一次的沈谧、羊修对濂溪阁的整修实际上应为前后相接的两次，一次是在嘉靖三十一年（1552），一次是在嘉靖三十八年（1559），其间隔了七年之久。两次整修的目的也不一样，一为“因其半毁而增辟之”，是为修复性质；一为“视其未备而加饬之者”，是为增扩新建性质。因为这两次修建间隔时间太短，故黄弘纲记中将其并为一次，其实也是未尝不可的。

这两次的整修，距上次邢珣的重建（正德十二年，1517）还不到四十年，为什么这么短的时间内又要整修？因为邢珣重建濂溪阁后，仍是将其作为纪念祭祀周敦颐及其两位学生程颢、程颐的场所，二十七年之后的嘉靖二十三年（1544）六月，蔡克廉调江西任掌管学政的督学（提调学校）[③]，他大概于当年或以后三年间的某年（明清时督学一般任期三年）来到雩都视学，濂溪阁（祠）是必到的场所，“乃檄有司并五先生列之祀典”。蔡克廉这样做是因为：“（罗田）岩亦为黄龙禅师经行地，武穆公提兵平贼，至固石洞，访黄龙于岩，有作宫桨，罗公洪先为书而刻之石。督学公首三先生及武穆矣，并述阳明先师倡学虔台，及门诸生雩独多于他邑，合五先生而祀于一堂，且曰：‘道德忠贞，其揆一也。’”于是濂溪阁（祠）就开始成为周敦颐、程颢、程颐、岳飞和王阳明五位先贤的合祀之

---

① 在羊修之前任雩都知县的是范镗，康熙《雩都县志》卷之五《职官志·知县事·明》：“范镗，衡山人，举人，嘉靖三十三年任。”

② 雍正《江西通志》卷十六《水利三·赣州府》：“雩都当众水之汇，明嘉靖三十五年，水涨城圮，知县羊修既筑城兼拓城外马道，邑人黄弘纲有记。”雍正《江西通志》卷四十二《古迹·赣州府》：“勤政楼，在雩都县治前，明嘉靖丙辰（嘉靖三十五年），知县羊修移禁钟于上。”

③ 《明实录·明世宗肃皇帝实录》卷之二百八十七：“嘉靖二十三年（1544）六月戊辰朔……丁亥，升礼部祠祭司署郎中易宽为四川按察司副使，复除原任贵州按察司佥事蔡克廉于江西，俱提调学校。”按，提调学校即督学，又称提学，全称提督学政，《明史》卷六十九《志第四十五·选举》：“正统元年，始特置提学官专使提督学政，南北直隶俱御史，各省参用副使、佥事……提学之职，专督学校，不理刑名，所受词讼，重者送按察司，轻者发有司，直隶则转送巡按御史。督抚、巡按及布、按二司亦不许侵提学职事也。”

处。这样一来，原来仅为纪念祭祀周敦颐师徒三人的濂溪阁就显得太逼仄了，濂溪阁再次进行整修扩建已是当务之急，于是沈谧、羊修二人乃“因其半毁而增辟之，视其未备而加饬之者”。这次整修，濂溪阁“辟为三室，同宇中妥三先生（周敦颐及其两位弟子），左武穆，右阳明，及门袁子庆麟、何子春、何子廷仁、管子登四子侍坐于阳明先生之室，春秋举祀，仍合而享之。祭有定统，室有常尊矣”①。

第四次整修是在万历甲申年（1584，万历十二年）进行的，距上次整修仅二十五年。这次整修是因兵燹所致，据康熙《雩都县志》载：“嘉靖庚申（1560），流寇自闽闯入境，时守埤者……凡三四月不得交睫。”（康熙《雩都县志》卷之十一《纪事志》）此次兵乱发生在濂溪阁第二次整修后的次年，雩都被围持续时间长达三四个月，罗田岩近在城郊，濂溪阁很可能成为驻兵场所，所遭受的损坏一定是十分严重的。只是兵燹过后雩都经济凋敝，物力维艰，官府拿不出多余的钱对濂溪阁进行修复，只待二十五年之后才有余财完成此事。

这次整修是由雩都知县刘昌祚②倡导，由县主簿颜镇实际主持。李涞《重修罗田岩濂溪阁记》载：“无何，（濂溪阁）圮益甚，邑令刘公昌祚至，曰：‘兹阁也先生巾拂在焉，为奈之何其令墙宇颓然也！’于是顾主簿颜镇曰：‘君才敏甚，能为图之乎？’簿曰：‘是先贤俎豆之地也，乌敢辞！’于是出官帑若干为经理费，撤阁之中堂新之。肖先生像，颜其榜曰‘吟风弄月’，以前廨为两耳房，堂之前亢爽异往昔矣。又以余力稍饰毗卢之居，已，又植松万本、竹万个，壮斯阁之观……阁修于万历甲申冬月，既竣事明年，刘公命余记之如此。刘公，常之武进人。”③

第五次整修可说是重建。上次整修之后至清朝咸丰初年约二百七十年间，濂溪阁未见整修，到了咸丰七年（1857），濂溪阁又遭毁损。此年正月二十二日，太平军何名标部进入雩都，此后近一年的时间里，与官军反复拉锯作战，几次出入雩都之境，到“十二月初一日，突围雩城……外援隔绝……至十三日辰刻，贼由小西门、北门二处用地雷炮轰倒城墙数

① 黄弘纲：《重修罗田岩濂溪阁记》，康熙《雩都县志》卷之十四《纪言志》。

② 康熙《雩都县志》卷之五《职官志·明·知县》：“刘昌祚，武进人，万历九年任。”

③ 李涞：《重修罗田岩濂溪阁记》，康熙《雩都县志》卷之十四《纪言志》。

丈，该逆蜂拥入城……（咸丰八年）三月初二日，（官军）克复城池”（同治《雩都县志》〔光绪二十九年补刻本〕卷之六《武事志》）。太平军在雩都与清军作战一年多时间，占领县城三个多月，对当地之破坏可想而知，濂溪阁也在太平军围城之际被毁，“咸丰七年丁巳冬毁于贼”。直到十三年之后，濂溪阁才又重新修复，“同治九年（1870）庚午，邑侯颜公寿芝修复，职员严名椿董其事”（同治《雩都县志》〔光绪二十九年补刻本〕卷之五《祠庙志》）。

颜寿芝，“湖北松滋人，副榜，同治五年任。治雩四载，多善政，上宪以‘审断勤明、操守廉洁’嘉之，邑绅以‘学道爱人’匾颂之。同治九年倡修县志”（同治《雩都县志》〔光绪二十九年补刻本〕卷之七《秩官·文秩·国朝·知县》）。

四

考述至此，对罗田岩濂溪阁可以得出这样几点认识：

罗田岩濂溪阁是在朱熹推崇和南宋理宗褒彰周敦颐之后出现的纪念彰表性建筑，周颂创建濂溪阁的时间与其他类似的纪念彰表性建筑如濂溪祠、濂溪书院的出现几乎都在此时，都是周敦颐身后一百多年的事了。

罗田岩濂溪阁最初是为了纪念彰表周敦颐而创建的，但也有登临观玩的功能，是一座阁、祠一体的建筑，当然有一个逐渐变化的过程，到清代中叶以后就完全成为祭祀的场所了。

罗田岩濂溪阁最初是专门为周敦颐及其两位弟子而修建的，到了后来则加入了岳飞、王阳明两位与雩都有关之历史人物，还加上了雩都本地的几位文化名人（王阳明的几位弟子），实际上成了当地的一所名人纪念馆，这也是古代雩都官方重视地方文化建设的体现。

罗田岩濂溪阁是在北宋嘉祐八年周敦颐游罗田岩后，由当时陪同的雩都知县沈希颜创建的说法，就笔者目前的检索来看，最早出现在明代万历癸巳年（1593）永明知县胥从化所编刻的《濂溪志》卷三所收的度正所撰《（周敦颐）年表》中。此后的清道光己亥年（1839）周浩所编《濂溪志》、清道光二十七年（1847）邓显鹤编刻的《周子全书》，以及近年出版的几种有关周敦颐著作所附的度正周敦颐年谱（年表），如周文英编

《周敦颐全书》、梁绍辉撰《周敦颐评传》所载罗田岩濂溪阁由沈希颜创建的记载，与胥从化《濂溪志》全同①；但也有多种周敦颐集中所附度正周敦颐年谱（年表）未载此事，如中华书局出版的《周敦颐集》所附度正年谱嘉祐八年记事："八年癸卯，先生年四十七，在虔，行县至雩都，邀余杭钱建侯拓、四明沈几圣希颜游罗岩，正月七日刻石。四月壬申朔，英宗登极，迁虞部员外郎，仍通判虔州。追赠父桂岭君爵郎中。五月作《爱莲说》。"② 根本未见建濂溪阁之事。中华书局《周敦颐集》乃根据五种不同版本的周敦颐文集点校而成，最早的是明嘉靖五年吕柟编《宋四子抄释》内的《周子抄释》，最晚的是清光绪十三年贺瑞麟编辑的《周子全书》，整理时"以贺本为基础，参照其他各种版本，进行互校，订正其讹误，并加标点，以便读者"③，可见这五种明清时期周敦颐文集中所附的度正年谱都未载有沈希颜创建濂溪阁的事。根据笔者在前面的考述，胥从化《濂溪志》沈希颜创建濂溪阁的说法显然是错误的，但我们不知之前有过这种说法没有？这种说法究竟是如何出现的？胥从化难道是凭空提出这种说法的吗？由于笔者目前见到的万历胥从化《濂溪志》之前有关周敦颐文集和年谱的文献不足④，这些问题只能留待今后探究了。

除了雩都罗田岩濂溪阁外，文献中能查到的历史上的濂溪阁还有一座，就是湖南桂阳县（"民国"二年已改名为汝城县）的濂溪阁。然而地方志中对桂阳濂溪阁的记载稀少而简省，目前笔者能查到的仅有四条。从中能获得的信息非常有限，仅仅知道它的始建年代、纪念对象和所在具体地点，至于创建者、创建缘由和兴废沿革，则一概阙如，无法对之进行具体考述。现将四条记载迻录于下。

《大明一统志》："濂溪阁，在桂阳县学，洪武十六年建，塑宋儒周敦

---

① 周文英编：《周敦颐全书》，江西教育出版社 1993 年版，第 15 页；梁绍辉：《周敦颐评传》，南京大学出版社 1994 年版，第 438 页。

② 陈克明点校：《周敦颐集》，中华书局 1990 年版，第 99 页。

③ 陈克明点校：《周敦颐集·校点说明》，中华书局 1990 年版，第 1—2 页。

④ 目前笔者见到的万历之前的有关周敦颐文集和年谱的文献，仅有湖南人民出版社出版的《周敦颐集》，这个集子是据北京图书馆所藏的南宋刻本《元公周先生濂溪集》排印的，其卷末所附度正《濂溪周元公年表》根本未载濂溪阁事。

颐像，春秋祀之。”[①] 万历《郴州志》：“濂溪阁，在桂阳县学，洪武十六年建。”（万历《郴州志》卷之九《创设志下》）雍正《湖广通志》：“濂溪阁，在县儒学南，《明一统志》：‘洪武十六年建。’”（雍正《湖广通志》卷七十九《古迹志·郴州·桂阳县》）康熙《郴州总志》：“濂溪阁，学前。”（康熙《郴州总志》卷之二《营建志·亭台·桂阳》）

这几条记载都出自省、州志，而在县志中，笔者未能看到明代的《桂阳县志》，不知其中有没有记载，但翻遍乾隆、同治《桂阳县志》及民国《汝城县志》（特别是其中的“建置”“祠祀”“学校”“古迹”和“艺文”部分），也看不到其中对濂溪阁有任何记载，如三部县志的学校部分，对县学（儒学、庙学、学宫、学）的建筑布局及其沿革从宋到清都有详细介绍，但对“在桂阳县学”的濂溪阁却不著一字，这也实在是有些奇怪的了。

但是在扬州，一个与周敦颐没有多少渊源的地方，前不久却建起了一座濂溪阁。此阁“位于平山堂东路北侧、友谊路东侧，地处扬州名胜古迹众多的蜀冈地带”，“濂溪阁项目用地 2 万多平方米，地块呈梯形，规划设计的建筑大部分为仿古两层建筑，局部为三层。展览馆建筑群定位为仿宋代的建筑风格。总体设计由三大部分组成：一是濂溪阁，二是文化展示厅，三是文化展销服务区建筑群”，“濂溪阁是园内最高建筑，位于整个建筑群的北侧，阁高 3 层，建于地势较高的平台之上，坐北朝南，北临山林高地。建筑形式仿北宋界画中的三重飞檐翘角、画栋楼阁的传统风格，取其形、度其意，充满韵味。濂溪阁三层中部向外凌空挑出，悬挂‘濂溪阁’三个大字的匾额。楼阁前面的平台上，设有高 1.2 米的露天舞台，两侧设石阶上下，可供文艺演出之用。整座建筑纯朴素洁，造型优美，南部将面对开阔的池塘，处于有山、有水、有绿树的自然环境之中”；与周敦颐没有什么关系的扬州为什么要建濂溪阁？“记者采访了扬州部分专家学者后得知，周敦颐本人与扬州并没有太深的渊源，扬州是一座具有悠久历史，有个性、有魅力的古城，名胜、古迹、遗址众多，选在扬州建濂溪阁，与扬州浓厚文化背景是相通的，而且这对弘扬廉洁奉公优

① （明）李贤等（奉明英宗敕）撰：《大明一统志》卷六十六《郴州·宫室》，影印文渊阁《四库全书》本，台湾商务印书馆 1986 年版。

良传统有教育意义。这一建筑的修建，不仅可增加城市游憩休闲空间、改善城市生态环境，也将开拓扬州新的旅游热点”。[①]

与周敦颐没有任何渊源的扬州可以凭空打造一座濂溪阁，而在濂溪阁的老家江西雩都（今于都）和湖南汝城，如今却已看不到任何濂溪阁的痕迹，这是不是有点遗憾呢！

（作者单位：长沙理工大学）

① 张孔生：《濂溪阁：文化游新亮点》，《扬州日报》2010 年 6 月 15 日第 BO1 版“焦点新闻”。

周敦颐与佛教

万　里

在宋明以降的儒家尤其是朱熹一系的理学家心目中，周敦颐及其思想，不只是与佛教没有任何关系，甚至还认为他是一位排佛者；但是，在一些宋元学者尤其是佛教居士所撰写的相关文献中，周敦颐则不但与其同时代的一些佛教高僧有着密切的交往，甚至其思想体系的形成还受到佛教禅理的深刻影响。这两种观点针锋相对，几乎毫无妥协的余地。第一种观点不只是占据了学界的主流，至今仍然得到了一些当代学者的认同和坚守；第二种观点所依据的文献资料却长期隐没未彰，甚至被有意或无意地予以忽视。笔者在进行国家社科基金项目“唐宋江（西）湖（南）禅宗网络研究”的过程中，发掘梳理出一些相关文献资料。现根据这些文献资料，对周敦颐与佛教的因缘关系进行考述。

一　宋元书志文集中关于周敦颐与佛教关系的记述

关于周敦颐与佛家关系，可以追溯到与周敦颐同时代的一些北宋学者的文献记载；此后，南宋以及元代学者也多有述及。现将相关文献梳理如下。

（一）宋代文士晁公武撰《郡斋读书志》记载：“《程氏易》十卷。右皇朝程颐正叔撰。朱震言：颐之学出于周敦颐，得之于穆修，亦本于陈抟，与邵雍之学本同。然考颐之解不及象数，颇类胡瑗尔。景迂云：‘胡武平、周茂叔同师润州鹤林寺僧寿涯。其后武平传其学于家，茂叔则授二程。’与震之言不同。”①

晁公武（1105—1180），字子止，人称“昭德先生”。山东巨野（今山东巨野县）人。晁氏为北宋名门、文学世家。晁公武的父亲晁冲之为江西派诗人；堂叔晁补之、晁说之、晁祯之都是当时著名文学家，其中晁补之（1053—1110）更是与黄庭坚、秦观、张耒同为“苏门四学士”。

晁公武所撰《郡斋读书志》二十卷，为今存最早并具有提要内容的私藏书目，所述及的图书达1492部，基本上包括了宋代以前各类重要的典籍，尤以搜罗唐代和北宋时期的典籍最为完备。该书分经、史、子、集四部，部下又分45小类；书有总序，部有大序，多数小类前有小序；每书有解题。从而形成了一个严谨完备的体系。晁氏撰写的提要不仅翔实有据，而且注重考订，内容详略得当。其介绍作者生平、成书原委、学术渊源及有关典章制度、逸闻掌故，皆能引用唐宋实录、宋朝国史、登科记及有关史传目录，并详加考证。因此晁氏所撰提要内容具有较高史料价值。关于周敦颐与胡宿（995—1067）② 共同师事润州鹤林寺僧寿涯，以及周敦颐又将所学传于二程兄弟（程颢、程颐）之事，晁公武所据为“景迂云”。此处所称“景迂”，就是晁公武的堂叔晁说之。

晁说之（1059—1129），字以道、伯以，因慕司马光（字君实，号迂

---

① （宋）晁公武撰：《郡斋读书志》卷一上，影印文渊阁《四库全书》本，台湾商务印书馆1986年版。

② 胡宿（995—1067），字武平，常州晋陵（今江苏常州）人。宋仁宗天圣二年（1024）进士。历官扬子尉、通判宣州、知湖州、两浙转运使、修起居注、知制诰、翰林学士、枢密副使等。宋英宗治平三年（1066），以尚书吏部侍郎、观文殿学士知杭州。以居安思危、宽厚待人、正直立朝著称。治平四年，除太子少师致仕，命未至已病逝，享年73岁。死后谥文恭。其生平事迹见宋欧阳修撰《文忠集》卷三十四《赠太子太傅胡公墓志铭》。又明曹端撰《通书述解》卷下云：“黄氏瑞节曰：周子二书真所谓吐辞为经者。朱子之解是书也，亦如解经。然盖朱子之追事周子也，犹周子之追事吾孔、孟也，无一字不服膺焉耳。尝遍求其易说而不可得，仅令门人度正访周子之友、傅耆之子孙，求所寄姤说、同人说，亦已不可见矣。世之相去百有余年，而其书散逸难合如此哉！……或谓周子与胡文定公同师鹤林寺寿涯，是皆强求其所自出，而于二书未知深信者。朱子一言以断之曰：不由师传，默契道体。于是周子上承孔、孟之说遂定，而二书与《（论）语》、《孟（子）》并行矣。”曹端所称“胡文定公”，即两宋之际的著名学者胡安国（1074—1138），又名胡迪，字康侯，号青山，谥号文定，学者称武夷先生，后世称胡文定公。按：胡安国生于周敦颐去世后一年，显然不能与周敦颐一道师事鹤林寺僧寿涯。曹端所述明显有误。

叟）之为人，自号景迂生[①]。宋神宗元丰五年（1082）进士及第。苏东坡称其自得之学，发挥《五经》，理致超然，以“文章典丽，可备著述”予以举荐；范祖禹亦以“博极群书”荐之朝廷；曾巩亦予力荐。宋哲宗元符三年（1100），晁说之知无极县。应诏上言祇德、法租、辨国疑、归利于民、复民之职、不用兵、士得自致于学、广言路、贵多士、无欲速无好高名等十事。后历任监陕州集津仓、监明州船场、通判廊州、提举南京鸿庆宫、知成州。靖康初（1126），召至京，任秘书少监兼渝德，寻以中书舍人兼詹事。清代初年著名史学家万斯同撰《儒林宗派》，将其列入“邵氏（邵雍）学派”之下。[②] 晁说之博学广闻，著述甚多，主要有《易商瞿大传》《书论》《易商小传》《商瞿易传》《亲氏易式》《晁氏诗传》《诗论》《晁氏书传》《晁氏春秋传》《春秋辩文》《春秋年表》《古论大传》《论语讲义》《壬寅孝经》《五经小传历谱》《周易太极传》《太极外传》《易玄星纪谱》《易规》《中庸传》《因说》《易归》《尧典星日岁考》《洪范小传》《诗序论》《易玄星纪图》等数十种，大多佚亡；今存者有《儒言》一卷、《晁氏客语》一卷，以及《景迂生集》二十卷，均被收入《四库全书》之中。作为一位“博极群书，尤长于经术”（《四库全书·景迂生集提要》）的严谨学者，又出自文学世家，晁说之交游甚广、博闻广见自不待言；加之他与周敦颐（1017—1073）及程颢（1032—1085）、程颐（1033—1107）为同时代稍晚之人，又与当时一些僧人有所交集[③]，故其所述“胡武平、周茂叔同师润州鹤林寺僧寿涯。其后武平传其学于家，茂叔则授二程”等史事应该不虚。更值得注意的是，晁说之最为推崇的理学（儒学）学者是程颢（明道）、张载（1020—1077）和程颐（伊川）等人，如他在《答朱仲髦先辈书》中云：“……吾明道、横渠、伊川三先生也为能得中。之所以为中者也，嗟夫学之难也。伊川已自畔

① 宋宗鉴集《释门正统》卷第七云：“晁说之，字以道，太子太傅文元公迥四世孙。……公家学有传，为一时文杰。尝著《九学论》，见其门户之广。……慕温公称迂叟，号景迂生。”《卍新续藏》第75册，第341页。

② （清）万斯同撰：《儒林宗派》卷八，影印文渊阁《四库全书》本，台湾商务印书馆1986年版。

③ 如晁说之有《题黄龙山僧送善澄上人诗卷》，见《景迂生集》卷十八；有《宋故明州延庆明智法师碑铭》及《高邮月和尚塔铭》，见《景迂生集》卷二十。

乎？二先生之说矣，他人何望哉！”在《答袁季皋先辈书》中云：“……于是讲明道、横渠、伊川三先生得之矣。”① 又在论述“诚”“性”等“天命”“天道”的《中庸传》中记载了当时的一些著名学者（先生），其中便有“明道先生”“二程先生”“横渠先生”②，但却没有周敦颐，可见周敦颐的思想价值当时尚未被学界所认识并推许。晁说之更是一位精研易学与太极图（传）的学者，曾撰有《太极传后序》③，如果当时学界已经认识到周敦颐的《通书》及《太极图说》的价值，他不可能不稍微涉及。由此可见，晁说之是将周敦颐当作一般的著名文士而非理学宗师对待的，故没有必要特意地予以褒贬。这也能佐证其关于周敦颐师事鹤林寺僧寿涯史事的记载并非空穴来风、无中生有。

晁公武《郡斋读书志》所称“《程氏易》十卷”，即程颐所撰之注解《周易》的著作，又称《周易程氏传》《程氏易传》《伊川易传》等。宋元之际的著名史学家兼目录学家马端临（1254—1323）撰《文献通考》亦著录此书，作《伊川易传》十卷，在引述晁公武《郡斋读书志》的上述文字后，马端临云：“按伊川之学出自濂溪，此先儒通论也。而鼂（晁）、朱之说以为濂溪所师本于希夷及一僧，则固老、释之宗旨矣。此论未之前闻。”④ 马端临并未否定晁公武引述晁说之（景迂）的说法，只是称没有听见过这一说法。

（二）南宋著名文士刘克庄《先儒》诗云：“先儒绪业有师承，非谓闻风便服膺。康节易传于隐者，濂溪学得自高僧。众宗虚誉相贤圣，独守遗编当友朋。门掩荒村人扫迹，空钞小字对孤灯。”⑤

刘克庄（1187—1269），初名灼，字潜夫，号后村，福建莆田人。他以父荫入仕，宋宁宗嘉定二年（1209）补将仕郎，初为靖安县主簿。复以宣教郎知建阳县。因咏《落梅》诗得罪朝廷，闲废十年。后通判

① （宋）晁说之：《景迂生集》卷十五，吉林出版集团有限责任公司2005年版。

② （宋）晁说之：《景迂生集》卷十二，吉林出版集团有限责任公司2005年版。

③ （宋）晁说之：《景迂生集》卷十七，吉林出版集团有限责任公司2005年版。

④ （宋）马端临：《文献通考》卷一百七十六《经籍考三·经·易·伊川易传》，影印文渊阁《四库全书》本，台湾商务印书馆1986年版。

⑤ （宋）刘克庄：《后村集》卷二《南岳第一稿》，影印文渊阁《四库全书》本，台湾商务印书馆1986年版。

潮州，改吉州。宋理宗端平二年（1235）授枢密院编修官，兼权侍郎官，被免。后出知漳州，改袁州。宋理宗淳祐三年（1243），授右侍郎官，再次被免。淳祐六年（1246），理宗以其“文名久著，史学尤精，赐同进士出身，秘书少监，兼国史院编修、实录院检讨官”。理宗景定三年（1262），授权工部尚书，升兼侍读。景定五年（1264），因眼疾离职。宋度宗咸淳四年（1268），特授龙图阁学士。次年去世，享年83岁。谥文定。刘克庄为南宋著名诗人、词人、诗论家，文坛领袖，辛派词人的重要代表。在江湖诗人中他年寿最长，官位最高，成就最大，号称一代文宗。其挚友林希逸《宋龙图阁学士赠银青光禄大夫侍读尚书后村刘公状》谓其：“言诗者宗焉，言文者宗焉，言四六者宗焉。虽前乎耆老后乎秀杰之士，亦莫不退逊而推先。”① 对其推崇备至。刘克庄出生于理学世家，其家族学者世称“广平府知府莆田刘氏家世学派”，为著名理学家刘夙（字宾之）之孙；又曾经受业于南宋著名文士兼理学家真德秀。清代文士李清馥撰《闽中理学渊源考》云：“彭从吾先生曰：莆壤土褊小，至宋始成郡，而文献特盛。忠惠蔡襄、文节林光朝、正献陈俊卿三五公为之冠冕。最后后村刘先生起而继之，文章流布，事业兼备，论者谓三五公而下一人而已……后村先生资禀既异，濡染亦深，壮而益学，以至于成。加以寿数之高，位遇之显，遂以文事绍先，闻于天下。当世大儒真文忠公辟帅参，且以学贯古今，文追《骚》《雅》，荐于朝。晚乃荐历工部尚书，以龙图阁学士致仕，年八十三而没。”② 刘克庄又与佛教高僧交往密切，自称“后村居士”，其文集亦名《后村居士集》。有赋《达摩》诗云：“直以心为佛，西来说最高。始知周孔外，别自有英豪。”③ 可见他虽然身为理学家，但并无门户之见。刘克庄著述甚丰，生前曾自编文集，嘱林希逸为序，继有后、续、新三集，其季子山甫汇为《大全集》二百卷。又对文坛掌故极为熟悉，所

① （宋）林希逸：《竹溪鬳斋十一藁续集》卷二十三，影印文渊阁《四库全书》本，台湾商务印书馆1986年版。

② （清）李清馥：《闽中理学渊源考》卷九《广平府知府莆田刘氏家世学派·文定刘后村先生克庄》，影印文渊阁《四库全书》本，台湾商务印书馆1986年版。

③ （宋）刘克庄：《后村集》卷十四，影印文渊阁《四库全书》本，台湾商务印书馆1986年版。

撰《后村诗话》十四卷，论诗时多涉史事及作者生平，为后世诗坛所推崇。刘克庄身兼理学家与佛教居士，深谙文坛及禅林掌故，所述“濂溪学得自高僧”之事，当言之有据。

（三）南宋文士张端义（？—1179）撰《贵耳集》卷下有云：“濮上陈抟以先天图传种放，放传穆修，修传李之才，之才传邵雍。放以《河图》《洛书》传许坚，坚传范谔昌，谔昌传刘牧。修以太极图传惇颐，惇颐传二程。濂溪得道于异僧寿涯，晦庵亦未然其事，以异端疑之。”①

张端义的传记未见诸史籍，除了在一些南宋文士的文集中偶见涉及张端义事迹、行止、著述的文字外，其最为详细的生平事迹见诸他在《贵耳集》卷上末所附的自序。据该自序称，他字正夫，自号荃翁。郑州人，居姑苏（今苏州）。祖父云庄公登辛未赵榜，父亲咏斋为淮南漕。他生于宋孝宗淳熙六年（己亥，1179）。“少苦读书，肆举子业，勇于弓马。尝拜平斋项先生于荆南。如慈湖，说斋、鹤山、菊坡、习庵，皆从之游。爱作诗赋小词。”宋理宗端平元年至三年（1234—1236），他前后应诏上皇帝三书，因而得罪，被贬韶州安置。《贵耳集》为三卷，分别撰成于不同时间。卷一的成书之年为宋理宗淳祐元年（辛丑，1241），他时年63岁。此年其著述已经有“上皇帝三书、诗五百首、词二百首、杂著三百篇，曰《荃翁集》”。南宋文士李昴英于淳祐三年（1243）重九日为其撰有《题节推张端义荃翁集》②。《贵耳集》卷中成书于淳祐四年（1244），卷下成书于淳祐八年（1248）。据此可知，张端义至迟在淳祐八年尚健在于世。

《四库全书提要》称《贵耳集》：“观其下卷，大抵本江湖诗派中人而负气，好议论，故引据非其所长，往往颠舛如此。然所载颇有轶闻，足资考证。其论诗、论文、论时事，皆往往可取所长，固亦不可没焉。”上述关于“濂溪得道于异僧寿涯”的记载，便是出自该书的下卷。张端义称“晦庵（朱熹）亦未然其事，以异端疑之”，表明朱熹知道有这种说法，但以其为“异端”之说而表示怀疑，但并无证据能够证伪。而张端义在

---

① （宋）张端义：《贵耳集》卷下，影印文渊阁《四库全书》本，台湾商务印书馆1986年版。

② （宋）李昴英：《文溪集》卷五，影印文渊阁《四库全书》本，台湾商务印书馆1986年版。

周敦颐已经被推崇为“本朝大儒”① 的情况下仍然记载此说，也表明他是相信实有其事的。值得注意的是，张端义记载的太极图的传承授受为：“濮上陈抟以先天图传种放，放传穆修，修传李之才，之才传卲雍……（穆）修以太极图传惇颐，惇颐传二程”；而“濂溪得道于异僧寿涯”。他显然是将周敦颐的太极图授受与“得道”两事加以区分。换言之，太极图的授受与周敦颐的“得道”并非一回事。这也与前述晁说之“胡武平、周茂叔同师润州鹤林寺僧寿涯”及刘克庄“濂溪学得自高僧”的说法可以契合。

（四）元明之际的文士王祎撰《自建昌州还经行庐山下记》云：

> 八月，余自京还。九月，以事行郡境。二日，泛左蠡扬澜至都昌县……十日，发德安，西北行三十里至庐山下，访汤泉……宋元丰间，真净文禅师住归宗，时濂溪周先生自南康归老九江上，黄太史以书劝先生与之游甚力，以故先生数数至归宗，因结青松社，若以踵白莲社者。又名寺左之溪曰“鸾溪”，以儗虎溪。其事为释氏所传，世皆谓先生实传圣贤千载不传之统，岂其有取于佛氏之徒而愿从之游？甚者又谓濂溪之学受于寿岩佛者，此又厚诬吾先哲者也。余以为不然。大贤君子于其道既有得矣，其于形迹未尝以为累也。况先生之高致如光风霁月，初无凝滞，固奚必深辩之耶？及淳熙中，应庵华禅师继主归宗，朱夫子时为郡，亦尝与之游。华公盖临济正传，于大慧为适孙，归宗虽非巨刹，以屡为名僧所居，号天下归宗。今寺亦废，故基为树所蒙蔽，不可入。余徘徊鸾溪上甚久，日已暮，遂复行数里，宿开先寺。明日乃还。②

王祎，字子充，浙江义乌人。元明之际著名学者。少时从学于同乡

---

① 《贵耳集》卷上云：“本朝大儒皆出于世家。周濂溪以舅官出仕，两改名，先名宗实，因英庙旧名改；后名惇颐，又以光宗御名改。”

② （明）王祎：《王忠文集》卷九，影印文渊阁《四库全书》本，台湾商务印书馆1986年版。

之著名学者柳贯[①]、黄溍[②]等，遂以文章名世。因睹元政衰敝，为书七八千言上时宰。危素、张起岩并荐，不报。遂隐青岩山著书，声名日盛。朱元璋取婺州，召见，用为中书省掾史。朱元璋征江西，王祎献颂，受到朱元璋赏识，历官江南儒学提举司校理、侍礼郎、掌起居注、同知南康府事等。朱元璋拟将即位，召其议礼，坐事忤旨，出为漳州府通判。洪武二年（1369）修元史，王祎与宋濂同为总裁。书成，擢翰林待制、同知制诰兼国史院编修官。洪武五年（1372），赴云南召谕元梁王，被杀。赠翰林学士，谥文节，改忠文。著有《造邦勋贤录》及《王忠文公集》等。

此游记为王祎任南康府同知期间所撰。他同时还撰写了许多有关庐山的记文，对相关的历史进行了考述和记载。文中所述“真净文禅师”，即北宋著名高僧真净克文。

真净克文（1025—1102）为南岳系下第十三世（临济九世，黄龙二世）僧人，禅宗黄龙派宗师黄龙慧南禅师的法嗣，与下文所述照觉常总（东林常总）、祖心宝觉（晦堂心）等为法兄弟，也是北宋时期禅林的一代宗师。据《禅林僧宝传》[③]记载，真净克文是陕府阌乡（阌乡县，故址在今河南省灵宝市阳平镇阌西村）人。俗姓郑。家族世多名卿。25岁时剃度出家。时因禅宗兴起于南方江（西）湖（南）等地，遂南游于各处丛林，如禅宗沩仰宗的祖庭湖南宁乡大沩山密印寺、禅宗黄龙派祖庭江西黄蘖山积翠庵等地参访，从而成为黄龙慧南的法嗣。熙宁五年（1072）至江西高安，先后出任洞山、圣寿两寺的住持12年。宋神宗元丰七年

---

① 柳贯（1270—1342），字道传，婺州浦江人。元代著名文学家、诗人、哲学家、教育家、书画家。博学多通，为文沉郁春容，工于书法，精于鉴赏古物和书画，经史、百氏、数术、方技、释道之书无不贯通。官至翰林待制兼国史院编修。与元代散文家虞集、揭傒斯、黄溍并称“儒林四杰”。

② 黄溍（1277—1357），字文晋，又字晋卿，婺州义乌（今浙江义乌）人。元代著名史官、文学家、书法家、画家。元代“儒林四杰”之一。仁宗延祐间进士，任台州宁海（今浙江宁海）县丞，累擢侍讲学士、知制诰等职。生平好学，博览群书，议论精要，其文布置谨严，援据切洽，在朝中挺然自立，不附于权贵。时人称其为清风高节，如冰壶三尺，纤尘不污。

③ （宋）惠洪：《禅林僧宝传》卷第二十三《泐潭真净文禅师》，《卍新续藏》第79册，第537页。

(1084)，卸任后游江浙至金陵。时王安石居定林，倒屣出迎，对其极为赞赏，并舍自己的住宅为寺院，请真净克文担任开山第一祖；又将其道行修为上奏朝廷，宋神宗赐号“真净”。王安石也成为其法嗣。后因其厌烦喧阛，回到江西高安，结庵于九峰之下，名庵为“投老”（垂老、临老之意）。六年后出任庐山归宗寺住持。二年后，应著名官吏、文士兼居士张商英的礼请出任江西泐潭寺的住持。宋徽宗崇宁元年（1102），退居泐潭寺之云庵，人称“云庵老人”或“云庵和尚”。同年十月十六日圆寂，享年78岁，僧腊52年。其嗣法弟子有33人，其中有许多成为一代名僧。当时的许多著名文士如苏轼、苏辙、黄庭坚等人均与真净克文有着密切的交往。

关于真净克文禅师与周敦颐交往的因缘事迹，还有一些文献予以记载。如清代著名文士查慎行（1650—1727）于清康熙三十一年（壬申，1692）游庐山，有《经周濂溪先生废祠》诗，其中有句云：“尼山大圣人，重去父母邦。人情非得已，孰肯违故常。先生少而孤，依舅居丹阳。母殁即葬此，后乃官南康。官贫久不归，葬柩于九江。仁心重庐墓，卜筑匡山傍。托名寓濂溪，中岂忘故乡。同时往还辈，无若苏与黄。犹不谅此意，作诗徒夸扬。我来千载后，拜公谒祠堂。荒畦被秋禾，四野烟茫茫……”并有《鸾溪》云：“二老风流路未迷，青松名与白莲齐。若将山水平情较，似觉鸾溪胜虎溪。”注云：“元丰中，周濂溪先生与真净文禅师于此结青松社，人以之比虎溪云。”① 此外，清雍正《江西通志》亦载：“鸾溪在紫霄峰下，宋周元公敦颐数至归宗寺，与真净文禅师结青松社，因名寺左之溪曰鸾溪，以拟东林虎溪。”②

这里关于周敦颐与真净克文交往的记载，所述之于庐山归宗寺“结青松社，若以踵白莲社”的事迹，与两宋之际僧人晓莹《云卧纪谭》记载之周敦颐与佛印了元禅师交往的事迹相同。此处“故结青松社，若以踵白莲社”事迹的当事人不同，可能为误置，当以《云卧纪谭》的记载

① （清）查慎行：《敬业堂诗集》卷十五，影印文渊阁《四库全书》本，台湾商务印书馆1986年版。

② （清）谢旻等纂修：《（雍正）江西通志》卷十二《山川六·南康府·庐山》，影印文渊阁《四库全书》本，台湾商务印书馆1986年版。

为准（详见后文考述）。但是，王祎所述“时濂溪周先生自南康归老九江上，黄太史以书劝先生与之游甚力”，而黄庭坚（黄太史）又与周敦颐有着交往情谊并对其推崇备至，故黄庭坚以书信劝周敦颐与真净克文交游之事亦或有之。[①] 更值得注意的是，王祎认为，虽然“其事为释氏所传，世皆谓先生实传圣贤千载不传之统，岂其有取于佛氏之徒而愿从之游？甚者又谓濂溪之学受于寿岩佛者，此又厚诬吾先哲者也”，但他却“以为不然。大贤君子于其道既有得矣，其于形迹未尝以为累也。况先生之高致如光风霁月，初无凝滞，固奚必深辩之耶？”并举“及淳熙中，应庵华禅师继主归宗，朱夫子（朱熹）时为郡，亦尝与之游”为证，当为平实之论。因为，理学门庭至南宋朱熹之后，尤其是明代才稳固，在北宋时期，儒家士大夫的胸襟较为宽广，他们可以不同意佛教的宗旨，但却并非狭隘到连与僧人交往都不愿意的程度；比照一句现代话语来换言之，当时的儒士是：“我们可以不同意佛教的教义，但却尊重僧人的信仰追求”。况且，唐代至南宋以前的禅宗僧人，尤其是本文提及之与周敦颐有所交往的北宋高僧，大多有着由儒入佛的经历，有着深厚的儒家经学根底，文化素质之高，远非明清以降僧人可比，故儒家士大夫与禅师们有着许多共同的语言，以及对终极真理追求的共同心愿，故“相与问道”“相与讲道”“相互切磋”，实为一种社会常态。而抱残守缺、故步自封、眼光短浅、心胸狭隘之腐儒，恰恰出自南宋晚期至明清时期。例如，晚明儒士黄云师在《濂溪书院记事》一文中就毫无证据地称周敦颐与佛教禅僧的交往为“妄

---

① 本文撰写完成后，查阅到黄庭坚写给周敦颐的这封信，题为《答濂溪居士》，收录于宋黄庭坚撰《山谷老人刀笔》卷之十五（北京图书馆藏元刻本，收入《四库全书存目丛书》集部第十四册，齐鲁书社 1997 年版，第 169 页）。就黄庭坚信中所述的内容来看，应该是周敦颐写了一篇关于谈论佛教或者佛经的文字，请黄庭坚帮忙指正修改。黄庭坚在这封信中回答说：很久就想就自己之所闻见对文字进行改作，但因多病懒放，拖延至今。现在，张南浦遣人出行，我正好改写完毕，忍着眼痛，以大字书写托人送过来，不知道是否合意？身为佛教居士的黄庭坚还谈到自己的知命、学识与笔力皆有所长进，但学佛（学道）却绝不知蹊径，又感于“真实道人不易识，直须高著眼目”，故建议居住在湓城（九江）的周敦颐去庐山的归宗寺拜访真净克文禅师，并指出：“此人极须倾盖乃肯动手，不然只止以宾客待耳。”也就是说，黄庭坚叫周敦颐前往庐山归宗寺拜访真净克文禅师，请这位禅师帮忙指正。并强调，一定要与这位禅师倾盖相交，他才肯“动手”，不然就只会以宾客的关系相待。笔者在《周敦颐与佛教再考证》一文中已经对这封信的详细内容进行了考述。

说也"，乃对"元公大贤"之亵渎[①]，不能不令人惊讶!

二 宋明佛教典籍对周敦颐与佛教关系的记述

在宋明佛教典籍中，也有许多关于周敦颐与佛教关系的记述。现择要分述如下。

（一）两宋之际的僧人晓莹所撰《云卧纪谭》云："春陵有水曰濂，周公茂叔先世所居，既乐庐山之幽胜而筑室，则以'濂'名其溪，盖识不忘本矣。于时佛印禅师元公寓鸾溪之上，相与讲道，为方外友，由是命佛印作青松社主。追媲白莲故事。嘉祐中，公通守瀫上，寻有谮公于部，使者临之甚威，公处之超然。佛印闻而述庐山移文寄之曰：'仕路风波尽可惊，唯君心地坦然平。未谈世利眉先皱，才顾云山眼便明。湖宅近分堤柳色，田斋新占石溪声。青松已约为禅社，莫遣归时白发生。'公未归，间复趣之曰：'常思湖口绸缪别，又忆匡庐烂漫游。两地山川频在目，十年风月澹经秋。仙家丹药谁能致，佛国乾坤自可休。况有天池莲社约，何时携手话峰头。'公虽为穷理之学，而推佛印为社主，苟道之不同，岂能相与为谋耶。"[②]

晓莹禅师为南宋初年僧人，字仲温，法号晓莹。俗家姓氏不详。为著名高僧大慧宗杲禅师的法嗣。明代僧人如惺撰《大明高僧传》记载："释晓莹，字仲温，未详氏族。历参丛席，顿明大事，四众推重。晚归罗湖之上，杜门却扫，不与世接，惟以生平之所见闻诸方尊宿提唱之语，及友朋

---

① 明黄云师撰《濂溪书院记事》云："书院奉周元公，而二程先生侍坐。其像设甚古，见者肃然生敬。因居戎府左，丁亥之秋有欲毁像以广其宫者，问左右曰：'周濂溪何人?'曰：'古大贤也。'曰：'彼不过能作几句诗对耳，今何能为?'将鸠工撤像。是夕，见三冕而朱服者坐寝堂，严毅不可逼视。自是畏其神，不敢议毁。世传真净禅师住归宗，元公往与之游，因结青松社。又名寺左之溪曰'鸾溪'。此妄说也。元公与真净往还，或偶寄迹，必以松，可步莲鸾，名配虎递，因摹效此。即真净不为而谓元公为之乎？且元公门庭高峻，王介甫闻风归响，尚三谒而三辞之，冀折其少年果锐之气，而谓其学远公、渊明于形骸之外，则又过矣！予因书院事及之，使后人知元公大贤不可或亵，而书院之日就芜没为可惜耳。"载（清）谢旻等纂修《（雍正）江西通志》卷一百三十四《艺文・记十三》，影印文渊阁《四库全书》本，台湾商务印书馆 1986 年版。

② （宋）晓莹录：《云卧纪谭》卷上，《卍新续藏》第 86 册，第 661 页。

谈说议论宗教之言，或得于残碑蠹简有关典谟之说，皆会萃成编，曰《罗湖野录》。其所载者，皆命世宗匠、贤士大夫言行之粹美、机锋之劲捷、酬酢之雄伟、气格之弘旷，可以辅宗乘、训后学、抑起人于至善，是故阅者不忍释手云。”[①] 明代僧人文琇集《增集续传灯录》记载：“感山云卧晓莹禅师，生缘洪州，学博而赡，善为文章。久亲妙喜，所得巨量……师有《云卧纪谭》《萝湖野录》二书行世。”[②]

《云卧纪谭》凡二卷，又称《感山云卧纪谭》，系绍兴年间（1131—1162），晓莹于丰城曲江感山之云卧庵闲居时，随笔记录诸方尊宿之遗言逸迹、士大夫之嘉言懿行，凡可资修行警策、学人龟鉴者悉皆收录。卷末并附云卧庵主书，记述其师大慧宗杲与学人之机缘问答。据元代僧人念常集《佛祖历代通载》记载，《云卧纪谭》成书于南宋绍兴二十五年（乙亥，1155）[③]。此时朱熹（1130—1200）还只有25岁，声名尚未彰显；周敦颐的理学宗师地位亦尚未确立，故晓莹将其作一般的士大夫看待，称其为“周公茂叔”。这篇文字，时间、地点、人物、事迹历历俱在，述事平实质朴，清晰明晓，毫无穿凿伪造敷衍成文的痕迹可言；因为，在晓莹的笔下，在佛印了元以及其他僧人交往的士大夫中，比当时之周敦颐的地位、声誉、影响更大的文士不知凡几，根本就不需要攀缘上周敦颐来装点佛教的门面。

佛印了元禅师（1032—1098）为青原系下十一世僧人，庐山开先寺善暹禅师的法嗣。据《禅林僧宝传》[④] 记载，禅师名了元，字觉老，饶州浮梁（今江西省景德镇市浮梁县）人。俗家姓林。家世业儒，他也从小习儒业，幼读《论语》及诸家诗，既长从师授五经，略通大义。后读《首楞严经》于竹林寺，浸润其中而捐弃旧学，萌生出家度生死之念。礼

---

① （明）如惺：《大明高僧传》卷第八《习禅篇第三之四·江西罗湖沙门释晓莹传十二》，《大正藏》第50册，第933页。

② （明）文琇集：《增集续传灯录》卷第六《五灯会元补遗·大鉴下第十七世·径山大慧杲禅师法嗣·感山云卧晓莹禅师》，《卍新续藏》第83册，第351页。

③ 元念常集《佛祖历代通载》卷第二十记载：“乙亥（绍兴二十五年，1155），《云卧纪谈》《罗湖野录》成。十月，感山沙门晓莹撰。字仲温，法嗣大惠杲禅师。”《大正藏》第49册，第685页。

④ （宋）惠洪：《禅林僧宝传》卷第二十九《云居佛印元禅师》，《卍新续藏》第79册，第550页。

宝积寺僧人日用出家。试《法华经》后受具足戒。游庐山参谒开先善暹禅师，进而成为其法嗣，时年19岁。后又参谒庐山圆通寺祖印居讷禅师，受到器许。皇祐二年（1050），时任圆通寺首座的大觉怀琏禅师应诏出任京师十方净因禅院的住持，居讷禅师便命佛印了元继任首座。后居讷禅师又推荐他出任江州承天寺（庐山承天归宗寺）的住持，时年28岁，时为宋仁宗嘉祐四年（1059）。“自其始住承天，移淮山之斗方，庐山之开先、归宗，丹阳之金山、焦山，江西之大仰，又四住云居，凡四十年之间，德化缁白，名闻幼稚，缙绅之贤者多与之游。”在住持庐山归宗寺期间，与苏轼结识，后过从密切，“酬酢妙句，与烟云争丽”。此外，当时出任江西地方的著名官吏文士，如张方平[①]、王韶[②]等，均与其有所交往。宋哲宗元符元年（1098）正月初四日，佛印了元圆寂，享年67岁，僧腊52年。《禅林僧宝传》赞云：“佛印种性从横，慧辨敏速，如新生驹不受控勒，盖其材足以御侮。观其临事，护法之心深矣。”

周敦颐于嘉祐六年（1061）从合州（治今四川合川区）判官任上迁国子博士、虔州（治所在今赣州）通判，在道经江州（治今九江市）时游庐山，因爱此山水之胜，遂筑书堂于山之麓以备作归隐之所。堂前有源自莲华峰的溪水，便以故乡濂溪之名称之，自此以“濂溪”为号。嘉祐八年（1063），宋英宗即位，周敦颐迁虞部员外郎，仍任虔州通判，著

---

① 张方平（1007—1091），字安道，号乐全居士，北宋应天府南京（今河南商丘）人。景祐元年（1034），中茂才异等科，任昆山区（今属江苏）知县。又中贤良方正科，迁睦州（今浙江建德东）通判。历任知谏院、知制诰、知开封府、翰林学士、御史中丞，滁州（今属安徽）、江宁府（今江苏南京）、杭州（今属浙江）、益州（今四川成都）等地长官。神宗朝，官拜参知政事（宰相）。哲宗元祐六年（1091）卒。赠司空，谥文定。有《乐全集》四十卷。

② 王韶（1030—1081），字子纯，江州德安（今属江西）人。北宋著名文士兼军事家。嘉祐二年（1057）进士。初任新安主簿，后为建昌军司理参军。熙宁元年（1068），上《平戎策》三篇，详论取西夏之略。由此被任命为秦凤路经略司机宜文字（相当于机要秘书）之职，主持开拓熙河之事务。从此以一文人出掌军事，担负起了收复河湟的任务。后受命修筑古渭城，组建通远军，并主持军事，战争中屡有胜绩。遂进驻武胜，组建镇洮军。后迁任右正言、集贤殿修撰。旋以龙图阁待制知熙州。历任枢密直学士、左谏议大夫、端明殿学士。熙宁七年（1074），奉命回京入朝，加封资政殿学士，赐府第崇仁坊。因听说边防事紧，又日夜兼程赶至熙州以解危机。获胜后，将叛乱首领瞎征押送京城。拜观文殿学士、礼部侍郎。旋任枢密副使（国家最高军事副长官）。因故与王安石有隙，上书辞官，被贬知洪州（今江西南昌），复降职知鄂州。元丰二年（1079），复知洪州，晋封太原郡开国侯。元丰四年（1081），王韶逝世。享年52岁。追赠金紫光禄大夫，谥号襄敏。

《爱莲说》以自况。翌年（宋英宗治平元年，1064），改任永州（治今湖南永州市）通判。晓莹所云“嘉祐中，公通守灨上”，即是指周敦颐于嘉祐六年迁任虔州通判后至嘉祐九年（即宋英宗治平元年，1064）改任永州通判之前的期间；晓莹所云“于时佛印禅师元公寓鸾溪之上”，即指此时佛印了元当时正担任庐山承天归宗寺的住持。

宋代文士陈舜俞撰《庐山记》记载：“承天归宗禅院，晋咸康六年，宁远将军江州刺史王羲之置以处梵僧那连耶舍尊者，一名达摩多罗，故有右军墨池……土木之盛山南为冠。金轮峰、上霄峰正居其后，左右盘礴，面势平远。昔人卜其基曰：‘是山有翔鸾展翼之势。’院东之水故名‘鸾溪’。溪上有桥。溪西石渠流泉二百余丈，因水为硙，瀹圃栽蔬，规摹气象皆有可观者。”① 当时的归宗寺与开先寺、栖贤寺和圆通寺并称庐山“四禅院”，僧人、游客往来日有千人，此即黄庭坚所云：“盖庐山开先、栖贤、归宗、圆通四禅院，饭游客常居饭僧之半。”②

《云卧纪谭》的这段文字述说了如下史事：

1. 周敦颐既乐庐山之幽胜而筑室，因故乡舂陵有水曰“濂”，故以“濂”名其溪，盖识不忘本。

2. 周敦颐与佛印了元之间所建立的是“相与讲道，为方外友”的平等关系。何谓“相与讲道”？指的是两人以方外之友的关系相互尊重、相互讲道、相互受益，而非单方面的受教。这种关系，既保持了周敦颐始终作为儒者的身份，而不是像苏轼、黄庭坚、张商英等人一样成为佛教居士；同样，作为由儒入释（家世业儒，从小习儒业）的佛印了元也当有所受益。“追媲白莲故事”指的是，被后世推崇为华夏净土宗初祖的东晋僧人慧远法师于庐山的东林寺，与慧永、慧持和刘遗民、雷次宗等结社，精修念佛三昧，誓愿往生西方净土，又掘池植白莲，称“白莲社”。周敦颐也欲追媲此盛事，故与佛印了元等共结由僧、俗二众所组成的“青松社”，并命佛印了元担任社主。值得注意的是，晓莹在此使用了“命”的语词，表明周敦颐是以年长于佛印了元的地方官及文士的身份与其交往

---

① （宋）陈舜俞：《庐山记》卷第二《叙山南篇第三》，《大正藏》第51册，第1032页。

② （宋）黄庭坚：《南康军开先禅院修造记》，《山谷集》卷十八，影印文渊阁《四库全书》本，台湾商务印书馆1986年版。

的；如果周敦颐是一位佛教居士，即佛教信徒，哪怕是面对比其年少的僧人，也只能用“延请”而非“命令”的姿态。由此可见，作为僧人的晓莹，措辞严谨、真实可信。

3. 周敦颐在任虔州通判期间，即宋英宗治平元年（1064），由于虔州民间失火焚毁千余家，当时周敦颐正“季点外县”，没有在虔州，朝廷派人来虔州追问责任，周敦颐没有自我分辨，此即《云卧纪谭》所说的“公通守灨上，寻有谮公于部，使者临之甚威，公处之超然”。周敦颐由此被移至更为偏僻的湖南永州担任通判。佛印了元闻知此事，写信赋诗来宽慰周敦颐。周敦颐后来回复诗一首，诗文俱在前述，不赘言。

4. 晓莹最后指出：“公虽为穷理之学，而推佛印为社主，苟道之不同，岂能相与为谋耶。”意思是，周敦颐虽然服膺的是穷理尽性之学，但却推荐作为佛教僧人的佛印了元担任青松社的社主，他们两人如果是道之不同，怎么能够相与为谋而结具有佛教性质的社会呢？这里所谓相同之“道”，当然只能是追求生命真谛、世界终极真理的天命之道，当然也是属于“穷理尽性之学”。

那么，周敦颐与佛印了元的“相与讲道”究竟讲了一些什么呢？元代僧人熙仲撰集之《历朝释氏资鉴》对此有所记载：

> 濂溪周元公惇颐茂叔，先世所居舂陵有水曰“濂”。公既乐庐山之幽胜，而筑室以“濂”名溪，盖不忘本矣。时佛印寓居鸾溪之上，公谒见，相与讲道。问曰：“天命之谓性，率性之谓道。禅门何得谓无心是道？”师云：“疑则别参。”公曰：“参则不无，必竟以何为道？”师曰：“满目青山一任看。”公心醉。一日忽见窗前草生意勃然，乃曰：“与自家意思一般。”以偈呈师云：“昔本不迷今不悟，心融境会豁幽潜。草深窗外松当道，尽日令人看不厌。”师和云：“大道体宽无不在，何拘动植与飞潜。行观坐看了无碍，色见声求心自厌。”由是命师作青松社主。追媲白莲故事。
>
> 嘉祐中，周元公通守灨上，寻有谮公于部，使者临之甚威，公处之超然，寄师偈云：“天开斯道在文明，富贵何如守贱贫。岂有庐山许高绝，不能容得一闲身。”师酬云：“泉石能寻旧日盟，胸藏万卷未为贫。世途侧掌难容足，道德天宽可立身。”师乃述庐山移文寄公

曰："仕路风波尽可惊，唯君心地坦然平。未谈世利眉先皱，才顾云山眼便明。湖宅近分堤柳色，斋田新占石溪声。青松已约为禅社，莫遣归时白发生。"公未归，复趣之曰："常思湖口绸缪别，又忆匡庐烂漫游。两地山川频在目，十年风月澹经秋。仙家丹药谁能致，佛国乾坤自可休。况是天池莲社约，何时携手话峰头。"（《纪谭》）

公尝谓："佛氏一部《法华经》，抵是儒家《周易》一个艮卦可了。"噫《易》以艮为六十四封之旨。艮，连山也，为止义。若以经偈止止不须说而比之夫，是之谓持蠡酌海矣。然公虽穷理尽性之学，而推佛印为社主，苟道之不同，岂能相与为谋耶？①

《云卧纪谭》及《历朝释氏资鉴》所记周敦颐的几首诗偈，未被周敦颐文集的编辑者收入，对于还原一位完整真实之周敦颐的思想行为，不能不说是非常遗憾的事情。尤其是周敦颐举《中庸》的语句问佛印了元："天命之谓性，率性之谓道。禅门何谓无心是道？"佛印以"满目青山一任看"作答，其意为触目所见，处处是道。周敦颐无疑当受到启悟。故一日见窗前草生，自语"与自家意思一般"。其诗偈"昔本不迷今不悟，心融境会豁幽潜。草深窗外松当道，尽日令人看不厌"，蕴含着禅宗之迷悟不二、心境融通的思想，更展现了周敦颐思想的升华。所谓"三人行，必有我师焉"，"相与讲道"的结果是双方都有所受益。而"常思湖口绸缪别，又忆匡庐烂漫游""况是天池莲社约，何时携手话峰头"等诗句，表明周敦颐与佛印了元的交往情缘之深。

（二）明代初年僧人心泰编《佛法金汤编》中有周敦颐之小传，称："惇颐，字茂叔，号濂溪，春陵人。熙宁中除提刑，谥元公……公传太极图于穆修，修传于种放，放传于陈抟，此其学之一师也。盖抟师麻衣，今正易心法是抟注。麻衣、涯公之传，东林总公广之也。总公门人弘益有书曰《纪闻》，云：'性理之学实起于东林涯、总二师。总以授周子。'故刘后村诗云：'濂溪学得自高僧。'后虞伯生亦曰：'宋儒惟濂溪、康节二公于佛书早有所得。'（公《行状》并《性学指要》）公《题留衣亭》曰：

① （元）熙仲集：《历朝释氏资鉴》卷第十，《卍新续藏》第76册，第235页。

'退之自谓如夫子，原道深排释氏非。不识大颠何似者，数书珍重更留衣。'"①

《佛法金汤编》编撰于明洪武十九年（1386）。撰者心泰为元明之际的僧人，幼习儒业，后出家为僧。曾经在天台宗的祖庭台州国清寺掌笺翰。"其学赡而识达，气充而守约。其发为文章雄浑渊雅，惟务以弘宗树教为本，不以夸多斗靡为奇。"② 在这里，心泰根据所见文献，提出了周敦颐"性理之学"几个新的来源，即除了竹林寺僧人寿涯外，还有庐山东林寺的常总禅师，并明确指出"总以授周子"；并且引述了上文已经论及之宋代文士刘克庄（后村）的诗句，以及元代文士虞集（1272—1348）③ 所述"宋儒惟濂溪、康节二公于佛书早有所得"以作旁证；又引述周敦颐《题留衣亭》④ 诗以证明其并非排佛之人。

《佛法金汤编》所称之"东林总公"，为北宋著名的高僧照觉常总禅师（1025—1091）。照觉常总为南岳系下第十三世（临济九世，黄龙二世）僧人，黄龙惠南禅师的法嗣，《建中靖国续灯录》有其简略传记及许多机缘语录⑤，而以《禅林僧宝传》⑥ 所载其生平事迹及出任东林寺住持的经过最为详细。据这些文献记载，可以得知，照觉常总是北宋时期禅林的一代宗师，也是庐山东林寺改律寺为禅寺后的第一位住持，曾经担任该寺住持有 12 年之久。数年之间，他将东林寺扩建成"厦屋崇成，金碧照烟云，如夜摩睹史之宫从天而堕，天下学者从风而靡，丛席之盛近世所未有也"，"众盈七百（人）"，使其成为继归宗寺之后庐山一所庞大的禅林。

---

① （明）心泰编：《佛法金汤编》卷第十二，《卍新续藏》第 87 册，第 423 页。

② 见明代僧人清浚于洪武二十四年所撰《佛法金汤编叙》，（明）心泰编：《佛法金汤编》卷首，《卍新续藏》第 87 册，第 370 页。

③ 虞集（1272—1348），字伯生，号道园，世称邵庵先生。元代著名学者、诗人。少受家学，尝从吴澄游。成宗大德初，以荐授大都路儒学教授、国子助教、博士。仁宗时，迁集贤修撰，除翰林待制。文宗即位，累除奎章阁侍书学士。领修《经世大典》，著有《道园学古录》、《道园遗稿》。虞集素负文名，与揭傒斯、柳贯、黄溍并称"元儒四家"；诗与揭傒斯、范梈、杨载齐名，人称"元诗四家"。

④ 此诗收录于明·周沈珂编《周元公集》卷二，作《题太（大）颠壁》。

⑤ （宋）惟白集：《建中靖国续灯录》卷第十二《南岳怀让禅师十三世·洪州黄龙山慧南禅师法嗣·江州东林兴龙禅寺照觉禅师》，《卍新续藏》第 78 册，第 713 页。

⑥ （宋）惠洪：《禅林僧宝传》卷第二十四《东林照觉总禅师》，《卍新续藏》第 79 册，第 539 页。

自此，庐山东林寺成为宋代禅宗的一处著名道场，禅师游方必到之处，以致名僧辈出，不胜枚举。当时许多著名的官吏和文士，如王韶、黄裳、苏轼、张商英等，无不对其推崇备至；僧界则誉其为“马祖再来”的高僧。元丰三年（1080），赐号“广惠”。元祐三年（1088），赐号“照觉禅师”。苏轼曾撰《东林第一代广惠禅师真赞》，其中有句云：“堂堂总公，僧中之龙。呼吸为云，噫欠为风。且置是事，聊观其一。戏！盖将拊掌谈笑不起于坐，而使庐山之下化为梵释龙天之宫。”①

（三）明人朱时恩撰《佛祖纲目》记载：“胡长孺，字汲仲，天台人。特立独行，留心内典。尝著《大同论》曰：孟子没一千四百年而周子出。周子之传出于北固寿涯禅师。程子、朱子皆得之周子。朱子后，得张钦夫讲究此道，方觉脱然。元来此事与禅学十分相似。学不知禅，禅不知学，互相排击，都不曾札着病处，真可笑也！”②

朱时恩自称：“是书草创于万历三十八年之庚戌，卒业于崇祯四年之辛未。呕心枯须者历二十有一年，遂成《佛祖纲目》四十一卷。”“我述此书，不为名闻。事理俱备，权实双行。”③ 据此可知，该书为精心撰著之作。朱时恩明确注称，关于周敦颐受学于北固（竹林寺）寿涯禅师的说法，是出自元代儒士胡长孺所撰之《大同论》。

胡长孺（一作艮儒，1249—1323），为宋元之际的儒士，字汲仲，号石塘，婺州永康人。宋度宗咸淳中（1265—1274），从外舅徐道隆入蜀，铨试第一名。授迪功郎，监重庆府酒务，拜福宁州倅。宋亡，退栖永康山中。元至元二十五年（1288）下诏求贤，有司强之，拜集贤修撰，因与宰相议不合，改扬州教授。至大元年（1308），转台州路宁海县主簿。延祐元年（1314），转两浙都转运盐使，司长山场盐司丞以病辞官后，不复仕，隐杭州虎林山以终。门人私谥“纯节先生”。《元史》及明代文士冯从吾撰《元儒考略》④ 均有传。《元史》本传称：“长孺初师青田余学古，

① （宋）苏轼：《东坡全集》卷九十五，影印文渊阁《四库全书》本，台湾商务印书馆1986年版。

② （明）朱时恩：《佛祖纲目》卷第四十，《卍新续藏》第85册，第788页。

③ （明）朱时恩：《佛祖纲目》卷首《佛祖纲目·序》，《卍新续藏》第85册，第555页。

④ （明）冯从吾：《元儒考略》卷一，影印文渊阁《四库全书》本，台湾商务印书馆1986年版。

学古师王梦松。梦松亦青田人，传龙泉叶味道之学，味道则朱熹弟子也。渊源既正，长孺益行四方，访求其旨趣。始信涵养用敬为最切，默存静观，超然自得，故其为人光明宏伟，专务明本心之学，慨然以孟子自许，唯恐斯道之失其传，诱引不倦，一时学者慕之，有如饥渴之于食饮。方岳大臣与郡二千石聘致庠序，敷绎经义，环听者数百人。……所著书有《瓦缶编》《南昌集》《宁海漫抄》《颜乐斋稿》行于世。其从兄之纲、之纯皆以经术文学名之……人称之为‘三胡’云。”[①] 据此可知，身为朱熹再传弟子的正宗儒士，胡长孺所述不会信口开河、空穴来风，当有所据。

（四）明人朱时恩撰《居士分灯录·周敦颐》云：

> 周敦颐，字茂叔，舂陵人。初见晦堂心，问教外别传之旨，心谕之曰：“只消向你自家屋里打点。孔子谓朝闻道夕死可矣。毕竟以何为道夕死可耶？颜子不改其乐，所乐何事？但于此究竟，久久自然有个契合处。”又扣东林总禅师，总曰：“吾佛谓：实际理地即真实，无妄诚也。大哉乾元，万物资始。资此实理，乾道变化，各正性命，正此实理。天地圣人之道至诚而已，必要著一路实地工夫，直至于一旦豁然悟入，不可只在言语上会。”又尝与总论性及理法界、事法界，至于理事交彻，冷然独会，遂著《太极图说》，语语出自东林口诀。[②]

在这里，朱时恩对《佛法金汤编》所述周敦颐与东林照觉常总禅师相与问道的具体内容进行了补充。并且指出，周敦颐还曾经向晦堂心禅师叩问“教外别传之旨”。

晦堂心即祖心宝觉禅师（1025—1100），为南岳系下第十三世（临济第九世，黄龙二世）僧人，黄龙慧南禅师的法嗣，与照觉常总、真净克文为法兄弟。俗姓邬，名祖心，晚年号晦堂。南雄州始兴（今广东省始兴县）人。少年习儒。19岁时（1043）患目疾失明，父母许以出家，辄

---

① （明）宋濂等：《元史》卷一百九十《列传第七十七儒学二·胡长孺》，中华书局1976年版。

② （明）朱时恩辑：《居士分灯录》卷下《周敦颐（佛印了元禅师法嗣）》，《卍新续藏》第86册，第600页。

复见物，往依广东肇庆新兴县龙山寺僧人惠全。次年（1044）试经业，得奏名剃发。继住受业院，因不奉戒律，且逢横逆，于是游历丛林，到南岳云峰寺参谒大愚守芝禅师的法嗣云峰文悦禅师，依止三年，未能契合，在文悦禅师的指点下，往江西黄蘗山参谒慧南禅师。在慧南禅师座下又依止四年，仍未契悟，又回到南岳云峰寺依止文悦禅师。宋仁宗嘉祐七年（1062），文悦禅师圆寂，宝觉禅师离开南岳前往湖南浏阳石霜寺住锡。一次，读《景德传灯录》至多福禅师关于丛竹的公案[①]，顿觉在依止文悦禅师与慧南禅师时的一些禅悟，便又到黄蘗山依止慧南禅师，由此成为慧南禅师的入室弟子。后往南昌翠岩广化禅院（寺）参谒慧南禅师的法兄弟可真禅师，受到可真禅师的赏识，依止二年。宋英宗治平元年（1064），可真禅师圆寂，宝觉禅师又回到黄蘗山，慧南禅师命其分座接纳学僧。治平三年（1066），慧南禅师出任黄龙寺住持，宝觉禅师便往泐潭宝峰寺拜谒晓月禅师，并住锡于此。此时他已经有声于丛林。宋神宗熙宁二年（1069），慧南禅师圆寂，宝觉禅师继任黄龙寺住持 12 年。他因不乐从事于寺务，五次要求辞去住持之职，于宋神宗元丰三年（1080）卸任，退院闲居于黄龙山晦堂，便以“晦堂”为号。宋哲宗元符三年（1100）十一月十六日中夜圆寂，世寿 76 岁，僧腊 55 年。赐号“宝觉”。葬于黄龙山慧南禅师墓塔之东，号“双塔”。宋代著名文士黄庭坚为其撰写了塔铭。[②] 其侍者子和录、弟子中介重编有《黄龙晦堂心和尚语录》（《黄龙四家录》第二《宝觉祖心禅师语录》）传世。[③] 记载宝觉禅师生平事迹最为详细的是《禅林僧宝传》，对其评价称：“黄龙南公道貌德威，极难亲附，虽老于丛林者见之汗下。公之造前，意甚闲暇，终日语笑，师资相忘。四十年间，士大夫闻其风而开发者众矣。惟其善巧无方，普慈不间。人未之见，或慢谤，承颜接辞，无不服膺。公既腊高，益移庵深入，

① 该公案见宋·道原纂《景德传灯录》卷第十一《赵州东院从谂禅师法嗣·杭州多福和尚》记载：“杭州多福和尚。僧问：‘如何是多福一丛竹？’师曰：‘一茎两茎斜。’曰：‘学人不会。’师曰：‘三茎四茎曲。’”《大正藏》第 51 册，第 287 页。

② （宋）黄庭坚：《黄龙心禅师塔铭》，《山谷集》卷二十四，影印文渊阁《四库全书》本，台湾商务印书馆 1986 年版。

③ （宋）子和录，中介重编：《黄龙晦堂心和尚语录》（《黄龙四家录》第二《宝觉祖心禅师语录》），《卍新续藏》第 69 册。

栈绝学者。”据《嘉泰普灯录》记载，宋代著名居士黄庭坚、吴中立等人为其法嗣。①

周敦颐问祖心宝觉禅师的所谓“教外别传之旨”，即禅宗的宗旨。禅宗不施设文字，不安立言句，直传佛祖心印，称为“教外别传”，意思是在释迦牟尼言教以外的特别传授。

三 讨论

综上所述可知，关于周敦颐与佛教僧人有所交往并“相与讲道”的最早记载，出自他所生活活动时代的文士而非佛教徒。当时，周敦颐的著作及其思想价值尚未彰显于世，他更未被推崇为一代理学宗师。

众所周知，开创于先秦之孔、孟而后被推崇为修身治世之“圣学”的传统儒学，到唐宋时期已经走到了“巅峰”，按照老路已经无法继续走下去，更无法面对在深入地吸收华夏传统文化精粹而后已经“中国化”了的、具有更甚于儒学之对生命乃至世界终极本原进行追问考究的佛学的冲击，因此，当时的社会风气是，士大夫们竞相学佛，试图从中寻觅新的思想文化资源以促进儒学的发展，此即当时著名文士张商英所云之“吾学佛然后能知儒”（参见下文讨论）。作为生活在学术风气较为宽松、“思想解放”之北宋时期②的一代道学宗师，周敦颐吸取当时社会上存在之包括佛学在内的各种思想文化资源以促进传统儒学的革命，并不是一件令人感到奇怪的事情。因此，当时的文士既不会因周敦颐与佛教僧人有所交往而觉得“玷污”了他；佛教僧人也不会要借用这位“未来的”理学“圣人”来“装点门面”。

最开始对周敦颐与佛教僧人在交往的碰撞中有所收获之事予以质疑的人，是将周敦颐推上理学宗师地位的朱熹（号晦庵）。明代僧人一元宗本在其所撰《归元直指集》中引述大量宋、元、明文献，综述了许多周敦颐与佛教禅师的交往事迹（虽然较之前文所述还有一些新的内容，但文

① （宋）正受：《嘉泰普灯录》总目录卷上《六之卷·南岳第十三世（临济九世，黄龙二世）·黄龙宝觉晦堂祖心禅师法嗣》，《卍新续藏》第79册。

② 著名中国科技史研究者、英国的李约瑟博士（Dr. Joseph Needham，1900—1995）曾经称北宋时期为“中国的文艺复兴时期”。

字过长，此处从略），并以问答形式云：“曰：‘禅宗既有大道传授，吾儒晦庵何以排之？’曰：‘晦庵排佛者，心病也。’”① 明代鹿园居士万表则在明穆宗隆庆年间（1567—1572）所撰之《归元直指·序》中云：“儒能体佛，可以为真儒。不见国相张商英曰：‘吾学佛然后能知儒。’亦此谓也。”②

万表所云张商英“惟吾学佛，然后能知儒”之语，并非僧人杜撰，南宋僧人正受编《嘉泰普灯录》云：

> 庚子秋，延径山主僧宝印于选德殿。上曰：“三教圣人本同这个道理。”印奏曰：“譬如虚空，东、西、南、北初无二也。”上曰：“但圣人所立门户各别尔。孔子以中庸设教。”印曰：“非中庸之教，何以安立世间！故《华严》亦不坏世间相而成出世间法。《法华》云：治世语言，资生产业，皆与实相不相违背。”上曰：“今之士夫，学孔氏者多，只攻文字，不见夫子之道，不识夫子之心。唯释迦老子不以文字教人，直指心源，开示众生，各令悟入。此为殊胜也。”印曰：“非独今之学者不见夫子之道，当时十哲如颜子，号为且体，尽其平生力量，只道得个瞻之在前，忽焉在后，如有所立卓尔，竟捉摸未着。而夫子分明八字打开，与诸弟子曰：‘二三子以我为隐乎，吾无隐乎尔。吾无行而不与二三子者，是丘也。’以此而观，夫子未尝回避诸弟子，而诸弟子自蹉过也。昔张商英丞相云：‘惟吾学佛，然后能知儒。’”上曰：“朕意亦谓如此。”③

“庚子”年即宋孝宗淳熙七年（1180）。此事在当时的许多文献中均

---

① （明）宗本集：《归元直指集》卷下，《卍新续藏》第61册，第459页。

② 一元宗本禅师活动于明代中叶，万表《归元直指·序》云：“延庆一元本禅师，幼习儒，长从释，悟彻性宗，专修净土，诚乃稠人中之知识也。由是利他心切，集成此书。一日过我山居，特请为序。”载《归元直指集》卷首，《卍新续藏》第61册，第423页。

③ （宋）正受：《嘉泰普灯录》卷第二十二《孝宗皇帝》，《卍新续藏》第79册，第422页。

有记载，如南宋僧人志磐撰《佛祖统纪》[①]、昙秀撰《人天宝鉴》[②] 等，并注明出自当时实录宋孝宗与身为皇家寺院径山寺住持之宝印禅师的“奏对录”，这些要进入国家档案，谁也不敢胡乱生造，甚至连记录不准确也是不允许的，故可以排除为僧人所伪造的可能性。

张商英（1043—1121）与周敦颐为同时代而年龄稍少（比周小26岁）之北宋著名官吏、文士兼居士，字天觉，号无尽居士，蜀州新津（今属四川）人。宋英宗治平二年（1065）进士。历任通川县主簿、南川县知县、权检正中书礼房公事、权监察御史里行、监荆南税、馆阁校勘、检正中书刑房、监江陵县税、开封府推官、提点河东刑狱、右正言、左司谏、知洪州、江淮荆浙等路发运使、工部侍郎、中书舍人、河北路都转运使、翰林学士、尚书右丞转左丞、资政殿学士、中书侍郎、尚书右仆射（宰相）等。政和元年（1111），出知河南府，寻落职知邓州，再谪汝州团练副使，衡州安置。宣和三年（1121）卒，享年79岁。赠少保。有文集一百卷（《宋史·艺文志》），已佚，《两宋名贤小集》辑有《友松阁遗稿》一卷。《宋史》卷三五一、《东都事略》卷一〇二有传。

作为一位由儒士转而学佛的士大夫，张商英可以说于儒学及佛学均有深厚的底蕴，不能将其视为一位浅薄的佛教居士。正如他在其名著《护法论》中对儒、佛教义及其信徒的思想行为进行对比时所云：“儒者言性，而佛见性。儒者劳心，而佛者安心。儒者贪著，而佛者解脱。儒者喧哗，而佛者纯静。儒者尚势，而佛者忘怀。儒者争权，而佛者随缘。儒者有为，而佛者无为。儒者分别，而佛者平等。儒者好恶，而佛者圆融。儒者望重，而佛者念轻。儒者求名，而佛者求道。儒者散乱，而佛者观照。儒者治外，而佛者治内。儒者贱博，而佛者简易。儒者进求，而佛者休歇。”对比之后，张商英称：“不言儒者之无功也，亦静躁之不同矣。”[③] 意即并非指儒家及其思想就没有功用，但两者却是有“静”与“躁”的差异。而周敦颐思想之特色以及之所以能够形成，正

---

① （宋）志磐：《佛祖统纪》卷第四十七《法运通塞志第十七之十四》，《大正藏》第49册，第429页。

② （宋）昙秀：《人天宝鉴》，《卍新续藏》第87册，第14页。

③ （宋）张商英述：《护法论》，《大正藏》第52册，第638页。

是“致虚极，守静笃”才能思考出来的。仔细体味，张商英所述当为平实之论。正是在儒、佛两者的对比之中，才能看出他们之间的巨大差异，这些是“只缘身在此山中”的一般儒士所无法觉悟到的，故张商英之“惟吾学佛，然后能知儒”，以及前述万表在《归元直指·序》中所云“儒能体佛，可以为真儒”，可以提醒某些实际上既不“知儒”，又不愿“知佛”，但却武断地否定周敦颐与佛教有所交集借鉴之人所借鉴。

在周敦颐生活活动的北宋时期，士大夫中不只是张商英的思想行为由儒入佛，诸如苏轼（东坡居士）、黄庭坚（山谷居士）、张方平（乐全居士）、王安石（半山居士）等（还可以列举很多，从略）无不如此。尤其是后者，作为一位“天变不足畏，祖宗不足法，人言不足恤”而锐意改革的士大夫官吏，无疑与自幼就受到儒家“修齐治平”思想理念的熏陶相关，他肯定是一位具有坚定儒家信仰的官吏，他同时更是一位著名之深谙儒家典籍的经学家。或者有人会说，这些士大夫大都是在仕途受到挫折、对人生前途心灰意冷的情况下迷信于佛教的。显然这是一种皮相之见，甚至是对佛教的完全无知。姑且不说张商英是在其仕途蒸蒸日上之际学佛的，实际上，佛教之实质与精髓远远不是现在人们所看到的那些烧香拜佛、叩首祈求“佛祖保佑”“菩萨保佑”等，这些其实是华夏本土传统鬼神崇拜的产物，佛教则反受其害而“背黑锅”。明清以降佛教的“堕落”，便是过度的世俗化，其中便与中国民间传统鬼神信仰对佛教的渗透有着极大的关系。佛教的真精神是教人觉悟，而这种觉悟的指向，就是人生乃至世界的终极真理和终极关怀。“释迦牟尼佛”称呼中之“释迦牟尼”，意为“释迦族的圣者”；“佛”则为“觉悟者”。其实，释迦牟尼（民间所谓“佛祖”）只会用自己的言行去启示人们在观察世界、体味人生的实践中追求真谛、获得觉悟，而不会去“保佑众生”；此即佛教所讲究的“自度度人”，就是要求人们（信徒）自己觉悟并促使他人觉悟，其中并无任何“迷信”。真正的佛教，尤其是禅宗，是不讲究偶像崇拜的，故“呵佛骂祖”乃至于“烧木佛”“骑在佛像上”，是唐宋禅林僧人常见的行为。因为，佛教鼓励人们自己通过修证去发现生命和宇宙的真相，最终超越生死和苦、断尽一切烦恼，得到究竟（最高境界）解脱。这一对生命和宇宙终极真相的追求，不是“穷理尽性”又能是什么？而这一究竟觉悟和解脱，佛祖不会保佑你获得，因此祈求佛祖的保佑是无用的。不论这种追求究竟解脱是否真正能够“解脱”，也不论佛教的这种追求是否能够被证实（但无法证伪却是无疑的），这种力求发现生命和宇宙真相（真谛）乃至终极存在的思想资源，却是传统儒家思想观念所阙如的。

包括朱熹在内的宋明理学家，对周敦颐思想的来源均语焉不详，或者说根本就不知道其来源。例如，朱熹就多次反复称周敦颐的思想是得自“孔、孟不传之正统”或“孔、孟不传之绪”。他在《周子通书·后记》中所云：“《通书》者，濂溪夫子之所作也。夫子姓周氏，名惇颐，字茂叔。自少即以学行有闻于世，而莫或知其师传之所自，独以河南两程夫子尝受学焉，而得孔、孟不传之正统，则其渊源因可概见。然所以指夫仲尼、颜子之乐而发其吟风弄月之趣者，亦不可得而悉。”① 他在《邵州州学濂溪先生祠记》中亦云：“惟念先生之学，实得孔、孟不传之绪，以授河南二程先生，而道以大明。”② 何谓“莫或知其师传之所自”？就是说，朱熹也不知道周敦颐思想的师事来源；何谓“得孔、孟不传之正统”“不传之绪”？即指传世所见孔、孟的文字中都没有这种思想资源；哪怕是仅仅作为一种展现心性行为方式之“仲尼、颜子之乐而发其吟风弄月之趣者”，朱熹也“亦不可得而悉”。既然如此，则朱熹所谓“则其渊源因可概见”，不是他个人的揣测，又能是什么？既然朱熹等宋、明儒士不知道周敦颐思想的来源，又对别人所述之来源极力加以否定，则不免有“武断”和“霸道”之嫌。

正如前述宋孝宗在与宝印禅师的勘问时所说的：“今之士夫，学孔氏者多，只攻文字，不见夫子之道，不识夫子之心。唯释迦老子不以文字教人，直指心源。”南宋以前的儒士追求心性诚静，多在概念或字面上下功夫；而佛教则主张通过自身对心源的实证体悟来获得答案。而宋明理学正是在部分汲取了佛教乃至道家（而非道教）的思想资源下形成的。

---

① （宋）朱熹：《晦庵集》卷八十一，影印文渊阁《四库全书》本，台湾商务印书馆1986年版。

② （宋）朱熹：《晦庵集》卷八十，影印文渊阁《四库全书》本，台湾商务印书馆1986年版。

佛教尤其是禅宗对儒家（儒士）的影响，并不止于思想，还有行为方式。这些，却往往被某些研究者所忽视。例如，儒家力图追崇“三代之礼乐”并以恪守“礼乐”而著称，但却经常“礼失求诸野”。这里所谓“野”，当然是指庙堂之外，当然也包括儒士的社会生活，例如书院活动。正规的书院自唐代萌始而至北宋逐渐蜂起，但当时书院的仪规并不成熟规范，故当时的儒士在见到禅林礼仪具备的规范生活后，均大发感慨。例如，曾经受学于周敦颐的程颢就是如此。据南宋文士潜说友（1216—1288）《咸淳临安志》记载：“尝闻河南夫子因游僧舍，值其食时，顾而叹曰：‘三代礼乐尽在是矣！’夫子之叹，盖有感也。”① 元代文士冯福京等编《昌国州图志》亦云：“昔明道程纯公尝入僧堂，适睹饭次趍进揖逊之盛，喟然叹曰：‘三代礼乐尽在是矣！’盖谓其徒严整威仪，虽一食顷未尝少懈。而吾儒庠序之间，或有时而乃不如也。”② “河南夫子”“明道程纯公”即程颢。元代著名文士欧阳玄《敕修百丈清规·叙》云：“程明道先生一日过定寺，偶见斋堂仪，喟然叹曰：‘三代礼乐尽在是矣！’岂非清规纲纪之力乎。”③ 后世儒士乃至理学家均不否认关于程颢赞叹禅林僧仪的这一记载，如明神宗万历十七年（己丑，1589）的状元焦竑（1540—1620）就曾经说：“夫明道之叹，叹儒者不能执礼而释氏犹存其一二也，岂以三代之礼乐归之哉！”④ 焦竑并不否认程颢关于对禅林僧仪感叹的史事，只是认为不能“以三代之礼乐归之”。其实，程颢感叹的是禅林清规纲纪的形式，称之为“三代礼乐尽在是”，也是一种比喻，当然并非指僧人行的就是中国传统的“三代之礼乐”。焦竑显然不免有吹毛求疵之嫌。

综上所述，笔者认为，周敦颐在形成自己思想体系的过程中，对佛教

---

① （宋）潜说友：《咸淳临安志》卷七十七《寺观三·寺院·崇福院》，影印文渊阁《四库全书》本，台湾商务印书馆1986年版。

② （元）冯福京等编：《昌国州图志》卷七《寺院·吉祥寺》，影印文渊阁《四库全书》本，台湾商务印书馆1986年版。

③ （元）德辉重编：《敕修百丈清规》卷第八，《大正藏》第48册，第1159页。

④ 见明黄宗羲撰《明儒学案》卷三十五《泰州学案四·文端焦澹园先生竑》，影印文渊阁《四库全书》本，台湾商务印书馆1986年版。

尤其是禅宗的行为思想有所借鉴①，当为史实。承认了这点，对于深入研究周敦颐的思想构成乃至价值，当有所帮助。至于周敦颐思想体系与佛教思想的异同之处，待另撰文讨论。

（作者单位：湖南省社会科学院）

① 其实，周敦颐选择莲花之“出淤泥而不染”的清净高洁作为自己行为以及心性修养之追求与象征，已经就透露出了他受到佛教的影响。因为，无论是在周敦颐之前或者之后，作为传统儒家君子心性行为之象征的植物是梅兰竹菊，故周敦颐对莲花的选择和挚爱，在文士中可谓之“空前绝后”。而佛教最为神圣的植物为菩提树与莲花。前者所结之果即佛教象征觉悟证果的“菩提果”，后者即“般若花”。据佛经记载，释迦牟尼曾在位于菩提迦耶的一棵木患子（毕钵罗）树下潜心打坐，终于在七七四十九日之后顿悟成佛。“菩提”一词为古印度语（梵文）Bodhi的音译，意思是觉悟、智慧，用以指人如梦初醒，豁然开朗，顿悟真理，达到超凡脱俗的境界，简称“证悟”。释迦牟尼既然是在此树下证悟“成道”，此树因此便改名为“菩提树”，所证悟获得的结果便称为“菩提果”。佛经中经常见到“以证菩提”之说，便是述说这一契悟过程及其结果。莲花以其出于污泥而不染的圣洁性，花谢根（藕）存来年又生的不断延续性，有着清静、无染、光明、自在、解脱等义，从而成为智慧与永生的象征。释迦牟尼佛在灵山会上拈花示众，其弟子迦叶尊者破颜微笑，所拈之花就是莲花；“拈花微笑”也因此成为佛教禅宗以心传心的第一公案，喻指禅宗的以心传心，心心相印，会心默契，参悟禅理。由于莲花是佛教中最为崇高神圣的吉祥物，由此将佛国称为“莲界”，将僧人穿的袈裟称为“莲服”，佛与菩萨所坐之莲花称为“莲台”“莲座”，等等；并有“花开见佛（性）”之说。

略论周敦颐与江西禅宗之关系

陈金凤

周敦颐是中国理学开山祖师。其理学的肇创，固然是基于其深厚的儒家、道家功夫，但也与其积极吸收佛教尤其是禅宗思想密切相关。周敦颐的禅宗思想基本上源自江西禅师（禅宗）。在相当意义上，江西的禅宗文化滋养哺育了周敦颐理学，成就了周敦颐理学祖师的地位。研究者虽然不断提到周敦颐理学与佛教禅宗的关系，但尚没有具体到与江西禅宗的关系。笔者试图在此问题上作一专门的阐发，或许能在一定程度上拓展对周敦颐文化的研究。

一　周敦颐与江西佛僧的交往

周敦颐（1017—1073），字茂叔，号濂溪，世称濂溪先生，道州营道（今湖南道县）人。周敦颐尽管不是江西人，但因比较长时间内在江西活动，与江西关系密切。周敦颐江西活动大约有四个时期。第一个时期：仁宗康定元年（1040），周敦颐由吏部调洪州分宁县（今江西修水）任主簿。庆历元年（1041）到任。不久，调任袁州（今江西宜春）卢溪镇代理市征局事务。接着于庆历四年（1044），调任南安军（治今天江西南康、大余、上犹）司理参军。庆历六年（1046）冬，周敦颐调任湖南郴州县令，离开江西。第二个时期：至和元年（1054），周敦颐以大理寺丞身份改知洪州南昌。嘉祐元年（1056），周敦颐离开南昌，以太子中舍签书的头衔至合州（今四川合川）任代理判官。第三时期：嘉祐六年（1061），周敦颐以国子监博士通判虔州（州治今江西赣州）。赴任虔州途中，于庐山创建濂溪草堂。治平元年（1064）冬，调任永州。从赣州调任永州期间，周敦颐于治平二年（1065）三月，绕道江州，游庐山，在自己的濂溪书堂住了数月。第四个时期：熙宁四年（1071），由提点广南东路刑狱调任南康军（辖今天江西星子、永修、都昌）。是年冬，以多病为由，请求解职。次年，周敦颐回到庐山濂溪书堂。开始退隐生活。熙宁六年（1073）六月，周敦颐病逝于九江，后葬于九江县清泉社。周敦颐世寿 57 岁，在江西的岁月约 14 年；仕宦生涯约 31 年，其中在江西就有约 12 年；仕宦始于江西、终于江西。由此可略见，江西生涯是周敦颐人生中至为重要的履历，其一生功业离不开江西。正是在江西活动期间，与佛教禅僧交往成为周敦颐生活的重要内容。

周敦颐一生参研的僧人主要有以下 5 位：寿涯、慧南、祖心、了元、常总。其中，除寿涯外，其余 4 位均是活跃于江西且影响很大的禅门宗匠。

寿涯是周敦颐人生中接触的第一位禅师。宋英宗景祐四年（1037），21 岁的周敦颐因丧母居润州（今江苏镇江）鹤林寺读书守礼，得与寿涯禅师交往。据《鹤林寺志·高僧》记载："宋寿涯禅师，与胡武平（胡宿）、周茂叔交善。茂叔尤依寿涯，读书寺中，每师事之，尽得其传焉。其后二程之学本于茂叔，皆渊源于寿涯云。"① 《宋元学案》卷十二《濂溪学案下》："先生（胡宿）尝至润州，与濂溪游。或谓先生与濂溪同师润州鹤林寺僧寿涯，或谓邵康节之父邂逅先生于庐山，从隐者老浮图游，遂受易书。""晁氏（晁景迁）谓元公（周敦颐）师事鹤林寺僧寿涯，而得'有物先天地，无形本寂寥，能为万象主，不逐四时雕'之偈。"研究者指出，周敦颐师事寿涯，并于寿涯处得受此南朝梁傅大士偈，对其后来作《太极图说》，颇有启发。② 笔者认为，周敦颐与寿涯禅师交往，开启了他一生亲近禅宗的历史。不过，此时周敦颐尚处于认识禅宗的初级阶段。其后他与江西 4 位禅师的交往，才是深入禅宗的阶段，也是其深受禅宗影响的阶段。

慧南（1002—1069），信州玉山（今江西上饶玉山）人，临济宗石霜

① 杜洁祥：《鹤林寺志》，《中国佛寺志》第 43 册，台湾明文书局 1980 年版。

② 夏金华：《禅宗图象与周敦颐〈太极图〉》，《当代宗教研究》1994 年第 3 期。

慈明楚明禅师法嗣。得法后基本活动于江西，先后在洪州凤栖山同安崇胜禅院（在今江西永修境）、庐山归宗寺、筠州黄檗山积翠庵（在今江西宜丰境）、分宁（今江西修水）黄龙山崇恩寺开法弘禅，慧南是一位精通禅学，且兼通儒学，又善于接引学人的禅门大师，系禅宗“五家七宗”之一的黄龙宗的创始人，禅史一般称为黄龙慧南禅师，在中国禅宗史上居于崇高的地位。然而，由于文献资料缺载，周敦颐与黄龙慧南交往的情形，今已无从查考。

祖心（1025—1100），南雄州始兴（今广东始兴）人。少年习儒，出家后在湖南、江西两地参学，从慧南禅师得法，而后游学了一段时间，后继承乃师慧南法席住持黄龙山，晚年退居黄龙山之“晦堂”，禅史称之为黄龙祖心禅师、晦堂祖心禅师。祖心系黄龙慧南门下最为著名的法嗣之一。《归元真指集》卷下和《居士分灯录》卷下均载，周敦颐初见祖心，问教外别传之旨。祖心对他说：“只消向你自家屋里打点。孔子谓‘朝闻道，夕死可矣’。毕竟以何为道，夕死可耶？颜子不改其乐，所乐何事？但于此究竟，久久自然有个契合处。”这里祖心禅师以孔子语为话头，逗引儒学之士周敦颐入道之机。经过祖心的提撕，周敦颐于颜子之乐，必然有得于心。据《周濂溪先生全集》卷九，周敦颐授学二程（程颐、程颢）时，亦以此问二程。程颢曾经说：“昔受学于周茂叔，每令寻颜子、仲尼乐处，所乐何事？”

常总（1025—1091），亦作常聪，南剑州尤溪（今福建尤溪）人。从黄龙慧南得法后，驻锡庐山东林寺。常总在慧南众多法嗣中，所接引的学人最多，门庭最盛，名声最著。周敦颐随东林常总游，受益匪浅。《宋元学案》卷十二《濂溪学案下》：“《性学指要》谓元公初与东林聪游，久之无所入。聪教之静坐，月余，忽有得，以诗呈曰：‘书堂兀坐万机休，日暖风和草自幽。谁道二千年远事，而今只在眼睛头。’聪肯之，即与结青松社。”周敦颐为彻底扫除心中的谜云，参访东林常总，然久之无所入。常总看出周敦颐的根性不足后，就传授了他一些禅定打坐的方法。使周敦颐仿佛明白禅宗之旨。不过，周敦颐仅以月余之工夫，而自以为“有得”，依其诗中所说而论，乃为粗重妄念暂歇之清明境界，距离禅宗所谓“解悟”尚有不小的距离。常总予以首肯，当是以资鼓励的善巧接化。由此，周敦颐更加亲近常总，对禅宗之理更为兴趣盎然。其后，周敦颐与常总讨论性理论，并深受启发（详后）。

大约在结交常总前后，周敦颐与当时住持庐山归宗寺的佛印了元禅师亦有较为深入的交往。按：了元（1032—1098），神宗赐法号“佛印”，饶州浮梁（治今江西景德镇）浯溪林氏子，为云门宗五世著名的高僧。据《释氏通鉴》卷十、《佛法金汤编》卷十二、《居士分灯录》卷下及《云卧纪谭》卷上等载，舂陵有水曰濂，周敦颐先世所居。周敦颐游庐山，乐其幽胜，遂筑室于此，以濂名其溪，意在不忘本。其时佛印了元禅师寓居鸾溪，周敦颐前往谒见，相与论道，为方外友。周敦颐问：“‘天命之谓性，率性之谓道。’禅门何谓无心是道？”了元答：“疑则别参。”周敦颐再问：“参则不无，毕竟以何为道？”了元答：“满目青山一任看。”意为触目所见皆是道，周敦颐于是豁然有省。一日忽见窗前草生，乃曰：“与自家意思一般。”以偈呈了元曰：“昔本不迷今不悟，心融境会豁幽潜。草深窗外松当道，尽日令人看不厌。”了元亦作偈相和，偈曰：“大道体宽无不在，何拘动植与蜚潜。行观坐看了无碍，色见声求心自厌。”表明周氏已悟出迷悟不二、心境交融、皆目是道之理，而了元予以印可。不久之后，周敦颐效仿慧远东林寺结白莲社而建立青松社，并请了元作社主，追媲慧远庐山结白莲社故事。嘉祐年间，周敦颐在虔州通判任上遭谗告，超然处之。在庐山的了元听闻后特作诗相赠以慰勉：“仕路风波尽可惊，唯君心地坦然平。未谈世利眉先皱，才顾云山眼便明，湖宅近分堤柳色，田斋新占石溪声。青松已约为禅社，莫遗归时白发生。”诗中赞扬了周氏坦然面对险恶之境、醉心山水的风范，劝他早日归隐庐山，相聚禅社。见周氏未归，了元又作诗敦请：“常思湖口绸缪别，又忆匡庐烂漫游。两地山川频在目，十年风月澹经秋。仙家丹药谁能致，佛国乾坤自可休。况有天池莲社约，何时携手话峰头。”表明了对周氏回归庐山的殷切期待。由于周敦颐与了元的密切交往，禅门一般将周敦颐列为了元的法嗣。当然，禅门所谓周敦颐嗣法了元，自然是杜撰之说，但不可否认了元对于周敦颐有不小的影响。

另外，周敦颐与赵抃、潘兴嗣等人友善，其亦与苏轼、黄庭坚二人为友，其中均有佛禅的共同意趣，都与江西佛禅有深厚的关系。赵抃是佛慧法泉禅师的法嗣，潘兴嗣是黄龙慧南禅师的法嗣，苏轼是东林常总禅师的法嗣，黄庭坚是黄龙祖心禅师的法嗣，诸公于佛法皆有契会。周敦颐公事之余，经常与诸公参禅论道。例如，周敦颐在赣南时，作有《万安香城寺别虔守赵公（抃）》（《香林别赵清献》）一诗：“公暇频陪尘外游，朝天仍得送行舟。轩车更共入山脚，旌旆且从留渡头。精舍泉声清浔虎浔虎，高林云色淡悠悠。谈终道奥愁言去，明日瞻思上郡楼。”赵清献和诗：“一顾入趋峣阙去，烦君出饯赣江头。更逢萧寺千山好，不惜兰船一日留。清极到来无俗语，道通何处有离忧。分携岂用惊南北，水阔风高万木秋。”① 周氏平生好游览佛寺。在江西活动期间，游寺访禅也是其重要的生活内容。如庐山大林寺就是其常游之地。据《周敦颐集》卷三《杂著·诗》，周敦颐作有《游大林寺》诗：“三月山房暖，林花互照明。路盘层顶上，人在半空行。水色云含白，禽声谷应清。天风拂襟袂，结缥缈觉身轻。”《宿大林寺》诗：“公程无暇日，暂得宿清幽。始觉空门客，不生浮世愁。温泉喧古洞，晚磬度危楼。彻晓都忘寐，心疑在沃州。”等等。另外，据清乾隆《奉新县志》卷十三载，周敦颐还曾作有《百丈寺》诗三首：“好风吹上最高台，雨洗天清万里开。碧落半空山鬼泣，也应胜似锡飞来。”“绝顶茅庵老此僧，寒云孤木独经行。世人那得知幽径，遥向高峰礼磬声。”“浮生不定若蓬飘，林下真僧偶见招。觉后始知身是梦，更闻寒寺滴芭蕉。”②

二　周敦颐理学中富含江西禅宗的因子

《濂溪学案》“百家案语”曰：“孔孟而后，汉儒止有传经之学，性道微言之绝久矣……若论阐发心性义理之精微，端数元公之破暗也。”作为理学开山祖的周敦颐，其创立理学的思想渊源包括传统儒、道自不待言，但吸收了佛禅也是不可回避的事实。研究者指出，周敦颐提出了关于儒家性命道德问题的理学主题即“心性义理”。最早提出“心性义理”这一问题的是战国时期的儒家人物孟子和子思，但限于当时的历史条件，他们并没有就这些问题展开充分的论证。此后的一些儒者如荀子、董仲舒、扬

① 周敦颐：《周敦颐集》卷三《杂著·诗》，中华书局2009年版，第72页。

② 释本焕、释顿雄主修：《百丈山志》卷十一《艺文荟萃》，江西大雄山百丈禅寺2010年印行，第399页。

雄、韩愈等，虽不同程度地提出各种说法，但由于主要停留在儒学淑世淑人的教化目的上，因而只能触及人性的善恶层面，而不可能具有本体的意义。只是到了佛教传入中土以后，一些佛教徒为了解决佛性问题，才开始借用儒学的心性术语，从而使心性义理问题具有了本体的意义。因而从这个意义上说是周敦颐重提心性义理之学且得到了宋儒的赞美和支持，其思想资源主要是源自佛教的启示，是数百年来儒佛冲突的真正化解。①

诚如《居士分灯录》卷下载周敦颐自言："吾此妙心，实启迪于黄龙，发明于佛印。然易理廓达，自非东林开遮拂拭，无繇表里洞然。"说明黄龙慧南、佛印了元、东林常总等禅师都对其思想产生了不小的影响，尤以常总为大。佛门称周敦颐的思想出于常总禅师，自然是僧侣（信众）自重其教的附会之说，但周敦颐从常总等禅林龙象身上汲取营养却是不争的事实。周子之学的核心"以诚为本"这个"千载不传之秘"实际上就是借鉴佛教的心性理论而得来的。② 而这与常总禅师的影响有着较为密切的关系。据《居士分灯录》卷下载：周敦颐扣问东林常总禅师，常总对周敦颐道："吾佛谓实际理地即真实无妄，诚也。'大哉乾元，万物资始'，资此实理；'乾道变化，各正性命'，正此实理。天地圣人之道，至诚而已。必要着一路实地工夫，直至于一日豁然悟入，不可只在言语上会。"周敦颐又尝与常总"论性及理法界、事法界，至于理事交彻、冷然独会，遂著《太极图说》，语语出自东林口诀"。常聪（常总）门人所著《纪闻》谓："周子与张子得常聪（常总）'性理论'及'太极、无极'之传于东林寺。"禅僧之说不免夸张，抹杀了周敦颐思想本自儒家，亦渊源于道家的事实，但是周敦颐的《太极图说》受到了佛理的启发，也是不可否认的事实。释宗本《归元直指集》卷三"儒宗参究禅宗"条有周敦颐得常总性理论及太极无极之传于东林寺之说。周敦颐与常总论华严宗四法界的理论而至于"冷然独会"。研究者指出，常总精通禅教及外学，其于心性之学、事理之论，见地非凡。因为早在南北朝中期，禅宗初祖天竺僧菩提达磨至中土创立禅宗时，即以"理入""行入"作为入道之门。此后有隋唐天台宗与华严宗的分科判教，特别提出修学佛法须从"闻、

① 庞朴主编：《中国儒学》第一卷，东方出版中心 1997 年版，第 246 页。

② 赖永海主编：《中国佛教通史》第十卷，江苏人民出版社 2010 年版，第 78—82 页。

思、修、慧”而证“教、理、行、果”以契合于“信、解、行、证”的要点，因此而有特别重视“穷理尽性”的趋向，由教理的“观行”而契证“中观”的极则的含义，确立为“事法界，理法界，事理无碍法界，事事无碍法界”的四法界观念。而华严宗的澄观、圭峰等大师，都是兼修禅宗而有所得，从此弘扬教理，特别提倡华严思想体系的建立，融会禅理与华严教理的沟通，因此禅教互相影响。至晚唐以后，有沩山灵佑禅师提倡：“实际理地，不受一尘；万行门中，不舍一法”的名言，特别强调“理地”作为心性本际的标指。从此“实际理地”的话头，便流传于禅宗与儒林之间，极为普遍。[①] 所以才有常总的以“诚”释“实际理地”，与周敦颐论性及理事。由此常总的禅学思想对周敦颐作《太极图说》及《通书》产生了强有力的影响。由于周敦颐亲近佛禅，对佛禅深有理会，故有意无意之中援佛禅以建构其理学。诚如《朱文公文集》卷七十五中朱熹所言：“盖先生之学，其妙具于太极一图。《通书》之言，皆发此图之蕴。”周敦颐的《太极图说》是理学的纲领与奠基之作，其中即蕴含了佛禅的一些思想。周敦颐在构思“太极图”这一极具思辨结构的图式时，正是沿着“出入释老”而“反求诸六经”的理路进行的。尽管学者一般认为《太极图式》得自五代宋初的名道陈抟，但它与常总有直接的关联是不可置疑的。《归元真指集》指出：“国一禅师以道学传于寿涯禅师，涯传麻衣，衣传陈抟，抟传穆修，修传李挺之……穆修又以所述《太极图》授濂溪周子。已而周子广东林之语而为《太极图说》。”另外，清代毛奇龄《太极图说遗议》一文认为，周敦颐《太极图说》的有些说法是“直用其（宗密）语”，将宗密的《原人论序》与《太极图说》两相对照，何其相似乃尔。如前所述，周敦颐思想中的宗密“华严”思想，直接得自常总的开示。

周敦颐理学所论之“理”，包含着浓厚的本体论色彩。突出“诚”的本体作用，《通书》四十章，中心即是一个“诚”字，以“诚”作为本体的意识相当强烈。周敦颐宣称：“诚者，圣人之本。大哉乾元，万物资始，诚之源也。”周敦颐不仅视“诚”为道德本体，而且以其沟通万物之源。在《通书》中，诚有两个属性，一是元亨，即诚之通；二是利贞，

---

① 南怀瑾：《序集》，老古文化事业公司1986年版，第212—213页。

即诚之复。通是肯定，复是否定，二者的矛盾统一就是诚。其实，通就是慧、观，复是定、止，是从佛教思想蜕化而来的。[①] 周敦颐强调“诚无为，几善恶。德，爱曰仁”，在此又将诚视作无为而接近于宇宙本体，以爱为仁而论及善恶，则更显出佛家心性论的痕迹。周子的《通书》四十章，“一‘诚’字括尽”（薛文清语）；“句句言天地之道也，却句句指圣人身上家当”（刘蕺山语），其所揭发“诚”与“敬”之为用，实与禅宗佛教诚笃敬信的主旨，语异而实同。[②] 周敦颐以“诚”为本的思维方式，虽然与禅宗以心为宇宙之本和自然之本不尽相同，但却是受祖心“向自家屋里打点”的启发，并在禅宗心性本体论的影响下而成就起来的。又，周敦颐与东林常总交往对其“诚”思想的形成也发挥了作用。周敦颐常与常总讨论性学、理法界、事法界及理事交彻的理论，常总则以“诚”释“实际理地”，由此在一定程度上启发了周敦颐的《太极图说》及《通书》。[③]

《宋元学案》卷十二《濂溪学案下》载：“或曰：周子既以太极之动静生阴阳，而至于圣人立极处，偏着一静字，何也？曰：阴阳动静，无处无之，如理气分看，则理属静，气属动，不待言矣。故曰：循理为静，非动静对待之静。”周敦颐以“主静”为道德修养的重要原则。《太极图说》：“圣人定之以中正仁义而主静，立人极焉。”周氏认为，动之几则有善恶分，故君子慎动。他说：“寂然不动者，诚也。”这是以诚为静。静，“非动静对待之静”，乃“循理为静”之静，故他又说：“无欲为静。”作为理学家的开山祖，周敦颐是最早主张无欲的。他在《养心亭说》中提出：“孟子曰，养心莫善于寡欲……予谓养心不止于寡焉而存耳，盖寡焉以至于无。无则诚立明通。诚立，贤也；明通，圣也。”《易通·圣学章》提到学圣人之要在一，“一则无欲”。无欲则为贤为圣，就事而呈现人性的清净。周敦颐的“主静”“无欲”说来自禅宗“离相”“无念”以及“明心见性”的修养方法，与禅宗默照的内涵相仿佛。据《周濂溪先生全

---

① 陆复初、程志方：《中国人精神世界的历史反思》，云南人民出版社 1993 年版，第 63 页。

② 南怀瑾：《宋明理学与禅宗》，《现代佛教学术丛刊》第 18 册，大乘文化出版社 1978 年版，第 349—350 页。

③ 宋道发：《周敦颐的佛教因缘》，《法音》2000 年第 3 期。

集》卷九，程明道称：周茂叔曾说："一部《法华经》，只消一个艮字可了"。另也有说是"一部《华严经》，只消一个艮字可了"。无论是说哪部经，其主静说的佛教渊源则是毋庸置疑的。《通书·蒙艮》曰："艮其背，背非见也。静则止，止非为也，为不止矣。其道也深乎!"朱熹释此句曰："此一节引艮卦之象释之。艮，止也。背，非有见之地也。艮其背者，止于不见之地也。止于不见之地则静，静则止，止而无为。一有为之之心，则非止之道矣。此章发明二卦，皆所谓圣人之蕴而主静之意矣。"明释智旭《周易禅解》卷九阐释艮卦之义云："夫人之一身，五官备于前，而五脏司之；五脏居于腹，而一背系之。然玄黄朱紫陈于前，则纷然情起，若陈于背，则浑然罔知，故世人皆以背为止也……身本非实，特以情欲锢之，妄见有身。"故周敦颐说"无欲故静"的学圣功夫，颇近似于禅宗的"离相""无念"的修养方式。《通书》称"圣希天，贤希圣，士希贤"，周敦颐认为人生在世最重要的事情莫过于学做圣人，而学做圣人的过程实际上是道德修养的过程，在这一过程中，"无欲则静"是必不可少的存养工夫。《通书》曰："圣可学乎？曰：可。有要乎？曰：有。请问焉。曰：一为要，一者无欲也。无欲则静虚动直。虚则明，明则通。动直则公，公则溥。明通公溥，庶矣乎。"周敦颐的这种"静虚动直"的理念，明显带有禅宗思想的色彩。禅宗的佛性理论认为，人的本性本来清净，只是由于诸种妄念浮云和烦恼惑障的污染才使人无法洞见自己与生俱来的清静本性，凡尘中的芸芸众生只要能够离欲去染，但无妄念，即可见性成佛。可见周敦颐的"学圣"功夫与禅宗的成佛功夫庶几无差异。① 如前所述，周敦颐与东林常总交游时，就学得了"静"的功夫。

总之，周敦颐理学思想中"诚"的本体作用、"主静"的修养方式，以及理学上的基本观念和基本范畴——诚、静，均融汇了禅家的心性学说和思维方式，其《太极图说》，无论是《图》还是《说》，都与佛道有深厚的渊源。② 周敦颐深受佛禅的影响，自是无多大疑问。而佛禅的影响，多是直接来自他结交的江西禅师。顺便提及，二程（程颐、程颢）向周

---

① 段小华、刘松来：《红土·禅床——江西禅宗文化研究》，中国社会科学出版社 2000 年版，第 267 页。

② 卿希泰：《中国道教思想史纲》第二卷，四川人民出版社 1985 年版，第 844 页。

敦颐学习时，周“每令寻颜子、仲尼乐处，所乐何事”，这与禅宗的“参话头”极为相似，而这也如前所述，来自黄龙祖心禅师。

三 周敦颐《爱莲说》与江西佛禅的关系

嘉祐八年（1063）五月，在虔州任职的周敦颐应请撰写了《爱莲说》，碑刻于虔州雩都（今江西于都）善山濂溪阁。[①] 在周敦颐的作品中，《爱莲说》无疑是最有影响的一篇。从这篇作品中，也可略见江西佛禅对于周敦颐的深刻影响。

《爱莲说》文曰：“水陆草木之花，可爱者甚蕃。晋陶渊明独爱菊；自李唐以来，世人盛爱牡丹。予独爱莲之出淤泥而不染，濯清涟而不妖。中通外直，不蔓不枝，香远益清，亭亭净植。可远观而不可亵玩焉。予谓菊，花之隐逸者也；牡丹，花之富贵者也；莲，花之君子也。噫！菊之爱，陶后鲜有闻。莲之爱，同予者何人？牡丹之爱，宜乎众矣。”[②] 就一般而言，精致的小品文《爱莲说》以莲花为歌咏的对象，借花自喻，表现出一种不从世俗、注重自我修养的人生态度与君子人格。这似乎与孔孟以来的儒者处世之道并无二致，只是表达得更为巧妙、生动、形象而已。然而，周敦颐以“莲花”设喻，强调莲花的“中通外直”“香远益清”“出淤泥而不染”等，事实上与佛禅文化有着相当密切的联系。

众所周知，莲花乃“佛花”，在佛教文化中具有极其浓厚的象征意义。佛菩萨之座称“莲花台”，袈裟称“莲花衣”，佛土称“莲花国”，佛教净土宗又称为“莲宗”，等等，不一而足。尤其是，佛典常以“莲花”作譬喻。例如，《妙法莲华经》即以“莲华”（莲花）为名；《维摩诘所说经》以“高原陆地不生莲花，卑湿淤泥，乃生此花”比喻“烦恼泥中，乃有众生起佛法耳”之道理。就《爱莲说》一文而论，则与《华严经探玄记》关系密切。《华严经探玄记》卷三云：“大莲花者，梁《摄论》中有四义。一，如世莲华在泥不染，譬法界真如，在世不为世法所

① 一般认为，周敦颐《爱莲说》创作于庐山濂溪书堂（“爱莲堂”）。据梁绍辉先生考证，《爱莲说》实创作虔州，与庐山无关。参见梁绍辉：《周敦颐评传》，南京大学出版社 1994 年版，第 88—91 页。

② 周敦颐：《周敦颐集》卷三《杂著·文》，中华书局 2009 年版，第 53 页。

污。二，如世莲华自性开发，譬真如自性开悟，众生若证，则自性开发。三，如莲华为群蜂所采，譬真如为众圣所用。四，如莲华有四德：一香、二净、三柔软、四可爱，譬真如四德，谓常、乐、我、净。”通过文字比对，《爱莲说》“莲之出淤泥而不染，濯清涟而不妖。中通外直，不蔓不枝，香远益清，亭亭净植”之类的语句宛若是《华严经探玄记》相关文字的翻版。更进一步，《华严经探玄记》所称的莲花“四德”，以及莲花出淤泥而不染，触及净染问题，均与佛性相联系。所谓佛性，诚如唐代圭峰宗密禅师《原人论·直显真源第三》曰：“一切有情，缘有本觉真心，无始以来，常住清净，昭昭不昧，了了常知，亦名佛性，亦名如来藏。从无始际，妄想翳之，不自觉知，但认丹质故。耽著结业，受生死苦，大觉愍之，说一切皆空，又开示灵觉真心清净，全同诸佛。故《华严经》云：佛子，无一众生，而不具有如来智慧，但以妄想执着，而不证得。若离妄想，一切智、自然智、无碍智，即得现前。”简言之，昭昭不昧、了了常知的本觉真心，常住清净，就是佛性。佛性常住清净，是“净”，而蒙蔽佛性的妄想，也就是一种“染”。《华严经探玄记》里的莲花象征真如佛性。佛教认为世俗生活是一种污染，只有觉悟的人才能超拔于外，了悟、保持本自清净的佛性。因此，“出淤泥而不染”之莲花的生态正可作一形象的比拟。《大般涅槃经》也讲“出淤泥中而不为彼淤泥所污”。莲花出污泥而不染在佛教中体现的是烦恼即菩提、生死即涅槃这种圣凡不二的象征意义。周敦颐正是感于佛教的莲花自性清净，具备“四德”，这些佛性的特征与人的本性特征相契合，就不知不觉地把佛性移植于人性，或把佛性与人性相比附。当然，周敦颐作为儒学宗师，其创作《爱莲说》的思想肯定与其儒家本怀有渊源关系。同时，周氏虽然亲近佛禅，但总体上只是援佛入儒，并不是以佛为宗，故《爱莲说》不可能是宣扬佛禅思想，而是借佛禅以宣扬儒家的情怀。

周敦颐的《爱莲说》显然与佛教的经典和思想有密切的联系。虽然《爱莲说》只是对莲花作形象的描写，并无一语直触佛理、佛性，但莲花与佛理、佛性的天然关系，尤其是文中之深深意蕴，又无不与佛理、佛性相关。自古至今的不少研究者，为了维护周敦颐儒学大师的形象，虽然尽力地排斥《爱莲说》与佛禅的关系，但事实上还是难以做到彻底的。例如，据清乾隆《宝庆府志》卷七十六，清人郑之侨撰《爱莲说辨》一文，极力否认《爱莲说》为周敦颐所作，言称：“揣先贤之好尚，不能指其操存切实之功而仅以寄情适意为一生之统摄，此亦犹不从喜怒哀乐未发处养出天地万物一体之气象，而误认以寂心灭性为禅机之隐逸，将率天下后世而入于捕风捉影之为，斯亦人心学术之一大坏也。”其意旨是害怕人将《爱莲说》与寂灭心性的“禅机”联系起来。当今研究周敦颐的专家梁绍辉先生，在其著作《周敦颐评传》中也力图说明《爱莲说》与佛禅无关，但也不得不承认“莲”与佛教的特别关系。这正从一个层面说明，《爱莲说》与佛教禅宗有着不可分割的联系。其实，《爱莲说》从一个层面证明了周敦颐的理学思想受到佛教的影响是十分深刻的。对此，南宋理学集大成者朱熹曾写了一首《爱莲诗》大加赞颂，诗云：“闻道移根玉井旁，开花十丈是寻常；月明露冷无人见，独为先生旨兴长。”诗里说出了周敦颐对佛教的象征莲花发生的浓厚兴趣，暗示了宋儒的佛教根源。其实，周敦颐本人也已明白地说明了莲与佛教的关系。他赞莲自况，在一首莲诗中说：“佛爱吾亦爱，清香蝶不偷。一般清意味，不上美人头。”他在写《爱莲说》时，没有佛教情怀肯定是不合常理的。

一定意义上，《爱莲说》是佛禅文化的产物，更具体地说，是江西佛禅文化的产物。《爱莲说》创作于江西，受江西佛禅文化的影响是肯定的。周敦颐不仅直接受到江西禅师的禅宗文化熏陶，而且直接感受了佛教莲花文化。周敦颐第三次在江西时期，自京城开封入江西，道经九江，爱庐山风物之美，购地筑屋，欣欣然有卜居之意。度正《濂溪先生年谱》记述：“道出江州，爱庐山之胜，有卜居之志，因筑书堂于其麓。堂前有溪，发源莲花峰下，流合湓浦。先生濯缨而乐之，遂寓名以濂，与其友潘兴嗣订异时溪上咏歌之约。”庐山正是佛教莲花文化的胜地。东晋时期，高僧慧远居于庐山东林寺，并与陶渊明等结“白莲社”于此。慧远及其信徒设誓，愿往生西方净土——“莲花之邦”。因此，他所创立的净土宗又别称“莲宗”。周敦颐居庐山期间，也不时至东林寺游访。例如，周敦颐《东林寺留题》曰：“周敦实茂叔、余从周元礼、孙俨安礼、王深之长源、沈遯睿达、乐岳惟岳，嘉祐庚子十月二十一日相会东林寺。”[①] 可见，周敦颐写《爱莲说》，事非偶然。前代佛门大德的流风遗韵给了他直接的

① 周敦颐：《周敦颐集》卷三《杂著·题名》，中华书局2009年版，第76页。

启示。

总之，《爱莲说》与佛教的关系自然明了，也与江西佛教有着不可分割的关系。一定意义上，《爱莲说》是江西佛教文化的产物。如果周敦颐不是活动在江西，或许就没有这一文化名篇的产生。

四 周敦颐与江西禅宗关系展开的原因

周敦颐能于儒学发人之所未发，创立理学，并非无本之木、无源之水，其本源是以儒学为基，吸收道家、释家的思想。盖对形而上之道之探讨，本为释、道二教之所长，佛教于此尤为特胜。佛教以证悟佛道为旨归，而浩浩三藏十二部经，辨析名相细致入微，言说事理繁富深广，是构建哲学体系颇有价值的文化体系。周敦颐亲近禅宗，并吸收禅宗思想用之创建其理学，是一个不容忽视的事实。其门下的二程及其弟子游定夫语录中就有“周茂叔，穷禅客”的说法；《归元真指集》卷下言“周子长于禅学工夫”。南宋著名诗人刘克庄《先儒》诗云：“濂溪学得自高僧。”而《宋元学案·濂溪学案》也充分体现了周敦颐与佛禅的关系。

周敦颐的佛禅思想除了自学得来之外，主要来自江西禅宗的引导。周敦颐与江西禅宗关系的展开，固然有偶然的原因，如他不断地任职江西。又如周敦颐本人襟怀洒落，有隐栖山林的思想。黄庭坚《濂溪诗并序》言：“茂叔虽仕宦三十年，而平生之志，终在丘壑。”蒲宗孟在周敦颐的墓碑上称他“孤风远操，寓怀于尘埃之外，常有高栖远循之意”。事实上，周敦颐在生活中不断表达了这一思想，这从他所作的数首诗中可略见一斑。《周敦颐集》卷三《杂著·诗》之《经古寺》：“琳宫金刹接峰峦，一径潜通竹树寒。是处尘劳皆可息，时清终未忍辞官。”《宿山房》：“久厌尘坌乐静缘，俸微犹乏买山钱。徘徊真境不能去，且寄云房一榻眠。”《濂溪书堂诗》：“元子溪曰瀼，诗传到于今。此俗最易化，不欺顾相钦。庐山我所爱，买田山之阴。田间有流水，清泖出山心。山心无尘土，白石照沉沉。潺湲来数里，到此始澄深……”

周敦颐生活在禅宗兴盛的时代，而禅宗对于文人士大夫的吸引力极大。时有“儒门淡泊，收拾不住”之说，儒士纷纷亲近或进入禅门已是公然的事实。盖有宋一代，禅宗大行其道，禅门法匠如林，各自教化一方。士大夫参禅亦相率成风，凡闻有禅林名德，皆不辞路遥，涉水登高以相访。禅者儒化，儒者禅化，在北宋时代也是一大现实。周敦颐亲近包括江西在内的禅僧（禅宗）也是相当自然的。而江西禅宗之所以能给周敦颐创立理学以丰富营养，其关键在于北宋时代的江西是儒释道三教兴盛发展之地。其中，江西是禅宗重地，佛禅氛围极其浓厚。江西禅宗自中唐以来即引领全国潮流有“选佛场”之称，“五家七宗”基于上源于江西地区。北宋时代的江西知名禅师，往往通儒家经典者多。与周敦颐交往的慧南、祖心、常总、了元四位禅师，既是禅宗宗匠，又对儒家文化深有认识。例如，慧南既精通禅教，又博通经史，对儒家经典见解精到。据《黄龙禅师语录》，慧南曾论否泰损益四卦之义云：“夫在上者，能约己以裕下，下必悦而奉上矣，岂不谓之益乎？在上者蔑下而肆诸己，下必怨而叛上矣，岂不谓之损乎？故上下交则泰，不交则否。自损者人损，自益者人益。”这里全然是纯儒之言语。周敦颐既从其扣问，于释儒二家之精义，当有所契会。又如，佛印了元自小受儒学熏陶，精通儒家“五经”大义，善于与文人士大夫交接。以致和周敦颐交往时，二人虽有佛儒之别，却居然同道矣。《云卧纪谭》卷上有一记载：“春公（周敦颐）虽为穷理之学，而推佛印为社主。苟道之不同，岂能相与为谋耶!”

明代黄绾《明道编》卷一曰：“宋儒之学，其入门皆由于禅。”周敦颐与禅宗有较为密切的关系，应是一不可否认的事实。江西可以说是周敦颐创立理学的重要的策源地。自小接受儒家文化教育的周敦颐，其在江西活动，与江西禅也宗结下了不解之缘，他大力吸收江西的禅宗文化，用之以理学的建构。值得一提的是，相当一部分儒家人士似乎不太愿意强调周氏与佛教的关系。譬如，在一定意义上代表研究周敦颐水平的《周敦颐评传》，极力说明周敦颐及其理学与佛教没有多大的关系。“尽管理学最终合儒、释、道三家于一体，但作为理学开山的周敦颐并未完成这一融合的任务。也就是说，周敦颐哲学思想的渊源是儒家和道家，而不是儒、道、释三家。当然，我们这么说并不排除佛学对周敦颐生活乃至思想的某些影响，而是说这些影响并不构成周敦颐哲学思想的渊源关系。”[①] 然而，仅从周敦颐与江西禅宗的关系而言，似乎就不能如此认为。毕竟江西佛教

① 梁绍辉：《周敦颐评传》，南京大学出版社 1994 年版，第 88 页。

禅宗对于周敦颐理学创造有着相当的意义，江西的禅宗思想渗透进了其所创建的理学之中。离开了江西佛教禅宗，就没有周敦颐理学，大概不是一种过于夸张的说法。有趣的是，儒家人士一般不强调周敦颐与佛禅的关系，而佛家则强调周敦颐与禅宗的密切关系，正反映出两种文化心态的差异：以正统文化自居的儒家在“援佛入儒”时维持表面的自尊，而“援儒入佛”走中国化道路的佛教则比较公开承认其依附于儒家文化，并强调自己对中国文化的重要意义。对佛教禅宗而言，与江西禅宗有密切关系的周敦颐自然不失为一个优秀的形象代言人。

（作者单位：江西师范大学 历史研究中心）

山水之乐:蒲宗孟与周敦颐的心灵交谊

陈安民

《（濂溪）先生墓碣铭》载："嘉祐己亥，泛蜀江，道合阳，与周君语，三日三夜。退而叹曰：'世有斯人欤，真吾妹之敌也！'明年以吾妹归之。"[①] 周君即周敦颐，北宋著名文人，曾在江西、湖南、四川等地任职，愉悦自然山水，与朋友相互唱和，留下了诸多足迹。为他书写《墓碣铭》的蒲宗孟，即是因其人品与学问所吸引，成为朋友，联为姻亲。蒲宗孟，"字传正，阆州新井人。第进士，调夔州观察推官。治平中，水灾地震，宗孟上书，斥大臣及官禁、宦寺，熙宁元年，改著作佐郎。神宗见其名，曰：'是尝言水灾地震者耶！'召试学士院，以为馆阁校勘、检正中书户房兼修条例，进集贤校理。"（《宋史·列传八十七》）

一　周敦颐《墓碣铭》书写及朱熹的学术理路

蒲宗孟与周敦颐晚年交往甚契，来往不辍，认为其在学术上确有建树，并在他去世时，撰写《墓碣铭》，叙述周敦颐一生的仕宦生涯，对其官品、德行大加赞颂，提供了颇有意味的视角：一是，"仕而必行其志，为政必有能名"，认为在为政、为学上坚持其所倡导的"志伊尹之志，学颜子之学"，以一箪一瓢之志好学进取，志于求道。二是，其学说基本立场为儒家的尧舜之道。"先时以书抵宗孟曰：'上方兴起数百年无有难能

① （宋）蒲宗孟：《先生墓碣铭》，《元公周先生濂溪集》卷 8，岳麓书社 2006 年版，第 136 页。

之事，将图太平天下，微才小智，苟有所长者，莫不皆获自尽，吾独不能补助万分，又不得窃须臾之生，以见尧舜礼乐之盛。’”① 以“图太平天下”为理想，希望以神宗为中心的政治改革能够复兴尧舜礼乐之道。三是，周敦颐是一个有山林之志的人物。“生平襟怀飘洒，有高趣，常以仙翁隐者自许。尤乐佳山水，遇适意处，终日徜徉其间……乘兴结客，与高僧道人跨松萝，蹑云岭，放肆于山巅水崖，弹琴吟诗，经月不返。”② 指出周敦颐以“仙翁隐者”自称，远离官场的种种纷扰喧嚣，在山林幽静之地洗心涤虑，置身自然之中，颐养性情，抱持着道家式的人生哲学。

然而，值得注意的是，至南宋朱熹等人在肯定周敦颐在中国思想史中的地位的同时，却将有山林之志、与佛道的关系等记载圈划在理学之外。朱熹甚至在《答汪尚书》的第六封信时指出“载蒲宗孟《墓碣铭》全文，为害又甚。”认为蒲说存在较大谬误。《（建安本）太极通书后序》亦认为：“如蒲碣自言初见先生于合州，相语三日夜，退而叹曰：世乃有斯人耶！而孔文仲作有祭文，序先生洪州时事曰‘公甚少时，玉色金声，从容和毅，一府皆倾’之语。蒲碣又称其孤风远操，寓怀于尘埃之外，常有高栖遐遁意。亦足以证其前所谓‘以奇自见’等语之谬。”在朱熹看来，与蒲宗孟“相语三日夜”，不符合事实，所赞颂的“孤风远操”“高栖遐遁”，也存在着很大偏差，“以奇自见”。这种看法，也被后世文本所延续，以致“然这个文献（《墓碣铭》）却没有收录在张伯行《周濂溪先生全集》、董榕《进呈本周子全集》、徐必达《周张全书》（刻本）等通行本中。至于四库本《周元公集》，则把《墓碣铭》的散文部分几乎全部删除，只附上铭文，以‘先生墓铭’为题收录在其中，可以说是作了一种篡改。”③ 那么，朱熹为什么要否定蒲宗孟的说法？其中暗藏了关于周敦颐生平的哪些重要信息？这是出于偶然？还是寓有某种深意？

联系到周蒲二人的亲属关系，周敦颐家人找人书写《墓碣铭》，以颂扬为主要目的，不可能不择人选，率尔成文，且妻兄执笔为墓碣，本来是

---

① （宋）蒲宗孟：《先生墓碣铭》，《元公周先生濂溪集》卷8，岳麓书社2006年版，第167页。

② 同上。

③ ［日］吾妻重二：《论周惇颐——人脉、政治、思想》，载吴震主编《宋代新儒学的精神世界——以朱子学为中心》，华东师范大学出版社2009年版，第340页。

一件很平常的事，无疑希望通过《墓碣铭》能够真实地记录周敦颐的生平事迹，关注心灵的实在信息，诸如“襟怀飘洒”“与高僧道人跨松萝，蹑云颠”均是精神生活的描述，并非偶然疏忽、刻意虚构。但揆以情势，对于这样的心灵刻画与“人生图像”，朱熹的删改却与程朱理学的兴盛不无关系。

一方面，出于标榜儒家正统学说的需要，朱熹辟佛道、排异端。特别是熙宁年间，理学正处于创建过程中，并没有产生太大影响，当时定于一尊的是王安石新学，王学凭着政治权力和科举导向占有绝对优势，并以《三经新义》统一学术，成为科举取士的典范，且王安石“嗜佛”，对佛教亦有相当的好感。在理学与宋代政治的互动中，朱熹等人为捍卫理学的正统性、学统的纯洁性，以期加大党派的凝聚力，追溯学术渊源，极力打造“醇儒”，固然毫不客气地排除其有异见之人，极力反对王安石的支持者。“王学的影响甚巨，在反面上自然是对北宋五子，尤其是二程洛学发展的抑制。”[①] 由于政见不同，以程颐为首的洛党之间，纷争不断，理学处于边缘地位。为争夺正统，程朱理学家围绕王安石变法与否、王学高谈性命、以释老之学乱孔孟之真等问题展开激烈讨论，胡安国曾上疏指出：“盖从于新学者，耳目见闻，既已习熟，安于其说，不肯遽变。而传河洛之学者，又多失其本真，妄自尊大，无以屈服士人之心。故众论汹汹，深加诋诮。”（《胡文定公乞封爵邵张二程先生列于从祀》）在胡安国看来，王氏之学“失其本真，妄自尊大”，只有振兴邵、张、二程学统，才是复兴儒学的根本出路。蒲宗孟作为新法的积极支持者，曾参与“熙宁变法”，也曾指诉司马光之说为“邪说”，颇让士人所不喜。由此而故，程朱学派为宣传学说，极力否定荆公新学及其支持者。

另一方面，则出于学术建构的需要。正如真德秀所说：“濂洛诸先生出，虽非有意为文，而片言只辞，贯综至理，若《太极》《西铭》等作，直与六经相出入。”[②] 周敦颐著《太极图说》《通书》，开启了以义理阐释《易》《庸》之学的学术形态，并在经传文本的选择中，确立了以性理学说为主的学术思想体系。但遗憾的是，这种学术风气远未为人所注意，至

① 何俊：《南宋儒学建构》，上海人民出版社2004年版，第4页。

② （宋）真德秀：《跋彭忠肃文集》，《西山先生真文忠公文集》卷36，四部丛刊初编本。

南宋绍兴年间，才被湖湘学派所推尊。受张栻等人的影响，朱熹极力表彰周敦颐："（《通书》）比《语》《孟》较分晓精深，结构得密。"（《朱子语类·卷九四》）直接将《通书》与《论语》《孟子》相提并论，使得对周敦颐的评价逐步朝着"孔孟"儒家正统方向转化。

然而，周敦颐是否为新法的支持者？我们不得而知。但是，北宋墓志的书写，有着明显的格套："有些熙丰时代之人的墓志铭中，作者往往用一种赞赏的语气描绘传主平心以待新法。这反映了双重现实。一方面，如果墓志铭作者是反对新法之人，则说明他们接受了新法推行的现实，且看到了新法的合理性。另一方面，这种叙述反映了传主、作者所在的熙丰时代之实景，即对多数人而言新法是一种日常事务，必须执行，不涉及信仰、意识形态的争论。"[①] 由于学术旨趣不同，门户之见极深，面对王安石新法，蒲宗孟采用了赞赏的态度，无疑会遭到朱熹等人的否定。从另一个角度看，朱熹否定王学的同时，对周敦颐的事迹及学术进行了"重塑"，其中的重要标准是：个人生活的描述并不是十分重要，确立儒家的正统地位才是毋庸置疑的。

受朱熹的影响，南宋后质疑的声音日渐高涨，程朱弟子执守师说，何子举《先生墓室记》指出："抑某反复左丞蒲公宗孟铭先生墓，不能不扼腕于仲尼日月也……嗟乎，有是言哉！先生之学，静虚动直，明通公溥，以无欲为入圣之门者也。穷达常变，漠无系累，浮云行藏，昼夜生死，其所造诣，夫岂执世俗、恋荣偷生之见者所可窥其藩？言焉不择，左丞尚得为知先生者？然则先生之道，岂固信于来世，而独不知于姻亲者哉？按左丞，党金陵者也。方金陵倡新法，毒天下，熏心宠荣者，无虑皆和附一辞，所其其不然，惟特士醇儒未可以气力夺。"[②] 饶鲁在《金陵记闻注辩》中也表达了同样的观点："称赞新政，蒲之佞也，抵书于已之云，何足凭信……其矫先生之言以谀新政也。""志伊尹之志，则非隐者；学颜子之学，则非仙翁。况《通书》所说，修己治人之道，非一未闻有长生久视之说，高栖遐遁之意也……此岂仙翁隐者之言耶？蒲碣以此称述先生，其

---

① 方诚峰：《北宋晚期的政治体制与政治文化》，北京大学出版社 2016 年版，第 6 页。

② （宋）何子举：《先生墓室记》，《元公周先生濂溪集》卷 8，岳麓书社 2006 年版，第 139 页。

见陋矣。《事状》削之，不亦宜乎。”① 饶鲁等人的讨论，一面指出了周敦颐之学上承孔孟，“静虚动直，明通公溥，以无欲为入圣之门者也”，以尧舜之道为主导。一面又批评蒲宗孟为王学党翼，“按左丞，党金陵者也。方金陵倡新法，毒天下，熏心宠荣者”。标榜周敦颐立身行事遵循儒学哲学的价值理念，直接否定了“仙翁隐者”的内心生活形态。

显而易见，这种“被用”和“被骂”并存的情形，固然出于党派之见而有强烈的不满，即与蒲宗孟所支持的政治思想有很大的关联。朱熹以及尊朱理学家对《墓碣铭》的删略，显示了程朱学者的学术导向，亦是朱熹清理道学发展的一个例证。就此而言，周敦颐的尴尬身份折射出程朱理学家在整理濂溪文本时的顾虑。

二 《寄茂叔虞曹十诗》诗文举隅

蒲宗孟所说也并非毫无根据，据《濂溪先生周元公年表》考：“（度正）来怀安，又得蒲传正《清风集》，皆载先生遗事。”② 嘉定九年（1216）度正知怀安军期间，访得蒲宗孟《清风集》，存有蒲宗孟写给周敦颐的诗文十首，收录在蒲宗孟《清风集》中，题标为《乙巳岁除日收周茂叔虞曹武昌惠书，知已赴官零陵，丙午正月内成十诗奉寄》，其梗概与《墓碣铭》所表达观点基本相同，强化意涵，点出了周敦颐有佛道兴趣，极大地丰富了其交往的逸闻轶事。

从诗文的写作背景来看，“治平二年乙巳。十一月合飨天地于圆丘，先生迁比部员外郎。先生在武昌，尝以诗一轴寄蒲作丞，除夕方达。次年正月，左丞成十诗答之。”③ 当时周敦颐赴永州通判，路过武昌，一轴新诗寄给姻亲蒲宗孟，以说明当时境况。“是岁虔州民家失火，焚千余间，朝廷行遣差替。时先生季点外县，不自辨明，韩魏公、曾鲁公皆知之，遂

---

① （宋）饶鲁：《金陵记闻注辩》，《元公周先生濂溪集》卷8，岳麓书社2006年版，第144页。

② （宋）度正：《濂溪先生周元公年表》，《元公周先生濂溪集》卷12，岳麓书社2006年版，第239页。

③ 同上书，第235页。

对移通判永州。”① 原因是，虔州失火，导致周敦颐贬官永州，身心极度疲惫，无法展现自己的意志，由此引发写作动机，将自己对潇湘的期望，借诗文的方式书写出来。而蒲宗孟以十首诗文答之，正是对周敦颐愤懑心情的安抚，希望他在政治领域之外，开拓生命理想。

例如，第一首诗文写道：“岁除三十日，收得武昌书。一纸方寄远，数篇来起予。潇湘流水阔，巫峡暮云疏。不得相从去，春风正月初。”② 由于文献不足征，周敦颐书信的具体内容遽难判断，但从蒲宗孟诗文中可以发现一些新的线索。为此，度正在《年表》中也有考证：“或曰，观《大林诗》并《李才元诗》及《蒲诗》有云：‘湓浦方营业，濂溪旋结庐。’疑先生往来庐山，定居九江，在此一二年间。”③ 胥从化《年谱》写道：“自虔赴永，道经江州。三月十四日同宋复古游庐山大林寺，至山巅，有诗纪焉。”④ 从“武昌”“江州”等地名来看，周敦颐舍近求远，由赣州北上九江，再转道武昌启程赴永州，并游览了大林寺，给李才元、蒲宗孟寄去了诗文，路上的复杂心情意绪可想而知。蒲宗孟的回信，如“潇湘”“巫峡”“不得相从去”等词，均是对永州人文意境的描述，这似乎意味着，周蒲二人的情谊不仅仅源于他们具有姻亲关系，更重要的在于他们有着共同的兴趣爱好，栖心物外，喜欢自然山水，注重体味与自然生命融合一体的人生境界。

又如第三首“喜静心长在，耽诗性最欢”，“喜静”作为儒佛夹杂的观念，字里行间，免不了透露出周敦颐对隐居生活的期许。然则，与佛道“无为”并不相同，周敦颐追求心灵意境的同时，又期盼着恢复尧舜之道的事业，恰如第四首“始被南康责，谁知睿泽宽。还为半刺史，不失古虞官”所言：虽然“被南康责”，但仍积极地做好一名地方官员，“不失古虞官”，以实践着儒家士大夫的社会价值取向。一方面，从现实境遇看，对移永州后，尽管心情郁闷，却并没有因为政治上的打击而走向独善其身，相反，他更充满对政治的理性思考，立足于现实近况，“志伊尹之

① （宋）度正：《濂溪先生周元公年表》，《元公周先生濂溪集》卷12，岳麓书社2006年版，第235页。

② 同上书，第120页。

③ 同上书，第235页。

④ （明）胥从化：《濂溪志》卷1，万历癸巳刻本。

志，学颜子之学”，以孔颜之乐为人生的价值主导，像伊尹一样处于畎亩而致力尧舜之道，服官施政以行道，实现生命的理想。倘非如此，他又为何要寄信于蒲宗孟表达自己的心声？可见其不问时政，并不是远离政治，一个典型的明证就是：周敦颐到永州后的第三年，即作有《拙赋》，表达自己的为官态度：“巧者言，拙者默；巧者劳，拙者逸；巧者贼，拙者德；巧者凶，拙者吉。”提出以“拙”为官的标准，只有“拙”，才能“上安下顺，风清弊绝”。另一方面，闲暇之余，又有隐逸自乐的情趣，从心性中体会自然之乐。除了《墓碣铭》中所说，周敦颐选择的山林游历，并不局限于名山大川，而是极尽搜访之能事，出入于佛道寺冠，在其诗文中，自适尘外的主题经常出现：《喜同费长官游》中的“寻山寻水侣尤难，爱利爱名心少闲。”《万安香城寺别虔守赵公》：“公暇频陪尘外游，朝天仍得送行舟”，《行县至雩都，邀余杭钱建侯拓四明沈几圣希颜同游罗岩》中的“闻有山岩即去寻，亦跻云外入松阴。虽然未是洞中境，且异人间名利心”等，借对山水景观的描述，含蓄表达了对超世俗的仙境的向往。可以说，在周敦颐的为官生涯中，一直隐含着“仕”与“隐”的矛盾取向：虽有出入佛道的倾向，又不忘却儒者的精神理念，以个人的形式，表达了对政治的选择；而他的隐居，也并非冷眼旁观，只不过他争的内容，并非世俗意义上的个人功名，他把山水景物直接连接主体内心的世界，这也是周敦颐在公务闲暇之余喜欢游山玩水、超俗脱尘的表现。蒲宗孟第七首诗文表达得最为显豁：“山水平生好，尝来说退居”，这正是北宋士人包括周敦颐在内的士人心目中的理想境界：以儒学为立身处世的凭借，内心则有高远的寄托，这也与孔子“饭疏食饮水，曲肱而枕之，乐亦在其中矣。不义而富且贵，于我如浮云”（《论语·述而》）的价值取向一脉相承，即注重内在生命的意义。

不可否认，周敦颐诗文中涉及“山林之志”的内容甚多，如果将这些诗文与《墓碣铭》相联系，可以“还原”《墓碣铭》中的诸多史实。因此，明代整理《濂溪志》时，将“喜静心长在”“尝来说退居”等生活“实录”全部删除，仅存三首诗文，清代更是沿袭了这一缺憾，这固然有《濂溪志》编撰者的疏略，但也与明清时期“话语权”紧密相关。

三 周敦颐与蒲宗孟九龙岩题刻

近于九龙岩发现蒲宗孟摩崖石刻一则，泐已难辨，是研究北宋文人交往的一篇重要石刻文献，可作有益的补充：

"南隆蒲宗孟自零陵按邵阳，约京兆朱初平、高邮乔执中游九龙岩。二君皆以事不来，而属官陈瑄相远一舍，畏暑疾暍，迟迟于后且未至。迴视石间见王璩、邹庸、黄辙、黄寔题名，又怅四人者已先去。余终日徘徊独行危坐，无朋俦相与同一时之乐，盛夏大热，虽岩中潇洒可爱，然意有不足者，遇此胜处，殆亦不能放怀自适矣。熙宁八年六月二十七日。"①

该石刻为纪事碑，记叙较为简单。从文意来看，主要叙述蒲宗孟在朱初平、乔执中"以事不来"的情况下，独自游览九龙岩，并观赏王璩、邹庸、黄辙、黄寔等前人题名。但从"余终日徘徊独行危坐，无朋俦相与同一时之乐"可以看出，蒲宗孟内心的苦闷。按字面意义理解，固然出于"无朋俦相与同一时之乐"，然则从"殆亦不能放怀自适矣"，揣其言下之意，蒲宗孟此行，主要原因在于追寻故人。

蒲宗孟来到九龙岩，恰为姻亲周敦颐去世后的第三年，缘于周蒲之间的深厚情谊，九龙岩之行，显然是一次认真的询访之旅。据石刻文献记载，九龙岩于两宋时期，为邵永古道的必经之地，最初为佛道圣地，《（道光）永州府志》："九龙岩，岩中物象毕具，出泉寒洌。岩前有池，洞门高敞，循磴而下，有隙仅可容身蛇行，可深入。相传昔有樵者遇黄衣九士，谓曰：'吾九龙居此久矣。'语讫不见。唐宋名贤游此者众。"② 九龙岩独特的自然景观吸引了众多文人墨客前来题咏刻石；另一方面，九龙岩的开辟也与洞主喜公有很大关系。北宋时该地建有寺庙，庙主名喜公，"开山者，浮图曰元喜也，治平始赐寺额，曰'寿圣院'，改洪陵也"③。《留云庵金石审》考证："案'喜公'名已见于仁宗时题名，此诗度刻仁、英二朝之际。"④ 也即是说，九龙岩开创前曾有"黄衣九士"居之，北宋

---

① （清）陆增祥：《八琼室金石补正》卷100，吴兴刘氏希古楼。

② （清）宗绩辰：道光《永州府志》卷2上，道光八年刊本。

③ （清）宗绩辰：道光《永州府志》卷18中，道光八年刊本。

④ 同上。

时又发展成以喜公为首的佛教据点。

周敦颐曾二次前往，并留有记事碑：一是从永州“往权邵守”，路过九龙岩，题名“治平四年（1067）五月七日，自永倅往权邵守，同家属游，舂陵周敦颐记”。从“同家属游”可见，与之同行的还有蒲宗孟的妹妹，即周敦颐的第二任妻子蒲氏，“盖行次促迫，留题不似诸岩之严谨也。”（《金石审》）二是“熙宁元年（1068）五月五日，新广南东路转运判官朝奉郎尚书驾部员外郎前通判永州军州事上骑都尉赐绯鱼袋周敦颐上石”①。根据度正《年谱》所记：“会清献公在中书，擢授广南东路转运判官。有启谢正献公云：‘在薄官有四方之游，于高贤无一日之雅。’”② 熙宁元年经赵抃荐举，周敦颐从“权发遣邵州事”至“广南东路转运判官”，再次经过九龙岩，并为上石，且题记时间为“五月五日”，恰为濂溪生日，陶醉山水，以佛道资源为内心生活，自不待言。

从周敦颐为之“上石”的蒋忱《九龙岩记》来看，“零陵山水之着人耳目者尤多，若浯溪、朝阳洞、法华寺、石门最为卓然者。则元次山、柳子厚尝见于文字，有澹山岩者又殊绝。而二子且不到，晚有李西台诗焉，此其着人耳目，盖有所谓三子文章所及而得耀于今为奇观。好事者又籍以大其说，独兹岩之不得其传，可不重惜欤”③！周敦颐远离尘网羁绊，以儒家观念济世，以佛道精神自娱，先后在澹山岩、朝阳岩、华严岩、含晖洞等地留下诸多题刻，这正是元结、柳宗元所谓的“在水石中阐发人文意境”。

蒲宗孟除作有“题记”外，其所刻还有四首诗文：

虚岩苍壁古苔斑，潇洒清深六月寒。三伏流金无处避，暮天将去更盘桓。

老僧栖息乱云颠，凿石开山四十年。投得岩成身老大，更无筋力到岩前。

人言道士隐深山，九炼丹成去不还。乳溜滴成华盖座，犹疑真相

① 胥从化：《濂溪志》卷1，万历癸巳刻本。

② （宋）度正：《濂溪先生周元公年表》，《元公周先生濂溪集》卷8，岳麓书社2006年版，第236页。

③ （清）宗绩辰：道光《永州府志》卷18中，道光八年刊本。

在岩间。

欲寻微径到山前，闻有蛟龙洞底眠。岁旱密云终不雨，可能无意救荒年。[①]

这四首诗文的主题为纪咏九龙岩的自然与人文景观，第一首“潇洒清深六月寒”概述九龙岩独特的自然环境，与蒋忱《九龙岩记》“夏日烈而岩风自清，冬雪满空而岩水不冰”相呼应。第二首“老僧栖息乱云颠，凿石开山四十年”与第三首“人言道士隐深山，九炼丹成去不还”，由此不难推断，九龙岩既是元喜等僧徒所选择的隐居之地，也是道教发展的一个据点，间接说明了周敦颐与佛道僧人有交往。据《八琼室金石补正》考证：“诗云：凿石开山四十年，则此岩开于景祐间，与蒋忱记合。”[②] 第四首“岁旱密云终不雨，可能无意救荒年”，则说明蒲宗孟早年水灾地震的仕途，积累了丰富的经验阅历。对于这种生活情趣的援引，也透露出蒲宗孟追随周敦颐的原因，即在于娱目悦心于自然，远离官场的功名利禄，沉迷“山水之乐”。

搜罗诸家考校题跋，蒲宗孟来九龙岩的身份是“以集贤校理奉命查访荆湖两路”，因“奉使查访”，在永州境内多有记录。他与“京兆朱初平、高邮乔执中”二人的交游不仅见于此，《（道光）永州府志》也有题名：“在零陵县东山之西，熙宁间蒲宗孟奉使荆南，与朱思平、乔执中、彭次云、李士燮暨官属来游题名。”[③]《八琼室金石补正》考证：“右蒲宗孟诗，李知州刻诸石。《省府志·职官》：神宗朝知永州者，有李士燮、李杰俱在。熙宁以后知道州者，并无李姓其人，惟《永志·东安表》：熙宁时有李逸名，八年任，或即此刻之李知州，误为东安令欤。”[④]《永州府志》《八琼室金石补正》的考证，既落实了刻石者的身份，也扩展了与蒲宗孟交往人物的身份，这是很有意义的发现。其考证中提到的李士燮，“字和甫，宜春人，初名梁登，庆历六年第，为人刚正不挠”，在永州群玉山、火星岩等地有题名，惜其均被毁坏。《（道光）永州府志》：“都官

① （清）陆增祥：《八琼室金石补正》卷100，吴兴刘氏希古楼。

② 同上。

③ （清）宗绩辰：道光《永州府志》卷18中，道光八年刊本。

④ （清）陆增祥：《八琼室金石补正》卷100，吴兴刘氏希古楼。

郎中知零陵郡事李士燮和叔、职方员外郎通判事柳应辰明，淳熙八年乙卯十二月十一日腊，同游火星岩，次游朝阳岩。”① 这说明，诸如李士燮、柳应辰等同时期文人，对山林之志情有独钟，宗教性淡薄，喜欢在公务之余出游寻觅当地溪岩之胜，在精神上追求清静娴雅，悠然体道，与自然融为一体；在文学上自有一种幽趣，与道俱往，妙悟生命的哲理，透露出当时文人集体的心灵动向，也使得“濂洛风雅”的诗文范式得以确立。

总体上看，南宋时期有关文人之间的交往题刻及阐释，凝聚成视周敦颐为佛道人物这一思想观念，这一观念正是当时社会文化环境使然。随着朱熹“道学”的发展，学术标准的转向，文人执着于义理讲学，重道废诗，题诗作跋渐渐少有人问津，这也导致了对蒲宗孟《墓碣铭》的诸多批评的产生，从而否定佛道、山林之志等因素，形成了一个耐人寻味的反差，由此也反衬出南宋社会的时代特征。

（作者单位：湖南科技学院）

① （清）宗绩辰：道光《永州府志》卷18中，道光八年刊本。

《明实录》中关于周敦颐的记载考述

刘　涛　陈靖华

《明实录》是明代历朝官修的编年体史书，记录了从明太祖朱元璋到明熹宗朱由校共15代皇帝、约250年间的史事，其中建文朝实录附于《太祖实录》中，景泰朝实录附于《英宗实录》中，思宗崇祯朝、安宗弘光朝、绍宗隆武朝、昭宗永历朝因战乱无实录。纂修此书所依据的资料主要是以朝廷诸司、部、院所呈缴的章奏、批件等，又以遣往各省的官员收辑的先朝事迹做补充，逐年记录各位皇帝的诏敕、律令，以及政治、经济、文化等大事，保存了大量第一手资料，是研究明朝历史的基础史籍之一，具有重要的史料价值。作为一代理学宗师的周敦颐，其地位自南宋时期被朱熹一系的理学家推崇之后，至明清时期地位逐渐增高，影响日益扩大，相应地必然在官方史籍中反映出来。本文对《明实录》中的相关记载进行考述。

一　关于科考策试的记载

在明代的科举考试中，有时涉及了周敦颐所撰《太极图》与《通书》的内容，均以皇帝制文向应考举人提问的形式出现。

《明宣宗章皇帝实录》记载："宣德八年（1433）三月，甲寅朔……上御奉天门，策礼部举人刘哲等九十九人。"制曰："天启文治之祥，伏羲之王也，河出马《图》而八卦作；夏禹之兴也，洛出龟《书》而九畴叙。其理一原于天，而会于圣人之心。故以前民用以建皇极，万世允赖焉。夫一原于天也，而《图》与《书》何以不同具于圣人之心矣？何必卦因

《图》而作，畴因《书》而叙？说者又谓《洛书》可以为《易》，《河图》亦可以为《范》。《易》《范》之兴，果何所则？《易》至文王、周公、孔子，《范》至箕子而后益明且备。夫伏羲与禹之圣作之，何以犹未及备？宋周子作《太极图》《通书》，所以发大易之蕴也，其要义安在？邵子推先天、后天以明羲、文之《易》也，其异旨何适？大抵言天者莫深于《易》而必征于人，言治者莫详于《范》而一本于天。朕潜心往圣，究惟至道，诚志乎文治之兴也。诸生讲明有素，其敷陈于篇，将亲择焉。"①

明宣宗朱瞻基（1398—1435）为明朝第五位皇帝，明仁宗朱高炽的长子。幼年深受祖父朱棣（永乐帝）与父亲的喜爱与赏识。永乐九年（1411），被祖父立为皇太孙，数度随朱棣征讨蒙古，接受了戎马历练。祖父朱棣于永乐二十二年（1424）去世后，明仁宗继位才 10 个月便去世。朱高炽即位于洪熙元年（1425），在位 10 年多，于宣德十年（1435）去世，终年 38 岁。葬景陵，庙号宣宗。他在位期间文臣有"三杨"（杨士奇、杨荣、杨溥）、蹇义、夏原吉等，武臣有英国公张辅，地方上又有于谦、周忱等巡抚，一时人才济济，致使当时政治清明，百姓安居乐业，这个时期被认为是明朝国力最强、政治最清明的时期，社会政治、经济和文化得到空前的发展。史家称之为功绩堪比汉代文、景之治的"仁宣之治"。从这一制文可以看出，相对于其前后的皇帝，朱瞻基的文化素养较高。制文是对参加礼部考试的举人而作，目的是择优选拔人才。尤其是称"言天者莫深于《易》而必征于人，言治者莫详于《范》而一本于天"，他利用历史文化资源以治世的观念油然可见。

《明世宗肃皇帝实录》记载："嘉靖二十六年（1547）三月壬子朔……丙寅。策赐试天下贡士。"制曰："朕惟人君受天之命而主天下，任君师治教之责，惟聪明睿知，足以有临，自古迄今，百王相承，继天立极，经世牧人，功德为大，是故道统属之，有不得而辞焉。唐韩愈氏乃谓尧、舜、禹、汤、文、武、周公、孔子之传至孟轲而止；孟子则以尧、舜、禹、汤、文、武之为君，皋陶、伊尹、莱朱、太公望、散宜生之为臣。各有闻知见知之殊，其详略同异，果何义欤？其授受之微，有可指

① 《明宣宗章皇帝实录》卷一百，《明实录》，台湾"中研院"历史语言研究所 1962 年影印版。本文所引《明实录》均出自这一版本，不另出注。

欤？宋儒谓周敦颐、程颢兄弟、朱熹四子为得孔、孟不传之绪，而直接复自古帝王之道统。果若是，班与其讲求著述之功，果可与行道者并与？抑门人尊尚师说，递相称谓，而忘其僭（攒）欤？汉、唐、宋而下，虽不能比隆唐虞三代之盛，其间英君谊辟，抚世宰物，德泽加于四海，功烈著诸天地者，不可概少，果尽不可以当大君道统之传欤？法惟我太祖高皇帝体尧、舜授受之要而允执厥中，论人心虚灵之机而操存弗二我。成祖文皇帝言：‘帝王之治，一本于道。’又言：‘六经之道明，则天地圣人之心可见，至治之功可成。’斯言也，直有以上继道统之正，下开万世太平之基。迨我列圣克笃前业，所以开天常、叙人纪者，历百八十余年于兹。朕缵绍祖宗鸿绪，登践宝祚，惟敬惟一，叙彝伦，惇典礼，祈天命，极民穷，思弘化理，以成参赞继立之功者，宵旰孳孳，不遑宁处。兹欲远绍二帝、三皇大道之统，近法我祖宗列圣心学之传，舍是又何所劲力而可夫？自尧、舜、禹、文之后，孔、孟以来，上下数百年间，道统之传归诸臣下，又尽出于宋儒一时之论，此朕所深疑也。子大夫学先王之道，审子名实之归，宜悉心以对，毋隐毋泛。朕将注览焉。”（《明世宗肃皇帝实录》卷三百二十一）

明世宗即嘉靖帝朱厚熜（1507—1567），是明朝的第十一位皇帝，明宪宗朱见深之孙，明孝宗朱祐樘之侄，明武宗朱厚照的堂弟。武宗卒后无嗣，张太后（明武宗的母亲）和内阁首辅杨廷和商议由作为近支帝嗣的朱厚熜继位。他在位 45 年（1521—1566），在明代皇帝中仅次于其孙子明神宗万历帝。在位的早期，嘉靖帝英明苛察，严以驭官，宽以治民，整顿朝纲，减轻赋役，对外抗击倭寇，重振国政，开创了嘉靖中兴的局面。后期虽然好道教，时不侍朝，但依然掌控着朝廷官吏，是一位颇有作为的皇帝，为“隆庆新政”与张居正的改革奠定了基础。他性聪慧，善文辞，精书法，勤政事，批阅奏章票拟经常到后半夜。此处所载，为其策试天下贡士所提出的问题，可见他对于经史治道还是有着一定的思考和见解。

二 关于褒恤封赠的记载

褒恤封赠是《明实录》中与周敦颐相关记载的重要内容之一，其中包括对周敦颐子孙的褒恤封赠、免除差徭，对周敦颐父亲的封赠祭祀，以及对周敦颐祠墓的修葺致祭等。

《明英宗睿皇帝实录》记载："正统元年（1436）秋七月甲午朔……庚戌，顺天府推官徐郁言四事：一，国朝尊崇圣贤，宠及来裔，或荫封爵，或复征徭，甚盛典也。惟宋袭封衍圣公孔端友扈从南渡，今其子孙流寓衢州，与民一体服役。他如宋儒周敦颐、程颢、程颐、司马光、朱熹子孙，亦皆杂为编户。乞令所在有司访求其后，蠲其徭役，择其俊秀而教养之。祠墓倾圮，官为修葺。庶君子德泽悠久而不替……"（《明英宗睿皇帝实录》卷二十）

《明英宗睿皇帝实录》又载："正统八年（1443）八月癸未朔……辛卯，诏复宋儒周敦颐、程颢、程颐、司马光、朱熹子孙。先是，顺天府推官徐郁言：诸儒俱有功圣门，宜恤其子孙，俾修祠墓，免致夷圮。上命所司访求，至是以闻。上曰：'我朝崇儒重道，有隆无替。今去诸儒未远，苟弗恤其子孙，岂崇重之意乎？然恩典亦不可滥，其嫡派子孙宜免差徭。'"（《明英宗睿皇帝实录》卷一百七）

明英宗睿皇帝朱祁镇（1427—1464）为明宣宗朱瞻基长子，明代宗朱祁钰异母兄，明宪宗朱见深之父。是明朝第六位皇帝，两次（1435—1449，1457—1464）在位。第一次，朱祁镇年仅九岁，继位称帝，但国事全由太皇太后张氏把持，贤臣"三杨"主政。随着张氏去世，"三杨"去位，宠信太监王振，导致宦官专权。正统十四年（1449），土木堡之变，朱祁镇被瓦剌俘虏，其弟郕王朱祁钰登基称帝，遥尊英宗为太上皇，改元景泰。瓦剌无奈之下将朱祁镇释放。回朝后，被景泰帝软禁于南宫七年。景泰八年（1457），石亨等人发动夺门之变，朱祁镇复位称帝，改元天顺。天顺八年（1464），朱祁镇病逝。庙号英宗。朱祁镇前后在位 22 年，最初宠信王振，后又宠信曹吉祥、石亨等，政绩远远无法与其父亲相比。

这两处记载实为同一件事情：南宋初年，身为孔子第 47 代嫡长孙、"衍圣公"的孔端友（1078—1132）扈从南渡，随后其子孙流寓衢州，成为需要服役的普通民众。他如宋儒周敦颐、程颢、程颐、司马光、朱熹的子孙，亦皆杂为编户。顺天府推官徐郁于正统元年（1436）秋七月上疏建言："以诸儒均有功于圣门，故宜恤其子孙，俾修祠墓，其嫡派子孙宜免差徭。"明英宗下旨命"所司访求"，于 7 年后（1437）的八月才获得了相关信息，故下旨命"其嫡派子孙宜免差徭"，但没有提及是否"恤其子孙，俾修祠墓”。

《明英宗睿皇帝实录》记载：“景泰七年（1456）五月己巳朔。……辛卯。命宋儒周敦颐十二代孙冕为翰林院五经博士，仍还乡奉祠事，子孙世袭。”（《明英宗睿皇帝实录》卷二百六十六）“景泰”实为明代宗朱祁钰的年号，为时七年（1450—1456）。明英宗复辟后，景泰帝被称为“废帝郕戾王”，故实录附于《英宗实录》中。这里所记载的，便是任命周敦颐的第十二代孙周冕为翰林院的五经博士，但是，却无须在翰林院供职，命其回家乡湖南道县（注意：不是到周敦颐逝世并安葬的江西庐山）奉祠事，并且周冕翰林院五经博士的职衔也可由其子孙世袭。显而易见，这仅仅是一种褒恤子孙、俾修祠墓的方式。这是前述“其嫡派子孙宜免差徭”的继续。在不同的时间，程颢、程颐、司马光、朱熹等其他几位有功圣门之宋儒的子孙也都被赐予了这种待遇。

《明武宗毅皇帝实录》记载：“正德元年（1506）三月辛巳朔。……丁亥……江西按察司副使邵宝奏：‘九江府德化县莲花峰下有宋儒周惇颐墓，其东北数里有濂溪书院，岁久荒颓。近者守臣重加修葺，自道州取其裔孙伦来属之守奉。然必正其秩祀，赡以闲田，庶久而不坠，实表章先儒、风励后学之盛典也。’礼部覆：‘请如朱熹婺源例，每岁春、秋令府、县官即书院致祭。仍给田五十亩，以为修葺祠墓之资。’从之。”（《明武宗毅皇帝实录》卷十一）

明武宗毅皇帝朱厚照（1491—1521）为明朝第十位皇帝，是明孝宗朱祐樘和张皇后的长子，在位 16 年，年号正德，后世称为正德帝或明武宗。

在此之前，朝廷下旨褒恤周敦颐的子孙并祀奉祠事，是针对其家乡、家族而言。这里记载的则是关于江西庐山周敦颐墓葬以及祭祀祠堂的修葺问题。

周敦颐晚年归隐庐山后，于宋神宗熙宁六年（1073）逝世并安葬于此。逮至明代弘治年间，此墓委于榛莽，荒芜不堪，谒者多叹息。自弘治二年（1489）至正德七年（1512）春，九江地方官吏先后屡次主持对周敦颐的墓葬及其祭祀祠堂、书院等进行了修治，并购置了墓前田 20 亩以赡守祀，还移文湖广道州取其十三代孙周纶前来守祀。但是，这些都是地方官吏的行为，而并非国家行为。江西按察司提学副使邵宝在任职期间屡至吊谒，并上疏云：“顾百年以来，（周敦颐）墓与书院久废，初复而祀不在典，诚为未称。惟昔范文正公生于苏而葬于洛，二处皆有祠祀，崇名相也；岳武穆王生于相而葬于杭，二处皆有祠祀，崇名将也。我国朝于忠贞勋德礼数加隆，至于如此，识治君子皆以为当，况道学大儒如惇颐者哉！敦颐之后称大儒者曰朱熹，贯于婺源，产于建阳，祠祭之典二处兼举。臣愚窃谓：敦颐之于九江，如婺，如建，当比其一。今墓与书院既各理如故，如蒙圣明重念周氏之学为世宗师，表章旷坠，实系观望。乞敕礼部查检朱熹婺源建阳事例，就令书院赐以春、秋二祭，定式拟祝，行令有司，以时行事。仍于邻近无碍田内拨给数十亩，以为裔孙守墓之赡。非特为一方斯文之观，实天下万世之幸也。臣承乏教事，钦承奏敕谕，以崇正学为要，惟兹祀事实其一端，虽惧烦渎，不敢不请。臣无任战栗之至，奉圣旨是。”（明邵宝《表崇道学大儒墓祀疏》）邵宝的意思是，如果要周敦颐的墓葬、祠堂、书院正其秩祀，必须纳入国家的祭祀，赡以闲田，有了稳定的经济收入，才能使其久而不坠。而这一措施，有着表彰先儒、风励后学之功用。礼部商议的结果是，按照“朱熹婺源例，每岁春、秋令府、县官即书院致祭。仍给田五十亩，以为修葺祠墓之资”。明武宗（正德帝）朱厚照批准了这一举措。自此，周敦颐位于庐山的墓葬以及濂溪书院，也被纳入政府资助管理下。

但是，正如《礼记·中庸》所云：“文武之政，布在方策。其人存，则其政举；其人亡，则其政息。”时过境迁，到清代初年，庐山祭祀周敦颐的祠堂又已经荒废。清代著名文士查慎行（1650—1727）于清康熙三十一年（1692）游庐山，见到的祠堂与书院便是满目凄凉之景象，其《经周濂溪先生废祠》诗云：“尼山大圣人，重去父母邦。人情非得已，孰肯违故常。先生少而孤，依舅居丹阳。母殁即葬此，后乃官南康。官贫久不归，葬柩于九江。仁心重庐墓，卜筑匡山傍。托名寓濂溪，中岂忘故乡……我来千载后，拜公谒祠堂。荒畦被秋禾，四野烟茫茫。……”（清查慎行《敬业堂诗集》卷十五）既然此处有着周敦颐后裔的守奉，为何造成这种状况呢？或许是由朝代的更换、历年的兵乱致使周敦颐守墓的后裔失去田产所致。

《明世宗肃皇帝实录》又载：“嘉靖二十六年十二月戊申朔……壬子，命宋儒周敦颐十四代孙、翰林院五经博士绣麟子道袭职奉祀。”（《明世宗肃皇帝实录》卷三百三十一）这一记载表明，周敦颐的十四代孙、翰林院五经博士周绣麟应该于此年或之前去世，便由其子周道袭职奉祀，这是例行备案公事所留下的记载。

《明神宗显皇帝实录》记载："万历二十三年七月壬申朔……庚寅……湖广抚按请以宋儒周敦颐、周辅成从祀启圣祠。从之。"（《明神宗显皇帝实录》卷二百八十七）这里所述为应湖广抚按的奏请将周敦颐及其父亲周辅成从祀启圣祠，皇帝应请同意。明神宗显皇帝朱翊钧（1563—1620）为明朝第十三位皇帝，明穆宗朱载坖第三子。隆庆六年（1572），穆宗驾崩，10岁的朱翊钧即位，年号万历，在位48年，是明朝在位时间最长的皇帝。《明神宗实录》未载明上疏奏请此事的湖广抚按是谁，据其他文献记载，此人为郭惟贤。

明人李之藻撰《頖宫礼乐疏》记载："今上万历二十二年增周辅成从祀启圣祠。从湖广抚按郭惟贤等议也。藻按：孔庭从祀贤、儒盖有三等：亲炙圣门，身通六艺，其一；道德著闻，人伦师表，其二；综述遗经，发明圣教，其三。即今见在祀典诸儒固无论，已罢祀若郑玄、郑众、卢植、服虔、范宁，皆经师也，吴澄，人师也，而嘉靖厘正惠罢而祀于其乡。周氏辅成品概经术视诸子不知何如？而从祀启圣，乃遍于天下之学校。议礼者似严于孔庭之侑食，而稍宽于启圣之锡类也。末学不敢妄议。第谓人师、经师若康成草庐者，而已祀复罢，又如唐之孔颖达，宋之游、吕、胡、杨，国朝之吴、曹、罗、湛诸君子，允为一代儒英，率能阐翼遗经，绍明圣统，然而不得与程、朱、周三子之父共歆秩祀。万世学者傥亦有入庙兴感，而致疑于轩轾之未审者乎？"（明李之藻《頖宫礼乐疏》卷二"从祀沿革疏"）

李之藻指出，能够被纳入孔庙从祀的先贤、先儒，必须达到三个通行的标准：其一，"亲炙圣门，身通六艺"；其二，"道德著闻，人伦师表"；其三，"综述遗经，发明圣教"。根据这一标准，哪怕是原来曾经被纳入孔庙从祀的郑玄、郑众、卢植、服虔、范宁等经师，以及吴澄等人师，后来在嘉靖年间都被予以厘正罢祀而安排在他们各自的家乡予以祭祀。而周敦颐的父亲周辅成，其品概经术视郑玄、吴澄等诸子不知何如？而从祀启圣祠，甚至乃遍于天下之学校均予以从祀，不免引起议礼者的议论。李之藻虽然自称"末学不敢妄议"，但还是指出，可以被称为"一代儒英，率能阐翼遗经，绍明圣统”之自唐代孔颖以降乃至明代的诸多贤儒君子，均未能与二程兄弟、朱熹、周敦颐的父亲一样“共歆秩祀”，如此之轻重高低之不分，不免使人感到极不公平，是否有思考不严之嫌呢？李之藻所述二程兄弟的父亲程珦、朱熹的父亲朱松均在此之前就已经从祀于启圣祠（相关史实此处不赘），现在周敦颐的父亲周辅成又要从祀于启圣祠，故引起了议礼者的议论。因为，在人们的心目中，周辅成本人的成就远远要比程珦、朱松的成就低；甚至有人翻出了史籍中关于周辅成（？—1024）的记载，认为他在周敦颐八岁时就已经去世，他对周敦颐的影响，比周敦颐的舅父龙图阁直学士郑向对周敦颐的影响还要小。何谓“启圣”？就是对被推崇为先儒之周敦颐、二程、朱熹等人的成长有所启迪教育之人。按照这种标准衡量，周辅成是不够资格的。

例如，清代著名经学家阎若璩在《尚书古文疏证》中说：紫岚曰：“周辅成、程珦、朱松皆以子贵，故宜从祀启圣。若蔡元定自有功圣门，非以子后重者，仍宜改祀于两庑可也。”余曰：“此说诚是，吾为子识之。”“又按：程珦、朱松从祀。程篁墩称：其子之学开于父一首，识周濂溪于属吏之中，荐以自代，而使二子从游，一临没时，以朱子托其友胡籍溪而得程氏之学。且珦以不附新法退矣，松以不附和议奉祠矣，历官行已，咸有称述。若周辅成者，特以万历二十三年湖广抚按援珦、松之例以进。案潘兴嗣亲为茂叔友，又据其子所次行状撰墓文，并未及辅成行实一字，但云任贺州桂岭县令，赠谏议大夫而已。其云多善政者，疑后人傅会，非实。窃谓纵实濂溪不由师传，默契道妙，学于其父何与哉？而援珦、松例耶？罢之为宜。”（（清）阎若璩《尚书古文疏证》卷八，一百十三）

阎若璩此处所说之“紫岚”，为阎若璩的好友石华峙，阎若璩“每著《疏证》成”，都要先请石华峙览正。石华峙虽然认为周辅成、程珦、朱松三人“宜从祀启圣”，但却明确指出他们是“皆以子贵”，换言之，即认为他们如果不是有好儿子，其实是轮不上他们从祀于启圣祠的；此外，同样与上述三人从祀于启圣祠的蔡沈之父蔡元定，石华峙认为他“自有功圣门，非以子后重者，仍宜改祀于两庑可也”。所谓“改祀于两庑”，即以自己本身在圣学（儒学）上的贡献而直接配祀于孔子。

阎若璩接着再引述明代著名学者程敏政的话语，认为周敦颐的墓志为潘兴嗣所撰，所依据的是周敦颐儿子提供的行状，在这份最早而又最为可靠之涉及周敦颐父亲事迹的文献中，仅仅只提及了周辅成曾经担任贺州桂岭县令，卒后赠谏议大夫，并未涉及其任何具体的事迹，故“其云多善政者，疑后人傅会，非实”。程敏政所称述及周辅成“多善政”的说法，在明清时期的文献多有记载。如明人李贤等撰《明一统志》云：“周辅成，道州人，世居营道之濂溪。登大中祥符八年进士。历官多善政，终于桂阳令。累赠谏议大夫。子敦颐。”（《明一统志》卷六十五《永州府·人物·宋·周辅成》）清代汪森编《粤西文载》也说：“周辅成，道州人，濂溪先生父也。大中祥符进士。授贺州桂岭令，有惠政。与陈（程）珦同时。后人侈为盛事，称周、程四贤一堂会晤云。以子敦颐贵，赠谏议大夫。”（汪森《粤西文载》卷六十三，《传·名宦·周辅成》）正是在早期可靠的文献中从未涉及周敦颐父亲具体事迹，更没有见到其有“多善政”“有惠政”，故阎若璩据此评论说，周敦颐的学术来源不由师传，而是他自己默契道妙，因此，他的学问与其父没有任何关系，因此援二程兄弟的父亲程珦、朱熹的父亲的例子，让周辅成从祀于启圣祠，是不妥当的，应该罢之为宜。

姑且不论周辅成在仕宦经历中是否“多善政”，但他在周敦颐仅仅八岁时就已经去世，肯定对周敦颐的学术思想的形成没有任何帮助，却是无疑的，因此，“启圣”之称号确实有点名不副实。虽然如此，但周辅成还是于明万历二十三年（1595）七月被增加到了从祀于启圣祠的“先儒”队列之中。

清《钦定国子监志》记载：崇圣祠：两庑从祀，主高一尺三寸六分，广三寸五分，厚六分，赤地墨书。东连二龛一座，独龛一座。龛高五尺八寸，广四尺三寸，深二尺七寸。木座高二尺四寸，广连座九尺；独座四尺八寸，深三尺七寸。砖座高一尺二寸五分，广二丈二尺，深五尺。西连二龛一座，制如东庑。砖座广一丈，高深制如东庑。先儒周辅成（明万历二十三年从祀启圣祠），先儒程珦（明嘉靖九年从祀启圣祠），先儒蔡元定（明嘉靖九年从祀启圣祠），并东庑，西面北上。先儒张廸（国朝雍正二年增祀崇圣祠），先儒朱松（元至正二十二年追谥“献”，封齐国公。明嘉靖九年从祀启圣祠），并西庑，东面北上。谨案：明嘉靖中，始定以周、程、蔡、朱四子之父从祀启圣祠。国朝因之。雍正二年改祠名曰

“崇圣”，命诸臣集议四子之外有可升祔崇圣者。廷臣言：横渠张子之父廸宜增入从祀。乃祀于崇圣祠西庑朱松之上。（《钦定国子监志》卷十二，“祀位二·配飨从祀”）

据清《钦定国子监志》及《钦定大清通礼》的记载可知，明代的“启圣祠”在清代雍正二年（1724）被改名为“崇圣祠”。在明代，议定进入“启圣祠”的从祀者为周敦颐、二程、蔡沈及朱熹的父亲四人；至清代雍正二年，又将宋代理学支脉“关学”创始人张载的父亲张廸增补到从祀于“崇圣祠”的名单之中。

如上所述，周辅成等是“从祀”于启圣祠（崇圣祠），那么该祠内主要祭祀的还有谁呢？《钦定大清会典》对此有明确的记载：“……启圣：王叔梁纥位皆南向。祠内配飨先贤颜无繇、孔鲤，东位西向；曾点、孟孙氏，西位东向。两庑从祀先儒：东庑周辅成、程珦、蔡元定，西庑张廸、朱松，年位均东西向。岁以春、秋仲月上丁，遣官释奠。皇帝特举崇典，则亲诣行礼。”（《钦定大清会典》卷四十五，“礼部·祠祭清吏司·中祀二”）《钦定大清通礼》也有相同的记载：“崇圣祠……先儒：东庑周辅成、程珦、蔡元定，西向；西庑张廸、朱松，东向。均北上。岁以春、秋仲月上丁遣官将事。特行崇典，则皇帝亲诣行礼。先二日，礼部尚书一人诣牺牲所，眡牲如仪。”（《钦定大清通礼》卷十一，“吉礼·先师春秋释奠”）据此可知，启圣祠（崇圣祠）内主殿正位祭祀的是孔子的父亲叔梁纥，坐北朝南；主殿东、西（左、右）两侧配飨的分别是颜回（颜渊）的父亲颜无繇（颜路）、孔子的儿子孔鲤、曾参的父亲曾点、孟子（孟轲）的祖先孟孙氏。他们被称为“先贤”。周辅成等五位宋代著名儒士的父亲则从祀于主殿的两庑，他们被称为“先儒”。

值得注意的是，《钦定大清会典》等文献均记载了，在每年的春、秋仲月（二月、八月）上丁日祭祀孔子（先师）时，包括对孔子的父亲叔梁纥等人乃至周辅成等，皇帝都要“遣官释奠”；而在“特举崇典”时，皇帝都要还要“亲诣行礼”。至于一般的儒生（太学生及学生），则在掌儒学训导之政者（太学为国子监祭酒，书院为山长等）的率领下于每个月的初一日（每月朔）进行祭祀；每个月的十五日（望日），则由国子监司业行礼。此即清朝《皇朝通志》所记载的：“凡释奠于先师之礼，为庙于城东北隅。太学之东殿曰大成，以四配十二哲侑飨；殿中以先贤、先儒从祀两庑。……启圣：王叔梁纥位皆南向；祠内配飨先贤颜无繇、孔鲤，东位西向；曾点、孟孙氏，西位东向。两庑从祀先儒：东庑周辅成、程珦、蔡元定，西庑张迪、朱松，位均东西向。岁以春、秋仲月上丁遣官释奠。皇帝特举崇典，临雍讲学，则亲诣行礼。每月朔，国子监祭酒率师生行释菜礼。望日，司业行礼。”（《皇朝通志》卷四十一，“礼略·吉礼六·释奠太学”）

正如李之藻在《頖宫礼乐疏》称将周辅成等“从祀启圣”是一种钦定的国家行为，故祭祀场所“乃遍于天下之学校”。这在各地方志、书院志中均有相应的记载，此处从略。

又清代佚名撰《崇祯实录》记载：“崇祯十四年……八月甲辰朔……乙丑，谕礼部：宋儒周子、两程子、朱子、张子、邵子有功圣门，与汉唐诸子并称先儒，朕心未安，其议之。”（佚名《崇祯实录》卷十四，“怀宗端皇帝十四”）此处所载之“朕心未安，其议之”语焉不详，不知命礼部所议论的是什么事情，无法予以讨论。

三 关于将周敦颐的著作纳入经筵讲授的记载

周敦颐的《太极图说》在明代受到学界的重视，也被推荐给皇帝作为经筵讲授的书籍。

《明武宗毅皇帝实录》记载：“正德元年（1506）十二月乙巳朔。……甲戌……吏部左侍郎兼翰林院学士张元祯卒。元祯字廷祥，江西南昌县人，天顺庚辰进士，改翰林院庶吉士。为大学士李贤所知，授编修。宪宗即位，劝行三年丧。又上言：‘治道在讲学，听治用人厚俗。’预修《英宗实录》，未上，以论事忤时宰，遂引疾去，家居二十余年。弘治初，召修《宪宗实录》，以前有史劳，升左春坊左赞善。又以疏劝行王道。实录成，升南京翰林院侍讲学士。既又以母老请告归。修《大明会典》，召为副总裁。孝宗隆其名，至则升翰林院学士，充经筵日讲官，甚倾向之。以母忧去，服阕未起，进南京太常寺卿。修《通鉴纂要》，又召为副总裁，改太常寺卿兼翰林院学士，仍命日讲，并侍东宫讲读。俄又命掌詹事府事，入内阁，专管诰敕。上疏言：‘经筵当增讲周子《太极图（说）》、张子《西铭》、程子《定性书》、朱子《敬斋箴》。皇太子当兼讲《孝经》、小学、诗之有关于纲常治乱者，亦须令左右讲说歌诵，以致劝戒。’孝宗皆欣然嘉纳，亟使人至内阁取《太极图（说）》等书。”（《明武宗毅皇帝实录》卷二十）

张元祯（1437—1506），初名元徵，字廷祥，江西南昌人。他五岁能诗，宁靖王召见，赐名元徵。巡抚韩雍为改今名。天顺四年（1460）进士。其他事迹已于上述。天启初年追谥文恪。有《东白集》二十四卷行世。明孝宗即弘治帝朱祐樘。

这里所载，便是张元祯担任经筵日讲官时，向明孝宗建议，将周敦颐的《太极图说》等书性理诸书增添为御前讲学的书籍。此事记载于明孝宗已经去世之次年的正德元年（1506），乃追述往事。因为，此处乃以张元祯的去世作为系年的依据。应张元祯的上疏，朱祐樘“欣然嘉纳”，马上“使人至内阁取《太极图》等书”，可谓求知甚渴；当然这也可以看出，已经执政十多年的朱祐樘在此之前还没有见到过《太极图》等书。

综上所述，在位期间的实录中记载有周敦颐相关信息的明代皇帝有宣宗（宣德帝）朱瞻基、英宗（正统帝）朱祁镇、代宗（景泰帝）朱祁钰、武宗（正德帝）朱厚照、世宗（嘉靖帝）朱厚熜、神宗（万历帝）朱翊钧六位皇帝，实录中还涉及了明孝宗朱祐樘。至于明代早期的4位皇帝（洪武帝朱元璋、建文帝朱允炆、永乐帝朱棣与洪熙帝朱高炽，其中朱允炆在位仅四年，洪熙帝朱高炽在位仅一年），以及晚期的3位皇帝（泰昌帝朱常洛、天启帝朱由校与崇祯帝朱由检，其中朱常洛在位只有一个月），在他们执政期间的实录中，除了崇祯帝（《崇祯实录》）有一条语焉不详的“礼部”记载外，没有任何关于周敦颐的记载。这正与明代早期的皇帝致力于政权的巩固（如洪武帝朱元璋）、皇室纷争夺权（永乐帝朱棣）等，以及明代晚期内忧外患日益严重，均无暇顾及文治当有关系。这或许可以为研究学术史的时代背景提供某种启示。

（作者单位：湖南省社会科学院）

《清实录》中有关周敦颐记载的考述

徐午苗

《清实录》全称《大清历朝实录》，为清代历朝的官修编年体史料汇编，主要选录各时期的上谕和奏疏，记载了皇帝的起居、婚丧、祭祀、巡幸等活动，包含有政治、经济、文化、军事、外交及自然现象等众多涉及国计民生方面的内容，是研究清代历史的重要文献资料。本文将该文献中涉及周敦颐及其著作、子孙褒恤封赠等记载，并据以引申考述。

一　清代皇帝与廷臣对周敦颐著作的评价和讨论

《清实录》中记载了清代早期几位皇帝与廷臣对周敦颐著作的评价和讨论，从中可以看出满清入关后，对汉民族传统思想文化的关注、重视和努力学习，以求借此加强对国家的治理。

《康熙实录》记载：

> 康熙十二年癸丑（1673），十一月丙寅朔。……壬申。谕侍读学士喇沙里曰："朕在宫中博观典籍，见宋儒周敦颐《太极图》义理精奥，实前贤所未发。朕尝极意探索，究其指归。可命学士熊赐履，编修叶方蔼、张英，修撰韩菼等，各撰《太极图论》一篇，朕亲览焉。"

爱新觉罗·玄烨（1654—1722）为清朝第四位皇帝，清定都北京后第二位皇帝，年号康熙，史称康熙帝。康熙帝 8 岁登基，14 岁亲政，在位61年（1662—1722），是中国历史上在位时间最长的皇帝。他少年时就挫败了权臣鳌拜，成年后先后平定三藩、收复台湾（郑氏台湾）、亲征噶尔丹、保卫雅克萨（驱逐沙俄侵略军），以《尼布楚条约》确保清王朝在黑龙江流域的领土控制，创立“多伦会盟”，加强北方边防和对蒙古各部的管理，是中国统一的多民族国家的捍卫者，奠定了清朝兴盛的根基，开创出“康乾盛世”的局面，被后世学者尊为“千古一帝”；其文治武功均可彪炳青史。康熙六十一年（1722）去世，庙号“圣祖”。

喇沙里为满洲镶黄旗人，长期担任侍读学士。康熙十四年（1675）十一月，出任翰林院掌院学士。康熙十八年（1679）十一月去世，特赠礼部尚书，谥文敏。康熙帝在康熙二十五年丙寅（1686）四月戊申的谕旨中曾经给予喇沙里极高的评价，称：

> 翰林院学士职任关击甚重，必学行兼优，方为允当。满、汉学士得人，则词林观摩兴起，咸勤学砥行，人材成就，有裨治道匪浅。曩者喇沙里居是官，其学问品行，词林至今追述之，后来者俱不能及。

熊赐履、叶方蔼、张英、韩菼等均为当时随侍康熙帝的著名文臣，他们应诏所撰写的《太极图论》均尚存于世。值得注意的是，康熙帝与众文臣之间，有着极为和谐的学术氛围，并非高高在上，而是秉持“尔等每日进讲，启导朕心，甚有裨益”的受教态度，并且经常对这些学士进行各种赏赐以作鼓励。

《康熙实录》所载康熙帝与喇沙里谈论周敦颐《太极图说》之事发生在康熙十二年（1673），康熙帝时年20岁。据此可知，作为一位身为少数民族入主中原的帝王，他确实是一位勤奋好学且有着自己思想见解的皇帝。

《康熙实录》又载：

> 康熙三十一年（1692）壬申，春正月辛亥朔。……甲寅。上御乾清门，召大学士、九卿等至御座前。上取性理展阅，指《太极图》谓诸臣曰：“此所言，皆一定之理，无可疑论者。”

据此记载可知，康熙帝对周敦颐的《太极图说》等性理之书当为经常阅读，烂熟于心，并经常与群臣商讨其奥义。

康熙帝不只是经常阅读、品味周敦颐的《太极图说》，并且还不时观摩、书写，并将自己所亲笔书写的《太极图说》赐给大臣。如《康熙实录》记载："康熙四十一年（1702）壬午……六月辛亥朔。……丙子。赐大学士马齐御书《太极图说》。"

《雍正实录》记载：

> 雍正六年戊申（1728），冬十月戊寅朔。……甲午。谕诸王大臣等："《易经》谦卦之辞曰：'天道亏盈而益谦，地道变盈而流谦，鬼神害盈而福谦，人道恶盈而好谦。'盖满则招损，谦则受益，此一定不易之道，古圣人所以惓惓垂训也。人之所以能谦，尤在于公而不私，和而不同。……易曰：'君子以虚受人。'周子《通书》曰：'无欲则静虚动直。'盖凡人之心，虚则明。有所蔽锢，则昏。人有欲求好之心，尚流于偏而不得其正。况心意之间，全是一团私欲蒙蔽，其颠倒错乱，可胜言乎！诸臣能公，则可以祛意念之私；能和，则可以去阿比之习。既公且和，则自然能谦能虚。于己，则乐受规劝之言；于人，则能尽直谅之道。人己之间，两得之矣。"

爱新觉罗·胤禛（1678—1735）为清朝第五位皇帝，定都北京后的第三位皇帝，康熙帝第四子。康熙六十一年（1722）继承皇位，次年改年号为"雍正"，史称雍正帝。在位13年（1723—1735）。在位期间，他勤于政事，重整机构，并且对吏治做了一系列改革。如为加强对西南少数民族的统治，实行改土归流。并且大力整顿财政，实行耗羡归公，建立"养廉银"制度等。特别是雍正七年（1729）出兵青海，平定罗卜藏丹津叛乱。同时设置军机处以加强皇权。他的一系列社会改革措施对于康乾盛世的连续具有关键性作用。雍正十三年（1735）去世，庙号世宗。

雍正帝所引述的周敦颐语见于《通书·圣学第二十章》，云："'圣可学乎？'曰：'可'。曰：'有要乎？'曰：'有。''请闻焉。'曰：'一为要。一者，无欲也。无欲则静虚动直。静虚则明，明则通；动直则公，公则溥。明通公溥，庶矣乎！'"雍正帝对周敦颐的这段话语可谓铭刻于心，甚至可以一字不错地背诵出来。

如《雍正实录》又载：

> 雍正七年己酉（1729），八月癸卯朔。……丁巳。谕大学士、九卿等："朕于用人行政、是非赏罚，总视乎理之至公，而未尝稍存成见。《大学》云：'心有所忿懥，则不得其正；有所恐惧，则不得其正；有所好乐，则不得其正；有所忧患，则不得其正。'夫心不正，则是非可否，皆不得其当，其弊有不可胜言者矣！周子《通书》云：'无欲则静虚动直。静虚则明，明则通；动直则公，公则溥。'可见人之心必静虚动直，而后应事接物可得其平。若一有所偏向，则静不能虚，动不能直，又安望其明通公溥哉！夫有所者，不过流于一偏，而已足为心之累。至于有我，则全是自私自利之心萦绕固结于中，但知有己而不知有人，其心之不正更甚矣。古称溺爱者不明，凡人溺爱他人，则于是非可否已不能辨，而不免于惑；况溺爱己身，则但见其是而不见其非，但见其可而不见其否。沉惑迷谬，以至过咎日丛，愆尤日积，而全不知醒悟改悔，其为害尚可言哉！又如人臣以忠言规谏其君，则望君之虚怀采纳；而人君以正言训勉其臣，亦望臣之实心听从。君不用臣言，则加以拒谏之名；若臣奉君之训，听之藐藐，清夜自思，能安于心乎！惟是君不听臣言，人人皆得而见之；而臣之不能洗心易虑以从君之训，则在隐微之间，人所难知。是在为臣者之扪心省察而已。"

雍正帝显然是在借用《大学》及周敦颐《通书》中的这些话语，用于对群臣的教育训诫。与其父亲康熙帝相比，显然君威之下有着更多的自负。

二　清代皇帝对周敦颐祠堂祭祀、书院建设的关注及褒赠题识

清代一些皇帝对周敦颐纪念祠堂以及书院的修葺、祭祀极为关注，尤其是康熙帝与乾隆帝，多次题写匾额和赋诗，表达了他们对周敦颐的

景仰。

《康熙实录》记载：

> 康熙二十五年丙寅（1686），十一月辛巳朔。……丙申。谕礼部："朕惟敬天奉祖，郊祀庙飨必精白厥心，竭诚致慎，庶几有孚昭格，用洽明禋。朕于祭祀坛、庙每躬诣行礼，未尝不斋明祓濯，实图感通。凡从事于祀典者，皆宜表里精诚，虔尽职掌。近见执事、陪祀各官，间有因循怠忽，视为具文，不能尽志致悫，共效昭事之忱，殊为非礼。嗣后务俾各秉诚心，克恭祀事。凡行礼仪节，始终整肃，毋得慢易，用副朕敬天奉祖至意，作何再加通饬，永可遵行。着九卿詹事科道会同详加确议具奏。"御书"学达性天"四字匾额，颁发宋儒周敦颐、张载、程颢、程颐、邵雍、朱熹祠堂及白鹿洞书院。又以湖广长沙府岳麓书院为宋儒张栻、朱熹讲学之所，一体给匾，并颁日讲解义经史诸书。

这里记载的是，康熙帝有感于一些执事、陪祀各官在祭祀坛、庙时因循怠忽，视为具文，不能尽志致悫，共效昭事之忱，殊为非礼，故以自己的竭诚致慎、躬诣行礼、实图感通的行为作为表率，对群臣加以劝勉。其"嗣后务俾各秉诚心"云云，远比前述雍正帝的言语来得柔和。两者的心性行为高低立判。同时，康熙帝书写了"学达性天"四字匾额，分别颁发到各地之周敦颐、张载、程颢、程颐、邵雍、朱熹的祠堂，以及江西白鹿洞书院和长沙的岳麓书院；同时还颁发了自己与侍读学士们日讲解义经史诸书给这些祠堂和书院。从"学达性天"四字可以看出，康熙帝深谙心性理学之内蕴，对此体悟至为精审，远非一般帝王敷衍杜撰之题词可比。

《康熙实录》又载：

> 康熙四十四年乙酉（1705），夏四月甲子朔。……上登舟，自松江府启行，泊嘉兴府。……辛卯。上至高资港登舟，驻跸江天寺行宫。……御书"理明太极"匾额，令悬周敦颐祠堂。"忠节不磨"匾额，令悬陆秀夫祠堂。"宝晋遗踪"匾额，令悬米芾海岳庵。"山高

水长”匾额，令悬焦先祠。“忠荩永昭”匾额，令悬宗泽庙。

据《钦定南巡盛典》记载：“金山在镇江府西北七里大江中，唐裴头陀于此开山得金，故名。一名‘浮玉山’。……江天寺在金山上，寺创于晋代，本名‘泽心寺’。宋改‘龙游寺’。苏轼以玉带施元长老，今玉带桥，其遗迹也。圣祖仁皇帝南巡，赐额江天寺。乾隆辛未岁，恭建行宫于寺之右。皇上六举省方之典，渡江而南，迭经驻跸。堂曰‘静澜’，斋名‘镜治’，皆亲洒宸翰，悬之梁楣。又建阁，尊藏圣祖钦定《古今图书集成》全帙，及《四库全书》全部。大江南北，望之如蓬莱瀛岛焉。”又清《江南通志》记载：“金山江天寺在金山，晋时建，名‘泽心’。宋时屡易名。自元以来，通谓‘金山寺’。山后有塔。绝顶为妙高台。台下为楞伽室。宋苏轼尝书《楞严经》于此。凡楼阁亭轩及庵堂之属四十有四。国朝康熙二十三年，圣祖仁皇帝南巡，御书匾额凡五：曰‘敕建江天寺’，曰‘江天一览’，曰‘动静万古’，曰‘禅栖’，曰‘祇树’。御制《金山江天寺碑》。”

康熙帝为周敦颐祠堂题写“理明太极”匾额，时在康熙四十四年（1705）第五次南巡驻跸于镇江金山江天寺行宫。据清《皇朝文献通考》记载，康熙帝的这次南巡驻跸于镇江金山江天寺时，为全国各地的诸多先贤、先儒祠堂题写了匾额。

《乾隆实录》记载：

乾隆元年丙辰（1736），二月乙丑朔。……戊辰。……又议覆佥都御史李徽奏请订《孝经》入四子书、进程子颢入大成殿二条。……我圣祖仁皇帝特进朱子熹入配大成殿，所以为天下万世学者树之标准，俾知所趋向，非以朱子熹为贤于周、程诸儒也。如李徽所言，程子颢亦宜入大成殿，周子敦颐以下均可以次详酌，则周子敦颐、二程子颐、张子载、邵子雍皆宜附于十哲之列。孔子及门如南容、有若、子贱诸贤，不亚于程、周诸子，并不亚于十哲，亦未尽入大成殿中。踵事日增，将贻后议。揆诸尊崇至圣，以师表万世之至意，亦岂有当。至于性善之说详于孟子，皆渊源之论。李徽以人性之善为支派，

> 谓程子颢解继之者善，亦人性之支派。指此为有功性旨，是不独有悖孟子，亦大非程子之意。敷陈舛谬，学术攸关，诚恐无知效尤，或诋毁先贤，或穿凿经义，或托名理学，自便其私，大为世道人心之害。请严申饬。得旨："这所奏是。着交该部颁发天下学政，咸使遵行。"

爱新觉罗·弘历（1711—1799）为清朝第六位皇帝，入关之后的第四位皇帝，雍正帝的第四子。25岁登基，年号乾隆，史称乾隆帝。在位六十年（1736—1795），禅位后又任三年零四个月太上皇，实际行使国家最高权力长达63年之多，是中国历史上实际执掌国家最高权力时间最长的皇帝，也是最长寿的皇帝。去世于嘉庆四年（1799），享年89岁。庙号高宗。乾隆帝在位期间，"以皇祖（康熙）之心为心"，在康熙、雍正两朝文治武功的基础上，进一步完成了多民族国家的统一，社会经济文化有了长足的发展，达到了康乾盛世以来的最高峰，汉学在此期间得到了很大的发展。他重视社会的稳定，关心受灾百姓，在位期间五次普免天下钱粮，三免八省漕粮，减轻了农民的负担，并且重视水利建设，起到了保护农业生产的作用，使得清朝的国库日渐充实。他武功繁盛，在平定边疆地区叛乱方面做出了巨大成绩，维护了国家的统一并拓广了领土，完善了对西藏的统治，正式将新疆纳入中国版图，清朝的版图由此达到了最大化。

李徽，字符纶，山西崞县人。康熙五十二年（1713），乡试举第一。雍正元年（1723）进士，改庶吉士，散馆刑部主事。寻复授检讨，考选浙江道御史。后授佥都御史，充湖南观风整俗使。在官四年，察吏安民，能称其职。坐事，降授仓监督。高宗即位，命复官，遽卒。

李徽在此奏请二事：其一为，将《孝经》纳入四子书（即"四书五经"中之"四书"）；其二，进程子颢入大成殿配享孔子。廷臣商议的结果是：对于第一条，认为"四书"为朱熹所订，但《孝经》单行，篇章无多，不能与"四书"并列。进而谴责云："李徽欲请订入'四书'，将使天下后世谓'四书'订于朱子，'五书'订于李徽，殊不自量之甚。"这就有点欲加之罪、无限上纲之嫌了。对于第二条，廷臣认为，朱熹羽翼经、传，阐发意蕴，荟萃群言，衷于至当；《四书集注》章句亲切详明，使学者具见圣贤立言精意。故圣祖仁皇帝（康熙帝）特进朱熹入配大成殿，所以为天下万世学者树之标准，俾知所趋向，而不是认为朱熹比周敦颐、二程诸儒更为贤良。如果按照李徽所言，程颢也应该配享大成殿，那么周敦颐以下诸儒均可以次详酌，则周敦颐、程颐、张载、邵雍均皆应附于十哲之列，如此，则孔子学生如南容、有若、子贱诸贤，均不亚于程、周诸子，也不亚于十哲，都没有尽入大成殿中。逐年增加，将贻后人物议。廷臣又就此对李徽进行批判，称其“或诋毁先贤，或穿凿经义，或托名理学，自便其私，大为世道人心之害，请严申饬”。看来，这位李徽的“群众关系”不是很好，方才招惹到如此的挑剔。李徽就在此年“遽卒”，或许与此事郁郁于怀有关。

《乾隆实录》又载：

> 乾隆十一年（1746）丙寅，冬十月癸亥朔。……辛未。上诣皇太后行宫问安。谕：“此次巡幸五台，所过地方，一应营盘道路，俱系地方文武有司豫为经理。……”是日，驻跸保定府行宫。翌日如之。壬申。上幸教场阅兵。赐随从诸王大臣等宴。赐莲池书院御书扁（匾）曰“绪式濂溪”。

这是乾隆帝于乾隆十一年西巡五台山途经保定府时，为当地莲池书院题写匾额的记载。据《大清一统志》记载：

> 莲池书院在府治南。本朝雍正十一年，世宗命各省督、抚于会城建立书院，各赐银千两，以为肄业诸生膏火。直隶总督李卫即元张柔莲花池故址修建讲堂，延师课诵，名“莲池书院”。乾隆十五年，总督方观承复加修葺。皇上巡幸嵩岳五台，屡经临憩，御赐万卷楼、蕊幢、书院榜额，并御制莲池书院诗及莲池十二景诗。按莲池上有临漪亭，临鸡泊水。曹学佺《名胜志》“鸡泊泉亭馆临漪”即此。又有君子亭，亦张柔所建。又有柳塘、西溪、北潭，皆引导鸡水，幽景特胜。

乾隆帝六次巡幸五台山，多次驻跸于此，先后题咏了数十首诗，大多敷衍成篇，味同嚼蜡。只是有一首《赋得濂溪乐处》诗为测试莲池书院的士子所题，因与本文题旨相关，引述于此：“养士期真士，在莲惟说莲。埴埏由茂叔，光霁溯伊川。是地辟书院，明时育国贤。盛名难副耳，乐处可思焉。必有中通质，宁夸貌饰妍。亭亭常净植，濯濯自澄鲜。澡浴芳型近，含咀雅化宜。水华时尚早，寄意赋斯篇。”

《乾隆实录》又载：

> 乾隆二十二年（1757）丁丑，二月戊寅清明节……是日，御舟驻跸北望亭。庚辰……遣官祭黑龙潭昭灵沛泽龙王之神、玉泉山惠济慈佑龙王之神。御书先贤周子祠匾曰“光霁祠”。

北望亭在江苏无锡，乾隆帝六次南巡江南，有两次曾经驻跸于此。《钦定南巡盛典》记载：

> （乾隆）十六年、二十二年又于迎龙桥驻跸。圣驾幸惠山，自双河口换舟，至新开河马头登舟，由寄畅园至惠山寺二泉亭，经秀嶂街，入试泉西门，出阳春南门，日晖桥马头登舟，计程十二里。自十里亭大营起二十里、北望亭二里通湖桥系苏州府长洲县界……十六年、二十二年又于北望亭驻跸。

乾隆帝为无锡惠山周敦颐祠堂题写匾额是在乾隆二十二年（1757）他第二次南巡江南时，乃应定居于无锡惠山的周敦颐后裔所请。《钦定南巡盛典》记载：“先贤周惇颐后嗣持小像求祠名，允其请，并题以句：‘锡麓祠先贤，孙支世守旃。开程朱道学，继孔孟心传。水碧山青处，松蕤竹秀边。千秋光霁在，底复藉龙眠。’”据此可知，乾隆帝同时还为该祠堂题咏了一首诗。乾隆帝所题“光霁祠”之“光霁”，多次出现在他撰写的与周敦颐相关的诗中，如此处“千秋光霁在”，以及上述为测试保定府莲池书院的士子所题《赋得濂溪乐处》诗句“埴埏由茂叔，光霁溯伊川”等。“光霁”者，“光风霁月”之略称，语源自黄庭坚所撰《濂溪诗·序》：“春陵周茂叔，人品甚高，胸中洒落如光风霁月，好读书，雅意林壑。”

《嘉庆实录》记载：“嘉庆十九年甲戌（1814），秋七月己丑朔……甲辰……以宋儒周敦颐后裔承宗袭五经博士。”

爱新觉罗·颙琰（1760—1820），原名永琰，清朝第七位皇帝，也是清军入关以来第五位皇帝，为清高宗爱新觉罗·弘历第十五子。年号嘉庆，史称嘉庆帝。在位 25 年（1796—1820）。庙号仁宗。因其本人碌碌无为，加之国内农民起义不断，清朝的统由此治逐渐走向衰落。此处所载"以宋儒周敦颐后裔承宗袭五经博士"，为清代最早，也是唯一一次关于周敦颐后裔承袭五经博士职衔的记载。

《道光实录》记载：

> 道光三年癸未（1823），三月庚午朔……辛未……礼部议驳福建巡抚叶世倬请以宋儒李侗后裔李光前世袭五经博士。查世袭博士，自汉唐至本朝，惟伏氏胜、韩氏愈、周子敦颐、邵子雍、程子颢、程子颐、张子载、朱子熹八人，此外均不得与。即十哲中，宰我、冉有尚未议及，何论其余。且李侗业经设有专祠并奉祀生，于崇儒报功之典已属优厚。所有该抚奏请世袭博士之处，应毋庸议。从之。

爱新觉罗·旻宁，原名绵宁，为清朝第八位皇帝，也是清军入关后第六位皇帝，为清仁宗嘉庆帝的次子。年号"道光"，史称道光帝。在位 30 年（1820—1850）。庙号宣宗。他即位之初，中国正面临最严重的内外危机，清王朝已开始衰败，史称"嘉道中衰"。主要表现在吏治腐败，武备松弛，国库空虚，民众反清斗争频繁；西方列强势力东侵，鸦片荼毒国民。道光帝颇想有一番作为，也采取了一系列措施试图中兴。他虽然朝纲独断，事必躬亲，以俭德著称。但内政事物如吏治、河工、漕运、禁烟等均无起色，勤政图治而鲜有作为。

李侗（1093—1163）字愿中，学者称延平先生，南剑州剑浦（今属福建南平）人。南宋著名学者。为程颐的二传弟子，年轻时拜杨时、罗从彦为师，与朱熹之父韦斋为同窗学友，得授《春秋》《中庸》《论语》《孟子》。学成后退居山田，谢绝世故四十年。朱熹曾游学其门，并将其语录编为《延平答问》。李侗对朱熹十分器重，把贯通的洛学传授于朱熹。自此朱熹不但承袭二程的洛学，并综合了北宋各大家思想，奠定了其一生学说的基础。李侗有《李延平集》。

叶世倬（1752—1823），字子云，号健庵，江苏上元县人。乾隆三十六年（1771）副贡，三十九年（1774）举人，由议叙知县，历任德安府同知、兴安知府、按察使衔分巡台湾兵备道、福建巡抚、署闽浙总督等，多所建树。撰有《健庵日记》《四录汇抄》《退思堂诗文集》等书，并主修《续兴安府志》八卷。

叶世倬在任福建巡抚期间，对福建的文教极为重视。此处所载“请以宋儒李侗后裔李光前世袭五经博士”疏，便是他在福建任职期间所提出，但被礼部所否决。据此记载可以得知，自汉唐至清代，朝廷赐予世袭博士的只有伏胜、韩愈、周敦颐、邵雍、程颢、程颐、张载和朱熹八位先儒的子孙后裔。

三　将周敦颐的《太极图说》等纳入科考策试的命题

清代康熙帝与乾隆帝将周敦颐的《太极图说》等性理诸书纳入了科考策试的命题，从而在某种程度上展示出其学术思想及统治思想的导向。

《康熙实录》记载：

> 康熙三十九年庚辰，十一月己丑朔……丙午。上驻跸遵化州东十里……九卿等议覆湖广总督郭琇等遵上日详议科场事宜四疏……童生内，有将经书、小学真能精熟，及能成诵三经、五经者，该学臣酌量优录。论题将性理中《太极图说》《通书》《西铭》《正蒙》等书一并命题。从之。

此事亦载于《钦定大清会典则例》：“（康熙）三十九年，覆准嗣后学臣考试生童，有将经书、小学实能精熟，及成诵三经、五经者，酌量优录。其《孝经》论题原少，嗣后将《太极图说》《通书》《西铭》《正蒙》一并命题。”《皇朝文献通考》也有相同的记载：“（康熙）三十九年，令直省考试儒童，课以五经及小学、性理诸书。有将经书、小学精熟，及能成诵三经、五经者，学臣酌量优录。论题将性理中《太极图说》《通书》《西铭》《正蒙》一并出题。”由此可知，这是康熙帝指令以国家法律的形式将《太极图说》等性理诸书的内容纳入童生考试的出题。结合上文所述康熙帝“见宋儒周敦颐《太极图》义理精奥，实前贤所未发。朕尝极意探索，究其指归”“取性理展阅，指《太极图》谓诸臣曰：‘此所言，皆一定之理，无可疑论者’”等记载，可见康熙帝对周敦颐等宋儒的性理诸书的格外重视。

《雍正实录》记载：

> 雍正元年（1723）癸卯，五月己卯朔……己亥。谕大学士等：《孝经》一书与五经并重。盖孝为百行之首。我圣祖行皇帝钦定《孝经衍义》，以阐发至德要道，诚化民成俗之本也。乡、会试二场向以《孝经》为论题，后改用《太极图说》《通书》《西铭》《正蒙》。夫宋儒之书虽足羽翼经传，岂若圣言之广大悉备。今自雍正元年会试为始，二场论题宜仍用《孝经》，庶士子咸知诵习，而民间亦敦本励行，即移孝作忠之道，胥由乎此。

前述康熙帝于康熙三十九年钦命将《太极图说》等性理诸书的内容作为考试童生的出题，作为康熙帝的继位者，雍正帝却在即位后的第一年，就将父亲的谕旨更改，个中玄机，颇堪寻味。

《乾隆实录》记载：

> 乾隆十七年（1752）壬申，秋七月己未朔……丁卯……又议覆湖北学政葛德润条奏考试各事宜：……一、考试拔贡，照乡会试之例，论题以《孝经》、周子《太极图说》《通书》、张子《西铭》参出。应如所请，自本年为始，通行各该学政遵行……从之。

葛德润为山西安邑（今山西运城市盐湖区）人，雍正十一年（1733）进士。历任礼部员外郎、云南乡试副考官、云南乡试正考官、福建道监察御史、福建学政、湖北学政等。此奏疏为其于湖北学政任上所上。前述康熙帝钦命将《太极图说》等性理诸书的内容作为考试童生的出题，雍正帝乾隆帝在位期间予以更改，湖北学政葛德润又上疏加以恢复，并保留雍正帝“以《孝经》为论题”的谕旨，其实还是揣摩出了乾隆帝“以皇祖（康熙）之心为心”，方有此疏，当然得到乾隆帝的批准。这三位皇帝的心性行为，从此事也可以窥测一斑。

《同治实录》记载：

> 同治元年壬戌（1862），五月壬午朔。策试天下贡士李庆沅等一百九十三人于保和殿。制曰："朕寅绍丕基，抚临寰宇，渥荷上穹洪贶，仰承列圣诒谋，肆予冲人，勤求治道。上思以副两宫之训迪，下思以复四海之承平，惟几惟康，罔敢暇逸。深念典学传心之道，用人行政之经，理学各有源流，卒伍期于训练，攸关治忽，宜切讲求……至宋儒则研精心性，不必皆有师传。然周子闻道最早，而朱子谓是陆诜所授。程子之学得自六经，而其始实受业于周子。朱子集诸子之大成，而从李侗游为最久。溯厥师承，莫不各有所自，能详述之欤？濂、洛、关、闽，其学皆出于一源。惟象山陆氏谓伊川之言与孔、孟不类，又以朱子之教人为支离，后遂分为两途。明薛瑄以程、朱为道学正派，而王守仁则专宗陆氏，能辨其得失欤？学成所以致用，宋儒惟尧夫邵氏绝意仕进，其余或仕中朝，或领剧邑。而陆九龄之居乡御寇，王守仁之屡平寇乱，则又文武兼备者，岂宗派有殊，而体用遂有异欤？……凡厥四端：稽古以懋修，遴贤以佐治，传薪以维道，讲武以经邦，内圣外王之事于兹备矣。尔多士研求有素，其各陈谠论毋隐。"

爱新觉罗·载淳（1856—1875）为清朝第十位皇帝，也是清军入关以来第八位皇帝，为清文宗咸丰帝长子。他6岁即位，年号祺祥，后改年号为同治，史称同治帝。在位13年（1861—1875）。前12年是在两宫太后垂帘的情况下虚坐龙椅的傀儡皇帝，最后只亲政了一年。终年19岁。庙号穆宗。同治帝在位期间，清政府镇压了太平天国起义，剿灭了西、东捻的作乱。并且先后平定陕西、甘肃的回变，同时兴办洋务新政，史称"同治中兴"。

这份颁布于同治元年（1862）的制文洋洋洒洒有一千余言，远非时年6岁的小孩所能撰写，当为廷臣代笔。制文中对王守仁"学成所以致用""文武兼备""屡平寇乱"较为推崇，显露出在社会时代剧烈变迁之际以学佐治的时代需求。自此之后，对传统性理之学的讲求，便淡出了朝廷执政者的视野，逐渐代之以实用的格致之学等。如《光绪实录》记载：

“光绪二十二年（1896）丙申，三月丙申朔……山西巡抚胡聘之奏‘时艰需才，请变通书院章程，增课天算格致等学以裨实用’。如所请行，折包。”

由此可以看出，在清代诸帝中，以康熙帝与乾隆帝对周敦颐最为景仰，对其思想的意蕴理解最为深刻、体味最为透彻。这两位帝王的文教思想与对汉文化的求知若渴，与他们的文治武功达至中国古代顶峰从而造就了“康乾盛世”是合辙的。

（作者单位：湖南省社会科学院宗教文化研究中心）

五　理学人物与流派

周敦颐理学宗主地位的确立

——张南轩在周敦颐理学宗主地位确立过程中之作用

王丽梅

一　时人对周敦颐的认识

周敦颐（1017—1073）是理学的“开山”，在中国思想史上具有重要的学术地位。周子治学以孔颜乐境为旨趣，以孔孟义理为指向，屡屡赞叹：“颜子一箪食，一瓢饮，在陋巷，人不堪其忧，而不改其乐”，[①] 认为“人而至难得者，道德有于身而已矣。”[②]《宋元学案·濂溪学案》中有一段案语：“周子之学，在于志伊尹之志，学颜子之学。”[③] 在继承孔、孟等前贤以及《大学》《中庸》等思想基础上，提出了“无极而太极”“主敬立人极”的划时代命题，奠定了宋明理学心性论的基础，开创了宋明理学道德形上学的先河。后儒对周子这一历史地位看得真切：“周元公开揭蕴奥而天下始知求性命之微”“宋有濂溪者作然后天理着，而道学之传复”“上承邹鲁之传，下开洛闽之绪，功在斯文，流泽后世”“卓哉！其元公乎……宛然一孔子也”。[④] 这些评论都认为周敦颐是上承孔孟邹鲁之余绪，下开宋明理学之先河，在中国思想史上具有“嗣往圣、开来哲”的重要学术地位。

但是，周敦颐生前的学术地位并不高，其名声和影响也不大，被尊为

---

① （宋）周敦颐：《通书·颜子》，《周敦颐集》，中华书局 1990 年版，第 32 页。

② （宋）周敦颐：《通书·师友上》，《周敦颐集》，中华书局 1990 年版，第 33 页。

③ （明）黄宗羲：《濂溪学案》（下），《宋元学案》，中华书局 1986 年版，第 523 页。

④ （宋）度正：《周敦颐年谱》，中华书局 1990 年版。

理学鼻祖，乃南宋时事；朱熹作《伊洛渊源录》，将周敦颐视为道学的开山，后来朱子的学说成为社会的统治思想，这一说法遂成为定评。时人对他的了解只不过是一个能断案的官吏。宋仁宗庆历元年（1041），周敦颐初任江西洪州分宁县主簿，“时分宁有狱，久不决，先生至，一讯立辨。邑人惊诧曰：‘老吏不如也。’由是士大夫交口称之。”① 宋仁宗至和元年（1054），周敦颐改知洪州南昌县，“南昌人见先生来，喜曰：‘是初仕分宁，始至，能辨其疑狱者，吾属得所讼矣。’于是更相告语，莫违教命，盖不惟以得罪为忧，又以污善政为耻。”② 蒲宗孟《周敦颐墓碣铭》载：“屠歼剪弊，如快刀健斧，落手无留。”可见，周敦颐在当时的影响主要在于为官为政的业绩，就连当时士大夫的评价也不过如此。黄庭坚曾叹其“人品甚高，胸怀洒落，如光风霁月。廉于取名而锐于求志，薄于徼福而厚于得民，菲于奉身而燕及茕嫠，陋于希世而尚友千古。”③ 这是对周敦颐人品的赞叹与评价，并未涉及其思想和学术。据载，周子其人，颇具仙风道骨，喜与高僧、道士往来，“跨松萝，蹑云岭，放肆于山巅水涯，弹琴吟诗，经月不返”④，所到之处，必亲观畅游，在一首题道观诗云：“久厌尘氛乐静元，俸微犹乏买山钱。徘徊真境不能去，且寄云房一榻眠。”⑤《宋史本传》载周敦颐“掾南安时，程珦通判军事，视其气貌非常人，与语，知其为学之道，因与为友，使二子颢、颐往受业焉。敦颐每令寻孔、颜乐处所乐何事，二程之学源流乎此矣。故颢之言曰：‘自再见周茂叔后，吟风弄月以归，有“吾与点也”之意。’侯师圣学于程颐，未悟，访敦颐，敦颐曰：‘吾老矣，说不可不详。’留对榻夜谈，越三日而还。颐惊异之，曰：‘非从周茂叔来耶？’其善开发人类此。”⑥ 此处只是提到了周敦颐的为学知道，更多的是对周敦颐的道德人品和人生境界的欣赏。值得注意的是，这里交代了二程受学于周敦颐的事实，这是决定周敦颐思想史地位的一个极为重要的因素。总之，时人对周敦颐的认知与评价基本上

---

① （宋）度正：《周敦颐年谱》，《周敦颐集》，中华书局 1990 年版，第 102 页。

② 同上书，第 104 页。

③ （元）脱脱：《周敦颐传》，《宋史》卷 427，中华书局 1977 年版，第 12711 页。

④ （宋）蒲宗孟：《周敦颐墓碣铭》，《周敦颐集》，中华书局 1990 年版，第 92 页。

⑤ （宋）周敦颐：《宿山房》，《周敦颐集》，中华书局 1990 年版，第 70 页。

⑥ （元）脱脱：《周敦颐传》，《宋史》卷 427，中华书局 1977 年版，第 12711 页。

是就其人格与政绩，而其思想和学术则罕为人知。正如张栻所言："濂溪之学，举世不知，为南安狱掾日，惟程太中始知之。"① 程太中对周敦颐的认知与时人对周敦颐的认知的不同就在于，程太中对周敦颐的认知涉及了其思想与学术，虽然这种认知并不像后世学者那样深刻和全面。

二　南宋时期对周敦颐的评价

宋代社会，经过隋唐佛教的冲击及唐末五代十国的战乱，儒家伦理道德受到严重的冲击与破坏。重整儒家伦理，为儒家伦理寻求保护和根据，是摆在宋代儒者面前一项历史性的艰巨任务。张载、二程等北宋诸儒主要致力于儒家伦理的恢复与重建，以回应佛教；忽略从宇宙论和本体论方面对儒家伦理的探索与论证，因此对周敦颐及其《太极图说》都未引起足够的重视，正如张南轩所说："师道虽在天下，而学者亦莫知其立也。"② 一种健全的理论既要有实践上的检验，更要有理论上的论证，仅有实践上的检验而缺乏理论上的论证，这个理论的生命力是极其有限的。因此，必须为儒家伦理寻找并确立先天性的根据，儒家伦理才能够健全并得以发展，从而激发人们践履道德行为的应然性和自觉性。迄及南宋，胡宏、朱熹、张栻、陆九渊等儒者皆以不同的进路对儒家伦理进行了精致的论证，尤其是从天道方面，从宇宙论和本体论方面进行了更为深入的探索，从而对周敦颐及其《太极图说》进行了高度的重视和广泛深入的讨论。先有张栻与朱熹对《太极图说》的讨论，又有朱熹与陆九渊对太极与无极的辩论。这种讨论与辩论，一方面使太极的理学含义越来越丰富和深入；一方面使周敦颐在当时的影响越来越大。因此，确切地说，是胡宏、张栻、朱熹等发现了周敦颐。朱熹说："盖先生之学，其妙具于太极一图。《通书》之言，皆发此图之蕴，而程先生兄弟语及性命之际，亦未尝不因其说。观《通书》之《诚》《动静》《理性命》等章，及程氏书之《李仲通铭》《程邵公志》《颜子好学论》等篇，则可见矣。"③ 朱熹不仅认为二程

① （明）黄宗羲：《濂溪学案》（上），《宋元学案》，中华书局 1986 年版，第 491 页。

② （宋）张栻：《三先生祠记》，《张栻全集》，长春出版社 1999 年版，第 707 页。

③ （宋）朱熹：《周子太极通书后序》，《朱熹集》，四川教育出版社 1996 年版，第 3942 页。

受学于周敦颐，而且认为二程“语及性命”亦渊源于周敦颐，陆九渊亦云：“明道、伊川亲师承濂溪”①，明确指出周敦颐与二程的师承关系。从儒学道统而言，无论是形式上的授受关系，还是内容和精神上的传承关系，都是非常重要的。因为道统意识不仅反映出学术思想的宗派问题，而且折射出中国士大夫的文化使命感和以天下为己任的情怀。朱熹与陆九渊关于太极与无极的辩论，实际上是对于《太极图说》与《通书》的理解及其所蕴含问题的争论，这毫无疑问在客观上扩大了周敦颐的影响。胡宏是此活动最初最有力的推动者，他最先刊行《通书》，并为之作序：“人见其书之约也，而不知其道之大也；人见其文之质也，而不知其义之精也；人见其言之淡也，而不知其味之长也。顾愚何足以知之？然服膺有年矣……人有真能立伊尹之志、修颜回之学者，然后知《通书》之言包括至大，而圣门之事业无穷矣。故此一卷书，皆发端以示人者，宜其度越诸子，直与《诗》《书》《易》《春秋》《语》《孟》同流行乎天下。是以叙而藏之，遇天下善士，尚论前修而欲读其书者，则传焉。”② 把《通书》看成是与《易》《诗》《书》《春秋》《语》《孟》等先秦儒家经典同等重要的作品，而且极力阐发和宣扬《通书》之意蕴，这对该书的传播产生了难以想象的影响。同时，他又在《正蒙序》中首次明确提出“北宋五子”：“是以我宋受命，贤哲仍生，舂陵有周子敦颐、洛阳有邵子雍、大程子颢、小程子颐、而秦中有横渠张先生。”③ 将周敦颐视为“北宋五子”之一。更为重要的是，胡宏提出了周敦颐在理学开创中的重要意义，“今周子启程氏兄弟以不传之学，一回万古之光明，如日丽天，将为百世之利泽，如水行其地，其功盖在孔、孟之间矣”④。这对确立周敦颐在理学中开山祖的地位起了不可忽视的重要作用。

三　张南轩对周敦颐的推尊

继其师胡宏之后，张南轩更是不遗余力地宣扬和表彰周敦颐，在中国

① （宋）陆九渊：《与朱元晦》，《陆九渊集》，中华书局 1980 年版，第 24 页。
② （宋）胡宏：《周子通书序》，《胡宏集》，中华书局 1987 年版，第 161 页。
③ （宋）胡宏：《横渠正蒙序》，《胡宏集》，中华书局 1987 年版，第 162 页。
④ （宋）胡宏：《胡宏集》，中华书局 1987 年版，第 161 页。

思想史上，张南轩把周敦颐的思想推尊至无以复加的地位。张南轩（1133—1180），名栻，字敬夫，又字钦夫，号南轩，汉州绵竹（今四川绵竹）人，南宋时期著名的思想家，时人誉为“一世学者宗师”。张南轩不仅研读《通书》，而且更加深研《太极图说》，并撰写《太极解义》。同时又撰写了大量相关的文章，如《通书后跋》《太极图解序》《太极图解后序》《永州州学周先生祠堂记》《道州重建濂溪祠堂记》《濂溪周先生祠堂记》《邵州复旧学记》《跋濂溪先生帖》等序跋和记文。他在《南康军新立濂溪祠记》中说：“惟先生崛起于千载之后，独得微旨于残编断简之中，推本太极，以及乎阴阳五行之流布，人物之所以生化，于是知人之为至灵，而性之为至善。万理有其宗，万物循其则，举而措之，则可见先王之所以为治者，皆非私知之所出。孔孟之意，于以复明。”[①] 又说：“世之学者，为考论师友渊源，以孔孟之遗意复明于千载之下，实自先生发其端。由是推之，则先生之泽其何有穷哉！”[②] 南轩认为周敦颐是千载之后继承孔孟的道统者和学统者，“惟侯唱明绝学于千载之下，学者宗之”[③]，这是周敦颐了不起的贡献；同时，认为周敦颐“推本太极”，“于惟先生，绝学是继，穷原太极，示我来世”[④]。张栻对《太极图说》及其思想给予了充分的肯定和高度的赞扬，“某尝考先生之学渊源精粹，实自得于其心，而其妙在太极一图。穷二气之所根，极万化之所行，而明主静之为本，以见圣人之所以立人极而君子所当修为者，由秦汉以来盖未有臻于斯也”[⑤]。南轩认为周敦颐的太极思想，使以孔孟为代表的先秦儒家的生命精神在新的宇宙论—太极学说的基础上重新大放光明，这就为儒家伦理找到了宇宙论和本体论上的根据，亦即道德伦理的存在有了最高和最终的根源。

不仅如此，张南轩又对周敦颐与二程的关系进行了探索与说明。首

---

① （宋）张栻：《南康军新立濂溪祠记》，《张栻全集》，长春出版社 1999 年版，第 706 页。

② （宋）张栻：《道州重建濂溪周先生祠堂记》，《张栻全集》，长春出版社 1999 年版，第 698 页。

③ （宋）张栻：《邵州复旧学记》，《张栻全集》，长春出版社 1999 年版，第 680 页。

④ （宋）张栻：《三先生画像赞 · 濂溪先生》，《张栻全集》，长春出版社 1999 年版，第 1050 页。

⑤ （宋）张栻：《濂溪周先生祠堂记》，《张栻全集》，长春出版社 1999 年版，第 704 页。

先，南轩肯定二程受学于周敦颐的事实，他说："明道自十五六时，闻先生论道，遂厌弃科举之业，慨然有求道之志。伊川年十二三，亦受学焉。"① "河南二程先生兄弟从而得其（周敦颐）说，推明究极之广大精微，殆无余蕴。学者始知孔孟之所以教，盖在此而不在乎他。"② 有关二程是否受学周敦颐的问题，在北宋时期就没有真正得到解决，甚至连二程的弟子们在南宋初期还各执一说。南轩力排众说，认定二程受学于周敦颐。这并非张栻的杜撰与附会，在程氏遗书及其他文章中，都有二程自己受学于周敦颐的记载。③ 对这一事实的认定十分重要，它影响着周敦颐在理学史乃至思想史上的地位与作用，向后理学的发展、理学的各宗各派，其思想渊源都直接或间接地来源于二程，基本上是二程思想的继承与阐扬；而二程受学于周子，亦即理学的发端在于周敦颐，因此，周敦颐才被称为理学的宗主和新儒学的开创者。简言之，对二程受学于周子事实的认定，就是对周敦颐理学宗主地位的认定。

张南轩不仅在形式上肯定二程受学于周敦颐，更为重要的是，他认为二程在精神上独契于周敦颐，周敦颐理学的内在生命惟有二程领悟，惟有二程学得周子之"微意"。南轩在给朱子的信中说："二先生所与门人讲论答问之言，见于书者详矣，其于西铭，盖屡言之；至此图，则未尝一言及也。其谓必有微意，是则固然。然所谓微意者，果何谓耶？"④ 南轩认为二程与门人讲论答问屡言及西铭，而未尝言及太极图，此中定有原因，定有"微意"。那么，这个"微意"到底是什么？南轩在《太极图解后序》中说："或曰：'太极图周先生手授二程先生者也。今二程先生之所讲论答问之见于《遗书》者，大略可睹，独未及此图，何耶？以为未可遽示。则圣人之微词，见于《中庸》《易传》者，先生固多所发明矣，而何独秘于此耶？'栻应之曰：'二程先生，虽不及此图，然其说固多本之

① （宋）张栻：《永州州学周先生祠堂记》，《张栻全集》，长春出版社 1999 年版，第 703 页。

② （宋）张栻：《道州重建濂溪周先生祠堂记》，《张栻全集》，长春出版社 1999 年版，第 698 页。

③ "昔受学与周茂叔，每令寻孔颜、仲尼乐处，所乐何事。"《二程集》，中华书局 1981 年版，第 16 页；"猎，自谓今无此好，周茂叔曰：'何言之易也！但此心潜隐未发，一日萌动，复如前矣。'后十二年，因见，果知未。"《二程集》，中华书局 1981 年版，第 96 页。

④ 朱熹：《太极图说注后记》，《朱熹集》，四川教育出版社 1996 年版，第 5680 页。

矣。试详考之，当自可见。学者诚能从事于敬，真积力久，则夫动静之几，将深有感于隐微之间，而是图之妙可以嘿得于胸中。不然，纵使辩说之详，犹为无益也。'"[①] 对于此"微意"，朱熹在好友张栻的影响下，也探幽阐微，作了进一步的解释："熹窃谓以为此图立象尽意，剖析幽微，周子盖不得已而作也。观其手授之意，盖以为惟程子为能当之。至程子而不言，则疑其未有能受之者尔……观其答张闳中论《易传》成书，深患无受之者，及《东见录》中论横渠清虚一大之说，使人向别处走，不若且只道敬，则其意亦可见矣。若《西铭》，则推人以之天，及近以明远，于学者日用最为亲切，非若此书详于性命之原，而略于进为之目，有不可以骤而语者也。"[②] 于此可知，二程不提及太极（图）之"微意"是因为"未有能受之者"，即太极（图）立意太高，非有上根智慧之人不能契悟；而西铭则是以近及远、推人之天，"于学者日用最为亲切"，故屡言之。盖圣贤教授后学，因材施教，不轻易其言，以其所以教于人者教人。

张南轩进一步通过周敦颐的《通书》来阐发《太极图说》之旨，他说："《通书》之说，大抵皆发明此意。故其首章曰：'诚者，圣人之本。大哉！乾元。万物资始，诚之源也；乾道变化，各正性命，诚斯立焉。'夫曰圣人之本、诚之源者，盖深明万化之一源也，以见圣人之精蕴。此即《易》之所谓'密'，《中庸》之所谓'无声、无嗅'者也。至于'乾道变化，各正性命'，则是本体之流行发见者，故曰'诚斯立焉'。其篇云：'五行、阴阳、太极，四时运行，万物终始，混兮辟兮！其无穷兮！'道学之源，实出乎此。"[③] 他认为《通书》是发明《太极图说》之意蕴的，《太极图说》是从本体论上立意，《通书》是《太极图说》之流行发见，亦即《太极图说》立言天道角度讲"生"，《通书》立言人道角度讲"诚"。天人一体，体用一源，显微无间，体以用见，用以显体。

经过张栻与朱熹对周子与二程关系的探索与解读，现在问题的关键转

① 《太极图解后序》，《元公周先生濂溪集》卷 1，北京图书馆古籍珍本，第 32 页；又见《南轩集补遗》，《张栻全集》第 1180 页。两个版本在文字上稍有出入。本文所录引《太极图解后序》均源自北京图书馆古籍珍本。

② （宋）朱熹：《太极图说注后记》，《朱熹集》，四川教育出版社 1996 年版，第 5680 页。

③ （宋）周敦颐：《太极图解序》，《元公周先生濂溪集》卷 1，北京图书馆古籍珍本，第 31 页。

为二程是否发明并继承了周敦颐的思想，这远比形式上传授关系更为重要。换言之，周敦颐与二程的关系并不在于二程在讲论问答中是否言及太极或太极图，而在于二者思想之间的内在联系，在于二程是否领会并契悟周子的精神。实际上，学术与思想的传承与发展并不在于门人之众寡，更不应拘泥于只有门人才能发明和发展其思想之实质与内涵，精神上的切入和生命上的呼应是学术思想传承之真谛。表面上符号的记载虽然是事实，但这种事实不一定符合生命之发展方向。儒学是生命的哲学，中国文化是生命的文化，并非仅仅是形式与符号的推理与演绎。张栻与朱熹对周子与二程关系的探索与解读，从事实上来讲可能没有任何意义；但从价值上而言，从理学的发展而言，这种探索与解读又是合理的、自然的，它直接影响着后世儒者对周敦颐与二程关系的认识与评价，因此，后儒提及程氏遗书中的一些内容自然会与太极（图）以及《通书》的思想联系起来。譬如朱熹认为《颜子所好何学论》与“昔受学与周茂叔，每令寻孔颜、仲尼乐处，所乐何事”以及《通书》的有关内容密切相关（南轩也持同样之观点）；所以，后儒一提及《颜子所好何学论》便自然会与“昔受学于周茂叔，每令寻孔颜、仲尼乐处，所乐何事”联系起来。事实上并不一定如此，考察历史，《颜子所好何学论》是程颐在太学应试时，针对胡瑗的试题而做的文章。当时胡瑗提出这个试题与周敦颐并没有直接的关系。[①]

四　余论

那么，张南轩等为何如此极力肯定和推尊周敦颐？为何苦苦探索周敦颐与二程思想之间的内在联系？这里是否别有原因？笔者认为，一是确立理学学统的需要。秦汉以来，专注章句训诂，魏晋隋唐，佛教得到较大的发展，儒家伦理纲常扫地，儒学学统几欲坠地。儒学要想发展，必须对佛教有个相应且有力的回应。重整儒家伦理，确立儒学学统，以回应佛教的道统，是当务之急。如前文所述，北宋儒者如张载、二程主要致力于儒家

① 邓广铭：《关于周敦颐的师承和传授》，载《邓广铭治史丛稿》，北京大学出版社 1997 年版，第 203 页。

伦理的恢复与重建，忽略从宇宙论和本体论方面的探索与论证。儒学要回应佛教，仅仅致力于儒家伦理的恢复与重建是不够的，必须有宇宙论和本体论上的根据。这一任务历史地落在了张栻、朱熹等南宋诸儒之肩上。于是，张栻等把目光投向了周敦颐及其《太极图说》。《太极图说》描绘了一幅宇宙生生不息的大化流行图，但是周子的意图绝不仅于此，他要为人道确立一个先天的根据。由于历史背景及学术背景使然，北宋诸如对此没有足够重视；到了南宋，这一问题提上日程，从而对周敦颐及其《太极图说》高度重视并进行了深入的讨论，而且对周子与二程的关系进行了重新定位。这样，周敦颐便成为上承孔孟、下启宋明理学的关键人物，在理学中具有继往开来的地位与作用，而且使圣人之道、儒学之统得以传承和继续。周敦颐虽然未曾以“道在斯人、以传道统”自居、自任，但是从某种意义上说，周子在客观上的确完成了这个使命，使得汉唐以来儒者所称的“道统坠地”的局面得以挽救和解决。正如黄百家所说：“孔孟而后，汉儒止有传经之学，性道微言之绝久矣。元公崛起，二程嗣之，又复横渠诸大儒辈出，圣学大昌。故安定、徂徕卓乎有儒者之矩范，然仅可谓有开之必先；若论阐发心性义理之精微，端数元公之破暗也。”[①]《宋史·道学传序》称：“孟子没而无传……周敦颐出于舂陵，乃得圣贤不传之学，作《太极图说》《通书》，推阴阳五行之理，命于天而性于人者，了如指掌。张载作《西铭》，又极言理一分殊之旨，然后道之大原出于天者，灼然而无疑焉。”由此可见，通过胡五峰、张南轩等人的努力，尤其是张南轩对周子的肯定与推尊，深深地影响了同时代的学者及其好友朱熹，经过朱熹等对周敦颐的进一步肯定和表彰，使得周敦颐在理学中的地位迅速上升，名声大震。之后，魏了翁为周敦颐上书请谥，宋宁宗嘉定十三年（1220），赐周敦颐谥号曰“元”，后人尊称“元公”；宋理宗淳祐元年（1241），追封汝南伯，从祀孔子庙庭，从而周敦颐在中国思想史上理学开山鼻祖之地位得以确立。

（作者单位：湘潭大学）

---

① 黄宗羲：《濂溪学案》（上），《宋元学案》，中华书局 1986 年版，第 482 页。

论黄榦对周敦颐宇宙论的独特理解

王小珍　邓庆平

在朱熹编订的《近思录》当中，首卷的主题词是“道体”，其中首要的内容即是周敦颐以太极为本体概念的《太极图说》，但在《朱子语类》当中，第一对主题词则是理气，理气也成为后世学者解读朱子宇宙论思想的首要范畴，太极的问题则常常是放在理气关系当中来处理的。由于《近思录》与《朱子语类》都是展示朱子学思想体系的代表性文本，其对太极的处理似有逐渐弱化而最后以理气论为主的倾向。并且，由于朱熹对太极问题的阐述主要与两则材料相关，一是周敦颐《太极图》与《太极图说》，二是《系辞》的“易有太极，是生两仪”，而其代表作《四书章句集注》则几乎未曾言及太极，故而日本学者山井涌三十多年前就指出，太极一词在朱子理论体系中并不重要。①

与此形成对比的是，作为朱熹大弟子的黄榦对理气关系问题讨论较少，对周敦颐《太极图说》以太极为首的这套宇宙论模式却非常重视。他在阐发朱学道统论的重要文献《圣贤道统传授总叙说》中追述儒家圣贤道统根源时就说：“有太极而阴阳分，有阴阳而五行具，太极、二、五妙合而人物生。赋予人者秀而灵，精气凝而为形，魂魄交而为神，五常具而为性，感于物而为情，措诸用而为事。物之生也，虽偏且塞，而亦莫非

① ［日］山井涌：《朱子哲学中的“太极”》，载［日］山井涌著《明清思想史研究》，东京大学出版会 1980 年版；载吴震、吾妻重二主编《思想与文献——日本学者宋明儒学研究》，华东师范大学出版社 2010 年版。陈荣捷先生曾提出对太极即理的不同意见，详见《太极果非重要乎?》，载陈荣秉著《朱子新探索》，华东师范大学出版社 2007 年版，第 148—154 页。近年来也有专文讨论，参见方旭东《朱熹太极思想发微》，载《湖南大学学报》2014 年第 3 期。

太极、二、五之所为。此道之原之出于天者然也。”① 非常明显，这里以周敦颐《太极图说》的宇宙论模式作为道统论的哲学基础。在现存文献当中，虽未见黄榦有过《太极图说解》的完整文章，但考察《周子全书》《性理大全》和黄榦书信等文献，我们可以清晰地看到，黄榦对于周敦颐的《太极图说》有完整的诠释，基本涉及了《太极图说》的所有内容。这些诠释一方面继承了朱子的基本思路与主要观点，另一方面又确有自己的独特理解，是对朱子《太极图解义》(包括《太极图解》与《太极图说解》)的推进与丰富，是黄榦宇宙论的主要内容。下面就主要选取四个问题来讨论黄榦对《太极图说》的独特理解。

一　《太极图说》的义理结构

周敦颐的《太极图说》共249字，“论者多判为两节，分别作解释，以前半节即‘自无极而太极’至‘万物生生而变化无穷焉’讲宇宙论，而后半节即‘自惟人也得其秀而最灵’至末尾‘大哉易也，斯其至矣’讲人生论或修养论。做这样的理解不免肢解了《太极图说》，很容易因论者的各取所需而导致重大分歧。应该说，《太极图说》自始至终都同时包含了宇宙论和价值形上学两方面的意思，应当从宇宙论和价值形上学相结合的角度对太极图说作统贯一体的解析”②。对于这里所言宇宙论的前半节，则黄榦认为应作两部分来看。

> 窃谓周子之言，造化至五行处是一关隔，自五行而上属乎造化，自五行而下属乎人物，所以《太极图说》到“四时行焉”，却说转从五行说，说太极又从“五行之生说，各一其性”说出，至“变化无穷”。盖天地造化分阴阳，至五行而止，五行既具则由是而生人物也。有太极便有阴阳，有阴阳便有五行，三者初无间断际，至此若不说合，却恐人将作三件物事认了所以合而谓之妙合，合者非昔开而今

---

① 《圣贤道统传授总叙说》，《勉斋先生黄文肃公文集》卷26，四川大学古籍整理研究所编，宋集珍本丛刊，第9页。下面所引《勉斋文集》的版本同此

② 汤一介、李中华主编：《中国儒学史》（宋元卷），北京大学出版社2014年版，第107页。

> 合，莫之合而合也。至于五行既凝而后有男女，男女既交而后生万物，此却是有次第，故自五行而下，节节开说。[①]

在黄榦的理解中，宇宙论的部分应属两个不同的论域，自“无极而太极”到“太极本无极”是第一个部分，这里的太极、阴阳与五行是造化自身展开的阶段，属于宇宙本体论，而此后“五行之生也”到“万物生生而变化无穷焉”是第二部分，则是具体万物生成的过程，属于宇宙生成论。在本体论论域中，太极、阴阳、五行三者一方面虽有逻辑上的次第，另一方面又是妙合，此合并非时间上的昔开而今合，也非外力使之合，而是本然的妙合，太极、阴阳与五行并非三个不同的东西，三者乃一体。而发生论论域中，自五行以下则有男女及万物，这是具体人物的生成过程，是实有先后次第的。

此外，在给杨志仁的信中，黄榦通过批判道家以道为先的宇宙生成论而引发对太极与阴阳五行之间关系的思考，认为阴阳五行俱为道之体，这一思考正好可以帮助我们具体了解太极本体自身的逻辑展开过程：

> 至于道生一，一生二，二生三，三生万物，则老氏之所谓道，而非吾儒之所谓道也。明道云：“天下之物，无独必有对。”若只生一，则是独也。一阴一阳之谓道，道何尝在一之先，而又何尝有一而后有道哉。“易有太极”，易即阴阳也，太极何尝在阴阳之先。“是生两仪”，何尝生一而后生二。尝窃谓太极不可名状，因阴阳而后见。一动一静，一昼一夜，以至于一生一死，一呼一吸，无往而非二也。因阴阳之二，而反以求之太极，所以为阴阳者，亦不出于二也。如是，则二者道之体也，非其本体之二，何以使末流无往不二哉！然二也，各有本末，各有终始，故二分为四，而五行立矣。盖一阳分而为木火，一阴分而为金水。木者火之始，火者木之终。金者水之始，水者金之终。物各有终始，未有有始而无终，有终而无终。二各有终始。则二分为四矣。知二之无不四，则知其所以为是四者，亦道之本体。

① （宋）黄文肃：《复甘吉甫》，《勉斋先生黄文肃公文集》卷 11，北京图书馆出版社 2005 年版，第 652 页。

非其四，何以使物之无不四哉！故二与四，天下之物无不然，则亦足以见道体之本然也。太极不可名状，至此亦可以见其端倪矣。[①]

张岱年先生曾围绕道与阴阳的先后关系对老子之道与儒家之道（易之太极）做过区分，他指出“老子道论所谓道，指阴阳之所以，谓有道而后有阴阳；太极论中所谓道，则是指阴阳变易之常则，谓有阴阳乃有所谓道；实为对立之两说”[②]。无极概念源于老子，太极概念来自《周易》，但在周敦颐《太极图说》中无极与太极皆是道，这样一来，无论是道在阴阳之前，还是在阴阳之后，都与周敦颐的立场不同。黄榦则指出，所谓道生一、一生二、二生三、三生万物，在道、一、二、三与万物之间存有先后关系，这是道家所谓的道，而并非儒家所谓道。儒家所谓道生万物的宇宙生成过程还是应该从《太极图说》的太极阴阳五行说来解释。他认为，“太极何尝在阴阳之先”，且“太极不可名状，因阴阳而后见”，即太极以阴阳的形式而显示其存在。二者，道之体也。二各有始终，故二而分为四，四亦是道之体，于是五行立焉。具体而言便是阴阳为二，而一阳而分木火，一阴而分金水。此木火与金水之间并非生成的实际次序，内含木始火终、金始水终的两套始终之次序。由阴阳之二而至四，再至五行，此乃太极道体自身逻辑展开的过程，阴阳与五行并非太极之外的产生物，而是太极展开后道体自身的内在结构，这一展开并非现实世界实际的先后生成过程，而是本体世界的逻辑展开过程。故二、四皆为道之体，是道（即太极）的固有内涵。这里的道体正是《近思录》首卷的标题。太极与阴阳、五行之间，是一而二而四而五，同时五而一、二而一的关系。若无阴阳五行，太极也就不可理解，因此，黄榦才会说“太极不可名状，至此亦可以见其端倪矣。”

如果说自太极而阴阳、五行是由上至下的逻辑演绎过程，而自五行而阴阳、太极是自下往上的回溯根原。在《性理大全》当中保留一段黄榦关于五行与阴阳之间、五行与太极之间关系讨论。[③] 他首先引用张载的观

---

① （宋）黄文肃：《复杨志仁》，《勉斋先生黄文肃公文集》卷11，北京图书馆出版社2005年版，第649页。

② 张岱年：《中国哲学大纲》，生活·读书·新知三联书店2005年版，第57页。

③ 胡广：《性理大全》卷一，山东友谊出版社1989年版，第28—29页。

点说明，五行乃是一阴阳之所为；并以木火土金水配比解释春夏秋冬四季的形成，说明四时之运行也是五气流通的结果，而五气流通又可归结为一气之妙用；接着，他借用《通书》中的两段话指出五行与太极之间：太极动而生阳，以至四时运行，都是神之所为；五行之生，四时之行，百物之产，都应归结为一太极而已。由此，在黄榦看来，阴阳五行皆为气，又均源自太极，可归结为太极。黄榦还曾用体用关系来理解宇宙论当中的太极与阴阳五行乃至万物，所谓“道丧千载，濂溪周子继孔、孟不传之绪。其言太极者，道之体也。其言阴阳五行、男女万物者，道之用也。太极之静而阴，体也。太极之动而阳，用也”①。也就是说，在黄榦的宇宙论模式当中，太极是道之体，阴阳乃至万物则为道之用。

张岱年先生曾指出，在中国哲学当中，“宇宙论可分为二部分：一、本根论或道体论，即关于宇宙之最究竟者的理论；二、大化论，即关于宇宙历程之主要内容的探究”②。黄榦这里虽然是从《太极图说》的文本立论，但其中可以看出黄榦将宇宙生成过程分为两个阶段，一个是本体论的阶段，这个阶段是从太极到阴阳再到五行的逻辑展开过程；另一个是具体人物生成论的阶段，这个阶段是五行而化生万物的具体演化过程。第一个过程中并无时间上的先后关系，仅为逻辑意义的展开；第二个阶段才具有时间上的先后次第。如果再加上万物生生而变化无穷焉之后的部分，黄榦所理解的《太极图说》便可作三节来理解。第一节为太极道体的逻辑展开，属本体论范畴；第二节为具体人物生成的宇宙生成论；第三节则是人生论或修养论。由太极到人物发生，再到人生论或修养论，这样的结构分析在《太极图说》理解史上是独具创新的。

二 太极概念的疏解

“无极”与“太极”的概念是朱子学派宇宙论、本体论的核心概念，也是其理论体系建构的出发点。总的来说，朱子认为无极与太极乃一体之

① （宋）黄文肃：《中庸总论》，《勉斋先生黄文肃公文集》卷23，北京图书馆出版社2005年版，第775页。

② 张岱年：《中国哲学大纲》之“序论”，生活·读书·新知三联书店2005年版，第5页。

二名，无极乃是无形，是对太极的另一种称谓，而太极即理，二者所指对象是同一的，是宇宙万物的本原与本体。黄榦亦承认“太极只是极至之理，不可形容”①，他从厘清“极”字的本义出发提出了一个对“无极”与“太极”概念的理解思路：

> 勉斋黄氏曰：极之得名，以屋之脊栋为一屋之中居高处，尽为众木之总会四方之尊仰，而举一屋之木莫能加焉，故极之义虽训为至，而实则以有方所行状而指名也。如比极皇尔，极民极之类皆取诸此。然皆以物之有方所形状，适以于极而具极之义，故以晓明之，以物喻物，盖无难晓，惟大传以易之至理在易之中，为众理之总会，万化之本原，而举天下之理莫能加焉，其义莫可得名，而有类于极于是取极名之而系以太，则其尊而无对，又非它极之比也。然太极者特假是物以名是理，虽因其有方所形状以名，而非有方所形状之可求。虽与他书所用极字取义略同，而以实喻虚，以有喻无，所喻在于言外，其意则异同，夫子有见于此，恐人以它书闲字之例求之，则或未免带于方所形状，而失圣人取喻之意，故为之言曰无极而太极，盖其指辞之法，犹曰无形而至形无方而大方，欲人知夫非有是极而谓之太极，亦特托于极以明理耳，又曰“太极本无极也”，盖谓之极则有方所形状矣，故又反而言之谓无极云耳，本非有极之实，欲人不以方所形状求而当以意会于此，其反复推本圣人所以言太极之意，最为明白，后之读者，字义不明而以中训极，已为失之，然又不知极字但为取喻而遽以理言，故不惟理不可无，于周子无极之语，有所难通，且太极之为至理，其辞已足，而加以无极则诚似于赘者矣，因见象山论无极书正应不能紊此而卵肆于穷辨，为之窃叹，故着其说如此云。②

就概念来看，朱子《太极图说解》中解太极为造化之枢纽与品汇之根底，黄榦这里则以太极是众理之总汇、万化之本原，强调太极与理和万

① （宋）黄文肃：《复甘吉甫》，《勉斋先生黄文肃公文集》卷 11，北京图书馆出版社 2005 年版，第 652 页。

② 胡广：《性理大全》卷 1，山东友谊出版社 1989 年，第 19—20 页。

化的关系。就内容来看，这段文字主要表达了三层意思。

其一，黄榦注意到无极与太极均含有“极”字，故以屋之脊梁来解释“极”字本义，进而解释太极图当中的无极、太极这两个概念。极字之本义乃是指房屋之脊梁，为一屋最高处，且为众木之总会处，为众木之枢纽。对于宋代房屋建造来说，屋之脊栋是最重要的，它是指架在屋架上面最高的一根横木，也叫大梁、主梁、脊檩，是承担一间房屋主要重量的梁。脊栋处于整个房子的最高处，是其他脊梁的总会之处。因此，极字本义乃含有至极之义且实有空间属性即方所行状。对于易之“太极”概念也应从此极之本义出发，但又有所区别。易之所言至理便为众理之总会、万化之本原，举天下之理莫能加焉，这与一屋之脊栋在房屋中的地位相似。因此将易之至高之理名为太极乃是假借屋极的概念来指称天地间最高的理，以显示“其尊而无对，又非它极之比也”的根源性。这个概念的提出属于“以实喻虚、以有喻无，所喻在于言外”。具体来说，一方面，太极含有至极指义，太极为易之至理，此至理是众理之总会、万化之本原；另一方面，黄榦又强调这个最高的根源虽然可以和房屋之脊栋作类比，但此理本身是无方所形状，即本身没有空间属性，太极又与屋极不同，太极没有具体的空间属性。这便是所谓“虽因其有方所形状以名，而非有方所形状之可求”。因此又将无字加以其上称之无极。太极与无极，其实质所指是同一个对象。

其二，为更进一步理解易之至理，黄榦接着又分析了“无极而太极”“太极本无极”这两个命题。他认为无极而太极的讲法就如同讲无形而至形、至形无方而大方。“故为之言曰无极而太极，盖其指辞之法，犹曰无形而至形无方而大方，欲人知夫非有是极而谓之太极，亦特托于极以明理耳。”无极而太极的重点在于强调此理的至高无上性，重点在太极上。“又曰太极本无极也，盖谓之极则有方所形状矣，故又反而言之谓无极云耳，本非有极之实，欲人不以方所形状求而当以意会于此，其反复推本圣人所以言太极之意，最为明白。”“太极本无极”的重点在于强调对太极必须意会而不可以空间属性等实体属性去理解，重点在无极上。对于无极与太极概念的理解必须综合上面这两个方面才算恰当。

其三，黄榦接着指出象山对“无极”“太极”的理解失误。“无极”“太极”问题是象山与朱子的争论重点之一。象山以中训极，批评周敦颐以至朱熹的“无极而太极”说是屋下架屋，多此一举。黄榦认为这是象山并非真正理解周子“无极”“太极”所指是同一对象，而之所以异名是分别表达此对象的不同方面而已。

黄榦注意到无极与太极两个概念都包含一“极”字，他站在朱子学立场上对“极”的这一类比解释非常形象而且解释得也很到位，对理学当中的那个最高之理有很好的揭示，有助于其后学者的理解，饶鲁对此的理解思路与黄榦基本相同。黄榦的这个对于“极”字的理解后来被详细收入《性理大全》，且列在《卷一·太极图》的最前面，可见编者对其解说的重视，对后人理解理学思想体系而言，黄榦的这个解释具有正本清源的作用，对朝鲜性理学当中相关问题的理解也有不少启发与影响。

此外，黄榦还从理气关系的角度来理解太极。他认为：“太极本体难以形容，缘气察理，溯流求源，则可知矣。一静一动，静动初终，此气之流也，是孰为之哉？理也。天其运乎，地其处乎，日月其争于其所乎，孰主张是，孰纲维是？主张纲维，理之谓乎。有是理，故有是气，理如此则气亦如此，此体用所以一源，显微所以无间也。呜呼，深哉！”[①] 缘气察理，说明太极不属于气而属于决定与主宰气的背后之理；溯流求源，说明太极是大化流行的根源，太极即是作为万物根源的理。太极本体难以形容，对太极的理解应该由气回溯到理，是理在动静变化当中起着主宰推动作用，理解了这体用一源显微无间的理气也便可以把握这难以形容的太极本体。

三　动静观

周敦颐《通书》中专有“动静章”，以述动静：“动而无静，静而无动，物也。动而无动，静而无静，神也。动而无动，静而无静，非不动不静者也。物则不通，神妙万物。”[②] 这里的动静分别涉及两个载体，一是物，一是神。放在太极阴阳五行当中来说，所谓物是阴阳五行之气，而神

---

① （宋）黄文肃：《五常五行太极说三条》，《勉斋先生黄文肃公文集》卷26，北京图书馆出版社2005年版，第11页。

② （宋）周敦颐：《周敦颐集》，中华书局2009年版，第27页。

为太极之理。因此，这里事实上涉及的太极阴阳五行的动静问题。围绕这一段话，朱子与弟子有不少讨论，黄榦参与其中并表明自己的观点：

> 直卿云："兼两意言之，方备。言理之动静，则静中有动，动中有静，其体也；静而能动，动而能静，其用也。言物之动静，则动者无静，静者无动，其体也；动者则不能静，静者则不能动，其用也。"端蒙。[①]

黄榦提出从体用两方面来理解理、物之动静的问题。他认为理之动静有体用两方面，物之动静也有体用两方面：理之动静，是静中有动，动中有静，动静融合，这是体；静而后能动，动而能静，此为用。物之动静，动者无静，静者无动，是体；动者则不能静，静者则不能动，乃是用。这里所谓体是指言说角度的区分，对于澄清理气动静问题的理解是有帮助的。"黄榦此说，以理之动静互涵为理之体，以理之动而能静和静而能动为理之用，可谓朱子的'未动而能动者理也'之说的一个深化，是符合朱子思想的。"[②] 同时，黄榦这里预设的前提是理同样有动静，可见理有动静的问题在黄榦甚至在朱熹处是没有疑问的，但到后来却引发了学者的讨论。朝鲜围绕理有无动静的问题产生了大量讨论，而黄榦承认动静的观点被作为维护退溪李滉（1501—1570）的理气互发观的有利证据，并常被用来反驳栗谷李珥（1536—1584）的理无动静观。

太极即理，理有动静，则太极亦有动静。黄榦承认太极有动静的观点在《朱子语类》当中还有明证："盖太极是理，形而上者；阴阳是气，形而下者。然理无形，而气却有迹。气既有动静，则所载之理亦安得谓之无动静！"[③] 太极是形而上之理，阴阳是形而下之气，理无形而气有迹。气有动静，则所载之理亦不可谓之无动静。此处黄榦所论与其论理之动静的材料合在一处，也可以证明黄榦持太极有动静的观点。

此外，黄榦还指出：

---

① （宋）朱熹：《朱子语类》，中华书局 2007 年版，第 2374 页。

② 乔清举：《论朱熹的理气动静问题》，《哲学动态》2012 年第 7 期。

③ （宋）朱熹：《朱子语类》，中华书局 2007 年版，第 84 页。

> 勉斋黄氏曰：太极动而生阳，静而生阴，太极不是会动静底物，动静阴阳也……那太极却不自会动静，既是阴阳，如何又说生阴生阳，曰生阴生阳亦犹阳生阴生，太极随阴阳而为动静，阴阳则于动静而见其生，不是太极在这边动，阳在那边生，譬如蚁在磨盘上一般，磨动则蚁随他动，磨止则蚁他止，蚁随磨转，而因蚁之动静可以见磨之动静。①

黄榦明确提出“太极不是会动静底物”，其中重点是“会”字，这表示的是功能性的自主性的动静之功能。黄榦认为太极没有这样的功能，具有自主动静功能的是阴阳之气。但这并不意味太极没有动静，太极之动静是乘载在气之动静基础上的。黄榦解释了太极、阴阳与动静三者之间的关系：一方面太极与动静不是隔绝，太极乘着动静之机而显现动静来，即太极不自会动静，太极因阴阳而动静，若无阴阳则太极不自会动静；另一方面阴阳则于动静而见其生，所谓“太极动而生阳，静而生阴”；而太极与阴阳的关系就如蚁随磨动，这个比喻与朱子人乘马的比喻如出一辙。

太极有动静，但太极不自会动静，这即是黄榦的太极动静观。学者常没有注意到其中的分别，故围绕朱子学太极动静的问题产生完全不同的对立观点，而黄榦的观点通常被援引来作为太极有动静，太极能动静一派的证据。

四　对朱子五行次序说的疑问

朱子在解释《太极图说》本文“阳变阴合而生水火木金土，五气顺布，四时行焉”时，提出五行的两种次序说。他把五行分为质与气，分别对应两种五行次序，在这两种次序中五行各自的阴阳属性是不同的。以质而言其生之序，是水火木金土，其中水木属阳，火金属阴；以气而言其行之序则是木火土金水，木火属阳，金水属阴。

黄榦则认为这种五行次序的讲法与周敦颐的《太极图》存在矛盾：

---

① 胡广：《性理大全》卷1，山东友谊出版社1989年版，第26页。

曰水与火对生，木与金对生，因云这里有两项看，如作建寅看时，则木火是阳，金水是阴，此以行之序论，如作建子看时，则水木是阳，火金是阴，此以生之序论，大概冬夏可以谓之阳，夏秋冬可以谓之阴，因云《太极图解》有一处可疑，图以水阴盛故居右，火阳盛故居左，金阴稺故次水，木阳稺故次火，此是说生之序，下文却说水木阳也，火金阴也，却以水为阳，火为阴，论人物之初生，自是幼嫩，如阳始生为水尚柔弱。到生木已强盛，阴始生为火尚微，到生金已成质。如此，则水为阳稺，木为阳盛，火为阴稚稺，金为阴盛也。不知图解所指是如何，后请问云图解所分，恐是解剥图体言其居左居右之位次否，晦庵先生云旧也如此看，只是水而木，木而火以下，毕竟是说行之序，这毕竟是说生之序，毕竟是可疑。①

按黄榦的理解，生之序是作建子看，而行之序是作建寅看。生之序与行之序不同，五行属阴阳也不同。周敦颐的《太极图》由上至下是在讲述宇宙万物的生成过程。黄榦注意到朱子在解析《太极图》中第三层即五行的位次为：水金为阴居图右，火木为阳居图左，这个部分里是讲生之序，即水金为阴，火木为阳。但《太极图说》言生之序为“阳变阴合而生水火木金土”，朱子的《太极图说解》后文对生之序的解释是，水木为阳，火金为阴。而且就人物之生的实际过程来看，其次序应该是水木为阳，火金为阴。这样来看，《太极图》本身对五行生之序的位次安排与朱子所解“生之序”之间存在矛盾，朱子《太极图说解》五行阴阳属性的判断也不一致。因此，黄榦提出疑问，不知《太极图解》所指的是什么，《图解》对五行次序的分别是在解析图中的位次吗？事实上，按照朱子的分别来看《太极图》对五行的安排，《太极图》将水金画在右边属阴，将火木画在左边属于阳，这应该是朱子所言的行之序。故朱子的回答是，自己以前认为《太极图》应该是言生之序的，但是水木火金土毕竟是行之序。对此次黄榦与朱子之间的问答没有更详细的资料，仅从黄榦的这个记录来看，朱子的回答还是坚持五行的两种次序说，《太极图》上的五行位次安排应该是讲行之序而非生之序。对此，黄榦还是坚持以为《太极图》

① 胡广：《性理大全》卷1，山东友谊出版社1989年版，第30页。

的五行应该是在解说生之序，故对朱子的五行次序说始终不能融通，心存疑问。

黄榦在晚年归家闭门读书论学时就此问题又引发了新的思考，在与朋友甘吉甫、杨志仁、李司直、黄去私等人的往复讨论过程中，最终提出了关于五行次序的新观点：

> 五行次序，乾只见造化所以然者，只是一动一静，又细分之则有动之初，有动之终，静亦然，其理如此，其气亦如此，理如此者仁了便是礼，礼了便是义，义了便是智，气如此者，春而夏，夏而秋，秋而冬，故五行之序只是水而木，木而火，火而金，金而土，其生如此，其行亦如此，若谓先有水火后有木金，则不成道理，亦不成造化矣。今不将道理去推寻，只得随人背后盘旋也，以此故颇疑生之序便是行之序，其详已见别纸，更幸与朋友讲之，有便见教也。①

在这里，黄榦从理气动静的角度做出说明。他认为造化的原因在于一动一静，而细分又可分为动之初与动之终，静之初与静之终；而且，不仅理之动静可以如此分，气之动静也可如此分。理的动静之初终便表现为仁、礼、义、智的次序，而气的动静之初终表现为春夏秋冬的次序。故五行次序只能是水木火金土，其生之序如此，其行之序也是如此，其他的次序说都是错误的。

无论是原其对待之体还是本其流行之用，其实五行产生的次序应该只有一个，朱子的两种次序说在一定意义上遮蔽了这个实质，黄榦的疑问应该也就在这里，黄榦所立新说的主旨即在强调五行产生次序只有一个，这一新说对于理解造化本然之体具有积极意义，是朱子学发展过程中取得的重要成果。②

此外，黄榦对《太极图说》的理解还表现为对朱子说法的补充，如“原始反终故知死生之说”一句，朱熹对其中的死生之说并未专门阐发，

---

① （宋）黄文肃：《勉斋先生黄文肃公文集》卷 11，北京图书馆出版社 2005 年版，第 655 页。

② 黄榦最后似乎又有回归认同朱熹观点的倾向，参见黄文肃《复饶伯舆》，《勉斋先生黄文肃公文集》卷 15，北京图书馆出版社 2005 年版，第 692 页。

而黄榦则指出“原始返终故知死生之说，此中‘无极而太极’‘太极本无极’之理，使人知生死本非二事。而老氏谓长生，佛氏谓轮回不息，能脱是者则无生灭者，皆诞也。横渠曰‘物之初生，气日至而滋息，物之既盈，气日反而游散，至之谓神，以其伸也，反之谓鬼，以其归也’，此之谓夫。”① 这里借鉴张载的说法揭示出儒家生死观与老佛生死观之间的差异，并指出老佛说法的荒诞。

（作者单位：江西师范大学马克思主义学院）

① （宋）周敦颐：《周子全书》，台湾商务印书馆1978年版，第32页。

《道南源委》述略

李勤合　曹欢荣

1928年4月，胡适游庐山，曾有过一个评论："庐山有三处史迹代表三大趋势：一、慧远的东林代表中国佛教化与佛教中国化的大趋势；二、白鹿洞代表中国近世七百年的宋学大趋势；三、牯岭代表西方文化侵入中国的大趋势。"① 此话大致不错，但我想朱文公在世，或许会有一点小小的修正。他一定会说，周元公在庐山的濂溪书堂才最能代表中国的宋学大趋势，不然，他何以会作《伊洛渊源录》呢？我个人对濂溪先生"风光霁月"的洒落胸怀虽然向往之，但对先生的真义实在了解不够。借纪念元公诞辰1000周年盛典之机会，勉强就《道南源委》略述陈见，向各位方家请教，向濂溪先生致敬！

一　朱衡与《道南源委录》

朱衡（1502—1574），字士南，号镇山，万安县人。嘉靖十一年（1532），以进士及第，先后任尤溪、婺源知县。惜民务实。迁刑部主事，分掌福建、山东等省刑案参驳、处理，晋升郎中。后又出任福建提学副使，不久擢升山东布政使。嘉靖三十九年进右副都御史，巡抚山东。其时山东百姓缺粮，即上疏暂停商禁，允许外地转运粮粟至灾区，以救饥民。商运暂开后，又打开青州以西道路，堵截商运中奸人暴利。事成，召为工部右侍郎。

① 胡适：《庐山游记》，载《胡适文存三集》，上海亚东图书馆1930年版，第248页。

嘉靖四十四年，任南京刑部尚书。其时，秋雨冲破沛县飞云桥河堤，百余里水道淤塞，诏其改任工部尚书兼右副都御史，令火速赶往决口处勘察，组织抢修。因旧渠地势过低，屡浚屡淤，朱衡决定以原都御史盛应期所开新河故址走向，引鲇鱼、薛沙诸水，在吕孟湖筑堤以防溃决，筑马家桥堤阻止飞云桥决口。次年，给事中郑钦以受过朱衡惩罚的吏卒提供的材料，对他进行弹劾。朝廷派员核实，工程进展顺利，未予追究。秋天，该地再发大水，马家桥新堤决口，朱衡再遭弹劾，但马家桥堤迅速修复，故亦未受惩罚，诏令仍管理其事。次年，加任太子少保。

隆庆元年（1567）六月，山东、河南大水成灾，新河再度决口。工科给事吴时来提出，新河决口要害在“以一堤捍群流”所致，朱衡以为符合实际，即重开四河，分流诸水，减少新河压力，获得成功，随后被召回工部。又上疏在东平至兖州改凿新渠，远避黄河水。隆庆四年九月，运河邸州南段睢宁处决口，起用潘季驯前往治理。次年冬，工科给事中雒遵前往阅视，认为潘季驯治理不力，上疏弹劾，提道“廷臣可使治理河道，无出衡右者”。隆庆六年正月，再度被召兼左副都御史，仍经理河道。五月，穆宗死，大学士高拱以修昭陵需要召他回部，朱衡以古稀高龄由治河工地返朝治理部事。

万历二年（1574），给事中林景旸上疏弹劾他刚愎自用，朱衡即上疏乞休，获准，加太子太保。当年夏，穆宗昭陵陵恩殿被雨水冲损，追论朱衡督工不严之罪而撤职。不久逝于家中。著有《道南源委录》12 卷、《朱衡集》20 卷。其集又称《钟山集》《钟山稿》。《明史》卷 223 有朱衡传，此外，林之盛《皇明应谥名臣备考录》卷 6、《明诗纪事》卷 18 等亦有其传。

《道南源委录》在《四库全书》中列入存目。其原始版本不多见，故卢钟峰先生当年撰《论朱衡〈道南源委〉的学术史特色》（《史学史研究》1992 年第 4 期）时尚依据朱伯行 6 卷改定本，非依据朱衡 12 卷原本。事实上，《道南源委录》尚存于世，今齐鲁书社版《四库全书存目丛书》和上海古籍出版社《续修四库全书》皆收录，所用底本来自福建省图书馆藏明嘉靖刻本。

福建省图书馆藏明刻本系嘉靖四十二年癸亥（1563）由福建巡按李邦珍诠订，而由建宁知府杨一鹗刊于建宁大儒书院，入选第二批国家珍贵古籍名录。李邦珍，字子怀，号同川，祖籍福建省兴化市，洪武年间其祖迁居山东肥城市，嘉靖二十九年进士。嘉靖四十二年，李邦珍任福建巡按监察御史，上任之际，朱衡授以《道南源委录》稿本。李邦珍《道南源委录序》："《道南源委》，盖今少宰镇山朱公视学闽中时录以诏博士弟子者也。后十年，予以按部行，请所从政毕，授是编卒业焉。窃三叹曰：'此非一方文献之征乎！'余不佞，方代天子观风海上，于是盖得其风之大者，乃属建州守杨子传之而叙其事。"（《续修四库全书》第515册）

杨一鹗《道南源委录后序》："嘉靖壬戌（1562）秋，巡台李公持绣斧按闽，政尚德教，务倡正学，以风人心。首迁建阳黉序，以故址为大儒书院，一时青衿士岳然前奋，偲偲然向于道矣。既逾年，按建州，出一筴示鹗曰：'此《道南源委录》，今诠部右丞朱镇山公督闽学时所纂次者也。公惓惓然以道甄闽士，重修文公年谱，及复廌山、西山诸祠，具有记。旋辑闽儒之闻道者，溯源分委而成，是录谓锓梓以擢行。予拜命按闽，以公曾观察是邦，请所为观察者。'公手是录谂予曰：'闽兵燹极矣，孔子谓修文德服远人而疆理南海，卒归于矢文德之颂，盖正学、明文、教张，士修孝弟忠信即干城，函矢在人心矣。呜呼，闽学之不讲旧矣，矢德修文，其在兹录乎？行梓之，令青衿士人挟一册，庶几有兴也。余三复之，悚容叹曰……鹗不敏，敬承巡台公之命，以是录梓附大儒书院，而附申修文威远之意以告多士。'"

由此可见，《道南源委录》正是朱衡视学福建时所作，后十年，李邦珍巡按福建时嘱杨一鹗刊刻。

书后又附有朱衡学生张天衢嘉靖庚申（1560）撰叙，透露了朱衡当年编纂此书的动机："（朱衡）先生既至，端范肃条，士有定志，举足杨（扬）声皆准绳矩度，人皆知先生以圣学自期，且以望二三子也。曰：洙泗嫡派在伊洛，伊洛嫡派在闽也。龟山先生载道而南，开我闽学，由是而罗而李而朱，闽之学大成矣。士生其乡，可忘所自而不知学乎？有进而言者曰：岁在庚寅，一所先生肇祀纯公①，配以四子。先生曰：礼也，以义起也。集其绪论，合为一书，明所传也。前辈之猷远矣，教不在兹乎？

① 一所先生，金贲亨：嘉靖八年（1529），重建道南书院，刊印宋朱熹撰《伊洛渊源录》14卷、明黄岩谢铎撰《伊洛渊源续录》6卷。

曰：学以圣人为归，而进步取诸近，当自乡先正始。予为尤溪，为婺源，皆文公之乡也。宦其乡，景行其人，寻其学之源委也，每以告诸生而未及夫八郡也。今非吾责乎？蚤夜以思，欲以世系图谱之例以正其宗而备其派，窃比于伊洛渊源之撰。乃不计岁月，博访群搜，细简精择，由是详其世，定其统，节取其言，载其同门及门之士。”（《续修四库全书》第515册）

《道南源委录》，亦称《道南录》《道南源委》。后张伯行巡抚福建，感其书崇正理学，版久湮没，乃为重加考订，涉于异端者去之，未备者补之，定名为《道南源委》。

二 张伯行与《道南源委》

张伯行（1651—1725），字孝先，号恕斋，又号敬庵，河南仪封（今兰考）人，康熙二十四年（1685）进士。尝构精舍于南郊，陈书数千卷纵观之，读至《近思录》及程朱之《语类》则曰：“入圣门庭在是矣。”乃尽发濂、洛、关、闽诸大儒之书，口诵手抄者七年。尝曰：“千圣之学，括于一敬，故学莫先于主敬。”三十一年，考授内阁中书，改中书科中书。丁父忧归，建请见书院，讲明正学。四十二年，授山东济宁道。四十五年，康熙南巡，赐“布泽安流”榜，寻迁江苏按察使。四十六年，康熙复南巡，至苏州，谕从臣曰：“朕闻张伯行居官甚清，最不易得。”时命所在督抚举贤能官，伯行不与，康熙乃自举之，擢福建巡抚，赐“廉惠宣猷”榜。福建米贵，请发帑五万市湖广、江西、广东米平粜。建鳌峰书院，置学舍，出所藏书，搜先儒文集刊布，以教诸生。福州民祀瘟神，命毁其偶像，改祠为义塾，祀朱子。俗多尼，鬻贫家女，髡之至千百，伯行命其家赎还择偶，贫不能赎，官为出之。后历江苏巡抚、户部侍郎，雍正元年（1723）擢礼部尚书，赐“礼乐名臣”榜。三年，卒，年七十五，赠太子太保，谥清恪。光绪初，从祀文庙。所著有《困学录》《伊洛渊源续录》《正谊堂文集》《居济一得》诸书。传见《清史稿》卷265。

伯行巡抚福建，曾搜求先儒遗着，手自校刊，分立德、立功、立言、气节、名儒粹语、名儒文集凡6部，刊成50余种，《道南源委》即其一。

伯行《道南源委》自序云："余既重订朱子所编《伊洛渊源录》，又考有明少宰镇山朱公视学闽中，尝编《道南源委》以诏博士弟子员，其例本之朱子，其文参之《宋史》《闽通志》、府州县志及遗事、行状、志铭。诚哉，有心斯道者独是朱公之编次重统也。余在戊子春，业成《道统录》一书，故于兹编虽溯厥统系，而惟是概举，大凡取循源竟委之意。未备者补之，涉于异学者删之，且以二程冠其首，为道南之发端。名固仍旧，义亦有合焉。"（《四库存目丛书》，第125册）

张伯行改定之六卷本当时即有刊行，即世传康熙四十八年正谊堂初刻本。此本传世不多，至同治年间，已难寻觅。左宗棠自浙江督师过闽粤，凯旋福州，重振文教，因开正谊书局，访辑伯行原本，重加校刊，定名为《正谊堂全书》，《道南源委》亦在其中。《正谊堂全书》自同治五年开始刊刻，至九年竣工，当时尚有部分待访书目，部分书晚至光绪年间方才刊刻，《道南源委》则于同治五年即得刊刻成功，此即同治《正谊堂全书》本。此本卷首增加《明史》朱衡本传，且《正谊堂全书书目》题"明朱衡撰"，不无不妥，惟各卷仍保留旧题"仪封张伯行孝先重订"字样而不及朱衡。此本避"弘""丘"等讳，虽校出旧本部分错误，但亦增加了部分错误。今有齐鲁书社版《四库全书存目丛书》影印中央民族大学图书馆藏康熙四十八年正谊堂本和北京大学出版社《儒藏》整理本。

三　濂溪与道南之学

朱衡《道南源委录》12卷，凡例之外，首有《道南一派图》，卷一为杨时（附其子杨迪）、游酢、王苹三人；卷二为罗从彦、胡安国及其诸子；卷三郑毂、李郁等人；卷四李侗等人；卷五朱熹及其子；卷六黄榦等人；卷七刘爚等人；卷八许升等人；卷九真德秀等人；卷十附录方道辅等人；卷十一朱门附录吕胜己等人；卷十二续录明代陈真晟等4人。图以龟山杨时为宗，次豫章罗从彦，次延平李侗，次文公朱熹，其他从游者各图其侧。录主要参考《伊洛渊源录》《伊洛渊源录续》《宋史》《闽通志》及府州县志、行状志铭。文例遵朱熹《伊洛渊源录》，节约其繁词。

张伯行改订之《道南源委》"名虽因旧，实出新裁"。全书改变旧本史料丛撮之形式，每人各编为一传，又增加元明之后百余人，统为6卷。

卷一为二程、杨时、胡安国等人，以二程弟子为主；卷二为罗从彦、高登、李侗等人，以杨时弟子为主；卷三为朱熹、蔡元定等人，卷四为李东、邓邦老等人，后附“朱子门人”19 人及“著书诸公”无事实可考者 59 人，则以朱熹及其门人、后传为主；卷五、卷六为元、明两代承继道南之学者，如韩信同、李学逊、林希元、林同等，共录元代学者 17 人，明代学者 87 人，后附“著书诸公”51 人。各传以传主闻道早晚及其在理学史上之地位定其先后次序，传主兄弟子侄等学问渊源者，则按其年辈为序立传，附于传主之后。

旧本“托始于杨时”，改订本则“以二程夫子冠首”，盖“南学出于二程，不忘所自也”。旧本各传主称谓不一，改订本则统称“某公”，从祀圣庙者称“先生”，二程、朱子复于本名上多一“讳”字。是以改订本较旧本体例愈加谨严，且内容变化很大，更富可读性，有目录将 6 卷本《道南源委》仅署朱衡之名，有失公允。北京大学出版社新出《儒藏》点校本著录为“明朱衡撰，清张伯行改定”，庶几乎为允当。

改订本较旧本虽然内容大变，但在思想上仍是一致的，此即伯行所言：“名固仍旧，义亦有合。”全书以程朱理学传承为主线，通过闽中学人之传记，清理宋至明末闽中伊洛传人学脉，着力突出朱熹理学传承线索，为清初程朱理学振兴之重要史料，后之《闽中理学渊源考》等书乃多取资于此。

《道南源委》在理学史上具有重要地位，它上承朱熹《伊洛渊源录》，对明清以后的理学传承体系具有重要影响。

理学虽发源于濂溪周敦颐先生，但这条线索是越到后来越清晰的。如果说朱熹《伊洛渊源录》主要是溯源，那么朱衡《道南源委》的主要功绩则在“竟委”，并通过张伯行的改定得到完成。一般来说，道南之学主要指杨时等人的学术，或扩充至有宋一代杨时后学，即如参与朱衡《道南源委》编纂的王翥所言：“道南源委录者何？录宋儒载道而南，源于伊洛而盛乎闽者也。”（《续修四库全书》第 515 册）但把道南之学扩充到明代似从朱衡开始。朱衡《道南源委》卷 12 第一次把明代闽人陈真晟、周瑛、黄仲昭、蔡清四人作为“续录”纳入道南学派，是依据“杨剑江《名臣录》”（《续修四库全书》第 515 册）。在书前的“道南一派图”中，仍无明代等人。而到张伯行时，明代学者增加到 87 人，并取消了“续录”概念。

此外，朱衡《道南源委》可能还有融合王阳明心学与朱熹理学的意思，似亦值得注意。朱衡与王阳明学派接近，嘉靖二十七年八月，朱衡等同仁在江西省吉安府万安县建云兴书院祭祀王阳明。朱衡《道南源委》有关明代四君子部分多引陈献章之语，反映了阳明心学在其中的影响。朱衡尚有《重刻传习录序》一篇，其中谈道：“昔濂溪周子倡独悟之学于天下，当其时乃有疑其所自出者，至于久而后定。宋儒既远，经生牵制文义久矣。阳明先生揭良知之旨，力拯群迷，而四方之人始而骇，继而疑，至呶呶以相訾，先生处群猜众咻之中而不自恤，于是疑信者相半之。夫周子之学，后世所宗，奚独疑于当时之人哉？彼人之情，胶于故而又伐乎异也。无极之极自柳子言之，以其出自柳子而疑之也，固宜。乃若良知之学，根诸孟氏，而《大学》以致知为教，此不可以信哉？”① 这里，朱衡从周敦颐先生当年濂溪之学不被人理解谈起，将阳明之学与之并提而论，表现了朱衡对濂溪之学的“独悟”和对他将阳明心学上承濂溪之学的认识，也反映了朱衡融合朱子之学与阳明心学的理想。②

（作者单位：九江学院庐山文化研究中心）

① （明）王守仁：《王阳明全集》卷4，天津社会科学院出版社2015年版，第210页。

② 《道南源委》在儒学史上的意义可以参见刘勇《中晚明士人的讲学活动与学派建构》，商务印书馆2015年版，第56页。

王夫之对濂溪学的继承与发展

朱迪光

周敦颐、王夫之是中国古代出现在湖南这块土地上的两大思想家，他们是否有关联，他们之间的关系是否对湖湘文化的发展产生影响？这一问题已有许多学者进行探讨，笔者在此只就王夫之对濂溪学的继承、发展进行讨论。基本结论是王夫之汇湖湘文脉而扬湖湘精神，评理学演变而祖周子，精研濂溪而有所创新。

王夫之将在湖湘出现过的人文故实作为湖湘传统。在最早的如舜、禹那样的传说中圣王被置于湖湘传统中。如《广哀诗·文明经之勇》有“九疑哭湘灵，归魂识鹏妖”之语。又如《广哀诗·青原极丸老人前大学士方公以智》有“遥讯金简峰，如搜禹书读”之语。又如《春山漫兴》有“余草舜耕堪药裹，安流禹治付苍书”之语。《柳岸吟》之《和白沙》其四有“神禹留金简，居然在岳岑”之语。贾谊也被置于这个传统当中。如《和程亦先长沙怀古》三首中其二云：

> 贾生请长组，历历少年情。为傅一蹉跎，嗟哉念生平。橛衔无早戒，引罪声幽明。鸟臆何足述，生如片羽轻。长策垂太息，俟之来世英。知己诚见察，空际回霓旌。

“周敦颐”“朱熹”“张栻”等理学人物均被编织在这一传统中。如《因林塘小曲筑草庵，开南窗，不知复几年，晏坐漫成六首呈桃坞老人暨家兄石崖先生同作》其三有“濂溪香菡萏”之句，是指“周敦颐”。如《广哀诗·夏孝廉汝弼》中有“朱张入清梦，听者或疑魇。践之以孤游，九死无怍歉”之语，表面上是指夏汝弼，实际上是在这种赞颂中表明王夫之的肯定态度。对“朱熹”“张栻”的推崇，王夫之与夏汝弼的意见是一致的。要言之，依南岳衡山而眺湖南境内诸峰，王夫之远绍禹而近接周、张；沿潇湘而游洞庭，王夫之远祖舜而迩承屈子之志。

一　评析理学宗派源流而宗濂溪为理学之祖

王夫之对中国古代学术思想史尤其是儒学史的探讨见之于《读通鉴论》《宋论》《张子正蒙注》等多种著作。在这种探讨中王夫之肯定宋代理学在中国思想史尤其是在儒学史上的重要作用。王夫之在《读通鉴论》卷三中说：“则魏、晋以下，儒者不言鬼神，迄于宋而道复大明，佛、老之淫祀张，圣道之藩篱自固，不犹愈乎！”① 此处只是在论鬼神的作用时强调了宋人在“道复大明”中的作用。王夫之在《读通鉴论》卷六说：“孔子赞周易以前民用。道而已矣，阴阳柔刚仁义之外无道也。至于汉，乃有道外之数以乱道；更千年而濂、洛阐其微以距邪说，邵康节犹以其授于陈抟、穆修者，冒三圣之显道，以测皇王之升降，非君子之所知也。其殆京房、夏贺良之余尽，乘风而一煽者乎！”② 对于儒学或者说是中国学术之根本的《易经》的理解，王夫之认为有许多学者将其引入歧途，而周敦颐、程颐、程颢兄弟在拨乱反正方面则做出贡献。王夫之在《读通鉴论》卷十九又说：“圣人之道：有大义，有微言。故有宋诸先生推极于天，而实之以性，覆之心得，严以躬修，非故取其显者而微之、卑者而高之也。自汉之兴，天子之教，人士之习，亦既知尊孔子而师六经矣，然薄取其形迹之言，而忘其所本，则虽取法以为言行，而正以成乎乡原，若苏威、赵普之流是已。”③ 与上所引不同，王夫之在这里明言“有宋诸先生”于圣学即儒学的所作的贡献：推极于天，实之以性，覆之心得，严以躬修。其贡献包括理论与践行两个方面。

《读通鉴论》《宋论》不是学术史，而与中国古代其他的史论著作一

---

① （明）王夫之：《读通鉴论》，《船山全书》第10册，岳麓书社1996年版，第144页。

② 同上书，第228页。

③ 同上书，第696页。

样，是偏重于政治评论的。王夫之在《读通鉴论·叙论》提出了论史者应做什么。一是“因时宜而论得失”。王夫之说：

治道之极致，上稽尚书，折以孔子之言，而蔑以尚矣。其枢，则君心之敬肆也；其戒，则怠荒刻核，不及者倦，过者欲速也；其大用，用贤而兴教也；其施及于民，仁爱而锡以极也。以治唐、虞，以治三代，以治秦、汉而下，迄至于今，无不可以此理推而行也；以理铨选，以均赋役，以诘戎兵，以饬刑罚，以定典式，无不待此以得其宜也。至于设为规画，措之科条，尚书不言，孔子不言，岂遗其实而弗求详哉？以古之制，治古之天下，而未可概之今日者，君子不以立事；以今之宜，治今之天下，而非可必之后日者，君子不以垂法。故封建、井田、朝会、征伐、建官、颁禄之制，尚书不言，孔子不言。岂德不如舜、禹、孔子者，而敢以记诵所得者断万世之大经乎？

夏书之有禹贡，实也，而系之以禹，则夏后一代之法，固不行于商、周；周书之有周官，实也，而系之以周，则成周一代之规，初不上因于商、夏。孔子曰：“足足兵食，民信之矣。”何以足，何以信，岂靳言哉？言所以足，而即启不足之阶；言所以信，而且致不信之咎也。

孟子之言异是，何也？战国者，古今一大变革之会也。侯王分土，各自为政，而皆以放恣渔猎之情，听耕战刑名殃民之说，与尚书、孔子之言，背道而驰。勿暇论其存主之敬怠仁暴，而所行者，一令出而生民即趋入于死亡。三王之遗泽，存十一于千百，而可以稍苏，则抑不能预谋汉、唐已后之天下，势异局迁，而通变以使民不倦者奚若。盖救焚拯溺，一时之所迫，于是有“徒善不足为政”之说，而未成乎郡县之天下，犹有可遵先王之理势，所繇与尚书、孔子之言异也。要非以参万世而咸可率繇也。

编中所论，推本得失之原，勉自竭以求合于圣治之本；而就事论法，因其时而酌其宜，即一代而各有弛张，均一事而互有伸诎，宁为无定之言，不敢执一以贼道。有自相跖盭者矣，无强天下以必从其独见者也。若井田、封建、乡举、里选、寓兵于农、舍笞杖而行肉刑诸法，先儒有欲必行之者矣。袭周官之名迹，而适以成乎狄道者，宇文氏也；据禹贡以导河，而适以益其溃决者，李仲昌也。尽破天下之成规，骇万物而从其记诵之所得，浸使为之，吾恶知其所终哉！①

二是释《资治通鉴》论。王夫之说：

旨深哉！司马氏之名是编也。曰“资治”者，非知治知乱而已也，所以为力行求治之资也。览往代之治而快然，览往代之乱而愀然，知其有以致治而治，则称说其美；知其有以召乱而乱，则诟厉其恶；言已终，卷已掩，好恶之情已竭，颓然若忘，临事而仍用其故心，闻见虽多，辨证虽详，亦程子所谓“玩物丧志”也。

夫治之所资，法之所著也。善于彼者，未必其善于此也。君以柔嘉为则，而汉元帝失制以酿乱；臣以戆直为忠，而刘栖楚碎首以藏奸。攘夷复中原，大义也，而梁武以败；含怒杀将帅，危道也，而周主以兴。无不可为治之资者，无不可为乱之媒。然则治之所资者，一心而已矣。以心驭政，则凡政皆可以宜民，莫匪治之资；而善取资者，变通以成乎可久。设身于古之时势，为己之所躬逢；研虑于古之谋为，为己之所身任。取古人宗社之安危，代为之忧患，而己之去危以即安者在矣；取古昔民情之利病，代为之斟酌，而今之兴利以除害者在矣。得可资，失亦可资也；同可资，异亦可资也。故治之所资，惟在一心，而史特其鉴也。

“鉴”者，能别人之妍媸，而整衣冠、尊瞻视者，可就正焉。顾衣冠之整，瞻视之尊，鉴岂能为功于我哉！故论鉴者，于其得也，而必推其所以得；于其失也，而必推其所以失。其得也，必思易其迹而何以亦得；其失也，必思就其偏而何以救失；乃可为治之资，而不仅如鉴之徒县于室、无与照之者也。

其曰“通”者，何也？君道在焉，国是在焉，民情在焉，边防在焉，臣谊在焉，臣节在焉，士之行己以无辱者在焉，学之守正而不陂者在焉。虽扼穷独处，而可以自淑，可以诲人，可以知道而乐，故

① （明）王夫之：《读通鉴论》，《船山全书》第10册，岳麓书社2011年版，第1181—1183页。

> 曰“通”也。引而伸之，是以有论；浚而求之，是以有论；博而证之，是以有论；协而一之，是以有论；心得而可以资人之通，是以有论。道无方，以位物于有方；道无体，以成事之有体。鉴之者明，通之也广，资之也深，人自取之，而治身治世、肆应而不穷。抑岂曰此所论者立一成之侀，而终古不易也哉！①

王夫之关于论史的观点于此俱见也，然将王夫之《读通鉴论》《宋论》视为纯论政治史那就太偏狭了。《读通鉴论》《宋论》在论政治之时，常常探讨了思想学术史的演变，或者说王夫之不仅仅从政治角度论史，也探讨有关政治的思想、学术演变及影响。

王夫之在《宋论》中说：

> 夫流俗之欲而荡其心，夫人之所不能免也。奚以治之？其惟有以镇之乎！太宗曰“朕无他好，惟喜读书”，所以镇之也。镇之者，息其纷纭，抑其竞躁，专凝其视听而不迁；古今成败得失之故，迭至而相警，以域其聪明；其神闲，其气肃，其几不可已，其得不能忘。如是，而流俗之相荧者，不待拒而自不相亲。以是而形见于外，天下之饰美以进者，相奖以道艺。其人非必贤，其所习者抑不诡于正矣；其学非必醇，其所尚者固不损于物矣。因而精之，因而备之，而道存焉。故太宗之择术善矣。宋儒先以格物穷理为身、心、意、知之所自正，亦此道焉耳。②

上所引是讨论宋太宗的嗜好：唯喜读书的背后的原因。看似是纯治术方面的问题，但王夫之将其上升到修身，揭示治术内在的“道”，并由此指出其暗合宋儒即理学大师所倡导的道：以格物穷理为身、心意知之所自正。王夫之探讨了理学之兴毁与政治的关系，他说：

---

① （明）王夫之：《读通鉴论》，《船山全书》第10册，岳麓书社2011年版，第1183—1184页。

② （明）王夫之《宋论》，《船山全书》第11册，岳麓书社1996年版，第68页。

咸平四年，诏赐九经于聚徒讲诵之所，与州县学校等，此书院之始也。嗣是而孙明复、胡安定起，师道立，学者兴，以成乎周、程、张、朱之盛。及韩侂胄立伪学之名，延及张居正、魏忠贤，率以此附致儒者于罪罟之中，毁其聚讲之所，陷其受学之人，钳网修士，如防盗贼。彼亦非无挟以为之辞也。固将曰："天子作君师，以助上帝绥四方者也。亦既立太学于京师，设儒学于郡邑，建师长，饩生徒，长吏课之，贡举登之，而道术咸出于一。天子之导士以兴贤者，修举详备，而恶用草茅之士，私立门庭以亢君师，而擅尸其职，使支离之异学，雌黄之游士，荧天下之耳目而荡其心。"为此说者，听其言，恣其辩，不核其心，不揆诸道，则亦娓娓乎其有所执而不可破也。然而非妨贤病国，祖申、商以虔刘天下者，未有以此为谋国之术者也。①

学校兴而学者兴而理学为之盛，这是政治清明的结果，那些奸邪之徒禁学校而毁学术结果则是"妨贤病国"。

王夫之对于理学的演变做过认真的梳理。王夫之在《张子正蒙注·序》中云：

宋自周子出，而始发明圣道之所由，一出于太极阴阳人道生化之终始，二程子引而申之，而实之以静一诚敬之功，然游、谢之徒，且歧出以趋于浮屠之蹊径。故朱子以格物穷理为始教，而檠括学者于显道之中；乃其一再传而后，流为双峰、勿轩诸儒，逐迹蹑影，沉溺于训诂。故白沙起而厌弃之，然而遂启姚江王氏阳儒阴释、诬圣之邪说；其究也为刑戮之民，为阉贼之党，皆争附焉，而以充其无善无恶、圆融理事之狂妄，流害以相激而相成，则中道不立、矫枉过正有以启之也。②

又云：

① （明）王夫之：《宋论》，《船山全书》第11册，岳麓书社1996年版，第79页。

② （明）王夫之：《张子正蒙注》，《船山全书》第12册，岳麓书社2011年版，第10—11页。

> 学之兴于宋也，周子得二程子而道着。程于之道广，而一时之英才辐辏于其门；张子教学于关中，其门人未有殆庶者。而当时钜公耆儒如富、文、司马诸公，张子皆以素位隐居而末由相为羽翼，是以其道之行，曾不得与邵康节之数学相与颉颃，而世之信从者寡，故道之诚然者不着。贞邪相竞而互为畸胜，是以不百年而陆子静之异说兴，又二百年而王伯安之邪说熹，其以朱子格物、道问学之教争贞胜者，犹水之胜火，一盈一虚而莫适有定。使张子之学晓然大明，以正童蒙之志于始，则浮屠生死之狂惑，不折而自摧；陆子静、王伯安之蕞然者，亦恶能傲君子以所独知，而为浮屠作率兽食人之伥乎！①

这两段话都对理学演变脉络进行了梳理：周子为始，二程子“引而申之”，游、谢之徒“趋于浮屠之蹊径”，朱子“以格物穷理为始教”，双峰勿轩诸儒“沉溺于训诂”“白沙起而厌弃之”，王阳明兴阳儒阴释、诬圣之邪说。两段话都强调了周敦颐在理学发展中的创始人的地位。

或许有人会说，周敦颐为理学创始人的地位早就为人所公认，王夫之只是叙说原本存在的事实。诚然，在王夫之之前有很多人承认周敦颐为理学之创始人。南宋祁宽在《〈通书〉后跋》中说：“先生殁，洛阳二程先生唱学于时。辨异端，辟邪说，自孟子而下，鲜所许可。独以先生为知道。又云，自闻道于先生，而其学益明。”② 南宋陈亮在《伊洛正源书·序》说：“濂溪周先生奋乎百世之下，穷太极了蕴，以见圣人之心，盖天民之先觉也。手为《太极图》，以授二程先生。前辈以为二程之学，后更光大，而所从来不诬矣。”③ 在承认周敦颐为二程之师的前提下，关于周敦颐的议论有两点是值得注意的。一是周敦颐其学的来源有瑕疵。胡宏在《通书·序略》中说：“推其道学所自，或曰：传《太极图》于穆修也，传《先天图》于种放，种放传于陈搏，此殆学之一师欤，非其至者也。希夷先生有天下之愿，而卒与凤歌、荷条长往不来者伍。于圣人无可无不

---

① （明）王夫之：《张子正蒙注》，《船山全书》第12册，岳麓书社2011年版，第11—12页。

② （宋）周敦颐：《周敦颐集》，中华书局2009年版，第118—119页。

③ 同上书，第120页。

有之道，亦似有未至者。”[①] 理学自认为是孔孟正传，其学源于道教人士，肯定不纯，故胡宏解释说：“道学之士皆谓程颢氏续孟子不传之学，则周子岂特为种、穆之学而止者哉！”[②] 二是二程虽承认受学于周敦颐，程颢说：“自再见周茂叔后，吟风弄月以归，有‘吾与点也’之意”[③]，但二程并不承认其理学源于周敦颐，而说“吾学虽有所受，天理二字乃是自家体贴出来”[④]。确定周敦颐为理学之宗，王夫之是不遗余力的。一方面王夫之反复申说周子为理学的开山祖师；另一方面，广引周子著述并加以阐发，在理论上以明其宗。

二　精研濂溪学而成船山之学

既然王夫之认定周敦颐为理学的开创之师，因而于其学说颇为用功精研。王夫之在《南窗漫记》中说：“尝读《太极图说》至三百巡，隔夕而忘。”[⑤] 一次诵《太极图说》三百遍，不能不说王夫之对其喜爱之深。在王夫之的众多著作如《张子正蒙注》《周易内传》《思问录》《尚书引义》等对濂溪学多有引用。《周易内传》卷五云：

> “太极”之名，始见于此，抑仅见于此，圣人之所难言也。“太”者极其大而无尚之辞。“极”，至也，语道至此而尽也；其实阴阳之浑合者而已，而不可名之为阴阳，则但赞其极至而无以加，曰太极。太极者，无有不极也，无有一极也。惟无有一极，则无所不极。故周子又从而赞之，“无极而太极”。阴阳之本体，缊相得，和同而化，充塞于两间，此所谓太极也[⑥]。

---

① （宋）周敦颐：《周敦颐集》，中华书局 2009 年版，第 117 页。

② 同上。

③ （宋）周敦颐：《宋史·道学传·周敦颐传》，《周敦颐集》，中华书局 2009 年版，第 88 页。

④ （宋）程颢、程颐：《二程集》，中华书局 1981 年版，第 424 页。

⑤ （明）王夫之：《南窗漫记》，《船山全书》第 15 册，岳麓书社 1996 年版，第 873 页。

⑥ （明）王夫之：《船山遗书》第 1 册，中国书店 2016 年版，第266 页。

“无极而太极”见周敦颐《太极图说》之首句。[①]《周易内传·发例》引周子之言曰：“动而生阳，静而生阴。”[②] 此句亦见《太极图说》，原文云：“太极动而生阳，动极而静，静而生阴。”[③] 王夫之在《尚书引义》卷三中说：

> 周子曰：“诚无为。”无为者诚也，诚者无不善也，故孟子以谓性善也。诚者无为也，无为而足以成，成于几也。几善恶也，故孔子以谓可移也。[④]

此句见于《通书·诚几德第三》[⑤]。王夫之《思问录·内篇》引周子之说：“五性感而善恶分”[⑥]，“见道之义重则外物为轻，故铢视轩冕，尘视金玉”。[⑦] 这两处的引用都不是原封不动地引用原文。前者见《太极图说》，原文云：“惟人也，得其秀而最灵。形既生矣，神发知矣，五性感动，而善恶分，万事出矣。”[⑧] 后者见于《通书·富贵第三十三》，原文云：“君子以道充为贵，身安为富，故常泰无不足。而铢视轩冕，尘视金玉，其重无加焉尔！”[⑨]《思问录·内篇》引用周子之言还有“静无而动有”[⑩]，“无思，本也”[⑪]，“思，通用也”[⑫]，“中也者和也”[⑬]。

前人认为濂溪学的主要范畴是什么呢？《宋史·道学传·序》云：“千有余载，至宋中叶，周敦颐出于舂陵，乃得圣贤不传之学。作《太极

---

① （宋）周敦颐：《周敦颐集》，中华书局2009年版，第3页。
② （明）王夫之：《船山遗书》第1册，中国书店2016年版，第321页。
③ （宋）周敦颐：《周敦颐集》，中华书局2009年版，第4页。
④ （明）王夫之：《船山遗书》第2册，中国书店2016年版，第363页。
⑤ （宋）周敦颐：《周敦颐集》，中华书局2009年版，第16页。
⑥ （明）王夫之：《船山全书》第12册，岳麓书社2011年版，第407页。
⑦ 同上书，第409页。
⑧ （宋）周敦颐：《周敦颐集》，中华书局2009年版，第6页。
⑨ 同上书，第40页。
⑩ （明）王夫之：《船山全书》第12册，岳麓书社2011年版，第408页。
⑪ 同上书，第409页。
⑫ 同上。
⑬ 同上书，第411页。

图说》《通书》，推明阴阳五行之理，命于天而性于人者，了如指掌。”① 《宋史·道学传·周敦颐传》云：“博学力行，著《太极图》，明天理之根源，究万物之终始……又著《通书》四十篇，发明太极之蕴。”② 南宋度正《周敦颐年谱》云：“今观《太极图说》精妙微密，与《易大传》相类。盖非为此《图》者，不能为此《说》；非为此《说》者，不能为此《图》。义理混然，出于一人之手，决非前人创《图》，后人从而为之说也。或谓‘无极’二字出于老子，先生之学，盖本于此。然《老子》之言无极，如《列子》《庄子》之言无穷无极，释氏之言无量无边，是指四旁为义。先生之言‘无极而太极’，是指中间极至之理，未形之妙。”③ 南宋祁宽在《〈通书〉后跋》中说：“此书字不满三千，道德、性命、礼乐、刑政，悉举其要。而名之以通，其示人至矣。学者宜尽心焉。”④ 南宋张栻在《〈通书〉后跋》中说：“惟先生生乎千有余载之后，超然独得大《易》之传。所谓《太极图》乃其纲领也。推明动静之一源，以见生化之不穷，天命流行之体，无乎不在。文理密察，本末该贯，非阐微极幽，莫能识指归也。”⑤《四库全书总目·周元公集》云：“周元公集九卷，宋周子撰。周子之学，以主静为宗。”⑥ 清人胡宝瑔在《〈周子全书〉序》中说：“濂溪之上，书院新成。九江太守董公既缮完其事而落之，复辑《周子全书》示余，将使学者知《图》《书》精奥，性命元微，为万事万物之所从出，而立诚为本。”⑦ 由上所引可知，前人认为濂溪学主要集中于“阴阳”“性命”“太极”“无极”“动静”“主静”“立诚”等范畴。

王夫之认为濂溪学的主要内蕴是什么呢？王夫之在《张子正蒙注·序》中说：“宋自周子出，而始发明圣道之所由，一出于太极阴阳人道生化之终始……”⑧ 又在《张子蒙注·太和篇》中说：“此篇首明道之所自出，物之所自生，性之所自受，而作圣之功，下学之事，必达于此，而后

① （宋）周敦颐：《周敦颐集》，中华书局2009年版，第85页。
② 同上书，第87—88页。
③ （宋）周敦颐：《周敦颐集》，中华书局2009年版，第112页。
④ 同上书，第119页。
⑤ 同上书，第120页。
⑥ （宋）周敦颐：《附录二》，《周敦颐集》，中华书局2009年版，第128页。
⑦ 同上书，第130页。
⑧ （明）王夫之：《张子正蒙注》，《船山全书》第12册，岳麓书社2011年版，第10页。

不为异端所惑，盖即《太极图说》之旨而发其所函之蕴也。”[①] 粗一看起来，王夫之对濂溪学的评价与前人差不多。张栻有云“推明动静之一源，以见生化之不穷，天命流行之体”，王夫之亦云“一出于太极阴阳人道生化之终始”，似乎差异不大。但是，王夫之肯定了张载之学的“不为异端所惑”，也肯定了濂溪学的这一特性。当然，在具体论述时，王夫之对濂溪学的范畴在袭用的基础上多有新的阐释。

王夫之论“太极”，他在《周易内传》卷五：

> “太极”之名，始见于此，抑仅见于此，圣人之所难言也。“太”者极其大而无尚之辞。“极”，至也，语道至此而尽也；其实阴阳之浑合者而已，而不可名之为阴阳，则但赞其极至而无以加，曰太极。太极者，无有不极也，无有一极也。惟无有一极，则无所不极。故周子又从而赞之，“无极而太极”。阴阳之本体，絪缊相得，和同而化，充塞于两间，此所谓太极也。[②]

王夫之认同周敦颐的说法“无极而太极”，亦同意朱熹“非太极之外，复有无极也”[③]。但是，王夫之给了更明确的规定：“阴阳之本体，氤氲相得，和同而化，充塞于两间，此所谓太极也”。并对引起的误解进行了剖析，云：“误解《太极图说》者，谓太极本未有阴阳，因动而始生阳，静而始生阴。不知动静所生的阴阳，乃固有之蕴，为寒暑、润燥、男女之情质，其缊充满在动静之先。”[④] 王夫之在《周易内传·发例》中对周子的“动而生阳，静而生阴”进行了深入的剖析，他说：

> 周子曰：“动而生阳，静而生阴。”生者，其功用发见之谓，动而阳之化行，静则阴之体定尔。非初无阴阳，因动静而始有也。今有物于此，运而用之，则曰动；置而安处之，则曰静。然必有此物也，以效乎动静。太极无阴阳之实体，则抑何所运而何所置邪？抑止此一

① （明）王夫之：《张子正蒙注》，《船山全书》第12册，岳麓书社2011年版，第15页。

② （明）王夫之：《船山遗书》第1册，中国书店2016年版，第266页。

③ （宋）周敦颐：《周敦颐集》，中华书局2009年版，第4页。

④ （明）王夫之：《张子正蒙注》，《船山全书》第12册，岳麓书社2011年版，第24页。

物，动静异而遂判然为两邪？夫阴阳之实有二物，明矣。自其气之冲微而未凝者，则阴阳皆不可见；自成象成形者言之，则各有成质而不相紊。自其合同而化者，则浑沦于太极之中而为一；自其清浊、虚实、大小之殊异，则固为二；就其二而统言其性情功效，则曰刚，曰柔。阴阳必动必静，而动静者，阴阳之动静也。体有用而用其体，岂待可用而始乃有体乎？若夫以人之嘘而暖为阳，吸而寒为阴，谓天地止一气，而嘘吸分为二殊。乃以实求之；天其嘘乎？地其吸乎？嘘而成男乎？吸而成女乎？嘘而刚乎？吸则柔乎？其不然审矣。人之嘘而暖者，腹中之气温也，吸而寒者，空中之气清也，亦非一气也。况天地固有之阴阳，其质或刚或柔，其德或健或顺，其体或清或浊，或轻或重，为男为女、为君子为小人、为文为武，判然必不可使阴之为阳，阳之为阴，而岂动静之顷，倏焉变易而大相反哉？《易》不言阴阳而言刚柔，自其质而用著者言之也，若动静则未之言也。信圣人之言而实体之，可以折群疑矣。[①]

周子虽然说“动而生阳，静而生阴”，但究竟如何，并未详细阐述，因而引起了阴阳为一物还是二物，动静与阴阳的关系以及用嘘吸解阴阳等问题。王夫之在深入剖析的基础上论述了“阴阳实有二物”“生者，其功用发见之谓，动阳之化行，静而阴之体定”。前人谓濂溪学主静，濂溪确有一些关于主静的表述，如“静无而动有”[②]，“寂然不动者，诚也”[③]，“君子慎动”[④]，“‘吉凶悔吝生乎动’噫！吉一而已，动可不慎乎！”[⑤] 王夫之的动静观有了很大的发展，由主静而发展为主“动”。王夫之说：“太极动而生阳，动之动也；静而生阴，动之静也；废然无动而静，阴恶从而生哉？一动一静，阖辟之谓也。由阖而辟，由辟而阖，皆动也；废然之静，则是息矣。”[⑥] 又说：“静者静动，非不动也。”[⑦]

① （明）王夫之：《船山遗书》第1册，中国书店2016年版，第321页。

② （宋）周敦颐：《周敦颐集》，中华书局2009年版，第15页。

③ 同上书，第17页。

④ 同上书，第18页。

⑤ （宋）周敦颐：《周敦颐集》，中华书局2009年版，第38页。

⑥ （明）王夫之：《思问录》，《船山全书》第12册，岳麓书社1996年版，第402页。

⑦ 同上书，第411页。

关于周子“诚无为”的命题，朱子解释为：“实理自然，何为之有！即‘太极’也。”① 这是将“诚”归于存在本身，因而就是“太极”。对此，王夫之在《尚书引义》卷三也有论述，他说：

> 周子曰：“诚无为。”无为者诚也，诚者无不善也，故孟子以谓性善也。诚者无为也，无为而足以成，成于几也。几善恶也，故孔子以谓可移也。②

在《思问录》作了更进一步的阐述，他说：

> “诚无为”，言无为之有诚也。“几善恶”，言当于几而审善恶也。无为而诚不息，几动而善恶必审。③

关于“诚”的论述，王夫之在周子之说基础上是做了大大的推进，不仅只将“诚”作为伦理的本体而是作为宇宙的本体，将理学推向唯物论。王夫之说：“太虚，一实者也。故曰‘诚者天之道也’。用者，皆其体也。故曰‘诚之者人之道也’。”④

总而言之，《思问录》《张子正蒙注》是王夫之最重要的哲学著作，两著中引用周子之言甚多，如《思问录·内篇》明引就有六处之多，而《张子正蒙注》在《序论》大赞周子为理学之开山祖师，在首篇《太和篇》之小引前明言此篇“盖即《太极图说》之旨而发其所函之蕴也”，充分证明濂溪学乃船山学之基。当然，王夫之并不是机械地继承周子之说而是在阐释中有所创新，如前所论的“太极”“动静”“诚”等范畴都加进了唯物主义的内容。

（作者单位：衡阳师范学院湖南省船山学研究中心）

---

① （宋）周敦颐：《周敦颐集》，中华书局2009年版，第16页。

② （明）王夫之：《船山遗书》第2册，中国书店2016年版，第363页。

③ （明）王夫之：《思问录》，《船山全书》第12册，岳麓书社1996年版，第403页。

④ 同上书，第402页。

五经博士：周冕对濂溪学发展的影响

周　欣

周敦颐在中国思想史上被誉为“道学宗主”“理学开山”，他上承孔孟学统和儒家传统的《易》《庸》之学，下启宋明理学的整体发展，是宋以后传统思想发展的“活水源头”。自南宋起，张栻、朱熹等理学家对周敦颐的推尊，不遗余力，确定了其在理学思想史上的地位：嘉定十三年（1220）赐谥曰“元”；淳祐元年（1241），追封为“汝南伯”；淳祐十二年（1252），御赐九江“濂溪书院”额；景定四年（1263）赐“道州濂溪书院”额、“道源书院”额；延祐六年（1319），追封为“道国公”。承接宋元时期对濂溪理学的重视，明代肇建之时，明太祖在政治文化方面推行一系列措施优抚儒学后裔，后世帝王，一如太祖，崇儒重道，以孔孟儒学作为国家意识形态，通过既具有士族背景，又有学问声望的儒士来树立国家的权威，在这样一种儒学发展与政治文化的背景下，周敦颐“上承孔孟，下启二程”，接续孔孟道统，赢得朝廷尊崇，在儒学思想史中具有特殊地位，其后裔也深受优渥，恩荣有加。自景泰七年，始授五经博士，延续百余年，而第一位受此封爵的是周敦颐嫡传子孙周冕。

周冕，“字得中，号拙逸，郡庠生，景泰七年（1456）钦召至京，授翰林院五经博士，世袭札还道州奉祀”①。“为人孝友，勤学好善。景泰中，朝廷以濂溪有功世教录其子孙，授冕世袭翰林院五经博士。有《拙逸集》藏于家。”② 问题在于，五经博士的授予怎样反映、影响着理学的

① 《濂溪世系》，（明）胥从化编《濂溪志》卷10，万历癸巳刻本。

② （清）刘道：康熙《永州府志》，康熙九年刻本。

发展进程，周冕在传播濂溪理学上有哪些贡献，对濂溪学的阐扬如何影响着明代学术？尽管周冕在《明史》中有简略的传记，但于其生涯仍所知无多。作为地方乡贤，他并不是一个显赫的人物，其致力于弘扬濂溪理学难为世人所传颂。然而，也正是这样一位普通的五经博士，作为当时理学社会化的重要引导者、参与者，拉开了明代复振阐扬濂溪学的帷幕，在濂溪思想传播与发展中具有里程碑意义。

一 从明代濂溪学的发展看五经博士

濂溪学是于宋代儒学传统相继的思想传承体系，与明清儒学有着一脉相承的学统。明正统元年（1436），顺天府推官徐郁上疏：

> 伏睹圣朝崇尚圣道，推恩及其子孙。孔子宗子承袭封爵，其余子孙皆免差役……及照先贤，道国公周敦颐，上继往圣，下开来学，有功圣门，后世是赖。虽已从祀庙学，顾子孙犹杂编氓，祠墓不免倾圮……令于所在儒学读书，择其才质可用者，量加甄禄。应有祠墓，官为修葺置守。
>
> 景泰六年十一月二十五日，司礼监太监王诚传奉圣旨："周濂溪他有功于世教，着礼部取他嫡长子孙一来京，传奉到部，钦此。"
>
> 钦遵行湖广布政司，转行永州府道州，官吏、里老人等勘审的实，周濂溪嫡长子孙一人，作急以礼起送，驰驿赴京，毋得稽迟。及将同姓疏远之人冒送，获罪不便。今据道州起送周濂溪嫡长子孙周冕到部……奉圣旨："照例着做世袭五经博士。钦此。"移咨吏部，查得翰林院设有五经博士，欲将周冕填注翰林院世袭五经博士，世袭，仍回原籍道州以奉祭。未敢擅便，谨具题请。[①]

由这则奏疏可见，五经博士人员的审定，有着严格的程序，实委极高的期望。首先，必须是濂溪"嫡长子孙"，强调"嫡系"血脉关系，并经"官吏、里老人等勘审"，不得冒名顶替。其次，"令于所在儒学读书，择

① （清）吴大镕：《道国元公濂溪周夫子志》卷12，康熙二十四年刻本。

其才质可用者，量加甄禄”，希望后裔能传承家学，在学业和事业上，展现出五经博士应有的光辉。对于周冕的成就，陈鉴在《赠博士周冕荣还序》中提道：“冕字得中，实先生十有二代孙，其先人文裔两掌，名邑之教，过庭之训，得中盖习之旧矣。仆尝分教道庠，纳交于得中父子，间知其不忝为先贤后也。其膺是命也，岂不宜哉。敢蕲一言为行赠……得中以英妙之年，警敏之学，适丁其时，荐进光耀如此，岂惟时之人歆艳景慕，以为不可及，而凡为之祖以上承先生，亦将恨其生之太早矣。然则得中亦知所以无忝厥祖哉，元公之言曰：‘士希贤，贤希圣，圣希天。’此得中之所当自勉，慎毋以宦成自怠，中道自画，则于斯言，庶几有征。”① 从这个评定，可知周冕在其“仕宦”生涯中，“以英妙之年，警敏之学，适丁其时”，承祖辈余绪，恪守家规，深谙理学，以“士希贤，贤希圣，圣希天”为自勉，致力于儒家的价值理想，能诗善文，作为一个模范后裔，颇得好评。考诸史实，无论在吸引后代学者或对濂溪学的推广上，确实也展现出深厚的学养，可谓无愧于先祖圣贤。再次，令周冕“回原籍以奉祭祀”。优抚后裔，本意在于巩固朝廷的政治权威，但这无形中也确立了五经博士的皇家色彩。

受爵的五经博士，印证了濂溪学为明代所重的史实，使理学思想逐渐渗透到濂溪故里，既顺应明代振兴儒学的演进趋势，又向天下昭示濂洛之学是朝廷所认可、鼓励的学术方向。在这种背景下，周冕及其后世博士，备受恩荣。

其一，获得御前召见。如前所述，“教着礼部取他嫡长子孙一人，来京传奉到部”。陈鉴《赠博士周冕荣还序》提道：“即诏郡国起先贤之后以来京师，命为翰林五经博士，俾归奉祠事且延及于世，视孔氏子孙甚盛典也。于是道之有司，以儒士周冕为濂溪后，具名以闻。”② 周冕由皇帝亲自召见，受到极其隆重的礼遇，将濂溪后裔与“孔氏子孙”并列，虔诚之至，可谓超越历代。就家世渊源上说，周冕受袭后，作为传播理学的先驱式人物，又有乡邑声望，依靠朝廷的权威，树立起主流学术意识形态所规定的楷模，呈现出明代濂溪学发展中的地域文化因素。

---

① （明）陈鉴：《赠博士周冕荣还序》，（明）胥从化编《濂溪志》卷7，万历癸巳刻本。

② 同上。

其二，世袭授职。《道国元公濂溪周夫子志》作有《大宗承袭博士嫡长世次图》：“冕（明景泰七年始受封博士）—绣麟（冕长子，袭）—道（绣麟长子，袭）—联官（道嫡子，袭）—治（职官长子，应袭，引疾，与子汝忠）—汝忠（治长子，袭）—莲（汝忠长子，明末袭）—嘉耀（莲长子，康熙二十四年题准袭职）。”① 从十二世至十九世，从未间断，明代应有6位后裔受此封爵，作为濂溪血脉传衍，保持了特殊的世家地位，是当地最煊赫的家族。“按，《周氏谱》以从远为始祖，则由从远而至嘉耀，二十二世矣。今承袭文牒，以嘉耀为十九世嫡孙，盖自先生数之。《礼》所谓‘有功德始封之君，为始祖也’。图系分明，瞭若列眉。《春秋》所以重与子之法，虽遗腹委裘，而名分素定也。考厥宗图，盖深得此意矣。”② 以文献记载来说，虽然清代标榜继承了明代以来的承袭制度，但周子后裔并非像明朝那样备受重视，中间还有一段曲折，明末未予受爵的周莲以及周嘉耀，在吴大镕、吴延寿、姚淳焘等人反复奏议下，才得以批准为“准给世袭博士”，这也表现出当时儒者对康熙皇帝尊经崇儒政策的期许，同时也透露了清代濂溪学的发展远比想象中要复杂。尽管康乾年间又赐予周枚、周景浚、周邦泰等人为五经博士，但较之清代对周敦颐等儒家圣贤的重视，明代崇信程度可谓历代之最，并将其载入各项官方资料，很大程度上意味着将五经博士的授予作为王朝政治义务予以实施。

其三，修葺祠宇。为适应五经博士地位的提升，明正统年间对濂溪祠宇、祭祀保持优渥，《道国元公濂溪周夫子志》载：“将道国周元公祠宇，如有损坏，官为修理完备，仍于本处访常稔田，置买顷亩，给与子孙奉祀，户内一应差役尽行蠲免。于附近民户佥点佃扫门库之役，常川佃扫。其墓在九江府德化县，原系异省，程途远隔，子孙往彼祭谒，经过府州县、巡司、驿递等衙门，依礼供给廪食，应付船马人夫。其子孙聪明俊秀可教养者，送赴所在儒学读书。拨廪助赡，时加训诲，务获成效。若有资质端庄、学识明裕、堪为时用者，有司从实具奏，取自上裁。所司毋得视为泛常，不加优待，有负朝廷崇重先贤之意。”③ “祠宇如有损坏，官为修

① 《大宗承袭博士嫡长世次图》，（清）吴大镕《道国元公濂溪周夫子志》卷13，康熙二十四年刻本。

② 《宗支蕃衍志》，（清）吴大镕《道国元公濂溪周夫子志》卷13，康熙二十四年刻本。

③ （清）吴大镕：《道国元公濂溪周夫子志》卷12，康熙二十四年刻本。

理完备”“置买顷亩，给与子孙奉祀”“（祭谒）依礼供给禀食，应付船马人夫”等词，典型地反映了朝廷对濂溪后裔的优渥。明清时期，朝廷的恩礼约略记述如次：弘治十六年，派“庠生周纶往九江，守元公墓”；嘉靖十一年，“置买故里祭田”，用于修缮书院、完善祭祀等；正德十五年，翰林院五经博士周绣麟呈“编银解送雇役”“解赴书院收贮，听其雇人代当”；嘉靖二十一年，鲁承恩“为褒崇道学事”“废寺田拨入月岩书院”，以便祭扫；万历十九年“拨给鱼塘赡学”，优恤后裔，“送赴儒学读书”① 等，“褒崇之典，验于信史；承袭之荣，稽于前朝，固彰彰可考已”。诸如此类，其例甚多，这些措施不仅仅是对儒家理想的一种追求，也是凸显周敦颐在明清思想史中具有圣贤地位的最好注脚。

其四，修复门坊楼亭。蒙五经博士封爵而来的恩典，将门坊楼亭塑造成理学神圣的体验与见证。以《修复门枋楼亭祭器》的叙述来看：“逮至我朝景泰七年，钦奉圣恩，特取曾祖周冕承袭翰林院五经博士。蒙佥宪戚公建造恩荣枋、仰濂楼，续蒙上司并本州岛，建立光霁楼、圣学源流枋、继往开来枋，传至于今。”② 从词义上看，“仰濂楼”“光霁楼”“圣学源流坊”“继往开来坊”等，都是与濂溪“光风霁月”“上承孔孟，下启二程”等名号相关的称谓，均在论述濂溪在思想史上的贡献，展现出浓厚的地域文化色彩。此外，据《（光绪）道州志》所载：“（濂溪祠）正祠三楹，前为礼厅，左为御碑亭，即宋理宗所赐书院额及杨允恭谢表刻石，树丰碑焉。礼厅之前为像，厅有石刻，阳为元公像，碑阴为《爱莲说》，外为棂星门，门临通衢，左右二坊曰继往、曰开来。其右宗子居之，曰‘文献世家’之门。前为仰濂楼，俯瞰濂水，后为太极亭、爱莲亭。”③ 这些门坊楼亭，以建筑方式表现出来，不但是祭祀濂溪的场所，而且是后裔等的活动空间；不但积淀了宋元时期的兴学传统，而且承担着对后世传播、教化儒学的功能，是景观性与教化性的统一，是理学发展的重要阐释物。

纵观明代对后裔的礼遇，无论在祠宇、楼亭等修复方面，还是世袭授

① （宋）李嵊慈：《濂溪周元公先生集》卷9，天启四年刻本。

② 《修复门枋楼亭祭器》，（宋）李嵊慈《濂溪周元公先生集》卷9，天启四年刻本。

③ 李镜蓉：《道州志》卷7，光绪四年刻本。

职，朝廷采取的系列政治措施，无意中强化着对濂溪及理学的崇敬。正是在官方政治意识形态的支持下，保证了祭祀、受爵等制度的延续性，濂溪学获得了飞速发展的空间，走向了一个繁荣发展的重要历史时期。

二 五经博士周冕对濂溪文化的阐扬

如果说，朱熹、张栻等人作为濂溪学术阐扬者，是理学在南宋的新发展，那么濂溪后裔即五经博士周冕，则是周敦颐思想的代言人，使其在湖湘地域和明清儒学思想史上独树一帜。

近日，于濂溪读书悟道处的月岩，发现周冕《题月岩》一则，是濂溪后裔五经博士所刻的最早的一幅诗文，尤其值得关注。虽历时六百余年，至今保存完好，既反映了濂溪学在理学话语权中的地位，又突出了主流意识形态对理学的重视，具有重大的历史文化价值。今据石刻，移录如下：

> 宋家天子受周禅，历数相承逾百年。乾德雍熙迨天圣，端拱无为统绪传。五星奎聚文明兆，我祖应期生营道。来歌来游于斯岩，仰观造化生成妙。阐图著书授二程，千载绝学晦复明。圣朝崇重恩垂后，锡爵词林奕世荣。我今幸接置鸿翼，登临此境长兴喟。遗踪想象宛如昔，百拜谨刊岩石志。

该诗辞藻典雅，用典贴切，赞颂周敦颐在明代儒学发展进程中产生的影响，可与史志文献相互印证。第一、二句，从一个特定的角度，彰显了近百年重视濂溪思想的传统，铺叙濂溪学作为明代学术的学脉宗旨，正是圣学的大旨所在。第三、四句，叙写并突出了濂溪生于道州及不为外人所知的濂溪故里、月岩等的历史资源。第五、六句，重点说明濂溪学被推尊的原因，即阐发《太极图说》、著《通书》教导二程，传“千载不传之学”，并以“我今幸接置鸿翼”为收束，指出作为后裔的责任，吸引文人墨客“登临此境”，光大学术。这几句诗文，由濂溪故里到开启二程思想，由朝廷恩荣到理学文化据点，铺陈缕述，脉络条贯，环环相扣，层次清楚，俱见作者的精巧用心。然而碑文与史籍相较，字句多同，所异者在于《濂溪志》等文献中并未提及该诗的刻石年代，唯有石刻的记叙更为详细具体："大明弘治壬子岁仲秋吉旦，明翰林五经博士、道国公嗣孙周冕得中题。"弘治壬子即弘治五年（1492），翰林五经博士周冕所刻，可见史志中这段文字乃袭自碑文。作为濂溪后裔，五经博士周冕读其书，见其故里，自然对祖先圣贤怀有特殊的感情。

受爵后的周冕，运用地方政治中的人脉和资源来扩展学术，以传承与弘扬濂溪理学为己任，在文本整理与祭祀活动并重，展开了双重建构：一方面，通过祭祀来扩大和深化理学的传统。据考证，《濂溪志》等文献中即存有《九江致祭》的祭文，为周冕获得皇帝召见后所作："迨至圣明崇德象贤，子孙袭爵，冕等今承檄召，来自乡国，祀守先陇，孝思维则。"①这种通过颂扬祖先的德行和功绩，唤起族人对祖先的敬意，无疑对加强家族内部的连续性和凝聚力有着重要作用。随着明代以封赐来承认与奖励理学，以及在周冕等后裔的影响之下，祭祀也由此纳入官方名册，鲁承恩、周子恭、唐珤等地方官员先后祭谒濂溪，典礼隆重，作有祭文，建立了相应的祭祀空间，其独特的意义即此可见：祭祀濂溪作为一种尊崇学统、弘扬乡邦文化的方式在故里普遍传播开来，将儒家经典的思想和规则纳入民间社会的轨道，自上而下的推进到民间社会，变成民众活动的习惯以及宗族生活的规则，普行教化，维持国家与个人之间的平衡和稳定。而周冕"回原籍湖广永州府道州以奉祭"，传递着皇权和理学所提供的传统知识，则象征着国家道统延续，传承斯文。

另一方面，修纂《濂溪遗芳集》，寻找本土渊源，建构濂溪学为中心的后学图谱。据方琼《濂溪遗芳集》载："十二世孙翰林博士曰冕者，手录一册，名曰《濂溪遗芳集》，出以示予，且属以序。"周冕之所以要著《遗芳集》，一面固然要彰显濂溪在理学发展中的地位，虽未直接涉及学术思想的探讨，但其核心是学术发展的动力与背景："原其意，盖欲发明周子之所以生于春陵，而明其道以着其芳者"；一面则又与作为后裔无愧于祖先圣贤密不可分，通过汇集、编纂先人文献，极尽搜访之能事，展示故里风貌："图书虽天下所共究，濂溪虽天下所共闻，然我春陵之所谓濂溪，所谓月岩与营道者，人未之见。爱莲有池，池上有亭，亭池上下有光

① （明）周冕：《九江致祭》，（明）胥从化编订《濂溪志》卷8，万历癸巳刻本。

风霁月，人未之玩赏。我祖吟咏性情，爱莲有说，示拙有赋，思亲之类有诗。及其既往，上而追封有制，下而奉祀有祠，或序或记，不一其文，是皆散在群书，或传录于家者，人未之悉究。他如世之文人才子，经舂陵睹遗迹，而慕濂溪者，称赞有佳句。”① 目前《濂溪志》等文献中仅存《序》一篇，其具体内容已无从得其详，但从“然我舂陵之所谓濂溪，所谓月岩与营道者，人未之见”等词可以推测，《遗芳集》的特点在于：在《濂溪集》等早期文献的基础上，网罗历代宗周、尊周学者对濂溪学说研究的著述文献，纳入后裔与文士的酬唱诗文等，倾力搜求，广为采撷。并结合源自自身生活的社会空间，探赜钩沉，注重故里风物的传播，展现不为世人所知的濂溪故里、月岩等文献资料。这样，先人一步地完成故里文本的更新，从而开创了一个新的典范——《遗芳集》，使得后世学者翕然相从，文献的探讨亦由此生发，成为而后编撰方志文献的津梁。

遗憾的是，周冕的《拙逸集》《濂溪遗芳集》等文集今亦难见，无从考核，但从仅存极少的一些诗文、序跋中可以看到，他不仅在各个方面推进濂溪学，而且也令彰而不显的故里阐扬复振，凸显了濂溪一脉的正宗地位，是理学在明代振兴的基础。

三　周冕与濂溪故里的学术传承

以周敦颐为“开山鼻祖”的宋代儒学，作为治理国家的指导思想已经成为明代的一种符号与标志，而五经博士则“复活”了以故里为中心的文明，在理学振兴与区域传统的互动中，文献典籍与故里修建并驾齐驱，衍生出多元的发展路径。

至周冕《濂溪遗芳集》后，寻求濂溪典籍、文献成为传统。据目前所知，《遗芳集》是明代最早的家藏典籍。考王会《濂溪集序》，“癸卯岁，拜道州之命，意故里家塾，当必有之，幸当获睹其全。既抵任，拜先生祠下。退而访其嗣孙翰博绣麟，求家传遗书，出《濂溪遗芳集》一册相示。荒杂不伦，并《年谱》及先生述作，亦复阙遗。因叹文献凋落，当图改刻，乃复出《年谱》抄本及搜录诗文凡若干。会受归而读之，其

① 方琼：《濂溪遗芳集序》，（明）胥从化《濂溪志》卷 7，万历癸巳刻本。

间又多讹脱。乃谬以已意，略加考定，而编次焉”[①]。可见，当时明代濂溪学的发展存在这样一种矛盾：崇儒重道，理学逐渐成为官方学术的正统，对理学的认识正逐渐明朗、深化；从另一个角度，经历宋元两代，濂溪文献遗存无多，濂溪及其后续著作却没能在濂溪故里流传，晦而不显。尽管南宋时期，朱熹、张栻将濂溪学推向了顶峰，朱门弟子度正考寻遗迹，于嘉定十四年（1224）作有《年谱》，使濂溪故里区域特色得到推广，但是，真正与月岩、濂溪故里等有关的遗迹却甚少被提及。至《遗芳集》以降，王会等编撰《濂溪集》《濂溪志》，补充了《年谱》及诗文著述，强化周敦颐在文化地理中的特殊地位，完善了地方文献阙典之遗憾。然其史志早已失佚，憾不能披见，但从时间相距不远的明万历癸巳（1593）胥从化编订、谢贶编校《濂溪志》中可以看出，明嘉靖、万历年间的《濂溪志》，均以濂溪故里为核心，对《年谱》等进一步完善，正如胥本《濂溪志·叙例》所述："年表，宋山阳度氏所撰，小有遗误，今搜补而考正之，诸野人诞语不使冒而入焉，"以此对《年谱》进行了诸多补充，例如"宋真宗天禧元年丁巳五月五日，先生生于道州营道县之营乐里楼田保"。"（天禧）八年庚午，先生年十四。濂溪之西有岩，东西两门，中虚，顶圆如月出，人仰视若上下弦，名月岩。先生筑室读书其间，相传睹此而悟太极。"[②] 这些记载，如濂溪生于"五月五日"、月岩悟道等记载，均不见于宋版《濂溪集》。在这个意义上说，周冕编纂《遗芳集》的目的，其实已经远远超出了文化典籍的整理，而是负有一种复兴濂溪学术的使命感。不仅如此，明万历年间，"周子十七世孙与爵辑其先世著述事迹，自周子四世孙兴裔以下，为《遗芳集》。凡历代褒崇诏谕及传志、记序诸作，以次附焉"[③]。周与爵得益于家藏典籍，补辑大量文献史料，促进了濂溪及其后世文献在苏浙一带传播，发展为理学传播的另一重镇。

作为学术理路的延续，《遗芳集》由家乘史料转化为官修史志。嘉靖年间，鲁承恩等修撰《濂溪志》，就是以《遗芳集》为"原型"而逐步深化。"嘉靖己亥承恩奉命来永，同知郡事"，以才学主持其事，编纂

① 王会：《濂溪集序》，（明）胥从化《濂溪志》卷7，万历癸巳刻本。

② 《年谱》，（明）胥从化《濂溪志》卷3，万历癸巳刻本。

③ 《周氏遗芳集》5卷，编修朱筠家藏本；纪昀：《四库全书总目提要》卷60，史部十六，河北人民出版社2000年版，第1651页。

《濂溪志》。惜其遗佚，史料匮乏，依《（光绪）道州志》所记："嘉靖间，宗子翰林博士周绣麟于棂星门内建楼，藏《濂溪志》书板，后皆毁于火。"[①] 只能从目前仅存的序言，见其梗概："先生之道，昭如日星，《书》不尽言，《图》不尽意，则濂溪一志虽非先生之精蕴，恶可以无成书，而供后学之取则哉？乃取而修之，既成，先生之孙博士绣麟，请授诸梓，承恩知是志也，匪一家之书，当出为天下共之。"题跋中提到的"博士绣麟"，即周冕之子周绣麟，"字圣兆，号酸斋，庠生，袭翰林院博士"[②]，与鲁承恩交往甚多，交情甚契，从"先生之孙博士绣麟，请授诸梓"可知，受家藏《遗芳集》刻书影响，补旧史之阙略，阐述濂溪学说精微，在明代蔚为风气。易言之，《濂溪志》等方志资料的编纂，使得濂溪文献不再局限于家承史料，而被地方典籍所替代，是官方政治的取向与地方历史的记忆，真正实现"流芳百世"。反过来，也恰恰是周冕《遗芳集》记录了不为世人所熟知的故里、宗族文献，并经王会、鲁承恩等的不断增添补辑，成为史志文献固定下来，渗入濂溪学的传播之中，故而对理学的发展产生了深远的影响。

濂溪故里成为明代文明的核心，文人墨客争相题咏刻石。"士大夫亲见我朝崇儒重道，为我祖而赐冕以博士之官；其垂爱及冕者，亦赠有佳什。"[③] 因传世文献有限，周冕与文士的唱和诗文已不可考，仅有《濂溪志》中存有《拜先子前韵》："度越诸贤擅大名，五星奎聚应期生。遗容百世勤瞻仰，绝学千年赖阐明。宋代褒封崇上爵，孔庭从祀侑东楹。《图》《书》包括天人蕴，谁谓言词不尽情。"[④] 表现出后裔对濂溪学说的探索，体现了对理学的认知。同时，依靠身份的荣耀，影响当时士风和学风，地域性的士人活动不断加强，如前文所述《题月岩》，即开明代题诗刻石之先河。随后，周绣麟悉读家藏，承其家风，与当时官员、士人等来往甚密，他以德行学业相号召，一时间从者云集，赋诗题咏渗透于文人的日常生活，为这一时期濂溪学的发展提供了良好的氛围。月岩不仅有周绣麟《游月岩次陈宗师韵》"陈公乘暇游佳境，幸得追陪共一临"，即与岳

① 李镜蓉：《道州志》卷7，光绪四年刻本。

② 《濂溪世系》，（明）胥从化《濂溪志》卷10，万历癸巳刻本。

③ 方琼：《濂溪遗芳集序》，（明）胥从化《濂溪志》卷7，万历癸巳刻本。

④ 吴大镕：《道国元公濂溪周夫子志》卷15，康熙二十四年刻本。

麓书院山长陈凤梧的酬唱诗文，也有徐爱、顾璘、黄佐、顾鲸等阳明后学慕名前来刻石，他们拜访遗迹，深挖濂溪思想的内在意蕴，因月岩自然环境对其展开地域性的文化诠释，但又蕴含着另一种价值取向：把朱熹解“太极”为“理”的思路转向了心性之学，诸如胡直“如月之中”、张乔松“太极岩”等题跋，均是从阳明心学的角度进行解读，并以此拓展为明代学界极具影响力的学术运动，标举着濂溪理学在明代中期学术场域的迅速崛起。值得注意的是，嘉靖年间的政治环境中，程朱理学趋于僵化，阳明心学因背离程朱学术，遭到中央朝廷压抑，认为与皇权为代表的政治意识形态存在冲突，并禁止其传播：“自今教人取士一依程朱之言，不许妄为叛道不经之书，私自传刻以误正学。”[①] 在这一层面来看，阳明学人在濂溪学中注入心学的因子，对濂溪的诠释采取一种既依赖又批判的关系，成就了一种新的学术气象，不仅调和心学与理学之间的矛盾，确立阳明心学的正统性，又使得理学在官学化的同时，蕴含着复兴的契机，这亦是濂溪学术在嘉靖时期备受关注的主要原因。受此影响，后世文人、阳明后学以濂溪故里为正宗，著书题咏，产生了不可忽视的冲击与改变，月岩遂定型为一个地景符号，成为当时探讨濂溪学术的核心话题，留下了大量的石刻文献。

从这个意义上说，周冕对濂溪学的阐扬，极力发掘、利用地域文化资源，为濂溪学的传播提供了充实的、多样的文化资源，而迅速崛起、不断演变的濂溪理学则通过文化诠释，实现文化体系的转型与更新。因此，周冕对濂溪学的贡献既在故里文献资料的收集与整理，也在于推动了明代儒学思潮的繁荣，故而在濂溪理学发展史上具有承先启后的意义。

（作者单位：湖南科技学院）

① （清）夏燮：《明通鉴》，《明世宗实录》卷 19，上海书店 1990 年版。

六　周敦颐的海外影响

韩国近期周敦颐研究动向

［韩］李润和

一　朝鲜前期性理学接受期之“无极太极”论辩

近代以后韩国的中国哲学研究者们主要集中在中国哲学是韩国哲学的渊源这一主题进行研究，以及利用二者的特性进行比较分析的倾向较多。并且利用西洋哲学的多样性研究方法研究中国哲学，对于“中国学”（Chinese Studies）进行不断深化的诠释和理解。① 但是关于韩国哲学的渊源这一观点，中国哲学的主题分析试图将性理学的初次受容期定于高丽末朝鲜初期。众所周知性理学是在高丽末期由安珦（1243—1306）和白颐正（1247—1323）传入，而开始了对性理学的研究，但是朝鲜初期的朱子学处于有形体而无内容的状态，不具备严密的学问体系和独自的性格，仅仅作为表明政治立场的手段而存在。因此当时代表性的学者对于朱子学世界观和人生观的探索更加偏重以佛教代替国家统治为基本理念，思想和方法主要集中在政治理论方面。② 朝鲜王朝成立以后，李彦迪（1491—1553）和徐敬德（1489—1546）逐渐建立了学问体系，但是他们主要以理气论为中心，仅仅发展了自己的主张，并没有形成心性论的体系。虽然如此，朝鲜前期性理学的数次纷争使得其得到了蓬勃而又多方面的发展。代表人物及观点主要有李彦迪和曹汉辅的“无极太极论辩”，李滉

① ［韩］洪元植：《东洋哲学研究方法论的穷乏和问题点，摸索——以中国儒学为中心》，《大同哲学》2014 年第 67 辑。

② ［韩］田好根：《朱熹心性论的韩国的展开之最初的葛藤》，《争论中的韩国哲学》，艺文书馆 2009 年版，第 151 页。

（1501—1570）和奇大升（1526—1572）的“四端七情论争”，李珥（1536—1584）和成浑（1535—1598）的“四端七情论争”和“人心道心论争”等。[①]

在此期间，“太极无极论辩”源于性理学史上以普遍性价值为主题的争论，朝鲜性理学成为主流并登场是主理派的形成。朱熹（1130—1200）和陆九渊（1139—1193）之间的论辩已经涉及此内容，但是随着时间的衍变，曹汉辅和李彦迪的辩论是其二者争论的后续篇之一。曹汉辅跟随周敦颐的见解而后扩展了其思考，李彦迪则是继承了朱熹的主张。但是对于世界的解释以及对于人类定位的问题和修养论的讨论来看，重要的不是跟随谁的主张，而是性理学在朝鲜成了朝鲜儒学者所要接受的现实产物。[②]

“无极太极论辩”是性理学的主要论争，其中分为太极是什么和怎么获得，以及以此为基础怎么去实践和推进。这个辩论从1517年开始延续到第二年，当时李彦迪27岁，曹汉辅已经50多岁了。在此辩论之前李彦迪的外叔孙叔暾和曹汉辅就已经开始了辩论。李彦迪通过亲友四有堂获得了曹汉辅寄给孙叔暾的书信《答忘斋无极太极辩》，而后写了《书忘斋忘机堂无极太极说》的批评文，此书信并未直接寄给孙叔暾，曹汉辅根据批评文写了点简介以书信的形式寄回来而发起了辩论。[③]

李彦迪的批评文，整理了曹汉辅的主张。即：第一，太极即是无极。所以无极而太极的无向于内，太极即有，无法外分；第二，无极而太极因为是遵循大本达道之道，是无法分开的一体，所以只要明白其根本就可理解世间万物之理；第三，无极太虚的本体，即是寂灭。对于曹汉辅的主张李彦迪做出了以下批评。其一，周敦颐所谓的“无极而太极”之说指事物衍生之前的没有形体的存在，还形容实际所有事物的根本。其二，理即是至高无上而又玄妙的存在，但是真像又存在于实像之中。所以无法分割根本，无法区别体用、动静、先后、本末。如若像曹汉辅一样没有区分地来看会成为没有标尺的测量，或者是仅存的尺子而已。其三，吾心之体之道蕴含无极太虚的本体，即“使天地万物朝宗于我，而运用无滞”之说，

---

① ［韩］金洛真：《朝鲜前期的主要论辩与争点》，《韩国儒学思想大系》2005年第2辑。

② 同上。

③ ［韩］金教斌：《由“太极”衍变而来的朱子学的理解和非朱子学的理解的对立》，《争论中的韩国哲学》，艺文书馆2009年版，第112页。

就像想要跨越海洋不能没有桥，想要登天不能没有梯子。第四，太极即太虚的话，太虚的本体即是寂灭，不是儒家学说。用心来引领比喻的话，喜怒哀乐作为具体的感情而发的之前的状态看作“寂”是对的，但是见物而得到感受，喜怒哀乐的感情与节度相适应，本然之妙随之衍生。所以，灭之说无从说起，由此，以前士人讲太极本体时即说“寂而感”。①

此辩论由李彦迪的反驳、曹汉辅的防御而展开。但是李彦迪“寂灭”之用语也道出了其问题，当时异端之说处于警戒意识非常敏感的时期，曹汉辅对于自己的主张虽强辩也非常困难。李彦迪的批判则以自己的创见更加充实了朱熹的概念。

除此之外，还展开了关于太极的论辩。包括李滉及其门派对太极的动静和主宰的讨论，李珥及其门派的极本穷源论的太极论，奇正镇（1798—1879）、任圣周（1711—1788）的一元、分殊观点的太极论，李恒老（1792—1868）的正邪论的太极论，田愚（1841—1922）的尊性论的太极论，实学派们汉学的太极论，还有丁若镛（1762—1836）、申绰（1760—1828）、金正喜（1786—1856）、李建昌（1852—1998）等多元化的主张，但是到底是谁更加理解朱熹《太极解义》中的内容，或者更理解朱熹理学体系则成了问题，关于对朱熹的见解的批评和代案的提示都不是对其性格的辩论。但是曹汉辅和李彦迪的“无极太极论辩”毋庸置疑是朝鲜王朝性理学以朱子学为基础而设定的，韩国性理学的特性是以其为基础而展开的对于朱子学理论的深层探索。② 它们与周敦颐的《太极图说》、朱熹解说的《太极解义》一起问世，此后成为东亚知性界以及哲学界讨论万物本源与本根的哲学思想基础。圣人论、论理论等全部都蕴含着深刻的思索并成为人世间的运行法则。《太极图说》是“道理的大头脑”，被评价为“理论的本源”，是《太极解义》的道理范围、理学的指南。如此，大部分的性理学者们认为太极是与《太极图说》相关的，其反面，

① ［韩］李彦迪：《书忘斋忘机堂无极太极说后》，《晦斋全书》卷5；［韩］金教斌：《由“太极”衍变而来的朱子学的理解和非朱子学的理解的对立》，《争论中的韩国哲学》，艺文书馆2009年版，第117—122页。

② ［韩］金教斌：《由“太极”衍变而来的朱子学的理解和非朱子学的理解的对立》，《争论中的韩国哲学》，艺文书馆2009年版，第124页；姜敬林：《晦斋李彦迪的太极论辩研究》，《儒教思想研究》18辑。

朝鲜后期实学者们的情况则是查找与《太极图说》有关的资料并加以理解，这是很困难的，巫法的层面上，北辰论、圣人论等方面反而更加接近具体的和实际的层面。[①]

二 周敦颐哲学思想的通论性理解

周敦颐被认为是一般意义上的理学的开山，他在部分道家思想的基础上把儒学体系化，著成《太极图说》，用道说明万物创造的过程，并将《周易》的概念与其相结合。不仅如此，还作了《通书》，给予儒家的教义以全新的解释，从而成为性理学的中心思想、理学的基础。相比来说朱熹在思想上更加体系化，为理学的发展奠定了重要的基础。

首先苏铉盛的论文与周敦颐的著作《太极图说》和《通书》等都有关联，他的论文论述了周敦颐的著作与文集的编撰、刊行和宋代思想家们对周敦颐的认识、评价，是对周敦颐著作及思想权威形成的可信性研究。[②]

最近，高康玉[③]与咸贤赞[④]出版了关于周敦颐思想的专著。两位作者主要研究了周敦颐思想的全面性问题，特别是咸贤赞在著述中将周敦颐的时代、生涯、学问和思想进行了全面的考察，对根据太极进行世界性的解释、太极的人心论的理解、修养论的确立和天人合一的实现等进行了说明，最后还对周敦颐哲学的意义和界限进行了论述。

理解周敦颐，还涉及二程和周敦颐的师承关系，韩国金洪水做了有关研究。“茂叔”之称谓和“穷禅客”之表象是否定周程师承关系的学者们的依据，但二者作为否定周程师徒关系的立据也有颇多疑点。朝鲜学者宋时烈（1607—1689）认为：“虽然宋代人不以字作为称呼，但是二程叫周敦颐‘茂叔’就像孔子的孙子子思称其爷爷为仲尼是一样的。”（宋时烈《宋子大全》卷103《答尹而和》丁巳10月26日别纸）而且据《二程集》

① ［韩］郭信焕：《朝鲜儒学的太极解释论辩》，《东洋哲学研究》2006年第47辑。

② ［韩］苏铉盛：《关于周敦颐著作的刊行和权威的形成文献解释学的研究》，《东洋哲学研究》2006年第46辑。

③ ［韩］高康玉：《周濂溪研究》，中和堂1991年版。

④ ［韩］咸贤赞：《周敦颐：性理学的鼻祖》，成均馆大学校出版社2007年版。

记载，他们称呼比自己年长13岁的外叔张载为“子厚”的地方共95处；称当时年长其14岁的当朝宰相司马光为“君实”的地方共22处；称年长其22岁的邵雍为“尧夫”的地方共93处。从实际记载来看，“茂叔”之尊称和“穷禅客”之表象不能作为周程师徒关系的否定根据。① 这个论文可以作为其外在的重要根据而进行批判。

为了对周敦颐思想进行全面的理解，对其进行通论性研究的学者有丁海王、延在钦、金秉峘、苏铉盛、安载晧等人。丁海王认为《太极图说》和《通书》中蕴含了自然哲学和道德哲学的问题②以及道德理想和现实问题③。首先他在《太极图说》中提出了自然哲学和以其为根据的道德哲学的本质、人存在的意义和法则间的关系。《太极图说》将其构成分为四个层次：第一层是存在的本质；第二层是存在本质的现象化；第三层是世界上人间存在的意义和道德；第四层是存在法则和道德法则的确立。周敦颐根据《中庸》和《易》，说“诚”是事实概念到价值概念的过渡，跨越事实与价值之间的界限就是道德的根源。人间的道德体现为善，是现实中生命力的属性，是“诚”的现实化身。圣人是圣的体现。周濂溪追求圣或者圣人的事实体系和价值体系的二元合一。④ 如此，道德理想与现实问题相关，依据现实与理想的差异，以及善恶的问题、修养的程度也把人进行分类，其中理想的实现方法即圣人的实现方法，包括无欲、主静、中正仁德等，人类理想的状态就是追寻圣人的行迹，即“诚”“神”“几”的综合状态。⑤

延在钦以周敦颐的《通书》为中心进行研究，以为他的哲学中蕴含着心的意味，并对此进行考察。对于周敦颐的哲学，现有研究均以道家、佛教和与此有相关联的学问为其渊源。《太极图》和《太极图说》的由来、无极和太极的众多解释、朱熹和陆象山对于“无极而太极”的论争，

---

① ［韩］金洪水：《二程和周敦颐的师承关系》，《中国语文学志》2005年第17辑。

② ［韩］丁海王：《关于周濂溪的自然哲学和道德哲学的研究》，《人文论页》1992年第41辑。

③ ［韩］丁海王：《周敦颐的道德理想和现实》，《大同哲学》2002年第16辑。

④ ［韩］丁海王：《关于周濂溪的自然哲学和道德哲学的研究》，《人文论页》1992年第41辑。

⑤ ［韩］丁海王：《周敦颐的道德理想和现实》，《人文论页》1992年第41辑。

都没有把重心放在与心相关的问题上，但是周敦颐哲学的主要概念是与心相关联的。延在钦关注“诚”和“神”的关系，认为心的作用是进行知与思，对无欲与诚心等概念进行分析，[①] 但是关于这个观点，现有研究中并没有特别独创的成果出来。而且随着研究的发展，心和神的意味不加以区别而使用的情况在增加。[②]

金秉岴利用人生的情趣和指向，以诗歌阐释周敦颐的思想，同时涉及道、佛的纷争及其造成的影响。以周敦颐的诗歌为中心，从而引出对其内涵的阐释，特别是他的诗歌中隐藏的道教内丹术的内容。其间不被学界关注的几点观点又出现了新的证据，但是时代的风潮对周敦颐的影响也非常强大，因此对于周敦颐的个性研究就没有特别大的意义，而且强调无欲是三教共有的观念，这一点比三教融合有更大的意义，由此也得到了广泛的关注。

安载晧的论文以本体论、心性论和修养论为中心，区分周敦颐的主要思想，重新把其杂多的概念分离开来进行明确的研究。该文并不说明“神”和阴阳五行的关系具有理论整合性，周敦颐的道德本体、修养主体等意味着心，但是没有一处进行过明确说明，只是通过“思”说出了心的意识作用。这种立场很难看出周敦颐是嫡统儒家学说并继承了儒家思想。虽然主张中正和仁义，但是周敦颐这种主张仅仅是对事实的记述，绝不是妥当的分析说明。以上是历史的评价，这种评价不具备伦理性、妥当性、整合性，仅仅是对其进行了批判。

三　太极、《太极图说》和“无极而太极”论辩

（一）对太极的理解

《周易·系辞传》提到了太极的概念，但是并没有具体的说明，所以通过对太极这一概念的渊源背景进行考察，更加关注太极原来的面貌，后代学者对其做了多样性的解释，并受到广泛的关注。[③] 太极的概念和范

① ［韩］延在钦：《周敦颐哲学中的心的意味》，《凡韩哲学》2009 年第 55 辑。

② 同上。

③ ［韩］郑炳锡：《太极概念形成的渊源背景和解释——以太极概念的原生的意味和解释为中心》，《哲学》2006 年第 88 辑。

畴是中国性理学理论体系构成的关键。当时的哲学家们在孔孟的道统上解释太极之本体是一种伦理的展开方式，构筑了理、心、气之体系。太极是作为人性论本体来说明道德本质的根源和体现。在理学上，太极被归结为理的观念，再加上“性即理”说的提出，其中蕴含着人本性的道德标准和根据，并形成了理本论的体系。而且在气学上，太极的构成方式归结为气这一观念，更加具体地说，人本性的道德标准及其体现是气本论，除此之外没有任何根据显示出其体系结构。①

周敦颐、邵雍、张载等主张太极、太虚的存在论。其中对于儒家的传统价值范畴，即仁义礼智等是如何安排的，并没有给出具体的说明。周敦颐也使用了人极的概念，宇宙的存在层次和人间的价值层次合而为一。但是不拘于仁义中正的价值含义，太极是如何具体阐释人间和社会的价值根源的，朱熹给出了明确的解释。② 朱熹说太极说的思想体系核心是存在的形而上学，同时这也是宋学的核心。此时太极是自然和人的根源，即形而下的世界中秩序和谐的根据之理。这个根据之理超越自然和人间世界，具有无的性格。通过对周敦颐《太极图说》“无极而太极”的阐释，朱熹对存在论进行了详细的说明，去掉了周敦颐的以气流出论太极的性格，按照太极是理之形而上来解释，把太极论推上更高的层次，为宋学的体系构造做了准备。③ 与之相关的主张还有把周敦颐的太极比作万物生成以前的未分化的根源物质的，与朱熹把太极明确地规定为理相对。在那种解释中，周敦颐即成为气一元论者，而朱熹则成为理气二元论者。④

关于太极的议论主要是关于性理学的思维构造和新儒学或者是朱子学的形而上深层构造的研究。金演宰的论文提出了关于太极的概念和其可能有的解释论据及方式。⑤ 周敦颐关于宇宙本源的问题集中在太极而无极的命题上，其将道家的无极概念引入儒家的易学体系中，构成了以太极概念

---

① ［韩］金演宰：《性理学的思维构造和其中心问题——“太极”概念和其范畴的解释》，《东亚古代学》2006 年第 13 辑。

② ［韩］朱光镐：《两宋太极论展开过程中程颐“理”论的位相——太集中的理》，《韩国哲学论集》2008 年第 24 辑。

③ ［韩］李东熙：《朱子太极说的定位和其体系》，《东西文化》1990 年第 22 辑。

④ ［韩］李承焕：《理发说的伴随论的解明》，《东洋哲学》2010 年第 34 辑。

⑤ ［韩］金演宰：《性理学的思维构造及其中心问题——“太极”概念和随其范畴解释》，《东亚古代学》2006 年第 13 辑。

和范畴为中心的宇宙生成观。周敦颐认为，无极是通过动静的状态诠释阴和阳之气。始于无极，太极、阴阳和五行是生成或者变化的过程。对于周敦颐来说，无极的太极，不是虚无而是实体，是形成宇宙的本源和万物构成的根源。周敦颐关于太极本源说接受了王弼的形而上观点，另一方面又放弃了他的玄学路线。但是他还无法脱离道家"有生于无"的论点，从此点上来看关于太极图的解说，既是说明宇宙的生成，也是阐述事物的本体。

郑相峰从解释学的态度对朱熹形而上学的理论构造和内容进行解释说明，以太极的动静为中心，特别是对"理生气"的问题进行了相关考察。金秉峘对太极实体概念进行了分析。首先他认为太极不是在《易传》中首次出现的，强调周敦颐、邵雍、张载等言及的太极概念和朱熹的太极观的差异。周敦颐提供了无极和太极的含义以及讨论两者间关系的契机，朱熹把太极论更加具体化，认为太极是"穷"极的本源、原理和最高的标准、尺度。同时就像一般的解释那样，太极作为实体概念出现时，对其引起的问题进行议论的话，是在批判太极是实体的解释。① 张在钎对太极说的起源和诸家的解释进行了考察，太极是万有的始源者，无极是为了说明太极的概念而附加的说明。但是他对于"无极而太极"之说却仅仅论议了其观点本身，而对于"无极而太极"的意义的细致的分析，以及对于理气的概念等都没有进行具体的说明。② 朱光镐的论文针对两宋的太极论展开讨论，并对代替程颐的理之太极的背景和理论的界限及哲学史的意义进行了分析。③

(二)《太极图说》和"无极而太极"论辩

"无极而太极"论辩是性理学的主要论题，其中分为太极是什么，如何体会，如何实践等内容。"无极而太极"的命题是生命力自体的表现。

---

① [韩] 金秉峘:《新儒学的太极概念研究——太极的实体概念是什么》,《东洋哲学》2002 年第 18 辑。

② [韩] 张在钎:《太极的概念和论辩的在讨论——以太极图说为中心》,《民族文化》1981 年第 7 辑。

③ [韩] 朱光镐:《周敦颐〈太极图说〉的存在论、价值论的含义》,《韩国哲学论集》2007 年第 20 辑。

生命力是无法言表的穷极、极致的穷极，但是无极和太极在言语理论上有矛盾之处。存在本质的生命力无法用言语规定，因此对于周敦颐“无极而太极”的真意的论难有很多。其中以朱熹和陆九渊的争论为代表。朱熹认为如果不言无极就不足以说太极构成了万化之根，不说太极就可能使无极陷入空寂中而成为不了万化的根。据此陆九渊即使不谈无极而只说太极，也不能认太极为一物。《太极图说》第一节解释了宋代以来新儒学研究者们面对的深远而又难解的问题。因此朱熹和陆九渊之间的争论并没有明确具体的结论，而只能终止在彼此间的差异性的认证上。张闰洙[①]、金朱清[②]、李东旭[③]、金秉峘[④]等进行了相关问题的研究。

太极和无极的概念以宋代的辩论为中心，相关文献研究或者伦理的推论利用与自然科学知识进行比较分析的方法，田溶柱对太极的本质和无极的解释有新的见解。他说太极不是朱熹所谓的理所限定的概念，也不是张载所谓的气的限定的概念。他们的概念只强调了太极的一部分，是正确理解《太极图说》意味的障碍。从宇宙的作用、自然科学的知识以及《太极图说》的解释和文脉的连贯性上来看，太极包含了气和理的概念。气之太极是万物的形体形成的根源，理之太极是万物的本性形成的根源。无极虽是老庄的用语，但是周敦颐所谓的无极完全不同于老庄，而是用以表达万物的根源的概念。无极是太极和宇宙的本体构成的两个极（根源）中的一个，它无形、无所知、无所见，但是是生命体形成的根源。即无极是万物中给予生命的根源，也是称之为灵的根源。[⑤] 柳茂相认为在周敦颐哲学上提出了重要的概念、从无极之真出发，那个问题是在儒家的生成论立场上根据阴阳五行的原理怎样进行形而下的世界展开的考察，于此相衔接的是太极论的观点上以“诚”为媒介分析天人合一的关系，通过无欲为圣人定立学圣之道（修养论），强调道德性涵养和人极的标准，圣人要

---

① ［韩］张闰洙：《关于〈太极图说〉朱陆论辩》，《退溪学和儒教文化》1991 年第 19 卷。

② ［韩］金洙清：《朱熹和陆九渊的无极太极论争》，东亚大石堂传统文化研究院，《食堂论页》1993 年第 19 卷。

③ ［韩］李东旭：《朱陆的无极太极论争研究》，韩国东洋哲学会，《东洋哲学》第 33 卷，2010 年，第 249—274 页。

④ ［韩］金秉峘：《“自无极而为太极”或“无极而太极”》，《退溪学报》1997 年第 93 辑。

⑤ ［韩］田溶柱：《对〈太极图说〉的太极和无极全新的解释》，《儒教思想文化研究》2013 年第 52 辑。

把握中正仁义，为了成为圣人唯一的方法就是无欲，还有一个方法就是在太极论上做比喻，其结果就是“静虚动直”“明通公溥”等。①

朝鲜前期之前，延伸到李彦迪和曹汉辅的“无极而太极”论辩，在朝鲜中期以后的《性理大全》得以普及扩散，随着对《近思录》的关心的增加，其中收录了对《太极图说》的深入研究。② 在朝鲜时代，与《太极图说》有关的问题主要分为：第一，周敦颐的学问成熟过程中作《太极图》的原因；第二，《太极图说》中图和说的关联性；第三，《太极图》的时代、个人制作过程的特征和传授过程；第四，《太极图》和图说的老庄间的关系，和原始儒学间的连续；第五，《太极图说》内容构成体系的构造化研究；第六，朱陆论争的特征和评价等受到瞩目。这种关于太极的思考成为丽末鲜初性理学发展的非常重要的基础，李滉（1501—1570）的《圣学十图》，曹植（1501—1572）的《太极图与通书表》，宋翼弼（1534—1599）的《太极问》，宋时烈（1607—1689）的《太极问》，郑逑（1543—1620）的《太极问辩》前后篇，张福枢（1815—1900）的《太极图说问答》，李恒老（1792—1868）的《太极说问》，奇正镇（1798—1879）的《问答类编》，朴文镐（1846—1918）的《太极通书解》，李定稽（1841—1910）的《太极动静说》等都是对其进行研究的成果。③ 而且朝鲜时代以性理学的价值观为基础，宋时烈的5代孙都继承了正统畿湖学派，宋焕箕（1728—1807）完全以朱子学的思维方式解释了《太极图说》。同时宋焕箕通过乾坤男女和万物化生的先后问题，中正仁义的先后问题和体用问题，试图进行关于《太极图说》人学的解释。通过《太极图说》的解释确立了人存在的主体自觉原理及其理论根据。关于《太极图说》，新儒学者进行了多样的解释，不仅仅停留在宇宙发生论上，也促发了以主体的存在为人问题的关注。其实，从《太极图说》的制作背景上就可以看出，天人合一论的思维的延长线上确认了宇宙万物和人间存在的紧密的关联性。《太极图说》也没有把人间的问题作为例外绝

① ［韩］柳茂相：《周敦颐天人合一思想体系和意义——以太极论和诚论为中心》，《东洋哲学研究》1996年第16辑。

② ［韩］杨顺子：《“太极”的未完成的自然化——以金锡文的〈易学二十四图解〉为中心》，《东洋哲学》2015年第43辑。

③ ［韩］郑炳连：《〈太极图说〉的成立和其传授人脉》，《韩国哲学》1995年创刊号。

对排除在外。因为宋焕箕认为“圣人道统说”的哲学根据是在《太极图说》上找到的。融入现实的话，君主作为圣人，以建立“圣人的王国”为目标。[①]

进入近代，金秉岠对太极图的渊源，以历史的角度，主张对道教、佛教的诸多典籍进行分析，对其妥当性与否进行论述。太极图和图说分离开来，分析太极图的起源问题的话也涉及与道藏的《太极先天之图》，“无极图渊源说”，寿涯的“先天地之偈”，宗密的“十重图（阿梨耶识图）”等之间的关联性问题，但是对于太极图的渊源还没有得出正确的结论，周敦颐的著作中的主张也不敢苟同。[②] 吴炳武认为以万物生成论为中心，周敦颐的太极图，整理了几点问题如下：其一，把气作为物质来把握，可以作为基本的性质和气的根本构造来清晰地阐述；其二，阴阳和五行以及太极与相同的物质性的东西来理解的话，五行和太极、阴阳和五行、五行和太极怎么统一，具有什么样的关系等问题；其三，太极的动静，阴阳的变合，太极和阴阳五行的妙和，二气的交感等意味也做了明确的阐述。因为《太极图说》的内容中以上问题都没有解决的话，周敦颐的太极图中关于万物生成以图的形式画出来也不为过，而且他的《太极图说》在万物生成论上也没有说服力。[③]

朱光镐认为至今流传的《太极图说》是在朱熹的自身的观点上，特别是受到程颐的理气论的存在论的影响下综合整理而形成的。而且在《太极图说》中没有显露周敦颐的观点有两点原因，第一，《太极图说》是朱熹的存在论体系的基础，是其最重要的文献；朱熹倾其一生对《太极图说》加以注释，不停地争论，致力于以《太极图说》为主的周敦颐著作的搜集、整理和刊行。随着后代的研究者们对《太极图说》中朱熹的观点的认同，自然而然的对《太极图说》中出现的关于周敦颐的原义的关心度逐渐降低。第二，不过区区数百字之外的《通书》中零散地可以发现陈述的根据，其可以作为解释学观点的原因来理解。随之而来的不仅是周敦颐思想关于实

---

① ［韩］李钟晟：《性潭宋焕箕〈太极图说〉解释的宇宙论的意义》，《人间学研究》2015年101号。

② ［韩］金秉岠：《〈太极图〉渊源研究》，《东洋哲学》1996年第7辑。

③ ［韩］吴炳武：《关于北宋时代周濂溪的〈太极图〉——以万物生成论为中心》，《全北史学》1983年第7辑。

体的说明，还包含了《太极图说》的渊源问题，《太极图说》的存在论的含义和无极的价值论的含义问题。朱熹也没有绝对地抛弃周敦颐的生成论的思考，反而将周敦颐主张的个体的生存法则和全宇宙的生生法则间存在的连续性和统一性继承和发展起来，强调其“现在性”。朱熹仅仅抛弃了周敦颐的无极—太极概念中的元气论的含义，因为完全继承了《太极图说》中宇宙秩序和个体（个人）间存在“生生”的构造内容的统一性和连续性，这就是朱熹本体论体系的完成，同时也是其生命思想的内容。[①]

李贞馥的“能发能生”论，即以对周敦颐的哲学和朱熹的见解中的不同看法，朱熹以理和气为轴，得出了二元论的结论，又重新以“诚”为基点进行了整理。但是朱熹“天地间就一个理字，性即理”。在理论定位的过程中可以看出理气衍生出了哲学史的重要意义，但是《太极图说》的文句和思维体系是直感性的，因为是直线的思考而衍生出来的，在其他层面上为理定位，《通书》中相当一部分在讲述“诚”。[②] 黄甲渊论文以朱熹和陆九洲的辩论中出现的以无极和太极的先后问题为中心对周敦颐的《太极图说》进行考察的话，在无极和太极的见解上朱熹同意牟宗三的见解，《太极图说》中出现的无极仅仅是形容词太极不是本体的第一义。[③] 房世英认为新儒学者们通过自然观和人间观的摸索提出了把家族作为新儒学的视线的问题。家族是根据人间的秩序所建立的，不是维持之物而是自然秩序又包含了一的秩序，“我”是存在的根源，对于家族之存在根源的探究即形而上学的思维有了规范的抬头，始于宋明理学的鼻祖周敦颐之后而衍生。为了考察人间存在之根本性的家族与新儒学的形而上学的思维通过什么样的根据和理论进行展开的，分析了《太极图说》和张载的《西铭》。[④]

徐仁变，道家的宇宙论的典型论，太极图依据儒家的理念解释时，发

---

① ［韩］朱光镐：《周敦颐〈太极图说〉的存在论、价值论的含义》，载《韩国哲学论集》第20辑，2007年，第11—32页。

② ［韩］李贞馥：《对天机图说和性理学上的离奇的端初的解释试论——以能发能生的混论和中为中心》，《韩中哲学》2002年第8辑。

③ 黄甲渊：《对周濂溪的太极图说考察——以朱子和象山间的辩论中出现的无极和太极的先后问题为中心》，《韩中哲学》1997年第3辑。

④ ［韩］房世英：《新儒学的家族观的自然性和人间性——以〈太极图说〉和〈西铭〉为中心》，《韩国民族文化》2007年第30辑。

生伦理问题以后性理学史上出现的许多哲学的争论几乎是以同一形态反反复聚焦在此问题上。一般的会理解成《太极图说》是周敦颐的主张，然而以往的道家没有发现太极图的真正的意味所表现出的东西。但是儒家的道德理念是蕴含了道家的宇宙论，从太极图开始是否导出，对此需要再次进行批判性的讨论。论文中性理学的道德的宇宙论的论据大部分相当于汉代儒学的杂家的议论是其基础性的论点，A. C. Graham 等学者对汉代儒学的宇宙论的问题点进行了评价和分析。周敦颐就像汉代儒学者们尝试的那样，找到了宇宙的原理上儒家的道德观念的根据，即确保了儒家理念的客观性。周敦颐主张天地人三极的会通，在《太极图说》中说明了天道即阴阳，地道即刚柔，人道即仁义，即道家的世界观的反复性。①

四 《通书》的修养论、圣人论

性理学理论的核心是排斥佛教和道教的出世主义，同时融和佛教和道教的思想，成为儒家精神形而上的基石，以人文主义为基础不排除宗教性的精神建立。② 当然这种观点对统治秩序来说太极是显现社会关系的存在，可以看到社会统治秩序的绝对性和永久性的主张不断扩大。但是通过《通书》学说的引导成了与天连接的巨大的形而上学的内涵，通过修养打开自己变革的可能性。

对《通书》的译释，最近权正颜和金相来对此有相关研究。对《通书》的译释最具代表性的是朱熹的《通书解》。从《通书》来看，周敦颐学说的中心是“诚”和“几”的问题，对于“性”的理论、天人论等要区分说明，《通书》的版本问题和对朱熹的《通书》的理

① 许仁变：《新儒家的道家宇宙论理解的问题点考察——以周濂溪天机图说为中心》，《孔子学》第 9 号，2002 年，第 105—123 页。

② 朱熹在自己学说的整体性确立过程中特别是对于佛教的批判的展开，是为了证明说性理学的世界观和佛教的世界观在根本上有跨越不过的界限。大部分性理学研究者都强调性理学和佛教的根本出发点和着重点不同，强调两者使用上的本质的差异。（咸贤赞：《性理学的胎动和对其正体性的考察》，《东洋哲学研究》2011 年第 67 辑。）

解，国外的《通书》的译释都提到了此问题。[①] 权正颜在研究《通书解》的译释前主要以《通书》为中心来研究，因为对周敦颐的天人论比较关注，[②] 同时周敦颐的思想上对天人论的世界观的传统进行了多体系的理解，以及关于天人论中存在论的性格和人间学的意味考察。这种见解与朱熹以后性理学派的理解成为基本的方向性研究。[③] 同时天人论引出的世界观的变化和人间观的变化被整理为"世界的人间化"和"人间的世界化"的概念，周敦颐继承了《易传》和《中庸》的天人论，[④] 成为宋代性理学的原型。苏铉盛试图对周敦颐的思想进行体系性的研究。关于《通书》，朱熹的解释是对北宋五子、道家和佛教等思想性的养分不断地吸收，不断地争论，最后形成了自我的思维体系。朱熹对周敦颐的思想的解释是有问题的，朱熹对《通书》进行整合的基础上以二分法的思维，从动静的样态对器与理进行区分，在动静的妙和上以形而上和形而下来区分，以太极、阴阳、五行和体用的适用等为中心，对周敦颐和朱熹间存在的思维和观点的差异进行了分析并对其进行说明。[⑤]

程朱性理学以诚、敬、工夫为中心，追求现实的实践方法论的分析。与这种问题相关的是苏铉盛对于《通书》的讨论，特别是在《通书》的核心诚和圣上可以看出，剩余的内容不过是对此概念的敷衍。诚和圣是内圣和外王的有机紧密的统一，自觉地具有能动性的追求境界，也成为现实实

---

① 周敦颐：《通书解》，清溪出版社 2000 年版，第 15—34 页；但是对《通书》有相当研究的人物是李震相（1818—1886）。他作了《通书创义》，对于《通书》有自己比较详细的理解，作了《今拟考定通书》和《后说》，对《通书》的研究进行整理。（苏铉盛：《周敦颐的〈通书〉和"诚"的涵义一考》，《东洋哲学》2009 年第 32 辑。）

② 权正颜：《濂溪周敦颐的天人论的世界观》，《孔子学》1995 年第 1 辑；权正颜：《濂溪周敦颐的人间理解》，《东方思想论》，1983 年；权正颜：《周濂溪的心性论》，《宋代心性论》，Arche 出版社 1999 年版；权正颜：《周敦颐思想上出现的人间化、人间的世界化》，《东洋哲学的自然和人间》，亚细亚文化出版社 1998 年版。

③ ［韩］权正颜：《濂溪周敦颐的天人论的世界观》，《孔子学》1995 年第 1 辑，第 37 页。

④ ［韩］权正颜：《周敦颐思想上出现世界的人间化、人间的世界化》，《东洋哲学的自然和人间》，亚细亚文化出版社 1998 年版，第 269 页。

⑤ ［韩］苏铉盛：《朱熹的〈通书解〉研究——〈通书〉中的〈通书解〉》，《东洋哲学研究》2010 年第 64 辑。

践的价值。[①] 周敦颐的主张之后，诚是修养的一个阶段上宇宙论和本体论的次元的展开。以后中国哲学史上关于诚的论议没有更理想的进展，周敦颐的体系和内容不停地反复、踏袭的倾向得到了强化，由此证明了周敦颐的思索和探索给中国哲学带来了深远的影响。与此同时，李哲承对于《通书》的核心思想——诚，在周敦颐哲学的基础上做出了更深层的研究。[②] 周敦颐的诚观就是从儒家以外的思想开始，思想的主要流向是天道和人道的有机结合，孔孟思想的中心是选择、吸收初期儒家哲学的内容进行再创造，建立了理想性的世界观。对于周敦颐的哲学思想，从道家或者佛家开始就受到了影响，夸大了评价研究，或者活用了理气、体用等范畴，以理为中心的观点来看，夸张了程朱的观点，强调其批判性的检讨。李贞馥，反对佛教的“无”，儒学理论的定立执着在朱子的立场上，在周敦颐的思想体系上期盼程朱仅仅是宋学的开始。《太极图说》的“自无极而为太极”和《通书》中出现的“圣诚而已矣”的关系，周敦颐以《中庸》解释其为哲学的恒常性，朱熹的形而上，形而下还有理气的分合等是其哲学的恒常性所具有的前提，对诚、原和生的问题进行体系性的分析。[③]

周敦颐以圣人境界的理论《中庸》和《易传》为基础，在《太极图说》中把“无极而太极”的宇宙论进行了阐述，以其作为宇宙本体，但是其目的是在宇宙内部确立人的位置，即确立了“人极”。他在周敦颐的圣人境界中把道德境界和生命境界还有真理境界统一起来。无论真理境界上的、伦理的，或者是实证的知识的真，还是生命存在的真。通过周敦颐的感通圣人境界的生命全体之诚，心或者心灵，全体之情感，全体之感通。周敦颐通过感通不仅实现与自身、他人、自然、本体的疏通，同时还根据道德理性硬生生地把软弱的心灵缓和下来。再者情感和理性还有气融合成一得到感通，超越了气质生命诸多限制，理解了人类的理性，揭示了人类的情

① 苏铉盛：《周敦颐的〈通书〉和“诚”的涵义一考》，《东洋哲学》2009 年第 32 辑。

② ［韩］李哲承：《〈通书〉中出现的“诚”观的理论构造和意义》，《哲学》2003 年第 115 辑。朝鲜中期的代表儒学者曹植至真之理致性的诚是‘几’的伦理根据，这是传统儒学者的观点，特别是从周敦颐开始就受到了很大的影响。李哲承：《南冥曹植哲学中出现的“几”观的伦理构造和意义》，《儒学研究》2015 年第 33 辑。

③ ［韩］李贞馥：《〈中庸〉的“诚”和“原”和“生”的问题——以周濂溪的〈太极图说〉和〈通书〉为中心》，《韩中哲学》1999 年第 5 辑。

感得以满足的境界即是圣人的境界，这就向我们展示了道学性的气象。

李兰洙以《通书》，“乐”“颜子”章为中心的研究，提出伦理的“感兴”与境界的考察。《通书》成为当时知识人著述的对象，他们在社会现实里面进行具体论议内容的实践。人、士、贤人、圣人等概念，《通书》都对其进行了独立的叙述，甚至有时进行紧密的连接。①

周敦颐的诚是与圣人论相关联的，研究沈百变的文章，特别使用基督教神学的观点，试图对其进行解释。他认为周敦颐特别地多样，而又试图大胆地畅所欲言，新儒学在极为兴盛的明清时期进入韩国，成为当时活动相当频繁的耶稣教会教师们的批判对象，但是新儒学和基督教间的相互不理解使得其无法进行更加深度的交流发展，甚至处于中断的状态。保留差异是彼此间相处的重点，再加上现代的状况是基督教和儒教间相互交流和相互理解的纵深发展的必要条件。特别是周敦颐的圣人论完全包含了人格形成的问题和与其相关的问题，可以与基督教神学关心的良心问题发展成为心理学上超自我的概念进行对比的必要。周敦颐的圣人论和基督教伦理学的良心论都是考察人间的内在成熟以及自由问题的，所谓封建社会的遗产是受到批判的新儒学的传统适应了民主化的现代社会，特别是为了克服人权的向上以及身份制的差别，肯定其机能的形态怎样进行变化发展，并且对这个问题进行解决具有重要的参考价值。带着以上问题，首先考察《通书》的全体构图和圣人论；其次周敦颐的圣人论的展开和主要论题即诚的宇宙论和圣人论，性的人性论和圣人论，无欲的修养论和圣人论，礼乐刑政的政治思想和圣人论等的分析，最后对周敦颐的圣人论试图进行神学的解释。②

五　文学思想

周敦颐的《爱莲说》被高丽末的知识阶层所接受，在发展过程中对

---

① ［韩］李兰洙：《〈通书〉中出现的伦理的感兴和其境界——以〈乐〉〈颜子〉章为中心》，《儒教思想文化研究》2012 年第 49 辑。

② ［韩］沈百变：《周敦颐的圣人论和天主教伦理神学的良心论》，《儒教和宗教学》，首尔大出版部 2009 年，第 80—98 页。

于其特征的研究有卢在俊的论文，《爱莲说》被传入高丽以后高丽末朝鲜初的李穑（1328—1396）和徐居正（1420—1488）的文章中对其影响进行了分析。[①] 对于李穑来说爱莲即是对周敦颐的热爱，对他的尊敬所以爱莲。通过他的《爱莲说》确立了新的时代君子形象，从中可以看到龟鉴和启示。李穑的诗歌中流露的性理学和佛学内容的融合对高丽知识阶层的生活带来了美好而又快乐的美感，以佛教形象存在的莲花因为在周敦颐的《太极图说》《爱莲说》和《宋史·周敦颐传》中得到了普及，莲花成为儒教形象新的转变，成为新的社会和思想的到来的新媒介。徐居正的诗中也多样地反复地借用韩愈的《高意》的典故。此点是徐居正的爱莲诗上的特征，但是看不出李穑的“佛儒混在”。生活在性理学独尊的时代里，徐居正通过爱莲诗把韩愈、周敦颐和自我相连接。

金周汉[②]论文中写到怎样把握周敦颐的太极、诚、生生之理，怎样把握其结果，怎样检讨文学和文学观出现的性理学的人心观，通过平生长时间的“寻乐”获得快乐，文学和文学观上怎么反映出来，是其论文的内容。还有金昌龙[③]的论文中包含了修己治人，典型的儒家的人物形像并对其政治背景进行分析。苏铉盛论文中对《通书》“文以载道”论和“简而有法”的观点以及通过对周敦颐的诗和散文等的解释，周敦颐的个性和文学，思想和境界得到了说明。[④]

（作者单位：韩国 安东大学 中国孔子研究院）

① ［韩］卢在俊：《丽末鲜初周敦颐〈爱莲说〉接受的样相》，《泰东古典研究》2016 年第 37 辑。

② 金周汉：《周敦颐的文学和文学观》，《韩民族语文学》1984 年第 11 辑。

③ ［韩］金昌龙：《中国的散文名作（4）——周敦颐的〈爱莲说〉》，载《汉城语文学》2006 年第 25 辑。

④ ［韩］苏铉盛：《周敦颐的文学和思想和他的境界》，《中国学报》2001 年第 64 辑。

周敦颐对李滉圣学形成的影响

[韩] 李光虎

一　序言

得以参加纪念周敦颐（1017—1073，号濂溪，字茂叔，谥号元公）先生诞辰1000周年学术大会，鄙人深感荣幸。

濂溪将孟子之后中断了1000多年的儒学进行了新的开创发展。他所开创的儒学，通过著述发端于《周易》的《太极图》《太极图说》以及《通书》，将圣人的学问圣学进行了阐明。濂溪的《爱莲说》及其光风霁月的气象，已超出学术界，受到人们的广泛喜爱和敬仰。

濂溪后约500年出生于朝鲜的李滉（1501—1570，号退溪，字景浩，谥号文纯），作为圣学的完成者，虽声称是通过学习朱熹（1130—1200）完成了自己的学问，但实际上周敦颐对其学问形成的影响是无法忽视的。

在科学知识与科技文明具有支配地位的今天，圣学已脱离了人们的关注范围。因为不科学这一理由，而受到批判与否定，如今人们已难以理解其意义和方法。然而，在科学文明极度发达的今天，科学的局限和关键性弱点仍然存在，而圣学可以说是克服此局限和弱点的思想。在理解世界的可具象化方面，科学是最佳的方法，但是，在理解无法具象化的主体世界方面，科学则难以奏效。其结果是人的主体性受到否定，人的主体性的根源即自然的主体性则更加难以想象。在儒学里，对道进行认知并加以实践，深化人的主体性，在人生的最高境界里可以达成天人合一，并将完成天人合一的人称为圣人。透过儒学看到的人与自然，与科学所看到的人与自然存在着巨大的差异。

不仅在西方，即便是在儒学的发祥地东亚，人们对圣学也是所知甚少。在此情况下，了解朝鲜的圣学集大成者李退溪如何理解周敦颐，也是一件很有意义的事情。这不仅有助于厘清朝鲜儒学与中国儒学的关系，也有助于今天的人们理解儒学是什么。关于退溪对周敦颐的理解，可以分为以下几个部分来看。

二 阅读《性理大全》的《太极图》和《太极图说》

权斗经（1654—1725，字天章，号苍雪斋）编纂的《退陶先生言行通录》卷二“学问篇”中有如下内容。

> 先生自言，十九岁时，初得《性理大全》首尾二卷，试读之，不觉心悦而眼开。玩熟盖久，渐见意味，似得其门路。自此始知，性理之学，体段自别也。[艮录]

李守渊（1693—1748，字希颜，号青璧）编纂的《退陶先生言行录》卷一“学问篇”中有如下内容。

> 先生自言，十九岁时初得《性理大全》首尾二卷，试读之，不觉心悦而眼开，玩熟盖久，渐见意味，得其门路矣。[李德弘]

同书卷一的“教人篇”中有如下内容。

> 尝言，《性理大全》中《太极图说》，乃吾所启发入头处，《敬斋箴》，乃吾受用之地，以《近思录》多引易说，义理精深，初学猝难领解，故不先教学者。[李德弘]

《退溪年谱》19岁条目中有如下内容。

> 先生自言，十九岁时初得《性理大全》首尾二卷，试读之，不觉心悦而眼开，玩熟盖久，渐见意味，似得其门路矣。又言，《性理

大全》中《太极图说》，乃吾所启发入头处。[先生讲《太极图说》曰，吾教人，或以此先之者，吾初年，由此而入故耳。]

尝曰，《图说》中，君子修之吉，小人悖之凶。二句最学者用工夫地头。修之悖之，只在敬肆之间，可不惧哉。

三 通过《天命图》独创性地继承《太极图》

退溪与《旧天命图》作者郑之云（1509—1561，号秋峦）商议后对旧图进行了修改，画了《新天命图》，并作《天命图说》，对图的哲学背景从十个条目加以说明。后作《天命图说后叙》，通过设定的假象人物从多个方面对《天命图》进行批判。退溪就《天命图》和《太极图》的异同点作了详尽的说明。通过《天命图说》我们可以了解退溪的哲学思想，通过《天命图说后叙》里的问答，我们可以充分了解退溪画《天命图》的特殊目的和独创性。客的批判和退溪的问答可整理为 12 个条目。

（1）客的批判："图书之作，皆出于天意。而必有圣贤者作，然后始可为也。彼郑生何人，而敢为图？子亦何人，而敢效尤欤？"

退溪的回答："今是图也，不过用朱子说，据太极之本图，述《中庸》之大旨。欲其因显而知微，相发而易晓，如斯而已。"

（2）客的批判："周子之图，由太极而五行为三层，气化形化又为二层。此图则只块然一圈子耳。"

退溪的回答："客诚谓太极二五有三层耶？气化形化又出于三者之外，而别有二层耶？五行，一阴阳也。阴阳，一太极也。而二之化，即一之为也。故浑沦言之，只一而已矣。顾周子为图以示人，不得不分而为五尔。"

（3）客的批判："然则此亦为图以示人，何不如周子分一而为五，乃反合五而为一，兹非其立异耶？"

退溪的回答："各有所主。濂溪，阐理气之本原，发造化之机妙，不分为五，无以晓人。是图，因人物之禀赋，原理气之化生，不合为一，不成位置。皆不得已而为之者也。而况就人位而观之，所谓分一为五者，宛然毕具，其义已备于濂溪图说，此不过即图说而画出之耳，非有异也。"

（4）客的批判："太极图，阴中有阳，阳中有阴。而此无之。太极

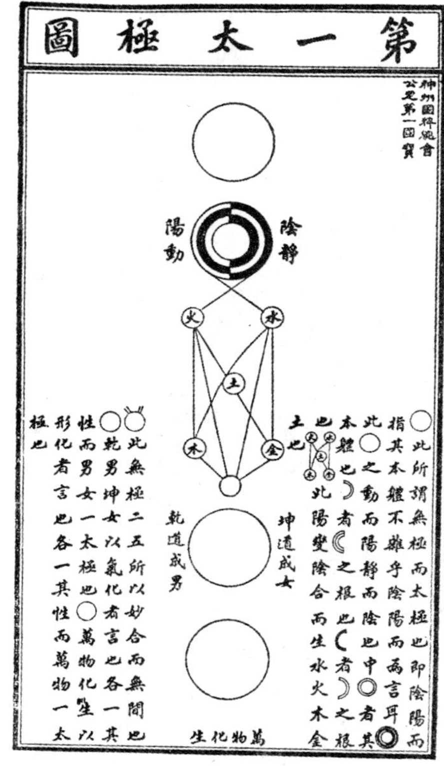

图，无元亨利贞。而此有之。太极图，无地与人物之形。而此有之。何耶?”

退溪的回答：“阴之自子至午，为阳中阴。阳之自午至子，为阴中阳。图与濂溪皆然也。但彼主于对待，故包客在主之中。此主于运行，故当时者在里。成功者在表，其实一也。濂溪图说曰，五行之生也各一其性，性即理也。则彼所谓五行之性，即此元亨利贞之谓也。岂可谓彼无而此有之乎？若夫地与人物之形，亦于图说取之。所谓真精妙合，成男成女，化生万物，万物生生，而变化无穷者，非人物而何？吾固曰，此图，因人物之禀赋，原理气之化生而作，则地亦一物也。然则形人物而并形地，皆有所祖述。子何疑有无同异于其间哉!”

(5) 客的批判：“子谓此于太极图，有所祖述者似矣。然太极图，左为阳右为阴，本于《河图》《洛书》前午后子左卯右酉之方位，固万世不易之定分。今图，一切反是而易置之，不亦疏谬之甚耶?”

退溪的回答：“不然，此非方位之易置也。第因观者之于图，有宾主之异耳。何者?《河》《洛》以下，凡图书之位，皆自北为主。而观者亦由北从主而观之。是图与人无宾主之分，故前后左右东西南北，皆不易也。今此则图为主在北，观者为宾在南，由宾而向主，自南而观北。故其前后左右，由观者之向背而互易耳，非天地东西南北之本位有变也。此其曲折之似殊，而意义则无不同也。”

(6) 客的批判：“《河》《洛》先后天等，皆由下而始。而此则由上而始。何耶?”

退溪的回答：“是亦仿太极图而然也。而太极图所以必由上始者，请

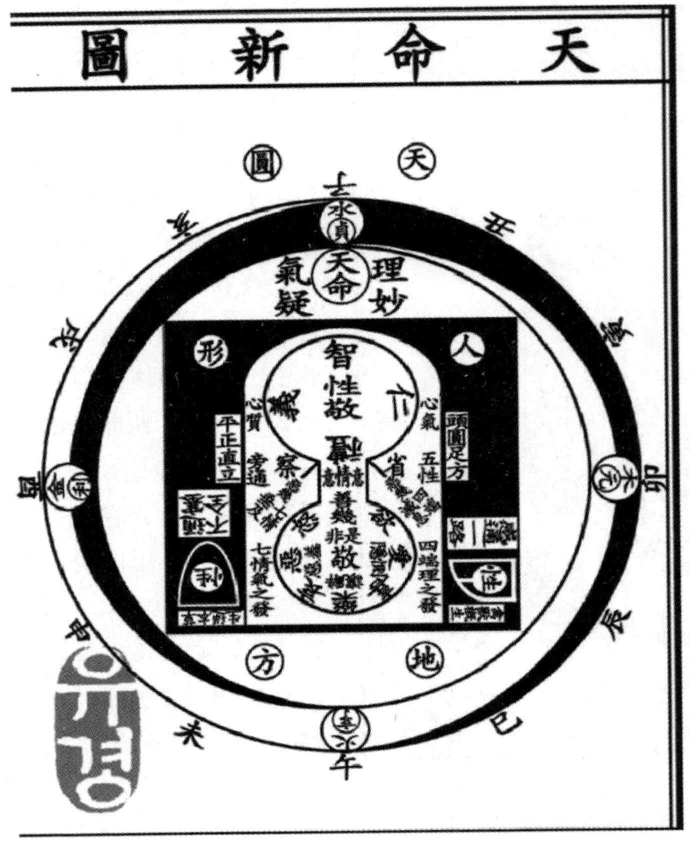

言其故。自北面南，而分前后左右，仍以后子为下，前午为上者，《河》《洛》以下皆然也。其所以然者，阳气始生于下，而渐长以极于上。北方，阳气之始生也。彼图书率以阴阳消长为主，而以阳为重，则由北而始于下，固当然也。至于太极图，则异于是。原理气而发化机，示上天命物之道，故始于上而究于下。其所以然者，天之位固在于上，而降衷之命，不可谓由下而上故也。今之为图，一依濂溪之旧，安得于此而独违其旨乎？”

（7）客的批判：“太极图之由上，当午方火旺之次。此图之由上，当子方水旺之次。是可谓同乎？”

退溪的回答：“太极图，即以命物为主，则其图之上面，乃是上帝降衷之最初源头，而为品汇根柢之极致，与《河》《洛》等图以消长为主者，自不同也。然则其图之体，只是竖起当中，直看下来，非偏以南方为上也明矣。今为是图，自人物禀生之后，而推天地运化之原，则图之上面，固太极图之上面也，而其所以为上之位置等级，则有不同焉。”

（8）客的批判：“盖太极图，始于太极，次阴阳五行，而后有妙凝之圈。妙凝之圈，即斯图所揭天命之圈是也。朱子云太极之有动静，是天命之流行也。信斯言也，为天命之图，当始于太极。而今乃始于妙合而凝，何哉？”

退溪的回答：“从人物即生后推而上之，至于妙凝处，已为极致，故以是当图之上。而为天命之际接，其自五行阴阳以上，则固具于天圆一图。而太极之无声无臭，又不待摹写，而亘于穆不已于其中矣。然则图之上面，亦岂偏当水旺之次云尔哉。”

（9）客的批判：“然则独不得如太极图之由北面南，而置人物于其间耶？且北为上南为下，亦有说乎？”

退溪的回答：“天地之性，人为贵。《易》曰，立天之道曰阴与阳，立地之道曰柔与刚，立人之道曰仁与义。此言人极之立，与天地参也。天地之道，主北面南。人生其间，背阴抱阳，亦主北面南而立，是为正位。可见其与天地参三之贵矣。苟为不然，天地则主北面南，而人则自南向北，背阳而抱阴，天地为主而人为宾，则其名实向背，轻重贵贱，皆失其当矣。奚可哉？且从来图书以北为下者，北非下也，由气之从下升上而言耳。若此图。自天地定形而言，则固北极高南极下，西北高东南下。又何疑之有？”

（10）客的批判：“人与禽兽草木之形，以方圆横逆之类分之。何所祖欤？”

退溪的回答：“是本先儒之说，而静而之辨亦悉矣。滉未暇致详焉。”

（11）客的批判：“然则自天命而下，心性情意善恶之分与夫四端七情之发合于子思周子者，可得闻其略欤？”

退溪的回答：“天命之圈，即周子所谓无极二五妙合而凝者也。而子思则就理气妙合之中，独指无极之理而言，故直以是为性焉耳。分人分物，物物各具一太极者，本周子图说之意，而子思之所谓性也。心性之圈，即周子所谓惟人也得其秀而最灵者也。灵者，心也，而性具其中，仁义礼智信五者是也。秀者，气与质也。右质，阴之为，即所谓形即生矣者也。左气，阳之为，即所谓神发知矣者也。性发为情，心发为意，即五性感动之谓也。善几恶几，善恶分者也。四端七情，万事出焉者也。由是言之，图之节节，皆本于周子图说。而性情之未发已发，又岂外于子思之意欤？而况敬以存养于静者，是周子之主静立极，而子思由戒惧致中之谓也。敬以省察于动者，是周子定之修之之事，而子思由谨独致和之谓也。而恶几之横出，即小人之悖凶者也。则吾谓此图非私意之创立，夫岂借重厚诬之言哉？而学者于此，诚能知天命之备于己，尊德性而致信顺，则良贵不丧，人极在是。而参天地赞化育之功，皆可以至之矣。不亦伟哉！"

（12）客的批判："子以图为合于子思周子之道，是郑生与吾子，果有得于子思周子之道者乎？吾闻之也，有道者，积中而发外，睟面而盎背，在家必达，在邦必达。今郑生之穷悴坎轲，人皆背驰，吾子之庸拙尸忝，世所嗤外。人虽自知之为难，盍少自反而量己，乃相与为僭妄之归乎？"

退溪的回答："滉曰嘻噫！吾始以客为通人，故随问而跪进之愚抱，今使人大失其所图矣。苟如吾子之言，是有孔子，然后论周公之道，有思孟然后学颜曾之学耶？圣希天，贤希圣，士希贤之说，皆可废耶？自汉以下，论易学者多矣，皆伏羲文王周公孔子之圣耶？自宋以后，至于当代，谈天人性命之学者众矣，其人皆周邵程朱之贤也耶？夫士之论义理，如农夫之说桑麻，匠石之议绳墨，亦各其常事也。子从而尤农夫曰，是僭拟为神农也。尤匠石曰，是妄拟为公输子也。夫神农，公输，诚不易及矣。然舍是，又安从学为农工耶？子之说行，吾恐绳墨之废绝，而桑麻之芜没也。昔蜀有箍箫者，言易一句而得理。君子取之，传于后世。此岂必以箍箫者为羲文也哉？言可取则取之，夫君子之取人也如是。君子之不厚责于人，而容其志尚也如是。今子之言，自吾辈得之以自考，则为赐甚厚，在吾子责人之道，得无险且隘耶？子何忍恣为是欤？客于是，傥然自失，释然有悟，逡巡而去，遂反关而录其说以自警。"

四 给鹤峰的屏铭，阐明道统的系谱和特性

1566 年退溪写了《屏铭》给弟子金诚一（1538—1593，字士纯，号鹤峰）。整个屏铭不超过 80 字，却记述了经由尧、舜、禹、汤、文王、

武王、周公、孔子、曾参、颜渊、子思、孟子、周濂溪、程明道、程伊川、朱子这十六位圣贤发展而来的道统脉络。其中对尧、舜、禹、汤的记述各用一个字，对文王、武王、周公、孔子、曾参、颜渊的记述各用了三个字，但对子思、孟子、周濂溪、程明道、程伊川却各用了八个字来描述他们研学悟道的方法。此《屏铭》的内容反映出退溪在阅读《朱子大全》、编纂《朱子书节要》、著述《宋季元明理学通录》之后，其晚年的学问思想经历经自身体悟后已步入成熟期。一个通过学习朱子而后超越朱子的退溪形象由此而出。

> 尧钦舜一，禹祗汤栗。翼翼文心，荡荡武极。
> 周称乾惕，孔云愤乐。曾省战兢，颜事克复。
> 戒惧慎独，明诚凝道。操存事天，直义养浩。
> 主静无欲，光风霁月。吟弄归来，扬休山立。
> 整齐严肃，主一无适。博约两至，渊源正脉。①

退溪在此《屏铭》中，用了“主静无欲，光风霁月”八个字来描述周濂溪的学问。

五　将《太极图》定为《圣学十图》的第一图

1568 年 12 月退溪在经筵上给朝鲜第十四代王宣祖（1552—1608，1568—1608 在位）讲读经学与政事，最终著述了集圣学之大成的《圣学十图》呈献给宣祖。《圣学十图》由十幅图和图说以及退溪的说明构成，蕴含着退溪晚年对儒学的整体性理解。各图与图说的题目、著者如下表所列。

---

① 此《屏铭》收录于《退溪先生文集》（以下简称《退溪集》）第四十四卷箴铭。文集中的箴铭与起初写给鹤峰的箴铭字数不同。退溪在写给鹤峰之后，为提升箴铭的完整度进行了修改。文集中的箴铭为最终完成版，今天被用来刻在屏风上的为最初版。

图名		图说作者
第 1 图	太极图	图与图说：周敦颐（1017—1073，字：茂叔，号：濂溪）作
第 2 图	西铭图	图：程复心（1279—1368，字：子见，号：林隐）作 铭：张载（1020—1077，字：子厚，号：横渠）作
第 3 图	小学图	图：李滉（1501—1570）作 题词：朱熹（1130—1200，字：元晦，号：晦庵）作
第 4 图	大学图	图：权近（1352—1409，字：可远，号：阳村）作 大学　经一章：孔子遗书（또는 未详）
第 5 图	白鹿洞规图	图：李滉 作 后叙：朱熹 作
第 6 图	心统性情图	上图与图说：程复心 作 中图与下图：李滉 作
第 7 图	仁说图	图与图说：朱熹 作
第 8 图	心学图	图与图说：程复心 作
第 9 图	敬斋箴图	图：王柏（1197—1274，号：鲁斋）作 箴：朱熹 作
第 10 图	夙兴夜寐箴图	图：李滉 作 箴：陈柏（?，宋人，字：茂卿，号：南塘）作

退溪将周濂溪的《太极图》与《太极图说》定为第一图，并作了如下说明。

> ◎右濂溪周子自作图并说。平岩叶氏谓此图，即《系辞》易有太极，是生两仪，两仪生四象之义，而推明之。但易以卦爻言，图以造化言。朱子谓此是道理大头脑处，又以为百世道术渊源，今兹首揭此图，亦犹《近思录》以此说为首之意。盖学圣人者，求端自此，而用力于小大学之类，及其收功之日，而溯极一源，则所谓穷理尽性，而至于命，所谓穷神知化，德之盛者也。

退溪 19 岁时读周濂溪的《太极图》而入门儒学，在其学问思想成熟之后将《太极图》定为《圣学十图》的第一图，由此我们可以知道退溪在其追求人格完成的学问里，将濂溪的《太极图》作为学问的发端和标准。

六 以诗吟颂濂溪的太极与莲花

《退溪先生文集》里有一些珠玉般的诗是吟颂濂溪的莲花与太极的。弟子黄俊良（1517—1563，字仲举，号锦溪）提出的十幅画题中，第五个首为《濂溪爱莲》，内容如下。

> 牧丹倾世菊鸣贤，千载无人解赏莲。感发特深无极老，花中君子出天然。[①]

并且退溪六十岁时在陶山书堂完工后曾作《玩乐斋》一诗，内容如下。

> 主敬还须集义功，非忘非助渐融通。恰臻太极濂溪妙，始信千年此乐同。[②]

在陶山书堂庭园内修一莲池，取名“净友堂”，并作《净友堂》一诗如下。

> 物物皆含妙一天，濂溪何事独君怜。细思馨德真难友，一净称呼恐亦偏。[③]

郑惟一（1533—1576，字子中，号文峰）提出的八幅屏风的画题中，第七首为《濂溪爱莲》，内容如下。

> 天生夫子辟乾坤，洒落胸怀绝点痕。却爱清通一佳植，花中君子妙无言。[④]

---

① 《退溪集》卷2，诗，黄仲举求题画十幅（57岁）。

② 《退溪集》卷2，诗，陶山杂咏（60岁）。

③ 同上。

④ 《退溪集》卷3，诗，郑子中求题屏画（63岁）。

庚午年（1570）退溪作《采莲精舍》一诗，诗中吟涌了莲花、无极翁、光风霁月的一般意思以及《爱莲说》中的“通直”。此诗可以说是对周敦颐的学问及气貌进行了整体描述。

> 赏爱莲花无极翁，襟怀光霁月兼风。一般意思那无寓，通直分明在眼中。（《退溪集》卷五）

退溪将濂溪清明洒脱境界的内在世界与出淤泥而不染的莲花等同看待。退溪认为，如此精神世界也只能在通达太极真理之后才能实现。千年前的太极真理与现在无异，悟得真理的乐趣也不因古今而异。濂溪揭示出太极真理为人与自然的永恒根源，退溪则将濂溪礼赞为人类永远的老师。

七 结语

濂溪先生用《太极图》和《太极图说》打开了圣学的门户。500 年后出生于朝鲜的退溪对濂溪的《太极图》和《太极图》说进行了创造性的解释，并在朝鲜将圣学发扬光大。晚于濂溪 1000 年、退溪 500 年出生的我们，如今生活在一个唯科学至上的时代，忘却了建立以人为主体的诸多德行与价值。人们未能找到领悟并实现内心之光的方法，而注重人格培养与完成的儒学也正在为人们所忽视。中韩学者应当通过周濂溪与李退溪留下的学问与人生踪迹，恢复发扬东亚的真理观与学问观，创造出 21 世纪人与自然共存共生的新文化。

（作者单位：韩国 延世大学）

周敦颐的太极哲学

[美] 韩子奇 著

易子薇 秦 仪 刘 姝 译[①]

周敦颐（1017—1073），也称“周濂溪”和“周茂叔”，长期以来被认为是程朱道学传统的先驱[②]。他出生于道州，在今天的湖南省。周敦颐成年之后，大部分时间都在仕途中度过，并成为一个地方上的中低级官员。他的仕宦生涯平淡无奇，但在写作和教学上却取得了令人瞩目的成就，这对他而言，是一个适当的补偿。当他在中国西南地区任职时，教导了年轻的二程兄弟程颢（1032—1085）和程颐（1033—1107）这两人后来成为了11世纪著名的道学思想家。通过二程兄弟，他的作品被传递到了其他道学思想家手中，其中尤其值得注意的是伟大的道学“集大成者”朱熹（1130—1200）。在他生命中的最后几年，周敦颐辞官退休，定居在中国中部地区风景如画的庐山。他将庐山居所的书堂命名为“濂溪”，“濂溪”后来成了他的字号，在他身后，人们尊称他为“濂溪先生”[③]。

周敦颐作为道学先驱者的声誉，是在13世纪建立起来的。通过细致

---

① 本文由湖南科技学院国学院周建刚研究员指导翻译。

② 本文的一个压缩版发表在 Cua，Antonia：《中国哲学百科全书》，Routledge 出版社 2003 年版，第 891—895 页所编的作品中。在有些西方学者著作中，中文的“道学”被翻译为“新儒学”。“新儒学”这个名词会给人一种误导性的印象，好像“道学”是中国历史上唯一一次试图复兴和复活儒家思想的知识运动。使用“道学”这一名词的好处，参见田浩《再论“新儒学”一词的用法：回应狄百瑞教授》，《东西方哲学》1994 年第 44 期。相反的争议，见狄百瑞：《对田浩的回答》，《东西方哲学》1994 年第 44 期。

③ 周敦颐的详细传记，参见黄宗羲、全祖望《宋元学案》，台湾中华书局 1965 年版，第 2、11 页。张伯行《太极图详解》，学苑出版社 1990 年版，第 10 页。

的文本注释，朱熹创建了一个以周敦颐为首的道学大师的谱系。从那时开始，任何对程朱道学传统的论述都必须包含对周敦颐哲学的讨论。无论是接受还是反对朱熹所创立的“道统”谱系，人们都不得不承认这一事实：要想讨论程朱的道学传统，就必须首先解释周敦颐的思想。

周敦颐的传记显示，他生前并不得意。他的同时代的人欧阳修（1007—1070）和司马光（1019—1086）都有大量的追随者，而周敦颐则门庭冷落。他的学生二程也对他评价不高，甚至没有明确承认过他们之间有师承关系。那么，周敦颐这样一个不显眼的人物，是如何被确认为程朱道学传统的先驱者？尽管在生前知者甚少，他对程朱道学传统究竟有何贡献？

周敦颐的著作数量很少，这就使事情进一步复杂化了。除了一些诗和短文，他仅仅留给我们两件作品：《太极图说》和《通书》。这两件作品非常短，《太极图说》共计255字，全文（加上图）填不满现代出版物的一页。《通书》由40个很短的章节组成，评论了包括《周易》《中庸》《论语》在内的各式各样的经典文本。《通书》在篇幅上比《太极图说》要长得多，但与程颐和朱熹数量浩瀚的作品相比，还是显得十分简短。更重要的是，《通书》的内容是周敦颐对古代经典作品的沉思和随想，形式散漫、意义晦涩，缺乏程颐和朱熹注释经典时所具备的规模化和细节化。周敦颐的作品十分单薄，但他却成为程朱道学传统的先驱；他的作品既简短又晦涩，但对程朱道学传统而言却无比重要，其中必然有它的原因。

有关周敦颐的最大问题，是他与道教的关系。当朱熹将他纳入道学谱系的那一刻，就有人提出疑问，质问他是否是一名真正的儒家学者。最初的时候，有人批评他在《太极图说》中用了无极和静的概念，而这两个概念是从《老子》中借用而来①。然后又有人将他的《太极图》与道教的炼丹图联系在一起，并声称他是一名经过了伪装的道教徒。一些学者甚至更为激进，他们宣称10世纪时的道士陈抟（906—989）将道教的修炼

① （明）黄宗羲、（清）全祖望：《宋元学案》，台湾中华书局1965年版，第12页；张伯行：《太极图详解》，学苑出版社1990年版，第2页；陈少峰：《宋明理学与道家哲学》，上海文化出版社2001年版，第39—56页。

图传给了周敦颐。[①] 这些发现极大地损害了周敦颐的声誉，表明他是一名从内部颠覆道学事业的叛变者。这些发现也支持了这样的观点：为了保持道学的纯洁性，必须将周敦颐从道学先贤们的神圣殿堂中驱逐出去。

一 周敦颐在道学中的角色

尽管存在着疑虑和谴责，周敦颐还是被广泛地承认为程朱道学传统的先驱。这也意味着，接纳周敦颐进入道学思想家的行列，对道学运动更为有利，甚至不用顾虑他的道家倾向和单薄的作品。更重要的是，道学家对周敦颐的接纳，这一行为本身就揭示了一个事实，那就是，道学是一种具有双重性质的哲学运动。一方面，道学是针对佛教和道教挑战和刺激的回应；另一方面，道学是古典的儒家哲学的复兴。

汉王朝在公元220年灾难性地崩溃了，自此以后，古典儒家关于政府承天命而行仁政的观念就失去了说服力。在周敦颐生活时代之前的7个世纪中，中国哲学的关注点或是聚焦于佛教所关怀的“苦难”，或是集中于道教所关心的回归自然。就此而言，周敦颐在哲学史上是个关键人物，他的思想标志着道学所具有的极为清晰的道德形而上学特色。周敦颐有着深厚的佛教和道教知识背景，他创建的太极哲学确认人类道德在宇宙演化进程中占据了中心位置。周敦颐用他的太极哲学论证了凡夫俗子超越成圣的可能性，并以此直截了当地回应了佛教和道教的挑战[②]。

作为儒家思想的复兴，道学中含有一些与孔子（公元前551—479）和孟子（前331—289）的古典儒家思想不同的因素。其中一个关键的差异在于，道学对儒家经典的重新定位。11世纪的道学思想家，以及其他一些思想家，他们更为关心的是制度和文化的革新，在他们的努力下，形成了一股思想思潮，在这一思潮的激励和培育下，出现了一种全新的批评

① （明）黄宗羲、（清）全祖望：《宋元学案》，台湾中华书局1965年版；李申：《易图考》，北京大学出版社2000年版，第1—13页；王蓉蓉：《周敦颐的〈太极图说〉：儒家形而上学的建构》，《思想史杂志》2005年第66期。

② 牟宗三：《心体与性体》，台北正中书局1968年版，第321—323页。

性学习态度，尤其是体现在儒家经学的研究方面[①]。这导致人们对《大学》《论语》《孟子》《中庸》的日益关注，甚至超过了对传统经书的关注，在1190年，它们以“四书”的名义联合出版，这一关注的趋向达到了顶峰。

在重新诠释儒家经典文本的过程中，周敦颐对《中庸》《论语》和《周易》的《十翼》[②] 进行了创造性的解读，并以此为基础奠立了他的太极哲学。他的目标并不仅仅是表明古代文本在不同时期会产生新的意义，而是要回应佛教和道教的挑战，他同时也试图显示他的思想深深地扎根于儒家传统之中。最后，他对古典儒家文本的重新诠释，形成了一个旨在完善人类社群以及促进天人合一的哲学体系。用儒家的术语来说，周敦颐的太极哲学是内圣和外王的结合。为了达到这一目标，周敦颐同时进入了古典儒家的政治、社会领域和道教、佛教的宇宙论和宗教领域。

二 太极图

尽管篇幅短小，《太极图说》论证了道德行为内在固有的形上性，这对于推动道学的发展具有突破性的意义。正如文章的标题所喻示的，《太极图说》旨在对《太极图》进行详细阐述。因此，周敦颐希望《太极图说》的读者首先要了解《太极图》。作为一个文本，《太极图说》并不是单独存在的，它的意义就存在于它与《太极图》的关系之中[③]。

《太极图》由五个圆圈组成（见图1），以图示的方式描述了宇宙的

---

① 韩子奇：《〈易经〉和中国政治：北宋（960—1127）经典注疏和士人入世主义》，纽约州立大学出版社2005版，第15—48页。

② 《十翼》由7种《易经》注释作品（分为10篇）组成，分别是《彖上》《彖下》《大象》《小象》《文言》《系辞上》《系辞下》《杂卦》《说卦》《序卦》。从公元3世纪开始，《易经》的标准文本中就包含有《十翼》。在《易经》通行本中，《彖上》《彖下》《大象》《小象》和《文言》被编排在六十四卦的每一卦下面，《系辞上》《系辞下》《杂卦》《说卦》和《序卦》则组合在一起，作为全书的附录。

③ 几个世纪以来，一直有各种各样的《太极图》图像，我们不太清楚，周敦颐创作《太极图说》的时候，究竟使用了哪一种图像。（参见郑吉雄《易图像与易诠释》，台北喜玛拉雅基金会2002年版，第231—244页；获原扩《周濂溪的哲学：初期宋代哲学的研究》，东京富士书店1935版，第216—331页。）尽管存在一些差异，但是各种《太极图》在基本结构上大体还是相同的。在这篇论文中，我使用的是《宋元学案》中所保存的朱熹版本《太极图》。

演化进程。最上一圈是一个空白的圆圈，象征作为一个整体的宇宙。圆形表明宇宙是一个无始无终的有机整体。就如同一个弹力球一样，宇宙处于不停的运动之中，而运动和生生不息是宇宙的两大特征。《太极图》的第二圈含有三个黑白相间的半圆。黑色的半圆代表“阴”（消极的宇宙力量），白色的半圆代表“阳”（积极的宇宙力量）①。半圆的排列象征了一种两极互补的阴阳动力机制。阴阳的动静往来为宇宙的生生不息提供了动力的源泉。

《太极图》的第三圈最为复杂。它是由五个小圆圈构成的一个组合，每个小圆圈象征了五行之一：水、火、木、金、土。这些小圆圈代表五行引发所有活动，赋予万物活力。为了突出五行的内在联系，这五个圆圈被安排在一个用线条相互连接而成的矩形内。在矩形中心的圆圈是土，而其他四个圆圈被分散在矩形的四角。这种排列说明土是其他四行的源泉。值得注意的是，这一组圆圈通过一个很小的“V”形符号与第二圈相连，这标志着五行是阴阳相互作用的产物。

作为一个整体，《太极图》的前三圈是用图像来表示《周易·系辞》中的一段著名文字：“易有太极，是生两仪，两仪生四象，四象生八卦。”《太极图》的第一圈象征了作为宇宙大全的太极；第二圈表示阴、阳是宇宙之两仪；第三圈以矩阵的形式说明了五行的循环往复。

和第一圈一样，第四圈和第五圈是空白的圆圈。这两个空白的圆圈合在一起，象征了阴、阳产生万物的有机进程。第四圈描绘了“乾道成男，坤道成女”的生物性繁衍过程；第五圈则象征了两性结合产生万物的过程。在这两圈中，无形的宇宙力量推动了万物的创生。

三 阴阳宇宙论

依据太极图，周敦颐在《太极图说》中提出了三个关于宇宙的重要特性。首先，他强调宇宙是一个物质的存在：

---

① 从《易经》的角度来看，《太极图》的第二圈确实是一幅卦象图。右边（黑中夹白）是坎卦，左边（白中夹黑）是离卦。关于坎离两卦的形象的详细讨论，以及它们与道教长生术的关系，参见郑吉雄《易图像与易诠释》，台北喜玛拉雅基金会 2002 年版，第 234—238 页。

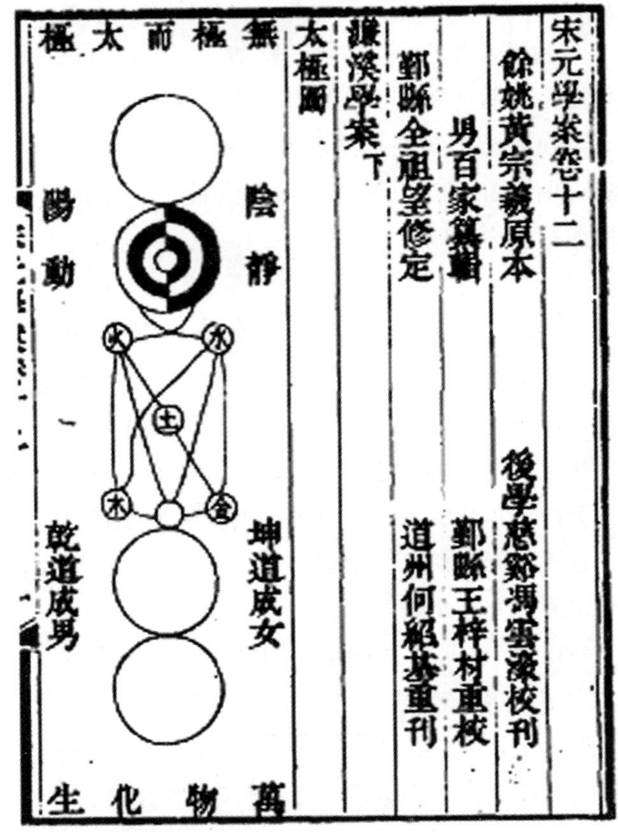
宋元學案卷十二
餘姚黃宗羲原本　　後學慈谿馮雲濠校刊
男百家纂輯　　鄞縣王梓材重校
鄞縣全祖望修定　　道州何紹基重刊
濂溪學案下
太極圖
無極而太極
陰靜
陽動
水
火
土
木
金
坤道成女
乾道成男
萬物化生

图一　黄宗羲、全祖望作品中的《太极图》

无极而太极。太极动而生阳，动极而静，静而生阴，静极复动。一动一静，互为其根。分阴分阳，两仪立焉。

依据《太极图》的前两圈，周敦颐描述了一个不断变化的、自发的宇宙。在周敦颐的宇宙论思想中，宇宙不但不是虚无，相反是一个有生命的实体，通过阴阳演变来创造和推动自身。这是佛教徒的观点形成了鲜明的对照。

其次，周敦颐重申了宇宙是一个有机体：

> 阳变阴合，而生水火木金土。五气顺布，四时行焉。五行一阴阳也，阴阳一太极也，太极本无极也。

依据《太极图》第三圈，他描述了一个在不断的运动中得到新生的宇宙。宇宙是有机的存在，甚至可以说，它的生成变化过程就是它的存在。它的本质就是自我转化的内在倾向。更重要的是，因为宇宙是有有机的，宇宙的演变就能从两个相反的方面进行理解。一方面，由太极而两仪而五行，这是一个逐步向外扩张的过程；从相反的另一面而言，五行与阴阳两仪相关，阴阳两仪又与太极相联，这又是一个向本源回归的过程。但是，无论是将宇宙理解为向外扩张还是回归本源，它都处在不间断的运动和再生的进程之中。

第三，周敦颐强调，宇宙和万物是整体和部分（“大全”与“分殊”）的关系，相互依存、不可或缺。他说：

> 无极之真，二“仪”五“行”之精，妙合而凝。乾“阳”道成男，坤“阴”道成女。二气交感，化生万物。万物生生而变化无穷焉。

依据《太极图》的第四、第五圈，周敦颐认为，宇宙和万物都是阴阳的产物，在本质上并无不同。但是，尽管从本体论的角度来说，宇宙和万物并无区别，但它们的功能是有差异的。宇宙是一个宏大的系统，万物聚集于宇宙中，如同一个大家庭。而万物各都有其独特之处，它们构成了宇宙的各个分殊部分，使宇宙欣欣向荣，充满生气。就像声音和回响、形体和影子一样，分殊和大全彼此需要、相互支撑。由此可知，宇宙使万物统一，同时万物赋予宇宙以无穷的生机。

周敦颐的最后一个观点在道学的发展中尤为重要。中世纪儒家的形而上学重视“理一”而轻视“分殊”，孔颖达（574—648）的《周易正义》对此有简明扼要的总结。从“理一”的角度，宇宙是生机充盈的有机体，先于万物而存在。宇宙“生产”万物，也就是从“无”（没有确定特性）到“有”（有明确特性），在这一过程中，万物在一个系统中各自被赋予了特定的角色。中世纪儒家的形而上学认为，如果在事物存在之先，没有一种巨大的关系网络，那么万物就无法存在，更不用说为宇宙的衍化发挥作用①。为了说明整体高于部分，中世纪的思想家经常引用老子“三十辐共一毂”（《老子》第11章）为例。他们将三十辐比作万物，将一毂比作宇宙之大全。就像是辐靠毂来转动车轮，万物也因宇宙系统而获得自身的功能②。

相比之下，周敦颐与中世纪的儒家形而上学不同。在他看来，宇宙如何形成并不重要，重要的是确认宇宙中的万物不断地自我转化。过去人们的形上学讨论关注于追溯宇宙之根源，而周敦颐的形上学探讨则集中于宇宙的创造性演化。他对于解释宇宙自我转化的动力机制充满兴趣。换句话说，周敦颐关注的是宇宙论而非宇宙进化论，他强调了宇宙及其化生的万物之间所存在的相互依存关系。他赋予整体和部分以同等的地位，由此而引入了一种新的形而上学思想方式。

四　道德的形而上学

在《太极图说》上半部分，周敦颐要求读者从头至尾顺读《太极图》，把它作为一个关于阴和阳如何产生万物的图解。而在《太极图说》下半部分，他要求读者倒着读图，将其作为人类参与宇宙演化进程的形象说明。为了突出这种语调上的变化，他写道：

> 惟人也，得其秀而最灵。形既生矣，神发知矣，五性感动而善恶分，万事出矣。圣人定之以中正仁义而主静，立人极焉。

在此处，周敦颐的《太极图说》首次关注了人类自身。他指出，由于人类具有情感和知觉，因此可以认定，人类是万物中最有灵性的种类。在宇宙万物之中，唯有人类具有自由意志，能够决定自己的行为，构成一

---

① 关于中世纪儒家形而上学的总结，参见孔颖达在《周易正义》卷首的8篇文章。关于孔颖达哲学的探讨，参见韩子奇《〈易经〉和中国政治：北宋（960—1127）经典注疏和士人入世主义》，纽约州立大学出版社2005版，第28—48页。

② 参见王弼（226—249）《老子注》第11章。此外还可以参考孔颖达《周易正义》中的第一篇文章《论易之三名》。关于“有”和“无”的讨论，参见韩子奇《〈易经〉和中国政治：北宋（960—1127）经典注疏和士人入世主义》，纽约州立大学出版社2005版，第41—45页。

种独立自主的种类。人类与其他生物不同，他（她）们可以自我选择，或者是积极参与宇宙“生生不已”的创新进程，或者是成为这一进程的绊脚石。由此而言，人类的日常道德实践（例如，仁、义、礼、智、信）就有着超越于伦理之上的意义。这些道德活动出自良知的决断，并将人类的活动视为宇宙创生活动的一部分，就此而言，人类的道德活动有着超越的形而上学意义。在道德实践和宇宙大化流行之间建立一种本质性的联系，这是程朱理学的理论基础①。

为了使他的观点表述更为清晰，周敦颐在《太极图说》的最后一部分对“成圣”的意义进行深入分析。作为理想的人，圣人立足于他在人类社群中的既定地位，尽自己的最大努力促进宇宙的自我更新。就此而言，圣人的智慧是一种双重性的领悟：一方面领悟自身在人类社群中的特定角色；另一方面则是领悟这一人类社群的特定角色是如何成为宇宙自我更新的一部分。沉浸在这种双重性的领悟中，圣人是半人半宇宙性的。对他的同胞伙伴来说，他设定了人群的道德标准；对宇宙万物而言，他将人类和宇宙之领域相互联系在一起，由此推动了宇宙的平稳发展。

为了证明他的观点，周敦颐大量引用《周易》。事实上，《太极图说》的最后几行文字全部都引自这部经典。从这些引文可以看出，周敦颐对道德形而上学的理解奠基于《易传》。首先，他引用了《易传》中的《文言》：“故圣人与天地合其德，日月合其明，四时合其序，鬼神合其吉凶。”这段引文支持了周敦颐的观点，也就是说，人类作为阴阳五行的产物，在本体论的意义上与宇宙相互关联。以这段引文为根据，他证实了自己的观点：圣人是半人半宇宙性的，因为圣人在“分殊”中体现了“理一”。其次，周敦颐引用了《易传》中的《说卦》：“故曰：立天之道，曰阴与阳。立地之道，曰柔与刚。立人之道，曰仁与义。”这段引文再次肯定了三才（天、地、人）在存在论上的联系，由此能证明他的观点，即圣人的确是半人半宇宙性的。

最后，周敦颐从《易传》的《系辞》第一部分引用了一段经过删节的引文，用以结束《太极图说》：“原始反终，故知死生之说。”这段引文

---

① “道德的形而上学”这个名词，是当代中国哲学家牟宗三（1909—1995）所创造的，参见《心体与性体》，台北正中书局1968年版，第115—189页。

重申了从两个相反方向解读《太极图》的重要性。周敦颐要求读者，首先要从上往下读，以追踪宇宙万物形成的轨迹；然后要从下往上读，追溯万物回归自然、参与大化的宇宙本能。

将两者结合在一起，可以发现，对《太极图》的顺读和倒读是同一种论述的两个部分，这说明道德伦理和形而上学是不可分的。顺读《太极图》，可以突出人类道德行为的形上基础。从整体的角度出发，顺读《太极图》厘清了万有（包括人类）宇宙的根源。作为一个巨大的有机系统的一部分，人类不仅要对自身负责，同时也要对宇宙内所有的存在者负责。从相反角度来看，倒读《太极图》，强调的是人类道德行为的形上含义。从人类的自身角度出发，倒读《太极图》探讨的是人类体现大化流行的可能性。作为宇宙所必不可少的一部分，人类不仅能影响人类自身的社群，也能对宇宙整体产生影响。就如同阴与阳的循环往复，对《太极图》的顺、逆两种读法展示了人类与宇宙之间“理一分殊”的双向流动①。

五 自我修养与人的超越

在周敦颐的作品中，《通书》相对篇幅较长。就主题而言，《通书》与《太极图说》的后半部分相类似。它讨论的是个体如何在人伦日用中体现宇宙大化。由于《通书》直接提出了道学的主要关注点：道德修养方法，因此在有些选本中，《通书》被安排在《太极图说》的前面，以此显示它的重要性②。在形式上，《通书》中一部分像是《易经》的注释，对六十四卦中的特殊卦象，如乾（1）、蒙（4）、讼（6）、噬嗑（21）、复（24）、无妄（25）、家人（37）、睽（38）、艮（52）等进行了详细的讨论。在《通书》中的这些部分，周敦颐表现得如同一个《易经》的注释者。他引用《易经》这部经典，并且竭力阐明这些引文的含义。也许就是因为这个原因，《通书》又被称为《易通书》。

① 程颢和朱熹都运用了儒家的概念“仁”来阐明人类与宇宙之间的“理一分殊”关系。参见程颢的《识仁篇》和朱熹的《仁说》。

② 举例来说，在黄宗羲和全祖望编撰的《宋元学案》中，编撰者故意将《通书》置于《太极图说》的前面。

正如我们在《太极图说》中所看到的，周敦颐有许多理由引用和评论《易经》。首先，《易经》是一部神圣的儒家经典，主要涉及人与宇宙的关系。通过爻辞和卦象的形式，《易经》描述了人与宇宙所共同构成的“三才”：天为上，人为中，地为下。[①]“三才”有共同的本质，并相互影响。《易经》以卦爻这种生动鲜明的方式，论证了人和宇宙是相互关联的部分与整体。其次，许多卦辞和爻辞，特别是《系辞》《文言》和《说卦》，都与道德修养之形上本质的探讨密切相关。事实上，《易经》所展示的世界观与道学家十分近似，有许多道学家，包括张载（1020—1077）、程颐和朱熹，都撰写过《易经》的注释。从这个角度来看，第一批道学家群体是通过《易经》来发展出他们的哲学的，周敦颐就是其中之一[②]。在《通书》中，周敦颐阐述了两个主题：学而至圣人（“成圣希天”）的可能性，以及“学”的内容。就第一个主题来说，他关注于诚这个概念。诚的概念源于《中庸》，指的是天命所赋予的人之内在善性。因为是天之所赋，所以人之善性并不仅仅是人类的能力，它同时还是人类与宇宙相联系的关键点。因此，发现和培育人的内在善性，也就是诚，是“成圣希天”的基础。

对周敦颐来说，必须将人的内在善性称为诚。首先，尽管人性皆善，但人性之善通常是隐蔽的，人们必须表现真诚，然后才能发现人性之善。为了强调这一点，周敦颐反复重申了人性善的形上基础：

> 诚者，圣人之本。《易经》曰：“大哉乾（即阳）元，万物资始。”诚之源也。《易经》曰：“乾道变化，各正性命”诚斯立焉，纯粹至善者也。（《通书》第一章）

在以上的文句中，周敦颐引用了《易经》中的论述来支持他的观点。他引用了“乾卦”的“彖辞”，用以说明人在存在论上是宇宙的一部分，人能够成为善人，是因为人性的内在之善。

---

① 在《易经》中，八卦和六十四卦都以图像的方式表示“天地人”三才。在八个单卦中，最上一条线代表天，中间的线条代表人，下面的线条代表地。在六十四个重卦中，上面两条线代表天，中间两条线代表人，最下面的两条线则代表地。

② 朱伯昆：《易学哲学史》卷2，北京大学出版社1988年版，第88—116页。

其次，宇宙万有之存在是一个联系紧密的宏大系统。这就意味着，对自己真实，也就要求同时要对别人真实。仅仅对自己真实，却无视旁人，这是自私而不是诚。故此，诚扎根于为他人服务的行为中。为了说明他的观点，周敦颐写道：

> 圣，诚而已矣。诚，五常之本（仁、义、礼、智、信。），百行之源也。静无而动有，至正而明达也。五常百行，非诚非也，邪暗塞也，故诚则无事矣。（《通书》第二章）

在这段文字中，周敦颐明确指出，诚要求人们实践五常以献身精神服务于同胞，也就是说，待人以仁，断事以义，行为有礼，处人伦有智，与亲友交往有信。在实践五常的过程中，人们必须将宇宙看作一个宏大网络。并且认识到他人的存在影响、塑造了自身的个体存在。周敦颐将人类的内在善性称为诚，是试图强调，只有通过宇宙全体成员的参与，才能充分实现诚。

最后，就如同个体通过服务他人来达到对自身的真诚一样，宇宙也通过化生万物、生生不已而达到对自身的真诚。宇宙“生而不有”“长而不宰”；实现他者以实现自身，圆满他者以圆满自身。当人类的个体处于诚之状态中时，就会发现宇宙的善和人性的善是同一的。为了理解这一点，周敦颐写道：

> 天以阳生万物，以阴成万物。生，仁也；成，义也。故圣人在上，以仁育万物，以义正万民。天道行而万物顺，圣德修而万民化。大顺大化，不见其迹，莫知其然之谓神。（《通书》第十一章）

在这段文字中，周敦颐把自然世界和人类世界并列在一起，似乎这两者是完全等同的。之所以要这样并列，并非要将自然人化，而是为了显示，自然和人类相互作用是极为普通、平常的事情。因此，通过将人性之善称为“诚”，周敦颐强调了宇宙化生万物之善与人性之善的同一性。

根据周敦颐的说法，以人性之善体现宇宙之善，孔子的爱徒颜回就已经证实了这一可能性。《论语》中描述颜回是一个极端刻苦、奋发向上的学生，他全身心地投入学习如何成为一名圣人中，并赢得了孔子的赞许。当他不幸早逝之后，孔子悲伤不已，为之痛哭。(《论语》第二章) 颜回活着的时候极端自律，他的道德修养同时包含两个方面：对道的坚定信念(信道) 和践行正确行为的决心 (行道)。后者分为四项：非礼勿视，非礼勿听，非礼勿言，非礼勿动。(《论语》第 12 章) 他是如此的严于律己，以至于得到了“不贰过”的名声。

对周敦颐来说，颜回在他贫困的生活中以信念保持精神的安宁，这说明他成功地体现了宇宙之精神。在物质方面，颜回处于窘迫的境地，日常中哪怕仅有一箪食，一瓢饮，居住在陋巷之中 (《论语》第 6 章)，但在精神上，颜回乐观向上，他每天学习经典，与同学辩论，向孔子求教。在早逝之前，他本有希望在不断探索中超越自我。(《论语》第 11 章) 在周敦颐看来，颜回之乐就清楚地体现在他自我修养的成就中：

> 颜子，一箪食，一瓢饮，在陋巷，人不堪其忧，而不改其乐。夫富贵，人所爱也，颜子不爱不求，而乐乎贫者，独何心哉？天地间有至贵至爱可求而异乎彼者，见其大而忘其小焉尔！(《通书》第二十三章)

在周敦颐眼里，颜回是好学者的完美典范。颜回不注重物质享受和个人利益，相反，他的目标是道德修养的成功，由此他可以实现他与宇宙之间的精神性和本体论联系。

根据程颐的回忆，周敦颐经常要求他的学生“寻颜子之乐”，以求成为圣人。程颐有一篇著名的文章《颜子所好何学论》，在许多方面系统回答了周敦颐的问题。需要重点指出的是，“寻颜子之乐”实际上就是寻找人在宇宙中的根源。周敦颐希望他的学生达到与宇宙万物联为一体的感觉。对周敦颐来说，“颜子之乐”就是体会到宇宙万物生生不息、不断演化的活力。当人们目睹这一壮观的景象，就不期然产生与宇宙万物紧密相连的感觉。周敦颐将这种亲密感称为“与天地参”(《通书》第 39 章)。通过赞扬颜回，周敦颐不仅试图论述人能够学习体现天道，同时还重新定义了儒学的本质。在此之前，儒家学者认为学习的任务就是学会成为一名忠诚负责的政府官员。担任高级官职、服务人类社群，被认为是完成儒学目标的直接手段。而周敦颐倡导以颜回为孔子的真正弟子，也就将学习重新定义为个体心性修养的探索。就算居住在简陋而荒凉的小巷中，却达到了人格的完善，颜回象征了一种必须要个人独自承担的道德的形上学。

当然，对周敦颐而言，服务人类社群依然是与宇宙万有相通的恰当途径，但是学的起点已经改变了。他不再鼓励学生成为高官显宦，而是号召他们“志伊尹之所志，学颜子之所学”（《通书》第10章）。他告诉他的学生，为了与宇宙万有相通，首先要在人群中行为恰当。同时一个学者，不仅仅是一个行动者，他还要有正确的头脑，能够认识到宇宙万有的固有联系。这种内在转向使心灵的修养成了学的最重要部分。

关于心灵修养，周敦颐强调主静。他呼吁人们关注心灵修养中最为困难的部分：从各种杂念中解脱出来，专注于一时一事。精神专注的目的并非为了使人偏执狭隘，而是让人们从欲望中解脱：

> “圣可学乎？”曰：“可。”曰：“有要乎？”曰：“有。”“请问焉。”曰：“一为要。一者，无欲也。无欲。则静虚动直。静虚则明，明则通；动直则公，公则溥。明通公溥。庶矣乎！”（《通书》第二十章）

说到无欲，周敦颐并非主张断绝欲望，就像佛教的“四谛”所宣称的那样。相反，他的本意是将心灵的注意力集中在一时一事上，这样就不会产生杂念。通过集中注意力于一时一事，人们将会思路清晰，豁然开朗，领悟到宇宙的宏大和人的自发能力。

在《通书》中，周敦颐并没有彻底充分地说清楚他的心灵修养方法。除了将无欲作为道德修养的目标之外，他没有对心灵修养提出任何特别的建议。由于这个原因，尽管他对道学之道德形而上学的建立有所贡献，还对道学的本质进行了定义，但一般而言，人们并不认为他是一个完全成熟的道学思想家。许多学者认为，道学作为一种哲学运动，直到程颐和朱熹上场，才正式揭开帷幕①。但是，对另一些学者来说，周敦颐的贡献并不

① 陈来：《宋明理学》，辽宁教育出版社1995年版，第41—140页；刘述先：《理解儒学：古典与宋明》，West - port，CT：Praeger出版社1998年版，第113—130页。

在于他的道德修养方法，而在于他创建了一种道德的形上学，这种形上学为道德修养的合理性提供了说明和保障[①]。就这一点来说，周敦颐的道德形上学代表了儒学的新发展。周敦颐的新儒学，一方面保留了古典儒学的道德关怀，另一方面则容含了道教和佛教的宇宙、宗教视野。由此而言，尽管在周敦颐身上存在着一定的道教倾向，但朱熹将其列为道学谱系中的第一人，却是完全正确，无可置疑的。

（作者单位：韩子奇，美国纽约州立大学 Geneseo 分校、香港城市大学；易子薇、秦仪、刘姝，湖南科技学院国学院学生）

① 牟宗三：《心体与性体》，台北正中书局 1968 年版，第 323—356 页；余敦康：《内圣外王的贯通：北宋易学的现代阐释》，学林出版社 1997 年版，第 144—175 页。

七　周敦颐文献研究

宋儒度正编纂周敦颐文集的渊源、过程及其流传概况

粟品孝

《周敦颐评传》的作者梁绍辉先生曾指出："朱熹自然是编定、研究周氏著作用心最勤、成绩最著之人。朱熹之后则有他的高足弟子度正继承他的事业。特别在搜访遗稿遗迹方面，其用心和成绩都超过了乃师。"① 确实，南宋合州（治今重庆市合川区）人度正（1167—1235）曾以近三十年的时间，辛勤搜集周敦颐（1017—1073，下称周子）遗文遗事，最后编纂出周子文集和年谱。虽然未见度正直接刊印他的心血之作，但从后来编刻的各种周子文集来看，他的这一"劳动成果"并没有被埋没，而是汇入了历代周子文集之中，从而在周子学术传播史和理学发展史上占有了不可忽视的地位。对度正这一贡献，学界还重视不够，一直未见细致的研究。本文之作，期能弥补这一不足，并切实推进濂溪学的深入研究。

一　从精择到广取：周敦颐文集的由来

在度正之前，已有不少学者致力于搜集、整理和刊印周子著作，甚至出现了七卷本的《濂溪集》，它们是度正编纂周子文集的渊源。因此在论述度正的编纂之功前，有必要对这些学者的劳绩做些梳理。

据周子生前好友潘兴嗣撰《濂溪先生墓志铭》，周死后"藏于家"的

---

① 梁绍辉：《周敦颐评传》，南京大学出版社 1994 年版，第 69 页。

著作主要有“《太极图》《易说》《易通》数十篇，诗十卷。”[①] 这里的《易通》，一般认为就是后来的《通书》。

周子著作最早是以《通书》为总名在程颐及其后学那里流传的，《通书》四十章是主体，《太极图》附于其后。所谓的《易说》和十卷诗则一直未见流传。而九江周氏家藏的《通书》“旧本”没有附《太极图》。程颐再传弟子祁宽见到了这两个系统的《通书》，从他所述“校正舛错，三十有六字，疑则阙之”[②] 来看，《通书》本身的文字差别并不大。祁宽虽做了校勘，写有《后跋》，但未见刻板。当时二程另一再传弟子胡宏曾整理过《通书》，并写有序略，但他“叙而藏之”[③]，似乎也没有刊印。

目前所知，最早以《通书》为总名刊印周子著作的，是在其家乡道州（舂陵郡），所谓“舂陵本最先出”[④] 是也。之后永州（零陵本，绍兴二十八年即 1158 年）[⑤]、江州（九江本，乾道二年即 1166 年）[⑥]、潭州（长沙本，乾道二年即 1166 年）等地相继刊印。这些版本“互有详异”，但基本格局一样，即以《通书》四十章为主，后有《太极图》（含《图说》），并“附载铭、碣、诗、文”，即潘兴嗣《濂溪先生墓志铭》、蒲宗孟《濂溪先生墓碣铭》、孔延之《邵州新迁州学记》、孔文仲《濂溪先生祭文》、苏轼《茂叔先生濂溪诗呈次元仁弟》、黄庭坚《濂溪词并序》等方面的文字。朱熹自称其“最后出”的长沙本“最详密”[⑦]，除了文字校勘可能更精确，收录内容更丰富外，还有就是对蒲宗孟《濂溪先生墓碣铭》一文的删改。朱熹在编集长沙本《通书》时曾作《答汪尚书》一通，其中明确写道：

① 参见湖南省濂溪学研究会整理《元公周先生濂溪集》卷 8，岳麓书社 2006 年版，第 136 页。

② （宋）祁宽：《通书后跋》，《元公周先生濂溪集》卷 4，岳麓书社 2006 年版，第 72 页。

③ （宋）胡宏：《通书序略》，《元公周先生濂溪集》卷 4，岳麓书社 2006 年版，第 72 页。

④ （宋）叶重开：《舂陵续编序》，《元公周先生濂溪集》卷 8，岳麓书社 2006 年版，第 142 页。可惜未见具体刊刻时间。

⑤ 参见（宋）曾迪《拙堂留题》，《元公周先生濂溪集》卷 11，岳麓书社 2006 年版，第 207 页。

⑥ 参见（宋）林栗《江州州学先生祠堂记》，《元公周先生濂溪集》卷 10，岳麓书社 2006 年版，第 171 页。

⑦ （宋）朱熹：《太极通书后序（建安本）》，《元公周先生濂溪集》卷 4，岳麓书社 2006 年版，第 73 页。

> 大抵近世诸公知濂溪甚浅，如吕氏《童蒙训》记其尝著《通书》，而曰用意高远[①]。夫《通书》《太极》之说，所以明天理之根源、究万物之终始，岂用意而为之，又何高下远近之可道哉！近林黄中（引者按，即林栗）自九江寄其所撰祠堂记文，极论濂字偏旁，以为害道，尤可骇叹！而《通书》之后，次序不伦，载蒲宗孟《碣铭》全文，为害又甚。以书晓之，度未易入。见谋于此别为叙次而刊之，恐却不难办也。春陵记文（引者按，当指胡铨《道州先生祠记》）亦不可解。此道之衰，未有甚于今日，奈何，奈何！[②]

这里所谓“大抵近世诸公知濂溪甚浅”，是说当时学林和思想界对周子著作和思想的认识还比较粗浅，如吕本中（《童蒙训》作者）、胡铨（其记文讨论了周子的“诚说”）对周子思想的理解有偏差；林栗不但对周子的“濂溪”之号存在明显误解，而且刻印的九江本《通书》录载了蒲宗孟《濂溪先生墓碣铭》的全文，朱熹认为这“为害又甚”。为什么这么说呢？蒲宗孟本人在北宋是以支持王安石新法著称的，他在《墓碣铭》中记录了周子为政干练的作风、道家隐逸的风貌，以及称赞新法的言论，朱熹认为这些都是不符合实际的。从朱熹的这封书信，可知他此时已对蒲宗孟《墓碣铭》大刀阔斧地进行了删改[③]，并将改后的《墓碣铭》置于长沙本《通书》之后。朱熹这一做法的依据自然可以非议，但其目的，无非是要“净化”周子。

朱熹长沙本《通书》虽然“最详密”，但结构上与之前的版本并无不同。周子著作格局的大变化发生在朱熹乾道五年（1169）编定并刻印于建安府的《太极通书》上。建安本依据潘兴嗣《濂溪先生墓志铭》叙述周子著作的先后顺序，把《太极图》从原来《通书》的附录调整到最前面，形成《太极图（说）》在前、《通书》紧接其后的新格局，书名也由

---

① 现存《童蒙训》（影印文渊阁《四库全书》本）所记为《太极图说》，而且说是“用志高远”。与此有别，疑朱熹记忆有误。

② （宋）朱熹：《与汪尚书》第六书，《朱熹集》卷30，郭齐、尹波点校，四川教育出版社1996年版，第1278—1279页。

③ 朱熹的删改本可见宋本《元公周先生濂溪集》卷8所收蒲宗孟《先生墓碣铭》，第136—138页。

原来的《通书》变成了《太极通书》。其中的《通书》内容否定了长沙本依据胡宏整理本进行分章定次的格局，“复其旧贯”，即恢复了原来的“章目”，剔除了胡宏在章首添加的“周子曰”数字。而且，在长沙本删改蒲宗孟《墓碣铭》的基础上，建安本又更进一步，直接删去了“铭、碣、诗、文”，而代之以朱熹自己的《濂溪先生事状》。朱熹的理由是，当时各本附载、完全不是程门系统的“铭、碣、诗、文”“事多重复，亦或不能有所发明于先生之道”，因此决定“一以程氏及其门人之言为正”，删去重复，合为《事状》一篇。[①] 朱熹的这些处理或纠程门系统之偏，或除非程门系统之“杂”，意在树立周子更为高大、更为纯粹的理学家形象。配合朱熹这一工作的，是其乾道九年（1173）编纂的《伊洛渊源录》，该书以二程为核心，前列其师周敦颐，旁列其友邵雍、张载，下列其门人后学，二程之学及其源流备于一书。其中周敦颐部分有两方面的内容，一是朱熹所写的《事状》，二是有关周子的《遗事》十四条，内容全部来自程门系统，符合其编纂《太极通书》时确立的“一以程氏及其门人之言为正”的标准。

在编印建安本《太极通书》之后，朱熹继续对其《太极通书》进行“精加工”，他在门人杨方的帮助下，得到“九江故家藏本”的《通书》，发现与建安本《太极通书》有十九处不同，“互有得失”，经过校勘后于淳熙六年（1179）在南剑州（即以前的延平郡）刊刻，是为延平本。[②] 是年朱熹到任知南康军，对《太极通书》“复加更定”，并写有一长序，总结了自己对周子生平和著作的认识历程以及历年的整理情况，后刊印流传，是为南康本。全书的结构顺序为：“周子《太极图》并《说》一篇，《通书》四十章，世传旧本遗文九篇，遗事十五条，事状一篇。”[③] 此本仍然没有建安本以前诸本附录的“铭、碣、诗、文”，可说是继续保持了朱熹的求精原则、以程门为正的原则。而且，此本的《太极图（说）》《通

---

① （宋）朱熹：《太极通书后序（建安本）》，《元公周先生濂溪集》卷4，岳麓书社2006年版，第73页。

② （宋）朱熹：《太极通书后序（延平本）》，《元公周先生濂溪集》卷4，岳麓书社2006年版，第75页。

③ （宋）朱熹：《太极通书后序（南康本）》，《元公周先生濂溪集》卷4，岳麓书社2006年版，第74—75页。

书》、遗文、遗事和事状的结构形式（不知朱熹建安本的结构是否也是如此）也确定下来，既是此后《通书》的“通行版本”①，也为后来的周子文集奠定了基本格局。

总括朱熹编刻周子著作的历程，可知他一贯具有选精集萃的原则，先是在长沙本《通书》中将蒲宗孟《濂溪先生墓碣铭》一文进行删改，初步“净化”了周子的形象；接着在建安本《太极通书》中调整周子著作的结构顺序，建立起以《太极图（说）》为首、以《通书》紧接其后的新格局，并抛弃了胡宏《通书》整理本的分章定次形式，而“复其旧贯”。他在建安本中还完全删去了之前一直附载的、非程门系统的“铭、碣、诗、文”，而代之以自己以程学为标准所写的《事状》，显示出更为明显的“精择”原则。

通过朱熹等人的努力，周子的著作不断刊印，越传越广，就在南康本《太极通书》编印的淳熙六年（1179），就有“先生之书遍天下，士知尊敬讲习者寖多”之说②；祭祀周子的学校、祠堂也越建越多，同样是在淳熙六年，朱熹写道：“先生之学，自程氏得其传以行于世，至于今而学者益尊信之。以故自其乡国及其平生游宦之所历，皆有祠于学，以致其瞻仰之意。”③ 两年后，朱熹祖籍所在的徽州婺源县（今属江西）建立周程三先生祠堂，发起人周师清在请求朱熹撰写记文的来函中又说：“十数年来，虽非其乡、非其寓、非其游宦之国，又非有秩祀之文，而所在学官争为祠室，以致其尊奉之意。”④ 可见，“近世诸公知濂溪甚浅”的局面正不断得到改善，周子作为理学奠基人二程的老师、作为整个理学思想体系的开创者这一高大形象也越来越深入人心。这一形势的巨变，使得学林对周子生平事迹和著述情况需要更多的了解。而且在朱熹等人的努力下，周子的著作《太极图说》地位日高，将其作为经典来进行诠释的著作也不断推出（如朱熹、张栻均作有注解）；随着学校、书院中祭祀周子祠堂的增

① 田智忠：《〈诸儒鸣道集〉研究》，中国社会科学出版社2012年版，第206页。

② （宋）张栻：《南康军新立濂溪祠记》，《张栻全集·南轩集》卷10，杨世文、王蓉贵校点，长春出版社1999年版，第707页。

③ （宋）朱熹：《隆兴府学濂溪先生祠记》，《朱熹集》卷78，第7册，第4085页。

④ （宋）朱熹：《徽州婺源县学三先生祠记》，《朱熹集》卷79，第7册，第4094—4095页。

加，有关阐发周子思想的学记、祠记的文章也越来越丰富（朱熹、张栻就写有不少），这些对更好地理解周子的生平和思想无疑很有帮助，因此有必要把它们汇集起来。顺应这一新的变化需要，有学者开始突破朱熹的“精择”原则，以更宏大更开阔的思路，选取更多的内容来充实、来丰富周子的著作体系。这便是叶重开七卷本《濂溪集》的由来。

叶重开是南宋处州松阳县（今属浙江丽水市）人[①]，宋孝宗淳熙十一年（1184）中进士[②]，随即出任道州州学教授[③]，《濂溪集》就是他在任期间编刻的。他在淳熙十六年（1189）十一月的《舂陵续编序》中写道：

> 濂溪先生《通书》，传之者日众。舂陵本最先出，板浸漫灭。重开既白诸郡侯，参以善本，补正讹阙，并以南轩、晦庵二先生《太极图说》，复锓木郡斋矣。今序次此编，名之曰《濂溪集》。其间诸本所不登载，四方士友或未尽见，采诸集录，访诸远近得之，以类相从，分为七卷。

叶氏以舂陵本为底本来参校其他善本，自然有出于对周子家乡、自己任官之地的尊重态度，也说明此本与包括朱熹所编印诸本在内的其他各版本的《通书》（或《太极通书》）文字上相差并不大。较之于朱熹编刻周子著作侧重“精择”不同，叶氏的本子侧重于广搜博采，其增补主要包括两大方面：一是当时名气很大的两位理学大儒张栻和朱熹的《太极图说》，二是搜罗“诸本所不登载，四方士友或未尽见”的内容。叶氏之所以要与朱熹立异，他是这样解释的：

---

① 叶氏在两篇文章的署名中都说是“括苍叶重开”，括苍是处州的郡名。清人李卫修、沈翼机纂的雍正《浙江通志》卷126（文渊阁《四库全书》本）进一步说叶氏是“松阳人”。松阳为处州下面的一县名。

② （明）刘宣等纂：《处州府志》卷9，明成化二十二年刻本。

③ 对于他之后的情况，我们所知甚少。宋末编修的《咸淳临安志》说叶重开曾任临安府新城县县令，清代所编《杭州府志》进一步记其出任时间是宁宗嘉泰二年（1202年）（清人马如龙、杨鼐等纂修，李铎等增修：康熙《杭州府志》卷22，清康熙二十五年刻三十三年李铎增刻本）或嘉定二年（1209年）（清人郑澐修、邵晋涵纂：乾隆《杭州府志》卷66，清乾隆刻本），但我们不知此叶重开是否就是我们这里所说的《濂溪集》的编者。

或谓晦庵更定周子之书，至于再三，极其精审，凡铭、碣、诗、文附见旧帙者，悉从删去。疑此集之杂，将无补于求道。重开应之曰：晦庵发明正道之传，示学者纯一之旨，择之不容不精。是书集于先生之乡，凡片言只字知所尊信，犹恐或失之，取之不得不广。又况先生之道，愈讲愈明，学者仁智之见虽有浅深，然自远而即近，由粗以至精，月异而岁不同，今而毕录于此，观之者宜知所适从矣。①

分析叶氏的话，可知在他看来，之前朱熹主要考虑的是如何把理学这一“正道”树立起来、流传开来，让世人知道什么才是真正的“纯一之旨”，所以“择之不容不精”，即特别注意分辨孰精孰粗的内容，注意取其精华、去其糟粕；而现在的《濂溪集》，编于周氏的家乡，“片言只字”都很重要，深惧遗漏，所以“取之不得不广”。应该说，叶氏对朱熹“精择”理由的分析很有道理，而对自己“广取”理由的说明，则并不充分，难以令人信服。不过他紧接着所述的话则有一定道理，他认为，“先生之道，愈讲愈明”，因此把更多人的记述和论说汇集到一起，就更容易把道理讲清楚，这就是他要把各种“仁智之见”“毕录于此”的原因。最后所谓“月异而岁不同”，可谓叶氏把握时代变化带来的观念更新的点睛之语。

虽然我们不清楚叶氏编刻的《濂溪集》究竟有哪些内容，但从上述他的自序来看，内容已较之前所有的《通书》或《太极通书》版本都要丰富，不但把朱熹删去的“铭、碣、诗、文”重新恢复，而且把朱熹、张栻这两位当时的理学大儒解释周子《太极图说》的著作也补充进来，还把“诸本所不登载，四方士友或未尽见”的内容也加以汇集。整体上已由过去朱熹追求的“精审”向现在“杂”和“粗”的方向发展。更重要的是，叶氏首次以文集的观念来编定周子的著作，分门别类，多达七卷。叶氏编纂周子文集的原则、观念和规模，长期为后人所继承。

二　精粗兼收：度正编纂周敦颐文集的过程

度正是合州人，出生和成长于周子为官之地（周子曾任签书合州判

① 以上两段引文均参见（宋）叶重开《春陵续编序》，《元公周先生濂溪集》卷8，第142页。

官事五年）和周子为代表的理学快速发展时期，因此很早就确立了理学的信仰，并注意搜求周子的遗文遗事。科举入官特别是在问学朱熹之后，度正更是加快了这一步伐，并最终编纂出周子文集。其《书文集目录后》一文专门叙述了这一过程，先引录如下：

> 正往在富沙（引者按，福建路建宁府郡名，治今福建建瓯市），先生（引者按，指朱熹）语及周子在吾乡时，遂宁傅耆伯成从之游，其后尝以《姤说》《同人说》寄之。先生乃属令寻访，后书又及之。正于是遍求周子之姻族，与夫当时从游于其门者之子孙，始得其《与李才元（引者按，即李大临）漕江西时慰疏》于才元之孙，又得其《贺傅伯成登第手谒》于伯成之孙，其后又得所序彭推官诗文于重庆之温泉寺，最后又得其在吾乡时所与傅伯成手书。于序见其所以推尊前辈，于书见其所以启发后学，于谒、于疏又见其所以笃于朋友庆吊之谊。故列之《遗文》之末。又得其同时人往还之书，唱和之诗，与夫送别之序，同游山水之记，亦可以想象其一时切磋琢磨之益，笑谈吟咏之乐，登临游赏之胜，故复收之《附录》之后。而他书有载其遗事者，亦复增之。如近世诸老先生崇尚其学，而祠之学校，且记其本末，推明其造入之序，以示后世者，今亦并述之焉。①

度正在编定周子文集的同时，还编纂有周子的《年表》，并在后序中写道：

> 正少时得明道、伊川之书读之，始知推尊先生。而先生仕吾乡时，已以文章闻于当世。遂搜求其当时遗文、石刻，不可得，又欲于架阁库访其书判行事，而郡当两江之会，屡遭大水，无复存者。始仕遂宁，闻其乡前辈故朝议大夫知汉州傅耆曾从先生游，先生尝以《姤说》及《同人说》寄之，遂访求之，仅得其目录及《长庆集》，

---

① （宋）度正：《书文集目录后》，参见宋本《元公周先生濂溪集》卷8，第142页。曾枣庄、刘琳主编的《全宋文》卷6869，据《永乐大典》卷22536亦收载，题名《书濂溪目录后》，见该书第301册，安徽教育出版社2006年版，第143页。这里引录的个别文字已据《全宋文》订正。

> 载先生遗事颇详。久之，又得其手书、手谒二帖。其后过秭归，得《秭归集》（引者按，为蒋概著）；之成都，得李才元（引者按，即李大临）《书台集》；至嘉定，得吕和叔（引者按，即吕陶）《净德集》；来怀安，又得蒲传正（引者按，即蒲宗孟）《清风集》，皆载先生遗事。至于其他私记、小说及先生当时事者，皆纂而录之。①

综合这两段自述和其他文献，我们可以将度正搜求周子遗文遗事和编纂周子文集的过程缕述于后。由于度正同时编纂的周子《年表》一般都与其文集合刊，或置卷首，或置卷末，因此这里一并叙述。

1. 约在宁宗庆元元年（1195），度正出任遂宁府司户参军，在任期间访得周子遂宁籍弟子傅耆的《长庆集》，“载先生遗事颇详”，内有二诗、六书后被收入周子文集。

据度正《性善堂稿》卷15《跋伊川先生帖后》：“正为遂宁户掾，友人王君世垕数数为正言，城西傅君光家藏先正韩范诸公手迹甚富。乃祖大夫公，嘉祐初实见濂溪周先生于合阳求教，先生手书《家人》《艮》《遇》等说赠之。其后程太中公知汉州，大夫公时为邑西川，又得交伊川兄弟间，手笔相问，往往皆在。正每见王君，必悉意咨恳，属以访求周程诸先生手迹。庆元二年正月四日，王君忽自山中来谒，讲礼已，袖出伊川先生手状一幅，徐加考订，殆先生入蜀时笔也。”从其友人王世垕于庆元二年（1196）正月四日来谒度正的时间来看，度正至迟在庆元元年就已到任遂宁府（时属潼川府路，治今四川遂宁）司户参军了。在此期间，他了解到傅光“乃祖”傅耆曾从学于周敦颐，并与程颐兄弟“手笔相问”。为此，度正嘱托王世垕注意“访求周程诸先生手迹”。虽然只得到一幅“伊川先生手状”，并没有得到周氏手迹，但还是很有收获，这就是他在上引《书濂溪先生周元公年表后》中所写的：“始仕遂宁，闻其乡前辈故朝议大夫知汉州傅耆曾从先生游，先生尝以《姤说》及《同人说》寄之，遂访求之，仅得其目录及《长庆集》，载先生遗事颇详。”由此来看，度正得到了傅耆的文集《长庆集》，其中应当收载有后来被编入周子文集的傅耆二诗（《和周茂叔席上酬孟翱太博》《周茂叔送到近诗数篇，因和渠阁

① 见宋本《元公周先生濂溪集》末附《濂溪先生周元公年表》，第238—239页。

裴二公招隐诗》)、六书(《答周茂叔书》四书、《上永倅周茂叔启》《答卢次山》);度正从文集中还了解到周子的不少遗事,即所谓“载先生遗事颇详”。但周子写给傅耆的“手书、手谒二帖”还没有见到,要很久以后才访得(详后)。

2. 约庆元三年(1197)春或夏初,度正经过秭归时,得到周子友人蒋概的《秭归集》,集中当有《巴东龙昌洞记》。

度正在上引《书濂溪先生周元公年表后》中叙述其“始仕遂宁”的情况后写道:“其后过秭归,得《秭归集》。”《秭归集》为蒋概所写,其中的《巴东龙昌洞记》(后入周子文集)主要叙述他和周敦颐等人游览秭归名胜龙昌洞的情况,当是这次搜集到的。据《性善堂稿》卷11《掩马记》:“庆元三年正月,乡舍调官阙下,既逾宣城,六月八日,发朱唐。”由此可知度正是在任满遂宁府司户参军后于庆元三年(1197)初受命起程赴京的。宣城在江南东路的宁国府(今属江西),距京城临安(今浙江杭州)已很近,而秭归(治今湖北秭归)则在荆湖北路的最西边,与四川东面的夔州路相接。度正庆元三年(1197)初出发,六月已过宣城,那“过秭归”当在春天或夏初。

3. 庆元三年(1197)七月,度正在京城调官后南下福建建宁府,问学朱熹,朱嘱其寻访周子遗文遗事;次年朱熹又在书信中问及搜访情况。

庆元三年(1197)夏,度正到京城调官后,不顾“伪学”“逆党”之酷,冒暑南下福建建宁府拜见并求学于朱熹,把在遂宁府访得的伊川手帖送朱熹一阅,朱熹在七月下旬得见伊川手帖,一方面赞扬度正“求访之勤”;一方面勉励他继续努力:“濂溪先生往还遗迹,计其族姻闾里之间犹有存者,度君其广询之,当可得也。”[①] 度正当年返回后,出任利州教授。次年十月朱熹又写信给度正,仍然要他继续访问“濂溪文字”。这封《与度周卿书》在朱熹的《晦庵集》卷60中曾收录,但很不全;近人依据石刻抄录的《八琼室金石补正》卷112也有收录,仍有缺漏与讹误,现代整理的《朱熹集》《朱子全书》和《全宋文》也承袭了这一缺憾。其实,清代同治《涪州志》卷14《艺文志》和民国《涪陵县续修涪州志》卷3《艺文志》(民国十七年铅印本)收载有完整的文字。考虑到这

① (宋)朱熹:《跋度正家藏伊川先生帖后》,《朱熹集》卷84,第4319页。

封书信不易得见全本，兹全录于下（个别文字上的歧义则加注说明）：

> 十月十六日，熹顿首：去岁暮何幸辱远访，得遂少款，为慰为慰。顷客舍语别，忽忽期年又两三阅月矣。不审何日得遂旧隐？官期尚几何时？比来为况何如？读书探道亦颇有新功否耶？岁月易得，义理难明。但于日用之间，随时随处提撕此心，勿令放逸，而于其中随事观理，讲求思索，沉潜反复，庶于圣贤之教，渐有默相契处，则自然有得。天道性命，真不外乎此身。而吾之所谓学者，舍是无有别用力处矣。相望数千里，无由再会面，因书涯略，不觉缕缕，切勿为外人道也。此书附建昌包生去，渠云自曾相识，且欲求一异书，不知果有之否？刻舟求剑，似亦可笑，然亦可试为物色也。所欲言者，非书可悉，灯下自昏，草草不宣。熹再拜款署周卿教授学士贤友后缺数行云。
>
> 濂溪文[①]字后来更曾访问得否？去岁归建阳后方得于此所惠书并书稿、策问。所处既非，今又何敢道耶？熹[②]。

朱熹的当面叮嘱与事后书信相问，就是度正在上引《书文集目录后》开头的这段自述："正往在富沙，先生语及周子在吾乡时，遂宁傅耆伯成从之游，其后尝以《姤说》《同人说》寄之。先生乃属合寻访，后书又及之。正于是遍求周子之姻族，与夫当时从游于其门者之子孙。"可见朱熹的嘱托是度正大力搜求周子遗文遗事的重要动力。

4. 嘉泰四年（1204）至嘉定五年（1212）间，度正在成都访得李大临《书台集》，后入周子文集附录的《濂溪谒周虞部》诗当在其中；并通过李大临后人得到周子《慰李大临才元疏》。

上引《书濂溪先生周元公年表后》说度正过秭归得蒋概《秭归集》后，"之成都，得李才元《书台集》"。度正何时到成都得到李大临（字才元）《书台集》呢？经考证，度正曾在嘉泰四年（1204）拜见由成都府路转运判官升任四川茶马使的赵善宣，作有《上赵茶马》《上茶使赵伯川》

① 此字在《八琼室金石补正》中作"大"，在同治《涪州志》中作"丈"，在民国《涪陵县续修涪州志》中作"文"。据度正《跋濂溪贺傅伯成受谒》，应为"文"字。参见宋本《元公周先生濂溪集》卷6，第106页。

② 此"熹"字仅民国《涪陵县续修涪州志》的录文才有。

《谒茶使》《送茶使赵伯川赴阙》等诗，可知此时度正已在成都。[①] 紧接着的吴曦变乱平定后，理学家、张栻门人吴猎在嘉定元年（1208）到任四川制置使兼知成都府，度正被任为成都府学教授，不久知成都府华阳县，直至嘉定五年（1212）离任。因此度正在成都得到李大临《书台集》的时间，可能就是嘉泰四年（1204）到嘉定五年（1212）之间，内有《濂溪谒周虞部》诗，后入周子文集附录。度正在上引《书文集目录后》说他寻访周子遗文时，"始得其与李才元漕江西时慰疏于才元之孙"，即从李大临后人中访得周子《慰李大临才元疏》。另外，他在成都期间还得到周子乡士杨齐贤所撰周子《年谱》初稿[②]，对其更多地了解周子自然大有帮助，也促使他编纂更好的周子《年表》。

5. 嘉定五年（1212），度正通判嘉定府（治今四川乐山），在任期间得到吕陶《净德集》。

上引《书濂溪先生周元公年表后》说度正"至嘉定，得吕和叔《净德集》"。吕陶（字和叔）《贺周茂叔弄璋》《送周茂叔殿丞序并诗》当在《净德集》中，后收载周子文集附录。

6. 约嘉定九年（1216），度正从嘉定返回成都时，得到周子《贺傅伯成手谒》。

上引《书文集目录后》说度正自己"得其贺傅伯成登第手谒于伯成之孙"，说明他是从傅耆后人那里得到周子《贺傅伯成手谒》的。度正后来写有跋语："顷自嘉定还成都，寓于二程祠堂之右塾，偶得此纸。"[③] 则又知度正具体是在成都二程祠堂旁得到这份手谒的。

7. 嘉定九年（1216），度正知怀安军（治今四川金堂），在任期间访得周子妻兄蒲宗孟《清风集》，集中当有蒲氏写给周子的《乙……十诗奉寄》。

据考，嘉定九年（1216），度正升任奉议郎、权发遣怀安军兼管内劝农事（即知怀安军）。上引《书濂溪先生周元公年表后》说度正"来怀安，又得蒲传正《清风集》"，当在此时。集中当有周子妻兄蒲宗孟（字传正）所写《乙……十诗奉寄》，后入周子文集附录。

---

① 参见黄博《度正年谱长编》（未刊稿）。

② 参见宋本《元公周先生濂溪集》末附《濂溪先生周元公年表》，第 239 页。

③ 参见宋本《元公周先生濂溪集》卷 6，第 106 页。

据上引《书濂溪先生周元公年表后》，度正访得的傅耆《长庆集》、蒋概《秭归集》、李大临《书台集》、吕陶《净德集》和蒲宗孟《清风集》，“皆载先生遗事”。这样，度正从这些文集中不但得到了他们交往的一些诗文，还得到了周子不少“遗事”，从而丰富了度正所编周子文集《遗事》部分的内容，也为其编纂周子《年表》提供了更多的资料。

8. 嘉定十二年（1219），度正升任知重庆府，在任期间先后得到周子《彭推官宿崇胜院诗序》《与傅伯成手书》。

据《性善堂稿》卷15《跋濂溪序彭推官宿崇胜院诗后》，度正在嘉定十二年（1219）冬起知重庆府，次年他在编纂文集、年表时，从友人罗坚甫处得知重庆温泉寺的一僧人在寺庙的过道处发现了周子的《彭推官宿崇胜院诗序》，度正“得之喜甚”。不久，度正又得到周子写给弟子傅耆的书信，这就是上引《书文集目录后》所说：“其后又得所序彭推官诗文于重庆之温泉寺，最后又得其在吾乡时所与傅伯成手书。”

为了更直观地展示度正长年累月的搜集情况，我们依据上述，列表于下。

时间	度正职任或其他	度正搜访情况
宁宗庆元元年至庆元二年（1195—1196）	遂宁府司户参军	得周子门人傅耆《长庆集》，内有傅耆二诗（《和周茂叔席上酬孟翱太博》《周茂叔送到近诗数篇，因和渠阁裴二公招隐诗》）、六书（即《答周茂叔书》四书、《上永倅周茂叔启》《答卢次山》）
宁宗庆元三年（1197）春	赴京城调官，路经秭归时	得周子友人蒋概《秭归集》，内有《巴东龙昌洞记》
宁宗嘉泰四年至嘉定五年间（1204—1212）	在成都，曾任成都府学教授、知成都府华阳县	得周子友人李大临《书台集》，内有《濂溪谒周虞部》诗；又得周子《慰李大临才元疏》
宁宗嘉定五年至嘉定九年（1212—1216）	通判嘉定府	得周子任官合州时的属僚吕陶（时为铜梁令）《净德集》，内有《贺周茂叔弄璋》《送周茂叔殿丞序并诗》
宁宗嘉定九年（1216）	升任知怀安军，从嘉定返回成都时	得周子《贺傅伯成手谒》
宁宗嘉定九年至嘉定十二年（1216—1219）	知怀安军	得周子妻兄蒲宗孟《清风集》，内有《乙巳岁除日……成十诗奉寄》
宁宗嘉定十三年至嘉定十四年（1220—1221）	知重庆府	得周子《彭推官宿崇胜院诗序》《与傅伯成手书》

度正在前引《书文集目录后》中还说："而他书有载其遗事者，亦复增之。如近世诸老先生崇尚其学，而祠之学校，道记其本末，推明其造入之序，以示后世者，今亦并述之焉。"可知度正还搜集到了有关周子的一些"遗事""学记""祠记"等。

在度正搜求周子遗文遗事的过程中，周子及以其为代表的理学虽然经历了"庆元党禁"的政治高压，但接下来的"开禧北伐"迅速失败，主导这两大事件的权相韩侂胄被杀，理学又以狂飙突进之势，继续在全国各地大力传播和发展，并不断由民间思潮向官方统治哲学迈进，嘉定十三年（1220）周子成功地获得"元公"的谥号，确立了"自孟氏之后观圣道者，必自濂溪始"[①] 的崇高地位。适应周子及以其为代表的理学政治地位的快速提升和在社会中日益普及的新形势，度正在嘉定十四年（1221）知重庆府期间完成了周子文集和年表的编纂。据度正《书文集目录后》的落款，知其编定周子文集在嘉定十四年六月；又据度正《书濂溪先生周元公年表后》和跋语的落款，知其最后编定周子年表在嘉定十四年八九月间。从度正《书文集目录后》所谓"列之《遗文》之末""收之《附录》之后"对"遗事""复增之"这些用词来看，度正在编定周子文集时必定有一个文集的底本。目前我们知道在度正之前只有前述道州州学教授叶重开在淳熙十六年（1189）编刻的《濂溪集》七卷本，因此我们初步判断，度正所依据的当是叶氏的七卷本《濂溪集》。

对度正辛苦搜集周子遗文的情况，宋末学者黄震在读《周子后录》时曾说：

> 《后录·补遗》《遗文》凡二十二，皆蜀人度正遍求于故家遗俗之传，梯访于高崖危嶝之刻，亦可谓忠厚之至者矣。公之文，不特诗文书帖见录，而贺傅耆之名刺亦见录。公之文所及，不特亲党交游见录，而守坟之周兴全家姓第皆见录。然则片言只字，余音遗迹，使后世皆宝爱之而不忘，此其所本固自有在。[②]

---

① 《先生谥告》，参见宋本《元公周先生濂溪集》卷 9，岳麓书社 2006 年版，第 157—158 页。

② （宋）黄震：《黄震全集》第四册，《黄氏日抄》卷 33，《读本朝诸儒理学书·周子后录》，浙江大学出版社 2013 年版，第 1248—1249 页。

这里说周子的二十二篇遗文都是度正搜访所得，自然有所夸大，但强调度正以“忠厚”的态度，对有关周子的所有文字都注意收录，“片言只字”都不放过，则属事实。这在度正《书文集目录后》的最后也交代得很清楚：

> 正窃惟周子之学，根极至理，在于《太极》一图；而充之以修身齐家治国平天下，则在《通书》。吾先生既已发明其不传之秘、不言之妙，无复余蕴矣，其余若非学者之所急。然洙泗门人记夫子微言奥义，皆具载于《论语》，而夫子平日出处之粗迹，则亦见于《家语》《孔丛子》等书而不废。正今之备录此篇，其意亦犹是尔。学者其亦谨择之哉！

度正的意思是，正如孔门不仅看重《论语》，还重视“夫子平日出处之粗迹”一样，今天我们也要既重视《太极图（说）》和《通书》这些周子之学的精粹，也要重视搜集和保存其他“若非学者之所急”的内容。精粗俱录，最终让学者自己去选择。这个原则在他的周子《年表》中也得到反映，其弟度蕃在跋语中写道：

> 其（引者按，指度正）编类《濂溪家世年表》，皆口授，弟蕃执笔从傍书之。书至买平纹纱衫材、樗蒲绫袴段，蕃曰：“不太苛细否？”曰：“此固哲人细事，如食之精，脍之细，鱼之馁，绀緅之饰，红紫之服，当暑之絺绤，《乡党》皆备书之。今读之，如生于千载之前，同堂合席也，岂可忽乎？”恐观者之不达乎此，故书之以示同志云。①

这是一段生动的跋语，可见度正再次以孔门之事为例，对那些一般人认为是“苛细”的内容也要把它记录保存下来，目的是让后人通过这些看似琐碎的事情，能够生发出与周子“同堂合席”的亲切之感。

---

① 此跋在宋本《元公周先生濂溪集》中题署度正，不确，应为度蕃作。参见粟品孝《两部宋刻周敦颐文集的价值》，《四川大学学报》2010 年第 3 期。

总之，由于周子生前地位不高，死后也长期得不到彰显，因此他的一些诗文早已散佚，一些事迹也湮没无闻。度正距离周子生活的时代已有上百年之久，他能够坚持巨细不遗的态度，精粗俱录，把不少濒临散失的周子遗文遗事搜集起来，并加以整理，形成文集和年表，应该说是十分难能可贵的，是无愧于黄震所谓“忠厚之至”这一美名的，而且促使周子的形象更为丰满，有助于我们更完整、更立体地认识这位理学大儒。如果考虑到度正访得的周子门人朋友的六部文集即傅耆《长庆集》、蒋概《秭归集》、李大临《书台集》、吕陶《净德集》、蒲宗孟《清风集》和何平仲《诗集》，只有吕陶《净德集》传世至今，其余都已散佚无存的话，那么我们更能对度正的所作所为增加一份敬意。可以说，如果不是度正，后世对周子的了解必将大为逊色。

三　名亡实存：度正所编周敦颐文集在宋代的流传

虽然度正重新编定了周子的文集，但我们没有见到其直接刊印的材料。那么，度正所编的文集是否得到刊印了呢？笔者推测，与度正编定时间最近的道州守臣萧一致所刻的《濂溪先生大成集》，就是依据度正本而来。

《郡斋读书附志·别集类三》曾载录这个刻本，对其书名、编刻者及刻印地都有明确记载：

> 《濂溪先生大成集》七卷……右周元公颐字茂叔之文也……始，道守萧一致刻先生遗文并附录七卷，名曰《大成集》。[①]

这个道州守臣萧一致是江西新喻人，字伯易，生卒年不详。据明朝隆庆五年（1571）刻本《永州府志》卷四下记载，萧氏是在嘉定十六年（1223）知道州的，到宝庆三年（1227）为许纶取代。[②] 这样，萧一致应

① （宋）赵希弁：《读书附志》卷下，参见（宋）晁公武撰、孙猛《郡斋读书志校证》下册，上海古籍出版社1990年版，第1186—1187页。

② 清朝嘉庆二十五年刻本《道州志》卷4也如此记载。

该是在嘉定十六年至宝庆二年（1223—1226）知道州期间刻印《濂溪先生大成集》的①，正好是度正编定周子文集两年之后的一段时间。此本已佚，但其目录则附在明朝弘治年间（1488—1505）周木编刻的《濂溪周元公全集》后面保存了下来②。据《目录》，《大成集》确为七卷，卷一为《太极图》（《说》一篇，朱熹氏全解），卷二为《通书》（凡四十章，朱熹氏全解），卷三为《遗文》，卷四为《遗事》，卷五至卷七为附录。从这份目录，我们明显可以看到它的结构顺序与朱熹更定的南康本《太极通书》是一致的，只是《太极通书》在"遗事"之后只有朱熹的《濂溪先生事状》一篇，而这里的《大成集》则已有多达三卷的"附录"了。从这份目录中，我们可见度正所编周子文集的诸多痕迹：

第一，《大成集目录》卷三《遗文》收录周子遗文十九篇，其中最后六篇分别是《贺傅伯成手谒》《手书》《慰李大临才元疏》《与二十六叔手帖》《与仲章侄手帖》《宿崇胜院诗序》，除《与二十六叔手帖》和《与仲章侄手帖》外，其余四篇都是度正寻访所得。这与度正在《书文集目录后》说他亲自搜集的这几篇"列之《遗文》之末"是吻合的。

第二，《大成集目录》卷五《附录一》收录有关诗文三十多篇，其中最后的十六篇中，有十三篇都是度正搜集到的（仅有苏轼、黄庭坚、张舜民三首诗不是），包括从蒲宗孟的《乙巳虽除日……成十诗奉寄》到最末的蒋概《巴东龙昌洞记》。这与度正在《书文集目录后》说他搜集的这些诗文"收之《附录》之后"也是相符的。

第三，《大成集目录》卷四《遗事》"凡十九条"，其中应该有度正增加的部分。前述朱熹编的建安本《太极通书》后有"遗事十五条"；而《大成集》已增至"十九条"。联系到度正在《书文集目录后》中说"他书有载其遗事者，亦复增之"，则说其中增加的四条有度正所补，恐不为过。

据此，虽然度正所编的周子文集未见单独刊刻，但两年之后不久，即为道州守臣萧一致所得，其基本面貌就保存在《大成集》中；透过

① 此本在元修《艺文志·总集类》，《宋史》卷209中有著录。

② 关于此本的情况，可参见粟品孝《明刻〈濂溪周元公全集〉价值略述》，《徽音永著：徐规教授纪念文集》，华东师范大学出版社2012年版。

保存至今的《大成集目录》，我们也就知道度正所编周子文集的大体样貌了。

这里要说明的是，虽然现存的《大成集目录》未见度正所编的《濂溪先生年表》，但萧一致也很可能刻印了，宋理宗淳祐年间（1241—1252）知广州的方大琮所见的“道本年谱”应当就是，他所谓的“道本年谱至潮题大颠堂壁，亦系于辛亥”①，就与今传度正《年表》一致。当然，我们在明代周木刻本所附的《大成集目录》中并没有见到年表。情况很可能是，《濂溪先生大成集》是把周子年表置于卷首，周木抄刻《目录》时没有抄录这一内容。这种情况从周木抄刻宋本《元公周先生濂溪集总目》时也没有抄录卷首的《濂溪先生周元公家世年表》中可以得到佐证。而且，据明代张元祯《周朱二先生年谱引》，张氏在周木处曾见到“凡若干卷”的《周子大成书》，说“首卷则《年表》也”②。张氏这里所说的《周子大成书》，应当就是《濂溪先生大成集》的别称、俗称，而且用的是《年表》而不是《年谱》之称，也就是说还保留了度正编谱时的称呼。这些情况似可证明萧一致在道州刻《濂溪先生大成集》时确曾刻印了度正所编的周子年表，并置于卷首。

在萧一致刊《大成集》后不久，即在理宗绍定元年（1228），进士易统又在江西萍乡刊刻《濂溪先生大全集》七卷。易统的生平行实不详，但其刻本有两篇跋文则保留至今，其中有一篇是由度正所撰③，因此笔者相信他所编的文集内容也为《大全集》所吸收。

在萧一致刊《大成集》后十余年，连州（时属广南东路，治今广东连县）教授周梅叟曾将其翻刻于州学。周梅叟是周敦颐族人，字春卿，道州营道县（治今湖南道县）人，“习《礼记》”。绍定三年（1230）来知道州的李韶④“采诸旦评”，拔其为当地书院堂长，后中嘉熙二年（1238）进士，出任连州州学教授。周梅叟至迟在嘉熙四年（1240）已到

---

① （宋）方大琮：《与田堂宾（灏）书》，《铁庵集》卷22，此据《全宋文》卷7386，第322册，第13页。

② （明）张元祯：《周朱二先生年谱引》，附载明朝周木刻本《濂溪周元公全集》末。

③ （宋）度正：《书萍乡大全集后》，参见宋本《元公周先生濂溪集》卷8，岳麓书社2006年版，第143页。

④ 李韶知道州的时间据《道州志》卷4，嘉庆二十五年刻本。

任，约在淳祐元年（1241）、二年（1242）间“取《太极图》《通书》《大成集》刊于学宫”[①]。此《大成集》当是周梅叟从道州赴任连州时将萧一致主持刻印的道州本带来翻刻的。淳祐三年（1243），周梅叟到广州出任科举考官，将新刻的《大成集》送给了时知广州的方大琮。据方氏所见，“其遗文视舂陵本稍增”[②]。这里所谓的“舂陵本”，当是萧一致所刻的道州本。所谓“稍增”，当增加极少。笔者估计，增加的很可能就是附在明朝周木编刻的《濂溪周元公全集》后面的《濂溪先生大成集拾遗》所收的两方面内容，一是周子在合州与人游龙多山时唱和的七首诗；二是所谓“家集”的七篇遗诗。周梅叟是周敦颐族人，掌握并贡献出来“家集”的内容是极有可能的。而周子在合州龙多山唱和诗，则是周梅叟在京城（可能是参加科举考试时）从“蜀贤”那里得到的，即方大琮写给周梅叟书信中所说的“夜来所谓入京则得蜀贤遗以龙多山诗”[③]。这里的“蜀贤”，很可能是眉州丹棱李埴后人或乡人。现在我们还能见到李埴写于绍定三年（1230）的跋语[④]。李埴绍定四年（1231）开始任知成都府，绍定六年（1233）召赴朝廷，次年（端平元年，1234）到京任官，端平三年（1236）出知眉州，不再回朝。[⑤]从李埴在朝廷任官的时间和周梅叟在京城参加科举考试的时间（1237—1238）对比来看，周氏不太可能直接从李埴那里得到，很可能是从李埴后人或李埴的其他乡亲那里得到的。与道州本有年谱一样，周梅叟连州翻刻本也有年谱，时知广州的方大琮简称其为“连谱”，且发现与“道本年谱”有些不同。[⑥]

之后周子文集还有刊印。目前我们所见有两部宋刻本：一是理宗宝祐

---

① （宋）方大琮：《举连州教授周梅叟乞旌擢奏状》，《铁庵集》卷4，此据《全宋文》卷7366，第321册，第76页。

② （宋）方大琮：《与周连教书一》，《铁庵集》卷21，此据《全宋文》卷7385，第321册，第402页。

③ （宋）方大琮：《与周连教书二》，《铁庵集》卷21，此据《全宋文》卷7385，第321册，第404页。

④ 参见宋本《元公周先生濂溪集》卷6，岳麓书社2006年版，第107页。

⑤ 参见王德毅《李焘父子年谱》，商务印书馆1963年版，第206—234页。

⑥ （宋）方大琮：《与田堂宾（灏）书》，《铁庵集》卷22，此据《全宋文》卷7386，第322册，第13页。

四年至景定五年（1256—1264）间编刻的《濂溪先生集》（不分卷）[①]，二是度宗咸淳六年（1270）之后不久刻于江州的《元公周先生濂溪集》十二卷。

这两部现存的宋刻本均藏于中国国家图书馆。不分卷的《濂溪先生集》已残，据其目录，内容依次为家谱、年谱、太极图（含朱熹氏解）、太极说（含朱熹氏解等）、通书（含胡宏氏序等）、遗文（凡三十一篇，含诗赋）、遗事（凡二十条）和附录（分为四部分，各有四十六、十六、十七、八篇，总八十七篇）。此本虽然不分卷，但与上述七卷本《濂溪先生大成集》目录比照，除了卷首的家谱、年谱外，其他内容都是按《太极图（说）》《通书》、遗文、遗事、附录的结构形式依次编排的，因此应该还是在七卷本的基础上重新编刻的。从目录内容上看，不但涵盖了七卷本《濂溪先生大成集》的全部内容，而且还把度正在嘉定十六年（1223）于家乡守丧期间搜集到的何平仲三诗即《赠周茂叔》《贺茂叔得子》《题拙赋》也收载到“附录一”中去了[②]。这些反映出此本已经把度正所编文集的内容和之后度正搜集到的内容都加以收录了。

十二卷《元公周先生濂溪集》完好无缺，也应该是在七卷本基础上扩编的。前有度正所编的《濂溪先生周元公世家》及《年表》，正集卷一至卷五为遗书（卷一至卷三是《太极图（说）》及相关内容，卷四、卷五是《通书》及相关内容），卷六为遗文、遗事，卷七至卷十二则为附录。正集的结构也与《濂溪先生大成集目录》一致，内容上也全部涵盖了《大成集》，并附有何平仲三诗，这些同样反映出此本已把度正所编文集

---

① 此本原为民国学者傅增湘藏书，他根据该书《年谱》末所记“今上皇帝淳祐元年辛丑春正月”，推知此本“当为淳祐刊本”。（《藏园群书经眼录》第4册集部上，中华书局1983年版，第1146页。这是不确切的。《年谱》“神宗熙宁元年戊申”条在述及孔延之为周敦颐兴学之举所作的《邵州新迁学记》时，有一段小字注文：“宝祐三年宋侯仲锡彻祠宇而大之，始建书堂焉”。附录四还专门收录了时人高斯得为此次复建祠堂、创设书堂写的《新建濂溪先生祠堂记》，此记以《宝庆府濂溪书堂记》（按，南宋后期邵州升为宝庆府，时属荆湖南路，治今湖南邵阳）为题收载高氏《耻堂存稿》卷4，内有“经始于宝祐三年十有一月，明年某月成”语。据此，此本当编刻于“今上”理宗在位的晚期即宝祐四年至景定五年（1256—1264年）之间，不会是时间更早的淳祐年间（1241—1252年）。

② 度正：《记养心亭题说》，《元公周先生濂溪集》卷6，岳麓书社2006年版，第99—100页。

的内容和之后搜集到的内容全部收录了进去。而且，此本还完整地收录了度正所编的《濂溪先生周元公世家》和《年表》，内容上与上述不分卷的《濂溪先生集》前面的《家谱》和《年谱》相近。两相比较，《年表》正文内容丰富，并有不少注文（包括明显是由度正所写的注文）、末有度正的后序以及署名度正（实际应为度蕃）的跋语，而《年谱》则完全没有，其他方面的文字也要简练得多，可说是度正《年表》的缩写版（当然文字上也偶有增加）。

从我们对度正之后（限于宋代）周子文集刊印情况的梳理来看，度正虽然没有单独刊印自己所编的成果，但那些成果已经汇入了后来编刻的各种周子文集之中了。我们这里虽然只是清理了宋代编刻的周子文集，实际上宋以后的周子文集都是在宋本的基础上发展的，宋本（包括度正所编的周子文集）是后来各种周子文集的祖本。因此，表面上度正所编的周子文集不见单独刻印，名义上已经亡佚（当然《世家》《年表》保存完好），而实际上则保存在后来各种周子文集之中。

（作者单位：四川大学）

周敦颐著述及版本述录

寻　霖

周敦颐（1017—1073），原名惇实，字茂叔，营道（今道县）人。中国理学创始人及湖湘学派奠基者。其理学思想主要体现在其代表作《太极图说》一篇及《通书》四十篇中。周敦颐著述并不丰富，《太极图说》不足300字，《通书》不足3000字，诗文亦仅3000余字。然仅此6000余字，却真实地改变了中国儒学的发展方向，进而改变了中国的历史。宋代以前，湖南学术寂寂无闻。周氏之后，湖湘学派从此作为中国重要学术流派而影响中国社会进程。

周敦颐著述，据时人潘兴嗣《濂溪先生墓志铭》云：敦颐“尤善谈名理，深于易学，作《太极图》《易说》《易通》数十篇，诗十卷，今藏于家。”① 又有《论语说》，清朱彝尊《经义考》著录：“刘黻《蒙川集》载濂溪《论语序》，疑当日确有是书。”

自南宋以来。周敦颐著述即不断刊刻行世。

一　《太极图说》《通书》单行本系列

《通书》四十篇一卷，朱熹《周子通书后记》云：“（夫子）自少即以学行有闻于世，而莫或知其师传之所自。独以河南两程夫子尝受学焉，而得孔孟不传之正统。”② 《宋史·艺文志》录入子部，光绪《湖南通

① 周敦颐：《元公周先生濂溪集》，岳麓书社2006年版，第136页。

② 同上书，第71页。

志·艺文志》改题《易解》，升置经部，为全省著作弁冕。而将《太极图说》及后儒诠释是书者，仍入子部。

《太极图说》一卷，周氏绘《太极图》并撰说，仅200余字，不足以单行。朱熹、张栻等诸儒为之解说，成一卷。张栻《太极图解》序云："二程先生道学之传，发于濂溪周子，而太极图乃濂溪自得之妙，盖以手授二程先生者。或曰濂溪传太极图于穆修，修之学出于陈抟，其然乎！此非诸子所得而知也。其言约，其意微，自孟氏以来未之有也。《通书》之说，大抵皆发明此意。"①

周敦颐生前，其著述并未结集及刊行，仅将所著《爱莲说》《拙赋》刻石，"既以自警，且以告后之君子，俾无蹈先生之所耻者以病其民云"（见朱熹《书濂溪先生爱莲说后》《书濂溪先生拙赋后》）。入南宋后，胡安国、胡宏、朱熹、张栻等人开始对其著述进行整理并刊行于世，其中又以朱熹用力最巨。最早刊行者为《太极图说》《通书》的单行本。朱熹之前，《通书》即已有众多刊本，而《太极图》因篇幅太短，或附或不附于《通书》。朱熹《太极图通书后序》云："右周子之书一编，今春陵、零陵、九江皆有本，而互有同异，长沙本最后出，乃熹所编定，视他本最详密矣，然犹有所未尽也。"② 可见在朱熹"长沙本"之前，即有所谓"春陵本""零陵本""九江本"等。而"九江本""长沙本"又各有多版，如绍兴十四年（1144），祁宽于九江刻《通书》，跋称："濂溪先生姓周，名惇颐……《通书》即其所著也。始出于程门侯师圣，传之荆门高元举、朱子发。宽初得之于高，后得之于朱。又后得和靖尹先生所藏，亦云得之程氏，今之传者是也。逮卜居九江，得旧本于其家，比前所见，无《太极图》，或云《图》乃手授二程，故程本附之卷末也。校正舛错三十有六字，疑则阙之。"③ 宋乾道二年（1166），左承议郎权发遣江州军州事兼管内劝农营田事长乐林栗于江州刻《通书》，记云："始予读河南程氏兄弟语录，闻周茂叔先生道学之懿。其后阅苏端明、黄太史所作濂溪诗，而想见其为人。及来九江，前武学博士朱熹元晦，自建宁之崇安以书至，曰：

① 周敦颐：《元公周先生濂溪集》，岳麓书社2006年版，第9页。

② 同上书，第73页。

③ 同上书，第2页。

‘濂溪先生，二程之师也，身没而道显，岁久而名尊，今营道、零陵、南安、邵阳皆已俎豆泮宫，江独未举，故非阙欤?’予闻之矍然。适会先生之曾孙直卿来访，敬请其像与其遗文，并《通书》《拙赋》而读之。曰：‘此之谓立言者也，可无传乎！’亟鋟诸板，而绘事于学宫，使此邦之人，知所矜式。”① 可知朱熹之前《通书》各种刻本，或附或不附《太极图》，且诸本多附载诗文若干。

朱熹“既与博士弟子立祠于学，又刻先生像、太极图于石，《通书》遗文于版”（见朱熹《书濂溪先生爱莲说后》）。朱熹刊刻《通书》，始极重太极一图，并为之解说，冠于《通书》之前合订为一书，同时将以往诸本附录之铭、碣、诗文删去，题曰《太极图通书》，先后刻于长沙（乾道二年，1166）、建安（乾道五年，1169）、南康（淳熙六年，1179）。其《周子太极通书后序》云：“盖先生之学，其妙具于《太极》一图；《通书》之言，皆发此图之蕴。而程先生兄弟语及性命之际，亦未尝不因其说。观《通书》之诚、动静、性命等章，及程氏书之李仲通铭、程邵公志、《颜子好学论》等篇，则可见矣。故潘清逸志先生之墓，叙所著书，特以作《太极图》为称首，然则此图当为书首，不疑也。然先生既手以授二程，本因附书后（祁宽居之云），传者见其如此，遂误以图为书之卒章，不复厘正。使先生立象尽意之微旨，暗而不明。而骤读《通书》者，亦复不知有所总摄。此则诸本皆失之……又诸本附载铭、碣、诗文，事多重复，亦或不能有所发明于先生之道以示学者。故今特据潘志置《图》篇端，以为先生之精意，则可以通乎书之说矣。”② 张栻亦于乾道六年（1170）刻于严陵，张氏后跋云：“濂溪周先生《通书》，友人朱熹元晦以《太极图》列于篇首，而题之曰《太极通书》，栻刻于严陵学官，以示多士。”③ 故周敦颐著述最早行世者应为《通书》单行本，之后则为《太极图说》《通书》合订本。今宋刻《太极图说》《通书》各本皆不见传。

除《太极图说》《通书》外，周氏著述据潘兴嗣《濂溪先生墓志铭》，尚有《易说》一卷，然其后不久朱熹整理周氏著述时即不见其书，应当时即已佚散。

---

① 王晚霞：《濂溪志八种汇编》，湖南大学出版社 2012 年版，第 345 页。

② 周敦颐：《元公周先生濂溪集》，岳麓书社 2006 年版，第 73 页。

③ 同上书，第 76 页。

二 《濂溪集》《周元公集》《周子全书》系列

由于周敦颐著述篇幅较小，故随后编刊周子著述者，往往将周子《太极图说》《通书》及诗文、诸儒对周子著述之阐述、周子家谱、年谱、传录、历刻序文等凡有关周子文献汇编于一起以成专集。

宋代是周敦颐著述编纂刊刻的繁荣时期，刊刻地多为周子生活地如江西或籍贯地即道州，见于文献或实物者有：

《濂溪集》七卷，宋陈振孙《直斋书录解题》著录云："《濂溪集》七卷，广东提刑营道周敦颐茂叔撰，遗文才数篇为一卷，余皆附录也。本名惇实，避英宗旧名改焉。其仕以舅郑向任，晚年以疾求知南康军，因家庐山。前有溪，取营道故居濂溪名之，二程所从学也。又本，并太极图为一卷，遗事行状附焉。"今不见藏本。

《濂溪集》七卷，南宋淳熙十六年（1189）括苍道州知州叶重开刻本，叶序称："濂溪先生《通书》，传之者日众。'舂陵本'最先出，板浸漫灭。重开既白诸郡侯，参以善本，补正讹阙，并以南轩、晦庵二先生《太极图说》，复锓木郡斋矣。今序次此编，名之曰《濂溪集》。其间诸本所不登载，四方士友或未尽见，采诸集录，访诸远近得之，以类相从，分为七卷。或谓晦庵更定周子之书，至于再三，极其精审。凡铭、碣、诗文附见诸旧衮者，悉从删去，疑此集之杂，将无补于求道。重开应之曰：晦庵发明正道之传，示学者以纯一之旨，择之不容不精；是书集于先生之乡，凡片言只字知所尊信者，犹恐或失之，取之不得不广。又况先生之道愈讲愈明，学者仁智之见虽有浅深，然自远而即近，由粗以至精，月异而岁不同。今而毕录于此，观之者宜知所适从矣云云。淳熙己酉十一月庚申，括苍叶重开谨书于希贤阁。"据此序可知叶氏曾先刊《通书》《太极图说》单行本，后又编刊《濂溪集》七卷，"凡片言只字知所尊信者，犹恐或失之，取之不得不广。"今已不见藏本。

《濂溪先生大成集》七卷，道州知州江西新喻萧一致刻本，《郡斋读书志附志》载："右周元公敦颐字茂叔之文也。濂溪在营道之西，盖营川之支流也。先生既不能返其故乡，卜居庐山之下，筑室溪上，名曰濂溪书堂，以无忘父母之邦之意。学者因号为濂溪先生。国朝道学始于先生，嘉定十二年赐谥曰元，太常丞臧格取主善行得之法也。淳祐初元，诏从祀于学，封春陵伯。始道守萧一致刻先生遗文并附录七卷，名曰《大成集》。进士易统又刻于萍乡，名曰《大全集》，然两本俱有差误，今并参校而藏之。”[①] 萧氏南宋宁宗嘉定十六年（1223）至理宗宝庆三年（1227）间官道州知州，是书应此期间内刊刻。书不传，然其目录载于明弘治周木所刻《濂溪周元公全集》中。南宋理宗淳祐初连州教授道州周梅叟又“取《太极图》《通书》《大成集》刊于学宫”“其遗文视春陵本稍增片言只字”。（方大琮《铁庵集》）今亦不见藏本。

《濂溪先生大全集》七卷，南宋绍定元年（1228），进士易统于萍乡刻本。赵希弁《郡斋读书志附志》著录。有山阳度正序及绍定元年萍乡胡安之序，胡序云：“易兄纶叟昆仲，暇日携所刻《周子大全集》见示，曰愿有以志其后，愚谢不敢。”今不见藏本。

《濂溪先生集》不分卷，宋刻本，九行十八字，白口，左右双边。内容较为简略，依次为目录、《家谱》《年谱》《太极图》《太极说》《通书》、遗文、遗事、附录诗文。今仅存首册：《家谱》《年谱》《太极图》，藏国家图书馆。《年谱》末记“今上皇帝淳祐元年辛丑春正月，皇上幸太学，御笔以五臣从祀”，则是本应为南宋理宗淳祐元年（1241）以后所刊。

《元公周先生濂溪集》十二卷附年谱一卷，宋刻本，八行十七字，小字双行同，左右双边，双黑鱼尾。卷首《濂溪先生周元公世家》及《濂溪先生周元公年表》；卷一至卷五遗书，卷六遗文、遗事，卷七至卷十二附录。藏国家图书馆，2006 年岳麓书社据以重刊，前言称：是本“始刊应在南宋咸淳年间，而且开刻地点应该在当时的江州，即今日的九江。”[②] 今又收入《中华再造善本》中。

明代周敦颐著述刊刻仍以周氏籍贯地湖南永州、道州及周氏后裔聚居地如江苏苏州为多。

《濂溪周元公全集》十三卷附《历代褒崇礼制》一卷、事实一卷、年表一卷，周木辑，据宋本而成，明弘治间刻本。周木字近仁，号勉思，成

---

① 孙猛：《郡斋读书志校证》，上海古籍出版社 2011 年版，第 1186 页。

② 周敦颐：《元公周先生濂溪集》，岳麓书社 2006 年版，序，第 2 页。

化十一年（1475）进士，南京行人司左司副、吏部稽勋司郎中，擢浙江右参政，以忧归，遂不出。天津图书馆有藏。

《濂溪集》六卷，明嘉靖十四年（1535）九江府同知晋宁黄敏才刻本。此书因宋刻十二卷本体例冗杂，后经裁汰为六卷，卷一年谱，卷二《太极图说》《通书》、文、诗，卷三至卷六皆附录。传世六卷本则以此为最早刻本。国家图书馆、山东省图书馆安徽省图书馆、重庆图书馆有藏。

《宋濂溪周元公先生集》三卷，明嘉靖二十三年（1544）道州知州漳浦王会刻本，王会序称："会官太学时，尝得濂溪先生年谱一书，为友人借去，竟失之。犹记题引者为张元祯氏，云曾得《周子大成书》于某处，缺其中年表一帙，欲检中秘书抄补之，以史事严不及。其所谓大成书者，会迄未之见也。癸卯岁拜道州之命，意故里家塾当必有之，幸当获睹其全。既抵任，拜先生祠下，退而访其嗣孙翰博绣麟，求家传遗书，出《濂溪遗芳集》一册相示，荒杂不伦，并年谱及先生述作亦复阙遗，因叹文献凋落，当图改刻。乃复出年谱抄本及搜寻诗文凡若干，会受归而读之，其间又多讹脱，乃谬以己意，略加考定而编次焉。曰遗书，曰事状，曰年谱，曰历代褒崇，而贤士大夫先后表彰着在纪述者，亦附录之，使后之人有考，并图其山川、书院于卷首。虽未能萃先生之大成，然学者溯是而求焉，亦可以得先生之大致矣，因题曰《濂溪集》。刻置书院，以备是邦文献之阙。若乃先生之学，则《图说》《通书》固与《论》《孟》并行于世，无待于斯而后传矣。"今台湾故宫博物院图书馆有藏，作道州濂溪书院刊本。中有夹片："南巡带来濂溪集原一套三本四十六年五月二十五日畅春园发来去衬纸改插套一本系宋儒周敦颐所著文集无序刻年代人名明板。"又台湾"国立中央"图书馆亦藏一部，为原吴兴刘氏嘉业堂旧物。

《濂溪集》六卷，明嘉靖三十七年（1558）德州丁永成据黄敏才本重刻。今杭州图书馆有藏。

《宋濂溪周元公先生集》十卷，明万历三年（1575）永州知府王俸、署道州府推官崔惟植刻本。卷端题"永州府知府王俸、丁懋儒，同知邵城，通判纪光训、郎尚絅，署道州事推官崔惟植，郡人佥事进阶蒋春生，监察御史黄廷聘，太常寺少卿吕藿，府儒学教授康求德，道州儒学学正胡梅编次；世袭博士嫡孙周道，府儒学廪膳生员王之臣校正"。有明万历二年郡人蒋春生宗濂书院序："会泉王公来守吾郡，循力务效，作人尤急，以永乃元公故里，理学渊源，风韵不泯，欲梓其集迪多士，予亦以为言，命库役求镂板，弗得，遂与同寅邵公守斋、纪公岘南、崔公弘庵议刻焉。少选以入觐行，崔公适视州篆，乃锐意搜得旧刻者二以畀予。志则博而泛，其失也杂；集则简而朴，其失也疏。皆弗称。乃参取江州集，荟萃诠次类分焉，既成，属予序。”湖南图书馆、首都图书馆有藏。

《宋濂溪周元公先生集》十卷，刘汝章辑，明万历二十七年（1599）谷阳（丹徒）刘觐文据王俸、崔惟植本刻本。国家图书馆有藏。

《宋濂溪周元公先生集》十卷，明万历四十二年（1614）吴郡十七世孙周与爵刻，后附《周氏遗芳集》五卷，卷数连续，共十五卷。凡例称：“按元公育于宋真宗天禧元年丁巳，卒于神宗熙宁六月癸丑，得年五十有七。没后而道风益振，景仰益尊。自宋迄我明，凡道统名硕悉有记载，叠见志林，凡若潘兴嗣、若度正、若紫阳、和叔、若荆公、定夫、罗从彦、欧阳玄辈，代有记赞。入国朝而张氏元祯、漳浦王会与夫莲峰王汝宪、东郡丁懋儒、蒋春生、黄廷聘、吕藿，诸贤相望，简册笔载，几如充栋。然或遗于断简，或混于他籍，其奚以备参求，殊为缺典。与爵用是惴惴，敬以补缀余功，稍次编辑，搜寻岁月，始授镂梓。凡旧刻在道州而吴中无其本者，仿募校梓，命曰《濂溪周元公集》，又曰《周子大成集》。吴中散轶有分载而无汇刻者，特为鼎梓，命曰《世系遗芳集》。斯非与爵臆创，庶统之有源，悉之有委，此固编辑体例也。”湖南图书馆有藏。

《宋濂溪周元公先生集》十卷，明天启三年（1623）永州推官黄克俭据王俸、崔惟植本及刘觐文本刻本。黄序云：初从先生后裔翰博君处得《濂溪先生全集》，“繁芜不伦，字迹漫灭不可读”。嗣省春陵时从梁州公处得《濂溪集》润州刻本，即刘觐文本（丹徒为古润州属县），乡绅周元翁亦授之《太极图说》数首，“及归，芝城吕文学授以一帙，盖弘庵崔公所编次梓行者，与润州本无异，而润州者实祖是”。于是黄氏将先后所得二本及《太极图说》诸篇参伍增订付梓。[①] 国家图书馆有藏。

《宋濂溪周元公先生集》十三卷，明天启四年（1624）道州知州李嵊慈辑刻本。卷端题“春陵拙吏龙城后学航普李嵊慈元颖父纂修”。李嵊慈

① 刘小琴：《周敦颐文集版本考略》，《北京大学中国古文献研究中心集刊》第四辑，北京大学出版社2004年。

序："及筮仕营道，下车即瞻拜先生庙貌，趋承宛然光霁，求先生书读之，则漫灭繁芜，令人有杞宋无征之叹，再得郡司寇黄公惠（案：黄克俭）本，编次犁然，一轨于正矣。但其祖自润州矣。润州故先生偶依舅氏龙图公读书鹤林寺寄迹之处，月岩故里，圣脉有本，诸实迹不在焉。后起者而欲征文考献，是邦实先生发祥悟道之区，未有舍是邦而他适者。润虽有刻而道无善本，是使后起者闻韶于齐，不能无致慨于周礼之不在鲁也。予小子慈，莅先生之故都，宦况未浓，儒酸不改，虽洗冤泽物，遑遑未能，而文献凋残，则予滋惧焉。敢爱编摩之力而不为此邦存此掌故，故于旧本之藏于先生后裔者删其繁芜，如淘金植木，惟沙砾荒秽之是务去，毋使冗杂而令人烦倦，于黄本所挂漏者稍为增益。"《四库全书总目·史部·传记类存目二》又著录《濂溪志》十三卷。河南巡抚采进本。《提要》云："明李嵊慈撰。嵊慈字符颖，龙城人，官道州知州。是编因李桢《旧志》稍为辑补，无所考证阐明。"① 二者实为一书。是本较李桢《濂溪志》增加《元公杂著》《元公芳迹遗范》《元公年表》。今湖南图书馆、北京大学图书馆有藏。

《周子全书》七卷，明万历三十四年（1606）徐必达刻《周张两先生全书》本；明万历四十年（1612）顾造刻本，国家图书馆有藏。

《周元公集》九卷，收入《四库全书》别集类，《提要》称："周子之学以主静为宗，平生精粹尽于《太极图说》《通书》之中，词章非所留意，故当时未有文集。陈振孙《书录解题》载有文集七卷者，后人之所编辑，非其旧也。故振孙称是集遗文十数篇为一卷，余皆附录，则在宋代已勉强缀合，为数无多矣。此本亦不知何人所编，凡遗书杂著二卷，图谱二卷，其后五卷，则皆诸儒议论及志传祭文，与宋本不甚相合，而大致亦不甚相远。盖后人病其篇目寂寥，又取所著二书编之集内以取盈卷帙耳。明嘉靖间漳浦王会曾为刊行。国朝康熙初其裔孙沈珂又校正重镌……原本后附《遗芳集》五卷，乃沈珂集其先世文章事迹自为一编。"②

《周元公集》十卷，《四库全书总目》传记类存目著录，《提要》称："明周沈珂编。沈珂，吴县人，周子裔也。是集卷一为图像，卷二为世系

① （清）永瑢：《四库全书总目》，中华书局 1965 年版，第 542 页。

② 同上书，第 1323 页。

年谱，卷三为遗书，卷四为杂著，卷五为诸儒议论，卷六为事状，卷七为褒崇优恤，卷八为祠墓诸记，卷九、卷十皆附录后人诗文。虽以集为名，实则周子手着仅五之一。今入之传记类中，从其实也。”[①] 此本有著录为明万历刻本者，有著录为清康熙三十年（1691）周之翰刻本者。

《周氏遗芳集》五卷，《四库全书总目》传记类存目著录，《提要》称：“明周沈珂及其子之翰编。先是周子十七世孙与爵辑其先世著述事迹，自周子四世孙兴裔以下，为《遗芳集》。凡历代褒崇诏谕及传志、记序诸作，以次附焉。沈珂父子重为编次，而与爵以下则仍无所增益。”[②]

今考证，收入《四库全书》别集之《周元公集》九卷与传记类存目著录之《周元公集》十卷实为一书，九卷应为十卷之误。所谓周沈珂编十卷本，实际沈珂重印明万历四十二年刻周与爵本而剜去与爵之名。[③] 与爵原本题“吴郡十七世孙与爵重辑”，沈珂修板后改为“裔孙周沈珂同男之翰重辑”。原本有周与爵辑刻书凡例，并有徐可行序，及万历丙辰周京序，沈珂本则无。今陕西省图书馆、福建省图书馆有藏。周沈珂版至清雍正初又为周有士所得，有士对若干模糊版片进行修补重刻，又挖去沈珂之名，改题“裔孙周有士同男震、振业重辑”（卷二卷端）或“裔孙周有士炳文甫重辑”（卷三卷端），今湖南图书馆有藏。

因受学风的影响，清代周氏著述之刊刻反不及明代为盛。

《周濂溪先生全集》十三卷，张伯行辑，据周木本而成。卷一至卷四《太极图说》及诸儒论辩发明，卷五至卷七为《通书》及诸儒说解，卷八、卷九遗文遗事，卷十年谱，卷十一、十二祭文序铭附录，卷十三历代褒典。张序云：“甲戌岁，予官中垣，居京师，乃于报国寺中，偶得《濂溪全集》，如获至宝，手不释卷者累日，欲重梓以广其传。”清康熙四十七年（1708）正谊堂刻本，南开大学图书馆有藏；清同治至光绪年间福州正谊书院刻本，湖南图书馆有藏；清光绪六年（1880）公善堂刻本，国家图书馆有藏。又收入《丛书集成初编》中。

《周子全书》二十二卷，江西分巡吉南赣宁道董榕辑，子目：《太极

---

① （清）永瑢：《四库全书总目》，中华书局1965年版，第544页。

② 同上。

③ 杜泽逊：《四库存目标注》，上海古籍出版社2007年版，第779—780页。

图说》二卷，《太极图说发明》四卷，《通书》四卷，《太极图说通书发明》六卷，《周子遗文并诗》一卷，《周子遗事》一卷，附录一卷，《年谱》一卷，《列代褒崇》一卷，《文录》一卷。清乾隆二十一年（1756）董榕刻本；清光绪二十九年（1903）道州周监爱莲堂重刻本，民国间道县新教育馆曾据旧版重印。湖南图书馆皆有藏。

《周子全书》九卷首二卷末一卷，邓显鹤编，清道光二十七年（1847）新化邓氏邵州濂溪精舍景濂堂刻本，卷端又题“湘乡后学彭洋中彦深校刊”。邓显鹤《周子全书目录》云：“右濂溪先生全书九卷。首录二卷，末一卷，不入卷数：第一卷曰《遗书一》，为《太极图》《太极图说》。第二卷曰《遗书二》，为《通书》、二书皆朱子注，别有集义发明。谨遵《钦定性理精义》原本，兼采用道州家刻详审校订。第三卷曰《杂著》，为古今体诗三十一首，为杂文六首，为书帖六首，为题名十则。以上皆先生自着。第四卷曰《附录》，为赠答四十三首，为题咏三十首，为祭文六首，为题名五则。第五卷曰《纪述一》，其目为文征一，凡宋文十七篇。第六卷曰《纪述二》，其目曰文征二，凡宋文五篇、元文五篇，皆略案年代叙次。第七卷曰《纪述三》，其目为典章一。第八卷曰《纪述四》，其目为典章二。第九卷曰《纪述五》，其目为典章三卷。末曰《摭录》，则凡宋以来及近日之诗文皆在焉。先是，显鹤以近人所刻《圭斋文集》芜杂，厘而订之为十八卷、补遗一卷刊行，见者以为善本。因思周子大儒诞生吾楚，而其遗书文集苦乏精刻，明代自嘉靖、万历以来，州守鲁承恩、王会、李嵊慈诸人刻行之本久不见，惟道州旧刊《濂溪志》麻沙板本，几不成书。近先生二十四代孙诰家刻较胜原本，而编次亦未尽善。显鹤生长邵州，为先生权守过化之地。自来濂溪僭充院长，既求先生诗编入《沅湘耆旧集前编》，因取先生‘闲坐小窗读周易’句，名其斋为‘读易窗’。意又以先生兴起邵学，吾邵人尤不可无书。而事体重大，未敢轻举。去岁以《圭斋集》寄赠吾友黔阳学黄虎痴本骥，今春复书，盛称是集重刻之功，而以《周子全书》关系尤重，从臾卒业。因取濂溪家刻详审编次，厘为九卷，而别录史传、事状、墓志、谥议、崇祀、追封、年谱、遗事之类为首二卷，冠以《四库总目提要》与先生遗像，敬谨锓木，名曰《周子全书》。”湖南图书馆有藏。

《周子全书》四卷，清光绪十三年（1887）陕西三原贺氏传经堂刻

《西京清麓丛书》本。国家图书馆等有藏。

三 《濂溪志》系列

以上所谓《濂溪集》《周元公集》《周子全书》中，其中周敦颐自著文字很少，大多为对周氏著作之阐叙及有关周氏之文献，更像一部周氏文献汇编。因此有一些如此相似的文献便以《濂溪志》书名行世，或同时著录为《濂溪集》及《濂溪志》，如明天启四年（1624）道州知州李嵊慈辑刻《宋濂溪周元公先生集》十三卷，版心又题“濂溪志”。

《濂溪志》，永州府同知鲁承恩辑，明嘉靖刻本。胥从化《濂溪志》载鲁承恩自序一篇，云：“今官永州，考先生始生之迹于故里，询诸多士及先生之裔能言先生之道而不得其所以言，非纪载之未备耶。乃取《濂溪志》修之。先生之孙博士绣麟请授诸梓。”此即嘉靖二十三年（1544）道州知州王会所刻《宋濂溪周元公先生集》三卷序称“嗣孙翰博绣麟，求家传遗书，出《濂溪遗芳集》一册相示”者。今不见传本。

《濂溪志》九卷，甘肃庆城李桢辑，明万历二十年（1592）刻本。《四库全书总目》史部传记类存目著录，《提要》称：“是编虽以濂溪为名，列乎地志，实则述周子之事迹。首载《太极图说》《通书》，次墓志及诸儒议论、历代褒崇之典，次古今记述，次古今题咏并祭告之文。”① 李桢字维卿，隆庆五年（1571）进士，官至南京刑部尚书。今收入《四库全书存目丛书》中。

《濂溪志》十卷，永明知县巴县胥从化辑，明万历二十一年（1593）刻本。国家图书馆有藏。

《濂溪志》四卷，道州知州福建晋江林学闵编修，明万历三十七年（1609）刻本。卷一为周敦颐著述及年表；卷二为诸儒议论及历代褒崇；卷三为古今纪述；卷四为古今题咏。学者考证是版实为挖改李桢版而成。② 日本国立公文书馆藏。

---

① （清）永瑢：《四库全书总目》，中华书局1965年版，第541页。

② 王晚霞：《日藏两种〈濂溪志〉价值考论》，《周敦颐诞辰1000周年纪念学术研讨会资料集》，2017年。

《道国元公濂溪周夫子志》十五卷，道州知州吴大镕主修，清康熙二十四年（1685）刻本，卷一先生本传、卷二元公遗像、卷三年表年谱、卷四《太极图说》、卷五《通书》、卷六杂著、卷七诸儒论断，卷八、九历代褒崇，卷十、十一春秋享祀，卷十二优恤后裔，卷十三宗支蕃衍，卷十四、十五古今艺文志。湖南图书馆有藏。

《濂溪志》七卷，《濂溪遗芳集》一卷，清道州周诰辑，清道光十九年（1839）爱莲堂刻本。同年道州知州延禧序："道州旧有《濂溪志》，修于康熙二十四年，岁久漫漶。同志诸君慨然重辑，盖能仰体朝廷，阐明理学之至意，而有志于明德新民之道者……州学诸生周诰，文雅而性恬，中拔贡选，询知为元公二十四世孙。甲戌夏，诰偕弟博士承宗至京师，曾以志序为请。"《濂溪遗芳集》小识云："宏治四年辛亥，州侯方公刻有《濂溪遗芳集》，后之守土者辑其大纲以为志，至今仍之。其余诗赋之未尽登者别为一册，仍以遗芳集名之，存其旧也。"又有一木活字本，无《濂溪遗芳集》一卷。今湖南图书馆皆有收藏。

（作者单位：湖南图书馆 文献研究所）

日藏两种《濂溪志》价值考论

王晚霞

作为理学和濂学开山的周敦颐（1017—1073），随着二程、胡宏、张栻、朱熹的褒扬，在南宋以后影响力渐次扩大，到宋理宗淳祐元年（1241）获从祀孔庙，并追封“汝南伯”而达到巅峰，之后影响力越来越大，不只限于中国，而且传到了东亚各国，尤其是日本。东亚各国历朝历代在全国各地都建有濂溪祠堂[①]、濂溪书院[②]，各地文人骚客撰文歌咏不断[③]，此外，还有一种传播周敦颐思想的重要途径：刻印周敦颐著述集。周敦颐本人著述不多，后人在整理其作品时基本遵循两种思路，一种是《周敦颐集》，以纵向时间为轴线，收集周敦颐著述及当时、后世的相关作品，有明代周木的《濂溪周元公集》，明代吕柟的《周子抄释》，清代张伯行的《周濂溪先生全集》，清代董榕、邓显鹤分别整理修订的《周子全书》等，其中周木版收有独出篇章，邓显鹤本最为全面。当代有陈克明的《周敦颐集》，梁绍辉、徐荪铭等的《周敦颐集》，湖南省濂溪学研究会据最早宋刻本整理的《元公周濂溪先生集》，保留了有关周敦颐生平的真实史料。另有张伯行和金履祥辑《濂洛风雅》两种，收有周敦颐诗作。日本有山崎嘉的《周子书》，明代徐必达校正、日本真佑训点的《周张全书·周子全书》。日本还有一些单行本，有 18 种《太极图》、1 种《通书》和 8 种《爱莲说》。一种是《濂溪志》，以纵向时间轴为主，以横

① 王晚霞：《濂溪祠堂考》，《南昌大学学报》2011 年第 12 期。

② 王晚霞、陈依妮：《湖南濂溪书院考》，《湖南科技学院学报》2011 年第 11 期。

③ 王晚霞：《历代歌咏濂溪理学的诗歌初探》，《阴山学刊》2013 年第 3 期。

向空间轴为辅，内容比《周敦颐集》丰富甚多，尤其是增加了诸多元公芳迹、图表、谱系、后裔的内容。周敦颐著述的考据情况，目前学术界研究者寥寥，值得一提的是《周敦颐著作在日本的传播》[①] 对其在日本的版本情况初步检索，《现存两部周敦颐的价值》[②] 对两部宋刻本中张栻的《太极图解》和部分诗文价值做了分析，《周敦颐文集三个版本的承续关系》[③] 对宋刻本、明周木本、张伯行本的关系进行了考辨，《濂溪志版本述略》对现存国内的八种《濂溪志》版本关系做了简要考辨[④]。目前的研究成果相对版本繁复多变、藏地广泛偏远的周敦颐著述版本研究来说远远不够。

一　日本藏两种《濂溪志》概述

几年前，笔者在整理书稿《〈濂溪志〉八种汇编》[⑤] 时，对国内各个图书馆、永州当地民间现存的《濂溪志》版本仔细检寻，共计得到八种，即明代胥从化版《濂溪志》十卷，明代李桢版《濂溪志》九卷，明代李嵊慈版《濂溪志》十三卷，清代周沈珂、周之翰版《周元公世系遗芳集》五卷，清代吴大镕版《道国元公濂溪周夫子志》十六卷，清代周诰版《濂溪志》七卷，清代周诰版《濂溪遗芳集》二卷和清代彭玉麟版《希贤录》二卷。整理校注后共计约 100 万字，在湖南大学出版社出版。遗憾的是，当时对于国外版本未能进行深度检索。

2014 年，笔者在美国康奈尔大学访书时偶然发现，《濂溪志》的另两个版本，一个是明万历三十七年己酉（1609）林学闵编修刊刻的《濂溪志》四卷，共四册，一个是明万历甲寅四十二年（1614）周与爵编修刊刻的《周元公世系遗芳集》五卷，共一册。这两个版本收录于日本内阁

① 陈弘、张京华、周欣：《周敦颐著作在日本的传播》，《图书馆》2016 年第 9 期。

② 粟品孝：《现存两部周敦颐的价值》，《四川大学学报》（哲学社会科学版）2010 年第 3 期。

③ 粟品孝：《周敦颐文集三个版本的承续关系》，四川大学古籍整理研究所、《宋代文化研究》2013 年第 00 期。

④ 王晚霞：《濂溪志版本述略》，《中南大学学报》2011 年第 6 期。

⑤ 王晚霞：《濂溪志》八种汇编，湖南大学出版社 2013 年版。

文库，现藏于日本国立公文图书馆。

日本国立公文图书馆内阁文库中收藏的林学闵《濂溪志》，收藏编号为：史类第66函，20号，番号是汉13820。周与爵《周元公世系遗芳集》的收藏编号为第287函104号，番号是汉8950。这两个版本，目前国内仅见北京大学藏有三卷《周元公世系遗芳集》的电子版。笔者辗转通过日本友人，在日本国立公文图书馆获取这两个版本的完整复印件，经过仔细翻阅，在此，将其版本面貌、内容特点、与其他版本的承续关系等文献学术价值简要考论，希冀于相关研究有所裨益。

二　版本面貌及刊刻缘由

（一）林学闵版《濂溪志》

1. 版本面貌。板式为四周双边，白口，单黑鱼尾下题“濂溪志”卷次及页码，每半页十行，每行二十一字，有界格，每卷首页有正方形钤印“秘阁图书之章”，每卷标题下署“晋江林学闵鼎修”。字迹较为清晰。

林学闵，字志孝，福建晋江人，万历三十六年任道州知州。[①] 在温陵（今福建省泉州市）人苏茂相所写诗《咏光霁亭》尾题有：“林志孝年丈守道州，以鼎建光霁亭记见示，赋此奉答。”[②] 另在林学闵的兄长林学曾（1547—1634，字志唯，号省庵，明泉州晋江人）所写诗《读〈濂溪志〉用阳明先生韵一首》尾题有：“予告里中，适弟学闵守道州，修先生志，索诗于余，余不能诗，然诵法先生自束发时矣。因寄小言于余，季勿论其诗之工拙可也。”[③] 这两首诗林学闵版也有，《濂溪志》刻于万历三十七年，是林学闵在道州任职的第二年所刻。

2. 刊刻缘由。刊本卷末有林学闵撰《濂溪先生志后序》，指明了刊刻缘由，这篇序其他各八种《濂溪志》均未见收录，仅见于此，现录全文如下：

---

① 赖中霖：《康熙九年〈永州府志〉注释》，湖南人民出版社2011年版，第185页。

② 王晚霞：《濂溪志》八种汇编，湖南大学出版社2013年版，第234页。

③ 同上。

林学闵曰：先生之言，载在性理，学士诵法与经传并《志》何为者？乃《志》之所载，并其生平、著作、年谱与诸儒之议论章，逢之题咏纪述，不啻详焉，是亦识大识小之遗也。序斯《志》者，则有北地李先生，吾晋江郭先生，缅缅其词，均足以鼓吹先生而发明其宗旨。余小子何能赞一词焉？己酉之秋，鼎修斯《志》，刻成之日，持以谒乡先生黄应元氏，相与订证，以图不朽。黄君卒业谓学闵曰："惟此末简不可无序，子大夫其任之。"

学闵逊谢者再，然犹记燥发时，从兄仲侍先君子，语及周先生遗事，无如善辞王介甫一节，当介甫之提点江东也，业号通儒矣。一闻先生言，至日夜以思，忘其寝食，竟之怀刺者三，先生三辞焉，介甫艴然谓我独不能自求之六经乎？遂不复求见云。藉令先生识之不早，一为时名所动，稍稍接引，如意见各不相入，何异时新法之行，徐之则波成，激之则火烈，先生难乎免矣。吾晋江有蔡虚斋先生者，善学先生者也，当其督学江西，值宁藩藏逆，每虚席以延儒者，蔡亦三刺三辞焉，无何飘然乞归，萧墙起而不染于难，迹其仕止一何与周先生券合哉？余兄仲序□，先生密箴，而首及此，余序□先生志，窃以家庭所闻更相发明之，抑以见吾闽学所自也。《易》曰："君子见几而作。"先生有焉，《通书》曰："识不早，力不易。"则先生自道焉，密箴曰："周子之几，超凡之梯。"则蔡先生前事之师焉，此非余小子之言也，先君子之言也。偕以旧闻序之简末。晋江林学闵志孝甫谨撰。

文中清楚地指出，刊刻缘由有二：一是林学闵听从兄说起周子遗事，颇为触动；二是有晋江人蔡虚斋，擅长学习周敦颐，其风范与周子相类似，可见周子影响之深远。在兄长林学曾和蔡虚斋两人的影响下，林学闵"窃以家庭所闻更相发明之，抑以见吾闽学所自也"，希望在收集家族传闻的基础上，对周子学问更相发明，并且梳理出闽学源流，因以知闽学本源于周子。故在"北地李先生"即李桢、"吾晋江郭先生"即郭惟贤的带动与启发下，为更翔实地保存周子相关史料，而刊刻编修该本《濂溪志》。

（二）周与爵版《周元公世系遗芳集》

1. 版本面貌。字迹基本清晰可辨。板式为四周单边，单黑鱼尾上题

"周氏遗芳集"，下题卷次及页码，每半页十行，每行二十字，有界格，每卷首题"周元公世系遗芳集"及卷次，次行署"吴郡守祠奉祀孙与爵编辑"。卷首有"浅草文库""日本牧府图书"，还有一枚印章模糊难辨，卷尾有长方形"昌平坂学问所"钤印。昌平坂学问所最早是林罗山的私塾，之后改为幕府兴办、管理的官办教育机构，在1797年改为此名，后来发展成现在的东京大学，由此可知，在1797年之前，该书就已流传到日本。

2. 刊刻缘由。周敦颐的次子周寿一脉，后流散到江苏吴中一带，并世居于此，后四世孙周兴裔最早在江苏吴县胥台乡建有濂溪祠堂，后周与爵又建于江苏长洲县弦歌里，因而有一些祭奠活动及其相关诗文。在周京撰的《周元公世系遗芳集·序》中，就提道在江苏建濂溪祠："有四世孙观察使公移镇平江，请祠先生于胥台乡，而苏始有先生祠也。至我朝，而祀典如故，世录其胤之贤一人，衣巾称奉祀焉。寻罹兵火，先生祠废，仅存家庙于城东，以藏数世木主，徒令吊古之兴悲。今耳孙与爵，虔恳于郡县，时太守朱公燮元、大令邓公云霄，择地鼎建先生之祠，堂庑、斋厨毕具。"吴大镕版《濂溪志》中也有邓云霄撰写的诗《谒濂溪先生祠漫述所见》，可旁证之。

周与爵即"邦禄，名与爵，别号余濂，侨居长洲之弦歌里，祀守元公祠"（徐可行《周元公世系遗芳集·序》），是周敦颐在江苏吴中的后裔，徐可行又叙述周与爵谱系为："禄为濂溪正裔，其谱系之传，自当与天壤敝。而其流派在吴中者，则自元公伯子寿之派始。传四世曰兴裔。兴裔以御虏死节，在宋世其表表者。传而为才，为文英、南老。又传而敏，敏传汝、浦、渊、源、纲、奎等。"

周与爵修志的缘由，约有如下数端。一是阐扬先德。徐可行在《序》中言周与爵编修此集，是想要"阐扬先德"，因其可以"流衍无既"，并"有追先绍远之思""有启佑来哲之思"，如遇"有寻元公芳裔于述作之余者，按以考之，此足备实录矣"。徐可行对周与爵的编修给予了很高的评价："阐扬之功，直与天地敝者。"

二是方册具在，典刑不忘，绳其祖武，传道百代。周京在序中简介了周与爵所做的阐扬先祖周敦颐的各项事迹。一是建祠堂祠之。二是为先生修世谱："夫既祠之，又从而谱之，祠则有祭飨，谱则有宗盟。惟尊祖，故敬宗，敬宗，故收族。"三是祭之，四世搜集整理周子遗事，整理之，因为“又思古者睹云雨而测开先，睹河海而探原委，睹弓裘而思述作。若先生《太极图》《通书》，以及诸篇，此皆家诵而户读者，毋虑其湮也。惟高曾而上，自宋迄今，中间遵先生之遗教者，或通显，或隐沦，率有篇帙吟咏，以摅芳腴使乎，泽澌灭残缺愆次，殊非作者之意，而为之后者，恶能恝然？”所以，只有将这些中间各代祖先之遗事整理成书，才有可能不至于湮没于历史，于是与爵搜计磔裂，捃摭融结，“自《元公集》《志》，以至《庭芳》　《拙逸》等集，凡若干卷，汇而辑之，靡有遗漏，且付之梓人，以图不朽，噫嘻美哉”！以上周与爵所为各事，在周敦颐出生地湖南永州道县、江西、广东、四川、江西等周敦颐生活和工作过的地方，到明代时已有众多族人在做。但周敦颐后裔中传到姑苏的支系，根据目前所正如见史料，这些敬宗收族事宜，滥觞于周兴裔，兴盛于周与爵。

周与爵既有明确的家族谱系意识，也有让周子思想历代传承的观念，如周京所言：“‘不有贻谋，孰开其绪？不有绳武，孰衍其传？’是辑也，祖功宗德，睹之若生。道业文章，合之为一。方册具在，典刑不忘。匪直旦暮千载，抑且百代一时。视者毋曰徒具陈言已也！与爵其知道之士哉！后之人瞻礼世祠，而又服膺乎谱与集，俨然见庭草常绿，濂水常清，着存与敦睦并邵，述前与信后同光，奚啻世承其家云。余未第时，曾游学于吴越间，稔知其详，故叙其概如此。若祠有记，谱有序，皆敦史也。”清楚地说明了周与爵编辑《濂溪志》，是要在姑苏开周子统绪，绳其祖武，衍其大道，后人因为“典册具在”，历史脉络清晰可辨，在阅读传播中，就会“典刑不忘”，对先祖宗德，睹之若生，从而世代不忘先祖风范道德，让周敦颐思想惠及后世。

三　与其他版本的承续关系

（一）林学闵版《濂溪志》

1. 内容体例。卷首为李桢撰《刻濂溪周先生志序》，次为郭惟贤撰《濂溪先生志序》，次为八幅图，根据图中字样依次为《濂溪周先生书院图》《濂溪书院楼》《谏议公祠》《宋大儒第》《故里》《光霁亭》《月岩图》《周濂溪先生真像》，其中《光霁亭》图中题有“万历庚戌鼎建”，亭中立有《太极碑》《周濂溪先生真像》，左边题“万历己酉后学晋江林学闵描刻”，像后有朱熹的《像赞》，次为《古今纪述题咏姓氏》。正文卷端题为“濂溪志卷之一”，卷尾有林学闵撰《濂溪先生志后序》，署名为“晋江林学闵志孝甫谨撰”。

各卷内容有的未有名称，只是题明卷次，现根据各卷的实际内容，并参照其他《濂溪志》版本的提法，笔者概括林学闵版《濂溪志》各卷内容依次为：卷之一为周敦颐著述与元公年表，卷之二为诸儒议论与历代褒崇，卷之三为古今纪述，卷之四为古今题咏。

2. 林学闵版与李桢版承续关系

在林本之前，至少有三个《濂溪志》的版本，最早的是在明嘉靖十九年，担任永州司马的鲁承恩编修刊刻的《濂溪志》，可惜此本目前不知所踪。其次是胥从化和李桢编修的《濂溪志》，均刊刻于明朝万历癸巳（1593）年，林本的编排体例、内容，与胥从化版差异较大，与李桢版极其相似。经笔者一一核对，详情如下。

第一，周敦颐像。此像目测观之，林学闵版图像本身与李桢版几无二致，与胥版差别较大。胥版题为“元公像”，林、李版的像右侧均题为“周濂溪先生真像”，而林版在像左侧增刻有“万历己酉后学晋江林学闵描刻”。

第二，濂溪芳迹图。各个图样，根据笔者与李桢版的比对，发现林、李两版无甚两样，在第一幅图《濂溪周先生书院图》的左侧，林版增刻有“万历己酉林学闵修”，并个别移动了各图先后顺序。

第三，卷次内容安排。与胥版差别较大，与李桢版大体相同。李版共九卷，林版四卷，基本是李版的卷首，林版也做卷首，各篇章次序偶有颠倒，只在《古今纪述题咏姓氏》末，增加了“廖朝高、林学曾、林学闵、何朝宗”四人；李版第一卷，林版并未署名卷次，然后将李版的第二、三卷作为第一卷；将李版的第四、五卷作为第二卷；将李版的第六卷作为第三卷；第七、八卷作为第四卷。林学闵版独有的内容是卷尾林学闵撰的《濂溪先生志后序》《议春秋丁特祀谏议公祠》，这两篇不见于其他版本的志和集中。

整体观之，作为晚出者，林版除了卷尾新增两篇自撰文外，并只在卷首做了较小改动，再无其他新增内容。虑及“窃人旧板，剜改或重刻一两页，据为己有，号为新刻者，名万历以降，至于清初，其风甚盛，亦一时学术空疏之征也”[①]。可基本断定，林学闵版《濂溪志》是李桢版《濂溪志》的挖改本。

（二）周与爵版《周元公世系遗芳集》

1. 内容体例。卷首为徐可行撰《周元公世系遗芳集汇序》，页面上方有“日本□图书”印章，标题中部有“浅草文库”印章，次为《周元公世系遗芳集卷之十一》目录，次为《宋先儒谏议大夫遗像》，次为卷之一正文，其间有图《濂溪周先生祠》。每卷均仿此，先为本卷目录，次为正文。卷二中有《武功大夫观察使遗像》。卷末有周与爵同其子周希皋、周希夔所撰《元公十四世至十七世行略》，末题“万历甲寅春月吴郡十七代孙与爵同男希皋、希夔谨跋”。

2. 周与爵版对《濂溪志》体的开创。目前学界所见的各种《濂溪志》和周敦颐集，内容都比较类似，基本上是两种，一是周敦颐本人的著述，二是当时和后人的相关诗文。唯有《周元公世系遗芳集》颇有不同，与其他志和集的内容差异甚大。

日本藏周与爵《濂溪遗芳集》共五卷，是《濂溪遗芳集》目前所见最早的版本，其内容与编排方式，在编辑整理周敦颐著述及其相关史料上，是一次全新的开拓。其中既无周敦颐本人著述，也较少濂溪后学及仰慕者的题咏，而是以周敦颐七世孙、八世孙、九世孙、十世孙、十一世孙、十二世孙、十三世孙、十四世孙为核心和主线，除去个别祠记外，遗像、行实、题咏、行略等内容，均与周敦颐后裔相关，而非周敦颐本人。

3. 周与爵本与周沈珂版的承续关系。《周元公世系遗芳集》目前所见有两个版本，在笔者整理校注的《〈濂溪志〉八种汇编》[②]中，有一个版本是周沈珂、周之翰版《周元公世系遗芳集》五卷，《四库全书总目》提要中说：“周氏《遗芳集》五卷，编修朱筠家藏本。明周沈珂及其子之翰编。先是，周子十七世孙与爵，辑其先世著述事迹，自周子四世孙兴裔以下为《遗芳集》。凡历代褒崇诏谕及传、志、记、序诸作，以次附焉。沈珂父子重为编次，而与爵以下则仍无所增益。”这段大致内容是对的，但

① 赖中霖：《康熙九年〈永州府志〉注释》，湖南人民出版社2011年版，第781页。

② 王晚霞：《濂溪志》八种汇编，湖南大学出版社2013年版。

其中这句“明周沈珂及其子之翰编”指明周沈珂是明代人。而在《四库全书》中收集的另一部《周元公集》九卷，署名“吴县周沈珂编”，《四库全书总目提要》卷153云：“康熙初，其裔孙沈珂又校正重镌。先儒著述，学者所宗，固不以其太少而废之。原本后附《遗芳集》五卷，乃沈珂辑其先世文章事迹，自为一编。与本集不相比附，今别入之总集类，不使相淆。”此处所提《遗芳集》正是《周元公世系遗芳集》，其中清楚指明周沈珂是康熙初年间人。很明显这是互相矛盾的。

再据杜泽逊先生在《四库存目标注》中[①]考证，周沈珂版《周元公世系遗芳集》的清华大学藏本中，在第一卷[②]后有一篇《重辑先世遗芳集叙》，这篇叙仅见于清华藏本中，四库以及北师大的藏本中不见此篇，这篇叙末署“康熙辛未夏五月吴郡裔孙之翰谨识”，文章先后“共一页，版心页码为‘又一’，显系增刻”。由此可基本判定周沈珂、周之翰为清康熙间江苏吴县人，《四库全书总目》著录为明代人，是错误的。很惭愧笔者在之前整理时未能见到清华本，而盲从《四库总目》，随之而错，现予以纠正。

杜泽逊先生认为周沈珂父子重辑的《周元公世系遗芳集》之版刻，与周与爵本相同，只是剜掉了个别字，并增加了一页叙的内容，又在编排上做了些微处理，而实际上是“窃人旧板，剜改或重刻一两页，据为己有，号为新刻”，所以称之为“挖改本”[③]。

根据笔者对周与爵版与周沈珂版内容的一一核对，认为杜泽逊先生所言甚是。周与爵《周元公世系遗芳集》是最早的版本，周沈珂父子所谓的重辑，实际上基本没有改动，版本的面貌以及内容都截止于明代，作为清康熙年间的周沈珂父子，并未加入清代前期的相关内容。《周元公世系遗芳集》的主线索是围绕周子后裔展开，清代前期的周子后裔的内容，该集中一例也未见。《四库全书总目·周氏遗芳集五卷》提要亦云：“沈珂父子重为编次，而与爵以下则仍无所增益。”[④] 而清代前期周子后裔的相关内容，在清代的吴大镕版、周诰版中都有体现。当然，如果仅就版本

---

① 赖中霖：《康熙九年〈永州府志〉注释》，湖南人民出版社2011年版，第780页。

② 版本上实际所题为“卷十一”，只因《遗芳集》是附于《宋濂溪周元公先生集》十卷之后，所以整本的第十一卷，即为《遗芳集》的第一卷。周与爵、周沈珂两个版本均如此。

③ 赖中霖：《康熙九年〈永州府志〉注释》，湖南人民出版社2011年版，第781页。

④ 王晚霞：《濂溪志》八种汇编，湖南大学出版社2013年版，第304页。

刊刻的角度看，这种经两次修补而重新刷印的古书版本，称之为“递修本”，则周沈珂版可以称为周与爵版的“递修本”。而从实际的内容上来说，周沈珂版则是周与爵版的“挖改本”。

四 版本特征及其在濂溪学历史中的意义

1. 体裁丰富。笔者曾有相关文章提到，《濂溪志》的体裁约有“传、图、像、世家、赞、年表、行实、图测、叙、说、辩、序、文、赋、诗、札、记、跋、铭、辞、颂、奏疏、谥议、公檄、诏等”①。周与爵《周元公世系遗芳集》，在濂溪学的历史上，其体例与内容都是首创，而在体裁上继承了《濂溪志》的丰富特点并有新增，在体裁上有图、像、世家、赞、行实、说、序、文、赋、诗、札、记、铭、诰命、口宣等。多样的体裁，可见《濂溪志》保存史料的多样性，可从多角度管窥周敦颐在当时及后世的影响，在古代地方志的编撰上，是少见的。

2. 内容特点。《濂溪志》集中围绕周敦颐著述、濂溪芳迹图、濂溪先生本传、先贤世家、年表、年谱、太极图说、历代濂溪书院修建、历代濂溪祠堂修建、祠记、历代享祀、祭文及后人歌咏的诗词歌赋、文辞铭颂，既有地方志的特点，也有人物传的风格，内容全面综合，延续宋、元、明、清四朝，可弥补其他文集之不足。

《遗芳集》则收录了宋、元、明三代周子后裔的文史资料，是其他志和集没有的，辑佚价值很高。《遗芳集》没有周敦颐著述、年表一类，有周辅成遗像和事略、少量的濂溪祠堂记、历代褒崇。其余全是围绕周敦颐历代后裔的内容：后裔遗像、赞、著述、匾额、行实、家训、诰命、手札、碑记、斋记、斋铭、序、祭文、祭诗、题咏周敦颐后裔的诗词等，是研究周敦颐后裔的主要史料，其编辑视角与组织架构，在方法上是对古代人物传记结构、古代地方志体裁的一个突破，是保存、研究周敦颐，传播周敦颐思想的一个新维度，这是其他任何濂溪学资料无法替代的。

周敦颐个人著述不多，但在哲学史上的意义重大，从北宋中后期开始，为周敦颐从祀的鼓吹者历代都有，随着周敦颐的影响力日渐扩大，到

① 王晚霞：《濂溪志版本述略》，《中南大学学报》2011 年第 6 期。

南宋时出现高潮，之后经元、明、清三朝，随着儒学确定其不可撼动的地位，周敦颐的地位越来越高，享有的荣誉也越来越多。终于步步为营地实现了周敦颐赐谥“元”，从祀庙庭，封“汝南伯”，加封“道国公”，并诏“修祠墓，优恤子孙”，以及其父从祀启圣祠，后裔世袭五经博士等，“清朝世祖章皇帝顺治元年，祀升先贤周子与阙里庙庭、天下学宫”①，康熙二十六年四月二十日，皇帝特赐御额，亲自书写“学达性天”四字，勒之庙额②等，获得了一个儒者所应享有的最高声誉。

结　语

综上，将现藏于日本国立公文图书馆内阁文库中收藏的林学闵《濂溪志》与周与爵《周元公世系遗芳集》置于目前海内外现存的十种《濂溪志》脉络中，会发现林学闵版《濂溪志》无甚创新，是李桢版《濂溪志》的“挖改本”；周与爵版《周元公世系遗芳集》对《濂溪志》的体例是一种全新的创造和开辟，从实际的内容上来说，目前国内常见的周沈珂版《周元公世系遗芳集》是周与爵版的“挖改本”。

诞生于天禧元年（1017）年的周敦颐，到 2017 年正好是诞辰一千周年，时值中国文化于世界崛起的攻坚时代，周敦颐的思想光辉已引起了学界重视。纵观千年的历史，全国对周敦颐瞻仰歌咏者鳞次栉比，他所为官之处的崇拜活动络绎不绝，这些材料若非《濂溪志》的修撰，难以保全得丰富完好，《遗芳集》又能从后裔的角度别出心裁，补充了《濂溪志》的不足。《濂溪志》以周敦颐为中心，如骨干，《遗芳集》以周敦颐后裔为中心，如枝叶，两相配合，让濂溪学随着时间的流逝滋长的郁郁葱葱，为濂溪学研究留下了非常宝贵的资料。总之，《濂溪志》和《遗芳集》的修撰，是古代人物传记史上独特的一环，不仅有其学术史上的价值③，更有其社会史上的价值，对当代社会建设，也很有借鉴和启发。

（作者单位：湖南科技学院）

① 王晚霞：《濂溪志》八种汇编，湖南大学出版社 2013 年版，第 748 页。

② 同上。

③ 王晚霞：《〈濂溪志〉修撰的价值及启示》，《南华大学学报》2014 年第 5 期。

濂溪学研究的意义和范围

张京华

周敦颐（1017—1073），字茂叔，号濂溪，谥元，学者尊称濂溪先生、周濂溪、周元公、周子。北宋中期真宗、仁宗、英宗、神宗时期在世，《宋史·道学传》有传。今年夏历丁酉年五月初五日端阳佳节，即2017年5月30日，是濂溪先生诞辰一千周年纪念。故草此文，以期重新思考濂溪学的研究范围，重新评价濂溪学研究的意义，敬祈学者教正。

一　周敦颐在湖湘地域上的意义

周敦颐是湖南永州道县人，宋代为道州营道县营乐里，世称“濂溪故里”。

景定四年宋理宗题额“道州濂溪书院”，道州知州杨允恭谢表云：“眷是舂陵，实其乡国。田园数亩，元丰之书契尚存；林壑一丘，治平之题墨犹在。”[①] 南宋魏了翁云：“周元公先生之先世居青州，自唐永泰中，有为廉、白二州太守曰崇昌，徙道之宁远县大阳村，至裔孙虞宾之中子从远，又徙营道之西曰濂溪保，三传而为元公。故今宁远、营道皆即其所自而为祠。”[②] 魏了翁《道州建濂溪书院记》又云：“营道西十八里为濂之

---

① 杨允恭：《谢表》，周敦颐《周元公集》卷5，文渊阁四库全书本。

② 魏了翁：《长沙县四先生祠堂记》，张京华点校《渠阳集》卷6，岳麓书社2012年版，第71页。

源，又东流二十里为濂溪保。”[①] 王象之《舆地纪胜》已经将濂溪先生列为乡籍名流。周敦颐本人曾在湖南任职，在零陵朝阳岩、澹岩、东安九龙岩、道州含晖岩留下石刻手迹。宋邹敷《游濂溪辞并序》：“道州城西十五里有村曰濂溪保，盖周茂叔先生之居也。”[②]

周敦颐在湖湘地域上的地位，以往是与鬻子、屈原、王夫之并称，地位高于一般文化现象。

曾文正《湖南文征序》云：“周之末，屈原出于其间，《离骚》诸篇为后世言情韵者所祖。逮乎宋世，周子复生于斯，作《太极图说》《通书》，为后世言义理者所祖。两贤者，皆前无师承，创立高文。上与《诗经》《周易》同风，下而百代逸才举莫能越其范围。”[③]

叶德辉《叶吏部答友人书》云：“湘学肇于鬻熊，成于三闾。宋则濂溪为道学之宗，明则船山抱高蹈之节。”[④]

戴德诚《湖南宜善守旧》云：“三闾以孤愤沉湘，元公以伊尹为志，遂开湘学仁侠之大宗。”[⑤]

民国间，钱基博《近百年湖南学风》指出：“天开人文，首出庶物，以润色河山，弁冕史册者，有两巨子焉。”“一为文学之鼻祖，一为理学之开山，万流景仰，人伦楷模。”[⑥]

黄光焘《湖南学派论略》一文说道：“楚骚起辞赋之宗风，濂学导性理之先路。”[⑦]

吴博夫《湖南民性》一书说道：“湖南文化，周之末，即有灵均出于其间，《离骚》诸篇，上追《诗雅》。及宋之世，又有茂叔，作《太极图说》《通书》，为赵宋理学开山之祖。两氏所作，炳炳烨烨，褒然为后世

① 魏了翁：《道州建濂溪书院记》，湖南省濂溪学研究会整理《元公周先生濂溪集》，岳麓书社2006年版，第184页。

② 邹敷：《游濂溪辞并序》，王霆震《古文集成》卷72，文渊阁四库全书本。

③ 曾国藩：《湖南文征序》，《曾文正公诗文集》卷1，四部丛刊初编影印原刊本。

④ 叶德辉：《叶吏部答友人书》，苏舆《翼教丛编》，上海书店出版社2002年版，第176页。

⑤ 戴德诚：《湖南宜善守旧》，唐才常、谭嗣同等《湘报类纂》，清光绪二十八年刊，台北大通书局1968年影印本，第193页。

⑥ 钱基博：《近百年湖南学风》，岳麓书社2012年版，第1页。

⑦ 黄光焘：《湖南学派论略》，《国专月刊》第3卷第3号，1936年4月15日。

所宗。”①

李肖聃《湘学略》论湘学源流，以“濂溪学略”为开端。

今人谈地域文化，常有横向、纵向两种视线。横向的视线是将各类文化现象平行罗列，越多越好，但是缺乏高度。纵向的视线是将具有影响的元素按时间顺序排列，历朝历代连续不断，凸显名人榜，但是不通源流，不明家法。学术不是倚多为胜，也不是影响大就好。研究湖湘学术，当有一种文明进步的眼光，将濂溪学视为一种文明，体现为一种发展的高度。

周敦颐是本省重要的文化资源，以周敦颐为开端的理学思想代表着千年湘学的学术高度。两宋以前，湖南本土没有诞生过具有全国性学术影响的人物。湖湘学术为世人所知、所重，是自周敦颐而开始的。

周敦颐是出生在湖南、第一个对中国传统文化产生重大影响的湖湘学人。如果说，炎帝、舜帝、鬻子、屈原、贾谊，代表了湖湘文化的历史纵深，那么，周敦颐的理学思想就是代表了湖湘文化在中古以后的史学界的制高点。

鬻子、屈原是两湖共有的文化资源，贾谊、柳宗元是流寓文化的代表。而周敦颐、王夫之则为地地道道本土文化的杰出代表。与炎帝、舜帝、屈原、贾谊、刘禹锡、柳宗元，乃至胡安国胡宏父子、张浚张栻父子相比，挺生舂陵的周敦颐是真正“湘字号”的本土英杰。

周敦颐是世界的，但从湖湘来看，研究、继承、发扬濂溪思想，多了一层亲切，也多了一层责任。

二　周敦颐在中国历史上的意义

《宋史·道学传》以周敦颐为孔、孟以来第三位传道者，古称醇儒、大儒、圣人，这个地位具有唯一性，是绝无仅有、不可替代的。

道学之名，自古所无。理学之名，也是自古所无。道学、理学、心学、性理学等名称，都是两宋大儒面对当时价值观念中出现的困境重新提出来的命题。

---

① 吴博夫：《湖南民性》，湖南省学生集中训练总队政治训练教材，长沙大伦印刷所1935年版，第12页。

周敦颐一生留下两篇义理著作给后人，一篇《太极图说》，一篇《通书》。《太极图说》探求义理的精微，《通书》阐发学说的体系。两宋新儒家之建立，在学理上，最大的贡献来自“无极而太极”一句论断。

朱子说：“盖先生之学，其妙具于《太极》一图，《通书》之指皆发此图之蕴，而程先生兄弟语及性命之际，亦未尝不因其说。”① “《易》之为书，广大悉备，然语其至极，则此图尽之。其指岂不深哉！抑尝闻之，程子昆弟之学于周子也，周子手是图以授之。程子之言性与天道，多出于此。”②

《易经·系辞上传》言“易有太极，是生两仪，两仪生四象，四象生八卦”。“两仪”是阴阳，“四象”是四季，“八卦”是八方，天地万物如此展开呈现，而它的本原就是“太极”。没有本原，就没有次序、没有规律、没有理性、没有关联。所以，人类世界需要寻找它的本原。

《太极图说》言“无极而太极”，承接《易传》阐发宇宙的本原，从太极到阴阳到五行到万物，将阴阳的系统和五行的系统结合起来，由“一二四”转为“一二五”，因而较《易传》更加细致、更加复杂。尤为重要的是，在中国儒学史、中国哲学史上，《太极图说》第一次提出了无极的概念，使易学的阴阳体系转为有无体系，可以说是弥补了易学的一个空白。

朱子盛赞道：“《太极》之旨，周子立象于前，为说于后，互相发明，平正洞达，绝无毫发可疑。”③

所谓“不传之学”“不传之秘”，实指此而言。

黄百家《宋元学案》说：“孔孟而后，汉儒止有传经之学，性道微言之绝久矣。元公崛起，二程嗣之，又复横渠诸大儒辈出，圣学大昌……若论阐发心性义理之精微，端数元公之破暗也。”④

---

① 朱杰人、严佐之、刘永翔主编：《周子太极通书后序》，《朱子全书》，上海古籍出版社、安徽教育出版社 2002 年版，第 24 册，第 3628 页。

② 朱熹：《〈太极图说〉朱子说解》，湖南省濂溪学研究会整理《元公周先生濂溪集》，岳麓书社 2006 年版，第 9 页。

③ 朱杰人、严佐之、刘永翔主编：《答胡广仲》，《朱子全书》，上海古籍出版社、安徽教育出版社 2002 年版，第 22 册，第 1901 页。

④ 黄宗羲、黄百家：《濂溪学案上》，《宋元学案》卷 11，中华书局 1986 年版，第 482 页。

贺瑞麟《周子全书序》说："孔孟而后千有余年，圣人之道不传。道非不传也，以无传道之人耳。汉四百年得一董子，唐三百年得一韩子，皆不足与传斯道。至宋周子出，而始续其统，后世无异词焉。"①

儒家"祖述尧舜，宪章文武"。向上追溯，历代圣人则为炎、黄、虞、舜、禹、汤、文、武、周公，向下延续则为孔、孟、周敦颐、程颢、程颐、张载、朱熹、王阳明。在历代儒统中，周敦颐上承孔子、孟子，排位第三；下启二程、朱子，排位第一。周敦颐是孔、孟以来的第三位圣人，是孔、孟之后的第一位圣人。二程为周敦颐亲传弟子，朱熹为周敦颐五传弟子。宋明理学的各家各派无不受到周敦颐思想的影响。

屈大均说："明兴，白沙氏起，以濂雒之学为宗，于是东粤理学大昌。说者谓……孔孟之学在濂溪，而濂溪之学在白沙。"②

陈郁夫《世界哲学家丛书·周敦颐》指出：明道所得偏于主静，下开陆王一系。伊川所得偏于定性，下开程朱一系。朱子以《太极图说》为形上学框架。陈白沙"主静致虚"纯走濂溪路子。王阳明"致良知"有得于濂溪而益加邃密。阳明江右弟子多得主静无欲之旨向。濂溪对明清之际的学者，特别是王船山，也有很大的影响。③

"孔孟以来推此老，程朱之上更何人?"④ 在中国儒学史、中国思想史上，周敦颐被尊为"理学开山""道学宗主"，与孔孟、程朱具有同等重要的地位。

三　周敦颐在当今社会的意义

2016 年 5 月 17 日，习总书记在哲学社会科学工作座谈会上的重要讲话中引用恩格斯的话说："一个民族要想站在科学的最高峰，就一刻也不

① 贺瑞麟：《清麓文集》卷二，《贺瑞麟集》，王长坤、刘峰点校，西北大学出版社 2015 年版，第 51 页。

② 欧初、王贵忱主编：《屈大均全集》，《广东新语》卷 10，人民文学出版社 1996 年版，第 278 页。

③ 陈郁夫：《世界哲学家丛书·周敦颐》，台北东大图书公司 1990 年版，第 97—109 页。

④ 刘魁：《谒濂溪先生祠两首》，出自濂溪故里月岩摩崖石刻，参见包涵《刘魁永州诗刻探析》，《湖南科技学院学报》2006 年第 12 期；张京华、陈微：《道州月岩摩崖石刻》，天津人民出版社 2017 年版，第 58 页。

能没有理论思维。”在治理国家、振兴民族的过程中，思想家、哲学家所起的作用是超越时空的。

周敦颐上承孔孟学统和《易》《庸》之学，顺应了时代发展的新条件，开创了宋明理学，开创了儒家学术的新形态。

汉儒当汉时，必为章句训诂之形态。唐儒当唐时，必为五经正义之形态。宋儒当宋时，必为义理道学之形态。清儒当清时，必为校勘考据之形态。从孔孟到周敦颐，各自顺应当时的时代变化，开创出那一时代儒家文化的新形态，相传相沿，相嬗相替。

孔子的儒家思想，学者公认其核心概念是仁，又称为仁道，也就是人道。从仁道、人道到天理、天道，表面看来是有变化，实际上同条共贯，并无不同。因为孔子说过：“人能弘道，非道弘人。”

两宋理学兴起的思想背景，是五代的人文沦替、廉耻丧尽。如欧阳修《新五代史・冯道传序》所说：“不廉则无所不取，不耻则无所不为。”社会动荡，导致人们只剩下本能欲望，而丧失了人作为人的创兴精神，“灭天理而穷人欲”。所以宋儒振起，提出要遵循天道，节制人欲。

宋代新儒学认为“人欲横流”是社会文明的大敌，说“人于天理昏者，是只为嗜欲乱着他”。人类生存当然需要物质基础，但物质需求一定要有限度。弟子问：“‘饥食渴饮，冬裘夏葛’，何以谓之天职？”朱子回答：“这是天教我如此，饥便食，渴便饮，只得顺他。穷口腹之欲，便不是！盖天只教我饥则食，渴则饮，何曾教我穷口腹之欲？”①

社会的有序、万物的平衡是天理，个人的私欲绝非天理。“灭天理而穷人欲”原本是《礼记・乐记》里的一句警告。《乐记》说，人类身上有纯净的天性，也有物质的欲望。如果好恶没有节制，无所不为，就是人化于物，天理灭矣。可见“灭天理而穷人欲”的根本原因，是人化于物。人类的物质欲望无限膨胀，“强者胁弱，众者暴寡，智者诈愚，勇者苦怯，疾病不养，老幼孤独不得其所”，于是导致天下大乱。

圣者创物，贤者述之。圣人是文明的开创者，贤人是文明的继承者。圣贤是中国古代维系社会秩序、维系社会信仰的中坚和基石。周子曰：

---

① 朱熹：《朱子语类》卷96，朱杰人、严佐之、刘永翔主编《朱子全书》，上海古籍出版社、安徽教育出版社2002年版，第17册，第3250页。

“圣希天，贤希圣，士希贤。”我国人文传统的本质是圣贤文化。

因应时代的困境和变化而重新提出命题，这是真正的创兴。真正能够创兴，从而给一个时代带来思想的光明的人，称作圣人。

两宋时代积贫积弱，汉唐以降久无醇儒。“千有余载，至宋中叶，周敦颐出于舂陵，乃得圣贤不传之学”。周敦颐的学说诞生在古代儒家思想三千年历史中的中兴节点上，是中古时期民族文化复兴的重要样式和成功典范。

曾国藩《圣哲画像记》言：“周程朱张，韩柳欧曾……临之在上，质之在旁。”①

林山《刻濂溪集后跋》言：“道在天地间，因而修之以立教者圣贤也，是后天地而生者不可无孔孟，后孔孟而生者不可无周子。”②

周敦颐的思想光芒如一盏明灯，照亮了中国一千年的历程，照亮了东亚世界，此其所以为一代圣人。

四 濂溪学的哲学义理研究

“理学”“道学”是儒学发展到两宋的新形态。《通书》四十篇是经周敦颐重新阐发的新儒学体系。经统从常，史统从权，“通书”的题名表明周敦颐赞同顺应历史，因应通变。两宋新学丛出，唯有周敦颐最为成功，比较王安石父子可知。

《通书》兼容《易传》与《中庸》，最为推重一个诚字。“诚者，圣人之本。”“诚，五常之本，百行之源也。”周子将诚这一个普通术语提升到宇宙生成和抽象哲学范畴的高度，用意在于坚信人类具有真诚善良的本性。

无极而太极，《太极图说》实则论证无极之学。《易传》称“易有太极，是生两仪”，易学以阴阳为基本，其学为阴阳之学。《太极图说》虽出于《易》，而无极即是太极，太极即是无极，其实质乃是有无之学。可

① 曾国藩：《圣哲画像记》，喻几凡修订《曾国藩全集》第14册，岳麓书社2011年版，第153页。

② 林山：《刻濂溪集后跋》，胥从化纂《濂溪志》，明万历二十一年刊本。

知《太极图说》高出《易传》一层次，“下语精密，微妙无穷”“真得千圣以来不传之秘”，终使儒家形上哲学与道家、释教鼎足并立，所以朱子亟称道之。

义理推衍，哲学思辨，各家从同。《太极图》容有渊源，而“无极”二字，终究“乃是周子灼见道体，迥出常情，不顾旁人是非，不计自己得失，勇往直前，说出人不敢说底道理”，由此得为一代醇儒。二程称道《西铭》“极醇无杂，秦汉以来学者所未到”①，朱子称道“《西铭》《太极》诸说，亦皆积数十年之功，无一字出私意……不假毫发意思安排，不着毫发意见夹杂”②。醇儒所以为儒家。

无极所以推证太极，太极根源于无极。无极、太极皆是万有，皆是整体。称之为无极是为了表明宇宙万物的关联性，称之为太极是为了表明宇宙万物的整体性。哲学义理的太极观念与政治学的一统观念，两相对应。太极、无极所以照应一统，而一统服从于太极、无极。古人未尝离事而言理，义理之学不可游谈无根，其作用处在此。

明人李贵《宋五先生郡邑政绩》汇集周、程、张、朱、陆五人莅民事迹，王夫之《宋论》称周子“不卑小官”。为政亲民，躬行日用，为儒家学者的基本原则，出处进退，出乎一心，江湖之远，不忘寄托，而以政道分离为大忌。

《爱莲说》“出淤泥而不染”，固然有廉洁自守之一面，而菊之隐逸，牡丹之富贵，莲之君子，三者对比而择焉，尤在表明士人与大众之区别，及儒家有为之立场。与道家不同，与释教不同，与世俗不同，所以为儒家。“正其谊不谋其利，明其道不计其功”，所以为儒家。

元人《古文真宝》已收录《爱莲说》单篇，作品为“文以载道”传统的突出代表。周敦颐《通书》说道：“文，所以载道也。”“文所以载道，犹车所以载物。”不仅文学需要载道，史学也需要载道，哲学也需要载道，万物皆须载道。

---

① 程颢、程颐：《二程集》，上册，河南程氏遗书·二先生语二上，王孝鱼点校，中华书局2004年版，第22页。

② 朱杰人、严佐之、刘永翔主编：《朱子全书》，上海古籍出版社、安徽教育出版社2002年版，第21册，文集卷38，《答黄叔张》，第1694页。

五　濂溪学的学术史研究

上古先王以死勤事，以劳定国，能御大灾，能防大患，故百代祀之，而周敦颐以其思想学说，施之于民，施之于学者，绵历千年，东亚言理学者折中于周子，此其所以为一代圣人。古人尊称周子为先儒、大儒，而观《宋史·道学传》之义，实以周子为孔、孟以来第三位圣人。古人始乎为学为士，终乎为君子为圣人。我国人文传统的本质是“圣贤之道”。千年之下，评定周敦颐的思想贡献，首当重申其本来具有的圣人地位。

清末王闿运联语云：“吾道南来，原是濂溪一脉；大江东去，无非湘水余波。”楹联迄今悬于岳麓书院，其最初记载如何，湘绮老人本意如何，可待考辨。

“濂溪一脉”即濂学的创兴，“吾道南来”即洛学的南传，“大江东去”则是闽学的开展和分化，包括阳明心学的兴起，乃至东亚各国的传播。全部理学可以据此划分为三大阶段，可待梳通。

元儒侯克中云：“千年伊洛渊源盛，总是濂溪一脉功。”[1] 宋元明清理学的各家各派，洛学、闽学、浙学、关学、蜀学、北学，乃至朝鲜、越南、日本、琉球的教化传播，无不受到濂溪思想的影响，亦即无不渊源于湖南。此意安否，可待考论。

清同治间，曾国藩《湖南文征序》称屈原为言情韵者所祖，周敦颐为言义理者所祖，以屈子、周子二人并称。戴德诚《湖南宜善守旧》一文，黄光焘《湖南学派论略》一文，吴博夫《湖南民性》一书，钱基博《近百年湖南学风》一书，所见略同。此五人者何故以屈子、濂溪二人并称，五家之说影响如何，可待考论。

叶德辉《答友人书》以鬻子、屈子、周濂溪、王船山四人并称，源流原委，追溯尤广。其说影响如何，及荆楚、湖湘之分派如何，可待考论。屈原赋二十五篇固然为辞赋之首，而姚永朴列“楚辞略”为《诸子考略》第九，宗旨何在，亦待兼考。

---

① 侯克中：《艮斋诗集》卷3，《濂溪周子》，文渊阁四库全书本。

南宋之际，程朱之学又传回湖南，胡安国、胡宏、胡寅为重要代表，朱子、张栻岳麓书院会讲为重要标志。李肖聃《湘学略》列为“衡麓学略第二”“南轩学略第三”“紫阳学略第四”“岳麓学略第五”。曾国藩《圣哲画像记》云：“周、程、张、朱，在圣门则德行之科也。”[①] 湖湘之学承接周、程、张、朱为如何，可待考论。

以明代王学之盛，而《湘学略》仅述蒋信、冀元亨二人。“时天下言学者，不归王守仁，则归湛若水”（《明史·儒林传》），湛若水曾入湖南，阳明弟子往来湖南者不少，其学术影响如何，可待考论。

延至清代，湖湘学者自王夫之、李文照、王文清、吴敏树、曾国藩以下，至王闿运、阎镇珩、皮锡瑞、王先谦、叶德辉，蔚然振起，堪称湘学主流。以及民初，又有陈鼎忠、罗焌、马宗霍、余嘉锡、杨树达诸人，堪称湘学余响。湘学之源流，古今之绍述，可待考论。

王夫之、王文清、王闿运、王先谦，合称“四王”。《湘学略·九溪学略》：“湖湘学业，光于中世，明清两代，彪炳四王”，而王文清“九溪一老，僻处沩江，遗书不行于士林，后学寡知其名姓”[②]，足见学术不倚多为胜，不以影响大小定存亡。

清人每言汉学、宋学，而宋代即有王观国，长沙人，著有《学林》十卷，隐然开汉学一派。《四库总目提要》称：“书中专以辨别字体、字义、字音为主。自六经、史、汉旁及诸书，凡注疏笺释之家，莫不胪列异同，考求得失，多前人之所未发。”“论其大致，则引据详洽，辨析精核者十之八九。”“南宋诸儒，讲考证者不过数家，若观国者，亦可谓卓然特出矣。”[③]

魏源、王闿运之今文经学，其宗旨如何，此一今文经学与清代学术盛衰之关系为如何，其后廖平、康有为之学说与清代盛衰关系为如何，乃至古文今文之分与汉学宋学之分长短利弊如何，可待考论。

---

① 曾国藩：《圣哲画像记》，喻几凡修订《曾国藩全集》第 14 册，岳麓书社 2011 年版，第 153 页。

② 李肖聃：《湘学略》，岳麓书社 1985 年版，第 157 页。

③ 纪昀等：《四库全书总目》卷 180，中华书局 1965 年影印浙江杭州刊本，第 1019 页。

六　濂溪学的文献学研究

历代《濂溪集》存世若干种，其编纂宗旨、缘由、体例如何，历代版本沿革如何，此种文献学考察乃为学者研究之首要。

《太极图说》载在《近思录》卷一、《性理大全》卷一，历代版本不少。朱子以下诸儒所作集解、论辩，仍需兼顾。

我国古代《太极图说》各篇单刻本少见，而海外旧有和刻本单行。林罗山、山崎闇斋、太宰春台、伊藤东涯、赖山阳诸学者，对《太极图说》义理曾有辨析。海外朝鲜、日本的濂溪文献如何，思想传布如何，其专门的文献研究价值如何，可待研讨。

《濂溪集》与《濂溪志》两种体例，一横一纵，有重合处，有互补处。明清方志、专志中，历代《濂溪志》存世若干种，其缘由宗旨、编纂体例如何，历代版本沿革如何，可加搜讨。

明清《濂溪遗芳集》与明清《濂洛风雅》各若干种，多载纪咏诗及"理学诗"，其文学性如何，学术价值如何，可待研讨。

历代濂溪祠、濂溪书院沿革如何，遗迹如何，文献记载如何，当日魏了翁辈汲汲于此，寄托如何，可待研讨。

《道州濂溪周氏宗谱》及各地各支派《周氏族谱》，其学术价值如何，可待研讨。

周敦颐喜登览山水，所经历处，有石刻题记十余通，为当日手泽真迹，迄今若干尚存，其意义如何，可待研讨。

道州月岩又称太极岩，现存南宋至民国间摩崖石刻 60 余通，另有道山、龙山、圣脉摩崖石刻若干通，其学术价值如何，可待研讨。其中明代石刻居多，自徐爱以下多为阳明后学，对濂溪先生推崇如何，可待研讨。

历代《道南录》《道南渊源录》《道南原委》《道南一脉》等儒学理学史传，共约 80 余种 400 余卷，记载濂—洛—关—闽的传承脉络，今统称为"道南文献"，可待搜讨、整理，而作集成式的研究。濂溪学是全部宋明理学或直接或间接的共同源头，即以"道南文献"为一大标志。

（作者单位：湖南科技学院 国学院）

编者后记

周敦颐（1017—1073），字茂叔，号濂溪，谥元，学者尊称濂溪先生、周濂溪、周元公、周子。北宋中期真宗、仁宗、英宗、神宗时期在世，《宋史·道学传》有传。

周敦颐是湖南永州道县人，宋代为道州营道县营乐里，世称“濂溪故里”。周敦颐本人又曾在湖南任职，在零陵朝阳岩、澹山岩，东安九龙岩，道州含晖岩留下石刻手迹。景定四年宋理宗题额“道州濂溪书院”，道州知州杨允恭谢表云：“眷是舂陵，实其乡国。田园数亩，元丰之书契尚存；林壑一丘，治平之题墨犹在。”治平题墨即指含晖岩题刻。南宋魏了翁《长沙县四先生祠堂记》云：“周元公先生之先世居青州，自唐永泰中，有为廉、白二州太守曰崇昌，徙道之宁远县大阳村，至裔孙虞宾之中子从远，又徙营道之西曰濂溪保，三传而为元公。故今宁远、营道皆即其所自而为祠。”魏了翁《道州建濂溪书院记》又云：“营道西十八里为濂之源，又东流二十里为濂溪保。”宋邹敷《游濂溪辞并序》亦云：“道州城西十五里有村曰濂溪保，盖周茂叔先生之居也。”王象之编纂《舆地纪胜》已将周敦颐列为乡土名贤，其书卷五十八《荆湖南路·道州》有四处记载周敦颐，谓“濂溪在州城西三十里，周茂叔故居也。”“周濂溪祠堂在州学，胡铨为《记》。淳熙重建，张栻为《记》。”周敦颐在湖湘地域上的地位，以往皆与鬻子、屈原、王夫之四人并称，地位高于一般文化名流。近年来，在“湖湘文化十杰”“湖南九章”“湘学溯源媒体行”“书香湖南”等活动中，周敦颐及其著作《太极图说》《通书》《爱莲说》都有重要地位，“湖湘文化十杰”周敦颐排名第一，“湖南九章”《爱莲说》排名第一，文选德主编《湖湘文化读本》、刘建武主编《湘学普及读本》，周敦颐均名列第一，朱汉民主编《湖湘文化通史》以周敦颐为“湖湘学统”的第一位创立人，表明周敦颐及濂溪思想作为湖湘文化的重要资源已成共识。

周敦颐在中国古代思想史上具有特殊重要的地位。如果用一种化简的、适宜人们思维习惯的眼光来看，古代历史可以分为上古、中古、近古三个时期。上古时期思想上的代表人物称作“姚姒子姬”，合称“四代”，即虞夏商周的学术，亦即天子王官之学。当时虽不称之为儒家，但思想则一脉相承。“人心惟危，道心惟微”，在一元整体的前提下，将事物划分成“人心”“道心”两类，犹如太极之中分出阴与阳。人心和道心之间有一个张力，需要平衡，故又言“惟精惟一，允执厥中”，讲执中、中庸，讲随时而中、随时合于道。“姚姒子姬”四代探索出来的“道”，为后来世世代代的人们引为最高典范，称之为“唐虞之道”“尧舜之道”。中古时期思想上的代表人物称作“孔曾思孟”，合称“四子”。这个时期王官失守，学术下传，孔子以布衣之身，继承和恢复“姚姒子姬”的思想，在晚周诸子的环境中建立起儒家一派，成一家之言，教授门徒，周游列国，并获得正式的名称叫作“儒家”。《中庸》说，“仲尼祖述尧舜，宪章文武”，《汉书》追加一句，“儒家者流，祖述尧舜，宪章文武，宗师仲尼”。近古时期思想上的代表人物称作“周程张朱”，亦即“濂洛关闽”。宋儒提出了一种新的思路，让儒家的学问更加简单化、抽象化，更加直截了当，跨过物质上和制度上的变迁，直指内在精神境界，构成了两宋之际儒家学说的新气象，叫作“理学”“道学”，又称“新儒家”。上古时期自唐虞至春秋战国，“姚姒子姬”的思想影响了一千数百年；中古时期自秦汉至两宋，“孔曾思孟”的思想影响了一千余年；近古时期自宋代至清代，“周程张朱”的思想影响了将近一千年。周敦颐、二程、张载、朱熹诸人有感于时代的困弊，能够应对历史出现的新问题，能够解脱以往儒学中的积弊，从而提出一整套解决方案，使得儒家重新振起，使得儒家学说获得了一次自我更新。周敦颐是宋代理学的开山鼻祖，周敦颐的哲学思想是中国古代文明四千余年历程的中兴节点，是中古时期文化复兴的重要样式和成功典范。

周敦颐及其开创的理学思想不仅在时间上影响后世绵历千年，而且在空间上传布于古代朝鲜、古代越南、古代琉球、古代日本，与古代中国一起并称为“同文同伦”的东亚“文明五国”，对于晚近数百年来的东西方世界格局的影响尤其巨大。

夏历丁酉年五月初五日端阳佳节，即 2017 年 5 月 30 日，是濂溪先生诞辰一千周年纪念。为此，2017 年 6 月 23 日，海内外学者相聚在湖南省永州市道县濂溪故里，召开了“周敦颐诞辰 1000 周年纪念学术研讨会”，来自北京、江西、山东、河北、河南、四川、贵州、安徽、福建、广东、湖南、台湾以及韩国的学者百余人参加了研讨会。本次学术研讨会是近十年以来举办的有关周敦颐思想学说研究的最重要的一次盛会。与会学者就周敦颐的哲学思想、周敦颐政治伦理美学思想、周敦颐与理学及其历史地位、周敦颐行迹与交游、理学人物与流派、周敦颐文献研究、周敦颐的海外影响、儒家理学思想的现代意义等各方面学术领域进行了研讨。从收到的与会论文可以看出濂溪学研究的几个趋势：一是濂溪学的文献学研究得到了开展，二是周敦颐与理学历史的关系得到了进一步的梳理，三是若干持久探讨的问题，如周敦颐的哲学思想、《太极图》的来源、周敦颐与佛教道教的关系，继续受到关注。

“周敦颐诞辰 1000 周年纪念学术研讨会”由中共永州市委、永州市人民政府主办，由中共道县县委、道县人民政府、湖南科技学院、湖南省濂溪学研究会承办。

在此，特别感谢诸多学者远道而来参加本次学术研讨会，感谢中共道县县委、道县人民政府对于本次学术研讨会的极大支持。同时，在本论文集的编辑出版方面，感谢湖南省濂溪学研究会副秘书长陈微博士所作的会务工作和论文收集工作，感谢中国社会科学出版社责任编辑韩国茹老师、郝玉明老师依照著作出版要求所做的繁多的体例和格式整理工作。

湖南省濂溪学研究会

张京华

2017 年 12 月 30 日